アメリカの租税政策

本庄　資 [著]

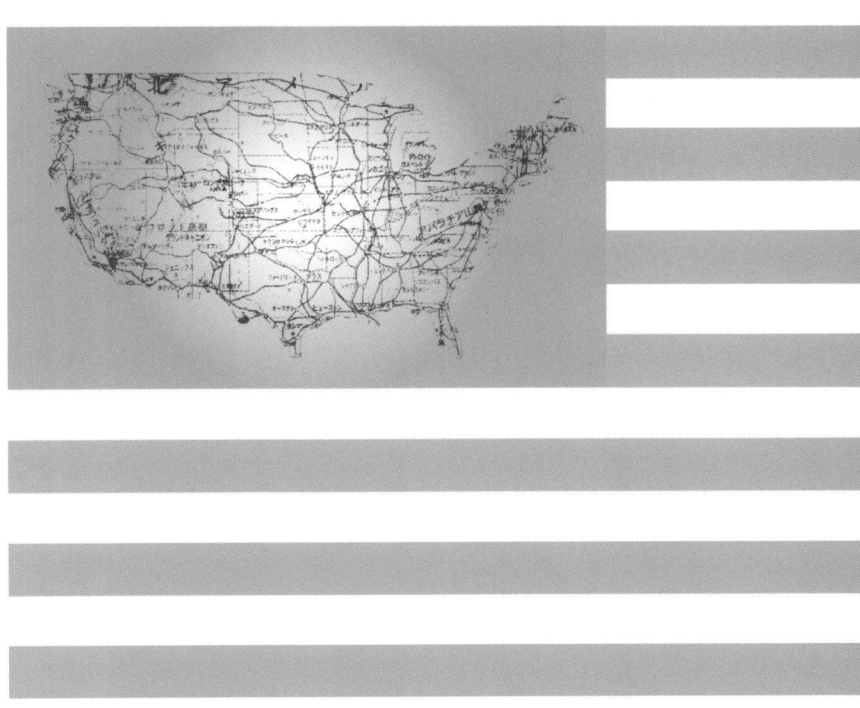

U.S. TAX POLICY

税務経理協会

##　はしがき

　日本は，戦後の米国占領政策の支配下で民主的な税制の構築に努めてきた。日本の国際税法の基礎となる諸制度のほとんどすべては米国から導入されたものである。米国の連邦税制は米国の租税政策に基づいて形成されてきたが，50州から成る連邦国家の諸政策を反映する租税政策全般を論議することは至難の業である。また，通常の財政学，地方財政論，経済政策論などの教材で論述されるステレオ・タイプの項目について論議することも，広範かつ平板な作品になりそうである。本書は，米国の歴史のうち，ブッシュ政権の成立から約6年間における税制とその変化に焦点を当て，研究対象となる政策の範囲を国際課税と密接な関係のある領域に限定して，それらの諸政策が米国の政権の租税政策にどのような影響を及ぼし，その租税政策が税制にどのように反映され，その税制を税務行政がどのように執行しているか，その結果を見極め，日本の未来に生かすべき教訓を探り出すことを目的としている。日本では，税法に規定すれば，そのとおりの租税が賦課徴収されるかのように，ノンコンプライアンスに目を瞑り，憲法下における租税法の基本原則である租税法律主義と租税公平主義について，前者が後者に対して優位に立つかのように議論する学説がいつの間にか支配的になり，税制および税務行政を歪めることになった。課税の公平は，租税原則の核心となるべきもので，これを実現するために，立法，行政および司法のいずれの段階でも，最善を尽くすべきである。例えば，かつての9，6，4論議は，税制と税務行政における課税の不公平に向けられた批判であったが，特定の時代の税制下においても，その税制を執行するに足る能力を有する税務行政を確保できない国では，いかなる意味の「公平」もまた確保できない。早い話が，地下経済や表の経済においても存在する違法な源泉からの所得に対して税法を適正に適用できないという状態では，目に余る課税の不公平が横行することになる。違法な源泉からの所得に係る脱税や濫用的な租税回避を摘発できないという状態では，善良な納税者は「課税の公平とは一体何

1

なのか」という疑問をもち，税制と税務行政に対する信頼感を失うであろう。多くの財政学者，税法学者や経済学者は，「このような疑問の基底にあるタックス・ギャップが日本の場合どの程度存在するか」，「これを推計する最善の方法は何か」，「推計されたタックス・ギャップを縮小するために立法的対応措置としてどのような税法改正が必要か」，また，「行政的対応措置として税務行政にどの程度の要員を与え，その執行方法をどのように改善するべきか」，などの研究を放棄しているのではないか。税制調査会ではこのような命題について検討しているのだろうか。これらの命題を放棄して，税法および税務行政を語る資格はない。米国は，これらの問題に愚直なまでに真正面から取り組んできた。コモンローの国であるにもかかわらず，判例原則に委せず，租税原則のうち「簡素」を犠牲にしても，自主申告納税制度を維持するため，租税法律主義の下で，出現する租税回避スキームに対し個別的否認規定を法定して，課税の公平を維持し，タックス・ギャップを埋めるため，納税者サービスと法執行の強化に努めてきた。多くの租税回避スキームは，契約自由の原則により取引の法的形式を整えるため私法（州法）の規定を自由に利用するが，米国では税法（連邦法)によってこのような取引の税効果を否定する。日本では有力な税法学者が私法万能主義に陥っていることが多く，税法の公法としての機能を弱体化させる学説を立てる傾向があり，その結果，税法解釈を通じて，税務行政の機能も弱体化させることになっている。そのため，このような税法学者は，地下経済の住人や違法な源泉からの所得の脱税者たちが法的帰属説の埒外に置かれ，著しく課税の公平を腐食する状況を黙視している。言論の自由と租税法律主義のみを掲げて，このような立場をとる学者や租税専門家に対し，米国は厳しく対処し始めた。日本では，導入後20年を経て漸く内資系企業に対する移転価格課税が開始されたが，経済界には抵抗感が強い。このことは，米国の移転価格税制に比べれば，きわめて限定された日本の移転価格税制でさえ，これらの企業が過去20年間その準備を怠ってきたこと，このような税制の存在をいかに侮ってきたかということを露呈した。さらに注意すべきことは，税制上はきわめて限定的に規定されている「移転価格」(transfer pricing) はマネーロンダリ

　　　　　　　　　　　　　　　　　　　　　　　　　　　　　　　はしがき

ングにおいてはブラック・ペソ・エクスチェンジなど「貿易ベース・マネーロンダリング」（Trade　Base Money－Laundering）の手法として「金融機関等を通じないマネーロンダリング」の典型的な規制逃れの海外送金方法であるということである。課税のみであれば，寄付金課税によって処理することも可能であるが，海外送金規制の分野では，大企業だからといって許される問題ではないのである。本書は，米国の重要政策を促進するための税制の活用とともに，米国の租税政策の実施について，税制の車の両輪として，「米国民が政府の手から漏れた税金を取り戻すために税務行政をどのように強化しつつある」かを描き，日本の国民が税務行政の権限をどのように行使すべきか，税務行政の限られた法執行要員や犯罪捜査要員は，納税する「勤勉な日本人」でなく，税法の裏まで知り尽くした租税専門家を高額の報酬で雇い，私法の規定を利用して日本の税負担を免れている企業や富裕層，高額の報酬でこれを幇助し，多種多様な濫用的スキームを助言するタックス・プロモーター，著名な法律事務所や会計事務所の顧問としてタックス・プロモーターを幇助する学者たち，さらに地下経済の住人たちにこそ振り向けるべきであるということを示唆するものである。租税法の専門家や研究者のみでなく，税務行政に関係する人々にも，日本の税制や税務行政について振り返るひととき，本書を通じて米国の租税政策の一端に想いを馳せていただきたい。紙数の制約から移転価格税制および移転価格課税については，別途稿を起こすこととする。

　本書の大部分は，『税経通信』に掲載した小論文に加筆訂正したものである。末筆ながら本書の公刊に当たりその企画，立案につきお世話いただいた税務経理協会編集長鈴木利美氏，校正の労をとっていただいた大川晋一郎氏に厚くお礼申し上げる。

　　平成19年 4 月

　　　　　　　　　　　　　　　　　　　　　　　　　本庄　資

目 次

はじめに

第1章 序　論 …………………………………………………… 1
   1 租税政策と租税原則 ……………………………………… 2
   2 納税環境と税務行政 ……………………………………… 3
   3 租税政策と税務行政 ……………………………………… 4
   4 租税政策の効果測定 ……………………………………… 9
   5 租税支出 …………………………………………………… 10
   6 幅の広い課税ベースの計画 ……………………………… 12
   7 資本および資産の所有 …………………………………… 13
   8 多国籍企業 ………………………………………………… 14
   9 租税政策の弾力性 ………………………………………… 15
  10 結　論 ……………………………………………………… 15

第2章　タックス・ギャップ縮小政策 ………………………… 17
   第1　米国財務省のタックス・ギャップ縮小戦略 ………… 17
      1 タックス・ギャップの規模とその原因 ……………… 20
      2 タックス・ギャップを減らすための挑戦 …………… 23
      3 総合的戦略 ……………………………………………… 23
   第2　会計検査院（GAO）のタックス・ギャップに関する
　　　議会報告 …………………………………………………… 29
      1 タックス・コンプライアンス ………………………… 29
      2 キャピタル・ゲインのタックス・ギャップ ………… 37
      3 ＧＡＯの米国議会に対するタックス・ギャップ縮小に関する
　　　　示唆 ……………………………………………………… 38

1

第3　税務行政の危機 ·· 39
第4　IRSのタックス・ギャップ対策の方向性 ······················· 49
　1　IRSの新しい方針 ··· 50
　2　調査の方針 ·· 50

第3章　減 税 政 策 ··· 55
第1　2001年減税の本質 ·· 57
　1　税の公平を増すための減税 ·· 58
　2　米国の繁栄を持続するための減税 ······························ 60
　3　2001年経済成長および減税調整法 ····························· 61
第2　景気刺激のための減税 ·· 62
第3　雇用と成長のパッケージ ···································· 62
　1　大統領の成長パッケージ ··· 63
　2　2003年雇用および成長の減税調整法 ························· 64
第4　雇 用 創 出 ··· 65
　1　議会に減税の恒久化を迫るブッシュ政権 ···················· 65

第4章　米国の利益の追求 ·· 67
第1　米国雇用創出法の成立 ·· 69
第2　米国輸出振興策と米国内産業の優遇政策 ············· 70
　1　域外所得除外規定の廃止 ··· 70
　2　米国生産活動に帰すべき所得に関する控除 ················· 72
　3　小事業の法人税率の引下げ ·· 75
第3　製造業，小事業および農業の雇用創出促進税制 ···· 77
　1　IRC179（事業資産の費用化の選択）······················· 77
　2　減価償却－賃貸物件の改良 ·· 78
　3　減価償却－レストラン改良の減価償却 ······················· 79
　4　減価償却－航空機の割増償却 ···································· 80

目　次

　　5　減価償却－シンジケート組織の一定の資産の割増償却…………81
6　Ｓ法人制度の改正と簡素化……………………………………………82
　　6－1　一株主として取り扱われる家族構成員 ………………………83
　　6－2　株主数を100人に増加すること …………………………………84
　　6－3　ＩＲＡを含めるよう銀行Ｓ法人の適格株主の範囲の拡大 ……84
　　6－4　小事業信託の潜在的受益者の決定における不行使の指名権
　　　　　の無視 …………………………………………………………85
　　6－5　一時延期された損失の離婚等に伴う移転 ……………………86
　　6－6　適格サブチャプターＳ信託所得の受益者によるパッシブ
　　　　　活動損失とアトリスク金額の利用……………………………86
　　6－7　銀行Ｓ法人に関し投資証券所得をパッシブ投資所得から
　　　　　除外すること……………………………………………………87
　　6－8　銀行役員シェアの取扱い ………………………………………88
　　6－9　不注意による無効な適格サブチャプターＳ子会社の選択
　　　　　および終了に関する救済 ……………………………………89
　　6－10　適格サブチャプターＳ子会社に関する情報申告 ……………90
　　6－11　適格雇用主証券に関するローンの払戻 ………………………90
7　代替的ミニマムタックスの減税………………………………………91
　　7－1　外国税額控除の適用の制限の廃止 ……………………………91
　　7－2　小事業に関するＡＭＴ免除の拡大 ……………………………92
　　7－3　農業と漁業の所得平均とＡＭＴとの調整 ……………………92
8　アルコール燃料等の奨励措置…………………………………………93
　　8－1　アルコールおよびバイオディーゼル燃料の奨励措置…………93
　　8－2　バイオディーゼル所得税額 ……………………………………96
9　インセンティブ・ストック・オプションおよび従業員株式
　　購入プランのストック・オプションの賃金からの除外………………97
10　外国収益の米国への再投資の奨励措置………………………………98

第5章　米国企業のための税制改正 ………………………103
1 非関連法人からの配当に関するルックスルー・ルールの適用 …103
2 外国税額控除の決定上パートナーシップを通じる株式所有の
　帰属 …………………………………………………………………104
3 ＩＲＣ367(d)によるみなし払いの外国税額控除の取扱い ……106
4 米国資産に被支配外国法人の一定の資産を含めないこと ………107
5 実用通貨以外で納付した外国税に関し平均為替レートを使用
　しない選択 …………………………………………………………109
6 外国法人が支払う配当に係る第二次源泉徴収税の排除 …………110
7 外国パートナーシップの支払利子と外国法人の支払利子との
　取扱いの整合性 ……………………………………………………111
8 被支配外国法人間の支払のルックスルーの取扱い ………………112
9 サブパートＦにおけるパートナーシップ持分の売却に関する
　ルックスルーの取扱い ……………………………………………113
10 外国同族持株会社ルールおよび外国投資会社ルールの廃止 ……114
11 商品取引に係る外国同族持株会社所得の決定 ……………………115
12 航空機リースと運輸所得の取扱い …………………………………117
13 サブパートＦに基づく能動的ファイナンスに関する例外 ………119
14 外国税額控除の10年の繰越と1年の繰戻し ………………………120
15 サブパートＦ・デミニミス・ルールを総所得の5％または
　500万ドルの少ない方に拡大すること……………………………121
16 外国人の場合の統一資本化ルールの適用の制限 …………………122
17 非居住者の一定の米国源泉キャピタル・ゲインに対する30％
　税の排除 ……………………………………………………………124
18 不動産投資信託に関するFIRPTAルールの改正 …………………125
19 船舶および航空機の国際運用所得の除外に関する最終規則の
　適用日の延期 ………………………………………………………126
20 納税者が無保証で借り入れできたであろう場合に控除できる

支払利子 ………………………………………………………127

第6章　輸出振興税制 …………………………………………129
第1　米国輸出振興税制の沿革 …………………………………131
　　1　輸出法人 ………………………………………………132
　　2　米国国際販売法人 ……………………………………132
　　3　外国販売法人 …………………………………………136
　　4　ＦＳＣの廃止および域外所得除外法の制定 ………141
　　5　域外所得除外制度の廃止 ……………………………147
第2　米国生産活動所得に関する控除 …………………………148
　　1　米国議会における新制度の提案 ……………………148
　　2　2004年米国雇用創出法による新制度の導入 ………148
第3　米国の国際課税原則と輸出振興税制の矛盾と調和 ……151
　　1　サブパートＦ条項による所得繰延の阻止 …………151
　　2　移転価格課税 …………………………………………152
　　3　国際的租税回避スキームと輸出促進税制の原理 …152

第7章　外国投資政策 …………………………………………159
第1　米国企業の国際競争力の強化 ……………………………161
　　1　資本輸出の中立性と資本輸入の中立性の間で動揺する米国 ……161
　　2　国際的資本フローに対する課税 ……………………164
　　3　ブッシュ政権による国際課税政策の見直し ………169
　　4　米国国際課税制度の問題点 …………………………171
　　5　対外投資所得課税の改革論議 ………………………178
　　6　ブッシュ政権の国際租税制度の改革 ………………182
第2　米国企業の対外直接投資による外国所得に対する米国課税制度 ………………………………………………189
　　1　米国企業の外国事業活動の法形態 …………………189

2　米国企業の外国子会社等 ……………………………………191
　　　3　AJCAによる国際課税における米国企業インセンティブ ………192
　　　4　グローバル経済における税の競争を増進する米国法人税制
　　　　の改革 ………………………………………………………………200
　　　5　IMFが見つめる米国税制改革論議 …………………………208
　第3　米国国際租税制度の大転換が行われた場合の影響 …………211
　　　1　米国の租税条約の改正 ……………………………………………212
　　　2　国際的二重不課税の排除の必要性 ………………………………212
　　　3　米国事業体の分類の変更 …………………………………………212
　　　4　ソース・ルールの明確化 …………………………………………213
　　　5　ソース・ルールへの租税回避スキームの重点の傾斜 …………213
　　　6　能動的事業取引とパッシブ取引との区分 ………………………213
　　　7　金融取引 ……………………………………………………………213
　　　8　損失の取扱い ………………………………………………………214
　　　9　米国側における移転価格課税の強化 ……………………………214
　　　10　米国ベース多国籍企業のタックス・ヘイブンの活用 …………215
　　　11　日本のタックス・ヘイブン対策税制の見直し …………………215

第8章　産業政策税制（減価償却制度） …………………………219
　第1　米国減価償却制度の歴史的変遷と現行制度の概要 …………221
　　　1　ADRS ……………………………………………………………222
　　　2　一般的減価償却方法 ………………………………………………223
　　　3　ACRS ……………………………………………………………223
　　　4　MACRS …………………………………………………………224
　第2　レーガン政権の設備投資促進税制 ……………………………225
　　　1　設備投資促進税制の理論 …………………………………………226
　　　2　1986年税制改革 ……………………………………………………226
　第3　2000年財務省研究報告・勧告 …………………………………228

　　　　　　　　　　　　　　　　　　　　　　　　　　　　目　　次

　　　1　現行コスト回収制度の評価 ……………………………………228
　　　2　包括的改革案 ……………………………………………………231
　第4　一時的投資優遇措置……………………………………………236
　　　1　MACRS …………………………………………………………238
　　　2　2002年法案と2003年法案の割増償却 ………………………238
　　　3　財務省の方針 ……………………………………………………239
　第5　税法上の減価償却が資産の所在地と所有に及ぼす影響……240
　　　1　米国法人の内外支店の課税 ……………………………………240
　　　2　米国資産と外国資産の減価償却 ………………………………241
　　　3　減価償却費の内外格差の評価 …………………………………242
　　　4　資本所得課税の国際比較 ………………………………………242
　第6　ブッシュ政権の減価償却政策 …………………………………243
　　　1　雇用創出税制優遇措置 …………………………………………243
　　　2　即時損金算入 ……………………………………………………245

第9章　研究開発促進税制 …………………………………………251
　第1　米国産業競争力に関する報告書 ………………………………253
　　　1　ヤング・レポート ………………………………………………253
　　　2　ヤング・レポートの税制改革での反映 ………………………256
　　　3　ハイテク産業の提言 ……………………………………………257
　　　4　パルミサーノ・レポート ………………………………………260
　　　5　パルミサーノ・レポートの評価 ………………………………262
　第2　ブッシュ政権の競争力政策 ……………………………………263
　　　1　再選直後の競争力政策 …………………………………………263
　　　2　2005年における施策 …………………………………………264
　　　3　2006年における施策 …………………………………………265
　第3　現行R＆D税制 …………………………………………………268
　　　1　研究費税額控除 …………………………………………………268

7

2　代替的増加税額控除 ……………………………………………271
　　3　研究実験費 ………………………………………………………271
　　4　R＆Dの租税優遇措置に関する租税回避スキームとR＆Dの
　　　　海外移転 …………………………………………………………272

第10章　エネルギー対策税制 ……………………………………………277
　第1　米国のエネルギー政策支援税制の成立 ……………………………279
　第2　2004年米国雇用創出法におけるエネルギー優遇税制の試み
　　　………………………………………………………………………280
　　1　特定の発電に係る税額控除 ……………………………………280
　　2　小規模エタノール生産業者税額控除 …………………………281
　　3　石油・天然ガス優遇措置 ………………………………………283
　　　3－1　限界井戸からの石油およびガスの生産 ………………283
　　　3－2　環境保護庁硫黄規制を遵守する生産に係る小規模精製業者の
　　　　　　資本コストの経費控除 ………………………………………283
　　　3－3　環境保護庁の硫黄規制を遵守するディーゼル燃料に関する小
　　　　　　規模精製業者の税額控除 ………………………………………284
　　　3－4　一定のアラスカ・パイプライン資産を7年資産として取り扱う
　　　　　　こと …………………………………………………………285
　　　3－5　一定のガス加工施設の石油回収税額控除 ………………286
　第3　米国エネルギーの現状 ………………………………………………286
　　1　エネルギー資源の賦存状況 ……………………………………288
　　2　エネルギー源別消費構成 ………………………………………288
　　3　CO_2排出量シェア ………………………………………………288
　　4　一次エネルギー供給の見通し …………………………………288
　　5　石油の埋蔵量，生産量，可採年数および原油消費量 ……… 288
　　6　原油，石油製品の輸出入量 ……………………………………289
　　7　国別原油輸入量および中東産油国依存度 ……………………289

	8	天然ガスの埋蔵量，生産量，可採年数および消費量 …………289
	9	石炭の埋蔵量，生産量，可採年数および消費量 ………………290
	10	再生可能エネルギー …………………………………………………290
	11	総発電量とそれに占める原子力の割合 …………………………290

第4 2005年エネルギー税制改革の納税者に対する影響 …………290
  1 エネルギーおよび燃料に係る産業界 ……………………………291
  2 一 般 事 業 …………………………………………………………295
  3 個　　　人 …………………………………………………………298
  4 エネルギー研究 ……………………………………………………300
  5 特定の事業 …………………………………………………………300
  6 政　　　府 …………………………………………………………303

第5 各項目の租税優遇措置 …………………………………………………304
  1 自動車に関する租税優遇措置 ……………………………………304
  2 電　　　気 …………………………………………………………306
  3 石油およびガス ……………………………………………………309
  4 石　　　炭 …………………………………………………………312
  5 燃料生産と燃料消費税 ……………………………………………314

第11章 投資税額控除 ………………………………………………………319

第1 米国における主要な減税とその特徴 ………………………………321
  1 ケネディ減税案 ……………………………………………………321
  2 フォード減税案 ……………………………………………………323
  3 レーガン減税案 ……………………………………………………323
  4 ブッシュ減税 ………………………………………………………325

第2 米国租税政策における選択肢としての減価償却制度と
税額控除制度 …………………………………………………………326
  1 レーガン政権以前の減価償却制度 ………………………………327
  2 レーガン政権以前の投資税額控除 ………………………………329

3　米国の産業政策 …………………………………………………………330
第3　米国の税額控除制度 ……………………………………………………333
　　1　一般的事業税額控除 ……………………………………………………333
　　2　米国の税額控除の種類 …………………………………………………335
第4　広義の投資税額控除の代表例 …………………………………………342
　　1　R＆E税額控除の改正の経緯 …………………………………………343
　　2　米国イノベーションの租税優遇措置 …………………………………344
　　3　再生可能資源発電税額控除 ……………………………………………345
　　4　ニューマーケット税額控除 ……………………………………………347
　ま　と　め ………………………………………………………………………348

第12章　米国の歳入確保政策 …………………………………………351

第1　個人および法人の海外移住を通じる租税回避を防止する
　　規定 ……………………………………………………………………………351
　　1　海外へ移住した事業体とその外国パートナーの課税上の取扱
　　　い …………………………………………………………………………351
　　2　米国離脱法人のインサイダーの株式報酬に対する消費税 ………358
　　3　外国における米国リスクの再保険 …………………………………360
　　4　個人の移住に関する課税ルールの改正 ……………………………361
　　5　課税対象となる合併・買収の報告 …………………………………370
　　6　研　　究 ………………………………………………………………370
第2　タックス・シェルター …………………………………………………371
　　1　報告すべき取引の開示の懈怠に対するペナルティ ………………371
　　2　重要な租税回避を目的とする指定取引および報告すべき取引
　　　に係る正確性関連ペナルティの改正 …………………………………374
　　3　納税者通信に関する秘密特権に係るタックス・シェルターの
　　　例外 ………………………………………………………………………377
　　4　報告されない指定取引の期間制限 …………………………………377

　　　　　　　　　　　　　　　　　　　　　　　　　　目　　次

　　　5　報告すべき取引の実質的なアドバイザーによる開示 ……………378
　　　6　投資家リストおよび投資家リスト保存の懈怠に対するペナル
　　　　ティ ……………………………………………………………………380
　　　7　タックス・シェルターのプロモーターに対するペナルティ ……382
　　　8　税額の過少申告の幇助・教唆に対するペナルティ ………………383
　　　9　報告すべき取引以外の実質的な過少申告 …………………………383
　　10　タックス・シェルターおよび報告すべき取引に関する行為を
　　　　禁止する措置 …………………………………………………………384

第13章　タックス・シェルター対抗措置による税収確保 ……387
第1　米国のタックス・シェルターの類型化 ……………………………388
　　　1　「タックス・シェルター」の税法上の定義 …………………………388
　　　2　「濫用的タックス・シェルター」の定義 ……………………………389
　　　3　タックス・シェルターの類型化の方法論 …………………………390
　　　4　原理的類型 ……………………………………………………………390
　　　5　目的別類型：達成しようとする租税回避の類型 …………………391
　　　6　手法別類型：ベーシス・ステップアップ …………………………391
　　　7　濫用的タックス・シェルター ………………………………………391
第2　米国の「報告すべき取引」…………………………………………391
　　　1　報告すべき取引の開示 ………………………………………………392
　　　2　報告すべき取引の重要なアドバイザーの被助言者等リスト
　　　　保存義務 ………………………………………………………………393
　　　3　具体的な「報告すべき取引」………………………………………393
第3　米国財務省およびIRSの濫用的租税回避に対する
　　　取組みの現状 ………………………………………………………397
　　　1　税務行政支援税制の整備 ……………………………………………397
　　　2　制裁制度の整備 ………………………………………………………399
　　　　2-1　刑事上の制裁 …………………………………………………400

		2－2	加算税 ……………………………………………… 403
		2－3	正確性関連ペナルティ ………………………………… 409
		2－4	報告すべき取引に係る過少申告に対する正確性関連ペナルティ … 411
		2－5	詐欺ペナルティ ………………………………………… 412
		2－6	賦課すべきペナルティ ………………………………… 412

    3   行政上の対抗措置 ……………………………………………… 424
    4   判例理論の形成と確立した判例原則 ………………………… 424

第14章　米国の基礎的なエンティティ・アプローチ …………… 427

第1　日本におけるエンティティの課税上の取扱いの問題 …… 427
第2　米国の非法人の課税ルール ………………………………… 430
    1   米国の主要な非法人 …………………………………………… 430
    2   米国のパートナーシップの課税ルール ……………………… 431
        2－1　パススルー型事業体と導管型事業体の区別 ……… 431
        2－2　米国のパートナーシップ …………………………… 432
    3   米国の信託の課税ルール ……………………………………… 439
        3－1　法律的帰属または経済的帰属のいずれにより納税主体を決定
            するか ……………………………………………………… 439
        3－2　米国の信託 ……………………………………………… 440
    4   不動産モーゲージ投資導管 …………………………………… 448
    5   金融資産証券化投資信託 ……………………………………… 449
    6   コモン・トラスト・ファンド ………………………………… 451
第2　米国のパススルー型法人の課税ルール …………………… 452
    1   米国のパススルー型法人 ……………………………………… 452
    2   Ｓ法人 …………………………………………………………… 452
    3   有限責任会社（ＬＬＣ） ……………………………………… 453
第3　米国の導管型法人の課税ルール …………………………… 455
    1   規制投資会社 …………………………………………………… 456

2　不動産投資信託 ……………………………………………457

第15章　米国の戦略的なエンティティ・アプローチ …………465
第1　投資ファンドは税法上のエンティティか ………………466
　　1　投資ファンドの定義 ………………………………………466
　　2　エンティティの分類 ………………………………………468
　　3　能動的事業活動を行うエンティティとパッシブ活動を行う
　　　エンティティ ………………………………………………469
第2　米国企業の輸出競争力を強化するエンティティ・アプローチ …………………………………………………………471
　　1　輸　出　法　人 ……………………………………………472
　　2　米国国際販売法人 …………………………………………472
　　3　外国販売法人 ………………………………………………472
　　4　ＦＳＣの廃止と域外所得除外制度 ………………………473
　　5　域外所得除外制度の廃止 …………………………………473
　　6　米国の新しい輸出振興戦略 ………………………………473
第3　米国企業のパッシブ活動の戦略 …………………………474
　　1　租税条約の適用に関する考慮 ……………………………474
　　2　米国投資ファンド …………………………………………476
第4　米国の対外投資戦略の変化 ………………………………478
　　1　領土主義課税原則というカード …………………………479
　　2　米国法人税制改革の提言 …………………………………479
第5　米国の対米外国投資戦略の変化 …………………………481
　　1　米国現地法人化への誘導 …………………………………482
　　2　各州の企業誘致・投資奨励策 ……………………………485
第6　米国の外国企業によるパッシブ活動に対する戦略 ……486
　　1　トリーティ・ショッピング防止規定 ……………………486
　　2　米国不動産に対する投資 …………………………………488

	3	規制投資会社または不動産投資信託	489
	4	関連会社に対する諸規則とその範囲	490
第7		租税回避防止規定におけるエンティティ・アプローチ	495

第16章　外国信託税制と濫用的外国信託スキームの摘発 ……501

	1	受益証券発行信託	504
	2	受益者等の存在しない信託	504
	3	受益者連続型信託等	504
	4	租税回避防止措置	505
	5	信託の合併または信託の分割	505
	6	受託者に対し法人税を課税する信託	505
第1		米国の信託税制	506
	1	ブッシュ政権の信託に対する感触	506
	2	免税団体の濫用的租税回避取引	507
	3	信託に関する米国の課税原則	507
	4	信託に対する基本的な課税ルール	512
	5	特別な種類の信託	513
第2		信託を利用した濫用的租税回避スキーム	515
	1	濫用的内国信託スキーム	516
	2	濫用的外国信託スキーム	517
第3		濫用的信託脱税スキームに対するIRSの基本方針	521
	1	納税者教育	521
	2	濫用的信託プロモーターの阻止	521
	3	制　　裁	522
第4		濫用的信託スキームの摘発事例	522
	1	2003年における主要事案	522
	2	2004年における主要事案	524
	3	2005年における主要事案	526

目　　次

　　4　2006年における主要事案 ……………………………………530

第17章　タックス・プロモーターの摘発 ………………………535
第1　濫用的租税回避の元凶はタックス・プロモーター …………537
　　1　タックス・プロモーターに的を絞る米国 ……………………537
　　2　タックス・プロモーター・イニシャティブ …………………540
　　3　タックス・プロモーターに対する差止命令 …………………543
　　4　「にせ信託」や外国信託スキームのプロモーターを投獄せよ……544
第2　米国のコンプライアンス戦略 …………………………………545
　　1　ＩＲＳの使命と戦略的目標 ……………………………………545
　　2　租税専門家・租税実務家はＩＲＳの重要なパートナー ……547
　　3　第1目標：納税者サービスの改善 ……………………………548
　　4　第2目標：法執行の強化 ………………………………………548
　　5　第3目標：人材，手続および技術におけるＩＲＳの近代化 …549
　　6　米国のタックス・ギャップ ……………………………………550
第3　租税専門家のプラクティス ……………………………………552
　　1　租税専門家の行動基準 …………………………………………553
　　2　ＩＲＳに対するプラクティス …………………………………554
　　3　財務省サーキュラー230 ………………………………………556

第18章　米国国際租税制度の大転換が起きる可能性 …………575
第1　米国大統領税制改革パネルの報告 ……………………………577
第2　米国大統領パネルの税制改革勧告 ……………………………579
　　1　複雑さを減らす方法 ……………………………………………579
　　2　公正な税制に改正する方法 ……………………………………580
　　3　経済成長を促進する方法 ………………………………………580
第3　米国国際課税制度の更新 ………………………………………581
　　1　国際事業活動に対する課税制度 ………………………………582

15

2　国際事業課税の簡素化 …………………………………………584
　　3　国際的租税回避防止規定の強化 ………………………………587
　　4　成長投資税案 ……………………………………………………588
　第4　日本に及ぼす影響に関する検討の必要性……………………594

第19章　米国国際租税制度の大転換の可能性がもつ日本への
　　　　影響 ……………………………………………………………597
　1　注目されるＧＩＴ …………………………………………………597
　2　米国国際租税制度の大転換の可能性 ……………………………602
　3　大統領諮問パネル勧告どおりの税制改革が日本に及ぼす国際
　　課税面の影響 ………………………………………………………610

索　　引 ……………………………………………………………………619

第1章　序　　論

　租税とは何かという問題についてどう考えるかによって，税法も税務行政も自から異なるものになる。なぜか。というのは，税制と税務行政は租税政策[1]を実現するための車の両輪であるからである。税務行政は，税制の定めるところを忠実に執行[2]すべきものであるが，これを執行するための良好な納税環境を整えていなければ，いくら効率的な税務執行に努めても税務行政は十分にその能力を発揮することはできない。また，納税環境がよく整備されているときでも，税務行政の能力が十分でなければ，税制の執行は十分に行われない。税法の規定が複雑または曖昧なものであり，また，執行不可能な内容のものであるときは，いくら納税環境や税務行政が立派でも，このような税制を執行することは無理である。以上のことから，租税政策を実現するには，その前提条件として，良好な納税環境を整備し，高い能力をもつ税務執行機関を有し，簡素にして分かりやすい税法を定めることが必要である。国家財政における歳入の中で租税は，重要な地位を占めている。

FY2005の米国歳入の内訳（単位：億ドル）			
個人所得税	8,738.4(42.9%)	法人所得税	2,301.9(11.3%)
社会保障税	7,939.5(39.0%)	消費税	732.1(3.6%)
その他	650.8(3.2%)	合計	20,362.7(100.0%)

1　租税政策と租税原則

　租税[3]は，各国が必要な公共財を供給するために法律の定めに基づいて主として民間部門から資金を強制的に調達する目的で特定の給付に対する反対給付としてでなく法定された納税義務者に対して課する金銭給付である。租税の正当根拠については古くから論議されてきたが，この論議は租税を納税義務者が国家から受ける利益の対価と考える利益説と国家はその任務を遂行するために当然課税権をもち国民は当然納税義務を負うと考える義務説に大別されるが，主権在民の憲法の下で，歴史的に存在した権威的国家思想による義務説や近代国家においてすべての金銭関係について対価性を求める利益説も否定され，主権者である国民の団体としての国家が必要とする費用は国民の共同の費用として国民自らが負担すべきであると考える民主主義的租税観が有力になった。国家が提供する公共財と所得再分配のために必要とする費用の程度は，国民の意思により民主的な政策形成を通じて決定される。その意味で，租税政策も国家政策の一部として民主的な立法過程を通じて形成される税法において実現する[4]。税制の役割としては，①財源調達機能，②所得再配分機能，③経済安定化機能の3点が指摘されている。このような機能をもつ租税の正当根拠についての論議は歴史的に変遷してきたが，それぞれの時代を反映して税制の準拠すべき一般基準というべき租税原則[5]が古くから主張されてきた。著名な租税原則学説として，一般に，①利益説に立つアダム・スミスの4原則（公平，明確，便宜，最小徴税費），②義務説と能力説に立つアドルフ・ワグナーの4大原則・9原則（財政政策（課税の十分性，課税の弾力性），国民経済（税源の選択，税種の選択），公正（課税の普遍性，課税の公平性），租税行政（課税の明確性，課税の便宜性，最小徴税費）），③現代の租税原則といわれるマスグレイブの7条件（十分性，公平，負担者，中立，経済の安定と成長，明確性，費用最小化）がある。これらの学説に通じる基本的な要請として，税制および税務行政において重視すべきことは，十分性，公平性，中立性，簡素および明確性である。

第1章 序　　論

2　納税環境と税務行政

　独立国として国際機関や他国の干渉を受けずに財政運営を行うためには，自主財源である租税収入をできるだけ確保することが必要である。財政赤字が発生している状況は，古典的な租税原則のうち「課税の十分性」を満たしている状況とはいえない。この財政政策上の原則を満たすことができない理由がどこにあるのかを考えるとき，第一に税法が十分な税収を確保し得る制度になっているか，第二にその税制を実施するための納税環境が整備されているか，第三に税務執行体制が十分であるか，について検討することが必要になる。現代の財政学者や税法学者は，この点に言及することを避けている。水野忠恒教授もマスグレイブ7条件のうち「十分性」の原則を外してマスグレイブ6条件としている[6]。租税政策の立案者は，国家の各政策を遂行するために，財政政策における租税原則を踏まえて，税制の機能を最大限に活用しようとする。この場合，租税政策自体の中に納税環境の整備と税務行政における執行可能性に関する十分な配慮を内包しなければ，コンプライアンスの欠如（タックス・ギャップの存在）によって，財政政策も租税政策も結局空疎なものになってしまう。米国は，この点で，第2章に述べるように，先駆的な実験を行ってきた。例えば，租税政策を実現するための税制の制定に当たっては，その税制を現実に執行する場合の効率と効果を考え，納税者のコンプライアンスの正確な測定（逆にいえばタックス・ギャップの測定）とその向上策（制裁制度を含む）を重視し，そのために必要な税務行政についても，①税務組織機構及び人的資源，②納税者管理，③税務調査，④円滑な税収確保政策，⑤節税・租税回避・脱税・腐敗への対応，⑥納税者の権利保護，などを支援する税制の確立に努めている。財政政策や租税政策の基礎として，経済学の理論や財政学の理論も適用されているが，その場合も，タックス・ギャップを置き忘れた空理空論に陥ることなく，米国企業・米国市場の繁栄と国際取引に関する米国の課税権の確保という視点から論じられることが肝要である。

> **ＦＹ2005の税務申告件数**
>
> 米国は世界で最も効率的な徴税を行っている。ＦＹ2005の税務申告件数は，2億2,667万6,936件で，徴収税額は，2兆2,688億9,512万2,000ドル，徴税コストは，100億2,726万2,000ドル，100ドルの税収にかけた行政コストは44セントであった。

3　租税政策と税務行政

　一般に行政は政策の実施をその任務とするものであり，税務行政は租税政策の実施をその任務とする。税務行政の直接的な任務は，租税の徴収である。租税収入は租税政策を盛り込んだ税法の枠内で徴収される。税務行政の使命は，大量の書類を能率的・効果的に処理することであり，租税納付のコンプライアンスを高めるため調査を行い，強制徴収を行うことを内容とする行政である。したがって，税務行政は，租税政策の実施機関である。租税政策の立場は，その執行の担い手である税務行政の強弱によって左右される。租税政策の現実の価値は，税務行政の能力によって限定されることになる。次に，この両者の関係を明らかにする。

　第一に，税務行政は，特定の租税政策と納税者とのブリッジである。

　自主申告納税制度において，税務行政は納税者に理解できるように租税政策を伝達しなければならない。その任務は広く「納税者サービス」といわれ，租税教育，納税者の指導と支援，納税相談，窓口の応対を含むが，そのための基礎的な道具は申告書やその手引である。租税原則としては「簡素」を重視しているが，現実の税制は複雑化しているので，立法者の要求に応ずるには，広報活動など，納税者サービスの巧妙で実験的な試みを通じて，その効果を測定し難い，成否（申告水準の向上にどの程度の効果があるか）のはっきりしない挑戦を行うことを余儀なくされる。与件となる複雑な税制を仮に税務当局が自己の費用のみで実施しようとすれば，おそらく莫大な徴税費を要することとなり，多

第1章 序　論

くの税制が古典的租税原則の一つである「最小徴税費の原則」に反するものとなるであろう。否応なく近代の税制は，できるだけ多くのペーパーワークを納税者に引き受けてもらうことを予定している。正確な記帳，税額の計算，申告書の作成，源泉徴収と納付，支払調書の作成，領収証や源泉徴収票の作成などに加えて，租税専門家に与える報酬などを加味すると，納税者等に多大な納税コスト（コンプライアンス・コスト）を負担させる制度になっている。米国では，税務行政が「課税の公平」を維持するために入手すべき情報を効率的に収集できるように，関連者の海外情報の提出を義務づけ，召喚状（Summons）などの制度を整備する。脱税や濫用的租税回避の摘発の端緒となる情報を危険な潜入捜査や内偵等のみで収集することは多大な行政コストを要するので，第三者にも一般に情報申告を義務づけ，密告等，第三者通謀を奨励している。このような納税環境の下で，税務当局がその有限の資源をそれしかできない法執行の仕事に集中し，タックス・ギャップを埋めるための生産性を高めることができるようにすることは，政府の手から漏れている税金を米国民の手に取り戻し，その穴埋めのために納税する米国民が余計な税負担を課されないために必要である。米国民がこのように効率的な税務行政を支援する納税環境を作り上げることに成功するかどうかは，税制の果たすべき基礎的な任務であると同時に，税務当局が納税者を教育する能力の程度いかんにかかっている。米国は，50州と準州および属領に及ぶ広大な領土をもち，多様な人種，言語，宗教および文化を包容する連邦国家であり，税務行政もこのような米国の特性に対応するものでなければならない。米国人口は，1915年1億人，1967年2億人，2006年3億人と年1.3％の割合で増え，1900年の7,600万人から2000年の2億8,000人へと20世紀に3倍に増えてきた。

米国人口の人種別構成：2005 American Community Survey by the Census Bureau
　　白人　74.7％（ヒスパニック14.5％を含む），黒人　12.1％，
　　アジア人　4.3％，インデアン　0.8％，ハワイ人　0.1％
　　2種類以上の人種　1.9％，その他　6％

ＦＹ2005に，ＩＲＳは，2.3億件の申告書を受理しているが，「課税の公平」を維持し，納税している「勤勉な米国人」の税制と税務行政に対する信頼を確保するため，地下経済の住人などの無申告者（Non-filer）の摘発に努めている。

```
ＦＹ2005のＩＲＳ職員数の構成（単位：人，構成比：％）
    合計数：105,978(100.0)  男  35,345(33.3)  女  70,633(66.7)
    人種別：（ⅰ）白人    65,499(61.8) 男  25,810(24.3) 女  39,689(37.4)
          （ⅱ）黒人    26,049(24.5) 男   4,963(4.6)  女  21,086(19.9)
          （ⅲ）ヒスパニック  9,457(8.9)  男   2,689(2.5)
               女   6,768(6.3)
          （ⅳ）アジア人   4,086(3.8)  男   1,634(1.5)  女   2,452(2.3)
          （ⅴ）インデアン   887(0.8)   男     249(0.2)  女     638(0.6)
```

　第二に，税務行政は租税政策の基準を完全に満たすことを要する。

　よい税務行政（good administration）は，貧弱な税務行政（poor administration）よりもタックス・ギャップを減らして多くの税収を上げることができる。貧弱な税務行政とは，特定の税や特定の所得に囚われて他の租税を無視するものをいう。例えば，捕捉しやすい賃金のみに集中し，一般に"Hard to Tax"といわれる投資所得，自由職業所得や事業所得に対する課税を避けるような税務行政は，効果的な税務行政とはいえない。特定の所得に偏る課税は，公平と中立という所得税のポリシーを歪め，同時に不十分な課税となる。所得税の公平な適用を真面目に追求する場合でさえ，旧式の非効率的な税務調査を続けるならば，調査対象の選定や調査技法の両面で同一の種類の納税者に対し不平等な影響を与えることによって，公平かつ中立的な税制を不公平な税制に変えることになる。金融工学，技術革新などにより日進月歩の租税回避を防止することができない場合も，同じような結果を生ずるであろう。これらの欠点は常に不十分な徴収に反映されるばかりでなく，所得税の特性である水平的公平に反するばかりでなく，垂直的公平に適う「応能負担の原則」に反する結果を招く。捕捉できないから「アングラ」というので，捕捉できれば「アングラ」ではな

いという定義によって，違法な源泉からの所得に対する課税のための制度的・行政的な努力を最初から放棄する学者が少なくない。しかし，そのような考えでは，「違法な源泉からの所得」と「適法な源泉からの所得」は，租税原則の「公平」と「中立」の双方に反する課税上の取扱いを受けることになり，国民を事実上課税を免れる「違法な源泉からの所得」に誘導することになる。

　米国のＩＲＳは，コンプライアンス戦略を策定し，地下経済を含むすべての納税義務者に公平に税法を適用するため，調査・査察および徴収による法執行（law enforcement）を実施している。米国議会は，ＩＲＳに割り当てる予算は，タックス・ギャップを埋め，政府の手から漏れている税収を米国民の手に回収するための投資であると考え，そのリターン（増差税額）を求めている[7]。

> **ＦＹ2005のＩＲＳ法執行（税務調査）の実績**
>   米国議会はＩＲＳに総額100億ドル（うち法執行には43.6億ドル）の予算を配賦してそのリターンを求めたが，ＩＲＳはＦＹ2004の税務申告1億7,436万4,531件のうち132万8,712件を調査し，調査割合0.76％によって486億2,279万8,000ドルの増差税額を米国民の手に回収した。米国のＩＲＳへの投資リターンは，予算総額に対し約4.9倍，法執行予算額に対し約11.2倍となっている。

　第三に，税務行政は租税政策の立案について，できるだけ支援しなければならない。租税政策の立案者は，経済社会の目標の変化や経済状況の変化など絶えざる変化に対応しなければならない。彼らはこれらに対応して財政政策を税制に反映しなければならず，往々にして税法の改正を行うことになる。新税の創設，税制構造や税率の変化を通じて既存の税制を新しい時代に適応させることや税の廃止などは，租税政策の立案者の任務である。新税や既存の税の抜本的改正は，税務当局に「この計画，この示唆，この提案を取り扱えるか」という問題を突きつけることになる。その変化が，新しい源泉徴収制度，徴収制度，新しい免除制度，国外源泉所得の課税，外国人・外国法人課税，キャピタル・

ゲイン課税，新しい消費税など，どのような変化であれ，この問題は常に税務当局の責任と能力に関係する。そのとき税務当局が居心地のよい現状と慣れた日常業務から革新をおそれる場合，安易な途をとり，新しい税制は執行できないといい，行政の特殊用語や専門性の見せ掛けでその答えを粉飾するとすれば，居心地のよい現行のあり方を守るために，税務当局がその責任を放棄しているといわざるを得ない。租税政策の立案者の提起する問題に対して，税務当局は最高度の工夫と革新的な技術を使った場合，「どのようにすればこの計画を実施することができるか。それは他の国で実施されたことがあるか。その結果はどうであったか。仮に失敗するとすればその理由は何か。どこに計画の弱点があるか。計画のうち変更すべき点は何か」について検討しなければならない。立法政策者はすべての提案のフィージビリテイについて常に税務当局のイエスという答えを求めているとは限らない。政策立案者は，「立案を現実に機能させる方法」を税務当局が真剣に探究していると信じる場合のみ，税務当局の「ノー」という答えのもつ意味を重視するであろう。

　第四に，租税政策の立案者は税務当局の執行可能性に義務を負う。

　租税政策の立案者は，税務当局に不要な仕事を負担させたりまたは資源を浪費する仕事をさせることを回避しなければならない。立案者は大量作業を要する複雑さを招く租税の構造的な要素を除き，税制の複雑さはこれを管理できる種類の納税者のみに限定するように配慮しなければならない。立案者は旧式の税を放棄し，絶えず訴訟が発生するような租税法規を改正し，十分かつ効果的な税務行政の執行が可能になるよう，ガイドラインを制定しなければならない。税務当局は租税政策の立案者に執行上の問題点を迅速にフィードバックし，その除去について制度的な支援を求めなければならない。税務行政の有限の資源によって最大のコンプライアンス水準を維持するため，税務当局は取り組む価値のない問題については税制改正を要望すべきである。立案者は，租税政策を通じて税務当局に源泉徴収，徴収，情報申告の利用などの税務行政の近代技術を提供し続けなければならない。米国は税務当局に十分な資金と十分な権限を提供して適正な職員の確保，その訓練，良好な勤務条件，正直な遂行を行う高

度のモラルの維持を行うべきであり，実際にそのように努力している。税務職員は政府の仕事の中でも重要な地位を占める。政策立案者は，税務当局がその役割を果たすために望ましい職員を確保し維持するよう十分支援しなければならないのである。

4 租税政策の効果測定

　租税政策の立案者は，その計画の効果に関心をもつ。第一に，立案者は提案の結果をできるだけ正確に予見できることを望み，第二に，制度化された租税政策となった提案の現実の効果を評価することができることを望む。そのためには十分な資料が必要である。必要な経済的・統計的資料の相当の部分は，税制以外のものであるが，その多くは税務行政が作成する資料である。選択的な租税計画の結果についての予想は，現行税法の管理における成功の程度によって確度の高いものになる。権限のある職員，良好な実施方法・手続，正直な執行などを通じて達成される現行租税政策の成功度は，特定の新規提案による収入見通しについて現実に執行した場合の確信を立案者に与えるものである。現行政策の執行における弱点があるとすれば，その弱点を生ずる問題に対処する必要がある。そのため，租税政策の立案者には現行の税務執行の問題を測定する正確で信頼できるデータが必要である。その際，「現在のコンプライアンスの水準はどの程度か」裏返せば「現在のノンコンプライアンスの水準はどの程度か」，「納税者が新しい納税義務を引き受けることができるかどうかについて何を使えば把握できるか」，「申告書その他の文書の処理の状況はどうか」，「新しいペーパーワークにＩＲＳの機械は耐えられるか」などの問題を検討しなければならない。新しい政策の提案に適用されるべき「行政上のディスカウント」の程度を予言しなければならないので，租税政策の立案者は，税務当局のもつ情報が新しい政策の実質的な形成に助けとなるものと考えて税務当局に期待し，提案によって影響を受ける納税者とその活動に関するさまざまな事実を把握しようとする。ここで，留意すべきことは，租税政策の策定時の当初情報の不足をもって，確定した政策の効果を判断するデータの将来の不足の弁明理

由とすることはできないということである。租税政策の立案者は，税務当局と提携すべきであり，新しい政策の効果に関してどんなデータを集めることを望むかを明示すべきである。そのため，望むデータを入手できる申告書の様式を計画すべきである。

5　租税支出[8]

　租税政策の多くは経済発展と深く関係する。多数の国は，経済的・社会的な目標を達成するための特別措置により租税奨励措置や租税の免除を試みる。米国も特別措置によって求めた政策目的が達成されているか，それとも租税奨励措置や租税の免除を通じて失った歳入が歳入の浪費になっていないかを判断しなければならない。このような歳入の減少は形を変えた政府支出であるので，これを「租税支出」(tax expenditure) と呼び，支出政策と同様に，一定の間隔でその効果を評価しなければならない。さもなければ，税制が高価で無益な措置の塊になってしまう。米国の連邦支出は，（ⅰ）裁量的支出 (discretionary spending)，（ⅱ）義務的支出（mandatory spending）および（ⅲ）租税支出（tax expenditure）から成る。1974年議会予算法（the Congressional Budget Act of 1974：P.L.93-344）により租税支出の報告が義務づけられ，「租税支出」は特定の納税者に対する連邦税法の優遇措置（特別除外，免税，所得控除，税額控除，課税繰延または軽減税率など）による歳入ロスをいうと定義された。多くの租税支出プログラムの機能は，直接支出プログラムの機能と変わらないので，米国議会がそのいずれを選択すべきかは，理論的には明確でなく，各プログラムの性格や政治的・政策的な考慮によるところが大きい。一般に，直接支出予算に比べ，予算審議において租税支出の概念とその内容が見えにくいから，予算に租税支出リストを明示することにしている。

第1章　序　　論

CY2004の米国の主要な租税支出リスト（単位：100万ドル）	
税法の規定	歳入ロス
(1)　CFCからの所得の繰延	6,360
(2)　金融機関の国外所得課税の繰延	2,160
(3)　研究開発費	2,220
(4)　石油の探査開発費	160
(5)　森林栽培費	200
(6)　農業生産費	140
(7)　農業資本支出	180
(8)　生命保険・購入年金契約に係る所得の繰延	25,020
(9)　賃貸住宅の加速度償却	5,210
(10)　賃貸用以外の建物の加速度償却	543
(11)　機械装置の加速度償却	39,380
(12)　小規模投資の損金控除	670
(13)　開業費の償却	50
(14)　海運会社の課税繰延	20
(15)　ゾーン・アカデミー債保有者の税額控除	200
(16)　低所得層住宅投資の税額控除	3,870
(17)　州前払授業料プランの繰延	1,310
(18)　年金拠出（雇用主プラン）の除外	85,040
(19)　401(k)拠出の除外	82,400
(20)　IRA拠出および収益の除外	3,460
(21)　Keoghプランの拠出および収益の除外	3,000
(22)　公債利子の除外	14,650
(23)　公債以外の債券利子の除外	5,680
(24)　米国貯蓄債利子の繰延	230

6　幅の広い課税ベースの計画

　多くの国で租税政策の立案者は課税ベースを広げようとし，人口のできるだけ大きい割合に税制を適用しようとする。この場合，税務当局も業務拡大の能力という観点から組織・機構を絶えず評価しなければならない。例えば，課税最低限の決定要素として，租税政策の立案者は税務当局の執行可能性について，「より多くの申告書を捌くことができるか。小額の所得を記載した申告書，多様化した納税者や所得の種類の処理や調査を実施することができるか。現行のシステムが新しい方法や新しい技術に適合するか」を考慮に入れなければならない。所得課税と消費課税との選択も，課税の公平を維持するための「課税ベースの拡大」と執行可能性，行政側の徴税費と納税者側のコンプライアンス・コストの配分などに関係する。表の経済のみの課税ベース論議でなく，地下経済に対する課税強化によって課税ベースの拡大を図ることが課税の公平を実現するために不可欠である。米国は，コンプライアンス戦略の一環としてIRS犯罪捜査局（IRS Criminal Investigation：IRS-CI）の活動範囲を①脱税の摘発，②マネーロンダリング等金融犯罪の摘発，③麻薬犯罪の摘発とした上で，脱税については，（ⅰ）適法な源泉からの所得（legal source income）の脱税と（ⅱ）違法な源泉からの所得（illegal source income）の脱税のそれぞれに対する法執行を均等に実施することとしている。

IRS-CIの犯罪捜査・着手件数

	FY2003	FY2004	FY2005
合計着手件数	4,001	3,917	4,269
脱税捜査	2,446	2,163	2,631
その他の金融犯罪	1,555	1,754	1,638

7　資本および資産の所有

　租税政策の立案者は，資本形成や資本留保の過程に関心をもつ。その関心は多くの側面に関係し，税務当局に多くの新しく多様な要求を行っている。この点については多くの例がある。米英その他の国で，基本的な会社法は原則として株式の登録を要求する結果として，税務当局は一般に法人の所有を確認し，個人株主の確認を行うことができる。株式の登録が名義人の名で行われる場合，税務当局は名義人が真実の所有者を開示するよう要求する権限をもつ。社債その他の債務証書についても登録債の利用が増えている。しかし，他の国では，持参人証券が優勢であり，税務当局や政策立案者の仕事はより困難になっている。日本でも，金丸事件[9]や旧五菱会系ヤミ金融グループのマネーロンダリング事件[10]などで，脱税やマネーロンダリングのために無記名債券（割引債）が利用されていることが明らかになっている。この場合，税務当局は持参人証券の提起する問題に対抗するため工夫しなければならない。税務当局が株式・債券の所有権を追跡することができるように，証券の所有形態や法人組織の型に関連した技術を開発しなければならない。他の形態の資産に関しても類似の問題がある。特に財産の譲渡からの所得に対する課税に頼る場合，税務当局は所有権の変化を追跡し続ける技術や財産の評価の技術を開発しなければならない。税務当局と自由職業者はある税制の目的のためにすべての重要な形の財産に関するデータが入手でき，その結果として立案者がその政策のフィージビリティを示す背景との関係について評価できることを知らねばならない。このデータは，財産の税負担，所有権やその変更，評価額の変更，使用の性質の変更，取得価額や資本改善などに関するものである。土地の利用も，政策の立案者の注意を向ける主要な分野である。税務当局は土地利用の実態を把握し，ある政策については，利用の程度に応じてその生産性が計算され，課税されるように，財産を確認する技術を工夫する能力を開発しなければならない。現代は，無形資産について，困難な問題が発生している。

8　多国籍企業

(1)　共同市場との関係

　国際取引や国際投資は多国籍企業の活動により増加している。多国籍企業はその本部（親会社やトップ法人）を先進国に有している。しかし,例えば,中央アメリカとラテン・アメリカの共同市場の設立により,ラテン・アメリカの一国に本部を置き共同市場内の他の国に構成員が散らばったラテン・アメリカ多国籍企業が発生する。税務当局は共同市場の発展に遅れないようにし,多国籍企業との課税関係で起こる行政問題を予想しなければならない。先進国に本部を有するラテン・アメリカで営業する多国籍企業に関して問題がある。先進国の税務当局は多国籍企業の活動に関する税務行政の問題と真面目に取り組み始めている。例えば,米国は多国籍企業の構成要素の間における所得と経費の適正な配分を要する移転価格税制の規定を実施するガイドラインを定めるように注意深く分析され構成される。その結果として,ラテン・アメリカの税務当局は,多国籍企業に税制を適用する場合に生ずる配分の問題を扱う専門性と技術を開発するとき,租税条約における問題を確信して扱う状況にある。

(2)　多国籍企業の国際経営戦略の変化

　米国は,パクス・アメリカーナの基本構想の下で,米国ベース多国籍企業の発展を支援してきた。米国を本拠地とする企業グループがその外国子会社を通じて稼得する国外源泉所得の合算課税制度において,米国は一連のＤＩＳＣ,ＦＳＣなどの特別有利な措置を採用していたが,西欧諸国やGATT/WTOによってこれを輸出奨励「国家補助金」として非難され,相次いで廃止せざるを得なくなった。米国ベース多国籍企業は,原則として全世界所得課税を受けるので,外国子会社を通じて稼得した国外所得源泉所得に対する課税を回避するには外国子会社の利益の本国償還となる配当をストップするか,米国法人の国外所得免除を要求する論議を喚起することになっている。米国ベース多国籍企業は,外国子会社からの配当をさらに株主に配当する場合には,その株主は二段階課税を受けることになる。そのため,このような米国課税を回避するため

に，その本拠地を米国からタックス・ヘイブンに移す「法人インバージョン」(Corporate Inversion) を行う現象がみられるようになった。2004年雇用創出法 (AmericanJobs Creation Act of 2004) で法人インバージョン防止策を講じたが，米国は，このような状況に対処するため，国際租税法の抜本的改革を迫られることになった。租税政策の基本に関する再検討を行うよう要請された大統領諮問パネルは検討の結果，2005年11月に大胆な改革勧告案を報告書にまとめ，財務省に検討させている段階にある。

9 租税政策の弾力性

租税政策の立案者は，租税政策の変化の必要性に注意しなければならない。租税政策が合理的な物価安定と経済成長の促進に主要な役割を演ずることは，財政学における租税の機能として古くから認識されている。諸政策は硬直的でなく，国内的・国際的な発展の双方により影響される経済条件の急速な変化に対応するものでなければならず，租税政策の立案者も，柔軟な租税政策の企画立案に努め，どのような種類の税やその変形が時代の要請に見合う柔軟性をもつかを決めている。米国は，所得税の税率や課税範囲を一時的に増減する決定，特定の租税奨励措置の停止，復活または創設の決定，などを政権の重要政策としている。このように柔軟な租税政策を駆使するために，税務当局と租税政策の立案者は密接な協調をしなければならない。租税政策の立案者は，短期の経済見通しと択一的な租税政策の経済効果の予想という問題，税務当局は特に変化が新しいアプローチに係わる場合に突然の変化であってもこれを実行するためにその人的資源に課される負担という問題，にそれぞれ的確に対応しなければならない。

10 結 論

米国は，租税政策の立案者と税務行政との間の相互理解と密接な通信に基づき協調関係を維持強化している。税務行政が租税政策を実行するために存在するという本質的な機能は，タックス・ギャップを減らすため，両者が率直な問

題の評価と相互の目的を十分に話し合うことによって，うまく発揮されるのである。税務当局は確定された租税政策を執行するため誠実に努力しなければならず，米国ＩＲＳは，財務省主税局（Office of Tax Policy）に現行の業務や将来の執行能力について率直に実際の姿を伝えなければならない。

〔注〕
1) 横山　彰「法人税の課税ベースと租税政策」武田昌輔編著『企業課税の理論と課題』（平成7年）pp.23－24。
2) 増井良啓「税務執行の理論」財務省財務総合研究所『フィナンシャル・レビュー October 2002』pp.169－183。
3) 金子　宏『租税法第11版』（平成18年）pp.9－12。
4) 最(大)判昭和30年3月23日民集9巻3号pp.336。
5) 水野忠恒『租税法第2版』（平成17年）pp.4－6。
6) 水野忠恒前掲書6頁。
7) 本庄　資「国家戦略として税務行政の法執行能力を強化する必要性」『税大ジャーナル April－2005』pp.15－34。
8) Executive Office of the President of the United States *Analytical Perspectives-Budget to the United State* FY2006, pp.315－358.
9) 立石勝規『東京国税局査察部』（平成11年）。
10) 平尾武史・村井正美『マネーロンダリング』（平成18年）pp.38－48。

第2章
タックス・ギャップ縮小政策

　租税政策が現実に税法になり，その税法が税務行政によって適正に執行されてはじめて租税政策が現実に実施されたことになる。議会の意思として税法に表現された租税政策がどの程度実現するか否かは，納税者のコンプライアンスと税務行政の法執行によるノンコンプライアンスの摘発による税収の回収の程度によって決まる。ＩＲＳは，「コンプライアンス＝納税者サービス＋法執行」を使命として，その業務を（ⅰ）納税者サービス，（ⅱ）法執行，（ⅲ）情報管理に大別している[11]。

> ＩＲＳの使命
> 　Provide America's taxpayers top−quality service by helping them understand and meet their tax responsibilities and by applying the tax law with integrity and fairness to all.

第1　米国財務省のタックス・ギャップ縮小戦略

　ＦＹ2005の連邦歳入は2.2兆ドル超であり，その純歳入の95％超はＩＲＳが内国歳入法典（Internal Revenue Code:IRC）に規定する所得税，譲渡税および消費税として徴収したものである。その大部分は，政府の関与のない自主申告納付によるものであり，米国の申告水準はきわめて高い。2006年に3億人に達した米国では，ＩＲＳに2億2千万件以上の申告書（うち個人所得税1億3千万件以上，法人所得税250万件以上）が提出されている。しかし，なお地下経済を含む無

申告者が少なくない。ＦＹ2001のコンプライアンス割合は，期限後納付およびＩＲＳの法執行の成果を含めると，86％超と算定されているが，なお，巨額のタックス・ギャップが存在する。米国では，タックス・ギャップを「納税者が自発的に期限内に納付する税額と税法に基づいて納付すべき税額との差額」と定義している。

> Tax Gap
>
> the difference between the amounts taxpayers pay voluntarily and on time and what they should pay under the law

ブッシュ政権は，米国議会とともに，タックス・ギャップを縮小することを公約した。2006年9月26日，財務省は，タックス・ギャップに対する積極的な戦略『タックス・ギャップ縮小のための総合戦略』(A Comprehensive Strategy for Reducing the Tax Gap) を公表した。この戦略の4原則として，①意図せざる誤謬と意図的な脱税の双方を対象とすること，②ノンコンプライアンスの原因を特定してターゲットにすること，③法執行活動を納税者サービスと結合すること，④ポリシー決定とコンプライアンス提案は納税者の権利に配慮し法執行活動と納税者の負担の間で妥当な均衡を図ること，を掲げている。この原則の下で実際の効果的な戦略は，次の7項目を含むものとされる。

(1) 脱税の機会を減らすこと

ＦＹ2007予算は，脱税の機会を減らしＩＲＳの効率を向上させる五つの立法案を含んでいる。財務省主税局（Office of Tax Policy）は，ＩＲＳとともにＦＹ2008予算において追加立法案を作成し，コンプライアンスの向上とタックス・ギャップの縮小のため手続上および実体法上の規則を活用する。

(2) 多年度にわたる研究を行うこと

ＩＲＳが要員を的確にターゲットに割り当てるためノンコンプライアンスの原因を特定する研究が不可欠である。ＩＲＳがコンプライアンスの変化のバルナラビリティを認識できるようコンプライアンスの研究を規則的に最新の状態

第2章　タックス・ギャップ縮小政策

に維持する必要がある。納税者の負担およびコンプライアンスと自発的コンプライアンスに係る納税者サービスとの関係についての研究が必要である。正確なベンチマークを確立しＩＲＳの業績効果を測定する研究も重要である。

(3) 情報技術の改善を図ること

ＩＲＳに迅速な摘発，的確な調査対象の選定および効果的な事案管理を通じてコンプライアンスを向上するツールを与える情報技術を改善する必要がある。

(4) コンプライアンス活動を改善すること

文書の突合，税務調査および徴収事務の改善によって，ＩＲＳはノンコンプライアンスをより効果的に防止し，摘発し，是正することができる。これらの活動は，ＩＲＳが直接接触した納税者だけでなく，ＩＲＳの法執行を目に見えるようにする結果として税法の不遵守を差し控える納税者にも，コンプライアンス向上の効果をもたらせる。ＩＲＳは，税務調査と徴収を工夫し，情報技術に投資して，調査による増差税額を高め，調査対象を拡大し，優良な納税者の負担を減らすべきである。

(5) 納税者サービスを向上させること

納税者の意図しない誤謬を避けるために納税者サービスが重要である。自主申告制度の下で税法が複雑化しているので，不要な接触を減らすため納税者支援と明瞭かつ正確な情報提供を十分に行うことが必要であり，これによって，意図的な脱税者に法執行要員を集中することができる。

(6) 税法の改革と簡素化を図ること

税法の理解不足による意図しない誤謬や意図的な脱税の機会を減らすために税法の簡素化が必要である。財務省主税局は，大統領諮問パネルの連邦税制改革に関する報告書を評価し，改革オプションを考慮に入れる。ＩＲＳも，フォームおよび手続の簡素化によって納税者の負担を減らすよう努める。

(7) パートナーとステークホルダーと総合調整すること

ＩＲＳと州政府および外国政府と情報とコンプライアンス戦略を共有するため総合調整が必要である。さらに，適切な税務の助言が納税者に提供されるよう租税実務家団体（弁護士会及び会計士協会を含む）とＩＲＳの総合調整が必要で

ある。これらの団体との接触によって,財務省・IRSは最近の税のプラクティスの実態を知り,納税者の関心事項や濫用的プラクティスを知ると同時に,納税者およびその代理人との接触によって,納税者の権利保護の内情を知ることができる。

> FY2005のIRS予算は,100億2,726万ドルであり,その内訳は,
> （ⅰ）納税者サービス　40億499万ドル,（ⅱ）法執行　43億6,169万ドル,
> （ⅲ）情報システム　16億6,058万ドルであった。

この総合的戦略の成否は,IRSの要員とその効率的・効果的な活用によって決まる。IRSは,コンプライアンスに直接・間接の最大効果を及ぼす領域に法執行を集中している。

1　タックス・ギャップの規模とその原因

グロス・タックス・ギャップとは,納税者が税法により納付すべき税額と実際に期限内に納付した税額との差額をいう。IRSは,2006年2月14日,コンプライアンスの推計値を発表した[12]。2001年度のグロス・タックス・ギャップは3,450億ドルであり,コンプライアンス割合は約83.7％であった。この数字は,自主的な期限後納付およびIRS法執行活動による回収を含んでいないので,IRSが回収した約550億ドルを考慮に入れると,それぞれ2,900億ドル,86.3％に修正される。タックス・ギャップには次の三つの特性があり,最も重要なノンコンプライアンスの所在を示している。

① 　グロス・タックス・ギャップの70％超は,個人所得税であること
② 　グロス・タックス・ギャップの80％超は,所得の過少申告または所得控除および税額控除の過大申告であり,その大半が個人の事業所得に関するものであること,ならびにグロス・タックス・ギャップの18％は,過少納付または無申告であること
③ 　第三者情報の対象または源泉徴収の対象とならない所得のノンコンプライ

アンスが最大の割合を占めること
(1) 税目別分析
税目別IRSの推計値は，表1のとおり，個人所得税が最大となっている。

表1　税目別グロス・タックス・ギャップ

税　　　目	グロス・タックス・ギャップ（10億ドル）	構成比(%)
個人所得税	245	71
法人所得税	32	9
雇　用　税	59	17
遺　産　税	8	2
合　　　計	345	100

(2) 誤謬の種類

誤謬の種類別IRSの推計値は，表2のとおり，過少申告が最大となっている。

表2　誤謬の種類別グロス・タックス・ギャップ

誤謬の種類		グロス・タックス・ギャップ（10億ドル）	構成比(%)
過少申告	個人所得税		
	事業所得以外	56	16
	事　業　所　得	109	32
	所得控除・税額控除等	32	9
	小　　　計	197	57
	法人所得税	30	9
	雇　用　税		
	ＦＩＣＡ	14	4
	自営業所得税	39	11
	小　　　計	54	16

	遺 産 税	4	1
	遺 産 税	4	1
	合 計	285	83
過少納付	個人所得税	23	7
	雇 用 税	5	1
	そ の 他	5	3
	合 計	34	10
無申告	個人所得税	25	7
	遺 産 税	2	1
	合 計	27	8

(3) 透 明 度

　支払者の源泉徴収義務の対象とされる所得に関するタックス・コンプライアンスは，最大であり，雇用主の報告した賃金に係る税のうち，IRSに申告されなかったものは1％にすぎない。源泉徴収の対象にならないが支払時に第三者によるIRSへの報告が義務づけされている所得に関するノンコンプライアンスの割合は，これより高い。利子，配当，社会保障給付金，年金，失業保険金など，第三者情報申告の対象となる所得の無申告割合は，約4.5％，パートナーシップおよびS法人の所得，別居手当，報告すべき控除およびキャピタル・ゲインの無申告割合は，8.6％であった。源泉徴収の対象でなく，第三者情報申告の対象でもない所得に関するノンコンプライアンス割合は，きわめて高い。事業主（農業を含む）の所得，賃貸料および使用料の無申告割合は，約54％であった。

(4) 意図的な誤謬と意図しない誤謬

　タックス・ギャップのうち意図しない誤謬でなく意図的な脱税から生じるものがどの程度あるかという問題がある。通常の税務調査で納税者の意図を決めることは困難である。納税者はその誤った申告が意図的であると認めず，IR

Sの税務調査による誤謬の性質の分析は本来主観的である。研究者の中には意図的な脱税を測定するため，コンプライアンス・データに計量経済学の手法を適用する者が，その成果は決定的なものでない。そこで，意図的な誤謬と意図しない誤謬の双方からタックス・ギャップが生じることを認め，タックス・ギャップを減らすため，意図的な脱税のみならず，税法の複雑性による納税者の混乱にも対処しなければならない。

2　タックス・ギャップを減らすための挑戦

　タックス・ギャップ対策は，（ⅰ）自発的コンプライアンスの改善，（ⅱ）脱税の機会の阻止，（ⅲ）ＩＲＳの税法執行の支援を含む。米国は，税法の簡素化と抜本的改革が行われず，コンプライアンス技術の画期的な進歩がない場合，タックス・ギャップを減らすための合理的な戦略の影響とタイミングを現実的に予想しなければならない。タックス・ギャップ対策には時間がかかる。予期した成果を出すには，（ⅰ）新しいデータの入手と分析，（ⅱ）文書突合システムの改良，（ⅲ）調査対象選定基準の見直し，（ⅳ）新しい技術の入手と試験，（ⅴ）新しい法執行と納税者サービスを担当する税務職員の教育訓練が必要である。

3　総合的戦略

　推計された2,900億ドルの純タックス・ギャップに対し，単独の対策でノンコンプライアンスを実質的に減らすことはできないので，多年度にわたる総合的な戦略が必要である。

(1)　脱税機会の阻止

　第三者情報申告がなければ，ＩＲＳは費用のかかる立入調査をせずに誤謬を発見することはできない。ＩＲＳは，雇用主，金融機関，支払者および政府から毎年15億件超の情報申告を受け取っているが，自営業所得などについては，信頼できる情報が不足している。

　ノンコンプライアンスの抑制には制裁が効果的であるが，現行税法の制裁の

水準は妥当でない。FY2007予算は，①雇用税，②情報申告，③徴収手続，④申告作成業者に焦点を充てて，正直な納税者に不当な負担を掛けずに，脱税機会の減少を目的とする五つの立法案（（ⅰ）報告要件の強化，（ⅱ）信頼できるデータへのIRSのアクセスの拡大，（ⅲ）IRSの調査権および徴収権の強化，（ⅳ）多年度のノンコンプライアンスの摘発可能性，（ⅴ）妥当な制裁水準の設定）を含んでいる。

　タックス・ギャップ対策として，税法の効果的な執行を可能にするため，財務省の規則およびIRSのガイダンスが重要な役割を演じている。ガイダンスは，自発的コンプライアンスを高めるため，税法の曖昧さを明瞭にし，特定領域のノンコンプライアンスに焦点を合わせ，タックス・シェルターなどの濫用的行為を防止するために有効である。財務省・IRSは，毎年優先ガイダンス・プランを公表しているが，2006－2007プランは達成すべき（ⅰ）IRC482によるコスト・シェアリング契約，（ⅱ）IRC671による一定の投資信託の情報申告，（ⅲ）IRC860G(b)による不動産モーゲージ投資導管（REMIC）残余持分からの所得を外国人に配分するパートナーシップの源泉徴収義務，（ⅳ）IRC6655による法人の予定納税，など264のガイダンス・プロジェクトを含む。

　濫用的租税回避取引における納税者および租税実務家の関与を抑制するため，財務省・IRSはガイダンスを活用している。2004年雇用創出法（AJCA）の制定後，新しい「報告すべき取引」の開示と義務違反に対する制裁を実施するため，11のガイダンスを発し，ノンコンプライアンスとタックス・ギャップの元凶となる不適切な税務助言者に適用すべき倫理規定の強化を図っている。

　税務行政の効率化のために手引きおよび様式の改善が有効である。例えば，大企業の帳簿上と税務上との差異（book-tax differences）の開示と調整に関するスケジュールM－3が開発され，ノンコンプライアンスの原因を究明するIRSの能力の向上に役立った。

(2) 多年度の研究

　IRSが特定領域のノンコンプライアンスに対処し，自発的コンプライアンスの水準を向上させ，効果的に要員を配置し，ひいてはタックス・ギャップを減らすための戦略を開発するために研究が必要である。IRSは，1979年から

納税者申告水準測定計画（Taxpayer Compliance Measurement Program：TCMP）[13]に基づいてタックス・ギャップを推計してきたが，コストと納税者に負担を掛けるという懸念から1988年後TCMP研究を実施しなかった。しかし，コンプライアンス・データの必要性を認識し，2001年IRSは納税者の負担を最小化して全米研究計画（National Research Program：NRP）[14]という新しいコンプライアンス研究を実施した。NRPは，総合的コンプライアンス・データの重要性を示している。IRSは，2001年度の個人所得税申告書約4万6,000件を審理した。これは，NRPでなければ申告情報を独立に照合することができなかったはずの申告書を調査することになった。NRPの研究成果は，タックス・ギャップの内容の推計やノンコンプライアンスの原因の特定，コンプライアンス割合の変化の把握，調査対象の選定のために，活用されている。納税者負担を減らす調査技法のイノベーションは，通常の税務調査に取り入れられる。常に新しいコンプライアンス研究をしなければ，IRSは個人所得税やS法人以外の領域で，20年前に実施した古い研究に基づいて，コンプライアンスを推計せざるを得ない。すべての領域の最新の研究成果がなければ，IRSは税制に出現するバルナラビリティに迅速に対応する能力を失ってしまう。多年度の研究の継続によって，IRSは新しく出現するノンコンプライアンスの原因にその要員を効率的に集中し，効果的に対処することが可能になる。税法を遵守する納税者は，IRSが最新の研究成果を用いて調査対象を選定する時，無用な接触の負担が減る形で，その利益を得るのである。IRSは，新しい研究プロジェクトとして，（ⅰ）NRPコンプライアンス研究の規則的な更新，（ⅱ）パートナーシップ，雇用税，免税団体および政府機関を対象とする新しいNRPコンプライアンス研究の開始，（ⅲ）小規模かつ広範なターゲットのノンコンプライアンス研究，（ⅳ）納税者サービスとコンプライアンスとの関係，（ⅴ）ノンコンプライアンス摘発の新しいツールの開発，（ⅵ）IRS要員の配置の見直し，などを検討している。

(3) 情報技術（IT）の革新

21世紀の税務行政に相応しい情報技術革新が必要である。IRSは，（ⅰ）

陳腐化した納税者管理システムと技術の取替え，(ⅱ) 早期発見，調査対象の見直し，事案管理の見直しによるコンプライアンス活動の拡大・強化，(ⅲ) 低コストによる効果的納税者サービス（電子申告制度およびウエップ・サービスを含む）の提供，(ⅳ) 業務執行に必要なインフラへの投資を行う。

(4) コンプライアンス活動の改善

　IRSは，手続の改善，技術投資および業務の簡素化により効率性と生産性の向上に努めている。濫用的租税回避取引に対処するため，IRSは税務職員の配置換によって第一線法執行活動を拡大し，納税者サービスの改善のため，インターネットなど技術進歩を利用している。技術革新は，納税者の負担を軽減するだけでなく，IRSの貴重な要員を法執行活動に専念させる。IRSは，税務調査と徴収手続を再構築して時間を節約し，増差税額を引き上げ，対象を拡大するため，NRPで開発された費用効率のよい調査技法の利用を拡大している。納税者の申告情報を確認するため第三者情報の利用を拡大して，調査要員を的確に標的に当てることができる。IRSは，問題（無申告者その他のノンコンプライアンスの領域）に提携して対処し組織内で解決することによりその効率を最大化する全庁的戦略に切り換え，調査変更率その他の妥当な基準で測定される調査効率を改善する。タックス・ギャップを減らすため，(ⅰ) 情報申告の拡大，(ⅱ) 文書突合プログラムの改善，(ⅲ) ノンコンプライアンス発見プログラムの洗練，(ⅳ) 特定領域の調査件数の増加，などの新しいイニシャティブが必要である。このイニシャティブには直接・間接のメリットがある。直接的メリットは，ノンコンプライアンスの接触・調査件数の増加により法執行による増差税額を増加することであり，間接的メリットは，IRSの法執行の実績を目に見える状態に置くことによって，他の納税者の脱税は抑止され，自発的コンプライアンスが増加することをいう。

(5) 納税者サービスの向上

　納税者の意図しない誤謬を避けるため，納税者サービスは重要である。IRSは，多様な方法（窓口サービス，納税者教育，様式，出版物，無料電話サービス，インターネット，納税者支援センター，ボランティア納税者支援，高齢者納税相談を含

む）を通じ，年中納税者支援を実施している。1998年ＩＲＳ再建改革法（IRS Restructuring and Reform Act of 1998）制定後，ＩＲＳの納税者サービスは顕著な改善を示した。

（ⅰ） 2006年には個人の56％超が電子申告を行った。

（ⅱ） 低所得納税者クリニックを設置し，税務争訟で無料または低料金で代理人を提供し，英語を第二言語とする納税者に租税教育および窓口サービスを提供した。

（ⅲ） ＩＲＳのウエッブサイト（IRS.gov）は納税者が様式，還付，質問の回答を容易に得られるようにするが，2006年の利用件数は１億3,500万件超となった。

（ⅳ） 他のサービス（税務申告書写しの提供，第三者である支払者のための納税者番号の突合を含む）をオンラインで提供した。

（ⅴ） パイロット・コンプライアンス保証手続（Compliance Assurance Process：CAP）プログラムは，大法人が申告前に税務申告の正確性を決定するためにＩＲＳと協力する制度である。

ＦＹ2006財務省予算に添付される報告書で，上院予算委員会（Senate Committee on Appropriations）は，ＩＲＳが納税者サービスの改善５年計画を作成するよう要求した。

(6) 税法の改革および簡素化

現行税法は複雑すぎるので，納税者が理解し難く，ＩＲＳが執行し難いといわれ，税法の特則と微妙な違いから不公正，コンプライアンスの低下，タックス・ギャップの増加を招き易い。税法を遵守したい納税者が複雑なルールと様式を理解することができないため意図しない誤謬を犯すこともあれば，意図的に複雑な制度を利用する納税者もいる上，複雑さの故に，ＩＲＳがノンコンプライアンスを発見することが困難になることもある。社会政策の目標に合わせる税法の条文はますます複雑化しているが，これをＩＲＳの限られた要員で執行しなければならないので，税法が複雑であることはタックス・ギャップを生じる。ＦＹ2007予算には，貯蓄と家族の課税上の取扱いを簡素化する６案が含

まれたが,財務省はタックス・ギャップを減らすよう税法簡素化の立法化を継続し,大統領諮問パネルの報告書を検討して改革オプションを考慮に入れている。納税者負担の軽減については,立法化を補足するためＩＲＳも多様な行政上の措置を講じている。ＩＲＳは,2002年に納税者負担軽減室（Office of Taxpayer Burden Reduction：TBR)[15]を設置し,様式944（雇用主の年間連邦税申告）の申告要件の簡素化,様式2688（個人所得税申告書提出期限の追加的延長申請）の提出要件の廃止（自動的6ヶ月延長を認める),EITC支援の創設（勤労所得税額控除(earned income tax credit：EITC)の適格性の決定をオンライン化する),など様式および手続の簡素化のプロジェクトを進めている。

(7) パートナーとステークホルダーの総合調整

財務省およびＩＲＳは,コンプライアンスの向上,税務行政の効率化,納税者サービスの向上,および納税者負担の最小化のために,州政府,外国政府,納税者代理人グループおよび租税実務家と広範な総合調整を行う。タックス・ギャップを減らすために,この調整活動のレベルアップが重要である。具体的には,（ⅰ）国際的な情報交換,（ⅱ）連邦と州とのパートナーシップ,（ⅲ）租税実務家の連絡と教育,（ⅳ）納税者代理人などの努力が重要である。国際的な情報交換については,米国は租税条約および情報交換協定を通じて税法の執行に必要な情報を外国税務当局から取得するほか,広範な特定情報に関する情報シェアリングに参加している。例えば,ＩＲＳと外国税務当局は,合同国際タックス・シェルター情報センター（Joint International Tax Shelter Information Centre：JITSIC）を通じて濫用的租税回避取引に関する情報を共有する。連邦と州とのパートナーシップについては,ＩＲＳと州政府はノンコンプライアンスに対処する戦略の開発を継続している。また,財務省の金融管理庁（Financial Management Service）とＩＲＳは,2007年に2州とパイロット・プログラムを開始し,財務省の電子連邦税納付制度（Electronic Federal Tax Payment System：EFTPS）によってすべての連邦税と州税をオンラインで納付することができるワンストップ・サービスを提供する。租税実務家の連絡と教育については,財務省およびＩＲＳは,税務申告書作成の実態を把握し,税の助言者に妥当な助

言をさせるため，全米の租税実務家グループ，小規模事業の代表者，産業団体との積極的な関係を結び，IRSのポジションとガイダンスを提供する。納税者代理人については，財務省およびIRSは，納税者代理人グループとの通信によって納税者の関心事項（納税者の権利を含む）を把握する。

第2 会計検査院（GAO）のタックス・ギャップに関する議会報告

米国会計検査院（U.S. Government Accountability Office：GAO）は，タックス・ギャップについて，何度も米国議会に報告を行ってきた。財務省が『タックス・ギャップ縮小のための総合的戦略』を公表するまでに，GAOがどのように米国議会報告および証言を行ってきたか，以下にその研究と主張を要約する[16]。

1 タックス・コンプライアンス

2005年4月14日，GAOの長官（Conptroller General）David M. Walkerは，上院財政委員会で「タックス・ギャップを減らすことは財政の持続可能性に貢献するが，多様な戦略が必要である」と題する証言を行い，タックス・ギャップの縮小は，(ⅰ)税法の複雑さを排除すること，(ⅱ)質の高い納税者サービスを提供すること，(ⅲ)法執行を強化すること，(ⅳ)IRSのコンプライアンス向上の業績を評価すること，など多様な領域で多様な戦略の下で持続的に遂行しなければならないと述べた。ノンコンプライアンスの実態とその原因に関する最新情報を把握することが重要である。IRSの2001年度タックス・ギャップの推計は，個人所得税の過少申告に関して最近収集したコンプライアンス・データに基づいているが，他の領域のタックス・ギャップに関するコンプライアンス・データを収集し，個人所得税の過少申告に関するデータを再度収集するという確固たる計画はIRSにない。Walker長官は，「IRSには業績連動型の管理に一致するタックス・コンプライアンス向上の計量的長期目標

が欠けている」ことを指摘した。長官の見解は，2005年10月26日，ＧＡＯのMichael Brostek (Director, Strategic Issues) が上院米国本土保全および政府問題委員会連邦財政管理，政府情報および国際保全小委員会で「タックス・ギャップ―納税者コンプライアンスの向上には多様な戦略，コンプライアンス・データの改善および長期目標が必要である」と題して行った証言で，敷衍された。

2006年7月26日，ＧＡＯのMichael Brostek (Director, Tax Issues Strategic Issues Team) は，上院財政委員会課税・ＩＲＳ監督小委員会で「多様なアプローチでタックス・ギャップを減らす機会が存在する」と題する証言を行った。ＧＡＯはタックス・ギャップとこれを減らす多様なアプローチの検討を要求された。この証言は，三つのアプローチ（税制の簡素化と改革，ＩＲＳの法執行力の強化，その他の戦略）によってどの程度タックス・ギャップを減らすことができるかについて述べている。

(1) ＧＡＯの認識

①税法の簡素化または抜本的税制改革は，タックス・ギャップを数十億ドル減らす可能性を秘めている。ＩＲＳは2001年度の所得控除および税額控除の誤謬によるタックス・ギャップを320億ドルと推計しているが，議会が重要と判断した目的のために規定された条文を排除または統合することは錯綜した問題を生じる。抜本的税制改革も，若干の優遇措置を認めれば，なおタックス・ギャップを残すであろう。いかなる税制にしてもノンコンプライアンスは起こるのである。②源泉徴収と情報申告は，タックス・ギャップを数十億ドル減らす強力なツールであり，高い水準のコンプライアンスを維持している。このアプローチによって，ＩＲＳがノンコンプライアンスの納税者を特定し，優先的にそのような納税者に接触できるように要員を配置することができる。ＧＡＯは，証券譲渡のコストまたはベーシスの報告がコンプライアンス向上のオプションであると示唆したが，多種の所得がすでに情報申告の対象とされているにもかかわらず，多種の過少申告が存在することや源泉徴収と情報申告を追加するアプローチは第三者の負担を増加させるという抵抗を受けるであろう。③ＩＲＳの法執行要員の増加は，タックス・ギャップを数十億ドル減らす可能性

第2章 タックス・ギャップ縮小政策

をもつ。ＩＲＳの法執行要員の妥当なレベルの決定には，（ⅰ）ＩＲＳの現在の法執行要員の活用度，（ⅱ）ＩＲＳの納税者サービスと法執行活動との均衡の適正度，（ⅲ）連邦政府の予算配分・組織機構のあり方など多くの要素を考慮しなければならない。米国議会がＩＲＳの法執行要員の増員を決定するならば，減らされるタックス・ギャップは，予算の増額の規模，ＩＲＳの増員の活用度および納税者コンプライアンスの向上に及ぼす間接効果などの要素に左右される。④ノンコンプライアンスに単一のアプローチで対処することは十分でなく，費用効果が明瞭でないため，最も効果的な戦略は多様なアプローチを組み合わせることであろう。タックス・ギャップを減らす戦略のキーファクターとして，定期的にノンコンプライアンスとその原因を測定し，減少目標を設定し，技術を駆使し，ＩＲＳ法執行要員を増加し，それぞれの実績を評価することが大切である。

　税制簡素化または税制改革によりタックス・ギャップを減らすことはそのデザインに左右されるが，タックス・コンプライアンスに対し効果がある。

　税制簡素化には，次の三つの理由でタックス・ギャップを減らす可能性があると判断される。

（ⅰ）　税法を遵守したいがその複雑性に混乱している納税者の不注意ミスを減らすことによって，より確実に税法を自発的に遵守することが可能になる。

（ⅱ）　複雑な税法の条文を悪用してノンコンプライアンスを隠蔽しまたはタックス・シェルターを通じて目的を達成する納税者の意図的なノンコンプライアンスを減らすことによって，脱税の機会を制限することができる。

（ⅲ）　税法の複雑さによって税法を理解できず，他人が複雑な税法を利用して意図的に過少申告していると感じる場合には自発的に税法を遵守する意思が失われる。

　税制簡素化の方法は，次のとおり多様である。
　①　現行税法のまま簡素化する方法
　2005年余り重要でない租税優遇措置に関するＧＡＯ報告書で適格教育費の定義が税法の条文によって，書籍購入費を含むか否かで異なっていると指摘した。

税法全体を通じて用語の定義を統一することによって納税者のミスを減らすことができる。有料の申告書作成業者の研究では，認容できない書籍費の控除をしている者がいる。米国議会課税合同委員会（Joint Committee on Taxation：JCT）は，「税法における異なる定義によって納税者ミスが増加するだけでなく納税者の欲求不満も増加する」と指摘している。税法の複雑さによってタックス・ギャップが生じる条文は，勤労所得税額控除（EITC）であり，ＩＲＳは1999年度におけるタックス・ロスを約100億ドルと推計している。この点については，ノンコンプライアンスが意図的である場合もあるが，この税額控除の適格性に関する複雑なルールによる混乱によって納税者の不注意ミスが生じている。現行税法のまま簡素化することは，タックス・ギャップを減らすことができるとしても，他の政策と衝突することもあり，米国議会の意図しない結果を生じることもある。

② 租税支出（tax expenditures）の排除または統合

税法の複雑さの原因は，多数の優遇措置（免税，所得除外，所得控除，税額控除および課税繰延）である租税支出である。その数は，1974－2005年の間に倍増している。納税者が不適正な申請をすれば，租税支出はタックス・ギャップの原因となる。

ＩＲＳは，このような規定のノンコンプライアンスのために2001年度における個人所得税の320億ドルのロスを推計している。この推計において，税法の簡素化が「所得」の複雑さから生ずるノンコンプライアンスの原因を生ずる場合があることも示唆されている。とはいえ，所得控除や税額控除は，米国議会が連邦政策の促進に必要であると判断したものであるので，これらを排除・統合することは，結果として得をする者と損をする者を生み，一定の経済活動の奨励やエクィティの改善という別の政策と衝突することになる。

③ 抜本的税制改革

所得税制から消費税制，連邦売上税または付加価値税などの他の税制へ移行する抜本的税制改革についても，優遇措置や複雑な条文が少なくなり，課税取引が明瞭になれば，タックス・ギャップは小さくなるが，いかなる新しい税制

でも，これは容易でなく，ノンコンプライアンスの余地があるので，タックス・ギャップの規模はこれを縮小するために税務行政が対抗措置をとるような制度のデザインとその運用に左右される。代替的な税制のデザインに当たって，経済効果，公平および負担などの要素と高度のコンプライアンスの確保のいずれを重視するか，を決めなければならない。

　ＩＲＳの法執行ツールを増加することによってコンプライアンスを向上させることができるが，ツールの特定とデザインの決定が重要である。

　税制改正でＩＲＳの法執行ツールを増加すること（例えば源泉徴収義務および情報申告義務の拡大）によって，タックス・ギャップの最大の原因である過少申告を数十億ドル縮小することが可能である。源泉徴収と情報申告は，高度のコンプライアンスの維持に有効であり，ＩＲＳはノンコンプライアンスの納税者を特定し，その調査に優先的に要員を当てることができる。その反面，源泉徴収と情報申告の義務は第三者にコストと負担を課す制度であり，すでに多くの種類の所得がその対象になっている。

　過少申告に対抗するため新しい源泉徴収義務と情報申告義務をデザインするに当たっては，その点についての十分な考慮が必要である。ＧＡＯは，コンプライアンス向上のために源泉徴収または情報申告の義務を強化すべき領域を特定している。

　①　証券譲渡のキャピタル・ゲイン

　ＧＡＯは，証券（法人株式およびミューチャル・ファンドなど）譲渡のキャピタル・ゲインまたはキャピタル・ロスの誤った申告を36％と推計した。誤った申告の大半がコストまたはベーシスの申告漏れであった。納税者がブローカーを通じて証券を売却する時，ブローカーには売却の情報（納税者が受け取る総収入金額を含む）を申告する義務があるが，証券のベーシスの情報を申告する義務がない。ブローカーにベーシス情報申告を課すならば，証券譲渡の損益を申告する納税者のコンプライアンスの改善とＩＲＳのノンコンプライアンスの特定に役立つであろう。

② 独立の請負業者に対する支払

IRSのデータでは，独立の請負業者が情報申告のある所得の97％を申告しているが，情報申告のない請負業者は所得の83％しか申告していない。GAOは，独立の請負業者に関する情報申告の改善方法として，（ⅰ）情報申告の懈怠に対するペナルティの引上げ，（ⅱ）情報申告の必要性を決める限度額（600ドル）の引下げ，（ⅲ）支払者に対し独立の請負業者に対する支払合計金額の申告を義務付けること，などが必要であると判断している。IRS納税者弁護部局（Taxpayer Advocate Service：TAS）は，独立の請負業者が自発的源泉徴収協定（voluntary withholding agreements）を締結することを勧告している。

③ 法人に対する支払

単独事業主（sole proprietors）に対する支払と異なり，法人に対するサービスの対価は一般に情報申告する義務を課されていない。IRSとGAOは，このような義務の欠如によって小法人のコンプライアンス水準を引き下げる原因になっていると指摘している。米国議会は，1997年以来請負業者に対する支払に関する情報申告を提出するよう連邦政府機関に要請してきたが，それ以外の者の法人に対する支払は，一般に情報申告義務の対象になっていない。TASは，法人に対する支払について情報申告義務を課すよう勧告し，FY2007予算は一定の財貨サービスに関する連邦・州および地方政府の支払につき情報申告義務の追加を提案している。

情報申告によって，IRSによるノンコンプライアンスの納税者の特定とその特定された納税者に接触することによる増収が効率的に行われる。過少申告の多い種類の所得について新しい源泉徴収義務や情報申告義務を課す必要があるとしても，（ⅰ）複雑な税法，（ⅱ）複雑な取引，（ⅲ）情報申告義務を課すべき第三者の信頼度などの諸問題を考慮に入れる必要がある。タックス・ギャップの大部分は，単独事業主や非公式サプライヤーの所得に関するものである。この所得は，情報申告の対象になっていない。2001年度においてもこれらの納税者は所得の大半を申告していない。新しくこのような所得について源泉徴収義務と情報申告義務を課す場合，実務的で効果的なメカニズムを考案す

ることが困難であるが，必要になる。

　他の法執行ツールは，不正確または期限後の税務申告および情報申告に対する制裁の強化である。米国議会は，税法に多数の民事上の制裁を規定しているが，インフレによってＩＲＳペナルティの抑止効果が弱められている。例えば，財務省税務行政首席監察官（Treasury Inspector General for Tax Administration）は，1978年に議会が定めた期限後パートナーシップ申告に対する1ヶ月当りパートナーごとの50ドルのペナルティは，2004年のドルに換算すると，僅か17.22ドルに相当する。ＦＹ2007予算では，政府は有料の税務申告書作成業者に対する制裁規定を拡大し，所得税以外の申告書および関連書類を対象に含めることとし，AJCAではタックス・シェルターその他の脱税技法に関する一定のペナルティの金額を引き上げた。

　法執行要員の増加によってＩＲＳが法執行の対象となるノンコンプライアンスの納税者を増加することができるので，タックス・ギャップを数十億ドル減らす可能性がある。米国議会がＩＲＳの増員を承認する場合，減らすことが可能なタックス・ギャップの金額は（ⅰ）ＩＲＳ予算の増額の規模，（ⅱ）ＩＲＳによる増加要員の活用方法，（ⅲ）納税者の自発的コンプライアンスに及ぼす波及効果によって左右される。ＩＲＳは各種の法執行プログラムによって特定できたノンコンプライアンスの摘発により数百億ドルの税金を回収できることになるが，なお所与の要員数は制限されているため，潜在的ノンコンプライアンスとして推計される数百万人の納税者に接触することができない。2002年，ＩＲＳは22億ドルの予算増によりＩＲＳが特定しているが接触できないノンコンプライアンスの納税者に対して法執行を実施することが可能になり，300億ドルの税金を回収できると推計していた。近年，ＩＲＳは，予定した法執行活動に必要な予算増加を獲得している。法執行要員の最善の活用のため，ＩＲＳはノンコンプライアンスの暴露により課税できる税収を「投資リターン」として測定する増員効果測定方法を開発した。一般に，ＩＲＳのいう法執行に対する米国の投資リターンは4対1である。法執行の特定のプログラムごとにみれば，投資リターンは相当異なる。例えば，電話による個人租税債権の追求につ

いては，13対1であるが，税務申告書の所得金額と情報申告の所得金額との突合については，32対1である。もちろん，法執行プログラムの中には投資リターンの情報が得られないものもある。究極的に特定の法執行による増収とそのコストを結ぶ情報が不完全であることは否めない。ＩＲＳ要員の増加によって減るタックス・ギャップの金額は，増員をどのような法執行プログラムに投入するかというＩＲＳの意思決定によって異なってくる。最高の投資リターンを得られる増員配分の意思決定に当たっては，多様かつ困難な問題を考慮に入れて行わなければならない。投資リターンの高い領域に増員を配分すれば，最初のうちは期待どおり高いリターンが得られるが，ＩＲＳの業績が上がるにつれて，急速にリターンは落ち込んでいくであろうし，ノンコンプライアンスがＩＲＳによって摘発されるというシグナルは，すべての領域の納税者に浸透させる必要があり，特定グループの納税者のみにＩＲＳの矛先が向けられるならば，税務行政の公平が問われることになる。増員の効果は，直接的な増収だけでなく，納税者の自発的コンプライアンス向上に間接的に貢献するものでなければならない。法執行の間接効果の測定は，困難とされているが，エコノミストは税務調査の自発的コンプライアンスに与える間接効果が増差税額の6ないし12倍であると推計している。

　タックス・ギャップ全部を一掃することは可能でなく，費用と強行性の観点から望ましくないが，タックス・ギャップを減らす政策は，多くの理由（課税の公平と財政再建など）から価値がある。三つのアプローチは，タックス・ギャップの縮小に貢献する。戦略の決定に影響する要素は多いが，各アプローチの効果，公平，執行可能性および持続可能性という要素を考慮に入れるべきである。ＧＡＯは，（ⅰ）定期的にコンプライアンス水準を測定すること，（ⅱ）技術の活用，（ⅲ）ＩＲＳ，納税者および第三者のコストおよび負担を考慮に入れること，（ⅳ）ＩＲＳ要員の最も効果的な活用，（ⅴ）ＩＲＳ業績の評価，などの重要性を指摘している。

2　キャピタル・ゲインのタックス・ギャップ

　GAOは，2006年6月，上院財政委員会に対し「ブローカーに証券コスト・ベーシスの報告義務を課すことがコンプライアンスを改善する」と題する報告を行った。2001年度に関し，IRSは資本資産（capital assets）からの所得について110億ドル以上のタックス・ギャップがあると推計した。GAOは，2001年度に証券取引を行った個人の38％がキャピタル・ゲインまたはキャピタル・ロスの申告を誤っていると推計した。証券譲渡の損益に関する申告誤ち（36％）は，ミューチャル・ファンドのキャピタル・ゲインの分配に関する申告誤ち（13％）よりも大きい。キャピタル・ゲインの分配は加算漏れであるが，証券譲渡益の課税部分は計算を要する。証券譲渡に関する申告誤ちの3分の2は過少申告であるが，3分の1は過大申告であり，これらの申告誤ちの理由は，証券ベーシスを知らないかまたは適正に調整することを怠ったために，証券コストまたはベーシスの正確な申告を怠ったものであった。IRSは，法執行プログラムと納税者サービス・プログラムによって証券のタックス・ギャップを減らすように努めているが，その成果はIRSが損益の確認に必要なベーシスに関する情報不足とIRSの「証券損益の算定方法に関するガイダンス」の使用または理解の不確実性から限定的である。

　ブローカーの証券譲渡に関する報告に調整コスト・ベーシスを含める拡大は，納税者コンプライアンスの向上とIRSによるノンコンプライアンスの発見を可能にするが，ベーシスの報告は，（ⅰ）ブローカーのコストと負担の増加，（ⅱ）調整ベーシスの計算方法，（ⅲ）ブローカー間の情報の移転方法などについて，対処すべき問題を提起する。このような3問題に対処するには，（ⅰ）将来の購入のために調整ベーシス申告を義務づけ，（ⅱ）すべてのブローカーに共通のルールの開発が必要である。

3　GAOの米国議会に対するタックス・ギャップ縮小に関する示唆

　GAOのWalker長官は，2006年11月17日，米国議会の首脳たちに対し，「一部の納税者が税法を守らない場合，米国の公共サービスに必要な資金の負担は，税法を遵守する納税者により重く圧し掛かってくる。また，タックス・ギャップを減らすことにより米国財政の安定も改善される。ＩＲＳ推計では，純タックス・ギャップを１％減らすごとに毎年30億ドルの増収となる。現行税法のサービスと法執行の改善と立法措置のため多岐多様な戦略を通じて，米国はタックス・ギャップを完全に排除できないまでも，減らすことができる」と述べ，米国議会が監督すべき重要問題として，次の点を指摘した。

（ⅰ）　ＩＲＳに対し証券販売のキャピタル・ゲインなどの所得に対する源泉徴収制度と情報申告制度の強化などのツールをもっと与えること

（ⅱ）　ＩＲＳがノンコンプライアンスの規模と原因に関するデータを入手できるようにすること

（ⅲ）　ＩＲＳが納税者サービスと法執行の効率と効果を向上させるためにテクノロジーを利用できるようにすること

（ⅳ）　ＩＲＳがその要員の配分（納税者サービスと法執行とに対する配分を含む）を最も効果的に行っているかどうかを見直すこと

（ⅴ）　ＩＲＳのタックス・ギャップ縮小目標が十分であるか否か，ＩＲＳのデータ・ベース戦略はその目標達成に十分であるか否か，評価すること

（ⅵ）　税法を簡素化し，租税優遇措置の統合などにより，課税ベースを拡大すること

第3 税務行政の危機 (The Crisis in Tax Administration)

(1) Brookings InstitutionおよびAmerican Tax Policy Institute の見方

いささか旧聞に属するが, Henry. J. Aaron and Joel Slemrod 編『税務行政の危機』(Brookings Institution Press 2004) が注目を浴びた。これは, 2002年11月7日・8日にThe Office of Tax Policy Research and the Brookings Institution が「税務行政の危機」と題する会合を開催し, そのスピーチを纏めたものである。彼らは, 古いデータに基づいて税務行政を論じているので, これまで第1および第2で述べてきた米国のタックス・ギャップに対する取組みとは違う情景を描いている。しかし, クリントン政権（民主党）がＩＲＳの再建改革を断行した時代に米国民がどのように税務行政を見ていたかを知る上で, この著書は存在感のあるものといえる。その見方を示す「序論」を以下に要約する。

(2) 1992－2001年の税務行政

米国議会は, 税務行政の予算を制限し, ＩＲＳの法執行活動を制限した。個人の申告件数は1億1,470万件から1億2,940万件に増加し, 新しい条文, 洗練された新しい金融商品の普及および急速な国際取引の増加で税務申告は複雑化したが, ＩＲＳの常勤職員数は, 11万5,205人から9万5,511人に減少し, 第一線のコンプライアンス担当職員数は, 2万9,730人から2万1,421人に減少し, 法執行割合は減少した。例えば, 1,000件当たりの個人面接調査割合は, 1992年の5.8から2001年の1.5に減少し, 1,000件当たりの個人通信調査割合は, 4.0から1.2に減少した。議会で多数の証人がＩＲＳの行政権の濫用を訴えたため, 議会はＩＲＳの広範な再建を実施した。税法の複雑化, グローバリゼーションへの対応, 金融改革への対応, 極度の予算切詰めなどが重なって, 税務行政の危機が顕在化した。退官したＩＲＳ長官 Charles O. Rossottiは, ＩＲＳ監督委員会 (IRS Oversight Board) に対する報告書で,「連邦税務行政の健康は深刻な長期低下傾向にある」と述べた。脱税の発見と科罰の割合が極端に低くなれば,

恐怖によって税法を遵守する納税者はいなくなる。脱税が蔓延すれば，米国市民の義務として税法を遵守する納税者は，馬鹿らしく感じるようになり，税法を守らなくなる。

(3) 論文集『税務行政の危機』の意義

この脅威を調査するため，Brooking Institutionはミシガン大学の租税政策研究室と協力して税務行政に関する10の研究を実施した。本論文は，ＩＲＳ後援の会合 (American Tax Policy Institute と連携し，American Bar Association Section of Taxation の後援で開催された) で，公表された。主要な論文は，①税務行政理論の検討，②現実の行政慣行，③行政慣行の修正案，④コンプライアンスと法執行を支援するための税法のデザインを含んでいる。この研究は，税務行政が学問的に曖昧なものになっていることを示した。税務行政は，大部分の学者がほとんど関心をもたない課題となっていたが，いまやフロントバーナー問題になっている。立派な理論的な概念は，堅牢な行政問題に関して容易に崩壊することがある。ＩＲＳの再建改革に繋がった上院の議論は，学者の関心に火をつけた。抜本的税制改革の多様な提案は，税務行政の難解な問題を提起することになった。租税政策について，「理論は立派だがプラクティスが悪い」とは，結局，理論が悪いということを意味する。最近，法人および富裕層のためのタックス・シェルターが一面記事に取り上げられるようになった。現在の税務行政においては，濫用的タックス・シェルターの利用が増えているが，これに対していかに対処するか，ということが喫緊の問題となっている。タックス・シェルターは法律家や会計士によって作られ，アグレッシブに販売される。現在の法執行は，ＩＲＳが税以外の動機や効果を欠如した取引を否認することができる「経済実体」原則 (economic substance doctrine) を熟慮している。"An Academic's View of the Tax Shelter Battle" の著者 Joseph Bankman (Stanford Law School) の指摘どおり，どの程度の経済実体があればよいかは明瞭でない。タックス・シェルターの考案者の主目的は，十分な真正な経済的目的をもつ取引に投資することである。税務調査でタックス・シェルターを発見することは困難であり，報告要件の改正後も，多くのタックス・シェルター

第 2 章　タックス・ギャップ縮小政策

が発見されない。タックス・シェルターの利用は，合法的な租税回避と脱税との境界線を越えるかどうかのギャンブルである。タックス・シェルターの直接の問題は税収を減らすことであるが，自発的コンプライアンスの基盤を腐食することがもっと深刻な問題である。一部の者は，所得税を消費税に転換するdo-it-yourself way としてタックス・シェルターを正当化するが，タックス・シェルターは消費税の課税標準を正確に算定できる代物ではないので，Bankman はそのような弁護論はいんちきな主張（bogus argument）であるという。Bankmanは，一定の事業取引を「禁止されたタックス・シェルター」と定義するアプローチの方法を示している。国際取引について税務行政に挑戦するメニューは,"An Overview of International Issues Affecting U. S. Tax Administration" の著者 David R. Tillinghast（Baker&McKenzie）のいうとおり，多数存在する。多様な国で異なる法令，会計慣行および多数の通貨により活動する多数の法人に係る取引の複雑さから直接多数の問題が生じる。「所得」の定義さえすべての国で同一ではなく，また，米国政府には多様な国外所得の情報申告を義務づけ，または申告義務のある者を特定する能力がないという問題がある。エンロンがケイマン諸島に186の事業体を有していたことでも分かるように，犯罪取引の問題もある。Tillinghast は，グローバル化における主目的は政府間の自発的な情報交換の改善である。ＩＲＳは，クレジット・カード会社の宣伝する租税回避策（米国と情報交換をしないタックス・シェルターで発行されるデビット・カードの利用）を閉鎖した。移転価格（transfer pricing）は，引き続き特殊関連企業間の国際取引について問題になる。Tillinghast は，ＩＲＳと民間会社が多様な取引を評価する価格について事前に合意する事前価格協定（advance pricing agreements：APA）を高く評価する。Tillinghast は，全世界所得課税原則から領土主義課税原則へ移行したとしても，ほとんど簡素化にはならないと警告している。

　税法は小事業に優遇措置を認めている。特に小事業に負担を課している他の政府規制の効果を相殺するものとしてそのような優遇措置を正当化する論者がいるが，"Does the Tax System Penalize, or Favor, Small Business？" の

著者 Joel Slemrod (University of Michigan) は，そのような論者は小事業の脱税が多いので，これに対する税務調査その他の法執行の強化を正当化する問題となっていることを無視していると指摘している。大部分の小事業は損失申告を行っているが，真正な場合と脱税の場合があり，実地調査の結果，小事業の自発的コンプライアンスが低い水準であることを示している。この分野において租税回避や脱税の機会が多い。パートナーシップやS法人などのパススルー事業体については，そのノンコンプライアンスは納税者人口のうちごく一部の富裕層に利益を与える。Slemrod は，最適課税原則（optimal tax principles）を適用すれば，高額所得者に所有されるパススルー事業体に法執行の焦点を合わせることが正当化されると主張する。

税務行政におけるイノベーションは，個人および自由職業者の税額計算のためのソフトウエアの出現である。"The Turbo Tax Revolution? Evaluating the Ability of Technology to Solve the Tax Complexity Dilemma" の著者 Austan Goolsbee (University of Chicago) は，タックス・ソフトウエアが税制簡素化の要望を無用にできるか否かを検討した。彼の明白な答はノーであった。タックス・ソフトウエアを利用しない者は，税制の複雑さによる最大の損を被る者である。タックス・ソフトウエアの利用者は，税制の複雑さを減らすために利用するのでなく，ユーザーをコンピュータを使える人にさせる他の理由の副産物として，利用するのである。Goolsbee は，簡素化のためには複雑なすべての税務様式を電子申告化すべきであるという。

勤労所得税額控除（earned income tax credit：EITC）は，低所得者に対する現金援助政策である。EITCに関するノンコンプライアンスが蔓延した。"Administrative Issues with Low-Income Tax Filers" の共著者 Janet Holtzblatt (U.S. Treasury Department) and Janet McCubbin (U.S. Treasury Department) は，低所得者が当面する EITC その他の問題を検討した。連邦制度における重要な用語「扶養子女」(dependent child) の定義が一貫性を欠いていることから問題を生じるので，用語の定義を統一する必要がある。

時間と労力を節約し，不確実性を減らすために申告書作成業者に依存してい

る申告者は7,000万人超であるが，1ページの様式1040EZで申告する者は200万人である。"Practitioners and Tax Administration"の共著者 Marsha Blumenthal（University of St. Thomas）and Charles Christian（Arizona State University）は，このサービスの対価として申告者は100億ドル超を支払っていると推計している。租税実務家を利用しているのは，教育のない者，高齢者，自営業者，および複雑な申告書が必要な者に偏っている。その研究は，申告書作成業者を利用した場合，ある種の所得に自主申告水準が低く，予定納税をする申告者の場合，自主申告水準が高くなることを示している。前者の意味するところは，申告書作成業者が脱税に手を貸している可能性があるということだ。申告書作成業者はIRSの規制対象であり，不正確な申告に手を貸した場合には罰金を科されるが，この規制がどの程度厳しく執行されているかは不明瞭である。この点の考察は，弁護士や会計士がその設計について積極的かつ指導的役割を果たしているタックス・シェルターについて，特に重要になる。申告書作成業者を雇う申告者数は，IRSが奨励する電子申告を利用する申告者数よりも多い。"Sticks and Carrots"の著者 Frank Cowell（London School of Economics）は，コンプライアンスと税務行政の多様な経済理論を検討した。ノンコンプライアンスの初期のモデル（TAG models or Taxpayer-as-Gambler）は，脱税の成功者の金銭的収益の可能性を脱税が摘発され処罰された場合における金銭的損失の可能性より重視するギャンブラーとして納税者を取り扱う。TAGモデルの結論は，納税者は経済的に採算がとれるときは脱税するということである。何故ならば，ギャンブルである以上，税務調査の対象となり処罰されるリスクを嫌う場合には脱税は少なくなる。このモデルは，税率が上昇するとき脱税が増えるとは言わない。実務におけるコンプライアンスの性質と決定要素に関する詳細な証拠は，いまは廃止されたTCMPによる。TCMPは，非常に詳細な調査システムで，陰で「地獄からの調査」（audits from hell）と言われていたが，限られた税務職員をどの領域の法執行に配分するのが最善かを決定するため，IRSが1988年まで実施した研究であった。最近の研究は，規範と枠組みがコンプライアンスに影響を及ぼし，計算よりも義務がコンプライアン

ス・ビヘィビアを決めるという理論に光を投げることを示唆し，ＴＡＧモデルに疑問を投げている。Cowellは，理論を修正し，納税者の動機を取り込み，事業条件が事業のコンプライアンスに影響を及ぼすと述べ，各個人を孤立したものとして扱うＴＡＧモデルで除外された要素，規範と社会的相互作用の影響を考慮に入れるべきであるという。"Effects of Tax Simplification Options on Equity, Efficiency and Simplicity：A Quantitative Analysis"の共著者 William G. Gale（The Brookings Institution and Tax Policy Center）and Jeffrey Rohaly（Urban Institute and Tax Policy Center）は，税制簡素化の特定の提案が納税の分配と個人が申告書作成業者に信頼する見込みにどの程度影響するかを検討した。彼らが焦点を合わせたのは，三つの改革パッケージであった。すなわち，代替的ミニマム・タックスを制限または廃止し，概算経費控除を増加し，利子および配当の調和を除外し，キャピタル・ゲインと通常の所得との区別を排除し，高額所得者以外の納税者について所得税を付加価値税に切り替え，賃金補助金および子女税額控除を追加するという改革案である。三つのパッケージのうち，ＶＡＴは中所得層の税負担を引き上げ，上層の税負担を引き下げる。各種類の所得ごとのパッケージによる限界税率を計算すれば，所得税パッケージにより申告書作成業者の利用は減少し，ＶＡＴに切り換えれば，著しく減少する。

　ＩＲＳは達成すべき目的に限られた要員を充てなければならないが，その目的とは何であるか。"An Histroical Look at Mission of the Internal Revenue Service：What Is the Balance Between Revenue and Service？"の共著者Alan H. Plumley（IRS）and C. Eugene Steuerle（Urban Institute）の答は，「できるだけ税収を上げること」ではなく，また，そうであってはならないという。ＩＲＳは，（ⅰ）納税者から正しい歳入を徴収すること，（ⅱ）多様な社会的プログラムを実施すること，（ⅲ）ますます複雑化する税法に関する質問に迅速かつ正確に回答すること，（ⅳ）納税者に過度に介入せずにすべての任務を遂行することを期待されている。彼らは，税収以外の目的のすべてをＩＲＳが提供しているサービスの一部と考え，ＩＲＳは十分な要員を有しないのだから，これら

の多くの仕事の遂行を要求されるべきでないという。それにもかかわらず，IRSは費用対効果原則に基づいてこれらの仕事を遂行する責任があるとみられている。IRSは，過去30年間，歳入確保とサービスの両方を遂行してきたが，顕著な転換が行われた。"Experience and Innovation in Other Countries" の共著者 Jeffrey Owens(OECD) and Stuart Hamilton(OECD) は，他の国がこれらの問題に対処する状況を報告し，米国にとっての教訓を導き出している。

(ⅰ) 基底の政策と立法を簡素化せずに税制簡素化を企図してもベネフィットは少ない。

(ⅱ) 税法の複雑さは特定の所得や特定の経済活動に優遇措置を与える一方でこれらの優遇措置が不当に歳入ベースを侵食することを防止することから生じる。

　　彼らは，租税の累進性と逆進性の分析は，税制全体を対象とし，歳入をもって賄っている歳出も含めて議論しなければ，不完全なものとなるという。OECD加盟国のうち米国のみは逆進性の懸念から付加価値税を有しないが，付加価値税導入の動きがある。

どの国でも小事業は税務行政に問題を突きつけている。小事業に対するアプローチとして，小事業の所得を正確に計算しようとするのでなく，小事業には簡単なおおざっぱなルールを適用することも一考の価値がある。詐欺的なタックス・シェルターを通じて脱税を教唆することを抑制するため，投獄リスクを高める制裁の強化を図る一方で，税務行政は納税者サービスによって正しい税額を納付しようとする納税者を援助する必要がある。Oliver Wendell Holmes が述べたとおり，「租税が文明の対価（price of civilization）」であるならば，確実な納税を確保するために米国が支出している額は大部分のOECD加盟国よりも少ないはずである。彼らは，米国の税務行政が危機に瀕しているとは考えず，多くの改善の余地があり，税法の簡素化が不可欠であり，税務行政に十分な資金供給をすべきであると結論を下している。

(4) Economic Policy Instituteの見方

2005年4月12日，Economic Policy Institute (EPI) は，ワシントンのナショ

ナル・プレス・クラブで「法執行と税務行政の危機」(The Crisis in Tax Enforcement and Administration)と題する会合を開催し，Max Sawicky(EPI)，Donald C. Alexander（ニクソン政権のＩＲＳ長官），Sheldon S. Cohen（ジョンソン政権のＩＲＳ長官），Eric Toder（ＩＲＳのOffice of Research の元 Director），Henry J. Aaron (Brookings Institution)，Reuven S. Avi-Yonah(University of Michigan)，Robert S. McIntyre（Director，Citizens for Tax Justice）のパネル・ディスカッションを行った。このうち，Max Sawickyは，2006年4月に，『タックス・ギャップを埋める－連邦税務行政の危機対策』(Bridging the Tax Gap: Addressing the Crisis in Federal Tax Administration) を編纂した。その内容は，①自分勝手にやる減税－米国税法執行の危機 (Do-it-yourself tax cuts: The crisis in U.S. tax enforcement)，②元ＩＲＳ長官 Sheldon S. Cohen（民主党ジョンソン政権）とのインタビュー，③元ＩＲＳ長官 Donald C. Alexander（共和党ニクソン政権）とのインタビュー，④税の誤魔化しとその原因（Tax cheats and their enablers），⑤国際的タックス・ギャップを阻止（Closing the international tax gap），⑥税制簡素化とタックス・コンプライアンス－経済的見地から成る。米国連邦政府課税当局は，年間予算約100億ドルで，自主申告制度により13兆ドルの米国経済に対処している。しかし，コンプライアンスは蝕まれようとしている。ＩＲＳの推計では，期限内に自発的に納付されない税金は3,500億ドルであるが，法執行によって約500億ドルは国民の手に回収されている。その残りのタックス・ギャップは，税法の予定した税収の額を確保するために税率を引き上げざるを得なくなり，脱税者のために正直な納税者の負担が増えることを意味する。脱税を取り締まる「税の警官」(tax cop) が不在の状態は，正しい金額を納税していた者の心を乱し，脱税を奨励することになり，歳入ロスの増加を招く。現在の財政赤字の水準を長期的に持続することは認められないが，ブッシュ政権は急速な歳出増加を提案し，一般歳入から社会保障への繰り入れが必要になり，過去の減税は支持できない状態をさらに悪化させた。もっともらしい口実で，増税することは政策アジェンダに反することになる。そうであれば，政策当局として重要な選択肢は，文字どおりの増税を立法化するのでなく，現行税法がすでに予定し

第2章　タックス・ギャップ縮小政策

ている税を着実に確保するため法執行を強化することである。

　本書は，コンプライアンス問題の概要，税法執行の著名な実務家と租税政策の学者による広範なコンプライアンス対策の検討を含んでいるが，その狙いは政策立案者に対してコンプライアンス問題を警告し，その解決策を模索することである。"Do-it-yourself tax cuts: The crisis in U.S. tax enforcement" の著者 Max Sawickyは，ノンコンプライアンスの規模およびより厳密な法執行による潜在的な税の回収可能な規模に関する研究を概説し，ＩＲＳ職員数の過度の制限，予算不足，税法の複雑化，低所得層に対する誤った保護，技術的近代化の遅れなどＩＲＳを弱体化してきた過去の政策に対して批判した。Sheldon Cohenは，1950年代のIRSについて語り，Donald Alexanderは，1970年代のＩＲＳについて語っている。"Tax cheats and their enablers" の著者 Robert McIntyreは，違法なタックス・シェルター産業の発展について，ＩＲＳ職員を制限することによって個人に合わせてカスタムメードの減税を行うタックス・プランニングを利用できる富裕層納税者に対処する政府の法執行力を弱めていると主張している。"Closing the international tax gap" の共著者 Joseph Guttentag and Reuven Avi-Yonahは，高度な脱税のメカニズムを暴露し，オフショア金融の誤魔化しスキームで失われる巨額の税収を回収するための対策を提案したが，経済のグローバル化によって所得課税がますます困難になっている状況を描いている。"Tax simplification and tax compliance: An economic perspective" の著者 Wojciech Kopczuk は，コンプライアンス・ビヘィビアの決定要因に関する研究を見直し，公平と効率の観点からコンプライアンス向上のための選択肢を評価した上で法執行問題を解消する税制簡素化を考え，法執行強化策の必要性を否定する。

(5) 共和党政策委員会 (Republican Policy Committee) の見方

① タックス・ギャップに対処する必要性

　John Kyl が率いる共和党政策委員会は，2006年9月12日，"Understanding the Tax Gap" と題する文書を纏め，これを公表した。その要旨をみると，① タックス・ギャップは自主申告制度に対する納税者の信頼を脅かし，課税の公

平の問題を生じるとともに，財政の持続可能性を脅かすこと，②IRSは正直な納税者のミスでなく故意の脱税によるタックス・ギャップがどの程度あるかを決定することはできないが，ノンコンプライアンスの原因ごとに解決策は異なるので，この点の推計ができなければ，タックス・ギャップを減らす戦略の策定が困難であること（すなわち，故意のノンコンプライアンスに対しては，（ⅰ）法執行の強化，（ⅱ）IRS職員の利用の効率化，（ⅲ）法規制の改正が必要になるが，意図しないミスに対しては，（ⅰ）税法の簡素化，（ⅱ）納税者サービスの向上，（ⅲ）申告書作成業者の教育の改善が必要である），③タックス・ギャップの規模が大きいので，これを少し減らしても相当の税額になること（IRSの推計では1％減らせば年間30億ドルの税金を回収できる），④タックス・ギャップを減らすための解決策は納税者の負担水準および納税者の権利に及ぼす効果を考慮する必要があること，⑤タックス・ギャップを減らすため現実的な改善策を講じたとしても，現実に100％のコンプライアンスを実現することはできないことが指摘されている。財務省税務行政監察長官(Treasury Inspector General for Tax Administration)は，「タックス・ギャップに対処するため，IRS，財務省および米国議会は困難な変更に継続的に取り組むべきである」と言っているように，タックス・ギャップは一夜にして解消する問題ではないが，税制簡素化から法執行の強化および納税者サービスの質的向上までの幅広い戦略で取り組むべき問題である。

　共和党政策委員会は，2006年11月15日，"Private Collection Agencies：addressing a Piece of the Tax Gap Pie" と題する文書を纏め，これを公表した。この文書で，Jon Kyl は，「長期的税制改革論議は重要であるが，議会は増税なき増収という選択肢を見逃してはならない」と主張する。その選択肢の一つがIRSの徴収活動を支援するため，2004年に議会が承認し，IRSが実施している民間徴収機関(Private Collection Agencies：PCA)[17]の活用である。PCAプログラムの目的は，（ⅰ）相当数の解決可能であるが徴収されていない事案を減らすこと，および（ⅱ）IRSが徴収困難事案に徴収職員を効率的に集中できるようにすることであった。しかし，このPCAプログラムの策定に当たって，噴出した懸念に対して，次のように措置されている。

① PCAプログラムはIRS徴収職員の仕事を奪うことにならないか。

　PCAプログラムは，IRS職員に取って代わるのでなく，IRS職員を支援するものとして設計されているので，IRSは比較的簡単な事案をPCAに割り当て，複雑困難な事案はIRS職員に割り当てることとする。

② 納税者のプライバシー保護と徴収誤りの問題

　IRSは，納税者の権利を保護するために設計された多数のセーフガードを遵守しなければならない。

③ PCAはいかなる場合であっても裁量を必要とする事案を扱うことがないか。

　PCAプログラムは，（ⅰ）申告書を提出したが納付をしていない納税者または（ⅱ）IRSにより追徴税額を賦課されたが一部は納付したもののまだ残額を納付していない納税者を取り扱うこととする。

第4　IRSのタックス・ギャップ対策の方向性

　IRSは，『2005−2009IRS戦略プラン』を公表し，使命を達成するための戦略目標として（ⅰ）納税者サービスの改善，（ⅱ）税法執行の強化，（ⅲ）IRSの近代化を掲げ，第2目標である「税法執行の強化」の目的として(a)法人，高所得者その他のタックス・ギャップの原因となっているものによる腐食活動について重点的にノンコンプライアンを摘発し，(b)弁護士，会計士その他の租税実務家に職業専門家基準および法令を確実に遵守させ，(c)国内および海外の脱税および金融犯罪を摘発し，(d)免税団体および政府機関内の濫用と租税回避等のため第三者によるこれらの団体の悪用を摘発することを掲げている。このうち，第1目的のタックス・ギャップの推計値を，（ⅰ）高所得者1,010億ドル（32％），（ⅱ）その他の個人960億ドル（31％），（ⅲ）大法人240億ドル（8％），（ⅳ）小法人90億ドル（3％），（ⅴ）雇用税730億ドル（23％），（ⅵ）遺産税・贈与税90億ドル（3％）と設定して，ノンコンプライアンスの抑止に有効な税務調査を実施する。

> FY2005の申告件数
>   合計申告件数　2億2,667万6,936件
>   種類別内訳：個人所得税1億3,284万4,632件
>   個人予定納税申告2,866万9,403件　遺産・信託所得税368万4,256件
>   遺産・信託予定納税50万2,900件　パートナーシップ申告266万4,585件
>   S法人申告363万3,976件　法人所得税249万4,145件
>   遺産税6万5,703件　贈与税27万6,570件　雇用税3,087万1,575件
>   免税団体申告81万5,407件　消費税106万3,649件

1　IRSの新しい方針

IRSは，次の悪質な税法の濫用者に関する調査割合を引き上げるように調査の重点をシフトする。
（ⅰ）　濫用的スキームおよび租税回避取引のプロモーションと利用
（ⅱ）　オフショア取引の悪用
（ⅲ）　高所得者の無申告および過少申告
（ⅳ）　フロースルー所得

2　調査の方針

①　ノンコンプライアンス領域の再調査と調査手続の調整
　過少申告金額の大きい申告書を対象とするよう調査対象選定基準を見直し，高所得者および法人の事案により多数の"revenue agent"と"revenue officer"を割り当てる。
②　調査深度と調査割合を改善するため調査サイクル・タイムを減らすこと
③　濫用的租税回避取引に対する対処
　租税回避の増加とともに，資産含み益その他の不確定所得の空前の増加に伴い，米国では確認し難いがノンコンプライアンスの疑いのある多様な事案

が空前の数量に上っている。IRSの法執行においては，"revenue agent"および"revenue officer"を動員してコンプライアンス悪化に対処し，事案処理の簡素化と業務の統合のため，手続の改善に着手した。

④ ノンコンプライアンスの判定と摘発の改善

（ⅰ）無申告者の特定と対処，（ⅱ）濫用的スキームのプロモーターとその利用者の特定と（ⅲ）事業申告書と個人申告書の調査対象選定のため，スケジュールＫ－１マッチング・プログラムを強化する。濫用的取引を利用している疑いのある法人事案を特定できる分類・調査対象選定モデルを開発し，これを配備する。全米研究プログラムを通じてノンコンプライアンスの水準と所在を突き止める。

⑤ 法執行要員の配分の改善

IRSは，世界で最も効率的な課税庁である。IRSの徴収税額は，ＦＹ2004には2.0兆ドル，ＦＹ2005には2.2兆ドルであったが，その徴税コストは，徴収税額100ドルにつき，ＦＹ2004は僅か48セント，ＦＹ2005はさらに低い44セントにすぎない。しかし，IRSは，業務の効率を高め，余剰人員を作り出して，これをより優先度の高い法執行部門に配置換えし続ける。申告，納付および情報申告のノンコンプライアンスの発見と対応ができなければ，税収は減少し，自主申告納税制度は腐食する。国境を越える自発的コンプライアンスを改善するためすべての分野の調査対象選定プログラムを維持し，コンプライアンス・リスクの高い分野に法執行要員をシフトする。多数の特定された濫用的スキームの基底にある取引および所有関係に固有なリスクを評価するため，企業データを収集し分析する方法で有効データの管理を改善する。他の業務部門と協力して，IRS－CIは最も悪質な税法違反者にその要員を投入し，自発的コンプライアンスを向上させ，将来の犯罪活動を抑止する。

⑥ 他の政府機関，外国政府，利害関係者およびメディアとの協力

最も悪質な無申告者および最も効果的な事案を特定してこれに法執行を集中する。中央における法執行の機械化を進め，事業の無申告者を特定す

るため，州レベルの雇用主の賃金データを含むようにマッチング・プログラムを拡大する。濫用的租税回避取引について州政府と協力する多目的戦略を開発する。ＩＲＳと州政府のパートナーシップを締結して，連邦，州および地方のすべての税務行政が提携して働くことにより要員を有効活用し，各レベルの重複した努力を回避する。

ＩＲＳの主要官職（ＦＹ2005平均）

(単位：人)

官職	人数
季節要員	10,453
納税者サービス要員	18,380
Revenue Agents	12,355
Revenue Officers	5,462
Special Agents	2,517
Tax Technicians	3,837
Attorneys	1,423
Appeals Officers	824

主要官職別調査申告件数および増差税額（ＦＹ2005）

官職	調査申告件数(件)	増差税額(千ドル)
連結企業担当Revenue Agents	7,477	29,262,248
その他の Revenue Agents	192,955	11,348,610
Tax Compliance Officers	133,573	590,908
Tax Examiners	9,261	41,108
Compliance Center	985,446	7,379,924

第 2 章　タックス・ギャップ縮小政策

〔注〕
11) 〈IRS〉 *IRS Strategic Plan 2005−2009,* p.3.
12) 〈IRS〉 *IRS Updates Tax Gap Estimates,* IR−2006−28, Feb.14, 2006.
13) 〈GAO〉 *Tax Administration Information on IRS's Taxpayer Compliance Measurement Program,* GAO/GGD96−21, October1995.
14) 〈IRS〉 *Internal Revenue Manual4.22.1 National Research Program.*
15) 〈IRS〉 *Written Testimony of IRS before the House Committee on Government Subcommittee on Regulatory Affairs on Paperwork Reduction,* July 18, 2006.
16) 〈GAO〉 *Capital Gains Tax Gap:Requiring Brokers to Report Securities Cost Basis Would Improve Compliance if Related Challenges Are Adressed.* GAO−06−603. June13, 2006.
　〈GAO〉 *Tax Gap:Making Significant Progress in Improving Tax Compliance Rest On Enhancing Current IRS Techniques and Adopting New Legislative Actions.* GAO−06−453T. February15, 2006.
　〈GAO〉 *Tax Compliance:Better Compliance Data and Long−term Goals Would Support a More Strategic IRS Approach to Reducing the Tax Gap.* GAO−05−753. July18, 2005.
17) 2004年AJCAは，ＩＲＳが連邦税の滞納処分の補助のためＰＣＡを利用することを認める。ＰＣＡの利用により，ＩＲＳは複雑困難な事案の処理に要員を投入することを期待される。

第3章
減　税　政　策

　ジョージ・ブッシュ・ジュニアは，2000年11月の大統領選挙で現職副大統領・上院議長のゴアを破り，43代大統領に就任した。共和党は，41代大統領の息子の下で8年ぶりに復権した。政権政党は中間選挙には弱いというジンクスにもかかわらず，共和党は2002年11月の中間選挙で上院と下院の多数派を制することに成功した。2004年11月の大統領選挙でブッシュ大統領はケリー候補を破り，第二期政権を迎えることができた。米国の二大政党制については，歴史的に「保守」の共和党と「リベラル」の民主党との対立という図式で描かれるが，現実はそのような一元的な対立軸で整理できない。景気対策や社会福祉政策などの経済的な争点のみならず，社会的・文化的・宗教的争点が絡む対立図が生じている。かつて民主党は，大恐慌における一連のニューディール政策の下に受益者の多数派連合を形成し，その支持基盤の拡大に成功したが，多様な争点をめぐり各党内においてイデオロギーによる集団が生まれ，その政策路線も多様化している。多数派連合の形成の成否は，これらの争点ごとの政策の選択肢をどのように提示するかに懸かっていた。近年の共和党の成功例としては，40代大統領レーガン[18)]の「強い米国の再生」「小さい政府」というスローガンがある。これは，ニューライトの「小さい政府」「市場原理」「自由貿易」の理念の下で「規制緩和」「減税」などによる経済活性化を基調とするものである。民主党のうちリベラル派は，「社会の平等化」「福祉国家の建設」などを志向するためどうしても「大きい政府」をもたらしやすいが，「第三の道」を掲げるニューデモクラットは，「小さい政府」「自由貿易」「ハイテク産業の復興」などを志向するので，経済的争点では共和党に近い。2001年同時多発テロ事件以

後，ブッシュ大統領の高支持率が続き，中間選挙では国家安全保障体制強化が前面に押し出され，個別の経済的・社会的争点はその影に隠れた。これは，共和党選挙参謀カール・ローブの戦略による民主党支持層の切り崩しによるものといわれている。共和党は，テロの米国本土攻撃による戦時体制ムードの中で国土保全省の創設，国防費の増額などの問題を相次いで突きつけ，民主党の分裂をもたらし，経済的争点についても民主党内でニューデモクラットなどを人気を集めやすい減税政策の支持にまわらせるという成果を生じた。日本版ニューズウイーク誌2002年10月9日号が「中間選挙は戦争より経済で決まる」という記事を載せていたように，一般に中間選挙は国内問題で勝負が決まるといわれてきたが，2002年中間選挙は，国内問題としての経済政策，特に「景気」に関する国民の関心を人気のある「減税拡大政策」のアッピールに攫われ，その結果，安全保障政策と外交政策の実績のアッピールに終始することになった。この作戦は，大統領再選のために有効に用いられた。減税は，誕生前からブッシュ政権の経済政策の中心であった。そのローブノミックスともいわれた経済政策は，クリントン政権の財政黒字を単年度ベースで財政赤字に変えても，減税政策と戦争政策を次々と打ち出すきわめて短期的な人気政策であるといえる。このような視点から，通貨政策についても，「ドル高で金融業のメリットをとるか」「ドル安で製造業のメリットをとるか」の問題について戦争によるドル安不安とこれによる輸出増加，戦費負担の切下げの方を選択するのではないかと思われる。最大の公約は大型減税であったが，ブッシュ政権には「悪との戦い」という基本戦略がある。宗教や人種という難題を別にしても，ブッシュ政権は一方で「勤勉な米国人」(hard-working Americans) の可処分所得をできるだけ大きくするために減税を推進するが，他方，税法の濫用や脱税，組織犯罪などの地下経済の支配，マネーロンダリングやテロリスト・ファイナンスなどを撲滅すべき悪として憎み，これらと徹底的に対決する姿勢を示している。「小さい政府」として厳しい財政規律を維持する姿勢は明らかであるが，国防費や悪の摘発に係る費用は惜しまない。ブッシュ政権の減税[19]に焦点を合わせ，再選を期す人気政策，強い米国の回復を期す景気政策，長期的な租税政策

第3章　減税政策

などによる減税を区分して，以下においてその本質を見極めるように努める。

第1　2001年減税の本質

　財務長官ポール・H・オニールは，ブッシュ大統領減税案（the President's Tax Package）に関する下院証言で，通常，財政収入の安定的確保のため税収確保に血眼になるはずの政府側の声と思われない発言を行った。

　「所得税を払うすべての米国人のポケットに金を残す。米国人は，精勤と独創力により世界中の繁栄の基となる経済ブームを生み出し，個人は米国産業の生産性を高め，米国人の生活水準を改善した新テクノロジーを創造した。米国の繁栄は，考えられないことを可能にした。財政赤字の10年後のいま，社会保障黒字を壁で仕切る機会を得，さらに公共財の提供に必要な税収以上の税収を得ている。これは，財政黒字（a budget surplus）ではなく，租税剰余金（a tax surplus）である。政府は，提供するサービスのコストを超える租税を徴収すべきではない。この租税剰余金は，政府の金でなく，米国民の金であり，政府はできるだけ速やかにこれを米国民に戻さなければならない。大統領は，米国を偉大な国にする価値（機会，企業家精神，強い家族および個人的な成功）を回復するための減税（tax relief）を提案した。」

　2001年2月15日，大統領は，大胆かつ公平な減税プランを提案した。大統領アジェンダは，次の改正事項を掲げている。これは，ブッシュ政権の「勤勉な米国人」というコンセプトを前提とする「小さい政府」を志向する租税理論をベースにしている。

---

①　現行の5段階税率（15, 28, 31, 36および39.6％）の代わりに，簡単に4段階税率（10, 15, 25および33％）構造に改正すること
②　児童税額控除を1人につき1,000ドルに倍増し，代替的ミニマムタックス（Alternative Minimum Tax：ATM）の税額控除に適用すること
③　共稼ぎ夫婦に係る10％控除によって婚姻ペナルティを減らすこと

---

④ 相続税を廃止すること
⑤ 慈善寄付控除を拡大すること
⑥ 研究開発税額控除を恒久化すること

1 税の公平を増すための減税

現行税法は不公平に満ちている（例えば，（ⅰ）多くのシングルマザーが富裕層より高い税率を適用される。（ⅱ）夫婦の税負担は結婚によって重くなることがある。（ⅲ）多数の米国人は慈善寄付を控除できない。（ⅳ）相続税を払うために家族事業を売却しなければならない。（ⅴ）小事業主の税金はその所得の約半分に達する）が，大統領アジェンダの減税案はこのような不公平を大幅になくし，所得税の納税者全部に救済を与えるプランであるとされた。

(1) 低所得層の中級所得層へのアクセス

高い限界税率によって低所得層が中級所得層になることが妨げられている。アメリカン・ドリームの中心は，努力すれば勤労者も中級層になれると信じられることであるが，政府が所得再分配のみで貧乏人を救済しようとすれば，もっと一生懸命に働いてもっと稼ごうという精神を蝕むことになる。勤労所得控除（Earned Income Credit：EIC）は，所得の増加に伴って減少するので，貧乏と隣り合わせの2人の子持ちのシングルマザーは，稼ぎの追加分の約半分を失う。彼女が年間25,000ドルを稼ぐと，25,000ドルを稼ぐ弁護士よりも高い税率を適用されることになる。努力して成功した者を罰するような税は是正すべきであり，この是正は優先課題である。低所得層の両親の限界税率を相当引き下げる必要があるので，次の改正により，低所得層の限界税率は，2人の子持ちの40％超，1人の子持ちの50％超を引き下げる。

① 独身者の課税所得の最初の6,000ドル，独身の親の最初の10,000ドル，夫婦の最初の12,000ドルの税率は，現行の15％から10％に引き下げるこ

第3章　減　税　政　策

と
② 現行の児童税額控除を1,000ドルに倍増し，この税額控除をAMTに適用すること

(2) 家族の絆を強化するため家族に対する高い税負担を引き下げること

　米国の所得税収は1990年代に劇的に増加し，すべての源泉からの連邦税は平和時の最高でGDPの20％になっている。高い税によって家族はさらに働かなければならない。連邦・州・地方のあらゆるレベルの政府に対する税金のため，米国人は年間約4ヶ月超も働いている。このため，家族は問題（児童ケア，家庭教師，放課後の教育等の計画など）の解決に必要な資金を奪われているといえる。政府としては，各家族の必要に合わせたプログラムを組むことができないので，すべての家族を援助する最良の方法として，各家族がその所得を留保して適当な方法で消費することを許すことである。

　大統領アジェンダは，（i）税率の引下げ，（ii）児童税額控除の拡大，（iii）婚姻ペナルティの減少によって，家族の税負担を減らし，児童税額控除のフェーズアウトの限度額を夫婦については110,000ドルから200,000ドル，独身の親については75,000ドルから200,000ドルへ引き上げることとした。

(3) 婚姻ペナルティの減少

　税負担が結婚によって重くなることがある。そのような婚姻税ともいうべき税負担は，米国の価値観や合理的な公平の観念に反する。ブッシュ・プランは，共稼ぎ夫婦控除の回復によって婚姻ペナルティを減らすことにした（低所得層の配偶者は，所得の最初の30,000ドルの10％を控除することができる）。

(4) 慈善寄付の促進

　米国では所得税法において慈善寄付を奨励してきたが，申告者の70％は個別控除でないので，実際に控除できなくなっている。慈善寄付控除を個別控除でないものにも拡大する。この改正で，慈善寄付が毎年数十億ドル増加すると見

込まれる。

(5) 公平かつ均衡のとれた減税

ブッシュ・プランは，所得税を払うすべての納税者にとって公平な減税を行うこととし，最低所得層の家族が最大割合の減税を受けると同時に，相対的に富裕な米国人は相対的に大きい割合の税負担を課されるものとする。

2　米国の繁栄を持続するための減税

大統領アジェンダは，米国経済パフォーマンスの改善を目的とする。減税によって長引く経済停滞を脱し，イノベーションを奨励し，勤労者の債務返済を可能にすることができると考えられた。

(1) 景気後退への対応

景気衰退の証拠から，米国の繁栄を持続させる最良の方法として，「消費者と事業主の手元にもっと多くの金を残すこと」を選択し，その減税プランの一部を2001年初めに前倒しして時宜を得た景気対策の一環とする。

(2) 勤労者の債務負担を引き下げること

連邦政府は黒字であるが，多くの米国人の消費者の負債は大きく，1兆5,000億ドルを超える。クレジットカードの負債だけでも6,000億ドルを超え，1人当たり2,000ドル超になる。この高い負債水準は，消費を制約し，景気も停滞させる。減税によって家族に負債返済能力を与える必要がある。

(3) 生活水準の引上げのために限界税率を引き下げること

米国民の生活水準を引き上げるため連邦政府の有力な手法として，限界税率の引下げがある。限界税率が低くなれば，その分だけ良い仕事に就き，将来のために貯蓄し，新規事業を開始するためのインセンティブが大きくなる。限界税率の引下げによって政府歳入は減少するが，米国人が刷新的な事業に充てる資源は増える。1980年代の限界税率の引下げは，インターネットその他の技術革新の基となるベンチャーキャピタルの発生を促した。新しい技術は，法人が「新しい効率」を達成するまで生産性と経済成長を促し，そのような新しい環境の中で起業が盛んになれば，少数民族，女性および若者の繁栄の道が開ける。

ブッシュ・プランは，イノベーションを確実にするインセンティブの回復を目指す税制改革が必要であると認め，小事業が支払う最高限度税率を39.6％から33.5％に引き下げることにした。

(4) 研究開発税額控除を通じてイノベーションを奨励すること

現行の研究開発税額控除が存続するか否かという不安感によって，イノベーションと経済成長が妨げられる。この税額控除は，レーガン政権によって1981年に導入され，Ｒ＆Ｄ支出増加分の20％の税額控除を認める制度である。ブッシュ・プランは，研究開発税額控除の恒久化を明確にし，米国の次世代の技術開発のための長期投資を刺激する。

(5) 相続税を廃止すること

相続税は，資本に対する税として経済成長を阻害する。資本投資が多くなれば，すべての勤労者の所得も多くなる。所得税の最高税率と相続税の最高税率を結合すれば，貯蓄に対する限界税率は68％に達するが，子孫のために貯蓄する老人にとって，相続税は貯蓄の阻害要因となる。小事業や家族企業にとって，資産はあるが現金がないとき，高い相続税は罰則的な税のようにみえる。相続税の節税や租税回避のために複雑なスキームを利用する相続税専門の弁護士や会計士の活動が一大産業となっており，そのコンプライアンス・コストのため，相続税は最も非効率的な租税になっていると考え，ブッシュ・プランは相続税を廃止することにした。

3 2001年経済成長および減税調整法（EGTRRA）

ブッシュ・プランに基づく大統領減税法案「2001年経済成長および減税法」(the Economic Growth and Tax Relief Act of 2001:EGTRA) は，2001年３月８日，下院を通過し，2001年５月23日，「2001年経済成長および減税調整法」(the Economic Growth And Tax Relief Reconciliation Act of 2001:EGTRRA) として上院を通過した後，2001年６月７日，大統領はこの法案に署名した。財務省は，2001年４月９日，ブッシュ・プランの概要をまとめ，『ブッシュ政権ＦＹ2002減税案の概要』を公表し，財務長官は，「ワシントンに納付された過払いの税金を

勤勉な米国人に戻す」と述べた。

第2　景気刺激のための減税

　ブッシュ大統領は，2001年9月17日，議会に景気刺激策パッケージ（米国経済の強化と雇用創出，投資促進のための減価償却の加速，雇用の維持創出のための法人AMTの排除，小事業の雇用の維持支援）の実施を要求した。下院はこの要請を受けて「2001年経済保障回復法」(H.R.3090 the Economic Security and Recovery Act of 2001) を通過させたが，上院はこれを阻んでいた。財務長官は，たび重なる大統領の要請を拒否する上院が米国経済の回復を遅らせ，雇用確保を脅かしているといい，景気刺激法案の成立を促したが，大統領は二大政党の共同提案である法案 (a bipartisan bill) を待つことになった。大統領，財務長官，上院議員リーバーマンおよびサントラムは，2002年2月7日，「2002年慈善援助，救済および権限委任法」(The Charity Aid, Relief and Empowerment Act of 2002：CARE) というコンプロマイズ法案を公表した。これには，政権が求める慈善寄付の租税奨励措置と貧困者支援団体に対する直接援助が含まれている。

第3　雇用と成長のパッケージ

　2003年1月7日，ブッシュ大統領は，(ⅰ) 経済回復を促進する消費の奨励，(ⅱ) 経済成長と雇用創出のための投資の奨励，(ⅲ) 失業者の支援を目的とするパッケージ法案を公表した。米国は，リセッション，同時多発テロ，エンロン[20]などの会計不詳事件などを経験したが，経済成長は回復しつつあり，多数のエコノミストも，2001年減税政策が適切な政策であると認め，リセッションを最短かつ最浅のものとするために協力した。この新しいパッケージも2001年減税政策の成功の上に築かれた。

1 大統領の成長パッケージ

(1) 10%ブラケットの拡大を加速すること

2008年に予定していた10%ブラケットの拡大を前倒しして2003年に実施し，2004年に開始するインフレーション・インデックスを行う。10%ブラケットの上限を独身者について6,000ドルから7,000ドル，夫婦について12,000ドルから14,000ドルに引き上げる。

(2) 所得税率引下げを加速すること

2004年と2006年に予定されていた15%を超える税率の引下げは，2003年に前倒しして，27，30，35および38.6%の代わりに，新税率は25，28，33および35%とする。この税率引下げにより，課税所得が28,400ドル超の独身者や47,450ドル超の夫婦にとってメリットとなる。

(3) 婚姻ペナルティの引下げを加速すること

夫婦の概算経費控除（standard deduction）は，2003年に独身者の倍に引き上げられる。夫婦の15%ブラケットの幅は，2003年に独身者の倍に引き上げられる。これは，2005年から2009年までの期間にフェーズインの予定であった。この減税により概算経費控除を用いる夫婦または課税所得が47,450ドル超の夫婦にとってメリットとなる。

(4) 児童税額控除の引上げを加速すること

児童税額控除は，2005年から2010年の期間に予定されていたフェーズインを前倒しして2003年に600ドルから1,000ドルに引き上げられる。

(5) 個人の課税所得から配当を除外すること

法人が個人に支払う配当は，2003年に課税済法人所得から支払われるとき，個人の課税所得から除外される。課税済法人所得を超えて法人が支払う配当は，個人の課税所得に算入される。

(6) 小事業の新規投資支出を引き上げること

小事業が即時控除できる投資は，2003年に25,000ドルから75,000ドルに引き上げられる。この即時控除の適格投資は，200,000ドル超の投資について

フェーズアウトするとされていたが，この金額は，325,000ドルに引き上げられる。

(7) AMTの減税

減税の加速がAMTによって減速しないように，AMTの免除は2003年から2005年まで独身者については4,000ドル，既婚者については8,000ドルだけ増額される。この減税政策は，9,200万人に平均1,083ドルの減税効果を及ぼし，個人消費を増加し，設備投資の活性化により雇用創出効果，配当課税の撤廃による株価の10％押上効果を期待する経済政策に基づくものである。

2 2003年雇用および成長の減税調整法（JGTRRA）

2003年4月11日に議会を通過した予算決議（the Budget Resolution）は，大統領の雇用および成長のパッケージに関する5,500億ドルの減税を認めた。二大政党共同の雇用および成長のパッケージは，2003年5月15日，上院を通過した。上院案は，大統領プランのすべての要素を含んでいた。大統領プランについて，上院と下院は両院協議会で2003年5月22日に合意し，「2003年雇用および成長の減税調整法」(the Jobs and Growth Tax Relief Reconciliation Act of 2003：JGTRRA)が成立した。この2003年減税法 JGTRRA は2001年減税法EGTRRAと同様に10年以内に廃止される時限立法である。その内容は，ほとんど大統領プランと同じであったが，次の点については修正されている。

(1) 配当およびキャピタル・ゲインに対する税率の引下げ

法人が個人に支払う配当および個人のキャピタル・ゲインに対する最高税率は，2003年から2008年の間，15％に引き下げられる。通常の所得の税率ブラケットが10％および15％の納税者については，配当およびキャピタル・ゲインの税率は2003年から2007年の間は5％，2008年0％とする。共和党は配当課税撤廃の原案を提出していたが，民主党の富裕層優遇減税の批判を受けて，配当課税の軽減へと妥協を示した。

(2) 小事業の新規投資支出の増加

小事業が即時控除できる投資を2003年から25,000ドルから100,000ドルに引

き上げる。この即時控除の適格投資は200,000ドル超の投資を有する小事業に関してフェーズアウトするとされていたが，この金額は400,000ドルに引き上げられた。

(3) 初年度割増減価償却の増加

2003年5月1日後2005年1月1日前に取得して用に供する投資について初年度割増減価償却を30％から50％に増加させる。

(4) ＡＭＴの減税

2003年および2004年のＡＭＴ免除を独身者について4,500ドル，夫婦について9,000ドルに引き上げる。

第4 雇用創出

1 議会に減税の恒久化を迫るブッシュ政権

(1) JGTRRA のベネフィット

財務省は，2004年2月19日，JGTRRA のベネフィットを公表した。
（ⅰ） 2003年減税の結果，還付金は1,950億ドルと前年度より370億ドル増え，申告金額は725億ドルと前年度より130億ドル減り，米国人の手元に500億ドル超が残ることになった。
（ⅱ） 2001年および2003年減税により米国人の減税分は2004年に合計2,320億ドルになるが，そのうち1,760億ドルは米国人の家族と事業の手元に残り，貯蓄と投資に向けられる。
（ⅲ） 勤勉な米国人の家族は10％ブラケットの拡大と児童税額控除の倍増により2004年に約500万人の納税者が完全に免税とされ，婚姻ペナルティの減少等で低所得層の1億1,100万人が2004年に平均1,586ドルの減税を受ける。4,900万の夫婦が平均2,602ドル，4,300万の子持ち家族が平均2,090ドル，1,400万人の老人が平均1,883ドル，2,500万の小事業が平均3,001ドルの減税を受ける。

(2) 大統領の減税恒久化の要請

2004年2月20日，大統領は議会に対し減税の恒久化を要請し，財務長官ジョン・スノーは議会に対し（ⅰ）婚姻ペナルティ，（ⅱ）AMT，（ⅲ）10%ブラケットの拡大，（ⅳ）児童税額控除の増加，など減税の恒久化を要請した。

(3) 2004年勤労家族減税法（WFTRA）

2004年9月23日，財務長官は2003年減税法（JGTRRA）が年度末で期限切れとなるので，減税措置を延長し，経済成長の持続のため重要な技術革新を奨励する研究開発税額控除を認めることが成長と雇用創出のため必要であると訴えた。2004年10月4日，「2004年勤労者家族減税法」（Working Families Tax Relief Act of 2004：WFTRA）が成立した。

〔注〕
18) ロナルド・パールマン『米国レーガン政権下における税制改革の経験』政府税制調査会第25回総会資料（総25－1－1，25－1－2），2002年3月26日。
19) 羽深成樹「アメリカのブッシュ政権における抜本的な税制改正」『国際税制研究』No.14，2005年，pp.42－51。
20) ミミ・シュワルツ，シェロン・ワトキンス『エンロン内部告発者』（平成15年），本庄 資『アメリカン・タックス・シェルター基礎研究』（平成15年）。

第4章
米国の利益の追求

　ブッシュ政権は，2001年に米国の政権を掌握して以来，米国経済の強化と成長の促進を図るため多くの法律を提案してきた。日本では政権党やその政府の官僚は現行税制が公平であり，だからこそ税法を信頼して納税するように国民を説得するものと信じられているが，米国では事情が異なる。大型減税を公約として選挙を戦い抜いたブッシュ政権は，現行税制の不公平を訴え，その是正を目指して政権をとり，政権に就いた後もその理念を実現するため「税制の抜本改正」を主張し続ける。共和党の理念である「小さい政府」を基調として，前クリントン政権（民主党）の財政黒字（budget surplus）は前政府が米国人から必要以上に徴収した「租税の剰余金」（tax surplus）であるといい，一生懸命に働いて前政府に納税した「勤勉な米国人」（hard-working Americans）の手に戻すべきであるという論理を説き，共和党の減税政策を正当化してきた。政府がキャッシュ・リファンドの小切手をきる形で，2001年及び2003年のブッシュ減税パッケージは，個人所得税の限界税率を3％ないし5％ポイント引き下げ，「勤勉な米国人」の可処分所得，貯蓄と投資を増加させ，事業活動の活性化により長期的な経済成長を促すというブッシュ政権の基本原則に沿うものであり，米国のリセッションの局面で時宜を得た政策となった。スローダウンのなかで米国が財政黒字から財政赤字[21]に転落し，失業が深刻になっていく状況において，ブッシュ政権は減税財源のゆとりを失ったが，2002年中間選挙を控え，米国経済の回復と雇用創出のために，引き続き「勤勉な米国人」の可処分所得を増加させ，消費を刺激し，米国の基盤である小事業（small business）の振興と設備投資を促進する方向で，減税政策を推進した。また，「米国企業の対外競

争力」を念頭に置きつつ,米国資本の米国への還流を重視する立場から,「米国税制の法人所得に対する二重課税が資源の有効利用を妨げる経済的な歪みの原因である」と考え,ブッシュ政権は,所得税と法人税の統合の方法[22]として「配当課税の撤廃」を主張してきたが,富裕層優遇税制を批判する民主党の反対により,完全撤廃を実現することはできなかった。しかし,2003年減税法において配当及びキャピタル・ゲインの最高税率を15％に軽減することに成功した。この減税により経済の法人部門に対する投資に及ぼす「税の障害」は緩和され,米国の法人形態と多様な事業形態の課税上の中立性が改善され,米国の貯蓄,投資及び資本形成が刺激されることになった。2002年及び2003年の減税パッケージは,設備投資の即時損金計上を加速させ,小事業の当期損金とすることができる投資額を25,000ドルから100,000ドルに引き上げ,低調な設備投資の改善により経済回復に寄与したとみられる。ブッシュ減税は,「政府が取りすぎた税を米国人に払い戻すための減税」というだけでなく,「景気対策のための減税」「雇用創出のための減税」としての政策減税のマスクを着けるようになった。現行税制の不公平の是正という共和党の租税理論に基づく改正の努力も続く。「不公平の是正」の例としては,同棲している男女が法的な夫婦になったら課税上不利になるという「婚姻ペナルテイ」の減少（標準控除の拡大,15％ブラケット,勤労所得税額控除,税率の引下げ）を上げることができる。ブッシュ減税は,富裕層優遇であると批判されることが多いが,共和党は,「頑張って他人より働き多くの稼ぎを得ること,稼ぎを貯蓄して子孫に承継させることを評価する税制でなければ米国は強い国になれない。勤勉と貯蓄にペナルテイを課するような税制にしてはならない」との考えから相続税の廃止を租税理論として主張する政権であるが,垂直的公平の理論から,富裕層優遇という批判に対しては強く反発し,「所得税額のうち高額所得者の負担シェアを引き上げた」と強調している。共和党の考える「公平な税制」は簡素で透明性の高い税制である。隣人が税法の迷路のようなループホールや利口なタックスプランニングによって税負担を減少することができると思うとき,勤勉な米国人にとってそのような税制は不公平な税制と感じられる。米国人の高度の遵法精神

（タックス・コンプライアンス）は，理論的には米国税制が効率的に機能する前提要件であるが，税制に対する信頼が失われるとき，米国人の遵法精神もまた失われる。そこで，複雑な税法が濫用的租税回避を惹き起こす元凶であるとして，内国歳入法典の簡素化をブッシュ政権の租税政策として掲げ，一般納税者の公平感を維持するため，税制面と執行面で「脱税及び濫用的租税回避の防止と摘発」を強力に進めてきた。本章で取り上げる「米国雇用創出法」(the American Jobs Creation Act：AJCA）においても，内国歳入庁（IRS）の執行能力の強化策を講じている。本章は，ブッシュ政権が2004年大統領再選を控えて2004年10月22日に実現したこのAJCAを中心に，米国税制改正の重要な論点を要約し，ブッシュ政権が追求する「米国の利益」とは何であるかを考察する出発点を描くことを目的とする。

第1　米国雇用創出法（AJCA）の成立

　ブッシュ政権は，米国税制の「不公平の是正」を錦旗として，米国企業の国際競争力の強化と米国の利益の追求という視点で，税制の抜本的改革に取り組み，米国雇用創出法（AJCA）を制定した。この法案は，2004年10月7日，280対141で下院を通過し，同年10月11日，69対17で上院を通過し，同年10月22日，ブッシュ大統領の署名により法（PL108-357）となった。この法の内容は，次の11項目から成る。

① 　域外所得（Extraterritorial Income：ETI）除外規定の廃止
② 　製造業，小事業及び農業の雇用創出の促進
③ 　米国事業に係る税制改革と簡素化
④ 　期限切れ措置の延長
⑤ 　売上税の控除
⑥ 　たばこ税改正
⑦ 　外国人労働力との競争における米国人労働者の保護

⑧　その他
⑨　エネルギー税の優遇措置
⑩　歳入確保（租税回避防止，タックスシェルター防止，燃料税の脱税防止など）
⑪　貿易関係

　以下，AJCAの主要項目について注目すべき改正点を説明する。

第2　米国輸出振興策と米国内産業の優遇政策

1　域外所得除外規定の廃止

(1)　旧法（ＩＲＣ114及び941～943）

　米国の輸出奨励措置として外国販売法人（the foreign sales corporation：FSC）制度がある。2000年にＥＵは「ＦＳＣ制度は禁止される輸出補助金である」とのＷＴＯの宣告を勝ち取ったが，米国はこれに応じ「2000年ＦＳＣ廃止及び域外所得除外法」（The FSC Repeal and Extraterritorial Income Exclusion Act of 2000）に基づき新制度を実施した。ＥＵは直ちにＷＴＯに域外所得（ＥＴＩ）制度を訴え，2002年ＷＴＯは「ＥＴＩ制度も禁止される輸出補助金である」と宣告した。ＥＴＩ制度は，納税者の「外国貿易総収入」（foreign trading gross receipts）に帰すべき総所得を「域外所得」として課税対象となる総所得から除外する制度である。域外所得の除外は，適格外国貿易所得（qualifying foreign trade income）を限度として認められるが，適格外国貿易所得は，総所得のうち①外国貿易総収入の1.2％，②外国貿易所得の15％または③「外国販売所得及びリース所得」の30％のうち最大の金額だけ課税所得を減額することとなる部分をいう。外国貿易総収入とは，米国外の経済プロセスに係る「適格外国貿易資産」に関する活動から生ずる総収入である。総収入は，①適格外国貿易資産の売却，交換その他の処分，②米国外でレッシーが使用するための適格外国貿易資産のリースもしくはレンタル，③適格外国貿易資産の売却，交換，処分，リースもしくは

レンタルに関連し付随するサービス，④米国外の建設工事の技術もしくはサービス，または⑤非関連者のための経営サービスの提供から生じる。適格外国貿易資産は，主として米国外で直接使用，消費又は処分するために営業・事業の通常の過程で売却，リースまたはレンタルするために保有される資産であって，米国内外で製造，生産，栽培または採取されるものであり，米国外で製造された物と米国外で行われる労働の直接コストとの合計がその資産の時価の50％以下であるものをいう。

(2) 改 正 案

A　下院案 (House Bill)

下院は，ＥＴＩ除外の廃止につき，2005年前の取引についてＥＴＩ除外を100％認めるが，2004年後の取引については2005年中の取引のＥＴＩ除外の80％，2006年中の取引のＥＴＩ除外の60％を認め，取引が納税者と非関連者との契約（2002年1月14日以後に効力を有するもの）に従う場合，営業・事業の通常の過程で行われる取引についてはＥＴＩ除外規定の効力の存続を提案した。ＥＴＩ除外の特典を受けるために連邦課税の適用上内国法人として取り扱われることを選択した外国法人は，濫用防止規定によるほか，この法の施行日後1年以内に損益の認識をせずにこの選択を取り消すことができる。

B　上院修正案 (Senate Amendment)

上院は，取引が納税者と非関連者との契約（2003年9月17日以後に効力を有するもの）に従う場合，営業・事業の通常の過程で行われる取引についてはＥＴＩ除外規定の効力の存続を提案した。上院案も，ＥＴＩ除外の特典を受けるために米国法人として取り扱われることを選択した外国法人がその選択を取り消すことを認める。選択を取り消す法人は，ＩＲＣ354の交換に関してその資産全部を外国法人に譲渡する米国法人として取り扱われ，このみなし譲渡について損益の認識は不要とされるが，次の場合には保有していた資産につき収益を認識しなければならない。

① 当該資産のベーシスは，当該法人が当該資産を取得した譲渡人の段階における当該資産のベーシスを参照して決定される場合

② 当該資産が，当該法人による米国法人として取り扱われる選択が効力をもつ初日以後に行われた現実の譲渡により取得された場合
③ 取得目的が税の減少または租税回避であった場合

上院案は，この法の施行日後に終了し2007年1月1日前に開始する課税年度における控除を規定する。控除額は，2002年に開始する課税年度に，ＥＴＩ除外規定に基づき法人の総所得から除外されまたは当該法人からＦＳＣの取得した資産から関連ＦＳＣの免税外国貿易所得として扱われる金額の一定割合に等しいと定めるが，これには法人のリース取引に帰すべき金額は含まれないものとする。この控除額の決定に用いる一定割合は，2004年及び2005年には80％，2006年には60％，2007年以後には0％とする。

C　両院協議会の合意（Conference Agreement）

両院協議会の合意は，下院案によるが，取引が納税者と非関連者との契約（2003年9月17日以後に効力を有する）に従い，営業・事業の通常の過程で行われる場合ＥＴＩ除外規定の効力の存続を決めた。

2　米国生産活動に帰すべき所得に関する控除

(1)　旧法ＩＲＣ11

法人の通常の税額は，その課税所得に累進税率を適用して算定される。これまで，米国内生産活動に帰すべき課税所得について法人税を軽減する規定はなかったが，米国は経済成長と国際競争力の強化のための税制を推進する。

(2)　改　正　案

A　下院案（House Bill）

下院は，適格生産活動所得に適用される法人税率は32％以下とすることを提案した。「適格生産活動所得」とは，米国内生産総収入から①販売商品のコストのうち当該収入に配分されるもの，②その他の控除，費用または損失のうち当該収入に直接配分されるもの，および③その他の控除，費用または損失のうち当該収入又は別の種類の所得に直接配分されないものの一定割合を差し引いた金額とする。「米国内生産総収入」とは，法人の総収入のうち①米国内で法

第4章　米国の利益の追求

人が製造，生産，栽培または採取した適格生産資産の売却，交換その他の処分またはリース，レンタルもしくはライセンス，②納税者が生産した適格フィルムの売却，交換その他の処分またはリース，レンタルもしくはライセンス，あるいは③米国内の建設工事のために米国内で提供される建設，土木，建築のサービス，から生じるものをいう。米国内生産総収入には，納税者が関連者の使用のためにリース，レンタルまたはライセンスする資産から生じる総収入は含まれない。「適格生産資産」は，有形動産，コンピュータ・ソフトウエア又はＩＲＣ168(f)(4)に規定する資産である。

　Ｂ　上院修正案（Senate Amendment）

　上院は，適格生産活動所得の一部に相当する控除を提案した。2004年ないし2006年に開始する課税年度の控除は所得の5％，2007年度に開始する年度の控除は所得の6％，2008年に開始する課税年度の控除は所得の7％とするが，一課税年度の控除額は納税者の支払賃金の50％を限度とする。関連会社については，グループ全体を単一の納税者として控除額を決定する。「適格生産活動所得」は，納税者の修正課税所得で米国内生産活動に帰すべきものである。米国内生産活動に帰すべき所得は，下院の適格生産活動所得の定義と同様である。「米国内生産総収入」とは，米国または属領内で納税者が製造，生産，栽培または採取した適格生産資産の売却，交換その他の処分またはリース，レンタルもしくはライセンスから営業・事業の現実の行為において生じる納税者の総収入である。上院案では，Ｓ法人，パートナーシップ，遺産財団，信託その他のパススルー・エンティティについて，控除額は株主，パートナーまたは類似の段階で，エンティティの適格生産活動所得の比例持分を考慮に入れて決定される。上院案では，米国内生産総収入は，ＥＴＩ廃止の契約による例外に従い，域外所得の除外を生じる取引からの総収入を含まない。適格生産活動所得は，ＥＴＩ廃止規定の定める控除にかかわらず，決定される。

　Ｃ　両院協議会の合意（Conference Agreement）

　両院協議会の合意では，課税所得から納税者の適格生産活動所得の一部に相当する控除を認める。2009年後に開始する課税年度には，控除額は①適格生産

活動所得または②課税所得のいずれか少ない方の9％に相当するものとする。控除額は、2005年および2006年に開始する課税年度には所得の3％、2007年ないし2009年に開始する課税年度には所得の6％とする。ただし、一課税年度の控除額は、納税者の支払賃金の50％を限度とする。関連会社の控除額は、関連グループを単一の納税者として決定され、各単体企業の適格生産活動所得に比例して各単体企業に配分される。「適格生産活動所得」の定義は、下院案と同様である。「米国内生産総収入」は、次のことから生じる納税者の総収入と定義された。

① 納税者が米国内でその全部または重要な部分を製造、生産、栽培または採取した適格生産資産の売却、交換その他の処分またはリース、レンタルもしくはライセンス
② 納税者が生産した適格フィルムの売却、交換その他の処分またはリース、レンタルもしくはライセンス
③ 納税者が米国内で生産した電気、天然ガスまたはポータブルな水の売却、交換その他の処分
④ 米国内で提供した建設活動
⑤ 米国内の建設工事のために米国で提供した土木・建設サービス

ただし、米国内生産総収入には、①納税者が小売施設で準備した食料品または飲料の売却、②電気、天然ガスまたはポータブルな水の輸送または配給、③納税者が関連者の使用のためにリース、レンタルまたはライセンスする資産から生じる総収入は含まれない。

上院案と同様に、S法人、パートナーシップ、遺産財団、信託その他のパススルー・エンティティの米国内生産活動について、賃金限度額はエンティティ段階で適用されるが、控除額は株主、パートナーまたは類似の段階で、エンティティの適格生産活動所得の比例持分を考慮して決定される。株主、パートナーまたは類似の者の段階で賃金限度額を適用するとき、パススルー・エンティティから適格生産活動所得を配分される各者は、①財務省規則により決定される賃金の配分シェアまたは②当該者に現実に配分

される適格生産活動所得の妥当な控除割合の2倍のいずれか少ない方に相当する金額の賃金を配分されたものとして取り扱われる。

代替的ミニマムタックス（AMT）の適用上，①適格生産活動所得または②AMT課税所得のいずれか少ない方の金額を参照して，控除額が決定される。

両院協議会は，1986年以来議会が法人税率の引下げをしていないことを認識し，OECDの定義による法人税率が米国より低くなっているので，米国の相対的な税率の高さが雇用創出と経済成長に寄与する活力ある産業を惹きつけ引き止める米国の能力に影響を及ぼしていることを認めた。輸出補助金対抗措置その他の国際貿易協定に基づく米国の義務に違反するとみなされる輸出奨励税制を廃止する代わりに，この法案は，米国製造業の3％ポイント減税に相当する租税救済措置を与えることを意図する。

スローダウンで製造業が厳しい状況にある米国経済と，貿易相手国が国内製造業に補助金を与え，間接税制を通じて輸出振興を進めている状況を考慮すると，これらの国の補助金政策が米国製造業の競争力に悪影響を与えることを認めざるを得ない。

3　小事業の法人税率の引下げ

(1)　IRC11

2004年度の法人税率は，次のとおりである。

課税所得	所得税率
0〜50,000ドル	課税所得の15％
50,001〜75,000ドル	課税所得の25％
75,001〜10,000,000ドル	課税所得の34％
10,000,000ドル超	課税所得の35％

(2)　改　正　案

A　下院案（House Bill）

①　2005〜2007年度

課税所得	所得税率
0～50,000ドル	課税所得の15%
50,001～75,000ドル	課税所得の25%
75,001～1,000,000ドル	課税所得の33%
1,000,001～10,000,000ドル	課税所得の34%
10,000,000ドル超	課税所得の35%

② 2008～2010年度

課税所得	所得税率
0～50,000ドル	課税所得の15%
50,001～75,000ドル	課税所得の25%
75,001～1,000,000ドル	課税所得の32%
1,000,001～10,000,000ドル	課税所得の34%
10,000,000ドル超	課税所得の35%

③ 2011～2012年度

課税所得	所得税率
0～50,000ドル	課税所得の15%
50,001～75,000ドル	課税所得の25%
75,001～5,000,000ドル	課税所得の32%
5,000,001～10,000,000ドル	課税所得の34%
10,000,000ドル超	課税所得の35%

④ 2013年度以降

課税所得	所得税率
0～50,000ドル	課税所得の15%
50,001～75,000ドル	課税所得の25%
75,001～20,000,000ドル	課税所得の32%
20,000,000ドル超	課税所得の35%

B　上院修正案（Senate Amendment）

上院案はこれに見合う規定を設けていない。

C　両院協議会の合意（Conference Agreement）

両院協議会の合意においても下院案の規定を含まない。

第4章　米国の利益の追求

第3　製造業，小事業および農業の雇用創出促進税制

1　IRC179（事業資産の費用化の選択）

(1) 旧　　法

　年間投資額が少額の納税者は，減価償却の代わりに，当期の損金計上を選択することができる。2003年JGTRRAは，2003～2005年に開始する課税年度において，用に供した適格資産の取得価額を損金算入することができる金額を100,000ドルに引き上げた。

　一般に適格資産は営業・事業の能動的活動で使用するために購入される有形動産と定義される。100,000ドルの金額は，当期中に用に供された適格資産の取得価額が400,000ドルを超える金額だけ減額される。JGTRRAの施行前，年間投資額が少額である納税者は，当期に用に供した適格資産の取得価額の25,000ドルまでを損金算入することができた。この25,000ドルの金額は，当期に用に供した適格資産の取得価額が200,000ドルを超える金額だけ減額された。当期に損金算入できる金額は，営業・事業の能動的活動から生じる当期の課税所得を超えることはできない。課税所得の限度額を超えるため控除できない金額は，繰り越すことができる。JGTRRAは，納税者が2002年後2006年前，修正申告において損金算入の選択を取り消すことを認める。

(2) 改　正　案

A　下院案（House Bill）

　下院案は，IRC179に基づき損金算入できる最高金額を2008年前に開始する課税年度に用に供した資産について100,000ドルと定める。100,000ドルの金額は，2008年前に開始する課税年度に用に供する資産の取得価額が400,000ドルを超える額だけ減額されるものとする。

B　上院修正案（Senate Amendment）

　上院案は，100,000ドルの金額が課税年度中に用に供された適格資産の取得価額が400,000ドルを超える金額の半分だけ減額されるものと定める。

C 両院協議会の合意（Conference Agreement）

両院協議会の合意は、下院案に従うことであった。

2 減価償却－賃貸物件の改良

(1) 旧法 I R C 168（加速度コスト回収制度：ACRS）

有形資産は、ＩＲＣ168に基づき、個別の回収期間、用に供するコンベンション、減価償却方法を各種の減価償却資産の取得価額に適用して減価償却費を計算する修正加速度コスト回収制度（MACRS）により減価償却される。非居住用不動産の取得価額は定額法と39年の回収期間を用いて回収され、月央コンベンションを適用される。

① 賃貸物件の改良の減価償却

リース資産の改良の減価償却は、当該資産に適用される MACRS 回収期間がリース期間より長い場合も MACRS に基づいて計算される。このルールは、賃貸物件の改良を用に供したのが賃貸人であるか賃借人であるかにかかわらず、適用される。用に供された非居住用不動産の付加または改良となる場合、その改良はその付加または改良が用に供された月に開始する39年の回収期間にわたり定額法を用いて減価償却される。

② 適格賃貸物件改良

「2002年雇用創出勤労者援助法」(the Job Creation and Worker Assistance Act of 2002：JCWAA)（JGTRRAにより改正）は、2005年1月1日前に用に供する適格資産の調整ベーシスの30％または50％のいずれかに等しい追加的初年度減価償却を定めている。この適格資産には適格賃貸改良資産が含まれる。適格賃貸改良資産は、一定の条件を満たすことを前提に、非居住用不動産であるビルのインテリアの改良である。改良はビルが用に供された日後3年超用に供されることを要件とする。適格賃貸改良資産には、支出がビルの増築、エレベーターまたはエスカレーター、共有部分、ビルの内部構造に帰すべき改良は含まれない。

③ 賃貸物件改良の処分

賃貸人が賃借人のために行う賃貸物件の改良を処分するリース資産の賃貸人

は，リース終了時に賃貸人が改良を処分しまたは放棄する場合，この改良の調整ベーシスを損益の算定において考慮することができる。

(2) 改 正 案

A　下院案（House Bill）

下院案は，2006年1月1日前に用に供した適格賃貸改良資産の定額法による回収期間を15年とする。賃貸人が適格賃貸改良資産に該当する改良を行う場合，当該改良はその承継者にとっては，適格賃貸改良資産の資格を有しないが，死亡および不認識扱いを受ける資格のある資産の譲渡の場合には，このルールの例外とする。

B　上院修正案（Senate Amendment）

上院案は，これに見合う規定を設けない。

C　両院協議会の合意（Conference Agreement）

両院協議会の合意は，下院案に従う。

3　減価償却－レストラン改良の減価償却

(1) 旧法 I R C 168

上記2(1)と同じ。

(2) 改 正 案

A　下院案（House Bill）

下院案は，2006年1月1日前に用に供する適格レストラン資産の定額法による回収期間を15年とする。適格レストラン資産とは，ビルが用に供された日後3年超改良が用に供され，ビルの面積の50％超が食料の準備，客席に当てられるビルの改良をいう。

B　上院修正案（Senate Amendment）

上院案は，これに見合う規定を設けない。

C　両院協議会の合意（Conference Agreement）

両院協議会の合意は，下院案に従う。

4　減価償却－航空機の割増償却

(1)　旧法 I R C 168

　大部分の有形動産の回収期間には，3年ないし25年の幅がある。有形資産に適用される減価償却の方法は，200％定率法と150％定率法である。

　①　30％追加的初年度減価償却

　JCWAA は，適格資産の調整ベーシスの30％に相当する追加的初年度減価償却を認めた。追加的初年度減価償却費は，短期課税年度によって影響されない。追加的初年度減価償却費は，資産を用に供する課税年度の通常の税とAMTの双方について認められる。用に供した年度及びその後の年度における資産のベーシスと減価償却費は，追加的初年度減価償却を反映するよう調整される。追加的初年度減価償却の適格要件は，次のとおりである。

（ⅰ）　資産は，MACRS が適用される回収期間が20年以下の資産であること，給水資産，コンピュータ・ソフトウエアまたは適格賃貸改良資産であること

（ⅱ）　資産の使用が2001年9月11日以後に開始すること

（ⅲ）　納税者が資産を適用期間内に取得すること

（ⅳ）　資産が2005年1月1日前に用に供されること

　ある年度における用に供する日の延長は，回収期間が10年以上の資産と一定の輸送用資産について認められる。用に供される日を延長される資産について，追加的初年度減価償却できる取得価額を制限する特則がある。このような資産について，2005年1月1日前に生じたコストに帰すべき部分のみ追加的初年度減価償却を受けることができる。

　②　50％追加的初年度減価償却

　JGTRRA は，適格資産の調整ベーシスの50％に等しい追加的初年度減価償却を認める。適格資産は，JCWAA によって認められた30％追加的初年度減価償却と同じ方法で定義される。適格と認められるには，資産の取得は2003年5月5日後，2005年1月1日前に行われ，取得契約が2003年5月6日前に効力

を有するものであることを要する。用に供される日を延長された資産について，追加的初年度減価償却を受けることができる取得価額を制限する特則がある。

(2) 改正案

A　下院案（House Bill）

生産期間の延長により，下院案は一定の非商業用航空機が用に供する日の延長を受けることができる基準を定める。適格航空機は，2006年1月1日前に用に供する場合，追加的初年度減価償却を受けることができる。下院案は，次の要件を定めた。

(ⅰ)　現行法に基づく適用期間中に航空機を取得すること
(ⅱ)　用に供する日の要件を満たすこと
(ⅲ)　乗客または貨物を輸送する営業・事業において用いられる有形動産でないこと
(ⅳ)　購入契約の時に取得価額の10％または100,000ドルのいずれか少ない方の預金をした購入者が購入すること

B　上院修正案（Senate Amendment）

上院案は，下院案と同じである。

C　両院協議会の合意（Conference Agreement）

両院協議会の合意は，下院案に従う。

5　減価償却－シンジケート組織の一定の資産の割増償却

(1) 旧法 I R C 168

JCWAAは，上記4(1)①の30％追加的初年度減価償却を認めた。このJCWAAは，一定のリース資産について特則を定めている。ある者が初めに用に供する資産で，納税者に売却され，用に供された日から3ヶ月以内に納税者が当該者にリースバックするものについて，当該資産はリースバックにより使用される日以後に納税者が初めに用に供するものとして取り扱われる。JCWAAは，賃貸人によるリースのシンジケート組織について特に定めていない。

「2004年勤労者家族減税法」（the Working Families Tax Relief Act of 2004：

WFTRA) は，賃貸人によるリースのシンジケート組織に関する技術的な是正を含んでいた。これによると，資産を初めに賃貸人が用に供するが，その用に供した日から3ヶ月以内に当該資産が売却され，当該資産の使用者が変わらない場合には，当該資産は売却日以後に納税者が初めて用に供するものとして取り扱われる。

JGTRRA は，上記4(1)②の50%追加的初年度減価償却を認めた。

(2) 改 正 案

A 下院案 (House Bill)

下院案は，賃貸人が資産を初めに用に供するが，当該資産を用に供した日から3ヶ月以内に売却するものの当該資産の使用者が変わらない場合には当該資産は売却日以後に納税者が初めに用に供したものとして取り扱われると規定する。下院案は，同じリースの対象である複数単位の資産について特則を定め，最初の単位が用に供された時と最後の単位が用に供された時との間が12ヶ月以下である場合，最後の単位が用に供された時から3ヶ月以内に売却されるとき，当該資産は売却日に用に供されたものとされる。

B 上院修正案 (Senate Amendment)

上院案は，下院案と同じである。

C 両院協議会の合意 (Conference Agreement)

両院協議会の合意は，下院案に従うが，WFTRA (H.R.1308) の規定と重なる部分を除き，同じリースの対象である複数単位の資産に関する特則のみを規定する。

6 S法人制度の改正と簡素化 (IRC1361−1379及び4975)

一般にS法人はその所得および損失に対する法人段階の所得税を課されず，その所得および損失の項目をその株主にパススルーする。株主は，個人所得税申告書においてこれらの項目の持分を分離して考慮に入れる。株式が後に処分される時にこれらの項目の二重課税を防止するために，S法人の株式における

各株主のベーシスは益金に算入される金額だけ増加し，考慮に入れられる損失の金額だけ減少される。株主の損失は，Ｓ法人の株式または負債におけるベーシスの範囲に限り，控除される。この限度額を超えるため控除されなかった損失は繰り越すことが認められる。

６－１　一株主として取り扱われる家族構成員
(1)　旧　　法

小事業法人は，株主全員の同意でＳ法人になることを選択し，株式の50％超を保有する株主の同意でこの選択を終了することができる。「小事業法人」とは，内国法人（欠格法人を除く）であって，①株主数が75人以下であり，②すべての株主が米国市民または米国居住者である個人（信託，遺産財団，慈善団体および適格退職プランを含む）であり，かつ，③株式は一種類のみであるものをいう。株主75人の制限の判定において，夫婦は一株主として取り扱われる。「欠格法人」は，貸倒準備金を有する金融機関，保険会社，プエルトリコおよび属領税額控除の特典を選択する法人，米国国際販売法人（Domestic International Sales Corporation：DISC）または元 DISC である。

(2)　改　正　案
　Ａ　下院案（House Bill）

下院案は，家族の構成員が一株主として取り扱われることを選択できると規定する。「家族」（a family）は，共通の祖先と共通の祖先のすべての直系の子孫およびこれらの個人の配偶者または元配偶者と定義される。下院案は，このルールの適用上，①個人が株主のうち家族構成員となる最も若い世代から３世代を超えて離れる場合，その個人は「共通の祖先」としないこと，②配偶者または元配偶者は個人が結婚しているかまたは結婚していた相手と同じ世代として取り扱われること，を規定する。

　Ｂ　上院修正案（Senate Amendment）

上院案はこれに見合う規定を設けていない。

　Ｃ　両院協議会の合意（Conference Agreement）

両院協議会の合意は、世代数を下院案の3世代から6世代に増加するほか、下院案に従う。

6-2 株主数を100人に増加すること
(1) 旧　　法
上記6-1(1)の「小事業」の適格要件の一つである株主数は75人以下とされる。

(2) 改　正　案
A　下院案（House Bill）
下院案は、株主数の最高限度を75人から100人に増加する。
B　上院修正案（Senate Amendment）
上院案は、これに見合う規定を設けていない。
C　両院協議会の合意（Conference Agreement）
両院協議会の合意は下院案に従う。

6-3　IRAを含めるよう銀行S法人の適格株主の範囲の拡大
(1) 旧　　法
個人退職勘定（individual retirement account：IRA）は、個人及びその受益者の排他的利益のために設けられる信託または勘定である。IRAは、①伝統的なIRA（控除できる拠出と控除できない拠出の双方の拠出がある）と② Roth IRA（控除できない拠出）との二つの種類に分けられる。伝統的なIRAに保有される金額は、引き出される時に所得に算入される。適格な分配として引き出されるRoth IRAに保有される金額は、所得に算入されない。適格な分配ではないRoth IRAからの分配は、収益に帰すべき範囲で所得に算入される。「適格な分配」は、①個人がRoth IRAに拠出した課税年度に開始する5課税年度の期間後に行われ、かつ、②死亡もしくは傷害という理由で59.5歳に達した後に行われまたは③最初の住宅購入者の10,000ドルまでの支出のために行われる分配である。旧法では、IRAはS法人の株主になることはできない。IRAとIRA

の受益者である個人との間で一定の取引が禁止されている。IRAとIRAの受益者との間で禁じられた取引が行われる場合，その勘定はIRAであることをやめ，IRAに保有される資産の時価に等しい金額は，受益者に分配されたものとみなされる。

(2) 改　正　案

A　下院案（House Bill）

下院案は，IRAがS法人である銀行の株主になることを認める。下院案は，IRAがIRAの保有する銀行株式のIRA受益者に対する売却については，禁じられた取引とする取扱いを一定の条件の下で免除することを認めた。

B　上院修正案（Senate Amendment）

上院案はこれに見合う規定を設けていない。

C　両院協議会の合意（Conference Agreement）

両院協議会の合意は下院案に従う。

6－4　小事業信託の潜在的受益者の決定における不行使の指名権の無視

(1) 旧　　法

S法人の株式を保有する小事業信託（an electing small business trust：ESBT）は，S法人からパススルーされる所得，所得控除，収益または損失の各項目の比例持分に対して個人最高税率で課税される。ESBTは，そのすべての受益者が適格S法人株主である信託である。株主数の最高限度を判定するため，信託から分配を受けることができる者（潜在的受益者）は，各人ごとにその者が信託から分配を受けることができる期間中一株主として取り扱われる。欠格株主が潜在的受益者になった後，ESBTが清算を回避するためにS法人株式を処分することができる期間は60日とされる。

(2) 改　正　案

A　下院案（House Bill）

下院案は，小事業信託の潜在的受益者の決定に当たり，行使されない範囲で，

指名権を無視することとし，欠格株主が潜在的受益者になった後，ESBT がS法人株式を処分することができる期間を60日から1年に延長した。

　B　上院修正案（Senate Amendment）

上院案はこれに見合う規定を設けていない。

　C　両院協議会の合意（Conference Agreement）

両院協議会の合意は，下院案に従う。

6－5　一時延期された損失の離婚等に伴う移転

(1)　旧　　法

損失がS法人の株式及び負債における株主のベーシスを超えるので，S法人の株主が認められない損失または所得控除は，翌課税年度にS法人が生じたものとして取り扱われる。

(2)　改　正　案

　A　下院案（House Bill）

下院案は，株主のS法人株式が配偶者または離婚に伴い元配偶者に移転される場合，当該株式に係る一時延期された損失または所得控除は，翌年度に譲受人について法人が生じたものとして取り扱われるとする。

　B　上院修正案（Senate Amendment）

上院案はこれに見合う規定を設けていない。

　C　両院協議会の合意（Conference Agreement）

両院協議会の合意は下院案に従う。

6－6　適格サブチャプターS信託所得の受益者による
　　　　パッシブ活動損失とアトリスク金額の利用

(1)　旧　　法

受益者が選択を行う適格サブチャプターS信託が株式を保有するS法人の所得のシェアについて，受益者が課税される。しかし，信託が行うS法人株式の処分の課税関係を決定するためS法人株式の所有者として取り扱われるのは，

受益者でなく，信託である。適格サブチャプターS信託は，一般に一個人所得受益者を有する信託である。

(2) 改 正 案

A　下院案（House Bill）

下院案は，適格サブチャプターS信託の受益者は，信託がS法人株式を処分する時アトリスク・ルールおよびパッシブ・ロス・ルールに基づいて一時延期された損失を控除することを認める。

B　上院修正案（Senate Amendment）

上院案はこれに見合う規定を設けていない。

C　両院協議会の合意（Conference Agreement）

両院協議会の合意は下院案に従う。

6－7　銀行S法人に関し投資証券所得をパッシブ投資所得から除外すること

(1) 旧　法

S法人は，①課税年度末に留保収益・利潤（accumulated earnings and profits）および②その25％超がパッシブ投資所得である総収入を有する場合，その超過純パッシブ所得に対し，最高法人税率で，法人段階で課税される。「超過純パッシブ所得」（excess net passive income）は，課税年度の純パッシブ所得に分数（パッシブ投資所得のうち総収入の25％を超える金額を分子とし，課税年度のパッシブ投資所得を分母とする）を乗じて算定される。「純パッシブ所得」（net passive income）は，パッシブ投資所得から当該所得の稼得に直接関係する所得控除を差し引いて計算される。「パッシブ投資所得」（passive investment income）は，使用料，賃貸料，配当，利子，保険年金および株式または証券の売却または交換から生じる総収入である。パッシブ投資所得には，未収金の利子，貸金業・金融業の能動的かつ通常の遂行から直接生じる総収入，一定の清算からの総収入またはオプションもしくは商品ディーラーのIRC1256契約からの損益は含まれない。S法人は，3連続課税年度の各年度末に留保収益・利潤を有しかつ各年度末の

総収入の25％超がパッシブ投資所得であるとき，その選択は終了する。

(2) 改　正　案

A　下院案（House Bill）

下院案は，ＩＲＣ581に定義する銀行，銀行持株会社（1956年銀行持株会社法に定義する）または金融持株会社について，これらが保有しなければならない資産に係る利子および配当はＳ法人パッシブ投資所得ルールの適用上，パッシブ投資所得として取り扱われないものとする。

B　上院修正案（Senate Amendment）

上院案はこれに見合う規定を設けていない。

C　両院協議会の合意（Conference Agreement）

両院協議会の合意は下院案に従う。

6－8　銀行役員シェアの取扱い

(1) 旧　法

Ｓ法人の株主数は，75人以下であり，Ｓ法人の株式は一種類に限られる。すべての発行済株式が分配および清算収益に同一の権利を付与する場合，Ｓ法人は一種類の株式を有するものとされる。議決権の差異は無視される。米国銀行法によりナショナルバンクの役員が銀行の株式を所有し，役員数は5人以上であることを要求される。多数の州法により州のチャータード・バンクも同様のことを要求される。銀行役員が銀行または銀行持株会社によって，役員が退職する時に，役員が株式取得のため支払った価格で，その株式を買い戻してくれる合意を締結する慣行がある。

(2) 改　正　案

A　下院案（House Bill）

下院案は，サブチャプターＳの適用上限定された銀行役員株式は発行済株式には含めないことを定める。この株式は第二種株式として扱われず，役員はこの株式を理由としてＳ法人の株主として扱われず，この株式は株主間に所得，損失等を配分するに当たっては無視され，Ｓ法人が適格サブチャプターＳ子会

社の株式の保有するか否かを判定するとき発行済株式として扱われない。限定された株式に係る分配は，役員の総所得に算入され，その分配が所得に算入される役員の課税年度の末日を含む課税年度にＳ法人によって損金算入される。「限定された銀行役員株式」(restricted bank director stock)は，銀行，銀行持株会社または金融持株会社の株式で，連邦準備制度に登録され，個人が銀行または持株会社の役員として勤務することを許可する条件として連邦法または州法により個人が保有する必要があり，保有者が役員を辞める時には個人が株式を取得した価格で当該株式を売り戻す合意を銀行または持株会社と締結しているものをいう。

　Ｂ　上院修正案（Senate Amendment）

上院案はこれに見合う規定を設けていない。

　Ｃ　両院協議会の合意（Conference Agreement）

両院協議会の合意は下院案に従わない。

6－9　不注意による無効な適格サブチャプターＳ子会社の選択および終了に関する救済

(1)　旧　　法

不注意による無効なサブチャプターＳの選択および終了は，撤回される。

(2)　改　正　案

　Ａ　下院案（House Bill）

下院案は，不注意による無効な適格サブチャプターＳ子会社の選択及び終了は，ＩＲＳによって取り消すことを定める。

　Ｂ　上院修正案（Senate Amendment）

上院案はこれに見合う規定を設けていない。

　Ｃ　両院協議会の合意（Conference Agreement）

両院協議会の合意は下院案に従う。

6-10 適格サブチャプターS子会社に関する情報申告
(1) 旧　　法
　S法人がすべての株式を保有する法人は，S法人の選択により，適格サブチャプターS子会社として取り扱われる。子会社の資産，負債，所得，所得控除および税額控除の各項目は，親会社であるS法人の資産，負債および各項目として取り扱われる。
(2) 改　正　案
　A　下院案（House Bill）
　下院案は，適格サブチャプターS子会社の情報申告に関するガイダンスを定める権限を財務長官に付与する。
　B　上院修正案（Senate Amendment）
　上院案はこれに見合う規定を設けていない。
　C　両院協議会の合意（Conference Agreement）
　両院協議会の合意は下院案に従う。

6-11 適格雇用主証券に関するローンの払戻
(1) 旧　　法
　従業員持株プラン（employee stock ownership plan：ESOP）は，ESOPとして選定された拠出プランで，主として適格雇用主証券に投資することを目的とするものである。「適格雇用主証券」とは，①雇用主または同一被支配グループ会社の上場普通株式，②このような上場普通株式がない場合には他の種類の普通株式と同等以上の議決権および配当請求権の双方を有する雇用主普通株式，あるいは③ノンコーラブル優先株式で①または②の普通株式に転換することができるもので，一定の要件を満たすものをいう。従業員ベネフィットプランと欠格者との一定の取引は，消費税を課されることとなる禁止取引である。禁止取引には，①プランと欠格者との間の資産の売却，交換またはリース，②プランと欠格者との間の金銭貸付その他信用の供与，③プランの所得または資産の欠格者への移転，欠格者による使用または欠格者のための使用が含まれる。ただ

し，一定の取引(例えばESOPが適格雇用主証券を購入することができるようにするローンがある。この場合，ローンで購入した雇用主証券はそのローンの担保とされる。ESOPへの拠出，ESOPが保有する雇用主証券の配当はローンの返済に充てられる）は，禁止取引の取扱いを免除される。

(2) 改正案

A 下院案 (House Bill)

下院案は，S法人が有するESOPは，ESOPが保有する適格雇用主証券を構成するS法人株式に係る分配がこの証券を取得するために用いられたローンにつき支払をするために用いられるという理由だけで，適格要件違反または禁止取引として扱われることはないと定める。この救済は，プランが「分配が参加者に配分されたであろう年度にこの分配の金額以上の時価をもつ株式が参加者に配分される」と定める場合を除き，参加者に配分されるS法人株式に係る分配については適用されない。

B 上院修正案 (Senate Amendment)

上院案は下院案と同じである。

C 両院協議会の合意 (Conference Agreement)

両院協議会の合意は，下院案と上院案の規定を含む。

7 代替的ミニマムタックス（AMT）の減税

7－1 外国税額控除の適用の制限の廃止

(1) 旧法（ⅠＲＣ59）

納税者は，通常の所得税を超える範囲で，他のすべての税のほかに，代替的ミニマムタックス（AMT）を課される。法人については，免税金額を超える代替的ミニマムタックス所得（AMTI）に対し20％のＡＭＴが課される。納税者は，ＡＭＴ外国税額控除によりＡＭＴを減額することができる。ＡＭＴ外国税額控除は，通常の外国税額控除の計算において用いられる原則により計算される。ただし，ＡＭＴ外国税額控除の控除限度額の分数の分子は，外国源泉AMTIであり，分母はAMTI合計である。納税者は，分子として外国源泉通常の所

得を用いることを選択することができる。AMT外国税額控除は，税額控除前のAMT全部と相殺することはできず，AMT純営業損失控除およびAMT外国税額控除を行う前のAMTの90％に制限される。

(2) 改 正 案

A　下院案（House Bill）

下院案は，AMT外国税額控除の適用に係る90％制限を廃止する。

B　上院修正案（Senate Amendment）

上院案は下院案と同じである。

C　両院協議会の合意（Conference Agreement）

両院協議会の合意は下院案と上院案の規定を含む。

7－2　小事業に関するAMT免除の拡大

(1) 旧法（IRC55）

前3課税年度の平均総収入が750万ドル未満である法人は，AMTを免除される。法人の最初の3課税年度の期間については，免税点は500万ドルとする。

(2) 改 正 案

A　下院案（House Bill）

下院案は，免税法人が受け取る平均総収入の金額を750万ドルから2,000万ドルに引き上げる。

B　上院修正案（Senate Amendment）

上院案はこれに見合う規定を設けていない。

C　両院協議会の合意（Conference Agreement）

両院協議会の合意は下院案に従わない。

7－3　農業と漁業の所得平均とAMTとの調整

(1) 旧法（IRC55及び1301）

農業に従事する個人は，農業の課税所得を前3年の期間にわたり平均して通常の税額を計算することを選択することができる。農業所得の平均により通常

の税額は減少するので，農業所得の平均のベネフィットはAMTを課される農家の場合，減少または排除される。

(2) 改正案
A　下院案（House Bill）
下院案は，AMTの計算において農業の通常の税額は農業所得の平均にかかわらず算定されると定める。したがって，農家はAMTが変化しないが平均によって通常の税額が減少するので，所得平均のベネフィットを全部受けることができる。

B　上院修正案（Senate Amendment）
上院案はこれに見合う規定を設けていない。

C　両院協議会の合意（Conference Agreement）
両院協議会の合意は，下院案に従う。所得平均のベネフィットを漁業にも拡大することとした。

8　アルコール燃料等の奨励措置

8－1　アルコールおよびバイオディーゼル燃料の奨励措置
(1)　旧法（IRC4041，4081，6427，9503）
① アルコール燃料所得税額控除

アルコール税額控除は，（ⅰ）アルコール混合税額控除，（ⅱ）アルコール税額控除および（ⅲ）小規模エタノール生産者税額控除であり，2007年12月31日後に期限切れとなる。エタノールとガソリンを混合する納税者はエタノール・ブレンダーといい，適格混合物の生産に用いたエタノール1ガロン当たり52セントの所得税額控除を受けることができる。事業は，自動車燃料として小売販売しまたは事業用として使用するエタノール1ガロン当たり52セントを所得税額から控除することができる。小規模エタノール生産者は，エタノール生産能力が年間3,000万ガロン以下である者をいい，課税年度に生産するエタノール（最高限度1,500万ドル）1ガロン当たり10セントを所得税額から控除することができる。アルコール燃料所得税額控除は，一般事業税額控除として取り扱わ

れる。これは，AMTと相殺することはできない。
　②　アルコール混合燃料の消費税の減額
　一般に，自動車燃料税の税率は，（ⅰ）ガソリン1ガロンにつき18.3セント，（ⅱ）ディーゼル燃料及び灯油1ガロンにつき24.3セント，（ⅲ）特別自動車燃料1ガロンにつき18.3セントである。アルコール・ブレンド燃料は軽減税率を適用される。
　③　還付及び納付
　課税済ガソリンが適格アルコール混合物の生産に使用される場合，ブレンダーはクイック消費税還付を請求することができる。IRSは，20日以内にクイック還付を行う。
　④　エチル第3ブチルエーテル（ETBE）
　ETBEはエタノールを用いて製造されるエーテルである。ガソール・ブレンダーはETBEの生産に用いられたエタノールにつき所得税額控除および消費税の軽減税率を適用することができる。
　⑤　ハイウエー信託基金
　IRC4041（ディーゼル燃料及び特別自動車燃料に対する小売税）およびIRC4081（ガソリン，ディーゼル燃料および灯油に対する税）による税はハイウエー信託基金に繰り入れられる。アルコールについては1ガロンにつき2.5セントが一般基金に留保される。軽減税率を適用されるアルコールとの混合物については1ガロンにつき2.8セントが一般基金に繰り入れられる。
　⑥　バイオディーゼル
　バイオディーゼルがブレンド燃料の生産に用いられる場合，ブレンド燃料の移転または販売に対して課税される。ディーゼル自動車またはディーゼルー車の燃料として販売または使用される液体（ガソリンを除く）に対しても課税される。バイオディーゼルについては消費税率は軽減されない。
　⑦　モーターボート用ガソリンおよび特別自動車燃料ならびに小型エンジンの戸外発電装置の非事業用途に用いられるガソリンに対する税
　まずハイウエー信託基金に預入されるモーターボートガソリンおよび特別自

動車燃料に対する税ならびに小型エンジン燃料税の一部が水資源信託基金に繰り入れられる。

(2) 改 正 案

A 下院案 (House Bill)

下院案は，アルコールブレンド燃料の消費税の軽減税率を廃止して本来の税率を適用し，消費税額からIRC40のアルコール混合物税額控除を認める。アルコール混合物の生産に用いられたアルコール（その後税額控除が認められない目的に用いられまたは税額控除の認められない物質に変更されたもの）につきアルコール燃料混合物税額控除が請求されるとき，課税する。下院案は，アルコール燃料に対する一定の税を一般基金に留保することを廃止し，ハイウエー信託基金に繰り入れる。

① アルコール燃料混合物消費税額控除

アルコール燃料混合物税額控除は，2004年後は，1ガロン当たり51セント（エタノールを含まない混合物については1ガロン当たり60セント）とする。

② 一般基金が負担するアルコール燃料補助金

アルコール燃料税額の全額をハイウエー信託基金に繰り入れる結果，消費税の1ガロン当たり2.5％および2.8％を一般基金に留保するという要件を廃止する。

③ モーターボートおよび小型エンジン燃料税

モーターボートに用いられるガソリンおよび特別自動車燃料ならびに小型エンジン戸外発電装置の非事業用燃料として用いられるガソリンに対する税の1ガロン当たり4.8％の一般基金留保を廃止する。

B 上院修正案 (Senate Amendment)

上院案は，①アルコール燃料については下院案と同じとするが，適用期限を2010年12月31日までとし，②バイオディーゼル燃料についてはアルコール燃料混合物税額控除と類似のバイオ燃料混合物消費税額控除を創設する。これは，販売用または営業・事業用として適格バイオディーゼル混合物の生産に用いたバイオディーゼル1ガロン当たり50セント（農業バイオディーゼルについては1ガ

ロン当たり1ドル）とし，適用期限を2006年12月31日までとする。③モーターボートおよび小型エンジン燃料税について1ガロン当たり4.8セントの一般基金繰入を改正しない。

C 両院協議会の合意（Conference Agreement）

両院協議会の合意は，基本的に上院案に従う。この合意は，エタノールに対する臨時税，モーターボートおよび小型エンジン燃料税の1ガロン当たり4.8セントの一般基金繰入を改正しない。また，この合意は，大部分のアルコールブレンド燃料に対する消費税の軽減税率を廃止し，その代わりに，①アルコール燃料混合物税額控除と②バイオディーゼル混合物税額控除を創設する。この合意は，アルコール燃料に対する一定の税の一般基金留保を廃止し，これらの税をハイウエー信託基金に繰り入れるものとする。この合意は，アルコール燃料所得税額控除の適用期限を2010年12月31日までとする。

8－2 バイオディーゼル所得税額

(1) 旧　法

旧法にはバイオディーゼル燃料については所得税額控除または消費税率の軽減に関する規定はない。

(2) 改　正　案

A 下院案（House Bill）

下院案は特にない。

B 上院修正案（Senate Amendment）

上院案はバイオディーゼルおよび適格バイオディーゼル混合物に関する新しい税額控除を定める。このバイオディーゼル燃料税額控除は，一般事業税額控除として取り扱われる。

① バイオディーゼル混合物税額控除

これは，適格バイオディーゼル混合物の生産に用いるバイオディーゼル1ガロン当たり50セント（農業バイオディーゼルについては1ガロン当たり1ドル）とされる。

② バイオディーゼル税額控除

これは，営業・事業で燃料として用いられまたは小売販売された100％バイオディーゼル1ガロン当たり50セントとされる。

C　両院協議会の合意（Conference Agreement）

両院協議会の合意は，上院案に従う。

9　インセンティブ・ストック・オプションおよび従業員株式購入プランのストック・オプションの賃金からの除外

(1)　旧法　（ＩＲＣ421(b), 423(c), 3121(a), 3231及び3306(b)）

従業員が雇用主株式のオプションを行使する時，オプション価格（権利行使価格）と株式の時価との差額を報酬として所得に算入すべきであるが，インセンティブ・ストック・オプションまたは従業員株式購入プランに基づく株式購入オプション（これらを合わせて「法定ストック・オプション」という）については，その差額は権利行使時には所得に算入しない。法定ストック・オプションの取得から権利行使までの保有期間要件を満たす場合には，その差額および含み益は，権利行使により取得した株式の処分時にキャピタル・ゲインとして課税される。しかし，法定ストック・オプションの行使により取得した株式の不適格処分が行われる場合には，報酬所得を認識することとされる。連邦保険拠出法（Federal Insurance Contribution Act：FICA）および連邦失業税法（Federal Unemployment Tax Act：FUTA）による雇用税（employment taxes）が，雇用主の支払う賃金に対して課税される。法定ストック・オプションの権利行使から生じる賃金について，雇用税は免除されない。権利行使時に雇用主は源泉徴収義務を負うかどうかについての疑義が過去にはあったが，2002年6月25日，ＩＲＳはガイダンスが出るまで法定ストック・オプションの行使時または権利行使により取得した株式の処分時のいずれも雇用税または所得税の源泉徴収義務を課さないと通達した。

(2) 改　正　案

A　下院案（House Bill）

　下院案は，インセンティブ・ストック・オプションの行使もしくは従業員株式購入プランに基づきまたは株式の処分により行われた株式の移転を理由とする報酬についてFICAおよびFUTAの賃金から除外することを定める。下院案は，法定ストック・オプションの権利行使時には，FICAおよびFUTAの雇用税が適用されないことと定める。下院案は，不適格処分時に所得税の源泉徴収義務は課されず，報酬が従業員株式購入プランのディスカウントに関して認識される時も源泉徴収義務は課されないものとする。

B　上院修正案（Senate Amendment）

　上院案はこれに見合う規定を設けていないので，両院協議会の合意は下院案に従う。

10　外国収益の米国への再投資の奨励措置

(1) 旧　　法

　米国は，内国法人の全世界所得に対して課税する。米国親会社が外国子会社の外国活動から稼得する所得は，米国親会社に配当として分配された時に米国税を課される。このように米国に償還されるまで，当該所得に対する米国税の課税は繰り延べられ，償還時に課税される。課税の繰延の防止規定に基づき，当該所得が米国親会社に配当として分配されるか否かにかかわらず，外国子会社の稼得する一定のパッシブ所得または可動性の大きい所得については，米国親会社はその米国内のベーシスに基づいて課税される。課税繰延防止規定の主たる例としては，サブパートFの被支配外国法人（controlled foreign corporation:CFC）ルールやパッシブ外国投資会社ルールがある。国際的二重課税を救済するための外国税額控除は，米国親会社が直接稼得したか，外国子会社から配当として償還されるか，課税繰延防止規定に基づいて合算されるかにかかわらず，外国源泉所得に課される米国税と相殺される。

(2) 改 正 案 (新設 I R C 965)

A 下院案 (House Bill)

下院案は，米国法人が被支配外国法人から受け取る一定の配当は85％の受取配当控除を受け取ることができる。この受取配当控除は，①本法の施行日以後に開始する最初の課税年度の最初の6ヶ月内または②同日前に開始する最後の課税年度中同日後の6ヶ月以下の短期間内に受け取る配当に適用される。この控除は，配当その他配当として総所得に算入される金額のみに適用される。この控除は，次のものには適用されない。

① 配当として総所得に算入されないもの（例えばサブパートＦの合算またはIRC956の償還）
② サブパートＦに基づき課税された収益の分配（サブパートＦの合算が選択期間中に一被支配外国法人が所有連鎖の中の他の被支配外国法人に行った配当の支払を生じる場合を除く）

この除外される場合により，多国籍企業グループは下層の被支配外国法人からの収益の償還に関してこの控除を受けることができる。

この控除には，次の制限がある。

① 2003年3月31日以前に終了する5課税年度のうち3課税年度（最高償還年度と最低償還年度を除く）の平均償還額を超える償還のみに適用される。現実の配当に加えて，ＩＲＣ956のみなし償還及びサブパートＦに基づいて課税された収益の分配はベース期間の平均に算入される。
② この控除を受けることができる配当の額は，(ⅰ)5億ドル，(ⅱ)2003年3月31日以前に公認された最近の監査済み財務諸表において恒久的に米国外に投資されたと記載される収益の金額または(ⅲ)当該収益の金額を記載せず当該収益に帰すべき税額を記載する財務諸表の場合財務省規則の定める方法で決められる当該収益の金額，のいずれか大きい額に制限される。
③ この控除を受けることができる配当は，この控除を受ける法人の上級管理者および取締役会の承認したプランに従って米国に投資しなければならない。選択が効力をもつ課税年度中に受け取る配当のうち控除できる部分に帰すべ

き外国税については，外国税額控除は認められない。適格配当のうち控除できない部分に帰すべき所得は，純営業損失と相殺できず，当該所得に帰すべき税は税額控除と相殺できず，ＡＭＴを減少しない。

B　上院修正案（Senate Amendment）

上院案は，米国法人が被支配外国法人から受け取る現実の配当およびみなし配当は，5.25％の軽減税率で課税されると定める。35％の最高税率で課税される法人にとって，この軽減税率は85％の受取配当控除に相当する。この軽減税率の適用は，本法の施行日の120日以後に終了する最初の課税年度のみである。この軽減税率は，2002年12月31日以前に終了する最近5課税年度のうち3課税年度（最高償還年度および最低償還年度を除く）の平均償還額を超える償還額のみに適用される。この軽減税率を受けるには，配当は上級管理者および取締役会の承認した「米国再投資プラン」に記載されている必要がある。上院案は，軽減税率の適用を受ける配当に帰すべき外国税額控除の85％を否定し，ＩＲＣ904に基づく外国税額控除限度額の分数からその基礎となる所得の85％を除外する。加えて，この特典を受けることができる配当に対する税を減少するために，納税者の経費，損失または控除を用いることはできない。関連グループについて，親会社の選択により，グループのすべての関連会社が単一の納税者として取り扱われる。

C　両院協議会の合意（Conference Agreement）

両院協議会の合意は，若干の修正の上で下院案に従う。

〔注〕

21)　米国の財政赤字は，第1期ブッシュ政権の4年間で黒字から赤字へ5,550億ドルの劇的な悪化を示した。ＦＹ2000には2,360億ドルの黒字，ＦＹ2001には1,280億ドルの黒字であったが，ＦＹ2002に1,580億ドルの赤字，ＦＹ2003には3,770億ドルの赤字，ＦＹ2004には4,120億ドルの赤字となった。ＦＹ2005（政府予想）には4,270億ドルの赤字となっている。急速な財政悪化の主因としては，（ⅰ）ＩＴバブル崩壊によるＦＹ2000からの急速な経済減速による税収減少，（ⅱ）これに対処するための大幅減税，（ⅲ）対テロ戦争の軍事費の急膨張を上げることができる。2007年1月5日現在，米国債は，すでに8兆6,799億4,849万8,841ドルに達し，推定人口3億63万7,843人で単

純に割れば，1人当たりの米国の負債は，28,871ドルになっている。
22）　水野忠恒，前掲書，pp.305−306。

第5章
米国企業のための税制改正

2004年米国雇用創出法（AJCA）のなかで特に米国企業のための外国税額控除制度，タックス・ヘイブン対策税制などの改正について重要なポイントを取り上げて説明する。

1 非関連法人からの配当に関するルックスルー・ルールの適用

(1) 旧法（ⅠRC904）

米国人は，外国税を外国源泉所得に対する米国税から税額控除することができる。外国税額控除の額は，納税者が米国源泉所得に対する米国税を相殺するために外国税額控除を利用することを防止するために設けられた限度額の範囲内で認められる。個別の所得分類ごとに分離した限度額が適用される。納税者が議決権の10％以上を所有する外国法人で被支配外国法人でないものから受け取る配当については，特別な控除限度額が適用される（10/50法人という）。10/50法人（パッシブ外国投資法人を除く）が2003年1月1日前に開始する課税年度に累積した収益・利潤から支払う配当は，単独の10/50法人（パッシブ外国投資法人を除く）の控除限度額を適用されるが，パッシブ外国投資法人である10/50法人が2003年1月1日前に開始する課税年度に累積した収益・利潤から支払う配当は，10/50法人ごとの分離した外国税額控除限度額を引き続き適用される。10/50法人が2002年12月31日後の課税年度に累積された収益・利潤から支払う配当は，10/50法人の収益・利潤で外国税額控除限度額の範疇にある所得に帰すべきものがその収益・利潤合計に占める割合に比例して，外国税額限度額の範疇にあ

る所得として取り扱われる。これをルックスルー・アプローチという。

(2) 改 正 案

A　下院案（House Bill）

支払配当の基因となる収益・利潤が累積された年度にかかわらず，ルックスルー・アプローチが10/50法人の支払配当に適用される。財務長官が納税者が10/50法人からの配当を適正な外国税額控除限度額の範疇に割り当てたことの実証が不十分であると判断する場合，この配当は外国税額控除のバスケットの適用上，パッシブ所得として取り扱われる。

B　上院案（Senate Amendment）

上院案は，下院案と同じである。

C　両院協議会の合意（Conference Agreement）

両院協議会の合意は，下院案と上院案に従う。

2　外国税額控除の決定上パートナーシップを通じる株式所有の帰属

(1)　旧法（ＩＲＣ902およびＩＲＣ960）

ＩＲＣ902（内国法人が外国法人の議決権の10％以上を所有する場合のみなし支払税額控除）により，議決権の10％以上を所有する外国法人から配当を受け取る内国法人は，当該外国法人の納付した外国税の一部を納付したものとみなされる。当該内国法人は，当該みなし納付税に係る外国税額控除を請求することができる。配当を受け取る内国法人は，配当額が当該外国法人の1986年後の未分配収益・利潤に占める割合に基づき当該外国法人の1986年後の外国所得税の一部を納付したものとみなされる。下層の外国法人の納付しまたは納付することとなる外国所得税は，当該外国法人が適格グループに該当する場合，みなし納付税額控除を受けることができる。適格グループには，内国法人からの所有連鎖の各段階において議決権のある株式の5％以上を所有する一連の外国法人のうち6層目までの外国法人が含まれる。第4，5および6層目の法人が納付した外国税の間接税額控除を請求するため，当該法人はＩＲＣ957（被支配外国法人）

の被支配外国法人でなければならず，間接税額控除を請求する株主は当該被支配外国法人の米国株主でなければならない。第3層目以下の間接外国税額控除の適用は，支払者が被支配外国法人である課税年度に納付した税に限定される。第7層目以下の外国法人が納付した外国法人の納付した外国税については，間接外国税額控除を受けることはできない。ＩＲＣ960（外国税額控除の特則）により，被支配外国法人サブパートＦ所得を合算する内国法人は，当該被支配外国法人がサブパートＦ所得につき納付しまたは納付することとなる外国税につきみなし納付外国税額控除を請求することができる。しかし，現行税法は，パートナーシップを通じて外国法人の議決権のある株式を10％以上所有する内国法人がみなし納付外国税額控除を受けることができるか否かを規定していない。ＩＲＳは，Rev. Rul. 71-141により，内国パートナーシップの持分を通じて内国法人が間接保有する外国法人の株式は，当該外国法人の納付した外国税につきみなし納付外国税額控除を請求することができるか否かを決めるに当たって，これらの内国法人に帰属すると認め，この内国パートナーシップのゼネラル・パートナーは，外国法人からパートナーシップへの配当につき，みなし納付外国税額控除を請求することができるとする取扱いを認めてきた。しかし，1997年に，ＩＲＣ902最終規則では，内国法人パートナーがパートナーシップその他のパススルー・エンティティが外国法人から受け取る配当につき納付したとみなされる外国税額を計算する条件を明記せず，Rev. Rul. 71-141で保有の認識に当たって，ＩＲＣ902の「米国株主」は議決権のある株式を「直接所有」する者でなく，外国法人の議決権のある株式を「所有」する内国法人であるとしているので，パートナーシップを通じて外国法人の議決権のある株式を10％以上所有する内国法人がみなし納付外国税額控除を受けることができるか否かは，依然として不明確であった。

(2) 改 正 案

A 下院案（House Bill）

内国法人が外国法人の議決権のある株式の10％以上を所有する（パートナーシップを通じて間接に所有する場合を含む）ことを条件として，外国パートナー

シップまたは内国パートナーシップを通じて間接に保有する外国法人につき，内国法人はみなし納付外国税額控除を受けることができること，さらに，個人パートナーおよび法人パートナーや遺産または信託の受益者が，パートナーシップ，遺産または信託が納付しまたは納付することとなる税の比例持分に応じて間接外国税額控除を請求することができることを明確にする。

B　上院案（Senate Amendment）

上院案は，下院案と同じである。

C　両院協議会の合意（Conference Agreement）

両院協議会の合意は，下院案および上院案に従う。

3　ＩＲＣ367(d)（外国法人への無形資産の譲渡に関する特則）によるみなし払いの外国税額控除の取扱い

(1)　旧法（ＩＲＣ367(d)）

拠出や他の譲渡不認識取引を利用した無形資産の外国法人への譲渡について，無形資産に帰属する所得の海外移転による租税回避を防止する特則であるＩＲＣ367(d)により，無形資産の海外移転は不確定払による無形資産の売却として取り扱われる。このみなし払いの金額は，無形資産に帰属する所得に相応するものでなければならない。このみなし払いは，通常の所得として米国譲渡者の総所得に算入され，無形資産を譲り受けた外国法人の収益・利潤は同額だけ減算される。1997年納税者救済法（the Taxpayer Relief Act of 1997）は，米国源泉所得を生じるこのようなみなし払いのルールを廃止した。外国税額控除は外国源泉所得に対して課される米国税に限定されるので旧ルールでは外国税額控除の額は減少する。このルールの廃止の結果として，ＩＲＣ367(d)により受け取ったとみなされる支払の源泉地は一般的ソース・ルールで決定され，不確定払による無形資産の売却による所得は，使用料と同じように取り扱われ，みなし払いは外国源泉所得とされる。ただし，1997年納税者救済法は外国税額控除分離限度額の範疇を決めるために必要なみなし払いの所得分類を規定していなかった。みなし払いが売却収益と同様に扱われるとすれば，これをパッシブ所

得の範疇に分類可能であり，みなし払いが使用料と同様に扱われるとすれば，これを一般的範疇に分類することができる。したがって，被支配外国法人から受け取る配当，利子，賃貸料および使用料の支払に適用されるルックスルー・ルールが適用される。

(2) 改 正 案

A　下院案（House Bill）

ＩＲＣ367(d)によるみなし払いは，外国税額控除の分離限度額の範疇を決めるとき，使用料として取り扱われるべきことを明記する。

B　上院案（Senate Amendment）

上院案は，下院案と同じである。

C　両院協議会の合意（Conference Agreement）

両院協議会の合意は，下院案と上院案に従う。

4　米国資産に被支配外国法人の一定の資産を含めないこと

(1) 旧法（ＩＲＣ956）

サブパートＦルール（IRC951-964）によれば，被支配外国法人の10％以上の持分を有する米国株主は，サブパートＦ所得のプロラタ・シェアを，当該所得の稼得のときに，当該収益が当期に株主に分配されるか否かにかかわらず，課税所得に算入しなければならない。被支配外国法人の米国10％株主は，当該被支配外国法人が一定の米国資産に投資した範囲で，被支配外国法人の収益のプロラタ・シェアに対して米国税を課される。当期に米国資産に対する被支配外国法人に係る株主の所得との合算は，当該被支配外国法人の米国資産に対する投資の平均値に基づいて行われる。被支配外国法人が直接・間接に保有する米国資産の測定は，課税年度の各四半期末に行われる。資産の額は，被支配外国法人の収益・利潤の報告上決定される資産の調整ベーシスから負債を減算されたものである。各課税年度に合算される額は，次の少ない方の額の株主のプロラタ・シェアである。

① 課税年度の各四半期末の米国資産に対する被支配外国法人の平均投資（当該投資が外国法人の収益・利潤で当該資産ベーシスにすでに課税されたものを超える範囲に限定される）
② 被支配外国法人の当期の収益・利潤または留保収益・利潤から当期の分配および米国資産に対する投資収益としてすでに課税された収益を減算した額

IRC956（収益の米国資産への投資）の適用上，米国資産は，米国に所在する有形資産，米国法人の株式，米国人の債務および一定の無形資産（米国における使用のために被支配外国法人が取得しまたは開発する特許権，著作権，発明，模型または意匠，秘密方式もしくは秘密工程または類似の資産を含む）を含む。次のものは，米国資産から特に除外される。

①米国の負債，金銭または銀行業を営む者への預金，②一定の輸出資産，③一定の営業・事業の負債，④外国通商の輸送および主として米国外で使用される航空機，鉄道車両，船舶，自動車またはコンテナー，⑤一定の保険会社の準備金および外国リスクの保険に係る保険料，⑥一定の非関連米国法人の株式または負債，⑦米国大陸棚の探査，開発その他の活動に使用される動産，⑧被支配外国法人の留保収益・利潤で米国の営業・事業に実質的関連を有する所得に帰すべきものに相当する資産の額，⑨外国販売法人が保有する資産でその輸出活動に関連するもの，⑩証券業または商品デイーラーによる一定の預金または担保物，⑪証券業または商品デイーラーの一定の買戻契約。

(2) 改　正　案

A　下院案（House Bill）

被支配外国法人の米国資産に対する投資に係る米国10%株主の当期の合算所得に関し，米国資産の定義から次のものを除外する。

① 証券業の営業・事業の通常の過程で被支配外国法人が取得し，保有する証券
② 米国人（内国法人および被支配外国法人の米国10%株主または被支配外国法人もしくは関連者が被支配外国法人による当該負債の取得直後にパートナー，受益者もしくは受託者であるパートナーシップ，遺産もしくは信託）

B　上院案（Senate Amendment）

上院案は，下院案と同じである。

C　両院協議会の合意（Conference Agreement）

両院協議会の合意は，下院案と上院案に従う。

5　実用通貨以外で納付した外国税に関し平均為替レートを使用しない選択

(1)　旧法（ＩＲＣ985)

発生の時に外国所得税を考慮に入れる納税者に関し，外国税額控除の額は外貨で納付した外国税の額を当該外国税に関連する課税年度の平均為替レートで米国ドルに換算して決定される。このＩＲＣ986のルールは，米国納税者が直接納付した外国税で，納付した年度または納付することとなった年度に税額控除できるもの，および外国法人が納付した外国税で当該外国法人の株主である米国法人が納付したとみなされるもので，米国法人が外国法人から配当を受け取りまたは合算所得を有する年度に税額控除できるものに適用される。このルールは，次の外国所得税には適用されない。

① 外国税に関連する課税年度末後2年経過した日後に納付された外国所得税
② 外国税に関連する課税年度に先立つ課税年度に実際に納付された外国所得税
③ インフレ通貨でデノミされる外国所得税

平均為替レートで換算することができない外国税は，その納付の時の為替レートで米国ドルに換算される。しかし，財務省は，一定の期間，外国税を平均為替レートを用いて米国ドルに換算することを認める規則制定権を付与されている。

(2)　改正案

A　下院案（House Bill）

外国税を平均為替レートで換算しなければならない納税者に関して，納税者の実用通貨以外の通貨で当該外国税がデノミされることを条件として，当該外

国税が納付される時の為替レートで米国ドルに換算する選択を認める。適格事業単位に帰属すべき外国所得税に選択を認める規則制定権が財務長官に付与される。

B　上院案（Senate Amendment）

上院案は，下院案と同じである。

C　両院協議会の合意（Conference Agreement）

両院協議会の合意は，下院案と上院案に従う。ただし，発生主義で所得を計算する規制投資会社（RIC）にはこの選択を認めず，RICが納付しまたは納付することとなった外国所得税を所得発生の日における為替レートで米国ドルに換算することとする。

6　外国法人が支払う配当に係る第二次源泉徴収税の排除

(1)　旧法（IRC871）

非居住者（米国市民を除く）および外国法人（以下この両方を合わせて「外国人」という）は，米国の営業・事業の遂行と実質的に関連する所得に対して米国税を課される。この米国税の計算方法および税率は，米国人に対する税の計算方法および税率と同様である（IRC871(b)および882）。外国人は，米国の営業・事業と実質的に関連しない一定の米国源泉パッシブ所得に対して30％のグロスベースの税を源泉徴収される。この30％源泉徴収税は，租税条約により軽減・免除される。外国人は，一般に，米国の営業・事業と実質的に関連しない外国源泉所得に対して米国税を課されない。一般に，内国法人が支払う配当は米国源泉所得として扱われ，外国法人が支払う配当は外国源泉所得として扱われる。外国法人が外国人に支払う配当は，一般に，外国源泉所得であるので源泉徴収税を課されない。しかし，一定の外国法人が支払う配当については例外とされる。外国法人が配当宣言に先立つ課税年度末に終了する3年間に米国の営業・事業に実質的に関連する所得としてその総所得の25％以上を取得する場合，外国法人がその株主に支払う配当の一部は米国源泉所得として取り扱われ，30％

の源泉徴収税を課される（IRC861(a)(2)(B)）。これは，第二次源泉徴収税（secondary Withholding tax）という。配当のうち米国源泉所得として扱われる部分は，外国法人の米国の営業・事業と実質的に関連する総所得が当該外国法人の前課税年度末に終了する3年間の総所得合計に占める割合に相当する。利益支店税（Branch Profits Tax）として，米国は米国の営業・事業に従事する外国法人の米国支店から海外に移転される米国収益・利潤の額に対して課税する。この支店利益税は，内国法人が外国株主に支払う配当に課される第二段階目の税（second-level taxes）に相当する。支店利益税は，外国法人の「配当相当額」（dividend equivalent amount）（外国法人の米国支店の収益・利潤で米国の営業・利潤と実質的に関連する所得に帰属すべきもの）の30％である（IRC884(a)および(b)）。支店利益税を課される場合，外国法人がその株主に支払う配当に第二次源泉徴収税は課されない（IRC884(e)(3)(A)）。しかし，外国法人が租税条約の適格居住者であり，租税条約により支店利益税を免除される場合，その外国法人がその株主に支払う配当について第二次源泉徴収税が課される可能性があるので，租税条約の中には，外国法人が支払う配当について第二次源泉徴収税を免除することを規定するものがある。

(2) 改 正 案

A 下院案（House Bill）

一定の外国法人が支払う配当について第二次源泉徴収税を排除する。

B 上院案（Senate Amendment）

上院案は，下院案と同じである。

C 両院協議会の合意（Conference Agreement）

両院協議会の合意は，下院案と上院案に従う。

7 外国パートナーシップの支払利子と外国法人の支払利子との取扱いの整合性

(1) 旧法（IRC861）

法人格のない米国居住者または内国法人の債券，約束手形その他の利付債務

証書からの所得は，米国源泉所得として取り扱われる（IRC861(a)(1)）。外国法人および外国パートナーシップの債務証書の利子は，外国源泉所得として取り扱われる。しかし，財務省規則では，外国パートナーシップは，課税年度中米国の営業・事業に従事する場合，このルールの適用上，米国居住者とされ，このような外国パートナーシップから受け取る利子は米国源泉所得とされる（Treas. Reg.1.861-2(a)(2)）。米国の営業・事業に従事する外国法人または米国の営業・事業の遂行と実質的に関連する総所得を有する外国法人の場合，このような米国の営業・事業が支払う利子は，あたかも内国法人が支払ったかのように取り扱われる（IRC884(f)(1)）。

(2) 改正案

A 下院案（House Bill）

外国パートナーシップが支払う利子は，外国法人が支払う利子と同様に取り扱う。外国パートナーシップが支払う利子は，外国パートナーシップが行う米国の営業・事業が支払う利子または米国の営業・事業の遂行と実質的に関連する所得に配分される利子に限り，米国源泉所得として取り扱われる。このルールは，主として米国外の営業・事業の能動的な遂行に従事する外国パートナーシップのみに適用される。

B 上院案（Senate Amendment）

上院案は，下院案と同じである。

C 両院協議会の合意（Conference Agreement）

両院協議会の合意は，下院案と上院案に従う。

8 被支配外国法人間の支払のルックスルーの取扱い

(1) 旧法（IRC954）

サブパートF（IRC951-964）により，被支配外国法人の10％以上の持分を有する米国株主は，被支配外国法人のサブパートF所得を株主に分配されるかどうかにかかわらず，米国税の課税上，当期に合算しなければならない。サブパートF所得には外国基地会社所得（foreign base company income）がある。外

国同族持株会社所得（foreign personal holding company income）も外国基地会社所得の一種である。これには，配当，利子，賃貸料および使用料が含まれる。しかし，外国同族持株会社所得には①被支配外国法人が組織された外国で組織されかつ運営される関連法人から当該被支配外国法人が受け取る配当および利子，または②被支配外国法人が組織された外国内の資産の使用について関連法人から当該被支配外国法人が受け取る賃貸料および使用料は，含まれない。利子，賃貸料および使用料は，支払者のサブパートF所得を減少させる範囲で，この除外の適格性を失う。

(2) 改 正 案

A　下院案（House Bill）

被支配外国法人が関連被支配外国法人から受け取る配当，利子，賃貸料および使用料は，支払者の非サブパートF所得に帰属しまたは適正に配分すべき範囲で，外国同族持株会社所得として取り扱われないものとする。関連被支配外国法人は，他の被支配外国法人を支配しまたは他の被支配外国法人によって支配される被支配外国法人であるか，あるいは他の被支配外国法人を支配する同一の者によって支配される被支配外国法人である。被支配外国法人の株式の50％超の所有は，「支配」とされる。

B　上院案（Senate Bill）

上院案は，下院案と同じである。

C　両院協議会の合意（Conference Agreement）

両院協議会の合意は，下院案または上院案を含まない。

9　サブパートFにおけるパートナーシップ持分の売却に関するルックスルーの取扱い

(1) 旧法（ＩＲＣ954）

サブパートF所得には外国同族持株会社所得が含まれる。外国同族持株会社所得は，①配当，利子，賃貸料，使用料および保険年金，②（ⅰ）上記の所得を生じる資産，（ⅱ）所得を生じない資産，（ⅲ）信託，パートナーシップおよ

び不動産モーゲージ投資導管（REMIC）の持分の売却または交換からの純収益，③商品取引からの純収益，④外貨取引からの純収益，⑤利子に相当する所得，⑥想定元本契約からの所得，⑦配当に代わる支払金から構成される。被支配外国法人がパートナーシップ持分を売却して収益を生じる場合，この収益は外国同族持株会社所得を構成し，被支配外国法人の米国10％株主の所得にサブパートＦ所得として算入される。

(2) 改 正 案

A 下院案（House Bill）

被支配外国法人のパートナーシップ持分の売却は，サブパートＦ外国同族持株会社所得の計算上，当該持分に帰すべきパートナーシップ資産の比例的シェアの売却として取り扱われる。このルールは，パートナーシップの資本または利益の15％以上の持分を直接・間接に所有しまたは所有するとみなされるパートナーのみに適用される。したがって，この所有基準を満たす被支配外国法人のパートナーシップ持分の売却は，パートナーシップ持分に帰すべきパートナーシップ資産の売却の比例部分がサブパートＦ所得とされる範囲で，サブパートＦを構成する。このルールの濫用防止の規則制定権が財務長官に付与される。

B 上院案（Senate Amendment）

上院案は，下院案と同じである。

C 両院協議会の合意（Conference Agreement）

両院協議会の合意は，下院案と上院案に従う。

10 外国同族持株会社ルールおよび外国投資会社ルールの廃止

(1) 旧法（ＩＲＣ542, 551-558, 954, 1246および1247）

外国法人がその外国活動から稼得する所得は，当該外国法人の株式を保有する米国人に分配される時だけ米国税を課される。外国法人を通じて外国活動を行う米国人は，当該所得が米国人に対する配当の分配を通じて米国に戻ってく

る時に外国活動からの所得に米国税を課される。当該所得は，米国人の配当を受け取る年度の申告書に計上され，米国税を課されるが，米国税は外国税額控除により減少される。米国人が外国法人を通じて稼得する一定の所得に対する米国税に関する繰延防止規定がある。繰延防止規定は，①被支配外国法人のサブパートFルール（IRC951-964），②パッシブ外国投資会社（IRC1291-1298），③外国同族持株会社ルール（IRC551-558），④同族持株会社ルール（IRC541-547），⑤留保収益税ルール（IRC531-537）および⑥外国投資会社ルール（IRC1246-1247）である。

(2) 改 正 案

A 下院案（House Bill）

外国同族持株会社および外国投資会社に適用されるルールを廃止し，外国法人を同族持株会社ルールの適用外とし，現行法の外国同族持株会社ルールの対象とされる人的役務契約所得をサブパートF外国同族持株会社所得として合算する。

B 上院案（Senate Amendment）

上院案は，下院案と同じである。

C 両院協議会の合意（Conference Agreement）

両院協議会の合意は，下院案と上院案に従う。

11 商品取引に係る外国同族持株会社所得の決定

(1) 旧法（ＩＲＣ954）

① サブパートF外国同族会社所得

サブパートF所得には外国同族会社所得（foreign personal holding company income）が含まれる。商品取引については，外国同族持株会社所得は，商品の生産者，加工者，商人または取扱者が事業の遂行に合理的に必要な真実のヘッジ取引から生じる損益を含まない。被支配外国法人の事業のほとんどすべてが商品の生産者，加工者，商人または取扱者としての事業である場合に限り，商品の売却からの能動的事業損益は，外国同族持株会社所得に含まれない。

② ヘッジ取引

ヘッジ取引は，納税者の営業・事業の通常の過程で次の目的で納税者が行う取引である。
(ⅰ) 納税者が保有する通常の資産に係る価格変動または通貨変動のリスクの管理
(ⅱ) 納税者が行う借入金または通常の負債に係る金利変動，価格変動または通貨変動のリスクの管理
(ⅲ) 財務省規則に定めるその他のリスクの管理

(2) 改 正 案

A 下院案 (House Bill)

商品ヘッジ取引からの損益がサブパートF外国同族持株会社所得の定義から除外されるために満たすべき要件を改正する。商品取引からの損益は，当該取引がヘッジ取引の一般定義（IRC1221(b)(2)）に該当する場合には外国同族持株会社所得として取り扱われないものとする。IRC1221(b)(2)のヘッジ取引の一般定義を改正し，被支配外国法人の営業・事業の通常の過程で主として次の目的で当該被支配外国法人が行う商品取引を含める。

① 被支配外国法人が保有する通常の資産またはIRC1231(b)の資産に係る価格変動または通貨変動のリスクの管理
② 財務省規則で定めるその他のリスクの管理

一般にヘッジ取引に適用されるヘッジ識別要件 (hedge identification requirements) に従い明瞭にヘッジ取引として確認される取引の場合だけ外国同族持株会社所得の定義から取引の損益が除外される。また，商品の売却からの能動的事業損益に関し外国同族持株会社所得の定義から除外されるための要件を改正し，被支配外国法人の商品の実質的に全部が次のものから成る場合には損益は外国同族持株会社所得として取り扱われないものとする。

① 被支配外国法人の在庫品または課税年度末に手元にある場合，被支配外国法人の棚卸資産に含まれる類似の資産，すなわち，被支配外国法人の営業・事業の通常の過程で主として顧客に販売するために当該被支配外国法人が保

有する資産
② 被支配外国法人の営業・事業において使用され，IRC167に基づき減価償却控除の対象となる性質を有する資産
③ 被支配外国法人の営業・事業の通常の過程で当該被支配外国法人が通常使用しまたは消費する種類の供給品

B 上院案（Senate Amendment）
上院案は，下院案と同じである。

C 両院協議会の合意（Conference Agreement）
両院協議会の合意は，下院案と上院案に従う。

12 航空機リースと運輸所得の取扱い

(1) 旧法（IRC954）

サブパートFには，外国基地会社運輸所得（foreign base company shipping income）が含まれる（IRC954(f)）。外国基地会社運輸所得には，①外国通商における航空機または船舶の使用から生じる所得，②このような航空機または船舶の使用に直接関連するサービスの提供から生じる所得，③このような航空機または船舶の売却その他の処分から生じる所得，④一定の宇宙または洋上の活動から生じる所得が含まれる。外国通商は，米国内の港および外国の港との間，同一外国内の二つの港の間，または異なる外国の二つの港間における乗客または貨物の運送を含む。外国基地会社所得には，CFCが一定の外国法人から受け取る配当および利子，一定の外国法人の株式の処分からの収益（外国基地会社運輸所得に帰属する範囲），能動的な外国基地会社運輸業の過程で取得する付随所得，外国基地会社運輸業に帰属すべき為替損益，パートナーシップの総所得および一定の信託から受け取る総所得のCFC分配シェア（法人が直接実現したならばその所得が外国基地会社運輸所得になったであろう範囲）が含まれる。

(2) 改 正 案

A 下院案（House Bill）
外国基地会社運輸所得に関するサブパートFルールを廃止する。外国通商に

おける航空機または船舶のリースから生じる賃貸料のセーフハーバーを定めることによって能動的な営業・事業において非関連者から生じる賃貸料または使用料に適用される外国同族持株会社所得の除外規定を改正する。能動的なリース経費が当該リースの利益の10％以上である場合には、その賃貸料は外国同族持株会社所得から除外される。セーフハーバーは、賃貸者が積極的に営業・事業を行うことを立証することを妨げない。賃貸者が通常かつ直接に航空機または船舶のリースにつき、能動的かつ実質的にマーケット、リマーケット、マネジメントおよび運営機能を果たす場合、ＩＲＣ954(c)(2)(A)の要件は満たされる。賃貸者がファイナンスとしてリースのマーケットを行うか否かを問わず、また、財務会計上、リースがファイナンス・リースまたはオペレーティング・リースのいずれに分類されるかを問わない。賃貸者が非関連者または関連者から現行のＦＳＣまたはＥＴＩリースの対象である航空機または船舶を取得する場合、取得後賃貸者がリース資産につき能動的かつ実質的なマネージメント、運営およびリマーケット機能を果たす場合、ＩＲＣ954(c)(2)(A)の要件は満たされる。このようなリースがＣＦＣ賃貸者に移転される場合、それはＦＳＣまたはＥＴＩの特典を受けることはできない。

　航空機または船舶は、主として米国外で使用されることを条件として、米国内の港と外国の港の間または外国の港間で乗客または貨物の輸送のために使用される場合、外国通商でリースされると考えられる。航空機または船舶は、課税年度中の運航マイルの50％超が米国外である場合または課税年度中の50％超の時間米国外に所在する場合、主として米国外で使用されると考えられる。

　Ｂ　上院案（Senate Amendment）

　航空機または船舶のリースまたは賃貸から生じる「適格リース所得」は、被支配外国法人の外国同族持株会社所得または外国基地会社運輸所得として取り扱われない。「適格リース所得」は、リース資産が外国通商および主として米国外で非関連者である賃借人その他のエンドユーザーによって使用されることを条件として、被支配外国法人が実質的な活動を行うリースの営業・事業の能動的な行為で生じる賃貸料または収益である。航空機または船舶が外国通商で

使用されるか否かの判定において，外国通商は①米国内の港と外国の港の間，②外国の港と同一国内の他の港の間，③外国の港と異なる外国の港の間で乗客または貨物の輸送のために航空機または船舶を使用することを含む。航空機または船舶は，課税年度中の運航マイルの70％超が米国外であり，または課税年度中の70％超の時間米国外に所在する場合，主として米国外で使用されると考えられる。

C　両院協議会の合意（Conference Agreement）
両院協議会の合意は，下院案に従う。

13　サブパートFに基づく能動的ファイナンスに関する例外

(1)　旧法（IRC954）

サブパートFルールにより合算される保険所得には，CFC設立国以外の国に所在するリスクに関して保険契約または保険年金契約の発行または再保険に帰すべきCFCの所得が含まれる。サブパートF保険所得には，他の法人が他国のリスクの保険の対価に実質的に等しい額を受け取るアレンジメントの結果として，CFCの設立国内に所在するリスクに関する保険契約に帰すべき所得が含まれる。CFC設立国外に所在するリスクに関する保険契約または保険年金契約に配分すべきCFCの投資所得は，サブパートF保険所得として課税される。銀行業，金融業もしくは類似の事業の能動的な行為または保険業の行為により生じる一定の所得（能動的金融所得という）について外国同族持株会社所得，外国基地会社サービス所得および保険所得からの例外扱いが認められる。銀行業，金融業または類似の事業の能動的な遂行において生じる所得について，例外扱いを受けるため，CFCは主としてこれらの事業に従事し，かつ，実質的な活動を行い，CFCまたはCFCの適格事業単位が顧客との取引から生じる所得が，これらの取引に関する実質的にすべての活動がCFCまたはCFCの適格事業単位によりその母国で直接行われ，母国の税法でCFCまたはCFCの適格事業単位により稼得されたものとして扱われる場合に，例外扱いを受

けることができる。IRC475の証券業が取得する一定の所得および能動的金融資産の売却からの収益にも,外国同族持株会社所得の例外扱いが適用される。保険について,CFCの設立国内のリスクに係る適格保険会社の保険所得からの例外扱いおよび一定の所得に関する外国同族持株会社所得からの例外扱いのほか,適格保険会社の適格支店の母国内のリスクに係る一定の所得および米国外の国に所在するリスクに係るCFCまたは支店の一定の所得に,保険所得からの例外扱いおよび外国同族持分会社所得からの例外扱いが適用される。

(2) 改正案

A 下院案 (House Bill)

銀行業,金融業または類似の事業の能動的な行為で生じる所得に関し,サブパートF外国同族持株会社所得および外国基地会社サービス所得からの例外扱いを改正する。CFCまたはCFCの適格事業単位が顧客との取引に関して実質的にすべての活動を母国で直接行ったか否かを決定するため,活動が関連者の従業員によって行われ,かつ,①関連者がその母国がCFCまたはCFCの適格事業単位の母国と同一である適格CFCであり,②活動が関連者の母国で行われ,③関連者の報酬が従業員による活動の遂行に対する独立企業ベースであり,かつ,当該国の税法で当該者が母国で稼得したものとして扱われる場合,活動がCFCまたはCFCの適格事業単位によりその母国で直接行ったものとして扱われるものとする。

B 上院案 (Senate Amendment)

上院案は,下院案と同じである。

C 両院協議会の合意 (Conference Agreement)

両院協議会の合意は,下院案と上院案に従う。

14 外国税額控除の10年の繰越と1年の繰戻し

(1) 旧法 (IRC904)

外国税額控除の額は,納税者の米国税の一部(米国税に次の分数を乗じて計算される。分子は外国源泉課税所得(外国源泉総所得－配分される経費または控除項目),

分母は全世界課税所得）に制限される。この限度額は，各種の範疇の所得ごとに分離して計算される（分離限度額の範疇という）。各分離限度額の範疇の所得に対する米国税を相殺するために用いられる外国税額控除の合計額は，納税者の米国税のうち当該範疇の外国源泉課税所得がその全世界課税所得に占める割合に相当する部分である。課税年度に納付しまたは発生した控除対象税のうち外国税額控除限度額を超える額は，課税年度の直前2課税年度に繰り戻し，5課税年度繰り越すことができる。繰り戻されまたは繰り越される超過税額控除は，これらの年度に外国税額控除限度額の余裕枠がある範囲に限りこれを使用することができる。課税年度に生じる外国税額控除は，他の課税年度からの超過額が繰り越されまたは繰り戻される前に使用される。超過額の繰越または繰戻は，分離限度額ベースで行われる。

(2) 改 正 案

A　下院案（House Bill）

特になし。

B　上院案（Senate Amendment）

限度額超過額の繰戻期間を1年に短縮し，繰越期間を20年に延長する。

C　両院協議会の合意（Conference Agreement）

両院協議会の合意は，上院案に従うが，限度額超過額の繰越期間を10年とする。

15　サブパートF・デミニミス・ルールを総所得の5％または500万ドルの少ない方に拡大すること

(1) 旧法（ＩＲＣ954）

サブパートF所得には，外国基地会社所得および一定の保険所得が含まれる。外国基地会社所得には，次の5種類の所得が含まれる。

①　外国同族持株会社所得
②　外国基地会社販売所得
③　外国基地会社サービス所得

④　外国基地会社運輸所得
⑤　外国基地会社石油関連所得

　デ・ミニミス・ルールにより，課税年度における被支配外国法人の外国基地会社所得の総額が当該被支配外国法人の総所得の5％または100万ドルのいずれか少ない方より小さい場合，当該被支配外国法人の総所得のいかなる部分も，外国基地会社所得または保険所得として扱われない（IRC954(b)(3)(A)）。

(2) 改　正　案

A　下院案（House Bill）

特になし。

B　上院案（Senate Amendment）

　サブパートFデ・ミニミス・ルールを拡大し，課税年度における被支配外国法人の外国基地会社所得および保険所得の総額が当該被支配外国法人の総所得の5％または500万ドルのいずれか少ない方より小さい場合，当該被支配外国法人の総所得のいかなる部分も，外国基地会社所得または保険所得として扱われない。

C　両院協議会の合意（Conference Agreement）

両院協議会の合意は，上院案を採用しない。

16　外国人の場合の統一資本化ルールの適用の制限

(1) 旧法（IRC263A）

　納税者は，資産を生産しまたは再販売のために資産を取得するときに生じたコストを当期に控除することができない。統一資本化ルールにより，資産を生産しまたは再販売のために資産を取得する直接コストおよび間接コストは，資本化されまたは棚卸資産のコストに算入される。これらのコストの回収は，資産が販売のために生産される場合には販売価格との相殺を通じ，資産が事業または投資活動における自己使用のために生産される場合には減価償却または償却を通じて行われる。この要件の目的は，物品の生産コストまたは取得コストを事業または投資活動における販売または使用から実現した収入に対応させる

ことである。統一資本化ルールは，米国の事業に従事しているかどうかを問わず，外国法人に適用される。米国の営業・事業を行う外国法人について，統一資本化ルールは，米国実質的関連課税所得および支店利益税の課税上の実質関連収益・利潤を計算するために適用される。外国法人が米国の営業・事業に従事しない場合，その課税所得および収益・利潤は適切であり得る。被支配外国法人のサブパートF所得は，当該被支配外国法人の米国株主の当期の申告書に計上される。被支配外国法人の留保収益・利潤は，外国法人からその議決権のある株式の10％以上を所有する内国法人への分配による課税配当と間接外国税額控除の額を決定するために，計算しなければならない。課税年度における外国法人の収益・利潤の剰余金または欠損金は，内国法人に適用されるルールに実質的に類似するルールに従って決定される。規則案は，外国法人の収益・利潤の計算上，統一資本化ルールに基づき棚卸資産に資本化されなければならない経費の額は，納税者の帳簿記録において資本化される金額を超えない旨規定する。内国法人の財務諸表にその外国関連企業の活動を反映するため，米国の一般に受け入れられる会計原則と一致するよう帳簿記録を作成しなければならない。この規則案は，外国法人の収益・利潤を決定するためにのみ適用されるが，外国法人のサブパートF所得または米国の営業・事業と実質関連を有する所得を決定するために適用されない。

(2) 改　正　案

A　下院案（House Bill）

特になし。

B　上院案（Senate Amendment）

統一資本化ルールの代わりに，資産の生産コストまたは再販売のための資産の取得コストは，米国所有外国法人の収益・利潤およびサブパートFを決定するとき，米国の一般に受け入れられる会計原則によって資本化されるものとする。統一資本化ルールは，米国の営業・事業と実質的に関連する所得およびそれからの関連収益・利潤を決定する外国法人に引き続き適用される。この改正により必要な会計方法の変更は，納税者の自主的な変更として取り扱われ，財

務長官の同意を得たものとみなされる。

　C　両院協議会の合意（Conference Agreement）

両院協議会の合意は，上院案を採用しない。

17　非居住者の一定の米国源泉キャピタル・ゲインに対する30％税の排除

(1)　旧法（ＩＲＣ871）

居住外国人は，米国市民と同様の方法で課税されるが，非居住外国人は，①米国の営業・事業と実質的に関連する米国源泉所得に対する米国税，②一定の種類の米国源泉のパッシブ所得（例えば利子，配当，賃貸料，その他の固定的または確定可能な年間または定期的所得）の総所得に対する30％の源泉徴収税を課される（IRC871(a)(1)）。動産（棚卸資産を除く）の売却から生じる所得は，売主の居住性に基づいて源泉地を決められるので，その収益は外国源泉所得とされるため，非居住外国人は一般にキャピタル・ゲインに課税されない。一定の外国人の動産の売却について特則がある。別段の定めがなければ非居住者とされる個人は，米国に課税上の住所を有する場合には動産の売却からの所得の源泉地の決定上，米国の居住者として取り扱われる（IRC865(g)(1)(A)（ⅰ）(Ⅱ)）。

個人の米国の課税上の住所は，個人の主たる事業の場所である。ＩＲＣ871(a)(2)の特別なキャピタル・ゲイン税により，課税年度に183日以上米国に滞在する非居住者は，米国源泉キャピタル・ゲインが米国源泉キャピタル・ロスを超える額に30％の税を課される。この30％税は源泉徴収税ではない。このIRC871(a)(2)による税は，ＩＲＣ871(a)(1)による30％の源泉徴収税を課される損益または米国の営業・事業と実質的に関連する収益には適用されない。米国市民でない個人で暦年中米国に183日以上滞在するものは，ＩＲＣ7701(b)の実質的滞在基準（substantial presence test）に基づき米国居住者として取り扱われる。したがって，たいていの場合，米国に183日以上滞在する個人は，ＩＲＣ871(a)(2)の対象とならないが，ＩＲＣ7701(b)により一定の米国滞在日を183日ルールの計算に入れないことがある。たとえ個人が米国に183日以上滞在するがIRC

7701(b)により米国居住者として取り扱われないとしても，非居住者のキャピタル・ゲインは一般に外国源泉所得として取り扱われ，ＩＲＣ871(a)(2)の対象とされない。

(2) 改 正 案

A 下院案（House Bill）

特になし。

B 上院案（Senate Amendment）

ＩＲＣ871(a)(2)に基づく非居住外国人の一定のキャピタル・ゲインに対する特別税を廃止する。

C 両院協議会の合意（Conference Agreement）

両院協議会の合意は，上院案を採用しない。

18 不動産投資信託（REIT）に関するFIRPTAルールの改正

(1) 旧 法

不動産投資信託（Real Estate Investment Trust：REIT）は，パッシブ不動産投資からその所得の大部分を取得する米国のエンティティである。REITは，年間ベースで多数の基準（組織,所得源泉,資産の性質）を満たさなければならない。REITの所得のうち，投資家に分配される部分は，損金計上することとし，エンティティ段階では課税されない。分配された所得は，投資家段階のみで課税される。REITは，課税年度末までにその所得の90％を分配しなければならない。外国人の米国不動産の権利の処分（REITに係る取引を含む）に帰すべき収益には特則が適用される。このような処分に対する税に関するルールは，1980年不動産に対する外国人投資税法(the Foreign Investment in Real Property Tax Act：FIRPTA)に規定されている。FIRPTAにより，外国人が米国不動産の権利の処分から生じる損益は，課税年度中の米国の営業・事業と実質的関連がある損益であるかのように，米国課税上考慮に入れられる。外国人は，米国不動産の権利の処分からの収益に対し，米国人が受け取る類似の所得に適用される税

率で米国税を課される。REITからの分配の受領は，REITによる米国不動産の権利の売却または交換に帰属する範囲で，受領者による米国不動産の権利の処分として取り扱われる。このREITからのキャピタル・ゲインの分配は，35％の源泉徴収税を課されるが，このキャピタル・ゲインの分配の受領者は，米国の営業・事業と実質的に関連する所得を稼得したものとして扱われるので，米国で申告する必要がある。また，実質的に関連する所得を有する外国法人は，30％の支店利益税を課される。

(2) 改 正 案

A　下院案（House Bill）

特になし。

B　上院案（Senate Amendment）

①米国の公認の証券取引所で通常取引される種類の株式につき分配を受領することおよび②外国投資家の所有割合が分配を受領した課税年度に同種の株式の5％以下であることを条件として，外国投資家の実質的関連のある所得の取扱からREITからのキャピタル・ゲインの分配を除外する。そうすれば，外国投資家は，このような分配を受領することを理由に米国で申告する必要がない。この分配は，投資家へのREITの配当として扱われ，キャピタル・ゲインでなくREIT配当として課税されることになる。また，この分配には支店利益税は適用されないことになる。

C　両院協議会の合意（Conference Agreement）

両院協議会の合意は，上院案に従う。

19　船舶および航空機の国際運用所得の除外に関する最終規則の適用日の延期

(1) 旧法（ＩＲＣ883）

外国が米国で組織された法人に同等の免税を認める場合，外国法人が船舶および航空機の国際運用から生じる収益の総所得からの除外が認められる（IRC883）。財務省は，2003年8月30日後30日経過後に開始する課税年度に適用され

るＩＲＣ883ルールを実施する規則を制定した。この規則は，適格外国で組織された外国法人で船舶または航空機の国際運輸に従事するものの適格所得を総所得から除外する。

(2)　改　正　案

A　下院案（House Bill）

特になし。

B　上院案（Senate Amendment）

2004年12月31日後に適格外国法人の地位を求める外国法人の課税年度に適用することができるように財務省規則の適用日を延期する。

C　両院協議会の合意（Senate Amendment）

両院協議会の合意は，上院案に従うが，この規則が2004年9月24日後に適格外国法人の地位を求める外国法人の課税年度に適用されることとする。

20　納税者が無保証で借り入れできたであろう場合に控除できる支払利子

(1)　旧法（ＩＲＣ163(j)）

アーニング・ストリッピング取引を通じて米国源泉所得に対する米国税を減少する米国法人の能力を制限するルールがある。このルールは，支払者の負債・資本比率（Debt-equity ratio）が1.5対1を超え，かつ，支払者の純利子経費がその調整課税所得の50％を超える場合，一定の関連者に支払う利子（不適格利子）の控除を制限する。不適格利子には，関連者が負債を保証する場合には非関連者への支払利子が含まれる。

(2)　改　正　案

A　下院案（House Bill）

特になし。

B　上院案（Senate Amendment）

外国関連者の保証は，納税者が無保証で借り入れることができたであろうということを財務長官に納得させる程度に立証することができる負債の額まで，

アーニング・ストリッピング・ルールの適用の引金とならない。

　C　両院協議会の合意（Conference Agreement）

　両院協議会の合意は，上院案を採用しない。

第6章
輸出振興税制

　第二次世界大戦の戦後体制のグランド・デザインの中で，米国は自由貿易政策を主導した。米国は，その過剰な生産能力の捌け口を，資金不足に陥っていた諸外国の復興需要に求めるため，1947年欧州復興計画（European Recovery Program：ERP or Marshall Plan）[23]などの対外援助などのドル散布により国際通貨をポンドから米ドルへ転換するとともに，米国輸出先を確保する有効需要創出政策を採用した。米国は，ドルを国際通貨とする固定相場体制で金本位制後の多角的決済制度として国際通貨基金（International Monetary Fund：IMF）[24]を1946年に，関税と貿易に関する一般協定(General Agreement on Tariffs and Trade：GATT)[25]を1948年に発足させた。マーシャル・プランは，米国商品の欧州市場を保障し，米国資本の欧州進出とエネルギー支配の基盤を作るために有効に機能した。米国は，ドル基軸通貨システムの下に自由貿易を拡大していった。このような国際的枠組みの中で米国は，1950～1973年に黄金時代（高度経済成長時代）を迎えた。この経済成長政策に伴い，1960年代の経済成長は政府の肥大化を生じたが，総需要の安定要因として受け入れられ，需要抑制を渋り，インフレの常態化と輸入増加は国際収支の不均衡を招いた。経済成長により国際収支が悪化したとしても，外貨準備の制約を受ける他国と異なり，米国は基軸通貨国であるが故に，その特権を利用してなお経済成長政策を追求した。米国が海外投資および海外援助による資本流出を相殺するには貿易黒字が必要であったが，自国の経済運営の規律の是正（緊縮財政金融政策）以外にドル危機を回避する方法は，すでに戦後復興を終えてニューフェースの先進工業国となった日独など他国に金とドルの交換停止による他国通貨の切上げを選ぶほかな

かった。1971年8月15日，ニクソン・ショック[26)]は，米国が自ら築き上げたブレトン・ウッズ体制[27)]に自ら風穴を開けることになった。その後，1972～1973年に先進国は相次いで変動相場制に移行し，1973年オイル・ショックが発生し，1974～1975年世界同時不況・スタグフレーションが発生するに及び，国際通貨とエネルギーに支えられたパクス・アメリカーナの戦後体制が崩れ，先進国は失業，インフレおよび国際収支不均衡というトリレンマの中で，米国の地位の低下と各国の政策協調の必要を強く意識して1975年11月15日のランブイエ・サミットを皮切りにサミット体制[28)]を構築することになる。米国では，1981年レーガン共和党政権が成立し，ソ連は悪の帝国であるという演説による冷戦型軍事戦略の下で対外強硬姿勢をとる新保守主義と小さい政府のスローガンの下で市場経済への国家介入を否定し，自由競争原理による効率性の追求と秩序形成の必要性を主張する新自由主義を標榜することになった。レーガンは，対外的に強いアメリカの旗印でドル高政策と軍備拡張，対内的にインフレ抑制のための高金利政策と政府の縮小・減税政策を推進した。その結果，輸出の減少，経常収支の赤字，減税による税収減と軍拡による財政支出の増大は，いわゆる双子の赤字を生じた。これを図解すると，財政赤字のファイナンスのための資本流入はドル高を生じ，その結果，米国製造業はドル高で国際競争力を喪失するとともに，ドル高は米国市場における競争力を外国製品に付与することとなり，米国の経常収支を赤字化する。1980年代央には米国は純債務国になった。このため，米国製造業を中心に保護主義は米国議会で圧力を高め，ドル高是正と保護主義的通商法案を重ねていく。米国は，先進国の相互依存関係と政策協調を求める一方，米国輸出の減少の打開のため，日欧の市場開放，構造改革，新秩序形成のための公正貿易を強く迫り始めた。米国のレーガノミックスという市場原理による経済活性化政策と対ソ優位の確立政策は，軍事・経済におけるパクス・アメリカーナ再編政策であった。このため，米国と政策協調を行う先進国との間で経済摩擦が顕在化することになった。ここで，経済摩擦とは，経済問題をめぐる政治的軋轢である。米国通商政策は，自由貿易主義から公正貿易主義に変質していく。公正貿易主義は，米国と貿易相手国との間における

第6章 輸出振興税制

貿易取引条件を同等にする考えに基づいており，相手国が米国から享受する貿易取引条件と同じ条件を米国が相手国から享受できることを求めるものである。本章は，公正貿易に係る保護主義的な通商法案や国家間の貿易摩擦等に焦点を合わせるものでなく，このような緊迫した状況の中で，米国が輸出振興政策の重要な部分を税制に依存してきたことに，明日の日本が当面する苦悩を重ね合わせ，同情を示すものである。戦後体制の重要な貿易秩序の担い手として米国が自由貿易主義の下に構築したGATTやその継承機関である世界貿易機関（World Trade Organization：WTO）[29]によって，米国の輸出振興税制は数次にわたって阻まれてきた。WTOは国際的な貿易秩序を確立する観点から輸出振興のために国家補助金を与えることは認めない。しかし，米国は，数次にわたり国際機関のこの種の批判を受けるつど，税制に修正を加えながら，米国産業の輸出競争力を保護するためになお輸出振興税制を諦めず，維持しようとしている。本章は，米国の輸出振興税制の沿革を踏まえ，国内法の域外適用や輸出に対する国家補助金に関する非難を回避しつつ，全世界所得課税の原則と領土主義による外国所得免除方式との双方の間で米国が今後どのように米国製造業の輸出競争力を確保するために税制を活用していくのか，その方向性を探ることを目的としている。新しい方向性が米国ベース多国籍企業[30]を満足させることに失敗すれば，貿易摩擦の中で企業サイドが米国ベースであるが故に不利な立場に置かれることを嫌い，法人インバージョン（Corporate Inversion）を引き起こすことになりかねないのである。

第1　米国輸出振興税制の沿革

米国は，約30年間，米国輸出に税制上のベネフィットを与えるため，輸出法人（Export Trade Corporations：ETC），米国国際販売法人（Domestic International Sales Corporations：DISC），外国販売法人（Foreign Sales Corporations：FSC），外国所得除外制度（Foreign Income Exclusions for U.S. Citizens and Residents Abroad or Extraterritorial Income Exclusion：ETI）と相次ぐ措置を講じてきたが，米国の措置

はことごとくGATTおよびWTOの国際通商ルールによって阻まれてきた。

1 輸出法人 (Export Trade Corporations: ETC)

ETCは，米国内で製造され，生産され，栽培されまたは採取された生産物を海外に輸出する適格被支配外国法人 (a qualified controlled foreign corporation) である。ETCは，その外国基地会社所得を輸出所得の部分だけ減算することができる (IRC970～971，規則1.970-1～1.970-3, 1.971-1)。「輸出所得」(export trade income) とは，輸出活動から生ずる所得である。いかなる法人も，1971年10月31日後に開始する課税年度にはETCとされることはないが，1971年11月1日前に開始する課税年度においてETCであった法人は，同日後連続3年間ETCの資格を失わない限り，引き続き適格ETCとしての取扱いを受ける。ETC制度は，DISC制度に取り替えられることになった。

2 米国国際販売法人 (Domestic International Sales Corporations: DISC)

(1) DISC制度の導入

DISC制度は，1971年に制定された。米国事業体は，米国産生産物の輸出販売所得に対しDISC段階では外国基地会社所得として米国税を非課税とされる子会社を設立することができる。DISCの株主は，輸出資産の販売所得に対する課税を部分的に免除された。

「輸出資産」(export property) は，米国で製造された資産で主として輸出用として保有され，米国輸入に帰すべき価値がその価値の50％以下であるものと定義されている (IRC993(c))。輸出所得の一部に対する課税は，(ⅰ) 収益および利潤が配当として分配されるか，(ⅱ) DISC株式が処分されるか，(ⅲ) DISC事業体が清算されもしくは終了するまで，これを繰り延べることができる。DISCの親会社は，(ⅰ) 輸出所得の50％，(ⅱ) 輸出総売上高の4％，(ⅲ) 独立企業間価格に基づき合理的に配分される割合で，DISCに輸出所得を割り当てることができる。このようなタックス・ベネフィットにより，DISCは瞬く

間に普及した。DISC は，制度導入後3ヶ月で1,136社，1972年末には3,439社になり，1974年までの DISC 輸出は435億ドルに達した。

(2) 欧州の DISC 批判

1972年に欧州諸国は DISC による米国輸出の優遇措置に不服を述べ始めた。ベルギー，フランスおよびオランダは，欧州共同体（European Community：EC）とともに，ＥＴＣの輸出補助金を継続するものであり，ＧＡＴＴの原則に違反していると批判した。GATT 16条4は，「輸出品に係る租税の免除は，輸出補助金（an export subsidy）を構成する」と規定しているが，ＥＣはこの規定が DISC に適用されると主張した。これに対し，米国は DISC が輸出補助金になるというのであれば欧州諸国の税制も類似の輸出補助金となると反論した。米欧交渉が決裂した後，1976年に DISC 問題の審査のため，GATT パネルが設置された。

(3) 米国の反論

米国の反論の主旨は，「DISC は課税の免除でなく所得の繰延を認める規定であって，GATT の規定する輸出補助金を構成しない」というものである。課税繰延が相当長期間継続する場合，課税繰延は課税の免除に等しいものになる。米国は，この点について譲歩しつつ，納税者が DISC の適格要件を遵守して課税繰延を継続する可能性は不確実であるので，この課税繰延がすべて課税免除に等しいと断定することはできないと反論する。DISC 要件は厳格であり，この遵守が困難になった時点で DISC の地位を失い，課税繰延は終了する。DISC は，財務諸表において繰延税金を明らかにしている。米国は，米国製造業が米国税の回避のために製造拠点を外国に移転し，製造設備を輸出するリスクを懸念し，米国の全世界所得課税制度による国際通商における米国製造業の不利な条件を緩和するために，米国にとっては DISC 制度が必要であると訴えた。この主張の裏には，欧州諸国がＥＣの地域制度により有利に扱われるので，この地域で米国製造業が競争するには DISC 制度が必要であるという米国の思いがあるとみられる。

(4) GATTのパネル

　GATTパネルは，DISCが輸出補助金であると判断した。これは，DISC規定は所得繰延を含むが，課税の部分免除を構成し，この部分免除はGATTの補助金の定義に該当すると結論を下した。付利課税繰延（a deferral of tax with an interest charge）であればGATTの基準に合格したかもしれないが，DISCでは繰延税金に利子が課されない。パネルは，DISCのタックス・ベネフィットが輸出補助金であるとする論拠として，この輸出補助金により米国輸出品の価格を引き下げ，同時に米国製品の輸出を増加させ，米国に顕著な通商上の利益をもたらしたとする推論がある。1981年，GATT理事会は，パネルの結論を受け入れた（1981年理事会決定）が，米国はDISCがGATTに違反するという結論を認めなかった。

(5) 付利DISC (Interest Charge DISC)

　1984年，米国議会は，欧州諸国を宥めるためDISC制度を改正し，課税繰延制度がGATTパネルの結論や1981年理事会決定に従い繰延所得に利子の支払を要求する付利DISC（IC-DISC）制度を以下のように定めた。すなわち，米国は1984年税制改革法でDISCを廃止したわけでなく，そのタックス・ベネフィットを制限し，DISC株主の繰延税金に利子を課することとし，1984年後，米国輸出法人は，課税繰延のために，外国販売法人（Foreign Sales Corporations: FSC）もしくは小規模ＦＳＣの適格要件を満たすか，またはDISCとして取り扱われ，繰延税金に利子を課されることを選択しなければならない。

　ＩＣ-DISCは，主として輸出および賃貸から所得を生じる内国法人であり，1,000万ドル以下の適格輸出収入（qualified export receipts）に帰すべきすべての所得を繰り延べることができる。DISC株主は，繰延所得が分配されたならば納付することとなったであろう税額に基づいて利子税（an interest charge）を課される（IRC995(f)）。1,000万ドルを超える適格輸出収入に帰すべきDISC所得は，分配されたものとみなされ，DISC株主が直接課税される。株主が直接課税されるDISC所得および株主に現実に分配されるDISC所得は，配当とみなされるが，法人間受取配当控除を受けることはできない。この配当は外国源

泉所得として取り扱われ，外国法人から受け取ったものとみなされる。

DISCが外国に納付した外国税については，DISC株主はみなし外国税額控除 (deemed foreign tax credit) を受けることができる (IRC901(d))，規則1.902－1 (a)(2))。

① 不適格法人

非課税法人，同族持株会社，銀行，貯蓄貸付団体および類似の金融機関，保険会社，規制投資会社，中国通商法 (China Trade Act) 法人，ならびにS法人は，DISCの地位を取得できない (IRC992(d))。

② DISCの適格要件

州法により設立された法人が次の要件を満たす場合，DISCとしての資格を認められる。

(i) 総収入の95％以上が適格輸出収入 (qualified export receipts) であること
(ii) 資産の95％以上が適格輸出資産 (qualified export assets) であること
(iii) 1種類の株式しか有しないこと
(iv) 課税年度中毎日2,500ドル以上の最低資本を有すること
(v) DISCとして取り扱われることを選択すること(IRC992(b)，規則1.992－1)
(vi) 外国販売法人 (FSC) が構成員である被支配グループの構成員でないこと
(vii) 分離した帳簿記録を保存すること

③ 適格輸出収入 (qualified export receipts)

適格輸出収入には，次のものが含まれる。

(i) 輸出財産 (export property) の販売，交換その他の処分からの総収入
(ii) 外国で使用される輸出財産のリースまたは賃貸からの総収入
(iii) 輸出財産の適格販売，交換，リース，賃貸その他の処分に関連するサービスの対価である総収入
(iv) 適格輸出資産 (qualified export assets) の販売，交換その他の処分からの総収入
(v) 関連外国輸出法人の株式からの配当 (IRC993(e)，規則1.993－5)

（vi）適格輸出資産（qualified export assets）であるすべての債務に係る利子
（vii）外国建設工事の技術または建築サービスからの総収入
（viii）他の適格輸出収入の稼得のための管理サービスの提供からの総収入
（IRC993(a)および(c)，規則1.993－1および1.993－3）

④ 適格輸出資産（qualified export assets）

適格輸出資産は，次のいずれかに該当するものである（ＩＲＣ993(b)，規則1.993－2）。

① 輸出財産（export property）
次の基準を満たす財産を輸出財産とする。
- DISC以外の者によって米国（プエルト・リコおよび米国属領を含む）内で製造され，生産され，栽培されまたは採取されること
- DISCにより事業の通常の過程で外国における使用，消費または処分のために主として販売，リースまたは賃貸のために保有されること
- 輸入された部品，原材料等に期すべき価値が財産の公正な市場価値の50％以下であること

② 主として(a)輸出財産の販売，リース，賃貸，貯蔵，取扱い，輸送，包装，組立もしくはサービス，または(b)適格輸出収入の稼得のための管理，技術もしくは建築サービスに関して使用される資産

③ 輸出業に関連しまたは輸出業の促進のために使用される資産（一定の受取債権，その他の債務証書，金銭および関連外国輸出法人等の運転資本，株式および証券のために合理的に必要な投資を含む）

3　外国販売法人(Foreign Sales Corporations：FSC)

(1)　ＦＳＣ制度の導入

米国議会は，DISCに取って代わる制度として，1984年にＦＳＣ制度を導入した。

米国は，国際法上の「外国」の意義と必ずしも一致しないが，DISCのレプリカとして子会社を内国法人でなく，外国法人とし，その外国として米国属領

第6章　輸出振興税制

（アメリカン・サモア，北マリアナ諸島，グアムおよび米領ヴァージン諸島）または適格外国を指定した。新税制は，形式的にはGATTパネルの要件を満たすものであった。GATTの決定は，「外国子会社の所得に対して必ずしも課税する必要はない」としていたので，この論理を利用して，米国はDISC制度で内国法人を用いて実現しようとした輸出促進政策を，FSC制度では外国子会社を通じるチャンネル・トレードを確立しようとした。

　米国親会社は，FSCに米国品を販売し，または米国品の販売を委託してコミッションを支払うことにした。FSCがすべての適格要件を満たす場合，米国親会社と他の子会社は，サブパートFで外国基地会社所得（foreign base company income）とみなされ，みなし配当とされる所得について，サブパートFの適用を免除される。すなわち，FSCの所得は，外国貿易所得（Foreign Trade Income：FTI）として分類され，その一部が免税外国貿易所得（Exempt Foreign Trade Income：EFTI）として分類され，非課税とされる。FTIは，外国貿易総収入（Foreign Trade Gross Receipts：FTGR）からの総所得である。EFTIは，移転価格ルールによって算定される。米国親会社のFSCに対する輸出財産の販売に係るみなし価格が算定され，親会社とFSCの間で所得が配分される。FSCは，（ⅰ）行政価格（FTGRの1.83％もしくはFSCに帰すべき輸出財産の販売に係る親会社とFSCの結合課税所得の23％のいずれかを選択できる）または（ⅱ）現実にFSCに請求する価格のいずれかによる所得の配分をすることができる。

　FSCが行政価格により所得を算定する場合，その所得の15/23は法人株主のみなし配当の取扱いを免除され，16/23は個人株主のみなし配当の取扱いを免除される。独立企業間価格ルール（arm's length pricing rule）により所得を算定する場合，FTIの30％は法人株主のみなし配当の取扱いを免除され，FTIの32％は個人株主のみなし配当の取扱いを免除される。FSCは，FTIの免税部分以外の部分につき法人段階の課税を受ける。FSCが輸出財産の販売に係る移転価格の算定のため行政価格を用いる場合，EFTIである収益および利潤でなく，免税以外の収益および利潤につき，受領法人は受取配当控除を受けることができる。

(2) FSC制度

FSCの地位を選択する場合，FSCの外国のプレゼンスと経済活動から生じることを条件として，FSCのFTIの一部は法人段階の課税を免除される（IRC921〜927，P.L.106-519により廃止）。

① FSCの適格要件

十分な外国のプレゼンスをもつことを重視し，FSCは次の要件を満たすべきものとされる。

(ⅰ) 適格外国の法令に基づき設立または組織された外国法人であること
(ⅱ) (a)設立または組織された時に税務の情報交換を規定する二国間協定もしくは多国間協定または租税条約のある外国，あるいは(b)上記(1)の米国属領（プエルト・リコを除く）の法令に基づいて設立または組織された外国法人であること
(ⅲ) 課税年度中いつも法人の株主数が25人以下であること
(ⅳ) 課税年度中いつも法人は優先株式を有しないこと
(ⅴ) 法人は適格外国または米国属領に税務記録を備え付けた事務所を維持すること
(ⅵ) FSCの取締役会が常に米国居住者でない個人（米国市民を含む）1人以上含めること
(ⅶ) FSCはDISCが構成員である被支配法人グループの構成員でないこと（IRC922(a)(1)）

② 適格外国貿易所得（qualified foreign trade income）

FTIは，除外されるならば，取引の総所得のうち納税者の所得を次の最高額だけ減少する金額である。

(ⅰ) 取引から生じる外国貿易総収入に帰すべき外国販売所得および外国リース所得の30％（外国販売・リース所得法，IRC941(c)）
(ⅱ) 取引から生じる外国貿易総収入の1.2％（外国貿易総収入法，IRC942(a)）
(ⅲ) 取引から生じる外国貿易所得の15％（外国貿易所得法，IRC941(b)）

第6章　輸出振興税制

③　外国管理 (foreign management) および外国経済プロセス (foreign economic process)

米国が当事国となる経済協定に従うように，ＦＳＣ制度に事業実体 (business substance) を与えるため，課税年度中いつでも，ＦＳＣが外国管理を有し (IRC924(c)) かつ販売のため商品の準備に係る経済プロセスが適格外国または米国属領で行われることが必要である (IRC924(d))。

④　小規模ＦＳＣ

小規模事業法人は，ＦＳＣの地位を取得するために特則に従うことを要する。この特則は，小規模事業法人が外国管理要件および外国経済プロセス要件を満たす困難性を考慮に入れている。

⑤　外国貿易所得 (FTI)

ＦＳＣのＦＴＩの一部は，米国内の営業または事業の遂行と実質的関連を有しない外国源泉所得として取り扱われ，米国税を免除される (IRC921, 923および924)。ＦＴＩは，外国貿易総収入に帰すべき総所得と定義される。

⑥　外国貿易総収入 (foreign trade gross receipt)

免税外国貿易所得が生じる外国貿易総収入は，一定の商品およびサービスの輸出に帰せられる (IRC924)。取引からの収入が外国貿易総収入として分類されるには，取引に係る経済プロセスが外国で行われ，ＦＳＣが外国で管理されることを要する (IRC924(b), (c)および(d))。ＦＳＣの外国貿易総収入の概念は，DISCの適格総収入の概念に類似している。外国貿易総収入は，次の5種類の活動のみから生ずる。

(i)　輸出財産 (export property) の販売，交換その他の処分
(ii)　外国の賃借人が使用するための輸出財産のリースまたは賃貸
(iii)　ＦＳＣによる輸出財産の販売，交換その他の処分または外国の賃借人による使用のためのリースもしくは賃貸に関連しまたは付随するサービス
(iv)　外国に所在する建設工事のための技術または建築サービス
(v)　最初の3種の外国貿易総収入の稼得のために非関連ＦＳＣまたはDISCのための管理サービスの提供

(3) 欧州連合（ＥＵ）[31] との紛争

一定の米国産品の輸入に対する欧州の規制に対し，米国は抗議したが，ＥＵは1997年にＦＳＣ制度がＷＴＯ協定を遵守しているか否かを決定するため，紛争パネルの新設を要請した。ＥＵは，ＦＳＣ制度は違法な税制による輸出補助金であると主張した。補助金と対抗措置に関するＷＴＯ協定（WTO Agreement on Subsidies and Countervailing Measures：SCM Agreement）により，「補助金」の定義は，「支払われるべき政府歳入を徴収しないこと」とされ，輸出補助金はＳＣＭ協定のアネックスＩにおける定義に該当する場合にはＳＣＭ協定により禁止される。アネックスＩは，「特に輸出に関し産業上または商業上の企業の支払いまたは支払うべき直接税または社会保障税の全部または一部の免除，軽減または繰延」を違法な輸出補助金と定めている。ＥＵの主張に対し，米国はＦＳＣ制度がGATTルーリングによって認められているはずであると反論した。米国の論旨は，1981年理事会決定やDISC制度および欧州税制に関するGATTの課税事案に基づいて，ＦＳＣについても，(ⅰ) 外国経済プロセスには課税する必要はなく，外国活動による所得に課税しないことは補助金に該当しないこと，(ⅱ) 独立企業間価格決定を遵守すべきこと，(ⅲ) 所得の二重課税を回避する措置をとることができること，という原則を適用すべきであり，GATTは「領土課税（territorial taxation）はＷＴＯルールに違反しない」と述べているではないか，というものであった。米国は，DISCがGATTに違反するという主張を認めていなかったが，欧州を宥めるためにDISC制度をＩＣ－DISC制度に改正し，GATTの理論を考慮に入れてＦＳＣ制度を導入したのである。米国は，ＦＳＣ制度が違法な輸出補助金とみなされることを認めなかった。

(4) ＷＴＯのパネル

ＷＴＯパネルは，1999年10月，ＦＳＣ制度がＳＣＭ協定に反しているとする報告を公表し，米国がＷＴＯの義務を守り，ＦＳＣ制度を改正するように勧告した。ＷＴＯパネルは，問題は支払うべき税が特に輸出に関する法令によって免除されるか否かであると述べた。

(5) WTO控訴機関（WTO Appellate Body）[32]

　米国は，WTO控訴機関に紛争処理小委員会（パネル）裁定を訴えた。GATTの決定が特に認めた活動は，通常支払うべき基準（otherwise due test）を適用されず，セーフハーバーによって保護されるとみなされる。1981年理事会決定は特に「外国経済プロセスからの所得の課税免除」を認めたが，米国はこれがセーフハーバーとなると主張した。しかし，WTO控訴機関は，2000年2月に米国の主張を棄却し，「FSC制度が禁止された輸出補助金に該当する」というパネルの主張を支持し，1981年理事会決定は自らの用語で拘束力をもつ決定でなく，WTO法で明記されなかったという見解を示した。セーフハーバー問題について，WTO控訴機関は，WTOが特定の税制を強制するものでないが，いかなる税制もWTOの義務を守らなければならないと述べた上で，FSC税制が通常支払うべき歳出を輸出に関して免除するので，この税制はSCM協定に違反すると判示した。

　WTO控訴機関は，米国に2000年10月1日までにそのFSC税制を改正するように猶予を与えた。

4　FSCの廃止および域外所得除外法の制定

　WTOの決定と欧州連合（European Union:EU）の通商制裁（trade sanctions）の脅威により，米国議会はFSC廃止および域外所得除外法（FSC Repeal and Extraterritorial Income Exclusion Act，以下「FSC廃止法」という）を成立させた。この立法により，FSCルールは2000年9月30日に廃止され，一定の域外所得の除外を認める制度を創設した。FSC制度の廃止は，30年米欧貿易戦争における米国の敗北のようにみえるが，見方を変えれば，FSC廃止法によってFSC制度が簡素化され，改善されたともいえる。FSCは，外国子会社で厳格な適格要件を満たす必要があったが，新制度は分離した事業体でなく，取引ベースの制度になった。米国は，FSCを捨て，米国親会社その他の製造会社等が直接貿易を行う場合にタックス・ベネフィットを与えることを想定している。米国税制の基本は，米国市民，居住者および内国法人については全世界所

得課税であるが、輸出促進のために、FSC廃止法は表面的には米国税制を全世界所得課税の原則から領土主義の原則に転換して、域外所得（extraterritorial income：ETI）の米国税の免除を規定する。

(1) 域外所得除外制度

米国は、輸出関連の優遇税制としてFSC制度を適用してきたが、2000年に「FSC制度はWTOの禁止する輸出補助金である」というWTOの決定を踏まえて、FSC制度を廃止し、域外所得除外制度を創設した。ETI除外制度において、「外国貿易総収入」に帰すべき総所得を域外所得とし、これについて総所得からの除外を認める。この所得は、「適格外国貿易所得」(qualified foreign trade income：QFTI) の範囲で、除外を認められる。QFTIは、総所得のうち除外されるならば、次のうち最高額だけ課税所得を減少させることになる金額である。

(ⅰ)　取引から生じる外国貿易総収入の1.2%
(ⅱ)　取引から生じる外国貿易所得の15%
(ⅲ)　取引から生じる外国販売およびリース所得の30%

外国貿易所得とは、外国貿易総収入に帰すべき課税所得をいう。外国販売およびリース所得とは、外国経済プロセスを構成する活動に適正に配分されるべき外国貿易所得および外国の賃借人による使用のための適格外国貿易財産のリースまたは賃貸に関して生じる外国貿易所得である。外国貿易総収入は、一定の経済プロセスが外国で行われる適格外国貿易財産に係る一定の活動から生じる総収入である。特に総収入は、(ⅰ)適格外国貿易財産の販売、交換その他の処分、(ⅱ)外国の賃借人による使用のための適格外国貿易財産のリースまたは賃貸、(ⅲ)適格外国貿易財産の販売、交換、処分、リースまたは賃貸に関連しおよび付随するサービス、(ⅳ)外国に所在する建設工事に係る技術または建築サービス、(ⅴ)非関連者のための一定の管理サービスの提供、から生じる。

納税者は、ある取引からの総収入を外国貿易総収入でないものとして取り扱うことを選択することができる。この選択により、納税者は除外の代りに外国

税額控除を受けることができる。適格外国貿易財産は，米国内外で製造され，生産され，栽培されまたは採取された財産で，主として営業または事業の通常の過程で，外国で直接使用，消費または処分のため，販売，リースまたは賃貸するために保有されるものをいう。次の金額の合計に帰すべき価値は，この財産の公正な市場価値の50％以下であることを要する。
（ⅰ） 外国で製造される品の公正な市場価値
（ⅱ） 外国で提供された労働の直接費用

(2) ＥＵの批判とその論理

ＥＵは，ＦＳＣ廃止法が米国のＷＴＯ義務に違反すると判断し，米国産品に対する通商制裁を公認するようＷＴＯに要請した。ＥＵは，米国のＥＴＩは実際は「除外」(exclusion) でなく，「通常支払うべき税の免除」(an exemption from taxes that would be otherwise due) であることを指摘し，見せ掛けの除外（purported exclusion）は課税標準（課税所得の一定割合）で定義されているので，米国の域外所得は課税から除外される所得という真正な種類の所得を構成しないという論理を展開した。ＥＵの論理では，真実の除外（a true exclusion）ならば，課税標準から除外される種類の所得を質的に定義しなければならない。重要な問題は，「通常支払うべき」(otherwise due) 税とは何かという問題である。税が通常支払うべきものか否かを決定するには，判断基準が必要である。ＥＵは，米国が一般原則の定めのない税法を制定していたならば，「通常支払うべき」という基準を問題にしなかったといい，規範的判断基準として「何らかの他の状況」(some other situation) で支払うべき税か否かを掲げ，輸出品の取扱いと国内消費に向けられる類似の生産物の取扱いを比較して輸出補助金に該当するか否かを判定するＳＣＭ協定に基づき「他の状況」とは「商品の国内販売」であると主張した。米国は，一定の範疇の所得の全額を課税されるか除外されなければならないというＥＵの主張には根拠がなく，域外所得が真実の範疇を構成しないというＥＵの批判を斥ける。しかし，ＥＵは，ＦＳＣ廃止法は補助金であり，この補助金は輸出補助金であり，故に違法な補助金であると主張する。その理由として，「米国の者（a U.S. person）が商品を販売する場合，ＦＳＣ廃

止法によるタックス・ベネフィットを受けるには，その商品の仕向先は米国内であってはならないことになる。海外製造・海外販売の生産物についてもなお問題であり，輸出品とは外国市場に仕向けられる生産物をいうと「輸出品」の定義をした上で，輸出品一般について輸出補助金が輸出取引のみにまたはすべての輸出取引に利用される必要はない」という点を挙げる。ＦＳＣ廃止法では，輸出品がなくとも，（ⅰ）外国リース，（ⅱ）外国建設，（ⅲ）外国管理なども補助金を受けることができることになっているが，輸出品の販売については輸出品が必要である。

所得除外という補助金を入手する方法として輸出以外の方法を加えたからといって，ＥＵの主張は損なわれないとＥＵは主張した。米国は，ＦＳＣ廃止法のタックス・ベネフィットを受けるのは必ずしも輸出に限らず，（ⅰ）海外製造・海外販売や（ⅱ）米国製造・米国販売（海外リースを行う米国の者への販売）も所得除外を受けられるので，仮にＦＳＣ廃止法が補助金であるとしても，それは輸出補助金ではないと主張した。

この争点について，ＥＵは，ＦＳＣ廃止法の50％外国コンテンツ制限が輸出補助金の性質を示すものであり，ＳＣＭ協定に違反すると主張する。ＥＵは，50％制限は，米国品の使用を要求する効果をもつので，事実上の米国コンテンツ要件となっていることを指摘する。米国は，外国コンテンツ制限は米国コンテンツ要件と同義でなく，ＳＣＭ協定違反となるものではないと反論し，その理由として，米国の知的財産権が商品の公正な市場価値の50％を超えている場合，外国部品がＦＳＣ廃止法の適用を妨げないことを挙げている。さらに，米国は，ＦＳＣ廃止法が外国源泉所得に対する二重課税の回避方法として認められる措置であり，外国所得除外方式は，この免除がたとえ一部分であったとしても，二重課税の回避方法として認められるはずであると主張した（ＳＣＭ協定アネックスⅠの脚注59）。この点について，ＥＵは米国以外の納税者が外国所得除外を受けるためには米国納税者として取り扱われることを選択しなければならず，二カ国の税制の適用対象になると反論した。

(3) WTOの紛争パネル

WTOパネルは，(ⅰ) 補助金であるか，(ⅱ) 輸出関連か，(ⅲ) 二重課税の回避方法として認められるか，という三つの争点を取り上げて，以下の判断を下した。

① 補助金の問題

EUの主張を認容し，FSC廃止法が補助金であると判断する。米国が通常支払うべき歳入 (revenue otherwise due) を放棄しているか否かに着目し，FSC廃止法が通常支払うべき歳入を除外していると判断した。WTOは，特に「域外所得除外」を「特定の活動に帰すべき総所得」という表現で定義していることを批判した。

② 輸出関連性の問題

FSC廃止法が輸出関連の補助金であると判断する。輸出関連の補助金であるか否かについては，法と事実において輸出関連性の有無を検討しなければならない。成文法がこの関連性を明示的に規定していない場合でも，現実に使用された用語から必要なインプリケーションによって輸出関連性があると判断している。米国の商品が補助金を受けるためにはその商品が国境を越える必要があることは明白であり，米国内製造・米国内販売の商品はこの補助金を受けることができない。この補助金を受ける別の方法が存在するという事実は，この補助金の本質を失わせるものではない。

③ 二重課税の回避方法の問題

パネルは，二重課税の回避という目的には同情するが，その目的とその方法との関係が合理的に認識されるべきであると考え，FSC廃止法はこのテストに失敗していると判断する。パネルは，この立法は米国の通商上の義務に違反していると判断する。

(4) EUの対米通商制裁 (trade sanction) の脅威

米欧の通商をめぐる緊張は，WTOのルーリングが米国の輸出促進税制による40億ドルのパッケージを違法な輸出補助金と判断したことにより，高まってきた。2000年に米国は，FSC制度が違法な輸出補助金であるというWTOの

決定後，WTOの要件を満たし，オフショア販売子会社を通じる外国販売からの収入に対し米国税を課する新制度を制定した心算であったので，WTOルーリングにつき控訴することにしたが，これはEUによる制裁を延期する意図もあった。この控訴に負ければ，EUは米国産品に40億ドル相当の制裁を科すだろうと考えられていた。米国は，米欧通商交渉において，そのようなことになれば，「米国はEU税制を攻撃する」と述べていた。2002年8月にWTOはEUが対抗措置として40億ドルまで対米制裁措置をとることを承認した。ワシントンへの圧力を高めるため，EUは2004年3月1日に米国産品に5％関税（penalty tariff）を適用し始め，一年間の各月に1％ずつ引き上げると述べた。EUは，大統領選挙の年である2004年末までに重要産業部門の合計3億ドルに達する通商制裁を科すことにより，米国議会に輸出補助金法（export subsidy laws）の迅速な変更を迫った。EUとしては，WTOが違法と判断した米国税制の廃止について米国は2年も懈怠しているが，もはや我慢できないという（EU Trade Commissioner Pascal Lamy）。

(5) 米欧・大西洋通商戦争

FSC廃止法の規定の多くは，WTOルールに適合しているが，法解釈の方法如何によって，米国の一般原則が域外所得除外であるとの説と米国の一般原則が全世界所得課税であり，域外所得除外は一般原則ではないという説に分れる。何が真の一般原則であるか，何が真の例外措置であるか，何が真の所得の範疇か，について国際的な統一基準はない。それ故，WTOの明文規定に違反しているとはいえず，WTOルールの趣旨に違反するか否かを争うため，WTOルールの趣旨が輸出を補助するすべての慣行を禁止することであると解釈できるかどうか，問題である。WTOは，輸出補助金の禁止の裏をかく試みを禁じるためにその使命を果たそうとしているが，正に何が輸出補助金であるか，その事実認定と解釈が問題である。さらに，WTOは，政治的現実にどう対処するかという問題に当面する。パクス・アメリカーナ以後も，米国は自由貿易とGATT/WTO制度の最大の擁護者であったが，現実に，30年に及ぶ輸出補助金をめぐる米欧紛争で形の上では負け続けている。米国は，公正貿易主義を

第6章 輸出振興税制

掲げて他国の市場開放や構造改革を迫っているが，輸出補助金については簡単に思い止まる気配はない。米国ベース多国籍企業，製造業，農業や労働組合は，補助金を要求している。2004年は，大統領選挙の年である。DISC，ＦＳＣおよびＦＳＣ廃止法のＥＴＩに次いで，米国がどのような形でこれらの強い要求に応じることができるか，国際通商ルールについて各国間の同等の競技場のみを求めるようにこれらの米国輸出補助金の支持者に説得することができるか，2004年の米国の選択は厳しい局面で行われることになった。

米欧のコンプロマイズは，単なる国際通商の本来あるべき公正な貿易という理想によるものでなく，国際的な経済力の均衡を反映する内容となる。

5　域外所得除外制度の廃止

米国は，2004年雇用創出法（AJCA）により，ＥＴＩ除外制度を廃止した。ブッシュ大統領は，2004年10月22日にこの法案に署名した。取引が納税者と非関連者との拘束力のある契約に基づくものであり，この契約が2003年9月17日以後も効力を有する場合，営業または事業の通常の過程の取引についてＥＴＩ除外規定の効力がある。すべての連邦税の課税上，内国法人として取り扱われることを選択した外国法人は，濫用防止規定を除くほか，収益または損失を認識せずに1年以内にその選択を取り消すことができる（IRC114および941～943）。両院協議会（Conference）では，下院案（House Bill）が採用された。ＥＴＩ除外制度は，2007年に廃止され，適格生産活動所得（qualified production activities income）控除制度によって取って代わられる。ＥＴＩ除外制度のフェーズアウトと製造業控除のフェーズインは，2007年前に開始し，2005～2006年の取引について納税者はそれぞれ80％および60％のＥＴＩ除外を受けることが認められる。2006年後の取引については，ＥＴＩ除外は適用されない。

147

第2 米国生産活動所得 (Domestic Production Activities Income) に関する控除

1 米国議会における新制度の提案

米国は，2002年にWTOが米国のETI除外制度が違法な輸出補助金であると判断し，EUが米国製品に対し年間約40億ドルの報復関税を課することを承認した時点で，大西洋貿易摩擦を回避するための複数のETI除外制度廃止法案を検討し始めた。その例としては，下院のトーマス法案やクレーン・レンゲル法案，上院のグラッスリー・ボーカス法案などがある。2003年5月のクレーン・レンゲル法案も同年9月のグラッスリー・ボーカス法案も，国内製造所得控除制度の構想を含んでいる。これは，(i) 米国内の製造から生ずる課税所得の一定割合を所得控除すること，および (ii) 外国で付加された価値を基準として所得控除額を減算すること，を中心とする提案である。

2 2004年米国雇用創出法による新制度の導入

米国議会は，WTOのSCM協定における米国の義務に違反するとみなされた輸出振興税制ETI除外のタックス・ベネフィットを廃止するための立法が必要であることを認めた。この立法は，経済的に米国製造業の3％減税に相当する租税特別措置によりETI除外制度によるタックス・ベネフィットを置き換えるものである。米国議会は，米国製造業が米国経済の停滞の中で深刻な挑戦を受けていることを認識する一方で，貿易相手国がその間接税制を通じて国内製造業と輸出に対し補助し続けていることも認識している。米国議会は，貿易相手国の補助制度が米国製造業の国際競争力を減殺することを懸念している。この懸念については，製造業を含むすべての法人の最高税率について見直すことが必要であると考えられた。2004年米国雇用創出法において，両院協議会の合意として，納税者の適格生産活動所得 (qualified production activities income: QPAI) の一部に相当する所得控除制度を導入した (IRC199)。

（ⅰ） 2009年後に開始する課税年度において，所得控除の額は，(a)当期の適格生産活動所得または(b)当期の課税所得のうち少ない方の9％に等しいものとする。
（ⅱ） 2005年および2006年に開始する課税年度において，所得控除の額は所得の3％とする。
（ⅲ） 2007〜2009年に開始する課税年度において，所得控除の額は所得の6％とする。

　一課税年度の所得控除の額は，当該課税年度に終了する暦年中に納税者が支払う賃金の50％に制限される（IRC199(b)）。関連グループ（affiliated group）の構成員である法人については，所得控除の額は当該グループのすべての構成員を単一の納税者として計算され，適格生産活動所得の各構成員の金額に比例して各構成員に配分される（IRC199(d)(4)）。

(1) 適格生産活動所得（QPAI）

　QPAIは，国内生産総収入から次の合計額を減算した残額をいう（IRC199(c)）。
（ⅰ） 販売された商品の取得価額で当該収入に配分されるべきもの
（ⅱ） 他の控除，経費または損失で当該収入に直接配分されるべきもの
（ⅲ） 他の控除，経費および損失の一定のシェアで当該収入または他の種類の所得に直接配分されないもの

(2) 国内生産総収入（domestic production gross receipts）

　国内生産総収入は，納税者が次の活動から生ずる総収入である（IRC199(c)(4)）。
（ⅰ） 納税者が全部または重要な部分を米国内で製造し，生産し，栽培したまたは採取した適格生産資産（qualifying production property）の販売，交換，その他の処分，リース，賃貸またはライセンス
（ⅱ） 納税者が生産した適格フィルムの販売，交換その他の処分，リース，賃貸またはライセンス
（ⅲ） 納税者が米国内で生産した電力，天然ガスまたは水の販売，交換その他の処分
（ⅳ） 米国内で行う建設活動

(ⅴ) 米国内に所在する建設工事のために米国内で行う技術サービスまたは建築サービス

国内生産総収入には，適格生産資産の製造，生産，栽培または採取に関して生産物が消費されることを条件として，納税者が米国内で貯蔵，取扱いその他の加工活動を行う農産物の販売，交換その他の処分から生ずる納税者の総収入が含まれる。また，建設活動には，居住用建物および商業用建物ならびにインフラの建築または重要な改築に直接関連する活動が含まれる。

国内生産総収入には，(ⅰ) 納税者が小売施設で提供する飲食料品の販売，(ⅱ) 電力，天然ガスまたは水の移送もしくは分配から生じる総収入，または (ⅲ) 納税者が関連者の使用のためリースし，ライセンスしもしくは賃貸する資産から生じる総収入は含まれないものとする。適格生産資産には，有形動産，コンピュータ・ソフトウエアまたは録音が含まれる (IRC199(c)(5))。

(3) **パススルー事業体（協同組合を除く）の適格生産活動所得**

S法人，パートナーシップ，遺産財団，信託その他のパススルー事業体（農業協同組合および園芸協同組合を除く）の国内生産活動について，事業体の段階で賃金制限が適用されるが，所得控除の額は事業体の適格生産活動所得の比例的シェアを株主，パートナーまたは類似の各段階で考慮に入れて，各段階で算定される。パススルー事業体に対する適用については，(ⅰ) 報告要件，(ⅱ) パートナーまたは類似の段階に対する所得控除の配分に係る制限ルールを制定する権限を財務長官に付与する。株主，パートナーまたは類似の者の段階における賃金制限を適用する場合，パススルー事業体から適格生産活動所得を配分される各者は，当該事業体から次の少ない方の金額の賃金を配分されたものとみなされる (IRC199(d)(1))。

(ⅰ) 財務省規則により算定される当該者の配分される賃金のシェア
(ⅱ) 当期に当該者に現実に配分される適格生産活動所得の控除可能な割合の2倍

(4) **農業協同組合および園芸協同組合の適格生産活動所得**

ＩＲＣサブチャプターＴにより組織された農業協同組合および園芸協同組合

について，（ⅰ）協同組合が製造し，生産し，栽培しもしくは採取する農産物もしくは園芸品または（ⅱ）協同組合を通じて販売される農産物もしくは園芸品から生じる適格生産活動所得は，他の納税者の適格生産活動所得と同様に取り扱われる。パトロン配当または農業協同組合または園芸協同組合の構成員に支払われたパーユニット留保金の配分で，協同組合の適格生産活動所得のうち控除できる部分に配分されるものは，構成員の総所得から控除される（IRC199 (d)(3)）。

(5) 代替的ミニマム・タックス

代替的ミニマム・タックスの課税所得の計算上，所得控除が認められる。この所得控除の額は，（ⅰ）適格生産活動所得または（ⅱ）代替的ミニマム・タックスの課税所得の少ない方を参照して算定される（IRC199 (d)(6)）。

第3　米国の国際課税原則と輸出振興税制の矛盾と調和

米国は，その基本的な国際課税の原則により，米国市民，居住外国人および内国法人に対してはその全世界所得に課税し，非居住外国人および外国法人に対してはその国内源泉所得に課税することとしている。米国の全世界所得課税の適用範囲は，他国と異なる。

1　サブパートＦ条項による所得繰延の阻止

普通タックス・ヘイブン対策税制と呼ばれる被支配外国子会社（Controlled Foreign Corporation：CFC）合算課税制度についてみると，サブパートＦ条項によりＣＦＣの10％超を所有する米国の者（U.S. person）である米国株主が全議決権の50％超または株式価値の50％超を所有する事業体をＣＦＣと定義し，ＣＦＣがサブパートＦ所得と定義される所得を稼得する場合，この所得に対し米国株主に対する「みなし配当」（a constructive dividend）として課税する。サブパートＦ条項の趣旨は，ＣＦＣを利用する「所得の繰延」を阻止することである。サブパートＦ条項がなければ，内国法人は外国子会社を通じて外国活動を

行って稼得した所得を米国親会社に配当しない方法による所得の繰延によって米国税を節税することができたであろう。実際，米国の内国法人は低税率国やタックス・ヘイブンに外国子会社を設立して節税を行った。外国子会社は外国投資を行いまたは外国事業活動を行って投資所得や事業所得を得たが，法的には外国法人であるため，米国の課税権を回避することができた。

サブパートF条項の下では，CFC株主は配分されるサブパートF所得，なかんずく「外国基地会社所得」(foreign base company income) に対して米国税を課される。サブパートF所得の定義は，CFCがその居住地国内で「実質的な事業活動」(substantial business activities) を行う場合，その取引からの能動的事業所得（active business income）をサブパートFの適用除外とする。したがって，CFC株主がCFCの所得につき米国税を免除されるためにはCFCが海外で製造活動を行う必要がある。このことが，米国の内国法人が外国子会社を利用して事業活動と雇用を海外に移転する歪曲したインセンティブを生み出している。かつて，米国はニクソン政権下で内国法人が外国子会社を利用せずに輸出することができるインセンティブを与えることを試みた。

2　移転価格課税

IRC482は，IRSにCFCとその米国親会社との間で所得を配分する権限を付与した。

独立企業間価格（arm's length pricing）により移転価格課税を行うアプローチが，CFCとその米国株主との間に所得を配分することによって所得認識の繰延を規制するために用いられる。

3　国際的租税回避スキームと輸出促進税制の原理

上記1で述べたように，外国子会社を通じて外国投資や外国事業活動から得た所得を米国親会社に配当しない限り，サブパートF条項がなければ，米国課税権を遮断できるという意味で「所得の繰延」を行い，米国税の「課税の繰延」を合法的に行うことができる。また，米国親会社と外国子会社との取引価格の

第6章 輸出振興税制

操作によって，移転価格税制がなければ，「所得移転」により米国税の節税を図ることができる。このように，オフショア外国子会社を利用することは，国際的租税回避において，初歩的な原理といえるが，輸出振興税制として米国議会の意図に適合する場合には，以下に要約するように，米国は内国法人が外国子会社を利用して節税することを国策として進めてきたといえる。米国は，所得移転，所得繰延または課税繰延などの手法で米国税の繰延または排除を図ることは，「米国議会の意図」に反する場合には国際的租税回避として阻止すべきであるが，米国輸出振興税制のように「米国議会の意図」に適う場合には外国子会社を利用するチャンネル・トレード (channel trade through foreign subsidiaries) を推奨されると考えてきたのである。

(1) 輸出法人（ＥＴＣ）の手法

ＥＴＣは，適格ＣＦＣであるが，「輸出所得」だけサブパートＦ所得の外国基地会社所得を減算することにより，ＣＦＣルールでみなし配当 (a constructive dividend) として課される米国税を輸出所得について免除している。米国議会の意図は，ＥＴＣという事業体の利用と輸出所得という特定所得をサブパートＦ所得から除外する手法を米国輸出振興の目的のために認める。

(2) 米国国際販売法人（DISC）の手法

DISC は，外国子会社を利用し，輸出資産の販売所得の一部をサブパートＦ所得の外国基地会社所得として課税しないこととする。米国は，DISC 制度は「課税の免除」でなく，「所得の繰延」であると考える。欧州諸国は，領土主義課税制度 (Territorial Taxation Regimes) や国際的二重課税の排除方法としての国外所得免除方式により，欧州輸出産業を有利な立場に置いているが，米国は全世界所得課税制度 (Worldwide Taxation Regime) や国際的二重課税の排除方法としての外国税額控除方式により，米国輸出産業を不利な立場に置いている。米国議会の意図は，DISC という外国子会社の利用と輸出所得という特定所得をサブパートＦ所得から除外することによって，米国輸出産業が欧州輸出産業と対等に競争することができる条件を整え，米国製造業が米国税を回避するため製造設備を外国に移転する危険を回避することであった。

(3) 外国販売法人（FSC）の手法

　FSCは，外国子会社であり，適格要件を満たす場合，サブパートFの適用を免除される。サブパートF条項は外国基地会社所得などのサブパートF所得について米国の納税者に対するみなし配当として米国税を課するが，外国子会社が実際に事業活動を行う場合にはこの条項を適用する理由がなく，輸出所得について国外所得を免除する領土主義課税（Territorial Taxation）の原則を一部採用することはGATT 1981年理事会決定も認めていると米国は考えた。米国親会社がFSCに米国品を販売し，または米国品の販売を委託する形をとる。米国親会社とFSCとの売買取引の移転価格や委託のコミッションについて移転価格課税を行うことによって，独立企業原則を担保し，「外国法人の輸出所得に対して必ずしも課税する必要はない」と考える。

(4) 域外所得除外制度の手法

　上記(1)〜(3)の分離した事業体ベースの輸出振興税制であったが，域外所得除外制度は，取引ベースの制度である。この制度では，外国子会社を利用しないで，米国の納税者（U.S. Taxpayer）の「外国貿易総収入」に帰すべき総所得を「域外所得」とし，「適格外国貿易所得」の範囲で，総所得から除外する。米国の基本的な課税原則は，米国の納税者である米国市民，居住外国人および内国法人については，その全世界所得を課税標準として米国税を課するという全世界所得課税（Worldwide Taxation）である。一部の国では，居住者および内国法人についてその国内源泉所得のみを課税標準とし，外国源泉所得には課税しないという領土主義課税（Territorial Taxation）を採用している。米国は，輸出所得という特定の所得に限り，領土主義課税原則を採用することにしたのである。OECDモデル条約が国際的二重課税の排除方法の選択肢として国外所得免除方式を認めているので，米国は輸出所得について国外所得免除方式を採用した。

(5) 米国生産活動所得の所得控除制度の手法

　米国は，30年に及ぶ米欧（大西洋）通商戦争と呼ばれる過程で，米国輸出振興税制に対する欧州の執拗な攻撃とGATT/WTOの国際通商ルール（International Trade Rule) の数次の判断によって，上記(1)～(4)の各制度は否定されてきた。消費税については国境税調整として輸出免税が国際的に受け入れられるが，所得税や法人税についてはWTOの補助金および対抗措置に関する協定（WTO Agreement on Subsidies and Countervailing Measures：SCM Agreement）が「補助金」を「通常支払われるべき政府歳入(government revenue that is otherwise due) を放棄しまたは徴収しないこと」と定義した上で，「産業上または商業上の企業が支払いまたは支払うべき直接税または社会保障税の全部または一部を特に輸出に関して免除（exemption），軽減（remission）または繰延（deferral）すること」を違法な輸出補助金として禁止している。米国は圧倒的に直接税に依存する国であり，欧州のように間接税の比率が高い諸国に比較して，米国製造業・輸出産業は不利な状況に置かれている。逆に，欧州製造業・輸出産業は巧まずして競争上有利な立場にある。米国と同様に直接税の比率が高い税収構造をもつ日本の立場を振り返れば，米国に同情せざるを得ない。さらに，EUにおいては域内税制のハーモナイゼーションという大義名分の下で，域内の通商や親子会社間配当の参加免税（participation exemption）など多様な租税優遇措置が一般化している。

　ブッシュ政権は，欧州税制に対する攻撃を控え，米国ベースの企業が相対的に不利な競争条件に晒されることを十分に認識した上で，これまでのように外国子会社の特定事業体や「輸出所得」という特定の所得に優遇措置を与える方法でなく，すべての米国の納税者に「適格生産活動所得」の一定割合を所得控除（deduction）する方式で，経済的に米国製造業の3％程度の減税を期待できる税制改革を行った。この措置は，ブッシュ大統領が第2期政権の成立を賭けた2004年大統領選挙の寸前である同年10月22日に署名した2004年米国雇用創出法で認められ，IRC199として明文化された。

　この方向に歩み出した米国としては，租税理論としてみると，米国企業の対欧競争力を強化するため，（ⅰ）直間比率の見直し，（ⅱ）全世界所得課税の見直し，（ⅲ）国際的二重課税排除方法（外国税額控除制度）の見直し，（ⅳ）CFCルール（サブパートF）の見直し，（ⅴ）所得控除および税額控除の見直し，（ⅵ）

法人インバージョン阻止，(vii) 法人税率の見直し，(viii) 国際的租税回避の防止に重点を置いて取り組む必要があろう。

〔注〕
23) マーシャル国務長官の構想した米国の欧州復興援助計画。この計画に基づき，1948年から4年間，米国はOEECを受け皿として必要な資金および物質を欧州に供給した。
24) IMF協定に基づいて国際通貨および金融制度の安定を図るため翌年12月に発足したブレトン・ウッズ機構の一つである。
25) 関税その他の貿易障害を軽減し，通商の差別待遇を排除する目的で1948年に発効した多国間協定であり，WTO設立1年後の1995年末に廃止された。
26) ニクソン大統領はトリレンマ脱出のためドルの金交換の停止を行い，金ドル交換を軸とするブレトン・ウッズ体制に壊滅的なショックを与えた。
27) 1944年米国ブレトン・ウッズで連合国の代表が決めた通貨体制で，金為替本位体制，固定相場制を採った。
28) ジスカール・デスタン仏大統領が石油危機後の世界経済と先進国経済の立直しを協議するために提唱し，先進国6カ国で開催される首脳会議。現在，先進国8カ国およびEUが毎年開催している。
29) 1995年にウルグアイ・ラウンドの結果設立された多角的貿易体制の維持強化を図るための国際機関で，貿易紛争の解決，各国の貿易制度の検討を行う。
30) 国連の定義では2カ国以上の国に生産設備や営業施設を有する企業をいう。
31) 欧州共同体（EC）参加国は1991年12月の首脳会議でローマ条約（EC基本法）を改正し，マーストリヒト条約の締結に合意し，EUと改称した。この条約は1993年11月に発効した。
32) WTO違反により利益の無効化・侵害を受けた国の申立により設立される紛争処理小委員会が下す違反の有無の認定に係る裁定と違反措置の撤回および改善の勧告について，不服のある国がさらに上部機構に上訴することをいう。

〔参考文献〕
JETRO「国家補助金禁止規定と有害な租税競争」，ユーロトレンド 2001.11.
Janice C. Shields, *Export Promotion Programs,* Foreign Policy in Focus Volume 2, No. 34, 1997.
Charles M. Bruce, et al *Foreign Sales Corporations,* 934 Tax Management, 1998
WTO, *Report of the Panel: United States-Tax Treatment for Foreign Sales Corporations,* WT/DS108/R. 1999.
WTO, *Report of the Appellate Body: United States-Tax Treatment for Foreign Sales Corporations,* WT/DS108/AB/R. 2000.
CCH, *Conference Report of American Jobs Creation Act of 2004.*
Lee A. Sheppard, *News Analysis: Eye-Poking Over the FSC Replacement,* Tax Notes

International 2001.
William M. Funk, *Tax Policy Reading: The Thirty Years Tax War,* 2001.
WTO, *Report of the Panel: United States — Tax Treatment for Foreign Sales Corporations.* WT/DS108/RW. 2001.
U. S. Committee on International Relations, House of Representatives, *International Trade Administration: The Commerce Department's Trade Policy Agenda,* 73–264 PS, 2001.
USTR, *U. S. Challenges EU Claim on FSC Trade Sanction Amount.* 2002.
Representative Phil English, *English Urges President to Resist EU Threat.* 2003.
Export Assist, Inc. *Worldwide Export Finance Management-Tax Advantage Services.*
Japan Embassy of the United States, *Bush Signs Law Repealing U. S. Tax Breaks Ruled Illegal by WTO,* 2004. 10.
USA Today, *EU imposes sanctions on U. S. goods,* 2004.

第7章 外国投資政策

　米国の国際課税の歴史は，米国憲法修正第6条が米国議会に「源泉のいかんを問わず所得に課税すること」(to tax income from whatever source derived) を認めた1913年2月25日に始まる。1918年歳入法 (Revenue Act of 1918) は世界で初めて外国税額控除 (Foreign Tax Credit：FTC) を定め，1921年歳入法 (Revenue Act of 1921) はFTCの控除限度額制度を導入した。1928年国際連盟 (League of Nations)[33] が租税条約モデル草案を公表し，これがOECD，国連 (United Nations：UN)[34] および米国のモデル租税条約の原型となった。現在に至るまで世界経済は大きく変化したが，1920年代の国際課税制度が温存されている。これまで安定していた米国の国際課税制度は，いま，北米自由貿易協定 (North American Free Trade Agreement：NAFTA)[35] や欧州連合 (European Union：EU) などの地域貿易ブロックの出現などの影響により，米国の現状に適合しなくなっているという理由でその再構築を求める声が高まってきた。米国の国際課税制度は，資本フローの国際的拡大，新金融商品の出現，多国籍企業による国際活動の拡大や資本所得課税の徹底的な競争などに対処するには，時代遅れになった。前章の輸出振興税制で触れたように，間接税を基幹税とし外国所得免除を認める欧州諸国に対し，米国多国籍企業が国際競争力を維持するため，米国の古典的な法人税 (classical corporate tax system) の変更と外国所得免除方式の採用を要求する衝動が高まってきた。そこで，米国は，外国所得に対する課税原則について改正論議をするに当たり，約80年前の当初の基本原則 (original intent of taxing international income) に立ち戻って米国国際課税の近代化を進めようとしている。基本原則としては，(i) 資本輸出[36]の中立性 (a capital export neutrality:CEN), (ⅱ) 資本輸入[37]の中立性 (a capital import neutrality:CIN) および (ⅲ) 誤った名で呼ぶ国籍の中立性 (nationality neutrality : NN) が挙げられるが, 租税政策として資本輸出の中立性と資本輸入の中立性の両方を同時に実現することは必ずしも不可能ではない。M. Graetz および M. O'hearh は, 次の3原則が両立できない関係にあることを指摘する[38]。

(ⅰ) 所得源泉地国にかかわらず所得には平等に課税されること
(ⅱ) 米国内のすべての投資に対する課税は投資者が米国人か外国人かを問わず同じであること
(ⅲ) 主権国家はその国内経済の状況により自由に税率を定め, 変更することができること

このうち (ⅰ) と (ⅱ) が同時に両立するには, すべての国の投資所得税率が等しいことが条件となる。全世界の各国が同一の税制 (税率, 課税標準または居住地国ベース課税と源泉地国ベース課税の選択などが同一である制度) であるよう強制することは, (ⅲ) に違反する。また, 米国は租税条約により相互主義に基づき特定の外国投資家や外資系企業に条約の特典を与えるが, これは (ⅰ) と (ⅱ) の同時両立を否定することになる。両立が困難となれば, これらの原則の優先順位について妥協せざるを得ないため, どの国で誰と競争するかによって国際取引に関する税法が米国企業を競争上不利に陥れることがある。彼らは, 政治情勢によっては, 近代的な国際課税理論が機能することを検証できないといい, T. S. Adamsの国際課税の基本原則 (二重課税と非課税との不公平, 源泉地国の課税権, 国家の自国本位, 安定性, 行政能力と執行可能性, 無差別待遇)[39] に立ち戻るべきだと説いている。本章では, 2004年大統領選挙の争点になった「米国企業の国際競争力強化のために米国の国際課税制度を改革すべきである」という論議をめぐって, どのような論点が見直されつつあるか, その租税理論を確認し, ブッシュ政権の税制改革の中で実現しつつある内容を要約する。

第7章　外国投資政策

第1　米国企業の国際競争力の強化

　ブッシュ大統領が第2期政権の成立を賭けた2004年大統領選挙では，30年越しの大西洋貿易摩擦におけるWTOルーリングや米国産品に対するEUの制裁の脅威を体験した米国としては，欧州企業に比較して国際課税制度で不利な立場にある米国企業の国際通商および外国投資（Foreign Investment）に関する税制改革論議が盛り上がった。

1　資本輸出の中立性（CEN）と資本輸入の中立性（CIN）の間で動揺する米国

　民主党と共和党は，（i）現行の国際課税制度は米国経済の現状に適合しなくなっていること，（ii）その劇的な改正が必要であること，については合意したが，各党の租税イデオロギーの相違から改革の方向性は大きく異なっている。言い換えれば，グローバル市場における米国企業の競争力の強化のために国際租税政策を改革する必要はあるが，どのように改革すれば，米国企業の競争力を強化できるか，という政策論争が大統領選挙で展開されたのである。CENとCINに関し，両党の立場は基本的に異なる。米国は，全世界所得課税制度（worldwide income tax system）において明らかにCENを追求してきた。CENとは米国事業体に対し所得の源泉地国を問わずその全世界所得に課税する制度の下で対内投資と対外投資との間の偏向を排除することにより実現されると考えられ，米国租税政策の支配的な原則となった。米国議会は，米国課税標準の維持と税収確保を国益（national interests）として追求してきた。しかし，現行税制には同一国内における内外投資家の偏向を排除することによりCINを実現する考えが存在する。CINは，米国事業体に対し国内所得のみに課税する領土主義制度（territorial tax system）において明白になる。

(1)　米国税制

　1950～1960年代には，米国法人は外国子会社の設立で米国税を「課税繰延」

することによる海外への活動移転によってタックス・ベネフィットを享受した。これにストップをかけようとしたのが，1961年 J.F. Kennedy の提案であった。この提案の本質は，米国税制に存在するＣＩＮの側面を排除することによって米国の国際課税政策の一貫性を追求するものであった。しかし，米国議会は，税制の激変を恐れ，妥協案として被支配外国法人 (Controlled Foreign Corporation:CFC) ルールとサブパートＦ条項を導入した（IRC952および957）。タックス・ヘイブン対策税制という側面をもつＣＦＣルールおよびサブパートＦ条項の目的は，租税最小化を図る「課税繰延の濫用」を阻止することである。米国法人が外国子会社を設立して米国税を遮断することにより欧州企業との国際競争力を維持することは，欧州諸国の領土主義に対し全世界所得課税によって競争上不利な立場に置かれる米国法人に輸出法人 (Export Trade Corporations：ETC) などを利用することを認める米国輸出振興税制として米国の租税政策にも合致するものであったが，1970年代に米国の製造業および雇用を外国に移転する動きが顕著になってきた。米国は1971〜2000年にGATT／WTOにより違法な輸出補助金として非難される三つの税制（DISC，FSCおよびETI除外制度）を実施したが，直接的な輸出優遇策は国際通商を歪曲するとの理由で禁止され，これらの米国の輸出振興税制は一国を他国より優遇するとの理由で違法であるとされた。全世界所得課税を原則とし，低税率国に設立した外国子会社を利用して米国税を回避する動きをＣＦＣルールによって阻止する一方で，類似の手法により米国税を免除する方法で米国法人の対欧競争力維持を合法化するために領土主義課税ルール（一定の外国事業体に対するサブパートＦの不適用および国外所得免除）を用いる租税政策は，2002年「ＥＴＩ除外制度が違法な輸出補助金である」というＷＴＯ決定によって，行き詰ることになった。

(2) 二大政党の提案

① 共和党の提案

共和党の提案は，ＣＩＮの促進である。これは，共和党の伝統的な事業支援政策とサプライサイド経済学に基づいている。Ｇ.Ｗ.ブッシュの経済プランでは，減税と規制緩和による景気刺激を志向しており，民主党ほど政策による課

税繰延を恥ずべきものと考えず，ＷＴＯに従ってＥＴＩ除外制度を廃止するに当たり，（ⅰ）法人税率の引下げ，（ⅱ）国際課税制度の簡素・合理化，（ⅲ）代替的ミニマム・タックスの改正，（ⅳ）純営業損失（net operating loss：NOL）の改正を提案した。共和党は，全世界所得課税から外国所得を除外し，領土主義課税制度に類似した結果を招く「課税繰延」を認め，ＣＩＮを間接的に支持している。

② 民　主　党

民主党は，ＣＥＮ重視の国際課税政策を掲げている。大統領選挙でJ. Kerry は J. F. Kennedy の課税繰延排除の論理に沿って，現行税制の国際課税政策を批判した。

民主党は，法人の99％のための法人税率の引下げは米国内の製造を奨励するが，課税繰延の特権を失う多国籍企業は法人税率の引下げによって利益を受けないだろうといい，特に外国所得の課税繰延制度の廃止と法人税率の引下げを組み合わせることによって，米国製造業の雇用増加と雇用の海外流出の阻止を期待できると考え，米国税制は資本輸出の中立性の原則に戻るべきだと主張する。

③ 課税繰延に関する論争点

ブッシュ提案は，ＥＴＩ除外制度の廃止であったが，課税繰延の廃止には言及しなかった。これは，ＣＩＮ促進傾向に一致するものであり，課税繰延を認めることによって領土主義課税制度に類似する税効果を実現し，外国活動を行う米国法人が当該外国で他国の投資家と対等に競争することを可能にするものである。これに対し，ケリー提案は，部分的課税繰延防止規定（a partial anti-deferral provisions）とＣＥＮ促進のための一度だけの外国留保金本国償還の非課税制度（a one-time tax repatriation holiday）である。理論的には，ケリー提案では，ＣＦＣがそのすべての製品を外国所有の卸売業者に販売する方法で，米国法人が課税繰延のタックス・ベネフィットを維持することができるので，濫用の余地が残る。ケリーの法人税率引下げと課税繰延防止規定との組合せ提案は，ＣＥＮに固執しているが，個人所得税率引上げの提案はＣＥＮと一致しな

163

い。ブッシュ提案は，事業形態の選択の中立性の観点から，法人税率および個人税率の引下げを追求している。そのため，事業体の立地場所を問わず国境を越えて税率を引き下げることが，ブッシュ提案はＣＩＮ重視といいつつ，ＣＥＮに傾く。税法上事業形態の選択を認める米国で，2003年の場合，製造業についてみると，個人事業主（sole proprietors）は36万人が270億ドル，パートナーシップは25万が1,820億ドルの売上をしているので，ケリー提案では，個人税率の引上げによって米国製造業に対して増税する結果を招き，中立性と公平を損なうという批判を受けた。ブッシュ提案では，レーガノミックスの（ⅰ）政府歳出の伸びの抑制，（ⅱ）税率の引下げ，（ⅲ）規制緩和，（ⅳ）インフレの抑制という目的のうち，税率引下げと規制緩和を満たすが，他の目的を満たすに至っていない。

④　政策の不一致

両党の提案は，米国の過去の国際課税政策を反映しているので，矛盾した政策のパッチワークである。米国は，（ⅰ）ＣＥＮを継続すべきか，（ⅱ）欧州諸国の領土主義課税に転換すべきか，（ⅲ）バイ・パルチザン・ベースの妥協をすべきか，を決めなければならない。

Kristen Fullenkamp は，国際課税制度改革における米国のジレンマを次のように指摘している[40]。

「長期かつ安定したコンプロマイズを奨励する結果は，歳出増加となり，歳出増加の結果は増税を招く。コンプロマイズにより税法は複雑化し，執行コストが増加するので，税収は増加するが，歳出も増加する。複数の目標が相互に矛盾することが避けられなくなる。一つの安定的な国際課税政策を追求することによって，米国はＣＥＮとＣＩＮの間で動揺しているが，このために中立性，公平および簡素という租税原則を損なう危険が生じている」

2　国際的資本フローに対する課税

バイ・パルチザン・コンプロマイズの結果，米国の国際課税制度は複雑化していくが，これはその制度設計の基本に問題があることを示している。現行制

度を形成している諸原則が調和を欠き，その前提が現実に合わなくなっている。学界でも米国の国益と公正・効率を追求する筋の通った国際課税制度を志向する試みが現われてきた。その一つとして資本移動に係る所得に対する課税ルールの制度設計について，Michael J. McIntyre の「国際的資本フロー課税のガイドライン」[41] を取り上げよう。この論文は，資本所得（capital income）課税ルールが事業所得（business income）課税ルールと分離できず，両者は一方の制度設計に欠陥があれば，他方の制度を害する関係にあることを示す。ここで抽出されたガイドラインは，（ⅰ）全世界所得課税（worldwide taxation），（ⅱ）源泉課税（source taxation），（ⅲ）外国税額控除（foreign tax credit），（ⅳ）租税の調和（tax harmonization），（ⅴ）外国ファンドの課税（accrual taxation of foreign funds），（ⅵ）公式配分（formulary apportionment）の6項目から成っている。

(1) 全世界所得課税

所得税の伝統的な「公平」を追求し，米国の市民および居住者の全世界所得（移動可能な資本からの所得を含む）に課税すべきである。国際的資本フロー課税ルールも，所得税制の一部であり，Haig/Simons の包括的所得概念に基づくものでなければならない。

外国所得免除（an exemption）は，包括的所得概念と相容れない特定源泉優遇措置であり，米国の所得税制に対する攻撃である。資本所得課税ルールを所得税の枠組みの中で設計する以上，外国所得免除の制度は採用できない。

(2) 源泉課税

所得税制の基盤を蝕む競争圧力を緩和し税収を確保するため，米国は外国人が国内で行う事業活動および投資活動から生じる所得（移動可能な資本からの所得を含む）に課税すべきである。資本所得課税は，徴税の便宜のため源泉徴収すべきであるが，資本逃避（capital flight）や金融仲介機関（financial intermediaries）の問題を緩和するため，源泉徴収税率は節度のある低税率にすべきである。しかし，源泉課税には例外が多く，租税条約により軽減・免除されるので，米国は外国輸入業者（米国法人の支配する外国子会社であることが多い）その他の外国法人およびその米国子会社から僅かな税収しか得ていない。この状況は，米国

が租税条約の恒久的施設（permanent establishment：PE）条項を改正し，米国子会社を通じて米国内で活動する外国人に与えている条約免税を廃止しない限り，変わらない。移動可能な資本のリターンに対する源泉課税は，配当を除き，利子，賃貸料および使用料について減免されている。各国が資本所得に課税する気ならば，少なくともその一部は源泉課税することになるが，賢明な納税者は迷路のような見せ掛けの法人を通じた資本所得の流れを創出し，この迷路の各課税管轄における源泉徴収を困難に陥れる。税務当局の裏をかくために開発される新金融商品は，課税上の取扱いが不確実な状況を利用して源泉徴収税を回避する。このようなハイブリッド金融商品からの資本所得には課税上の取扱いを決めるまで，最も不利な資本所得の形態に適用される源泉徴収税率（その典型は配当に対する税率）を適用することを明らかにした上で，適当な場合には成文法でより有利な税率を定めることを検討すべきである。投資所得，特に利子を免税にする経済圧力から，国際的協力をしなければ，外国人に支払う利子に源泉徴収税を課すことを建前とする税制の下であっても，この税の負担者が外国貸主でなく，自国の借主となる「源泉徴収税負担シフト」が起こる。世界一の経済大国である米国も例外ではない。そこで，米国は，すべての支払利子に対し低税率の源泉徴収税を課すという国際的な調和のリーダーシップをとることによって，源泉徴収税負担シフト問題を解決することができる。米国の租税条約は，利子および使用料の源泉徴収税率を低く設定する。

(3) 外国税額控除

　対米投資を促進するため，米国は租税条約を通じ源泉地国課税につき外国人が居住地国課税との二重課税から適切な救済を受けることができるように調整すべきである。また，国際礼譲として米国は市民および居住者に二重課税の片務的救済を真正な所得税の限度内で与えるべきである。世界水準に比して米国税率は高いので，租税条約により米国人に課される外国税の引下げをすれば，理論的には米国は米国人の外国所得から税収を得ることができるはずであるが，事実上，米国法人はその外国所得に対し米国税をほとんど支払っていない。一部の米国納税者は条約の特典を受けるが，米国経済にとって経済的利益は取る

に足りないとみられる。外国税の引下げが米国人に海外に活動拠点を移動させることになるからである。米国は，1918年に片務的な外国税額控除制度を導入した。片務的外国税額控除は，通商相手国の国際課税慣行とコンセンサスの開発にプラスの影響を与えたと考えられている。これによって，二国間条約交渉において，税収の中立性を前提に合意に達することが可能になったとみられる。米国が1986年に採用したバスケット方式の控除限度額は，低い外国税を課される外国所得と高い外国税を課される外国所得を区別する考えであった。外国子会社を通じて稼得した所得の繰延を選択する納税者は，片務的外国税額控除の権利を喪失することにすべきである。

(4) 租税の調和

米国税の基盤を揺るがす経済圧力を緩和するため，米国は世界的な税率の調和を目指し，すべての適切な手段を尽くしてタックス・ヘイブンの存続を許すべきでない。税率の調和がなければ，発生ベースの税および仕向地ベースの税を回避する市場圧力が高まるので，ＥＣやNAFTAなどの地域経済ブロック内で，租税の調和の必要性が高まっている。

(5) 外国ファンドの課税

移動可能な資本を海外に保有することが課税上優遇されることを回避するため，米国はその市民および居住者の外国ファンド（外国信託その他の投資媒体を含む）から生じる所得に対し，発生主義で課税すべきである。米国は，その市民および居住者の海外収益に課税できない限り，移動可能な資本の米国収益に課税することはできない。米国納税者の外国投資を抑制し，投資媒体として外国ファンドを排除する覚悟で，外国ファンドのすべての所得に課税すべきである。外国ファンド課税について厳しく取り扱われる納税者は，対米投資に向かうか，または米国投資媒体を通じて対外投資を行うことになるであろう。

(6) 公式配分

多国籍企業の課税を簡素化し，活動する国における税収の公平な配分を促進するため，米国は国際的公式配分に前向きで取り組むべきである。公式配分制度によって，米国税制の重要な問題である（ⅰ）移転価格課税問題，（ⅱ）課

税繰延問題，(iii) 源泉ルール問題を排除することができる。OECDの移転価格ガイドラインで否定されているように，公式配分それ自体について問題はあるが，世界各国の合理的な協力が実現できるならば，タックス・ヘイブンへの所得帰属を認めないことにより，タックス・ヘイブン利用の有利性を排除することが可能になる。公式配分制度の開発は，ＥＵおよびＮＡＦＴＡのような地域経済ブロックの加盟国を出発点とすることが適当であろう。ユニタリー・タックスについては，欧州諸国は敵意を示しているが，米加はすでに経験済である。

(7) ＣＥＮ

大抵の国で，資本流入（capital inflows）は租税政策その他の経済政策で一般に望ましいこととして奨励されるが，資本流出（capital outflows）は国富の喪失として抑制される。効率的な資源配分の理論では，投資資本フローの世界効率は最高の収益を生じる国で利用される時に最大となるので，国境を越えた自由な資本フローを認めるべきであるといわれる。最も生産的な使用のために自由な資本フローを認めることは，世界福祉（worldwide welfare）を向上させるので望ましいが，各国の租税政策では国家の福祉（national welfare）を優先目標とする。資本フローの論議は，生産への投資に関する場合については欠点が少ないが，債券や株式などのペーパー資産への投資についてはその利回りと生産性との関係は必ずしも明らかではない。これらを含むＣＥＮの原則は，上記(1)～(6)のガイドラインを支持する場合と反対する場合の両方の根拠とされる。

(8) ＣＩＮ

米国は，米国多国籍企業が外国市場で他国の多国籍企業より重い税負担を課されることを回避するため，ＣＩＮ原則を援用すべきである。しかし，米国多国籍企業と外国多国籍企業との米国内の競争では米国が全世界所得課税原則をとるため，米国多国籍企業は不利であり，外国における競争では欧州などが領土主義課税原則をとるため，米国多国籍企業は不利になる。

第7章　外国投資政策

3　ブッシュ政権による国際課税政策の見直し

　WTOルーリングに従い，米国議会とブッシュ大統領がETI除外制度の廃止を決めた2002年，ケネス・ダム財務長官補（Deputy Treasury Secretary Kenneth Dam）は，上院財政委員会における証言で，国際競争力と米国租税政策について，次の趣旨の演説を行った。

(1)　米国多国籍企業の現状

　1950～1960年代，米国国際課税ルールは，米国対外直接投資が抜群で米国輸入品との競争がほとんどない時代に形成された政策と原則に基づいて発展した。貿易と投資ともに現代のグローバル化時代に様相は一変した。多国籍企業は米国経済の中核であり，2,000万人超を雇用しており，製造部門の製品は米国製品の半分超を占め，米国製品輸出の3分の2を占めるので，海外における競争力は直接米国の雇用に影響をもつ。その輸入品は米国輸入の約40％を占めている。多国籍企業の外国市場における販売競争が激化し，その外国活動の目的は，輸送費用，関税および部品の現地調達のため，輸出費用の増加する商品の販売やサービス提供となり，米国多国籍企業の外国子会社の総生産の約3分の1は，米国製品の流通，販売および配達を含むサービス部門の関連会社によって生産される。外国投資は，海外の天然資源の確保に向けられる。米国多国籍企業の重要資産は，技術上・学術上の専門知識であり，外国投資によってこの専門知識からの経済的利益を増加するとともに，研究開発費の増加を可能にしている。1999年，金融機関以外の米国多国籍企業は，1,420億ドルの研究開発を行ったが，その90％は米国内で行われた。かつて，米国経済の強さは豊富な天然資源に依存していると考えられたが，現在は，技術革新，新技術の創造とその商業化に依存する。知識志向型経済における対外直接投資は，低コストでノーハウを輸出する機会を生み出し，競争力の源泉の開発のための対米投資を引き受けるインセンティブを作り出す。

(2)　米国国際課税政策の見直しの必要性

　高度の競争力をもつ知識志向型経済においては，過去の米国国際課税政策の

169

原則を見直す時期を迎えた。米国税制が，主要通商相手国と基本的に異なっている点を重視しなければならない。米国労働者の生活水準の向上のため，米国税制はグローバル競争によって米国企業が雇用力を失わないようにしなければならない。米国企業の競争力に対する米国課税政策の効果を検討するため，現代のグローバル市場（米国内外市場を含む）で米国企業の競争の実態を見なければならない。グローバリゼーションは，米国企業が米国市場と外国市場で競争することを余儀なくする。この競争は，（ⅰ）事業体間の競争と（ⅱ）投資家レベルの競争に分けて検討する必要がある[42]。

① **事業体間の競争**

競争は，次の事業体間で行われる。
（ⅰ）　米国内で生産する米国支配企業
（ⅱ）　海外で生産する米国支配企業
（ⅲ）　米国内で生産する外国支配企業
（ⅳ）　本部統括の所在する外国内で生産する外国支配企業
（ⅴ）　本部統括の所在する外国以外の外国内で生産する外国支配企業

② **投資家レベルの競争**

税のない世界では，異なる事業体間および異なる市場間の競争は，生産費用で決定されるが，税のある世界では，競争は税率および課税標準によって影響される。競争の均衡を図る方法は，状況の変化に応じて変化する。外国多国籍企業のプレゼンスが大きくなるにつれて，外国市場で外国多国籍企業と競争する米国多国籍企業の可能性は，海外生産する米国多国籍企業の販売と競争する米国輸出の可能性に比して増加してきた。競争力を税のない状態に戻すにはグローバル市場における米国多国籍企業と外国多国籍企業の競争力を妨げない米国税制のあり方を重視することになる。同様に，米国の海外生産が輸出用の国内生産に代替されると考えられる一方で，海外生産がノーハウの輸出の機会を創出し，供給とサービスを通じて海外生産施設の設置により米国輸出の増加に繋がるという考えもある。競争力の問題について，現行米国税制の特性と欧州諸国の税制の特性の差を理解することが重要である。米国政府は，米国税制の

第7章　外国投資政策

特性として，（ⅰ）全世界所得課税，（ⅱ）特定の能動的外国源泉所得の課税制度，（ⅲ）外国税額控除の限度額，（ⅳ）事業体レベルと個人レベルの双方における法人所得課税の非統合を挙げている。

4　米国国際課税制度の問題点

ブッシュ政権の財務長官補佐官（租税政策担当）パメラ・オールソン（Assistant Treasury Secretary for Tax Policy Pamela Olson）は，あらゆる機会を捉えて現行の国際課税制度の問題点を指摘し，米国企業がグローバリゼーションに適応できる税制改革の必要性を説いた。いくつかの演説からその主張の要点をまとめ，ブッシュ政権が再構築をしようとする外国投資税制を探求することとする。

(1)　現行国際課税制度の問題となる部分の特定

2002年12月18日，ニューヨーク市の Tax Executive Institute で，租税政策担当者として当面している国際課税ルールについて次の問題点を指摘した。

① **現行制度は時代遅れであり，海外で事業活動を行う米国企業にとって競争上不利となること**

現行の国際課税ルールは，米国経済が世界の多国籍企業の過半数を制し，圧倒的な優位にあった1960年代に開発されたものであるが，過去40年間に情勢は一変し，1962年サブパートF条項を追加した時から40年以上，1986年に税制改革を行った時から20年近く経ち，閉鎖経済で税制を決定することができ，租税政策においても通商相手国は米国のリードに従うものと考えることができた頃とグローバル経済は激変している。現代のグローバリゼーションにおいて，グローバル市場における通商，金融，投資，人間および考え方の統合が進んで各国の相互依存関係が深まり，クロスボーダー通商，生産設備や流通ネットワークが世界規模で行われ，通信情報革命や運輸の進歩によって人，物，資本および情報の移動の時間や費用が削減され，企業は費用効率と技術革新を競っている。米国多国籍企業の米国活動と外国活動との統合や外国投資による外国収益の本国償還に米国税を課すことによって，米国税制は国際競争力を減殺している。財貨サービスのフローは，輸出業者と輸入業者との売買でなく，多国籍企

業の関連会社間の移転によって行われているが，米国税制の（ⅰ）移転価格課税，（ⅱ）利益配分，（ⅲ）源泉徴収税，（ⅳ）外国税額控除，（ⅴ）配当課税（みなし配当課税を含む）がこのフローに不利な影響を及ぼしている。

② 米国税制は通商および投資を歪めてはならないこと

各国が主権国家として自由に税制を決定することができる以上，米国が各国で行われる各形態の競争に応じて同時にすべての競争条件を平等化することは困難である。米国としてできることは，米国企業と米国労働者の競争力を強化することである。パメラ・オールソンは，Michael Graetz の『所得税の衰退』の次の一節を引用する。

「世界経済の国際化によって米国もすべての外国も世界の他の税制と劇的に異なる税制を実施することはもはや困難になった。現代の世界経済において租税政策の諸問題の解決策を見出すためにもはや米国だけを見つめていられない」

③ ブッシュ大統領が米国企業の競争力強化を決意したこと

WTO控訴パネルは，米国輸出振興税制が禁じられた輸出補助金に該当すると判断した。

米国はWTOルールを遵守するだけでなく，米国企業の競争力を強化しなければならないと大統領は決意し，この二つの目標を実現するため意味のある税制改革を行うため，米国議会と協力することを誓った。

④ 米国企業の競争力を阻害する税制の確認

OECD加盟国の約半分は全世界所得課税を採用しているが，米国多国籍企業は海外で競争する場合，（ⅰ）能動的な外国事業所得についても本国償還前に課税されること，（ⅱ）外国所得の二重課税排除方法である外国税額控除の適用が厳格に制限されていること，（ⅲ）外国子会社を通じて外国で稼得するパッシブ投資所得に焦点を合わせたサブパートF条項が能動的外国事業所得にも適用されること，（ⅳ）サブパートF条項が一定のサービス取引，海運事業，石油関連活動からの外国所得に適用されること，（ⅴ）外国税額控除の限度額ルールによって，米国源泉所得に対する米国税でなく，純外国源泉所得に対す

第7章　外国投資政策

る米国税のみに外国税額控除の適用が限定されていること，(vi)控除限度額の計算上，純外国源泉所得は外国源泉所得からこれに配分される米国経費を減算して計算されること，(vii)米国関連グループの支払利子が当該グループの米国資産と外国資産の合計に基づいて米国源泉所得と外国源泉所得に配分されること，(viii)外国税額控除の限度額がバスケット方式であることと，包括外国損失限度額によって複雑化していること，(ix)エクイティ・ファイナンスに対し二重課税が行われ，法人税と個人税との統合が行われないこと，などによって不利な状況に置かれている。現代の現実に照らしてこれらの制度を改正する必要がある。

(2) 米国国際課税ルールの複雑さ

2003年3月26日，Tax Foundationの連邦税・予算および立法政策セミナーで，政策担当者として，米国国際課税ルールの複雑さについて訴えた。

所得を稼ぐためより所得税の計算に頭を使わねばならない経済の未来は予言できない。税法の複雑さは租税専門家の儲けの種子であるが，いいことではない。国際課税ルールは，古風で，グローバル経済に参加している米国に同調していない代物である。この複雑さの由来は，一部は歳入見積ルールのデザインであろうが，そんな問題ではない。租税政策，特に歳入見積につき意思決定するために入手できるすべての情報を慎重に考慮することは重要であるが，依存している情報の限界について考えるべきである。財務省は，米国国際課税ルールが米国企業と米国労働者にとって有害であるとみられる多数の問題点を確認した。外国マーケティング活動をより効率的に組織すると税金が増え，外国の利益を米国に再投資すると税金が増えるという現行ルールは，米国労働者の雇用と生産性の向上のために外国所得を米国に再投資しようとする米国企業の妨害となるルールである。米国企業が外国に投資するのは，そこに資源と顧客が存在するからであり，外国市場で財貨サービスを販売するのは，そこに労働力と施設があるからである。米国企業の対外直接投資は米国の富を増やすものであって，これを減らすものではない。対外直接投資は，他の米国企業と米国雇用の機会を増やすことになる。米国企業に有害なルールは，その従業員，株主，

173

債権者,供給者および顧客にも有害である。米国国際課税ルールが米国企業と米国労働者に及ぼす実際の効果を考慮に入れて,これをデザインし直す時期が来たのである。

(3) 絞り込まれたターゲット－改正すべきポイント

2003年7月15日,上院財政委員会の証言で政策担当者として「国際租税政策と競争」(International Tax Policy and Competitiveness) に関し,米国所有外国子会社の国際競争に関する米国租税政策とその影響を論じ,早急に次のポイントを改正すべきであると訴えた。

① 外国所得 (income earned abroad) に対する米国の課税

(ⅰ) 米国企業と労働者の競争力を阻害する側面は,米国税制と主要な通商相手国の税制との相違にあること,および (ⅱ) 米国税制が米国の効率的な資本フローを妨害していることを確認する。全世界所得課税の本質的な効果は,外国税額控除によって米国税を相殺できない範囲で米国企業による外国所得の米国償還に課税することである。これが,外国所得を米国に持ち帰る米国企業の障害となっている。その意味は,米国の対外投資が同様の投資を行う外国企業という競争相手より高い障害を克服しなければならないということである。例えば,領土主義課税の外国の競争者には,このような障害はなく,彼らが対米投資をする場合も,このような障害はないのである。

その結果,米国税制は,米国企業が外国所得を海外に留保することにインセンティブを与える始末になり,米国に必要なマネーが戻ってこなくなる。米国の投資コストが引き上げられる。全世界所得課税を採用している諸外国と比較しても,米国税制は (ⅰ) 能動的事業所得 (active forms of business income) に対しても本国償還前に課税すること,および (ⅱ) 外国税額控除の限度額を厳しく制限していること,から海外で競争する米国多国籍企業に不利な条件を課す結果となっている。

② 繰延の制限

海外進出をする場合,外国子会社形態を選択すると,外国子会社に対して米国の課税権は原則として及ばないので,外国子会社の外国所得は米国親会社に

配当の形で分配された時に限り，米国親会社に対して米国税が課される。その意味で，外国子会社形態の選択は，米国税の課税の繰延とみられる。この例外は，サブパートF条項である。この条項により，米国親会社は，その外国子会社の一定の所得に対し，現実に当該所得が米国親会社に分配されるか否かを問わず，米国税を課される。この一定の所得とは，主として「外国子会社を通じて海外で稼得するパッシブ投資所得」であるが，次の「能動的外国事業活動からの一定の所得」を含む。

（ⅰ）　外国子会社が一定の販売取引から稼得する所得

　　米国企業は，外国市場で米国製品の販売を取り扱うために利用する外国流通法人（a centralized foreign distribution company）が海外で稼得する所得に対し，米国親会社として，米国税を課される。サブパートFは，法人間販売の独立企業間価格を要求する移転価格税制のバックストップとして機能するが，その効果は能動的外国販売活動からの所得に米国税を課することである。このため，外国流通施設を集中化する米国企業が外国の競争相手が課されることのない罰則的な課税を受ける結果となる。

（ⅱ）　外国で行う一定のサービス取引からの所得

（ⅲ）　外国子会社が海運または一定の石油関連活動から稼得する所得

　　海運または一定の石油関連活動に従事する外国子会社をもつ米国企業は，当該活動からの所得に対し米国税を課される。同じ活動に従事する外国競争相手は同じ活動所得にその本国税を課されない。このルールの目的は，パッシブ所得と能動的事業所得とを区別することであるが，この結果として，租税と関係のない事業上の理由から特定国に所在する能動的事業活動から生じる所得にまで米国税を課することになった。

③　外国税額控除の制限

全世界所得課税原則を取る限り，外国所得について居住地国課税と源泉地国課税の二重課税が生じる。米国は，外国税額控除によってこの二重課税の救済を図る。ただし，米国の外国税額控除は，外国税の相殺を「外国源泉所得に対する米国税」（U.S. tax on foreign source income）に限定し，「米国源泉所得に対

する米国税」(U.S. tax on U.S.-source income) との相殺を認めない。米国の詳細かつ複雑な控除限度額の計算ルールによって，米国ベース多国籍企業はその外国所得に対し二重課税を課されることになる。米国の外国税額控除制度では個別範疇方式・バスケット所得方式を採用しているので，特定の範疇の所得に対する外国税は，同じ範疇の所得に対する米国税のみと相殺することができる。外国源泉所得，米国源泉所得，配分費用および外国税の計算は，個別の外国税額控除バスケットのそれぞれについて別々に行わなければならない。そのため，この制度は複雑なものになった。外国税額控除の適用には，外国税を「外国源泉所得に対する米国税」のみと相殺することを確実にするため，「純外国源泉所得」(net foreign source income) の算定が必要である。そのため，外国源泉所得から当該所得に配分すべき米国経費 (U.S. expense) を減算する。米国関連グループ (U.S. affiliated group) の支払利子は，当該グループの米国資産と外国資産に基づいて米国源泉所得と外国源泉所得に配分される。外国子会社の株式は，外国資産とみなされる。これらのルールは，外国子会社が米国親会社以上に影響力をもつ場合でさえ，米国親会社の支払利子を当該外国子会社に関するものとして取り扱う。この支払利子の外国所得への過度の配分によって，外国所得を過少に算定する結果，外国税額控除の限度額を不当に減少することになる。米国企業がある課税年度に包括的外国損失 (an overall foreign loss) を生じる場合，この損失によって所得額は減少し，米国税が減少する。「将来の年度に稼得する外国源泉所得」を前年度からの包括的外国損失のすべてが取り戻されるまで「米国源泉所得」とみなすため，特別な包括的外国損失ルール (special overall foreign loss rules) が適用される。このみなし米国源泉所得は，米国企業が将来の年度に外国税額控除の適用を受ける可能性を制限する結果となる。これに相当するみなし規定は包括的米国損失については存在しないが，米国の純損失は外国税を納付する課税標準となった外国活動からの所得と相殺される。米国の純損失は米国企業が納付した外国税について外国税額控除の適用を受ける可能性を減殺する結果となる。米国企業の米国活動の事業サイクルと外国活動の事業サイクルが一致しない場合に二重課税が生じる可能性がある。これらのルー

第7章　外国投資政策

ルの効果は，米国ベース多国籍企業が外国源泉所得に係る外国税の全額を当該所得に係る米国税と相殺する可能性を否定することである。

④　法人所得の二重課税

現行米国税制が国際競争力に及ぼす効果について問題がある点は，外国源泉所得の課税上の取扱いのほか，法人所得に対する米国税の課税方法である。米国は，古典的な方式を採用している。先進国の多くは，法人税と個人税の統合 (integration of corporate and individual income taxes) を図っているが，米国税制では法人へのエクイティ・ファイナンス投資所得は，法人所得に対する法人税と株主の受取配当または株式の譲渡益に対する個人税により，二度課税される。完全統合税制 (a fully integrated tax system) ならば，法人所得に対する二重課税は排除され，単一税が課される結果を生じる。OECDの大部分の加盟国は，なんらかの方法で統合を図っている。この二重課税は，米国企業への投資のリターンのハードル・レートを引き上げる。個人投資家の税引き後リターンを確保するため，税引き前リターンは法人段階の税と個人段階の税の双方と相殺される高いリターンでなければならない。米国企業は，米国市場で外国製品輸入と競争し，外国市場では輸出または現地生産を通じて外国製品と競争しているが，このような二重課税によって米国企業は外国の競争相手との競争に勝つことが困難になっている。ブッシュ政権は，法人エクイティ投資に対する高い実効税率を是正するため，2003年雇用成長租税調整法 (Jobs and Growth Tax Relief Reconciliation Act of 2003 : JGTRRA) により，配当およびキャピタル・ゲインの税率の引下げを通じ，個人段階で二重課税の救済を行う方法で，法人税と個人税の一部統合を図った。法人が個人に支払う配当および株式のキャピタル・ゲインに対する最高税率を2003～2008年に15％に引き下げ，10％および15％ブラケットの納税者については，配当およびキャピタル・ゲインの税率を2003～2007年に5％，2008年には0％に引き下げた。この税制改正によって，統合なき改正前の税制では望ましい税引き後リターンを得られなかった投資家のマネーを米国企業のエクイティ資本に惹きつけることは困難であったが，一部統合税制であっても以前より容易になる。しかし，全部統合税制の外国に比して，

177

米国企業のエクイティ資本に対する実効税率は、なお高い。このような状況では、米国内外を問わず、米国企業のプロジェクトは外国の競争相手のプロジェクトに比較して競争上不利になる。このような二重課税の救済措置は、2009年に期限切れとなるが、米国企業の競争力を考えれば、恒久化を図るべきである。

5 対外投資所得課税の改革論議

上記 4 で述べたパメラ・オールソンなどの米国財務省高官が指摘するように、米国税制は、米国企業の国際競争力を殺ぐ多数の制度を内包している。米国輸出振興税制を輸出補助金として禁止するWTOルーリングに対応して、米国は輸出政策だけでなく、対外直接投資 (Foreign Direct Investment:FDI) 税制について、米国ベース多国籍企業の国際競争力を維持するために抜本的な改革を迫られることになった。このような状況を反映して、学界でも米国国際課税政策と競争力をめぐって大議論が展開されることになった。その例として、Mihir A. Desai および James R. Hines Jr. の『古いルールと新しい現実：グローバルな環境における法人税政策』[43]において税制改革の方向性として示された「外国所得課税の軽減」説を以下に要約する。

米国法人所得税法には、国内課税の論理を外国所得課税に適用しようとする外国所得課税の規定が多く含まれているが、その結果、米国企業のビヘィビアを歪め、海外事業活動に過大な負担を課すことになっている。米国企業の外国所得の税負担を軽減することが米国の福祉のみならず世界の福祉を改善することになるといい、論理的帰結として、米国法人税改革は、外国所得免除を選択すべきであると説く。米国法人税制における国際課税の重要性が高まってきた。米国企業の利益に占める外国利益の割合は、1948年には 5 ％程度であったが、1998年には25％に達した。多国籍企業が外国所得を米国に配当として本国償還するか、海外で再投資に当てるかという意思決定については、本国償還の割合は1982～1998年に緩やかに低下してきたが、1999～2002年に急減している。また、米国企業の全世界所得に対する米国税に対する外国税額控除の割合は、1973～2000年に14％強から 6 ％強に低下している。このような傾向から、外国

第7章　外国投資政策

所得は増加しているが，これを米国に償還せず，タックス・プランニングの節税により外国税を減らす努力と米国税法の限度額制限によって外国税額控除の利用が減ってきたという推論が成り立ち得る。

(1) 外国所得に対する米国税の課税方法

米国は，領土主義課税の原則でなく，全世界所得課税の原則を採用し，外国所得に対する二重課税の排除方法として外国税額控除方式を採用しているが，米国の外国税額控除は，外国源泉所得に係る米国税との相殺に限定される。また，米国企業が外国子会社を通じて稼得する外国所得に対しては配当として受け取るまで米国税の繰延を認められるが，この繰延は外国子会社の能動的事業所得（active business profits）のみに限定される。米国のサブパートF条項は，被支配外国法人（Controlled Foreign Corporations：CFC）の軽課税国の外国所得については，課税の繰延を許さず，現実に配当の分配がなくても，「みなし配当」（deemed distributed）として米国株主に課税する。控除限度額の計算において，外国所得および資産の米国所得および資産に対する割合に基づき米国源泉と外国源泉に経費配分をしなければならない。

(2) 外国所得課税制度の負担

米国法人税制改革のポイントは，外国所得課税の過度の負担を解消することである。この論文では次の分析から現行税制が外国所得に重い負担を課していることを指摘している。

① 米国における居住地国課税の負担

米国課税の負担を完全に評価するには，米国税法の規定とその効果を探究する必要があるが，単純化した外国税額控除を例にとって検討している。

───事　例───

外国所得に35％の法人税を課し，無制限の外国税額控除を認める。外国事業活動に対する実効税率は米国事業活動と同じ35％とする。20％税率の外国に投資する米国企業は，その外国所得に対し15％の米国税を納付するが，40％税率の外国に投資する米国企業は外国に40％の税を納付し，米国

から5％の還付を受ける。

　この制度では外国所得課税は，米国税収と米国企業のビヘィビアに影響する。低税率国に投資する米国企業は，米国が外国所得に課税しなかった場合よりもその投資所得に高い税率で課されるので，米国企業は外国所得免除制度におけるよりも，投資メリットが減少する。外国税額控除制度により外国所得に対する実効税率が国内税率よりも低くなるので，米国企業は免除制度の国よりも高税率国に多く投資するであろう。

　外国所得課税の効率性について，適当な福祉基準を考慮に入れることが必要である。

　租税政策の基礎となる経済原則の外国所得課税に対する適用は，最近までＣＥＮ，ＮＮおよびＣＩＮの３基準を用いて評価されてきたが，最近，顕著な変化がみられる。ＣＥＮは，ＣＥＮが世界福祉を促進するという考えで，資本リターンはその投資先にかかわらず，同じ税率で課税されるべきであるという原則である。全額控除の外国税額控除を伴う全世界所得課税ならば，ＣＥＮを満たすものとして，外国投資と国内投資は同じ税率で課税され，米国企業は税引き後リターンと税引き前リターンを最大化する。ＮＮは，外国投資所得は居住地国で課税されるべきであり，外国税は損金控除のみを認められるとする原則である。ＣＩＮは，投資リターンは投資家の居住地国を問わず同じ税率で課税されるべきであるという原則である。これらの伝統的な福祉の基準は，多数の欠点をもつ。ＣＩＮは，世界のすべての国の法人税と個人税を同時に調整しなければ適用できないので，単一国の外国所得課税制度の指針とならない。一国の税制がＣＥＮに合致するか否かを判断するとき，他国の租税政策を問題にしない。ＮＮの租税政策は，多国籍企業の海外活動を抑制し，外国投資所得に罰則的な課税を採用する。いま，国際競争力の付与のために普通の政策アプローチとなった外国所得免除は，これらの福祉基準のいずれにも一致しない。これらのＣＥＮ，ＮＮおよびＣＩＮなどの福祉基準はＦＤＩが各国間の純貯蓄の移転

であるという直観に依存するものであるが，このようにFDIの性格をとらえる考えは，過去の多国籍企業の研究によって既に捨てられ，近代的なFDIの見方は企業間の能力，生産性の差異，国境を越える無形資産，高所得国から他国への投資，企業買収，支配と所有の移転などからの見方に変わっている。対外FDIの増加は，FDIを行う米国企業や非関連外国投資家による対米投資の増加に関連している。多国籍企業は，既存の資本株式の所有と支配の再配分を行っているようにみえるほど，資本株式の再配分を行っているわけではない。租税政策は，生産的資産の所有の再配分に及ぼす効果によって評価されるべきである。一国家の福祉は居住地国所得を最大化する租税政策によって性格づけ，グローバル効率は世界規模の成果を最大化する所有アレンジメントによって性格づける見解は，資本所有の中立性 (capital ownership neutrality：CON) と国籍所有の中立性 (national ownership neutrality：NON) という福祉基準を生じるが，これらはCENとNNの同義語である。CON/NONパラダイムは，米国の外国所得課税に関するインプリケーションを与える。NONの論理は，現行税制のように米国企業の外国所得に重い負担を課すよりも，外国所得免除によって米国の福祉を改善することを意味し，CONの論理は，米国の外国所得課税の軽減が，外国所得にほとんど課税しない諸外国の制度に米国税制を近づけることによって米国の福祉を改善することを意味する。このように考察して，この論文は，対外投資所得課税を改善するため，国際課税の規定を国内法人税の付録のように考えることをやめなければならないという結論を下している。米国税制が米国企業にその課税所得の35％の課税を定めているから外国所得にも同種の課税を適用しなければならないと断定しているが，国際競争の場である世界資本市場の現実は，米国税制と乖離している。そのため，米国の外国所得課税は，グローバル市場における米国企業の生産性を阻害しているだけでなく，外国投資家と米国投資家による所有形態を歪めることによって米国内の投資の生産性を阻害している。国内

> 法人税の付録のような複雑な外国所得課税制度によって米国企業は年間500億ドル以上の負担を課されている。現行制度はもはや伝統的な効率基準にも近代的な多国籍企業の意思決定基準にも一致しなくなっている。米国の外国所得課税を軽減し，米国企業と米国が最も生産的な所有者に市場原理の資源配分から利益を享受することを認めれば，米国および世界の福祉が前進することが，所有ベース効率概念から導かれる。

6 ブッシュ政権の国際租税制度の改革

米国ではWTOを通じEUが輸出補助金であると攻撃してきた域外所得（ETI）除外制度を廃止し，これに代わり米国企業に競争力を付与する租税措置を導入する税制改革法案「米国雇用創出法」（AJCA）が2004年10月7日に下院で280対141で可決し，同月11日に上院で69対17で可決し，同月22日ブッシュ大統領の署名により成立した（P.L.108-357）。AJCAは，米国企業に10年間に1,450億ドルの減税を約束する。AJCAは，米国企業の輸出と対外直接投資に関する税制改革を試みる。本章では以下に米国国際課税政策の主要な改正点を要約する。

(1) 多数の米国エコノミスト

共和党と同様に（ⅰ）小さい政府，（ⅱ）減税および（ⅲ）規制緩和を追求するエコノミストは，次の視点から米国税制の改革を求めていたので，2003年AJCA案を歓迎した。

外国所得に高い税率で課税することは，良い租税政策の重要な諸原則に反する。成長を阻む税制は経済実績の基盤を揺るがし，グローバル経済における米国企業の競争力を阻害する。これまでの国際租税制度は，米国企業の対外投資の資本コストを不当に引き上げており，多数の外国は能動的外国所得には課税していないのに，対外投資収益に米国の競争相手国よりも高い税率で課税し，二重課税を救済するはずの外国税額控除制度を複雑なものにしているため，外国所得はなお二重課税を受ける状態になっている。このような国際租税制度に

第7章　外国投資政策

ついて，2003年米国雇用創出法案（H.R.2896）は領土主義課税と消費税制へ転換を図る重要かつ基本的な改正を試み，米国企業の競争条件の平等化を図り，その競争力を強化しようとするものであった。

(2) 2004年 AJCA の核心

2004年 AJCA の核心は，（ⅰ）ＥＴＩ除外制度の廃止と（ⅱ）新しい租税減免措置の導入である。この改正は，歳入中立性のデザインに基づいている。米国企業は，ＥＴＩ除外制度の廃止による増税を相殺するために，次の租税減免措置を認められる。

① 国内生産活動控除（deduction for domestic production activities）

　　３％ポイントの税率引下げに相当する減税措置である。この措置は，米国企業ができるだけ多くの所得を「生産所得」（production income）として分類する方がこの特典を受けられる仕組みである。この特典を受けられない部門からこの特典を受けられる部門への利益のシフトを図って税負担の減少を図る動機を与えるので，米国企業のコンプライアンス・コストやＩＲＳの行政コストが不必要に増加する懸念はある。国内生産活動所得の９％の控除を認める場合，減税額は770億ドルと見込まれる。

② 事 業 減 税

　　70億ドルの個別の減税措置を認める。

③ 国際租税法の改正

　　各種の改正により430億ドルの減税措置を認める。

④ 増 税 措 置

　　各種の増税措置により820億ドルの増収を見込んでいる。ＥＴＩ除外制度の廃止に３年間のフェーズアウト方式を採用し，490億ドルの増税を見込んでいる。

⑤ 州・地方の売上税の臨時控除等

(3) **外国所得の米国再投資奨励措置**（incentives to reinvest foreign earnings in U. S.）

米国企業がＣＦＣから受け取る配当は，85％の受取配当控除（dividends-received deduction) を認められる (IRC965)。その節税条件として, 本国償還される外国所得の米国再投資計画 (a domestic reinvestment plan) が必要とされる。これにより対外直接投資の配当が増加すれば, 経常収支と投資収支の双方に影響する。この影響について, 米国商務省 (U.S. Department of Commerce) の経済分析局 (Bureau of Economic Analysis:BEA) は, 次の分析を公表した。各収支につき, その純効果は分配増加分に係る外国源泉徴収税に限定される。経常収支では, 米国直接投資家の外国子会社所得のシェア全額は, 株主への配当として分配される時でなく, 外国所得を稼得する時に, 直接投資所得に反映される。配当の支払は, その総額でなく, 直接投資所得を受け取る形態のみに影響する。米国直接投資の受取配当の増加は, 直接投資の分配所得を引き上げ, 再投資される収益を引き下げるので, 直接投資所得の受取には変化はない。海外からの受取配当は, 国際収支に外国源泉徴収税を含めて記録される。この受取配当が増加すると, 外国徴収税も増加する。配当と再投資される収益の変化は相殺されるので, 外国税の増加による民間送金その他の移転の変化は直接投資の受取配当の増加から生じる経常収支バランスの変化をもたらし, このバランスは外国税の増加分だけマイナスとなる。投資収支では, 米国の対外直接投資に係る再投資される収益は, 投資収支のアウトフローの要素である。再投資される収益の減少は, 直接投資の投資収支のアウトフローを減少させる。この減少は, 投資収支の他の要素の変化によって相殺される。その要素である米国銀行の債権債務や直接投資などの変化は, 外国子会社が米国親会社に国際銀行制度を通じて行う資金の移転を反映する。再投資される収益の減少から生じる直接投資の投資収支アウトフローの減少は, 外国源泉徴収税の増加分だけ, 配当によって生じる投資収支アウトフローの増加を超える。

(4) 外国税額控除制度の改正

全世界所得課税の原則の下で, 米国企業の競争力を減殺していると批判されている外国税額控除[44]について, 次の改正を行った。

第7章　外国投資政策

① 控除限度額の支払利子配分ルール（interest expense allocation rules：IRC 864）

関連グループの米国構成員の外国源泉の課税所得を全世界関連グループの支払利子の全世界グループ・ベースで配分することにより計算する場合，一度限りの選択を認める（IRC864）。グループがこの選択を行う場合，関連グループの米国構成員の外国源泉の課税所得は，米国構成員の第三者支払利子を外国源泉所得に次の（ⅰ）のうち（ⅱ）を超える金額だけ配分することによって算定される（これを全世界ファンジビリティ・アプローチという）。

（ⅰ）　全世界関連グループの全世界第三者支払利子に当該グループの外国資産が当該グループの全資産に占める割合を乗じた金額

（ⅱ）　当該グループの外国構成員が生じた第三者支払利子で外国源泉所得に配分されるもの

② 包括的米国損失（overall domestic loss）の再分類

外国税額控除限度額が包括的米国損失の結果減少した場合における米国源泉所得へのみなし源泉ルールを規定する（IRC904）。この規定により，将来の各課税年度の米国源泉所得の一部は，次のいずれか少ない方の金額だけ外国源泉所得とみなされる。

（ⅰ）　当該課税年度前の課税年度に再分類されなかった包括的米国損失の金額
（ⅱ）　当該課税年度の米国源泉所得の50％

この規定の適用上，「包括的米国損失」とは，当期または将来の課税年度における外国源泉所得を損失の繰戻（a loss carryback）により相殺する範囲内のすべての米国損失をいい，「米国損失」とは，将来の課税年度から繰り戻される損失にかかわらず，当期の米国源泉総所得に適正に配分された控除項目の金額が当該米国源泉総所得を超える金額をいう。

③ 外国税額控除バスケットの減少とベース・デファレンス

バスケット数はこれまでの9から（ⅰ）一般所得と（ⅱ）パッシブ所得の2に減らす（IRC904）。米国税法では所得とされない金額に対して課された外国税は，外国税額控除の適用上，納税者の選択により一般所得または金融サービ

ス所得のいずれかに対して課されたものとみなす。

④ CFC以外のIRC902法人からの受取配当に関するルックスルー・ルールの適用

配当の基因となる収益・利潤が留保された課税年度にかかわらず、10/50法人（納税者が議決権の10％以上を所有する外国法人で、CFC以外のものをいう）の支払う配当については、ルックスルー・アプローチを適用する（IRC904）。納税者の立証が不十分である場合、外国税額控除限度額のバスケットの適用上、この配当はパッシブ所得とみなされる。

⑤ パートナーシップを通じる株式所有の帰属

外国法人が適格グループに該当する場合、低層外国法人の外国所得税についてみなし税額控除（deemed-paid credit）である間接外国税額控除が認められる（IRC902）。「適格グループ」には、5％以上の株式所有連鎖の6層以内の外国法人が含まれる。米国法人が外国法人の議決権の10％以上を（間接的にパートナーシップを通じる場合を含む）所有することを条件として、内国パートナーシップまたは外国パートナーシップを通じて間接的に保有する外国法人についてもみなし外国税額控除を受けることができることを明確化する。

⑥ IRC367(d)のみなし支払の取扱い

拠出その他の不認識取引によって無形資産を外国法人に譲渡する場合、無形資産の海外移転に係る所得移転による租税回避を防止する特別なルールであるIRC367によれば、無形資産の海外移転は不確定払いの売却とみなされ、みなし払いの金額は、無形資産に帰すべき所得に釣り合うものでなければならず、米国譲渡者はその総所得に通常の所得として算入しなければならない。外国税額控除の限度額の適用上、IRC367(d)のみなし払いは使用料とみなされることを明確化する。

⑦ 外国税額控除の繰越期間の延長

これまで外国控除の繰戻は2年、繰越は5年とされていたが、全世界課税原則による実効税率が外国税額の適用期限切れによって国際競争力に悪影響を及ぼす程度に増加することのないように、繰戻は1年に限定するが、繰越は10年

第7章 外国投資政策

(5) サブパートFの改正
① 米国資産からの除外

サブパートF（IRC951～964）により，ＣＦＣの10％以上の持分を有する米国株主（米国10％株主という）は，現実に分配されたか否かを問わず，ＣＦＣの一定の所得（サブパートF所得という）のプロラタ・シェアをその課税所得に算入しなければならない。また，ＣＦＣの米国10％株主は，当該ＣＦＣが当期に一定の米国資産に投資した範囲で当該ＣＦＣ所得のプロラタ・シェアに対し米国税を課される（IRC951(a)(1)(B)）。「米国資産」の定義について，次の二つの例外を認める。

(ⅰ) ＣＦＣが証券ディーラーとして営業または事業の通常の過程で取得し保有する証券

(ⅱ) ＣＦＣが取得する債券で，米国の者（米国法人を除き，(a)ＣＦＣの米国10％株主または(b)CFCによる債券取得直後にCFCまたはその関連者がパートナー，受益者または受託者であるパートナーシップ，遺産財団または信託を除く）の発行するもの

② 関連ＣＦＣ間支払のルックスルーの取扱い

サブパートF所得には外国基地会社（foreign base company income）が含まれるが，その一種として外国同族持株会社所得（foreign personal holding company income）がある。一般に，外国同族持株会社所得には配当，利子，賃貸料および使用料が含まれるが，(a)ＣＦＣが設立地の外国で組織され運営される関連会社から受け取る配当および利子または(b)ＣＦＣが設立地の外国内の資産の使用の対価として関連会社から受け取る賃貸料および使用料は含まれない。AJCAでは，ＣＦＣが関連ＣＦＣから受け取る配当，利子，賃貸料および使用料は，支払者のサブパートF所得以外の所得に帰属する範囲で，外国同族持株会社所得とみなされない（IRC954）。この規定の適用上，関連ＣＦＣとは，(a)他のＣＦＣを支配しもしくは他のＣＦＣによって支配されるＣＦＣまたは(b)他のＣＦＣを支配する同一の者によって支配されるＣＦＣをいう。

③　パートナーシップ持分の売却のルックスルーの取扱い

　CFCのパートナーシップ持分の売却は，サブパートF外国同族持株会社所得の計算上当該持分に帰すべきパートナーシップ資産のプロラタ・シェアの売却とみなされる。この規定は，パートナーシップの資本持分または利益持分の25％以上を直接，間接またはみなし所有するパートナーのみに適用される。

④　航空機リースおよび海運所得の取扱い

　外国基地会社海運所得に関するサブパートFルール（IRC954(f)）を廃止する。また，外国通商において航空機または船舶のリースから生じる賃貸料に関するセーフハーバーを規定することによって，能動的な営業または事業で非関連者から取得する賃貸料または使用料に帰すべき外国同族持株会社所得の除外規定を改正する。能動的リース経費が当該リース利得の10％以上を占める場合，賃貸料は外国同族持株会社所得から除外される（IRC954(c)(2)(A)）。

⑤　能動的ファイナンス

　能動的な銀行業，金融業または類似の事業の遂行から生じる所得に関するサブパートF外国同族持株会社所得および外国基地会社サービス所得からの除外規定を改正する。CFCまたは適格事業単位（qualified business unit：QBU）が顧客との取引に関連する活動の実質的にすべてを居住地国で直接遂行しているかいなかを決定するとき，関連者の従業員が活動を行い，（i）関連者が適格CFCであり，その居住地国が当該CFCまたはQBUの居住地国と同じであり，（ii）活動が関連者の居住地国で行われ，（iii）関連者がその従業員の活動に対し独立企業間対価の報酬を受け，この報酬が居住地国の税法で居住地国で稼得されたものとみなされる場合，当該活動は居住地国でCFCまたはQBUによって直接行われたものとみなされる。

⑥　商品取引に係る外国同族持株会社所得の定義

　商品ヘッジ取引の収益または損失がサブパートF所得の定義からの除外を認められる要件を改正する。商品取引がIRC1221(b)(2)のヘッジ取引の定義に該当する場合，当該取引の収益または損失は，外国同族持株会社所得とみなされない。

第7章　外国投資政策

(6)　外国子会社を通じる一定の外国所得の課税繰延防止規定

AJCAは，(ⅰ) 外国同族持株会社および外国投資会社に適用されるルールを排除すること，(ⅱ) 外国法人を同族持株会社の適用除外とすること，(ⅲ) これまで外国同族持株会社ルールの対象とされた人的役務契約所得をサブパートF外国同族持株会社所得として含めることにした（IRC542, 551〜558, 954, 1246および1247）。

第2　米国企業の対外直接投資による外国所得に対する米国課税制度

第1において租税の中立性（tax neutrality）についての古典的なＣＥＮ，ＣＩＮまたはＮＮを主張するエコノミストや各政党の立場を確認し，それぞれの主張から生ずる国際租税制度の理念の相違を再確認した。どの立場によっても，米国ベース多国籍企業の国際競争力を弱体化させている現行の米国国際租税制度に満足している者は多くない。ブッシュ政権が，現行国際租税制度のどのような点を問題視しているかを特定し，それらの問題の解決のために，どのような改革論議が戦わされ，具体的にどのように立法上の改革がすすめられてきたかをフォローしてきた。本章では，特に米国企業の対外直接投資（Foreign Direct Investigation：FDI）に関する米国国際租税制度の問題とその解決のために，ブッシュ政権がどのような租税政策を実施しようとしているかを素描する。

1　米国企業の外国事業活動の法形態

現在，米国企業が外国事業活動のために利用する法形態は，次のとおり分類される。

(1)　外国プレゼンスを有しない方法

外国顧客に米国産品を直接輸出する場合，米国企業は販売仲介業者を経ずに外国顧客またはエンドユーザーに米国産品を直接販売し，事業所得に関する国際課税ルール「ＰＥなければ課税せず」により外国課税を免れる。最近，米国

企業は，有形資産のみでなく，デジタル・フォームの無形資産（ソフトウエア，原稿，ビデオ，オーディオ，その他のデータ等）を外国顧客に販売または使用許諾しかつ送付し，電子的決済方法を利用している。これが，電子商取引課税の問題を惹き起こしている。

(2) 間接的外国プレゼンスの方法

米国企業は，外国事業活動のため，（i）デストリビュータ，（ii）従属的代理人，（iii）独立的代理人，（iv）ライセンスまたはフランチャイズなどを利用した間接的外国プレゼンスの方法を選択することができる。デストリビュータは，米国企業に指定された外国の独立事業体であって，当該米国企業から米国産品を購入してその流通チャンネルでユーザー等に再販売するものであり，法形態としてはPEとされることはない。代理人は，米国企業に指定された外国の独立事業体であって，米国企業のために交渉し契約を締結する権限を行使し，米国産品を販売するものであり，従属的代理人と独立的代理人に分れる。このうち従属的代理人は外国でPEとされるが，米国企業が契約締結権限を付与しない形でPE認定を免れる販売代理人（marketing representative）を利用することがある。また，米国企業は，外国の独立事業体に事業無形資産（営業上の秘訣，著作権，商標権，特許権，ソフトウエア，データ，ビジネス・システム，ノーハウ等）の使用の権利を付与するライセンスまたはフランチャイズ方法を利用する。

(3) 直接的外国プレゼンス

米国企業は，外国事業活動のため，（i）外国子会社等，（ii）支店等，（iii）駐在員事務所，（iv）ジョイント・ベンチャーなどを利用した直接的外国プレゼンスの方法を選択することができる。外国子会社等は，外国にその法制上認められた米国企業と分離された法主体（法人，LLCその他類似の事業体）である。これは，原則として，米国課税権を遮断される外国事業体であり，原則として，米国企業のPEとされない。支店等は，外国の事務所その他の施設（流通センター，工場等）であり，米国企業の組織体の一部であって，米国企業から分離した法主体ではない。これは，米国企業のPEとされる。

駐在員事務所は，米国企業が市場調査や販売促進などの限定された目的のた

めに外国に設置する事務所であり，その機能から原則としてPEとされない。ジョイント・ベンチャーは，複数の当事者が共同で事業を行うものであって，その法形態は，法人，LLC，パートナーシップまたは契約などさまざまである。

2 米国企業の外国子会社等

　米国企業の対外直接投資に関する米国税制の諸問題を考察する場合，対外直接投資は多様な形態に分れるが，その主要形態である（ⅰ）証券投資と（ⅱ）不動産投資のうち，主として「証券投資」に属する外国子会社等に焦点を当てることにする。

　米国企業は，外国に親会社と分離した法的主体（a separate legal entity）を設立し，これを通じて外国事業活動を行う。この法的主体は，外国法または米国法により設立される法人，LLCその他の事業組織体である。この法主体が内国法人か外国法人かの区別は，各国の判定基準の差によって異なり，場合によっては二重居住法人となる場合やいずれの国の居住法人にもならない場合が生じる。米国では設立地主義または準拠法主義で内国法人と外国法人を区別するので，米国の内国法人であっても，例えば実質管理支配地主義を採用する外国においてその内国法人とされる場合や逆にそのような外国でその外国法に準拠して設立された法人は米国からみれば外国法人であるが，当該外国からみれば，米国で実質管理支配が行われる事実から米国法人とみられる場合もある。外国子会社等は，外国源泉所得に対し外国税を課される。米国企業が外国子会社等を通じて取得する外国所得は，その外国子会社等の居住地国が（ⅰ）全世界所得課税（world-wide taxation）を採用している場合にはその全額が課税対象にされるが，（ⅱ）領土主義課税（territoriality taxation）を採用している場合にはその国内源泉所得のみが課税対象にされる。米国企業は，外国事業活動を行う場合，銀行業，保険業，通信業，運輸業および天然資源産業などについて現地法人の設立，現地資本の参加要件，現地居住者の経営参加要件などを強いられることがある反面，外国における商業上および法律上の義務について米国親

会社への追及を法的に遮断するために,「有限責任」を確保するため,法人などの独立の主体を外国に設立する必要があり,また,米国産品を現地市場に浸透するために,現地法人として参入する方が現地消費者に心理的に受け入れられ易いという期待もある。一般に指摘される外国子会社形態の外国進出企業の長所と短所は,次のとおりである。

(1) 長　　所
(ⅰ) 米国親会社の有限責任
(ⅱ) 外国子会社の居住地国における課税からの遮断
(ⅲ) 進出先における心理的効果
(ⅳ) 現地における事業活動および金融の柔軟性
(ⅴ) 現地訴訟等における法的権利の保障

(2) 短　　所
(ⅰ) 現地法人に関する現地法による規制(役員の国籍,外資要件,経営管理,金融その他の要件)
(ⅱ) 現地法制による米国親会社の秘密情報開示要件
(ⅲ) 現地法制による米国親会社の有限責任の否定のリスク

3　AJCAによる国際課税における米国企業インセンティブ

(1) AJCAに対する米国外国通商審議会の評価

ブッシュ政権は,2004年10月22日に成立したAJCAにおいて,米国企業の国際競争力の再生と強化を目的とする税制改革を行った。そのうち国際租税制度改革について,第1の6「ブッシュ政権の国際租税制度の改革」において(ⅰ)外国所得の米国再投資奨励措置,(ⅱ)外国税額控除制度の改正,(ⅲ)サブパートFの改正,(ⅳ)外国子会社を通じる一定の外国所得の課税繰延防止規定を取り上げた。AJCAについては,輸出産業をはじめ多くの米国企業はこれを歓迎した。米国多国籍企業の21万社の外国関連会社は,外国多国籍企業の26万社の外国関連会社と競争しているが,外国の競争相手より重い国内課

第7章　外国投資政策

税を課される。確かに，対外投資のコストに対する各国所得課税の影響を比較することは困難であるが，米国国際租税法によって米国が多国籍企業の法的本拠地として外国に劣ることになり，国際的なM&Aが米国企業の外国買収が増え，米国多国籍企業が外国多国籍企業に転換していくため，米国多国籍企業数が減少する傾向がある。その有名な事例としては，Daimler-Chrysler, BP-Amoco, Deutsche Bank-Bankers Trust の合併がある。米国経済は外資依存度を高めており，世界最大の資本輸入国であり，米国資産に対する外資は外国資産に対する米国投資を年間1,000億ドル超上回っている。後述する税制改革に関する大統領諮問パネル（President's Advisory Panel on Federal Tax Reform：Panel）に対する米国外国通商審議会（National Foreign Trade Council：NFTC）の提言[45]は，外国所得プロジェクト「21世紀の国際租税政策」（NFTC Foreign Income Project：International Tax Policy for 21th Century：NFTC FIP）の課税繰延防止規定，サブパートFのみなし配当課税および外国税額控除制度を中心とする分析により，次の問題点を指摘した上で，米国の競争政策はグローバル経済の急速な発展に歩調を合わせるに至っていないが，米国国際課税ルールの核となる諸原則と基本構造はなお健全であると評価しつつ，40歳を過ぎるサブパートF制度のオーバーホールを勧告した。

① 領土主義課税制度への転換

NFTCの「領土主義課税研究報告書」（Territorial Tax Study Report）は，「広範な伝統的領土主義免除制度を採用すれば，能動的外国事業所得を有する米国企業の競争力は，米国税率より格段に低い税率の外国で活動する場合には改善されるが，米国税率より高い外国で活動する場合には悪化する。しかし，現在の競争力を減殺する課税ルール（広範すぎるサブパートFの範囲，外国所得に対する過度の経費配賦等，外国税額控除制度）を是正することは，大部分の米国企業の競争力を改善するために必要である。伝統的な領土主義免除制度は競争力の改善にさほど有効でなく，現行制度の複雑化と不安定化を残すことになる。したがって，何らかの領土主義免除制度でなく，現行ルールに個別の改正を行う方がよい」という結論を出した。

②　能動的外国事業所得の課税繰延制度の拡大

NFTC は，グローバル市場における米国企業の健全な競争力を維持するため，米国企業の外国子会社を通じて稼得する能動的外国事業所得については，サブパートFの排除など，米国税の繰延制度を維持または拡大すべきであると主張する。ここで，能動的外国事業所得には，（ⅰ）基地会社販売サービス所得（外国法人の設立地国以外の国で稼得する所得），（ⅱ）能動的金融サービス所得，（ⅲ）石油関連所得（石油またはガスを採取しまたは販売する国外の石油パイプライン・ガスパイプラインの所得）が含まれる。

(2) AJCA に対する米国国際事業審議会の評価

税制改革に関する大統領諮問パネルに対する米国国際事業審議会(U.S.Council for International Business：USCIB) の提言[46]は，米国の古典的な法人税制は欠点のある租税政策によるものであり，貿易相手国の大部分のように所得税・法人税の統合を図るべきであると主張する。法人所得に対する二段階課税の範囲を狭める立法が，配当控除や益金不算入の組合せという方法で行われたが，その多くは税収確保の理由で廃止された。2003年雇用成長租税調整法（Jobs and Growth Tax Relief Reconciliation Act of 2003：JGTRRA）で個人のポートフォリオ配当の税率が15％とされ，統合制度（integrated system）へ前進したが，諸外国の統合制度を目標にすべきである。USCIB は，米国多国籍企業の国際競争力強化のため，次の２点について改正すべきであると提言する。

①　課税繰延の維持－サブパートF条項の廃止要求

1963年前は，米国企業の外国子会社の外国所得について課税繰延を認めていたが，1962年歳入法（Revenue Act of 1962）はサブパートF条項（ＣＦＣルール）を制定し，その後の過度の租税回避防止規定の改正により，この条項は米国多国籍企業にとって煩雑化し，国際的競争を困難にしてきた。他の資本輸出国もＣＦＣルールを導入したが，米国の比ではない。ＵＳＣＩＢはサブパートF条項の完全な廃止を提言する。

②　外国税額控除の分離限度額の範疇なき包括的限度額方式への回帰要求

1960年に，米国は外国税額控除の控除限度額について，国別限度額方式（a

percountry limitation) から包括的限度額方式（an overall limitation）に変更した。この包括的限度額方式は最も効果的な国際的二重課税の排除方法であるが，その直後に米国議会は一定のポートフォリオ利子所得（ＩＲＣ904⒟)につき分離限度額方式（a separate limitation）を追加し，さらに一連の分離限度額の範疇を特定し，他の競争相手国に比して米国企業の競争力に悪影響を与える状況を生じている。

AJCAは，これまでの米国多国籍企業の競争条件を改善しようとしているが，USCIBは外国税額控除の限度額について1960年の分離限度額の範疇に捉われない包括的限度額方式に戻すべきことを提言する。

③ 領土主義免除制度への転換

USCIBは，この転換には反対である。

(3) AJCAに対する学者の批判[47]

Kimberly A. Clausingは，「AJCAのタックス・ホリデー」(Tax Holidays(and Other Escapes) in the American Jobs Creation Act) において，AJCAにつき，
（ⅰ）輸出振興税制の廃止はよき租税政策であり，よき通商政策であること，
（ⅱ）米国経常収支赤字は米国経済のＳＩ不均衡の結果であって通商政策や租税政策の結果ではないこと，（ⅲ）輸出優遇は貿易収支均衡の改善の効果的な方法でないこと，（ⅳ）ＥＴＩ問題の解決は多角的貿易自由化の促進と米欧間貿易摩擦の解決にとって重要であることを述べ，ＥＴＩ廃止による増収を米国企業の税負担の軽減に充てる方針については，10年間の歳入中立性に基づく税制改正といわれるが，減免措置の恩典を受ける企業は，必ずしもＥＴＩ廃止により不利益を蒙る企業と一致するものではないことを指摘する。この論文は，AJCAによる国際租税法の改正が領土主義課税への転換を示すことに焦点を当てて，（ⅰ）米国企業の外国所得に対する米国税の総合的負担の軽減，（ⅱ）配当による本国償還の免税を中心に次のように検討している。

① 配当の本国償還（dividend repatriation）の免税

AJCAは，米国企業がＣＦＣからの受取配当の85％を控除することができる１年限りの優遇措置を定めた（この異常な現金配当の実効税率は5.25％または

15%の35%)。

　これは，低税率国の外国所得を米国償還させるためのインセンティブである。Hartman（1985年）の出現までは，米国企業が外国子会社を通じて稼得した低税率国の所得の本国償還に対し米国親会社の居住地国で課税すれば，本国償還に伴う税コスト（a tax price）がかるので，本国償還が抑制され，このような外国所得を海外留保すれば，米国企業は税コストの発生を回避し，米国税を課されずに外国所得の増殖を図ることができるという仮説があった。この仮説の下では，このように米国における資金の生産的な再投資を抑制する効果をロックアウト効果（a lock-out effect）という。Hartmanは，「低税率国の外国所得に対する米国税を不可避とすれば，本国償還に係る課税は，この資金を海外で再投資するか米国に本国償還するかに関する米国企業（mature firms）の意思決定に影響を及ぼさない」ことを証明した。その結果，本国償還の税コストの減少を恒久化すれば，投資家にたなぼた収益を与えることになる。ただし，未成熟企業（immature firms）については，本国償還の税コストは，外国所得免除制度に比して低税率国への投資の抑止効果をもつ。Hartman は，「本国償還の税コストの一時的な変化が米国企業の意思決定に影響しない」とは言っていないので，AJCA の措置は，本国償還のインセンティブとなる可能性はある。

　米国では，配当の本国償還の税コストの影響について，多くの学者が研究してきた。

　Hines and Hubbard（1990年），Altshuler and Newlon（1993年），Altshuler, Newlon and Randolph（1995年），Desai, Foley and Hines（2001年）およびAltshuler and Grubert（2001）などの研究では，「配当の本国償還はその税コストにきわめて敏感である」と結論しているが，この敏感性は Hartman の結論と矛盾しない。米国多国籍企業は，高税率国の外国所得の超過税額控除を相殺する時だけ低税率国の外国所得を本国償還するようにクロス税額控除を利用して，不必要な税コストを回避するため慎重なタックス・プランニングに精通している。配当の本国償還の税コストの一時的な変化を利用するタックス・プランニングは，Hartman の結論が配当の本国償還が税コストに敏感に反応することを示

第7章 外国投資政策

す上記の Desai, Foley and Hines (2001年) の研究成果と一致することを示すことになる。Altshuler, Newlon and Randolph (1995年) の研究では，税コストが国際的な課税ベースの差異と企業の超過外国税額控除の有無により各課税年度によって変化するため，企業は本国償還の税コストの変化に敏感に反応する。この考えは，税コストが配当に及ぼす効果を解釈する場合，重要な意味をもつ。Desai, Foley and Hines の研究では，「本国償還の税コストによって配当の本国償還は12.8%減少する。この効果は，米国が外国所得免除をすれば消失する」という。これに対し，Fleming and Peroni (2004年) の研究では，「彼らの推論は米国企業が米国税が課されないようにタックス・プランニングによって低税率国の外国所得を実質的に本国償還する多様な戦略を利用できるという事実を見落としている」と批判する。例えば，米国企業は，低税率国に外国所得を留保して財務諸表の内容を良くみせ，第三者借入れによって必要な資金を入手することができるのであり，ハイブリッド事業体の利用によって配当以外の形態で外国所得を本国償還することができるのである。このような場合には，いまさら外国所得免除制度に転換しても，米国企業の利用できる現金の増加はなく，間接的な本国償還を配当に転換させるだけに終わる。このように，経済実態として，超過外国税額控除と課税繰延は，全世界所得課税と外国所得免除との差異を不明瞭なものにしている。理論的には，AJCA の一時的な性格によって配当の本国償還の反応は敏感になるはずであるが，これを緩和する二つの考えがある。

(ⅰ) 米国企業がすでに低税率国の外国所得を本国償還する税コストの引下げ方法を利用している場合には，AJCA の免税措置による税の喪失は少ない。

(ⅱ) 近年の米ドル安により AJCA の利用についての米国企業の意思決定が複雑になる。

② AJCA の対米投資に対する効果

配当の本国償還を免税にする目的は，対米投資の増加であるが，AJCA が有効かどうかに疑問がある。その理由は，この免税が他の国への投資より対米

投資の魅力を変更するとは限らないからである。AJCA は，免税要件として対米再投資計画を要求している。投資の用途は，雇用者の報酬，インフラ，増資，R＆D，金融，債務返済，販売促進等，柔軟に認められている。

③ **AJCA における①以外の国際課税ルールの変更**

上記①のほか，国際課税ルールの多くが改正された。そのうち米国多国籍企業の外国所得に対する米国税の軽減効果をもつ主要な改正として次のものを挙げている。

（ⅰ） 外国税額控除バスケット数の減少

この改正により2007～2014年に78億ドルの減収になる。

（ⅱ） 外国税額控除の繰越を5年から10年に変更

この改正により10年間で69億ドルの減収になる。

（ⅲ） サブパートF所得を生じる活動数の減少

（ⅳ） 支払利子配分ルールの変更（外国源泉所得に配分される利子の減少）

この改正により2009～2014年に140億ドルの減収になる。

④ **租税原則に基づく評価**

AJCA は，租税原則（効率，公平および簡素）に照らし，次のように評価された。

（ⅰ） 効率（efficiency）

AJCA 成立前も米国税制は国内所得に比して低税率国所得を有利に扱い，本国償還まで米国税の繰延を認め，その節税効果が低税率国における事業活動だけでなく，世界規模の所得の低税率国への移転を目的とする金融取引まで優遇する結果をもたらしてきたが，このような優遇は経済活動と所得を低税率国に過度に移転させる結果を招くので，効率的な世界的資本配分（efficient worldwide capital allocation）の原則に反している。AJCA は，租税の中立性（tax neutrality）および効率的な世界的資本配分という租税原則に照らしてみると，このような優遇を強化している。例えば，配当の本国償還を免税とする措置は，低税率国に巨額の留保所得を有する多国籍企業に「たなぼたのメリット」を与えることになる。低税率国からの資

第7章　外国投資政策

金の本国償還を遣り易くするこの措置によって，低税率国の所得に対する米国税が軽くなる。AJCAの他の規定も外国所得に対する米国税を軽減している。効率の原則から，国内所得と外国所得を課税上同様に取り扱うことを望むが，低税率国についても同様に扱うことが，AJCAの意図である「米国内の経済活動の促進」に合致するはずである。AJCAが米国内の雇用創出を刺戟するかどうかは疑わしい。

（ii）　公平（equity）

　法人所得の二重課税を排除するため，キャピタル・ゲインおよび配当の減税により資本所得（capital income）の税負担は劇的に引き下げられてきた。米国議会の General Accounting Office の2004年報告書[48]は，米国CFCの61％が1996～2000年において米国税を全く申告していないことを指摘する。AJCAは歳入中立性（revenue neutrality）という方針で税制改正を行っているが，フェーズインとサンセット方式を採用するため，この方針については疑問がある。すなわち，この立法は法人所得に対する減税により，資本家（capital owners）の税負担を引き下げた。

　歳入中立性を維持するため，水平的公平が失われる。AJCAの配当の本国償還の免税は，低税率国において課税繰延により巨額の所得を留保してきた企業に「たなぼたのメリット」を与えるなど，税制改正の主たる受益者は富裕な法人である。

（iii）　簡素（simplicity）

　米国国際租税制度の複雑化は，コンプライアンス・コストおよび行政コストを引き上げ，執行可能性を引き下げる。AJCAは，その簡素化を進める側面をもつが，なお不十分である。一面の簡素化の努力は，新規に導入されたルールの複雑さによって相殺されている。

（iv）　AJCAのメリット

　AJCAの国際租税法の改正が効率，公平，簡素の原則に沿ったものでないと判断するならば，何がAJCAのメリットであるか。AJCAの支持者は，米国企業の競争力の強化をメリットとして上げるが，この点は精査

しなければならない。

米国多国籍企業は，研究開発，雇用，本部統括機能などを通じ，米国経済に実質的な貢献をしているので，米国政府が米国多国籍企業の競争力を強化する理由としては，米国多国籍企業の活動からの実質的な外部効果を期待するからである。

これが米国多国籍企業に特別優遇措置を与える理由であるとすれば，次のような疑問が生じる。

(i) 実質的な外部効果は存在するか。存在するとすれば，その程度はどの位か。

(ii) その程度は他の活動（教育，研究およびインフラ投資）を優遇する場合と比較して妥当か。

(iii) その効果は他の活動の効果と比較して妥当か。

4 グローバル経済における税の競争を増進する米国法人税制の改革

ブッシュ大統領は，2005年1月7日，簡素，公正および成長志向による税制改革の勧告を同年7月31日までに提出することを求めて，連邦税制改革に関する大統領諮問パネルを設置した。このパネルは，第1回会合（2005.2.16），第2回（2005.3.3），第3回（2005.3.8），第4回（2005.3.16）を経て最終報告書（2005.11.1）を財務省に提出した。

(1) 米国議会両院合同委員会の研究報告書

大統領諮問パネルの最終報告に先立ち米国議会両院合同経済委員会（Joint Economic Committee: ＪＥＣ）は，2005年5月，「税の競争を増進する米国法人税制改革」と題する研究報告書[49]を公表した。大統領諮問パネルの最終報告書の前に，ＪＥＣの研究報告書の主要な内容を要約する。米国法人税制は，資本投資の配分に広範かつ重要な影響を与え，貯蓄・投資に次のバイアスをかけているので，法人税収の減少，雇用の喪失を生じ，米国経済の生産性と成長を阻害している。

（i） 米国税制は，法人投資より非法人投資を有利にしている。例えば，不動産に対する個人投資は，法人株式の購入より有利である。
（ii） 法人負債は，法人出資より有利とされる。負債には課税されず，支払利子は損金控除を認められる。
（iii） 米国法人税の複雑かつ不公平な規定により，外国所有企業が米国企業より競争上有利に扱われている。

　各国の国際課税の原則は，（i）全世界所得課税と（ii）領土主義課税に大別されるが，米国の原則は折衷方式であるとはいえ，基本的に前者に属する。米国内で競争する多数の外国法人は，設立地国が領土主義課税を採用しているので，米国支店および米国子会社を通じて取得する米国所得について居住地国の法人税を免除される。ＪＥＣは，パネルに対し，次の改革オプションを勧告した。

① **領土主義課税制度**（Territorial System of Taxation）

　米国法人税制が米国通商相手国との競争条件を対等にすることができるように，領土主義課税制度を採用する。この改正により，現行税制の非効率，不公平および複雑さを是正し，実質的な経済的利益を生じる。この改正の選択肢には，（i）すべての外国源泉所得の免除，（ii）能動的外国源泉所得のみの免除，（iii）特定の種類の外国源泉所得のみの免除が含まれる。領土主義課税の採用によって，米国多国籍企業がその統括本部を海外に移転することがもつ大きい利点を除去することができる。

② **消費税ベースの税制**（Consumption-Base Tax System）

　所得ベースの税制に代えて，消費税ベースの税制に転換すれば，効率と公平を改善し，簡素な税制を実現できる。その時は，法人所得税は廃止される。消費税は，貯蓄に対する税を除去するので，税制はより効率的なものになる。また，消費は生涯の担税力の指標として所得よりも優れているので，消費税ベースの税制はより公平なものになる。消費のみに課税する場合，所得税の複雑さを除去することができる。

③ 個人所得税と法人所得税の統合 (Integration of Individual and Corporate Income Taxes)

現行税制では，法人所得に対し二段階課税が行われる。この経済的二重課税によって，個人段階では非法人投資が有利となり，法人段階では証券投資ファイナンスより負債ファイナンスが有利となるような経済的な歪みが生じる。この二重課税を回避するため，法人は所得を留保することを選択し，または変則的な方法で法人所得の分配を図るようになる。その結果，効率が失われ，法人投資の経済的リターンが減少する。その改善策として，正統方式を改め，個人所得税と法人所得税の統合を図るべきである。

④ 経費の控除

法人は，減価償却資産を取得する場合，当該資産の取得価額をその耐用年数にわたり部分的に控除する減価償却に代えて，即時に全額を損金として控除することを認められる。法人は，労働および原材料に係る費用の全額について，当期の財貨サービスの生産に使用されるという理由で，損金として控除することができる。減価償却資産は，その耐用年数にわたって使用されるので，費用収益対応の原則により，減価償却資産の取得価額の一部分のみが当期の損金として控除される。減価償却の問題は，現在の控除金額は将来の控除金額より価値があるということから生じる。現行税制の減価償却制度は，耐用年数の長い減価償却資産への投資にバイアスをかけるので，プラントや設備への投資を抑制する。当期の損金算入を認めれば，このバイアスを除去し，事業投資を促進することができる。

⑤ 法人税率の引下げ

米国の法人税率は，通商相手国に比して高い。多くの通商相手国は，法人税率を引き下げている。相対的に高い法人税率は，米国企業の競争力を削いでいる。

税引き後キャッシュ・フロー（米国の雇用と経済成長のための投資に充てられる部分）も，相対的に高い税率によって減少し，米国内の事業活動を抑制する。

法人税率の引下げは，広範な経済効果をもつ。ただし，法人税率の引下げは，

第7章　外国投資政策

すべての法人に等しく適用されるべきである。

⑥　**法人代替的ミニマム・タックス（Corporate Alternative Minimum Tax：CAMT）の廃止**

現行税制のミニマム・タックス制度は，連邦税制の過度の複雑化と資本コスト増加の原因となっている。CAMTの廃止は，CAMTの影響を受ける法人のキャッシュ・フローの増加を生じ，増加したキャッシュ・フローが米国の雇用と事業投資の増加のために使用される。

⑦　**法人所得税の排除**

米国議会研究サービス（Congressional Research Service：CRS）報告書は，「法人所得に課税する根拠は何か。法人所得は二度課税される。その結果，課税が法人への投資を避けるように作用する」と述べているように，個人のみに課税するという課税原則の議論がある。法人は，自然人でなく，従業員，株主，債権者等，各個人の富と所得を有する者に関係する法的主体であるので，租税の公正（tax fairness）という概念を法人に適用することは困難である。法人税によって，従業員の賃金の減少，顧客に転嫁されるコストの増加または株主への資本リターンの減少が起こる。したがって，法人税負担と個人税負担を比較することは無益である。法人を税収の源泉となる事業体とみることができるかどうかにかかわらず，事実上，労働者，消費者および投資家である個人が課税の負担を課されるのであって，法人がそのような負担を課されるものではない。

(2)　**大統領諮問パネル税制改革報告書の税制改革勧告**

大統領諮問パネルは，所得税制改革の二つのオプションを財務省に勧告した。
（ⅰ）　簡易所得税（Simplified Income Tax：SIT）プラン
（ⅱ）　成長・投資税（Growth and Investment Tax：GIT）プラン

①　**簡易所得税（SIT）プラン**

これは，個人SITプランと事業SITプランから成る。本章では，事業SITプランを中心に大統領諮問パネルの勧告を要約する。この勧告では，すべての特別な所得控除と税額控除を排除することによって過去の清算を行い，白紙状態で再出発をする。

所得の算定について，事業は，前3年間の平均総収入に基づいて次の大中小事業に分類される。
（ⅰ） 小事業＝総収入が100万ドル未満であるもの
（ⅱ） 中事業＝総収入が100万ドル以上1,000万ドル未満のもの
（ⅲ） 大事業＝総収入が1,000万ドル以上のもの

（ⅰ）の小事業は，指定の事業用銀行口座の小切手帳に反映されたキャッシュ・フローに基づき個人税率で課税され，新規投資（土地・建物を除く）の取得価額を所得控除することが認められる。

（ⅱ）の中事業は，小事業ルールの大部分を適用されるが，設備の取得価額その他の資本的支出を減価償却する必要がある。発生主義であるが，未実現所得は受領するまで認識されず，未払経費は控除できない。この事業体は，その所有者が100％受取配当除外とキャピタル・ゲインの75％除外の適用を受けるため，法人（すなわち大事業）として課税されることを選択することができる。

（ⅲ）の大事業は，31.5％で法人税を課され，資本資産（capital assets）を減価償却する。支払利子は損金として控除することができ，受取利子は課税される。

プラントおよび設備の投資について，大事業は，次の4種類の資産分類に基づいて資本資産を減価償却する。
（ⅰ） 農業，鉱業，製造業，運輸業，営業およびサービス業で使用される資産で，30％の年間回収を認められるもの
（ⅱ） エネルギー生産用資産，その他の耐用年数の長い公益事業用資産および土地改良で，7.5％の年間回収を認められるもの
（ⅲ） 居住用建物で，4％の年間回収を認められるもの
（ⅳ） 非居住用建物その他の耐用年数の長い不動産で，3％の年間回収を認められるもの

所得控除については，以下のようになる。
（ⅰ） 販売される商品の取得原価　小事業および中事業は，販売される商品の取得原価をキャッシュ・フローの一部として控除する。棚卸資産会計の必要性と統一資本化ルールを排除する。

大事業は，販売される商品の取得原価の計算に関する現行税法のルールを引き続き適用する。
(ⅱ) 営業費用　小事業および中事業は，R＆D，一般管理費などの営業費用をキャッシュ・フローの一部として控除する。大事業は，費用計算に関する現行税法のルールを引き続き適用する。
(ⅲ) 賃金　すべての事業は，賃金および報酬費用を従業員が課される金額と同額だけ控除する。

税額控除については，現行税法のR＆D税額控除は廃止される。大事業の州および地方所得税の控除は廃止される。

国際事業（International Business）について，大統領諮問パネルは，領土主義所得税（a territorial income tax）を採用する。外国活動の能動的事業所得は，本国償還されるか否かにかかわらず，米国では課税されない。米国企業の外国子会社の能動的所得からの配当および米国企業の外国支店の能動的所得は，米国では課税されない。ただし，外国で所得控除が認められる支払（利子および使用料など）は，米国で課税される。免税外国所得を稼得するために生じた費用（支払利子を含む）の控除を否認するために「合理的なルール」（reasonable rules）が適用される。非能動的所得に関して外国税額控除制度が存続するとしても，米国税を課されない外国源泉所得についてはいかなる外国税額控除も認められない。パッシブ所得および高度の可動性のある所得については，サブパートFが維持される。米国株主が実現する米国法人の外国源泉所得および外国法人のすべての所得は，米国で課税される。外国源泉所得からの配当は，通常の所得として課税される。法人の留保外国源泉所得に帰すべきキャピタル・ゲインを定義する代りに，米国事業の持分の売却からの収益に関して，75％キャピタル・ゲイン除外が認められる。
(ⅰ) 輸出　外国源泉所得は米国で課税されないので，外国活動（例えば販売，マーケティング，倉庫または引渡し，およびサービス）に適切に配分される輸出所得は，米国では課税されない。
(ⅱ) 居住性の判定基準　大統領諮問パネルは，新設の事業体が実際は日常の

経営管理を米国で行いつつ課税上法的居所を外国に設置することを防止するために，事業の居住性要件を改正する。ＳＩＴプランでは，事業の法的居所（place of legal residency）または主たる管理支配の場所（place of primary management and control）が米国内にある場合，事業は米国居住者として取り扱われ，米国税を課される。

② 成長・投資税（GIT）プラン

これは，個人ＧＩＴプランと事業ＧＩＴプランから成る。本稿では，事業ＧＩＴプランを中心にパネルの勧告を要約する。この勧告では，事業の法形態（個人事業主を除く）による課税上の取扱いの差異を排除する。すなわち，すべての事業（個人事業主を除く）は，30％の税率で課税される。すべての規模の事業は，全額損金算入を認める方法で，キャッシュ・フローに基づいて課税されるが，金融機関には特別なルールが適用される。

(ⅰ) 所得の算定　課税所得には，現金主義（a cash method）により算定されるすべての事業収入が含まれる。発生しているが未収金額は，所得に算入されない。非金融機関が受け取る投資所得（例えば受取利子）は，事業の課税標準に算入されない。ただし，金融サービスは課税される。

(ⅱ) 所得控除　他の事業からの購入，資本資産の購入，および個人に対する賃金または報酬の支払について所得控除が認められる。発生しているが未払の費用は，現実に支払われる時まで控除することができない。損失の控除は，還付できないが，損失の繰越は無期限で認められる。

(ⅲ) 輸出入　輸入品に対する支払金額は控除できない。外国から商品を仕入れて米国内で再販売する小売業者は，販売商品の取得価額の大部分を控除できない。輸出品の販売収入は，課税から除外される。

(ⅳ) 国際的影響　米国のＧＩＴは，利子控除や資本投資の損金化がないとすれば，他国の外国税額控除の適用上，控除できる所得税と考えられない。外国事業の米国ＰＥによる利子控除を認めないことについては，租税条約の再交渉が必要になる。

第7章　外国投資政策

大統領諮問パネルの税制改革勧告のポイント

1　小事業

項　目	現行税法	SITプラン	GITプラン
税　率	個人税率で課税	個人税率(15%, 25%, 30%, 33%の4段階)	個人事業主は個人税率(15%, 25%, 30%の3段階)その他の事業は30%
記　帳	所得および控除の項目に係る多数の税務会計ルール	簡易現金主義会計即時損金化(土地および建物を除く)	事業キャッシュ・フロー・タックス
投　資	加速度減価償却制度、小事業の即時損金化ルール(2005年102,000ドルを限度)		

2　大事業

項　目	現行税法	SITプラン	GITプラン
税　率	15%, 25%, 34%および35%	31.5%	30%
投　資	加速度減価償却制度	簡易加速度減価償却制度	すべての新規投資について即時損金化
支払利子	控除可	変更なし	控除できない（金融機関を除く）
受取利子	課税	変更なし	非課税（金融機関を除く）
国際租税制度	全世界所得課税、事業所得の繰延、外国税額控除	領土主義課税	仕向地ベース課税（国境税調整）
法人ATM	事業所得の第2課税	廃止	廃止

(3)　大統領諮問パネルの否定した改革案

　大統領諮問パネルは、上記(2)で述べた大胆な改革案を勧告しているが、多くの代案を検討し、これらを不採用とした。以下に、どのような代案を否定したのか、主なものを列挙する。

① 小売売上税（National Retail Sales Tax）
② 付加価値税（Value-Added Tax）
③ 比例税率（Flat Tax）

5　ＩＭＦが見つめる米国税制改革論議

　米国の税制改革論議について，ＩＭＦは主な課題を検討し，2005年7月に「米国税制改革：現在の論議と政策選択の概観」50)というワーキング・ペーパーを公表した。このペーパーは，現行税制が複雑で不公平かつ歪みのある制度であることについて差異が少ないようにみえるが，これをどのように改善するかについてはほとんどコンセンサスがないという判断を示していた。とはいえ，現実に大統領諮問パネルは上記3⑵のような勧告を行ったが，今後「歳入の中立性」の方針の下でブッシュ大統領と財務省がこの勧告をどのように実施するかを予想する上で，ＩＭＦが米国の論議をどのように見ていたかを確認しておくことは無駄でないと思われる。ワーキング・ペーパーに沿って，以下にＩＭＦが関心を示した論議のポイントを要約する。

(1)　租税原則（効率，公平および簡素）ごとの政策選択
①　効　　率
　何に課税すべきか。所得か消費か。第1の問題は，米国は所得税を消費税に取り替えるべきかという議論である。この転換の理論的な利点は，純粋な消費税は資本リターンに課税しないので，貯蓄と投資の意思決定が課税によって歪められない点にあるが，歳入確保のため勤労所得により高い税率で課税することが必要になり，勤労所得と不労所得の歪みが悪化することが懸念される。消費税への転換によって所得水準が引き上げられ，長期的に経済成長が期待できるというシミュレーションがあるが，その効果の経験的な予測について見解が分れる。重要なことは，これらのシミュレーションはすべての免除，控除および税額控除が即座に廃止されると仮定していることであり，「経過措置」を認めていないことや累進税率を単一消費税率に置き換えていることである。この転換の利点は，課税ベースの拡大，税率の引下げである。転換の反対論は，累

進度の減少と高齢者の富に対する二度の課税を問題視する。所得税の複雑さと非効率の原因として，免除，所得控除および税額控除の広範な使用が挙げられる。これらは，課税ベースを実質的に小さくするだけでなく，税制を複雑化し，これらのフェーズアウトに伴い，実効税率を引き上げていく。隠れた租税支出（hidden tax expenditures）が相当の規模に達しているが，法人税についても外国源泉所得の課税繰延や加速度償却などに関する租税支出がある。法人の財務諸表と税務申告との間の差異をなくす考えとして，「ブック・タックス」の概念が改革論議の中で注目を浴びている。そのギャップは，税務上のみ有効な除外，所得控除および税額控除によって生じる。

財務諸表の所得と税務申告の所得を統合しないことに経済的理由はあるが，課税上の所得が財務会計上の所得に一致すれば，課税ベース・エロージョンの危険を減少することになる。

② 簡　　素

米国税制の議論の的は，免除，所得控除および税額控除による複雑さとAMTの問題である。複雑な所得を有する法人にとって，税法は高いコンプライアンス・コストを要するものであり，他のOECD加盟国よりも複雑であろう。その原因の一つであるAMTの目的は，法人が通常の税制の免除や税額控除を利用する租税回避を通じて，タックス・ネットを免れることを防止することである。

(2) **米国の税制改革案**

米国では多数の改革案が提出された。学者の提案も多いが，純粋な形では採用できなくても，現行税制の調整案から完全な消費税へのラジカルな転換まで論議の形成に重要な貢献をしている。事業に着目して主要な提案の例示をすれば，次のようなものがある。

① 財務省「オプション5」(2002年)

事業投資につき部分的に即時費用化（partial expensing）を認め，特別な所得控除，除外および税額控除の廃止によってブック・タックスに改正する。

② 二元的所得税（Dual income tax）（Edwards, 2005年）

北欧方式の資本所得に低率の比例税率で課税し，勤労所得に累進税率で課税する。

課税ベースから利子を除外し，AMTを廃止する。

③　VATと所得税との結合（Graetz and Avi-Yonah, 2005年）

ブック・タックスに改正し，所得税と法人税の統合を図り，法人AMTを廃止する。

仕入税額控除のインボイス方式のVATを導入する。

④　比例税率（Hall and Rabushka, 1985/1995）

資本の費用化，金融フローを課税ベースから除外し，領土主義課税原則に転換する。

⑤　無制限貯蓄勘定（Seidman, 1997年）

控除型VATと賃金税の税額控除を導入する。

⑥　連邦小売売上税（Linder, 2005年）

すべての財貨サービスに対する統一的な小売売上税を導入する。

(3) 国際課税の側面

所得税を消費税に取り替える改革案は，実質的な国際的影響をもつが，その効果は不明瞭である。Avi-Yonahがいうように，他の国が通常の法人所得税を課税するのに米国が通常の資本リターンに課税しないという状態は支持できるものではない。仮にそのような税制改革をすれば，米国への資本シフトが急増し，所得税条約ネットワークが解体し，他国の所得税が終焉を迎えるか，歳入確保のための租税戦争が起こるであろう。他方，Shay and Summersがいうように，米国税率を大幅に引き下げても，消費税の課税ベースの性格が領土主義課税であることを利用するため，外国に投資するインセンティブはなお残るであろう。米国の租税条約ネットワークの全部を改正しなければならなくなるが，その理由は，Avi-Yonahがいうように，比例税率や無制限貯蓄勘定（Unlimited Saving Account: USA）が他国において所得税とみなされるか否かが不明瞭であり，米国で課税された税が他国において外国税額控除を認められるか否かが不明瞭であるからである。発展途上国は，外国投資家に提供される減免税

が米国の国庫でなく，直接投資家の利益となるので，現行税制より好ましいと感じるであろうが，逆に，米国の外国税額控除を利用して，米国法人税率の水準まで自国の税率を引き上げることによって税収を確保することはできなくなる。米国税制が対外直接投資の魅力を高めるため望ましくない税の競争 (harmful tax competition) が起きるだろう。現行税制の全世界所得課税の下で，米国は米国市民，居住者および米国法人の外国所得について外国情報を収集することに利害関係を有し，外国との情報交換に関する合意をすることが，米国の租税条約ネットワーク拡大の基本目的の一つであったが，米国が領土主義課税に転換すると，このような動機が消失する。そうなれば，OECDなどが有害な税の競争を抑制するために努力してきたことが，水泡に帰すおそれがある。

第3 米国国際租税制度の大転換が行われた場合の影響

制度論としてみれば，米国ベース多国籍企業にとって米国国際租税法の基本原則である（ⅰ）全世界所得課税原則は（ⅱ）領土主義課税（国外所得免除）原則に比して，外国所得に対する外国税を米国の厳しい外国税額控除制度では必ずしも全額救済されないので，領土主義課税原則の国をベースとする多国籍企業との競争上不利であるとの判断は，多くの論者の一致するところであろう。しかし，国際課税の専門家筋としては，いやしくも多国籍企業であれば，各国税制の知識豊富な助言者によって，外国子会社所得の米国親会社への配当をしないで，当該外国所得に対する米国税の課税繰延等により国際的二重課税を回避しているので，あえて国外所得免除制度に切り替えなくとも，いわゆる「自力救済」(Self-Help) で事実上，国際的二重課税をこうむることのないように措置している。外国税額控除制度を廃止するならば，外国税ミキシング・スキームが利用できなくなるという不満の声もある。現在財務省で検討されている大統領諮問パネル勧告が，今後の政治的プロセスを通じてどのような形で立法化されるか，ということはいま予断できないが，仮にこの勧告どおり米国の国際租税制度改正が実現した場合には，米国市場および世界市場における各国ベー

ス多国籍企業の競争条件に大きい影響を及ぼすことになるであろう。どのような問題が惹起されるか。非常に多岐にわたる問題の発生が予想されるが、基本的な問題を拾い上げれば、次のような問題が起きると考えられるので、各国はその対処方針を決めなければならない。

1 米国の租税条約の改正

米国は、まず財務省モデル条約を改正するであろう。これをよく検討して、条約改正の準備をすべきである。その際、大統領パネル勧告による改正後のSITまたはGITによる課税が「所得税条約」の適用対象となる「所得税」として認めるかどうかを決定しなければならない。米国税を外国税額控除の控除対象税目とするか否かも決める必要がある。

2 国際的二重不課税の排除の必要性

従来の租税条約では主たる目的は国際的二重課税の防止または排除であるが、従来の租税条約で相互主義に基づいて源泉地国として認めた免税所得について米国の能動的事業所得に該当する場合には国際的二重不課税が発生することになるが、これを容認するかどうかを決めなければならない。

3 米国事業体の分類の変更

大統領パネル勧告ではすべての事業体を過去3年間の収入平均に基づいて（ⅰ）小規模事業、（ⅱ）中規模事業および（ⅲ）大規模事業に区分し、過去の法人の二段階課税を捨て、すべての事業体の一段階課税への改正を進めることとしている。現在のパススルー・エンティティまたはフロースルー・エンティティ（パートナーシップ、ＬＬＣおよびＳ法人）とされる大規模事業も改正後は事業体段階で課税されることになる。これらの事業体の課税上の取扱いについて、居住性判定基準を含め日本の対処方針を決めなければならない。

4　ソース・ルールの明確化

　米国の国外源泉所得免除が米国の「ソース・ルール」によって従来以上の緊張関係を惹き起こすであろう。これまでの租税条約ではOECDモデル条約に準拠して二国間条約でソース・ルールを規定しない場合が多いが，今後はその明確化が将来の紛争を避けるために必要となるであろう。

5　ソース・ルールへの租税回避スキームの重点の傾斜

　米国ベース多国籍企業の租税回避スキームの第1目標は，全世界所得のうち米国税の回避のため，外国源泉所得のウエートを高め，同時に米国源泉所得から「利益の抜き取り」により「米国所得」を減少させ，第2目標は，外国税の回避のため，外国源泉所得から「利益の抜き取り」により「外国所得」を減少させることになろう。

6　能動的事業取引とパッシブ取引との区分

　大統領諮問パネル勧告では能動的事業取引については国外所得免除，パッシブ取引については全世界所得課税とするので，租税回避スキームの焦点は「能動的事業所得」と「パッシブ所得」の区分に置かれる。日本にはこのような区分につき明確な規定がないが，今後の租税条約においては明確な判定基準を設ける必要がある。

7　金融取引

　大統領諮問パネル勧告では，金融取引の「利子」課税は，ＳＩＴでは大規模事業については米国で受取利子に課税され，支払利子は損金控除を認められるが，ＧＩＴでは大規模事業（金融機関を除く）については受取利子は非課税，支払利子は損金不算入とされる。
　国際課税では，従来の租税条約では配当および利子は投資所得として扱われてきたが，米国では勧告により外国子会社の能動的外国収益からの配当は米国

税を免除されるが，源泉地国である外国で損金として控除される支払（利子および使用料など）は一般に米国税を課される。これまでは実質的にはエクィティ・ファイナンスを法的にはデット・ファイナンスとするスキームが流行してきたが，デット・ファイナンスからエクィティ・ファイナンスへの回帰が起きるかどうか，注目される。ＧＩＴでは金融取引は課税の埒外に置かれるが，金融機関については元利インフローに課税され，元利アウトフローが控除される。金融取引に関する国際課税ルールの構築を急ぐ必要が生じる。

8　損失の取扱い

伝統的な租税回避スキームの手法は，（ⅰ）黒字企業への損失の移転と（ⅱ）赤字企業への所得の移転であり，これを防止する個別的否認規定が米国で開発されてきた。ＧＩＴでは，ネガティブ・キャッシュ・フローとポジティブ・キャッシュ・フローの付替えを防止する規定が必要であり，損失の還付の否定や企業間の損失のトレードの否定が行われる。

ＳＩＴでは領土主義課税原則を導入するので，米国は外国損失を考慮に入れなくなるが，従来「外国損失」とされた損失を米国の「国内損失」とする租税回避スキームが開発されることになる。日本法人は，米国支店や米国子会社の「外国損失」を日本を含む米国以外の国で控除できるようにする租税回避スキームを開発することが予想されるので，これに対抗する必要が生じるであろう。

9　米国側における移転価格課税の強化

米国は，ＳＩＴにより全世界所得課税から国外所得免除に原則を切り替えると，租税回避スキームの狙いは所得源泉地の変更や所得移転により米国の「国内所得」を「外国所得」に転換する方向にシフトするものと見込まれるので，移転価格調査の強化を図ることになる。この方向性は，論理的に導き出されるだけでなく，大統領諮問パネル報告書においても，「移転価格調査に専念する税務職員の増員が必要である」と明記している。

第 7 章　外国投資政策

10　米国ベース多国籍企業のタックス・ヘイブンの活用

　現行税制では，米国法人課税が基本的原則として二段階課税を採用し，外国子会社の所得の配当に対しても米国税を課するので，米国ベース多国籍企業はこのような本国償還税（repatriation tax）を嫌い，たとえ間接外国税額控除制度があっても，米国親会社に配当しなくなっている。そこで，サブパートF条項で，外国子会社の能動的事業所得に対しても，その未分配の時も，一定の米国株主（米国親会社）に合算課税することができることとしたが，これが米国ベース多国籍企業であることそれ自体が国際競争条件を相対的に不利になる原因であるという口実で，タックス・ヘイブンへの法人インバージョンの引金となった。大統領諮問パネル勧告は，このような状況を改善するため，米国ベース多国籍企業の外国支店および外国子会社の国外所得免除とこのような外国子会社からの配当についても米国税を免除することにした。このような措置によって，米国源泉所得の「利益の抜き取り」が防止されるかどうかは，不確実である。外国ベース多国籍企業が米国源泉所得の「利益の抜き取り」を行っている場合，米国市場における競争のためという口実で，米国ベース多国籍企業も類似の租税回避スキームでタックス・ヘイブンへの所得移転を図る可能性がある。米国としては，法人インバージョンの防止のみならず，CFCルールを簡単に緩和できるかどうか，なお問題である。

11　日本のタックス・ヘイブン対策税制の見直し

　米国が「国外所得免除」を導入する場合，日本は米国をタックス・ヘイブンとして取り扱うのかどうか。米国がタックス・ヘイブンとなる場合，その適用除外規定について見直す必要がないのかどうか。その基本的なガイダンスが迅速に明示されることが望ましい。

〔注〕

33) 1919年のパリ平和会議で成立した平和条約に基づいて1920年に発足した国際協力機関で，国際紛争の処理，軍縮，委任統治などの活動を行った。
34) 1945年に創設された国際機関で，平和と安全，基本的人権，経済的・社会的・文化的・人道的な問題の解決のための国際協力を目的とする。
35) 1994年に発効した米国，カナダおよびメキシコの自由貿易協定で，EUに相当する世界最大級の経済圏を形成している。
36) 資本投下する側から国際資本移動をとらえる概念で，対外投資と同義。戦前は間接投資が中心であったが，戦後は直接投資が増加している。
37) 外国からの対内投資をいう。
38) Michael J. Graetz and Michael M. O'Hearh, *The Original Intent of U.S. International Taxation,* 46 Duke L. J. 1021, 1997.
39) Thomas S. Adams, *Interstate and International Double Taxation, in Lectures on Taxation 101, 102* Roswell Magill ed., 1932.
40) Kristen Fullenkamp, *International Tax Reform: Oscillating Between Capital Import and Capital Export Neutrality* in Undergraduate Journal of Baylor University, The Pulse: Volume 2, No. 3, Spring 2005.
41) Michael. J. McIntyre, *Guidelines for Taxing International Capital Flows: The Legal Perspective* 46 National, Tax Journal 315−321, 1993.
42) R. Glenn Hubbard *Tax Policy and International Competitiveness in International Tax Policy Forum, Washington, D.C. December 9, 2002.*
43) Mihir A. Desai and James R. Hines Jr., *Evaluating International Tax Reform* National Tax Journal 56: 487−502. 2003.
　　Mihir A. Desai and James R. Hines Jr. *Old Rules and New Realties: Corporate Tax Policy in a Global Setting, October 2004.*
44) Matthew Haag and Andrew B. Lyon, *Optimality of the Foreign Tax Credit System: Separate vs. Overall Limitations, January 2004.*
45) Judy Scarabello, *The U.S. International Tax System and the Competitiveness of American Companies,* National Foreign Trade Council, April 20, 2005.
46) Michael Reilly, Andrew B. Breslow and Richard M. Hammer, *The U.S. Council for International Business Submits Comments to the President's Advisory Panel on Federal Tax Reform, June 10, 2005.*
47) Lee A. Sheppard, *U.S. Repatriation Amnesty and Other Bad Ideas*. Tax Notes International 8 September. 860〜6, 2003.
　　Lee A. Sheppard, *Do-It-Yourself Repatriation* Tax Notes. 18 October, 2004.
　　Kimberly A. Clausing, *Tax Holiday (and Other Escapes) in the American Jobs Creation Act,* National Tax Journal, September 2005.
　　Kimberly A. Clausing, *The Role of U.S. Tax Policy in Offshoring,* June 2005.
48) GAO *Tax Administration: Comparison of the Reported Tax Liabilities of Foreign*

第 7 章　外国投資政策

　　　And U. S. Controled Corporations, 1996―2000. GAO―04―358, February2004.
49)　Jim Saxton, *Reforming the U. S. Corporate Tax System to Increase Tax Competitiveness,* Joint Economic Committee, U. S. Congress, May 2005.
　　　David L. Brumbaugh, Gregg A. Esenwein and Jane G. Gravelle *Overview of the Federal Tax System* CRS Report for Congress (RL32808), Congressional Research Service, The Library of Congress, March10, 2005.
　　　John S. Irons, *Tax Reform Panel's Report Now in Treasury's Hands* November 1, 2005.
50)　Thomas Dalsgaard, *U. S. Tax Reform : An Overview of the Current Debate and Policy Options,* IMF Working Paper WP/05/138. July 2005.

第8章
産業政策税制（減価償却制度）

　日本では経済産業省が産業政策として多様な事業体の利用を進めている。平成9年の持株会社の解禁に始まり，合併法制の見直し（平成9年），株式交換・移転制度の創設（平成11年），会社分割制度の創設（平成12年）など組織再編の柔軟化，平成13年には金庫株の解禁，種類株式の弾力化，新株予約権の創設など株式制度の柔軟化，同年の監査役機能の強化，取締役責任の制限，平成14年の委員会等設置会社制度の創設など企業統治制度の多様化，平成17年の会社法の現代化により有限会社と株式会社の統合，合同会社制度の創設を図る一方，平成10年中小企業等投資有限責任組合（中小ベンチャーファンド）の創設，平成16年投資事業有限責任組合への改正，平成17年有限責任事業組合の創設を図っている。経済のグローバル化が進む中で日本においてフレキシブルな多様な事業体の利用を可能にする法制の整備は，産業政策の視点からきわめて望ましいことであるが，このような事業体を利用する者が投資事業有限責任組合の場合匿名であるため，組合員の課税逃れ，組合員の自己株式その他の資産の売買や賃貸などによる市場操作，マネーロンダリングなどに悪用されるとき，税法，証券取引法および組織犯罪処罰法などの公法の適用を阻害する面があるため，これらの当局への登録を義務づける必要がある。有限責任事業組合は，組合員の氏名または名称および住所を有限責任組合契約の絶対的記載事項とし，組合の登記事項としているので，投資事業有限責任組合に比して透明性があるといえるが，悪用する場合には法人を含む事業体の複層化を施すため，真実の組合員を把握するには，公法上の措置が必要である。この点，米国は，産業政策と租税政策を結合させ，私法でなく，税法において多様な事業体の課税上の取扱い

を定め，多様な事業体を自由に選択しそのフレキシビリティを利用できるようにするとともに，これを租税回避スキームに利用させない個別的否認規定と包括的否認規定を置いている。多様な事業体については，別稿を起こすことにする。

現在，米国の産業政策といえば，米国競争力評議会の報告書『イノベート・アメリカ』（通称パルミサーノ・レポート）が（ⅰ）人材育成，（ⅱ）投資，（ⅲ）インフラについて重要な提言を行っている。イノベーションは米国建国以来の「米国の魂」に深く根ざすものであるといい，パルミサーノ・レポートは，国家イノベーション教育戦略の策定，次世代イノベーターの創造，未開拓分野その他の科学領域の研究活動の活性化，起業家経済の振興，イノベーション成長戦略に関する国家戦略の制定とコンセンサスの醸成，および米国の製造能力の強化を提言した。ブッシュ政権は，2004年1月16日，「米国における製造業：米国製造業の課題に向けた包括的戦略」(Manufacturing in America: A Comprehensive Strategy to Address the Challenges to US Manufacturers) と題する報告書を発表し，米国製造業が直面している課題を特定し，その課題ごとに業種横断的な63項目の提言を行った。

米国の産業政策税制については，各個別の産業ごと，立地の地域ごとまたは商品ごとに検討しなければならないが，一般的な産業政策税制，これを広くとらえれば経済活性化税制といわれる税制は，（ⅰ）労働力供給促進税制，（ⅱ）設備投資促進税制，（ⅲ）研究開発促進税制，（ⅳ）人的資本形成促進税制に分類することができる。このうち研究開発促進税制については，次章で取り上げるが，本章では設備投資促進税制を取り上げる。その代表格は，減価償却制度と投資税額控除（投資政策税制ともみられる）および地域振興税制である。本章においては，まず減価償却制度を取り上げ，その歴史的変遷を概観した後，ブッシュ政権の政策を考察することとする。

第8章　産業政策税制（減価償却制度）

第1　米国減価償却制度の歴史的変遷と現行制度の概要

　投資奨励措置は，（ⅰ）投資支出の償却の迅速化，（ⅱ）投資補助金（subsidies for investment）による税額の相殺，（ⅲ）課税ベースからの投資の除外（課税ベースの所得から消費への転換）などに分れる。（ⅰ）の方法は1954年に導入された加速度償却であり，（ⅱ）の方法は1962年に導入された投資税額控除（investment tax credit：ITC）である。1913年以後の米国所得税の歴史において，プラント・設備に対する支出に係る課税上の取扱い（資本コストの回収制度または減価償却制度）を劇的に変化したのは，レーガン減税政策を立法化した1981年経済再生税法（the Economic Recovery Tax Act of 1981：ERTA1981）であった。これは，加速度コスト回収制度と10％のＩＴＣを採用した。これは，米国租税政策の方向転換を示すが，資本所得課税の分析に関する新しい概念のフレームワークを反映するものであった[51)52)]。それまでは，資本コストの回収（capital cost recovery）については，生産用資産の市場価値は特定の期間にわたり逓減するという「経済的減価償却」（economic depreciation）を，企業会計上の収益費用対応の原則に基づき，税法上も受け入れてきたが，ERTA 1981は，税法上，「経済的減価償却」概念を捨て，産業政策・投資政策の視点から加速度コスト回収制度（the Accelerated Cost Recovery System：ACRS）を創設したのである。ACRSは，企業投資の障害を排除し，資本形成（capital formation）を促進することを目的とする。レーガン租税政策としての減税政策は，需給ミスマッチの時に総需要の調整のため最も効果的なものであると評価された。ERTA 1981の基本思想は，租税は経済的インセンティブに大きい効果をもつというシンプルなものであり，これまでの租税政策の思想からの離脱を（ⅰ）税率の引下げと経済活動へのインセンティブと（ⅱ）所得課税から消費課税への事実上の転換という2点で示すものであった。1981年，1982年および1984年税制改正に伴い，さらに抜本的な所得税改正が必要であるという世論が起こり，1982年リセッション後の景気回復によって二大政党は強い米国経済には税率の引下げが不可欠である

と確信すると同時に，税法の複雑化と税法が米国経済に及ぼす歪み，特に多様な租税回避を誘発することを自覚するに至った。レーガン税制改革は，1986年税制改革法 (the Tax Reform Act of 1986) により，税率の引下げ（最高税率を個人については50％から28％に，法人については50％から35％に引き下げる）を行い，「税収中立」(revenue neutral) 型の税制改正とするという名目で各種の租税優遇措置を整理し，租税回避防止策として代替的ミニマムタックス (Alternative Minimum Taxes：AMT) を創設した。このとき，米国は租税原則の一つである「簡素」を犠牲にしたのである。その結果，米国企業の資本形成に係る租税の増税という事態を迎えた。以下に，減価償却制度の主要改正に焦点を合わせて，要約する。米国減価償却制度は，過去30数年間に数次にわたり改正された。その結果，現在，税法上，次の減価償却制度が適用される。

(ⅰ) 選択的種類別耐用年数制度 (the elective class life system) 1971年前に用に供された資産について，1970年後の減価償却費の計算に用いられる。

(ⅱ) 種類別耐用年数資産減価償却幅制度 (the Class Life Asset Depreciation Range System：ADRS) 1981年前の減価償却の一般方法を適用される資産であって，資産減価償却幅制度 (ADRS) を選択したものについて，用いられる。

(ⅲ) 一般的減価償却制度 1981年前に用に供された資産または1980年後に用に供された資産であって ACRS または MACRS を適用できないものについて，用いられる。

(ⅳ) 加速度コスト回収制度 (the Accelerated Cost Recovery System：ACRS) 1980年後1987年前に用に供された資産について，用いられる。

(ⅴ) 修正加速度コスト回収制度 (the Modified Accelerated Cost Recovery System：MACRS) 1986年後に用に供された資産について，用いられる。

1　ADRS

1970年後1981年前に用に供された有形資産について ADRS を適用する場合，1980年後の減価償却費の計算は，ADRS によることとされる。すべての有形

第8章　産業政策税制（減価償却制度）

資産は，特定の種類に分類され，種類ごとに耐用年数（a class life＝asset guideline period）が定められる。各種類の資産（土地改良および建物を除く）には，耐用年数に上下20％の資産減価償却幅（asset depreciation range）が認められる。納税者は，この幅の中で具体的な減価償却期間を選択することができる。

2　一般的減価償却方法（ＩＲＣ167）

1981年前に用に供された資産および（ⅱ）MACRSまたはACRSが適用できない資産について，次の一般的減価償却方法（ＩＲＣ167）が適用される。
（ⅰ）　定　額　法（the straight-line method）
（ⅱ）　定　率　法（the declining-balance method）
（ⅲ）　級　数　法（the sum of the years-digits method）
（ⅳ）　200％定率法（double declining-balance method）
（ⅴ）　150％定率法（150% declining-balance method）
（ⅵ）　その他の方法に，機械使用時間法（machine-hour method），生産単位法（unit-production method），予想収益法（income-forecast method），スライディング・スケール法（sliding-scale method）がある。

3　ＡＣＲＳ

ACRSは，1980年後1987年前に用に供された大部分の有形資産の減価償却費の計算に用いられる。1986年後に用に供された資産であっても，一定の資産はACRSが適用される。ACRSによれば，有形資産の減価償却費は，特定の回収期間にわたり，当該資産の未調整ベーシスに法定償却率を乗じて算定される。残存価値（salvage value）は，無視される。

(1)　**適 格 資 産**

1980年後1987年前に用に供された有形資産であって，営業もしくは事業において用いられ，または所得の稼得のために用いられるものは，ACRSの適格資産である。

(2) 減価償却期間

ACRS適格資産のコストの減価償却期間は，当該資産の種類に応じて，3年，5年，10年，15年，18年または19年とされる。

4　MACRS

MACRSは，1986年後に用に供された大部分の有形資産に適用される。MACRSによれば，有形資産の減価償却費は，法定回収期間とコンベンションを用いて算定される。減価償却方法と減価償却期間は，新資産と中古資産の双方につき，同一であり，残存価値は，無視される。MACRSは，(ⅰ) 一般的減価償却制度 (the General Depreciation System：GDS) と (ⅱ) 代替的減価償却制度 (the Alternative Depreciation System：ADS) に分れるが，ＡＤＳが特に要求されるかまたは納税者がこれを選択しない限り，ＧＤＳが適用される。MACRS資産は，特定の種類の資産に分類され，その種類に応じて，減価償却期間が定められる。

(1) ＡＤＳ

一定の種類の資産については，ＡＤＳを用いなければならない。ＡＤＳによれば，減価償却費は，定額法 (残存価値を問わない)，それぞれの種類の資産に適用されるコンベンションおよびＡＤＳ回収期間を適用して算定される。納税者は，ＡＤＳを選択することができる。

(2) 定額法 MACRS 選択

納税者は，通常のMACRS (GDS) の代りに定額法 MACRS を選択することができる。

(3) ＩＲＣ179の選択

納税者 (信託，遺産財団または一定の非法人貸主を除く) は，減価償却の代りに，適格資産のコストを一括損金算入することを選択できる。2001年および2002年に開始する課税年度においては，損金算入限度額は，一般に24,000ドルであり，2003年ないし2007年においては，損金算入限度額は，100,000ドルに増額され，2008年以後に開始する課税年度においては，損金算入限度額は，25,000ドルに

減額される。

(4) MACRS 割増減価償却 (bonus depreciation)

回収期間が20年以下である新しい MACRS 資産は，ＩＲＣ179の損金算入額の控除後のコストその他のベーシスの30%または50%に相当する追加初年度減価償却 (an additional first-year depreciation allowance) を適用される。当該資産は，2001年9月10日後に取得され，2005年1月1日前に用に供されたものであることとされる。

(5) MACRS 減価償却期間

MACRS 資産の減価償却期間は，その資産の種類に応じて，3年，5年，7年，10年，15年，20年，27.5年，31.5年，39年，または50年とされる。

(6) MACRS 減価償却方法

MACRS 減価償却資産のコストは，（ⅰ）適用される減価償却方法，（ⅱ）適用される回収期間，（ⅲ）適用されるコンベンションを用いて回収される。

第2 レーガン政権の設備投資促進税制

ERTA 1981でレーガン減税政策の中心は，加速度コスト回収制度（ACRS）と投資税額控除制度（ITC）の導入であった。その歴史的背景をみると，1970年代後半における米国経済の生産性の低下の原因は，その設備投資の水準がＧＤＰ比10〜13%と低く，インフレの進行によって抑制的に作用していた。すなわち，インフレ期に通常の企業会計の減価償却制度に基づいて課税すれば，減価償却費の実質価値は減価するため，償却不足が生じ，これが課税上の利益となり，実質税率が引上げられる。インフレが設備投資に及ぼす悪影響を抑制するには，減価償却資産のコストを物価指数変動に合わせて調整する方法があるが，インフレの影響は利子やキャピタル・ゲインにも及び，きわめて複雑な税制となる。そこで，米国議会は，費用収益対応の原則により耐用年数の決定と償却方法の選択を重視して適正な所得を算定するという思想を捨て，政策減税のためにコスト回収期間の短縮を選択することにした。

1 設備投資促進税制の理論

設備投資促進税制の理論的根拠としては,（i）法人税率の引下げより投資促進効果をもつこと,（ii）法人税率引下げより財政負担が小さいこと,（iii）他の資本ストックへの課税に影響しないこと,（iv）設備ストックの課税と住宅・無形資産等の課税の均衡を図る必要があること,（v）設備投資に含まれる技術等のスピルオーバーを期待できること,などがあげられる。しかし,優遇措置に対する一般的な批判が,租税中立性の問題について生じる。すなわち,設備投資促進税制は,特定の産業・企業を優遇することによって,効率的な投資配分を人為的に歪め,還付方式でない限り,新設法人や赤字法人にインセンティブ効果を有しない。設備投資促進税制の功罪に関する議論は,次のように要約される。

(1) 設備投資促進税制のプラス効果

そのプラス効果としては,法人税の限界実効税率の引下げにより,資本コストが低下し,設備投資が促進されることが指摘される。

(2) 設備投資促進税制のマイナス効果

そのマイナス効果としては,税負担の公平が阻害され,資源配分が歪められ,景気循環の歪みが大きくなることが指摘される。

黒字法人でも法人所得税の実効税率がゼロ以下となり,納税ゼロの大企業が多数発生することとなり,ACRSとITCなどのループホールの存在によって表面税率と実効税率との差が大きくなったことから,税負担の公平に関して批判が出た。特に,資源配分の歪みについては,ACRSが「機械設備等」の優遇措置が差別的に大きいため,建物やハイテク設備等の耐用年数の短いものに対する投資が相対的に不利に扱われ,設備の種類による実効税率の差異を反映して,各産業間の実効税率の差異が生じた。

2 1986年税制改革

レーガン政権は,1986年税制改革法（Tax Reform Act of 1986）により,設備

第8章　産業政策税制（減価償却制度）

投資税制の改革を行った。ERTA 1981によるACRSおよびＩＴＣの導入は，特定の産業・企業の資本コストを引き下げ，産業，企業，資金調達方法に応じて与えたインセンティブが異なるものとなり，資源配分の歪みを生じることになったので，これを修正する必要が生じた。税制改革の動きは，1983年の上院議員BradleyとGephardt下院議員の公正税法(Fair Tax Act)，1984年財務省報告書「公正，簡素，経済成長のための税制改革」(Tax Reform for Fairness, Simplicity and Economic Growth) を公表した。財務省の改正案は，（ⅰ）法人税率の33％への引下げ，（ⅱ）ＩＴＣの廃止，（ⅲ）ACRSの廃止，（ⅳ）新しい実質コスト回収制度 (Real Cost Recovery System：RCRS) の導入を内容とするものであった。RCRSは，減価償却資産を7区分の減価償却期間（5年，8年，12年，17年，25年，38年，63年）に分類し，未償却残高にインデクセーションを導入することによって，ADRSへの回帰を志向するものであった。当初，「公正・簡素」の原則による改正を狙っていたが，大統領案，上下両院案，最終法案と政治プロセスを経るにつれ，「経済成長」志向が強くなっていった。財務省案のRCRS減価償却期間は企業会計の経済的減価償却に近い中立的減価償却制度を描いていたが，下院案の投資減価償却制度 (Investment Depreciation System：IDS)，上院案，最終法案の修正案は，加速度償却制度に近いMACRSになった。

ＩＴＣは廃止することになった。このような経過で1986年10月に1986年税制改革法が成立したのである。MACRSは，減価償却資産を8区分の減価償却期間（3年，5年，7年，10年，15年，20年，27.5年，31.5年）に分類し，3～10年資産には200％定率法，15年資産と20年資産には150％定率法，27.5年資産と31.5資産には定額法の適用をすることとした。MACRSは，ACRSに比して加速度を緩やかにし，実効税率は上昇させることにした。その結果，実効税率の資産間格差が縮小し，資源配分に対する税制の中立性が修正され，税収の増加を生じることになった。

第3　2000年財務省研究報告・勧告

　1998年租税・営業救済延長法 (the Tax and Trade Relief Extension Act of 1998: P.L.105-277) 2022条により財務長官はＩＲＣ168の回収期間および減価償却方法の包括的研究を行い，より合理的な方法でこれらを決定することに関する勧告をするよう命じられ，2000年7月28日，財務省は下院歳入委員会および上院財政委員会に『減価償却回収期間および方法に関する報告書』(the Report to the Congress on Depreciation Recovery Periods and Methods) を提出した。この報告書は，7章（第1章序論・概要，第2章減価償却と所得計算，第3章現行法の資本コスト回収，第4章現行コスト回収制度の評価，第5章包括的改革，第6章税法上の減価償却の問題，第7章税法上の減価償却の問題の要約）から成る。米国では，1986年税制改革法以後，加速度償却をめぐる議論は活発でなく，現在の償却期間はおおむね経済的償却期間に合っているという見方もあるが，そうであろうか。本章は，2000年財務省研究報告・勧告を取り上げ，ブッシュ政権の下で，どのような問題意識で減価償却制度に取り組んでいるかを考察する。

1　現行コスト回収制度の評価

　本稿では，まず報告書第4章の主たる内容をみる。ここでは，現行コスト回収制度の特徴が資本所得課税に及ぼす影響について，(ⅰ) 現行税法が経済的減価償却 (economic depreciation) に基づく控除をいかに反映しているか，(ⅱ) 経済的減価償却からの逸脱が資本所得課税の水準と分配にいかに影響しているか，(ⅲ) 現行税法の経済的減価償却からの逸脱をいかに正当化できるか，という問題に焦点を合わせる。

(1)　所得計算の一般的な問題
①　期間ベースの法定控除

　減価償却資産について，現行コスト回収控除は，資産は期間にわたり一定の割合で減価すると仮定する。この割合は，各納税者の現実または予想の経済条

件とは独立に定められる。このため,現行減価償却費控除は,経済的減価償却の概念から逸脱する。MARCS は,特定の期間ベースのコスト回収控除である。多くの資産の減価償却は,使用頻度により速くなるか遅くなるが,現行税法は減価償却の適用上使用頻度を考慮に入れない。

② コスト回収控除のベーシスとしての活動と資産の種類

資産は,これを使用する産業または経済活動の相違にかかわらず,減価償却につき同一の取扱いを受ける。この資産には,商業上,産業上および居住用の構造物および設備が含まれる。多くの種類の設備について,減価償却費控除は,資産の種類でなく,これを使用する産業活動による。資産の種類でなく,資産を使用する産業によりコスト回収控除を行うことは,所得計算,税務行政およびタックス・コンプライアンスに不明瞭な効果を及ぼす。活動ベースの制度は,資産を使用する活動に応じて減価償却する範囲で所得計算をより正確にするが,同一の経済的減価償却率の資産が産業別に税法上異なる扱いをされ,異なる経済的減価償却率の資産が一活動において税法上同一の控除を受ける範囲で,所得計算の算定を誤る可能性がある。それにもかかわらず,産業の平均の活動ベースの制度が正確であれば,当該産業の資産の減価償却総計は正確な所得計算を可能にする。現行の混合制度は,活動ベースで償却される資産とそれ以外の資産を正確に区別する限り,適切なものである。資産ベースでなく,活動ベースでもない制度は,税制簡素化に役立つようにみえる。

(2) 現行税法の資本コスト回収制度の経験的評価

現行のコスト回収制度の経験的評価には,経済的減価償却の概算が必要である。広範な資産につき,継続的な減価級数割合によって経済的減価償却の近似値が算定される。資本所得課税の経験的経済分析において,Hulten and Wykoff, Jorgenson and Sullivan の級数的償却率が用いられた[53]。この分析の推計には重要な弱点があったにもかかわらず,この推計が経験的減価償却に関して入手できる最善の証拠であるが,35種類の減価償却資産について財務省租税分析室 (Office of Tax Analysis) は,インフレ率による経済的減価償却費の比較表 (A Comparison of Tax Allowance with Economic Depreciation at Various Inflation Rates)

を公表した。この比較表は，Jorgenson and Sullivan の資産ＡＤＲに基づいた MACRS による資産分類を行い，各資産の経済的減価償却の割引現在価値と税法上の減価償却を比較している。税法上の減価償却はインフレのインデクセーションをしていないが，経済的減価償却について，（ⅰ）インフレがない場合，（ⅱ）３％のインフレの場合，（ⅲ）６％のインフレの場合を想定して，推計している。経済的減価償却はインフレのインデクセーションをするが，税法上の減価償却は歴史的な取得原価に基づくので，その加速度はインフレ率が上昇すれば低下する。資産の減価償却の加速度の差異は，必ずしも課税の歪みを示すとは限らない。すべての資産に同一の税負担を課すためには，耐用年数の短い資産より長い資産に大きい加速度を与えなければ，インセンティブにならない。現行税法は，すべての投資に対し統一的な課税をするため減価償却に差をつける制度になっていない。この比較表は，税法上の減価償却が必ずしも正確に経済的減価償却を測定せず，また，統一的な投資インセンティブを与えるものでもないことを示す。概して税法上の減価償却は経済的減価償却より寛大である。資本コストは，投資の決定に対する租税の効果をより完全に測定する尺度である。資本コストの情報は，限界実効税率（a marginal effective tax rate）として表現される。限界実効税率は，経済的所得（economic income）に適用すれば，インセンティブ効果をもつ税率である[54]。税制が経済的所得の測定と課税に成功すれば，投資家の実効税率は法定税率に等しくなる。税法上の減価償却が経済的減価償却に関連して加速される範囲で，実効税率は法定税率を下回るが，逆に税法上の減価償却が経済的減価償却より遅い範囲で，実効税率は法定税率を上回る。税制がすべての投資に統一的な限界実効税率を課す程度を中立とすると，経済的所得に課税する税制は，すべての投資所得に法定税率で課税することになるので，完全に中立的である。異なる投資に異なる限界実効税率を適用する非中立的な税制を起点とすれば，投資の限界実効税率の差異を減らす範囲で，中立性を達成する税法改正が必要になる。中立性は，資本コストを用いて測定される。すべての投資が同一の限界実効税率で課税されるならば，すべての資産の資本コストは同一であり，資本コストの差異は課税上の取扱い

の差異を反映する。財務省は，37種類の資産ごとに投資の資本コストと限界実効税率を示した。

2　包括的改革案

現行制度の改正と，MACRSを放棄して抜本的に異なるコスト回収制度を創設する2案が議論されている。主な議論としては，(ⅰ) 経済的減価償却の推計に基づくスケジュールの使用への転換，(ⅱ) インフレーション・インデクセーション，(ⅲ) マーク・トゥ・マーケット・ルール，(ⅳ) 帳簿上の減価償却，(ⅴ) 事実と状況ベースの減価償却などがある。

(1) 経済的減価償却への転換

① 実施上の問題

経済的減価償却の推計に基づく包括的な改革は，過去に提案され，ある程度，実施されている。例えば，1984年税制改革案に含まれているが，当時は否定され，MACRSが採用された。MACRSは，1986年前に比較すれば，経済的減価償却へのステップを表している[55]。1986年税制改革法におけるMACRSとITCの廃止は，コスト回収制度を実質的に経済的減価償却に近づけ，選択的な投資課税の差異を減らすことにより税制の中立性を改善したといえる。とはいえ，MACRSは経済的減価償却に似たものでなく，各資産に統一的なインセンティブを与えるものではないので，純粋な租税政策と効率の観点から，もっと包括的な改革が望ましい。経済的減価償却を達成する他の方法は，経済的減価償却の推計に基づくスケジュールである。この方法は，納税者の状況を反映するために変化しない一定の減価償却スケジュールを一定の種類のすべての資産に適用する方法であり，減価償却を個々の投資に適合させる可能性を生じないが，平均的に経済的減価償却に非常に近い減価償却を行うフレキシブルな方法である。この簡易な方法も「各種の投資の全体について，平均的でさえ，経済的減価償却率の確実性が分らないこと」は問題である。個別の資産に固有の償却率を定めるのでなく，資産を広範な種類にグループ化する方法は，執行が容易になるので，財務省の1984年税制改革案でも採用していた。また，経済

的減価償却への転換は,資産ベース減価償却制度への転換であるので,別の問題が生じる。これは,米国減価償却政策の変更である。経済的減価償却の推計は,個別の資産に焦点を合わせ,これを使用する産業活動による減価償却を区別しない。経済的減価償却への移行案は,活動ベースでなく,資産ベースであった。異質の資産の償却率の産業別の差異は,資産の価額から生ずる証拠で支えることは困難である。広範な資産の活動ベースの推計は,資産の価額以外のデータに基づく減価償却の経験的な調査によって支えられる。活動ベースの制度を資産ベースの制度に転換することが,税制の改善につながるとは限らないのである。また,経済的減価償却への転換は,インフレ・インデクセーションに関係する。インデクセーションの問題は,インデックスされない支払利子と高度のデット・ファイナンスの結合における非中立的な加速度減価償却制度のインデックスから生じる。

② **資本コストおよび実効税率に対する効果**

財務省は,経済的減価償却の資本コストおよび限界実効税率に対する効果を公表した。これには,（ⅰ）現行税法による計算と（ⅱ）経済的減価償却への転換案による計算が示されている。現行税法による減価償却は経済的減価償却より加速されているので,経済的減価償却への転換によって平均実効税率は上昇する。資本課税の変更をしない場合,すべての資産につき経済的減価償却をすれば,資本に対する平均実効税率は3.5％ポイント上昇する。経済的減価償却への転換それ自体は,貯蓄・投資の総合的インセンティブを減ずることになる。経済的減価償却は事業用資産と持家との間の選択の利益につき税制の中立性を削ぐが,事業投資の実効税率を引き上げ,同時に持家その他の軽課される資産の課税上の有利さを増し,他の利益につき租税の中立性を促進する。経済的減価償却は,法人投資と非法人投資との選択の利益につき税制の中立性を削ぐ。税制の中立性は効率の同義語ではなく,資本コストの標準偏差は税制改革による効率の向上を計算する代理概念ではない。効率の向上は,租税の差異とその差異への対応による。資本コストの標準偏差の変化は,経済効率の変化を示唆するが,その決定的な証拠にはならない。

③ 経済的減価償却と一部即時損金算入

事業投資の経済的所得に課税することは，貯蓄・投資に十分な課税上のインセンティブを提供することと矛盾する。現行の加速度償却は，事業部門内で差異のある実効税率に影響するので，事業投資の租税コストを減らすことによって，非効率な方法で，この問題に対応している。財務省の1984年改革案によって経済的減価償却と一部即時損金算入を結合することは，事業投資の租税コストを減らすより効率的な方法である。その理由は，すべての事業投資コストの常分数を即時損金算入することは，すべての実効税率を比例的に減らし，統一的，中立的な投資インセンティブを提供するからである。

(2) インフレ・インデクセーション

所得を適正に計算し，または加速度減価償却の利益がインフレ率によって影響されないように，減価償却費はインフレ率に比例して上昇する。現行の減価償却制度は，資産の歴史的取得減価に基づいており，インフレによる調整は行われない。減価償却費をインフレ率で上方調整することは，減価償却のインフレ・インデクセーションと呼ばれる。減価償却のインフレ・インデクセーションは，所得計算の観点から長所を認められるが，必ずしも人気のある税制改正とはみられず，利子フローのインデクセーションをせずに減価償却のインデクセーションをすれば，タックス・シェルターとして利用されることになる。

① 減価償却のインデクセーションの長所

減価償却のインデクセーションには多くの長所がある。その主たるものは，(ⅰ) 租税中立性の促進と (ⅱ) インフレが資本所得の総合的な限界実効税率を不当に引上げないようにすることができることである。

② インデクセーションの方法

減価償却のインデクセーションは，インデックスされない減価償却費に資産をその用に供した時からの一般的な物価水準の累積変化を表す要素を乗じることによる。インデックスされる控除の現在価値と控除のインセンティブ価値は，インデックスにおける一般的に予想されたインフレとは独立のものになる。別のインデクセーションの方法は，各会計期間のインデックスされた資産ベーシ

スを計算し，インデックスされたベーシスに適切な償却率を乗じる方法である。インデックスされた調整ベーシスは，インデックスされない控除に基づく減価償却調整を用いてインデックスされない調整ベーシスを計算し，この結果に累積インフレ要素を乗じて算定される。

③ 減価償却インデクセーションの問題点

減価償却インデクセーションを認めると，相当の税収ロスが生じる。これが，財務省の1984年税制改正案が米国議会で否定された理由である。このほか，税制の複雑化も問題である。減価償却資産に係る損益は，インフレによってインデックスされないが，インデックスされるベーシスとインデックスされないベーシスの別々の会計が必要になる。

減価償却インデクセーションによって税制と私的契約のより一般的なインデクセーションが行われ，マクロ経済の安定に寄与するが，低インフレの公的圧力を減じ，高インフレを惹き起こす政策に移行すれば，国民経済福祉にマイナスの効果を生じるのではないかという懸念がある。また，他の課税所得の測定に配慮しないインデクセーションについては，インデックスされない利子と非中立的の加速度減価償却制度により，インデクセーションは所得計算と所得課税の改善にはならないという批判もある。デット・ファイナンスとエクィティ・ファイナンスの比率などの一定のキーパラメーターは，重要な問題の存在を示す。デット・エクィティ比率の増加により法人投資の租税コストは低下し，減価償却のインフレ・インデクセーションの結論は影響される。デット・ファイナンスによる法人投資は，エクィティ・ファイナンスより課税上有利とされる。この有利性は，利子フローがインフレ・インデクセーションの対象とされないので，増加する。減価償却のインフレ・インデクセーションは，タックス・シェルターを有利にするという問題がある。加速度減価償却とデット・ファイナンスの結合によって，実効税率は非常に低くなり，またはネガテイブになる。

④ インデクセーションの代用としての加速度減価償却

過去においては，加速度減価償却がインフレ・インデクセーションの方法と

して部分的に正当化された。加速度償却は納税者とIRSにとって簡素であるので，執行が容易であるとみられる。

⑤ インデクセーションの代用としての初年度控除

Auerbach and Jorgensonは，1980年に減価償却控除の現在割引価値に相当する即時償却（an immediate write-off）を認めることによって，減価償却のインデクセーションを行う提案をした。その当初案は，経済的減価償却であったが，初年度控除の増加によって投資インセンティブが提案された。提案は，初年度に全額控除を認めることにより，インフレ防止策となっている。問題は，減価償却が現実の割引率によることである。

(3) マーク・トウ・マーケット制度の導入

減価償却のマーク・トウ・マーケット法は，所得を正確に計算することを可能にする。この方法では，各資産ベーシスは，各課税年度末の市場価値（market value）に等しいとされ，前課税年度の資産ベーシスは一般的なインフレを考慮に入れて調整され，その結果としてインフレ・インデックスされたベーシスの変化は損益とされる。この結果は，資産価値の変化に伴う経済的所得の測定である。実務的には，マーク・トウ・マーケットには，経済的減価償却を行う手段として次の二つの困難がある。

(i) 生産用資産の市場がほとんど存在しないこと

(ii) 資産の現実の価値の合計（減価償却と再評価を含む）を測定すること

(4) 税法上の減価償却と財務上の減価償却の一致

多くの企業は，財務報告と税務申告のために，所得計算を行うため，財務会計と税務会計を行う。企業に税法上の減価償却を財務上（帳簿上）の減価償却に一致させることを認めるならば，管理コストが減ることになる。財務上の減価償却が税法上の減価償却より正確な所得計算に役立つ限り，所得計算は改善され，納税者とIRSの紛争は減ることになる。しかし，財務会計と税務会計との相違点は多く，たとえ税法上の減価償却と財務上の減価償却を一致させたとしても，企業は二重の会計処理を続けなければならない。

税務紛争は，IRSが企業の減価償却の期間と方法を常に受け入れる場合に

は排除されるが,そのようなことはあり得ない。また,税法上の減価償却として財務会計を採用することが所得計算の改善になるかどうかは,明瞭ではない。

(5) 事業投資の即時損金算入

減価償却改革の代替方法は,購入年度に投資コスト全額の即時損金算入を認容する方法である。事業投資の即時損金算入は,米国税制を所得ベース課税から消費ベース課税に変えることになる。即時損金算入は,現行税制に比較して,ベネフィットとコストの双方につき,潜在的な可能性を与える。ベネフィットは,限界実効税率を引き下げ,貯蓄・投資のインセンティブを改善することであり,代替的投資に対する租税の差を減らし,米国資本ストックの生産性を改善する。投資コストの全部を即時に回収し,将来のインフレ率と独立の現在価値をもつので,即時損金算入は適格投資のコスト回収とキャピタル・ゲインのインフレ・インデクセーションを効果的に行い,税法上の減価償却費を適正に決定することに伴うコンプライアンス・コストその他の管理コストを排除し,税制の簡素化を行うことになる。この方法は,大部分の資本所得は高額所得者が稼得するものであるから,税制の累進性が減少し,最も富める納税者の大幅減税となり,多額の税収ロスを生じる。デット・ファイナンスと結合すれば,実効税率がネガティブとなり,または折り紙つきのタックス・シェルターとなる。適格事業用資産の投資に非適格事業用資産の投資に比較して税法上のベネフィットを与える。即時損金算入は,税法上の控除を最大化する企業の合併・買収を促進する。

第4　一時的投資優遇措置 (割増償却)

ブッシュ政権は,次の4大税制改正を行った。
(i) 2001年経済成長租税救済調整法 (the Economic Growth and Tax Relief Reconciliation Act of 2001:EGTRRA)
(ii) 2002年雇用創出・労働者支援法 (the Job Creation and Worker Assistance Act of 2002:JCWAA)

(iii) 2003年雇用・成長租税救済調整法 (the Jobs and Growth Tax Relief Reconciliation Act of 2003:JGTRRA)
(iv) 2004年米国雇用創出法 (the American Job Creation Act of 2004:AJCA)

ブッシュ政権の減税政策の税収ロスの規模からみれば，EGTRRA（1兆3,000億ドル），JGTRRA（3,500億ドル），JCWAA（400億ドル）の中で，加速度減価償却による減税は，JCWAAおよびJGTRRAにみられる。ミシガン大学のChristopher L. House and Matthew D. Shapiroの『一時的租税優遇措置：理論と割増償却の証拠』(Temporary Investment Tax Incentives:Theory with Evidence from Bonus Depreciation) は，投資奨励措置に影響する租税の一時的な変化についての一般均衡分析を行い，一時的な投資優遇措置につき，次の結論を導出した。

（ⅰ） 投資財の供給が短期的に弾力的である場合，投資量はこの政策に劇的に反応する。

（ⅱ） 一時的な租税の変化は，投資財の税引前の影の価格 (shadow price) の変化を相殺することに伴う。均衡において，投資財のフローサプライの弾力性にかかわらず，投資財の税引前の影の価格が租税補助金 (tax sub-sidy) でone-for-oneに動くに違いない。供給の弾力性にかかわらず，同額の価格上昇が起きるので，一時的な租税優遇措置に次ぐ価格上昇を観察しても，投資供給の弾力性がないことを明らかにするものではない。観察された市場価格は，租税補助金の一部分を反映する。資本の影の価格には企業の内外のコストが含まれるので，観察される市場価格の上昇は，租税優遇措置の規模だけである。投資供給の弾力性は，量の均衡決定に関係する。両氏は，その理論を2002年法案および2003年法案の投資データによって検証した。

2002年法案では，企業は投資の30％を即時損金算入し，残りの70％を現行の加速度減価償却スケジュールで減価償却することができることとし，2003年法案では，即時損金算入の割合を50％に引上げた。この割増償却政策の経済効果は，顕著であり，米国ＧＤＰを100～200億ドル引き上げ，10万～20万の雇用創

出が見込まれた。

1 MACRS

税法では減価償却費は MACRS により控除され，各種の資産ごとにコスト回収期間と減価償却方法が定められている。回収期間は，投資コストの名目価値の全額を控除できる期間であるが，投資ごとに相当異なるものであり，おおむね資産の生産期間に対応するものとなっている。

2 2002年法案と2003年法案の割増償却

2002年3月9日にブッシュ大統領が署名した JCWAA は，事業の税負担の軽減と投資の奨励を主目的としていた。この目的のため，この2002年法案は一定の種類の事業投資に係る減価償却の増加という形をとり，初年度割増償却を30%としたが，2003年 JGTRRA は，さらに初年度割増償却を50%に引上げた。

割増償却の適格要件は，(ⅰ) MACRS により減価償却されること，(ⅱ) 回収期間が20年以下であること，および (ⅲ) 2001年9月11日後2005年1月1日前にその用に供されることである。資本所得の適用税率が35%（法人税率）であると仮定して割増償却による実効租税補助金をみると，回収期間が短い資産については投資補助金は小さいが，5年資産については50%の割増償却は投資コストを2.88%だけ引下げ，20年資産については補助金は8%〜10%になる。これ以上長い回収期間については，減価償却の現在割引価値は実質的に1未満となり，割増償却の価値は大きくなる。名目金利が大きくなれば，割増償却の価値は大きくなる。2004年9月28日，Christopher L. House and Matthew D. Shapiro は，上述の論文「一時的投資租税優遇措置：理論と割増償却の証拠」(Temporary Investment Tax Incentives: Theory with Evidence from Bonus Depreciation) において，資本蓄積の基本的な新古典派投資理論のモデルにより，割増償却，一時的投資優遇措置および現行租税政策を検証し，次のような結論を下している。

(ⅰ) 一時的租税優遇措置は，資本需要を変更しないが，資本取得のタイミ

第8章　産業政策税制（減価償却制度）

グを変える。
(ii)　一時的租税優遇措置は，非常に強いので，一時的な税制改正に関し，長期投資財の影の価格は，投資供給の弾力性にかかわらず，租税補助金を十分に反映する。
(iii)　明瞭に一時的租税優遇措置に従って長期資本財の価格が上昇すると述べることは，当該投資財の弾力性が小さいことを示唆するものではない。一時的な減税に対応して，供給の弾力性は，数量データのみから推測される。
(iv)　価格は投資供給の弾力性を示さないが，価格データは投資の内部コストと外部コストの比較を表すことができる。課税前価格が部分的に補助金を反映するならば，投資コストの相当部分は企業の内部コストである。
(v)　割増償却は，投資構成に強い影響を与える。この政策の恩恵を受ける資本，耐用年数の長い設備に対する投資は急増する。
(vi)　投資に対する効果は大きいが，この政策の総雇用および総生産に対する効果は小規模である。
(vii)　割増償却の期限切れによって投資は急減し，雇用・生産は緩やかな減少を示す。

3　財務省の方針

　財務省租税政策担当長官補パメラ・オールソンは，2003年7月15日，上院財政委員会において国際租税政策と競争力に関し，減価償却制度について次のように証言した。
　「現行減価償却制度を評価し直す価値がある。コスト回収期間と方法に関する2000年財務省報告書は，税法上の減価償却制度に関する多数の問題を指摘した。各問題は，税制改正すべき可能な道を示すとともに，現行制度が概念的な理論的根拠を欠如していることも示している。例えば，現行制度は，インフレ・インデックスの経済的減価償却を反映していない。このため，税法上の減価償却は所得を適正に計算する精度とすべての資産に対し統一的な投資インセンティブを与える制度から著しく逸脱している。

減価償却政策の次の問題は,現行制度の陳腐化である。回収期間の割当のベーシスとされる資産の種類別耐用年数は,1981年以後改正されていないため,大部分の分類が1962年のものである。その間,全く新しい産業が発展し,既成産業の生産工程も変化している。また,現行制度は,各資産のコスト回収期間の決定が不明瞭である。この不明瞭さから執行上の問題を生じ,新しい資産と活動に現行制度を合理的に適用することが困難になっている。最後に,不動産の回収期間の決定,建物の部分の用途廃止に係る損失の認識,経済的耐用年数と税法上の耐用年数との関係を歪めるコスト回収期間に係る疑義などの議論によって現行制度の執行が妨げられている」この証言の意味は,減価償却制度を含む事業課税のあり方についてさらなる改正の必要性を示唆することであった。

第5 税法上の減価償却が資産の所在地と所有に及ぼす影響

企業は,米国内で製造するか,海外で製造するか,自社で製造するか,社外で製造するかについて,選択肢のコスト・アンド・ベネフィットを考慮に入れて決定する。この決定には,米国法人が自己の資産の所在地を米国内とするか海外とするかによって異なる米国税法上の減価償却のもつ効果を考慮に入れなければならない。所在地の決定には,国際租税法の知識が必要である。従来の研究も,資産の国際的な配置(world-wide facility location options)については,為替変動のほか,利益の源泉地国の法人税率の比較程度の考慮しか払っていない。しかし,Joseph C. Hartman, Stephen L. Liedtka and Lawrence V. Snyderは,『米国税法上の減価償却法の資産所在地および所有決定に対する影響』(The Impact of US Tax Depreciation Law on Asset Location and Ownership Decisions)を公表した(2005年9月)ので,その分析に沿って重要な論点について考察する。

1 米国法人の内外支店の課税

米国法人の外国支店は,米国支店と同様に,分離された法的主体ではない。

第8章 産業政策税制（減価償却制度）

国際的に事業を行うための他の形態としては，外国子会社などがある。例えば，2000年に米国法人は黒字の外国支店の免税以外の所得を940億ドルと申告した。また，米国法人は，外国子会社の損失と異なり，外国支店の損失によって国内の利益に対する課税所得を減らすことができる。外国支店の所得は，その所在地国の所得課税を受け，米国法人は，すべての支店の所得に対し，米国の所得課税を受ける。その国際的二重課税について，米国法人は，ＩＲＣ27により外国税額控除の適用によって救済される。外国源泉所得に対する米国所得税が外国所得税を超える場合に，米国法人はその超過額を米国に納付しなければならない。例えば，ＵＫの最高法人所得税率は30％であるが，米国の最高法人所得税率は35％であるので，ＵＫ支店の利益については米国法人はＵＫに30％を納付し，米国に5％を納付することになる。

2　米国資産と外国資産の減価償却

米国法人は，「すべての通常かつ必要な事業費用」(all ordinary and necessary business expenses) を控除することができる (IRC162(a))。この控除項目には，減価償却費，または生産用資産のコストのうち消耗，陳腐化などにより一定期間に使用済とみなされる部分が含まれる。生産用資産の価値の真実の変化または経済的な変化にかかわらず，米国法人は一定期間に取得原価の全額を控除することができる (IRC168)。

主として米国外で使用される資産に関しては，米国法人は「代替的減価償却制度」(Alternative Depreciation System) により資産の推定耐用年数にわたり定額法を適用しなければならない。米国内にある動産に関しては，米国法人はMACRSにより加速度定率法の適用を選択することができる。定額法に比して，定率法は耐用年数の初期において多額の減価償却費を認めるが，さらに，米国資産の償却期間は外国資産の償却期間より短い。一定の製造用資産のスケジュールを米国で使用する場合と外国で使用する場合に分けて比較すると，外国投資の減価償却率は，定額法とより長い償却期間の結合によって，米国内投資の減価償却率より相当スローダウンする。外国資産の減価償却の遅れが米国

法人に与える影響は、資産所在地の外国の税率によって異なる。当該外国の税率が米国の税率より低い場合、すべての国に納付される租税が、外国税額控除前の米国税に等しいとすれば、金銭の時間価値（time value of money）により、減価償却費の差は大きい影響を与える。

3 減価償却費の内外格差の評価

減価償却費のスケジュールの内外格差の影響は、例えば家具製造施設の投資についてみると、米国法人は米国資産の減価償却については8年の償却期間・定率法を選択できるが、外国資産の減価償却については11年の償却期間・定額法によることとされている[56]。各期間に、税引後の純キャッシュフローは、許容される減価償却費に適用税率を乗じた金額だけ増加する。そこで、減価償却率の差異の現在価値（net present value：NPV）に米国限界税率を乗じて、外国支店の資産の投資コストの減価償却内外格差のNPVをみると、NPVの算定に0％〜50％の割引率を用い、米国法人税率を35％とした場合、24％の割引率で最高割合は6.32％となる。この意味は、米国内に家具製造施設を有する米国法人は、この投資に24％の割引率を適用する場合、海外投資に比して米国投資コストにより6.32％の節約をすることができる。

4 資本所得課税の国際比較

1993年、Dale Jorgensonが公表した資本所得の税制改革の国際比較（1980〜1990）は、G7とオーストラリアおよびスウエーデンの9カ国における異なる種類の資本所得ごとの限界実効税率に基づく比較である。これによって、米国に類似した資本所得課税の広範な変化が明らかにされ、投資・貯蓄の優遇措置の排除を通じて課税ベースを拡大し、税率を引き下げる方向で、共通性が見い出される。この結果、異なる資産の「競争条件の平準化」(leveling of the playing field) が著しく進んだが、9カ国とも、実効税率のギャップが残っているので、重要な税制改革の必要性が残っている。

第 8 章　産業政策税制（減価償却制度）

第 6　ブッシュ政権の減価償却政策

　ブッシュ政権は，2001年 EGTRRA，2002年 JCWAA，2003年 JGTRRA に次ぐ2004年 AJCA において税制改革を進めているが，AJCA における減価償却制度については，以下の改正を行った[57]。

1　雇用創出税制優遇措置（AJCA）

(1)　一定のリース改良の回収期間

　2006年 1 月 1 日前に用に供した適格リース改良資産の定額法による回収期間を15年とする（IRC168）。適格リース改良資産は，初年度割増償却の適用上，現行法の定義による。貸主が適格リース改良資産としての要件を満たす改良を行う場合，その後の当該改良の所有者にとっては，当該改良は適格リース改良資産とされない。ただし，この不認識ルールの資格をもつ資産の一定の譲渡については，例外措置が認められる。

(2)　一定のレストラン改良の回収期間

　2006年 1 月 1 日前に用に供した適格レストラン資産の定額法による回収期間を15年とする（IRC168）。適格レストラン資産は，ビルが用に供された日後 3 年超改良が用に供され，ビルの面積の50％超が食料の準備と客席に当てられる場合におけるビルの改良をいう。

(3)　一定の航空機の割増償却における用に供される日の延長

　一定の非商業用航空機が用に供される日を延長する基準を定める。適格航空機は，2006年 1 月 1 日前に用に供される場合，次の条件の下で，追加的に初年度減価償却を受けることができる（IRC168）。
（ⅰ）　現行法に基づく適用期間中に航空機を取得すること
（ⅱ）　用に供する日の要件を満たすこと
（ⅲ）　乗客・貨物を輸送する営業・事業において用いられる有形資産ではないこと

243

（ⅳ）購入契約の時に取得価額の10％または10万ドルのいずれか少ない方の金額を預金した購入者が購入すること
（ⅴ）予定生産期間が4ヶ月を超え，かつ，コストが20万ドルを超えること

(4) **シンジケーションの一定の資産の割増償却における「用に供される」特別ルール**

貸主が資産を初めに用に供するが，当該資産を用に供した日から3ヶ月以内に売却するものの当該資産の使用者が変わらない場合，当該資産は売却日以後に納税者が初めて用に供したものとして取り扱われる（IRC168）。同じリースの対象である複数の資産について特別ルールを定め，最初の単位が用に供された時と最後の単位が用に供された時との間が12ヶ月以下である場合，最後の単位が用に供された時から3ヶ月以内に売却される時，当該資産は売却日に用に供されたものとされる。

(5) **フィルム製造業**

① 一定のフィルムおよびテレビ生産の特別ルール

適格フィルムおよびテレビ生産については，コストを資本化して減価償却によりコスト回収を行う代りに，一定の生産支出をその支出年度に一括損金算入することを選択することができるものとする（IRC181）。このルールは，次の適用要件を満たさなければならない。

（ⅰ）各適格生産の生産支出が1,500万ドル以下とすること
（ⅱ）生産支出の相当部分が低所得層社会等に指定された地域で発生する場合には，追加的に500万ドルの生産支出の損金算入を認めること

② 収益予想法（income forecast method of depreciation）の適用の修正

収益予想法による資産の減価償却の計算上，資産が用に供された年度に参加および残余が当該資産の調整ベーシスに含められる（IRC167）が，当該参加および残余が当該資産が用に供された年度後10年目の課税年度末前に当該資産から生じた収益に関連する場合に限る。「参加および残余」とは，資産に関連して稼得される収益の金額により変化するコストをいう。収益予想法において考慮に入れられる資産の収益は，当該資産からの総所得（gross income）である。

第 8 章　産業政策税制（減価償却制度）

(6)　その他（一定のトラック施設の 7 年回収期間）

　モータースポーツ・レース・トラック施設の回収期間を 7 年とする（IRC 168）。このモータースポーツ・レース・トラック施設には，土地改良および支援施設が含まれるが，運輸装置，倉庫，管理棟，ホテルまたはモーテルは含まれない。

2　即時損金算入（Expensing）

　2006 年 1 月の大統領一般教書は，中間選挙を控え，産業界に歓迎される米国競争力の強化政策を前面に出した。産業競争力の強化策として産業政策，特に減価償却政策は，貯蓄・投資奨励策とも表裏をなし，内外投資の意思決定にも影響を及ぼす重要性を秘めている。米国は，すでに究極の減価償却制度といわれる即時損金算入（Expensing）制度も取り入れている。ブッシュ政権は，2001 年法，2002 年法，2003 年法を通じて，即時損金算入の思想を割増償却（Bonus Depreciation）の形で立法化してきたほか，課税ベースを所得から消費に転換するという方向性にも適合する税制のあり方として，即時損金算入制度を正当化する。その副作用として生ずる問題については，本章第 3「2000 年財務省研究報告・勧告」2「包括的改革案」(5)「事業投資の即時損金算入」において説明したように，財務省も自覚している。財務省は，減価償却と即時損金算入について，次の点を問題にする。

(1)　減価償却と即時損金算入

　資本の特性は，耐久性であり，資本資産の価値は，購入年度を越えて存続する。投資家に新規資本資産のコスト全額を購入年度に損金算入させる場合，費用収益対応の原則に基づく所得計算は，歪められる。企業が機械を購入する時，金銭という財産と等価値をもつ機械という財産を交換するだけであって，資本資産の購入は企業の経済的所得に影響を与えるものではない。経済的所得に影響を与えるのは，一定期間における機械の価値の変化である。耐久財の年間減価は，その購入価額より小さいので，減価償却は耐久財の一定期間の価値の変化に対応する。

資本資産の減価償却の根拠としては，（ⅰ）資産は経年に伴い使用期間の末日に近づき，所得を稼得することができる残期間が少なくなること，（ⅱ）資本資産は減耗し，生産性が減少することがあげられる。

(2) **減価償却の重要性**

理論的および実務的に減価償却は重要である。理論的には所得課税において資本所得を適正に計算するために減価償却控除が必要である。実務的には現実の資本所得課税と税制が提供する投資奨励措置の適用において減価償却は重要な意味をもつ。市場の失敗を無視すれば，理想的な税制は資産別に投資優遇措置を認めるべきではないが，実際の税法は一定の投資に対し有利な減価償却を認め，投資税額控除を認める。投資コストの回収は，現行の所得税を消費ベース税制に置換することに関する議論の中心課題となる[58]。消費ベース税制では，事業投資コストの減価償却はなく，資産取得年度に損金算入されるのである。

(3) **現行税法における即時損金算入** (Expensing ＝ Immediate Deduction) **制度**

米国税法には所得課税を基本としつつ消費ベース課税への転換とみられる制度がミックスされている。ＩＲＣ179損金算入の選択 (Sec.179 Expense Election) 制度では，納税者（信託・遺産財団を除く）は適格資産のコストまたはその一部を「資本的支出」(a capital expenditure) でなく，損金として取り扱うことを選択することができる (IRC179)。ＩＲＣ179損金算入は，資産が用に供された年度に認められる。損金算入部分だけ資産ベーシスは減少し，その減少したベーシスに基づいて通常の減価償却が行われる。割増償却制度では，30％または50％の追加的初年度減価償却が認められる場合，資産コストはまずＩＲＣ179損金算入によって減算される。その後，通常の MACRS が適用される。

ＩＲＣ179損金算入には，次の金額制限がある (IRC179(b)(1))。
（ⅰ）　1997年に開始する課税年度に用に供された資産については，18,000ドル
（ⅱ）　1998年に開始する課税年度に用に供された資産については，18,500ドル
（ⅲ）　1999年に開始する課税年度に用に供された資産については，19,000ドル
（ⅳ）　2000年に開始する課税年度に用に供された資産については，20,000ドル

第8章　産業政策税制（減価償却制度）

(v)　2001年および2002年に開始する課税年度に用に供された資産については，24,000ドル

(vi)　2003年〜2007年に開始する課税年度に用に供された資産については，100,000ドル

(vii)　2008年以後に開始する課税年度に用に供された資産については，25,000ドル

　　　2004年，2005年，2006年および2007年に開始する課税年度に用に供された資産については，金額制限のインフレ調整が行われる。

　ＩＲＣ179損金算入には，次の所得制限がある。例えば，2005年に開始する課税年度に損金算入できる資産コストの合計額は，(ⅰ) 105,000ドルまたは(ⅱ) 当該課税年度の営業・事業の能動的活動から生じる課税所得の合計額のいずれか少ない方を超えることができない。

(4) 大統領諮問パネルにおける即時損金算入の勧告

　ブッシュ大統領が2005年1月7日に設置した税制改革大統領諮問パネルは，2005年11月1日に最終報告書を財務長官に提出し，これが公表されたが，所得税制の抜本的改革の選択肢として，(ⅰ) 簡易所得税(Simplified Income Tax：SIT)プランと(ⅱ) 成長・投資税 (Growth and Investment Tax：GIT) プランを提案している[59]。この抜本的改革案の根底には，資本投資の配分に重要な影響を及ぼす現行税制の欠点を払拭するため，所得ベース税制と消費ベースの税制のミックス・ポリシーが作用している現行税制を税制の簡素化というスローガンの下で消費ベースの税制 (consumption-base tax system) に転換するほか，減価償却制度について，「究極の減価償却制度」といわれる即時損金算入(Expensing)を基本とする思想がある。大統領パネルは，「現行制度は，耐用年数の長い減価償却資産への投資にバイアスをかけ，米国産業政策にとって重要なプラント・設備への投資を抑制している」との認識から，このバイアスを除去し，事業投資を促進するため，即時損金算入を認めるべきであると考える。その結果，ＳＩＴでは，小事業については，新規投資（土地・建物を除く）の取得価額の即時損金算入を認め，大事業については，4種類の資産分類に基づく減価償却を

247

行うこととし，GITでは，大事業についてもすべての新規投資について即時損金算入を認めることとした。

米国中間選挙を控えているため，ブッシュ大統領は2006年1月31日の一般教書では大統領諮問パネルの勧告の採否については特に言及せず，同年2月の経済教書では米国の国際租税法の改革と経済における知的財産権の役割を論じているに止まっている。米国法人税制の改革については，米国議会両院合同経済委員会（Joint Economic Committee: JEC）が，2005年5月に「税の競争を増進する米国法人税制改革」(Reforming the US Corporate Tax System to Increase Tax Competitiveness) を公表している。米国財務省は，税制改革の政治プロセスにおいて，大統領諮問パネルの勧告についての検討結果を公表しなければならない。通常ならば，2005年末に公表されるべきところ，まだ，公表に至っていない。なぜか。財務省の動きが注目される。

財務省の判断次第では，店晒しとなる。

〔注〕

51) 実効税率（effective tax rate）については，Arnold C. Harberger (1962)，資本コスト（cost of capital）については，Dale Jorgenson (1963) によって，概念が開発され，限界実効税率（marginal effective tax rate）については，Dale JorgensonとAlan J. Auerbachにより実効税率と資本コストとの結合概念とされた。限界実効税率は，Harbergerの平均実効税率と区別される。平均実効税率は，法人所得税と資産税を含むが，法人利益の分配に対する個人税を含まない。Harbergerは，1966年には，法人株式のキャピタル・ゲイン税と配当の個人税を平均実効税率に含め，Martin S. Feldstein and Lawrence H. Summersは，1979年に，法人税と個人税を平均実効税率に含めた。

52) Dale Jorgensonは，1979年に米国上院財政委員会および下院歳入委員会で証言し，資本所得課税の改革において限界実効税率を用いる当初刺激を提案した。この資本コスト・アプローチはERTA 1981には影響しなかったが，租税政策アナリストや政府内外に普及していった。1982年，大統領経済諮問委員会（Council of Economic Advisers: ＣＥＡ）が限界実効税率の公式の推計を初めて公表した。その後，1980年代に資本コスト・アプローチは急速に発展し，1984年11月の財務省提案となり，1986年税制改革法における代替案のフレームワークを作ることになる。

53) Charles R. Hulten and Frank C. Wykoffは，経済的減価償却の計算に関する計量経済学手法を開発した（1981）。Hallは1971年に資産価格を資産の使用期間と性質に

第8章　産業政策税制（減価償却制度）

よりモデル化したが，Hulten and Wykoff のイノベーションは，用途廃止による資産価格のセンサーであり，資産効率の級数的逓減が現実の減価の十分な近似性を表すことを示した。Hulten and Wykoff の級数法は，Jorgenson and Sullivan の限界実効税率の推計において含まれている。

54)　限界実効税率の適用に関し，Dale Jorgenson の『資本の理論と投資行動』(Capital Theory and Investment Behavior) の「資本コスト」の導入後約30年近く議論されたが，この議論には法定税率，課税所得の定義と資本コスト回収の必要性を評価するための経済的減価償却の推計に関する情報が必要である。資本コストの測定に関する第1の経験的な論点は，「資本コスト回収」の定義である。Jorgenson の1963年の資本コスト方程式は，税法上の減価償却と経済的減価償却との相違を認めるが，1967年および1971年の Robert E. Hall との論文では，資本コスト回収を所得控除の現在価値としてモデル化しており，その後の研究で採用されている。第2の経験的な論点は，インフレーションであり，第3の経験的な論点は，経験的減価償却の測定である。限界実効税率は，法人税のみならず，法人源泉所得に対する法人税・個人税の双方を含むものである。

55)　Gravelle は，経済的減価償却の重要な特徴として次の3点をあげている (1979)。
（ⅰ）投資家は，投資リターンに法定税率を適用するが，当初投資の全額を無税で回収することができる。経済的減価償却により所得計算の歪みがない場合，限界実効税率は，すべての投資に対する法定税率に等しい。
（ⅱ）経済的減価償却費が類似の資産に再投資される場合，納税者は投資の当初価値を維持する。
（ⅲ）経済的減価償却は，各期間における資産の現実の市場価値の予想される減価の尺度である。

Samuelson は，税制は所期の市場金利による資産価値に影響を及ぼすべきでないとすれば，経済的減価償却が必要になるとする。

56)　家具製造用資産の所在地国別の米国税法上の減価償却スケジュール

年	米国	外国	差
1	14.29%	4.76%	9.53%
2	24.49%	9.52%	14.97%
3	17.49%	9.52%	7.97%
4	12.49%	9.53%	2.96%
5	8.93%	9.52%	−0.59%
6	8.92%	9.53%	−0.61%
7	8.93%	9.53%	−0.59%
8	4.46%	9.53%	−5.07%
9	0%	9.52%	−9.52%
10	0%	9.53%	−9.53%
11	0%	9.52%	−9.52%

57)　CCH, *Conference Report American Jobs Creation Act of 2004*。

58) Bradford and Slemrod (1996) and Aaron and Gale (1996)
59) President's Advisory Panel on Federal Tax Reform *Simple, Fair, and Pro-Growth:Proposals to Fix America's Tax System* November 2005。

第9章
研究開発促進税制

　輸出振興税制で述べたように，1980年代央に純債務国になった米国では製造業を中心に保護主義[60]が高まり，米国議会は保護主義的通商法案を重ね，米国輸出減少打開のため，日欧の市場開放，構造改革に，新秩序形成のための「公正貿易」[61]を強く迫り始め，米国通商政策がパクス・アメリカーナの自由貿易主義から公正貿易主義に変質していった。公正貿易主義は，米国と貿易相手国との貿易取引に関する条件の均等化を要求し，貿易相手国が米国から享受する市場アクセスと同程度の市場アクセスを貿易相手国にも要求する。市場アクセスの程度については，米国は自らが公正と考える基準を掲げて，米国輸出拡大を重視する競争力論とともに，公正貿易主義は米国通商政策の理念を戦略的貿易論に傾斜させていったといえよう。公正貿易主義は，輸入保護的色彩と公正貿易的色彩をもつ1974年通商法における301条 (Section 301 of the Trade Act of 1974) の導入[62]によって顕著になったが，この傾向は1980年代にさらに強まった。米国通商政策に対する米国議会の影響力は，公正貿易主義と競争力論の高まりで一層強くなり，議会による大統領およびその行政官庁への権限委譲を通じて，米国は不公正貿易国に対し強硬制裁措置要求による市場開放を迫ることとなった。1988年包括通商競争力法 (Omnibus Trade and Competitiveness Act of 1988)[63]が成立し，米国内利益を追求するため，通商代表部 (Office of US Trade Representative：USTR)[64]の政策発動 (1301条)，スーパー301条 (super-301clause of the Omnibus Trade and Competitiveness Act of 1988) 新設 (1302条)[65]およびスペシャル301条 (1303条) 新設[66]など，米国では行政の裁量権に比し，米国議会の通商政策の遂行と通商交渉における影響力が強化された。レーガン政権（共

和党)は,「強いアメリカ」のスローガンを掲げ,1983年に大統領産業競争力委員会を組織し,「双子の赤字」問題に対応する戦略的通商政策における米国競争力の強化の必要性を明らかにした。その詳細は,1985年「ヤング・レポート」(委員長であったヒューレット・パッカード社長J.A.ヤングの名)で示されているが,特に技術革新による生産力の強化を重視し,これを具体化する立法である1988年包括通商競争力法においても知的所有権を重視し,(i)競争力委員会の設置,(ii)研究開発(R&D)支援,(iii)教育訓練投資,(iv)輸出促進政策をその支柱としている。このヤングレポートは,生産性,貿易収支等における米国競争力の低下の原因が製造業の競争力低下であることを指摘し,技術,資本,人材および貿易の改善策を提言したが,1986年に組織された競争力評議会は,米国の競争上の優位を保持するためイノベーションが重要であると主張してやまない。ブッシュ政権(共和党)の下でも,大統領選挙直後,2004年12月に競争力評議会は調査報告書「イノベート・アメリカ」を発表し,新興イノベーション地域であるエマージング・タイガーズとの競争激化に直面するなかで米国が競争上の優位を確保するためには米国はイノベーションに最適の社会構造を作る必要があると主張し,人材,投資およびインフラについて提言を行った。この調査報告書は,「パルミサーノ・レポート」(委員長であったIBMのCEOの名)と呼ばれる。

　2005年11月1日の大統領諮問パネルの税制改革報告書では,税制の簡素化,公正および経済成長を志向する抜本的な改革を税収中立型で行うため,特定の納税者の税負担を減免する所得控除,税額控除および税の減免は他の納税者の税負担を重くするので,租税優遇措置は廃止すべきだという思想を基礎に,簡易所得税(Simplified Income Tax：SIT)案と成長・投資税(Growth and Investment Tax：GIT)案を改革案の選択肢として提案した。

　単純な原則論からみれば,研究開発(R&D)促進税制も優遇税制の一部を成すものであり,一掃されるべきものである。しかし,競争力論は,グローバル市場における米国競争力の源泉として国家的イノベーション戦略,なかんずく研究開発政策を重視する。米国の研究開発(R&D)政策について,歳出面

第9章 研究開発促進税制

の研究開発費予算と歳入面の租税支出（研究開発促進税制による減免税）の両面をみる必要があるが，本稿は，米国の研究開発（R＆D）政策そのものの研究を目的とするものでなく，レーガン政権と同様に「小さい政府」「強いアメリカ」政策を掲げるブッシュ政権が研究開発（R＆D）促進税制をどのように活用しているかを把握することを目的とする。

第1 米国産業競争力に関する報告書

米国は，1970年代末から競争力問題を認識し始めた。その著名な報告書には，カーター政権（民主党）の1980年『大統領競争力白書』，レーガン政権（共和党）の1985年『ヤング・レポート』，クリントン政権（民主党）の1999年『イノベーション・インデックス』『米国競争力2001』，ブッシュ政権（共和党）の2004年『パルミサーノ・レポート』がある。カーター政権は，生産財，ハイテク，農産物では十分な競争力があるが，消費財で競争力の低下を自覚したものの，その原因は石油コスト上昇に係る一時的なものであるとし，構造問題でないとしていたが，1980年代の双子の赤字に当面したレーガン政権では産業競争力の低下に関する問題意識は一変した。これらの主要な提言を以下に概観する。

1 ヤング・レポート

レーガン政権は，1983年「産業競争力委員会」（President's Commission on Industrial Competitiveness）を設立し，米国産業競争力強化策を検討した。同委員会は，1985年に『グローバル競争－新しい現実』（Global Competition The New Reality）（俗にヤング・レポートという）を大統領に提出した。このレポートでは，「競争力」とは「一国が世界市場に供する財貨サービスを生産し，同時に国民の実質収入を維持しまたは増大することができる程度」をいうと定義した上で，米国では生産性，生活水準，貿易収支等から競争力が低下していることを認め，その主たる原因は為替等によるものでなく，製造業の弱体化であることを指摘し，改善策を技術，資本，人材および貿易の各分野について提言した[67]。

(1) ヤングレポートの提言

ヤングレポートは，（ⅰ）新技術の創造，実用化および保護，（ⅱ）資本コストの低減，（ⅲ）人的資源開発，ならびに（ⅳ）通商政策の重視，の4項目について以下のとおり提言した。

① 新技術の創造，実用化および保護

米国では，防衛・宇宙開発を重視して「商業化」に遅れをとっており，民間の研究開発投資が不十分であり，製造工程を軽視する嫌いがある。模造品等の知的所有権の侵害に対する防御が不十分であり，各種規制により阻害される面がある。この現在の問題を改善するため，（ⅰ）科学技術省の新設，（ⅱ）共同研究を阻害する独禁法上の障壁の除去，（ⅲ）製造技術改良・新技術の商業化の促進，（ⅳ）知的所有権保護の強化，（ⅴ）諸規制と競争力ニーズとのバランスを提言したほか，税制については「研究開発（R＆D）優遇税制」の強化を提言した。

② 資本コストの提言

米国では，貯蓄率が低いこと等により資本供給が不適正な状態であり，資本コストが高騰している。税制および各種規制のため資本フローが歪曲されている。この現在の問題を改善するため，（ⅰ）通貨政策の安定，（ⅱ）赤字解消，（ⅲ）効率的な資本フローを阻害する障壁の除去を提言したほか，抜本的な税制改革を提言した。

③ 人的資源開発

米国では，伝統的な労使敵対関係があり，衰退部門から成長部門への労働者の移動支援体制が不十分であり，一般に従業員の訓練が不足している。大学教職員不足や大学資金不足で設備が老朽化し，労働力の基盤となる初等・中等教育で退学が多く，一般にコンピュータ教育が遅れている。この現在の問題を改善するため，（ⅰ）政府・産業界および労働組合との実効性のある協力関係の構築，（ⅱ）従業員奨励策，（ⅲ）再就職支援，（ⅳ）技術教育支援，（ⅴ）教育技術の向上を提言した。

第9章 研究開発促進税制

④ 通商政策の重視

　米国では,通商政策の決定プロセスで統一性を欠き,外国不当貿易慣行に対処する貿易政策を欠き,独禁法の国際競争への対応が遅れ,輸出統制があり,輸出企業に対する助成が不十分である。GATTには多くの欠陥がある。この現在の問題を解決するため,(ⅰ)通商政策および投資政策の見直し,(ⅱ)外国不当貿易慣行に対処する米国貿易法の見直し,(ⅲ)独禁法の規制緩和,(ⅳ)輸出規制緩和,(ⅴ)輸出支援制度の拡充,(ⅵ)輸出入銀行の活用,(ⅶ)多国間貿易制度の促進,(ⅷ)米国の外国販売会社の立法化を提言した。

(2) 競争力評議会の誕生とその活動

　ヤング・レポートは,クリントン政権（民主党）の『大統領競争白書』に示された政府の現状認識を一変した画期的な内容をもつていたが,レーガン政権（共和党）初期の「小さい政府」というスローガンと必ずしも相容れないところがあり,米国が公正貿易主義を掲げて市場開放・構造改革を迫る強圧的な通商政策に傾いていったので,このレポートは同政権初期にはその政策に反映されないと感じられた。このため,産業競争力委員会のメンバーは1986年に民間組織として競争力評議会(Council on Competitiveness)を設立し,1987年に「ニューヤング・レポート」(America's Competitive Crisis：Confronting The New Reality),1988年に「第3ヤング・レポート」(Picking Up The Pace：The Commercial Challenge to American Innovation)を相次いで発表した。競争力評議会は,1991年にNPOとして数多くのレポートを発表し,政府への提言を積極的に行っている[68]。例えば,1999年「米国の繁栄のための新しい挑戦－イノベーション・インデックスによる評価」(The New Challenge to America's Prosperity-Findings from The Innovation Index)では,長期的な成長の重要な原動力はイノベーションであり,イノベーション能力の向上が米国の課題であるとし,このイノベーション能力を測定する要素として,(ⅰ)イノベーションのためのインフラ（基礎研究,R＆D優遇税制,リスクマネー供給,教育水準,人材,情報通信,知的所有権の保護,国際貿易および国際投資の開放,需要）の整備,(ⅱ)クラスターの存在（高水準の生産要素,競争,洗練された需要,関連産業の支援）,および(ⅲ)上記(ⅰ)と(ⅱ)

255

との結合を上げている[69]。イノベーションは短期的成長でなく，長期的成長にとって重要であり，米国が将来の繁栄を確実にするには，イノベーション戦略が必要であると提言している。競争力評議会は，米国の政権交代が起こった2001年に「米国の競争力2001年」(U.S.Competitiveness 2001:Strengths, Vulnerabilities and Long-term Priorities) を発表し，米国は特許権取得件数で世界をリードし，イノベーションの成果を起業に結合させて投資促進と雇用創出に貢献してきたが，民間研究開発投資が応用分野に偏り，政府の研究開発支出のＧＤＰ比率が低下し，研究施設の陳腐化，工学・物理等の分野の軽視，外国留学生が米国人材の改善に寄与しないなど潜在的競争力の陰りを指摘し，米国の長期的繁栄の条件として研究開発，人材養成，教育等の問題を取り上げた[70]。

(3) **マサチューセッツ工科大学（ＭＩＴ）産業生産性委員会の報告書**

ＭＩＴ産業生産性委員会は，1989年に米国産業（半導体，コンピュータ，複写機，航空機，電子機器，鉄鋼，化学，繊維，自動車，工作機械）の産業パフォーマンス[71]の低下に関する報告書『メードインアメリカ』を発表した。この報告書は，日米欧の産業実態を分析し，生産技術，設備，人的資源，教育訓練を含む日本生産現場の優れた点を米国製造業に取り入れ，その向上を図ることを提言した。この報告書では，1980年代の主要政策提言を（ⅰ）マクロ経済政策，（ⅱ）制度改革，（ⅲ）規制緩和策，（ⅳ）科学技術政策，（ⅴ）資本形成，（ⅵ）教育訓練，（ⅶ）経営戦略，（ⅷ）国際経済政策ごとにまとめている。

2　ヤング・レポートの税制改革での反映

スタグフレーションの最中で成立したレーガン政権（共和党）初期には1981年税制改革で大規模な減税を実施した[72]。加速度償却制度は，インフレによる過大課税を緩和するとともに，減価償却不足が解消され，実効税率低下により投資税額控除とともに設備投資促進効果をもつと評価された。レーガン政権2期は，インフレ沈静化に伴い，1986年税制改革で過剰な租税優遇措置について企業の投資決定を歪めるとの批判が税制の中立性の観点から生じ，投資税額控除の廃止，加速度償却制度の修正，研究開発投資の税額控除率の引下げが行われ

た。

　レーガン政権は，1982年に中小企業技術革新研究法（Small Business Innovation Research Act：SBIR）により主要官庁にプログラムを設置し，1億ドル以上の研究開発予算をもつ官庁は一定金額をこのプログラムに支出すべきこととし，中小ハイテク企業に対する政府支出の増額を図っている。

　レーガン政権（1981〜1989）およびブッシュ政権（1989〜1993）の共和党政権において，ヤング・レポートの提言に関連する政策をみると，米国が競争力強化のため，技術開発，独禁法の緩和，移民政策，特許権，雇用創出，通商政策および税制改革を総合的かつ戦略的に考えてきたといえよう[73]。税制については，新技術の創造，実用化および保護につき，1991年R＆Dの控除措置の恒久化を図っている。

　クリントン政権（民主党）は，米国経済再生を最優先課題として掲げた。同政権は，1993年8月に財政赤字削減法を成立させ，小規模事業の投資税額控除および研究開発減税を認めた。米国の産業競争力の強化策は，同政権の下で競争力政策協議会（Competitiveness Policy Council）の政策提言で進められた[74]。競争力政策協議会は，（ⅰ）教育，（ⅱ）労働者訓練，（ⅲ）技術の商業化，（ⅳ）貿易政策，（ⅴ）生産，（ⅵ）インフラ整備に関する包括的な競争戦略を提言した。税制については，競争力の基軸である技術の商業化につき，R＆D投資に技術革新および商品化の税額控除，軍民転換の研究開発投資の加速度償却を認めている。

3　ハイテク産業の提言

　ブッシュ政権下で，2003〜2004年に海外への業務委託が問題視されるようになった。製造業の空洞化やサービス産業の海外移転が顕著になるに伴い，2004年大統領選挙の前に米国の競争優位を見直す動きがみられるようになった。米国電子協会（American Electronics Association：AeA）は，2004年3月に「激化する競争・急速に変化する世界におけるオフショア・アウトソーシング：先端技術産業の視点」（Offshore Outsourcing in an Increasingly Competitive and Rapidly

Changing World: A High-Tech Perspective) を発表し，米国電子工業会（Electronic Industries Alliance: EIA）は，同年5月に「イノベーションの岐路に立つ技術産業：米国先端技術イノベーション経済の将来に関する政策提言」(The Technology Industry at an Innovation Crossroads: A Policy Playbook Addressing the Future of the U.S. High-Tech Innovation Economy) を発表した。これらの政策提言は，米国企業のオフショアリング（Offshoring）との関連で産業競争力を議論している。2004年大統領選挙において民主党候補の座を狙ったジョゼフ・リーバーマン（Joseph Lieberman）上院議員は，ハイテク産業の利益代表として，2003年9月に「米国強化策－米国製造業の復活に関する立法案」（Making America Stronger: A Report with Legislative Recommendations on Restoration of U.S. Manufacturing）と題する報告書に次いで，2004年5月に「オフショア・アウトソーシングと米国の競争力の限界－先端技術R＆Dとサービス部門における米国の衰退」(Offshore Outsourcing and America's Competitive Edge: Losing out in the High Technology R&D and Services Sectors) を発表した。リーバーマンの提言は，ハイテク産業の利益を代弁するもので，AeAおよびEIAの報告書と同様の内容となっている。

(1) AeA報告書

2004年3月のAeA報告書は，次の7項目の提言を行った。

① 職業訓練に関し連邦および州，財界，労働組合ならびに教育界が失業者支援制度改革を議論する全米サミットの開催
② 米国産業が世界市場におけるリーダーシップを維持するため義務教育における数学および科学の教育制度の改善
③ 物理学の基礎研究予算の増額および研究開発費の租税優遇措置の恒久化
④ 米国で学位を取得した留学生に対する永住許可証の付与
⑤ 全米ブロードバンド政策の立案とブロードバンド・インフラ整備促進の租税優遇措置
⑥ 保護主義法案およびオフショアリング規制に反対し，国内外の市場開放政策を推進すること

⑦　全米製造業者協会（National Association of Manufacturers：NAM）が「サイレント・キラー」と呼ぶ訴訟費用および規制遵守費用（コンプライアンス・コスト）などの米国の事業コストの削減

(2)　ＥＩＡ報告書

2004年5月のＥＩＡ報告書は，次の6項目の提言を行った。

①　貿易相手国の不公正慣行につき政権の優先的対応とスーパー301条，ＷＴＯの枠組みを活用し，知的財産権保護制度の整備を要求

②　高学歴の特殊技能者に依存する米国ハイテク産業にとって重要な査証発行体制[75]と移民政策[76]の見直し

③　貿易調整支援制度（ＴＡＡ）の拡充[77]と失職したハイテク労働者の活用を促進し，人的資本育成を促進する租税優遇措置

④　米国の経営環境について，連邦および州レベルの規制緩和，法人税率の引下げを含む税制簡素化，二重課税の防止，外国所得に対する軽減税率の適用，常勤雇用に対する租税優遇措置，ブロードバンド投資促進の租税優遇措置，事業活動税の課税ルールの明確化

⑤　義務教育の数学および科学の教育の改善

⑥　イノベーション促進研究体制の整備のための長期研究開発予算の分野別配分の改善と研究開発費の租税優遇措置の恒久化

(3)　リーバーマンの報告書

リーバーマンは，2004年5月にＥＩＡと時を同じくして，次の5項目の提言を行った。

①　サービス産業労働者にＴＡＡプログラムを拡充し，雇用主加入のオフショアリング失業保険パイロット・プログラム，失業者を含む全労働者の職業訓練の促進，就労査証制度の改善を行う。

②　連邦研究開発予算の増額，民間研究開発の支援，サービス産業のイノベーション促進，ブロードバンドのインフラ整備，小規模事業の新規投資のキャピタル・ゲイン課税の撤廃，ＩＴ資産の加速度償却

③　人的資本の育成

④　米国製品およびサービスの外国市場へのアクセスを確保し，不公正貿易解消に積極的に取り組み，不公正為替介入に反対し，米国知的財産権の保護に積極的に取り組む。

⑤　米国債の50％程度が外国債権者に掌握されている状態は不健全かつ危険であり，ベビーブーム世代の引退が迫るなか，早急に財政均衡を図る必要がある。

4　パルミサーノ・レポート

ブッシュ政権下で，競争力評議会（Council on Competitiveness）の中に2003年10月に設置された国家技術革新戦略（National Innovation Initiative：NII）は，2004年12月に報告書「イノベート・アメリカ」（Innovate America）（パルミサーノ・レポート）を発表した。この報告書は，イノベーションを「社会経済的価値の創造に寄与する発明と洞察力の交差点」（intersection of invention and insight）と定義した上で，次のように（ⅰ）人材，（ⅱ）投資および（ⅲ）インフラの三つの提言を行った[78)79)]。

(1)　人材（talent）：イノベーションにとって最も重要な要素

①　多様な革新的で熟練した労働力を創出する国家的なイノベーション教育の戦略

（ⅰ）　未来への投資ファンド

科学技術分野の学生のための奨学金制度を創設し，これに出資する企業および投資家の租税優遇措置を設ける。

（ⅱ）　連邦政府の研究開発機関が大学院生の特別奨学基金を創設し，イノベーター支援を図る。

（ⅲ）　すべての州立大学に科学技術専門修士コースおよび研修生制度を設ける。

（ⅳ）　世界の優秀な科学技術の学生を米国に引き寄せるため入国管理制度を改革し，留学生のうち科学技術研究者に米国就労許可を付与する。

②　次世代のイノベーター育成

（ⅰ）義務教育および高等教育で問題解決方法の教育を行い，創造的思考とイノベーション技法を啓発する。
（ⅱ）基礎研究と応用をつなぐため学生がイノベーションを学習する機会をつくる。
（ⅲ）起業家と小規模事業のためのイノベーション・カリキュラムをつくる。
③ グローバル経済において成功するための労働者支援
（ⅰ）労働力の流動性と技術力の向上を目指して生涯学習の機会をつくる。
（ⅱ）健康保険と年金のポータビリティ
（ⅲ）連邦および州レベルの科学技術ニーズに対応できる訓練機関をつくる。
（ⅳ）貿易・技術革新で失業した労働者の支援制度を拡大する。

(2) 投資 (investment)

① 先端的・各分野横断的研究開発の活性化
（ⅰ）ハイリスク基礎研究の推進のため連邦Ｒ＆Ｄ予算をイノベーション促進助成金に配分する。
（ⅱ）国防省の基礎研究における役割を拡大する。
（ⅲ）国家的Ｒ＆Ｄポートフォリオ強化のため物理学および工学の支援を強化する。
（ⅳ）研究教育の租税優遇措置を恒久化し，これを産学コンソシアムの研究活動にも適用する。
② 起業家としての経済主体の活性化
（ⅰ）イノベーション強化地域 (Innovation Hot Spots) を創出し，地域資産および官民の投資を活用する。
（ⅱ）租税優遇措置，研究開発支援ファンドの創設により，リスクマネーの獲得を容易にする。
③ リスクテイクの長期投資の促進
（ⅰ）成果を出すまで長期を費やす価値創造・研究開発投資に報いる奨励措置と報酬の仕組みをつくる。
（ⅱ）無形資産の開示を促進するため保護措置を講じる。

(iii) 社会経済的に無益な訴訟費用を削減する（現在のGDP比2％から1％へ）。

(3) インフラ

① イノベーション成長戦略に関するコンセンサスの醸成
（ⅰ） 連邦イノベーション戦略を策定する。
（ⅱ） イノベーション主導の成長のため連邦と州との連携を強化する。

② 知的所有権制度の整備
（ⅰ） 特許審査制度の質的改善
（ⅱ） イノベーション・ツールとして特許データベースを活用する。

③ 生産能力の強化
（ⅰ） 有料製品製造センター（Centers for Production Excellence）を創設し，知識の共有と事業化を促進する。
（ⅱ） 商務省主導のイノベーション促進センター（Innovation Extension Centers）を創設し，小規模事業が製造業のパートナーになれるようにする。
（ⅲ） 産業界主導で生産・流通共有の規格や研究開発優先事項の方針をつくる。

5 パルミサーノ・レポートの評価

ヤング・レポートは，ヒューレット・パッカードのヤングを中心に作成されたが，パルミサーノ・レポートは，ＩＢＭのパルミサーノを中心に作成された。これらが，米国産業界の米国競争力に関する提言であるといえるが，後者はＩＢＭの影響色のレポートであるとか，発表時期が大統領選挙の年に当たるため選挙の材料として利用されたという見解も流れた。しかし，「米国が21世紀も優位の競争力を維持するにはイノベーションが最も重要な要素であり，イノベーション促進のためには社会全体の最適化が必要である」とするパルミサーノ・レポートの問題意識と提言は，ヤング・レポート当時の脅威が日本であったように，米国に迫るインド，中国，韓国等のエマージング・タイガーズを脅

威ととらえ，グローバル化と情報通信革命の時代に適応する人材，投資およびインフラの整備を重視しており，ブッシュ政権にその提言を米国の最優先事項として実行を強く求めるものである。パルミサーノ・レポートについては，米国の経済誌は「米国競争力の維持にはイノベーション推進が必要である」といい，世界経済のリーダー，世界のイノベーションリーダーである米国の地位が危険に陥ることを警告するものと評価し，「ブッシュ政権が軍事偏重の政策を行い，軍事費は多額であるのにR＆D予算はGDPの0.75％にすぎない」「軍事政策に注力するブッシュ政権が米国の強さの根源である経済競争力強化に興味を示さないことは不思議である」と不満を表明するものが少なくなかった。

第2　ブッシュ政権の競争力政策

1　再選直後の競争力政策

2005年1月にブッシュ政権（2期）が発足した。それまでブッシュ政権（初期）は産業競争力の強化策について十分対応していないとの不満があったが，2期目に入ってどのような変化がみられるか。2005年2月2日における一般教書（The 2005 State of the Union Address）において，「米国経済をフレキシブルで，革新的で競争力のあるものにする必要はあるが，過度にする必要はない。過去4年間にすべての納税者に対し減税を行ってきた」と述べ，1期目の減税措置の恒久化，規制緩和，税制の簡素化，歳出抑制を訴えたが，競争力政策について直接言及することはなかった[80]。2005年2月7日における予算教書では，成長志向型経済政策，研究開発，クリーン・エネルギー開発を重視し，次の施策により（ⅰ）イノベーションの促進，事業コストの引下げ，経済成長を可能にする環境をつくること，（ⅱ）次世代の繁栄を確実にするために既存の制度を改革することを約束した[81]。

(1) **イノベーションの促進，事業コストの引下げ，経済成長を可能にする環境つくり**

① 減税措置の恒久化

② 連邦歳出の抑制と規制緩和による投資奨励
③ 包括的エネルギー政策による外国エネルギー依存度の低下
④ 雇用を危くする訴訟の濫用から小規模事業と労働者を保護すること
⑤ 小規模事業および勤労世帯のヘルスケア・コストの引下げ
(2) 次世代の繁栄を確実にするための制度改革
① 高校教育の強化
② 21世紀雇用創出
③ 米国の安全を守るための入国管理制度の改革
④ 簡素化, 公正化および成長志向型のための税制改革
⑤ 社会保障制度の改革

2 2005年における施策

ブッシュ政権は, 次のように公約の実現に努めてきた。

(1) 集団訴訟制度の改革

消費者が各州裁判所のうち有利な管轄地を選んで特定の企業を提訴することができるので, 企業は乱訴の弊害に悩んでいたが, 2005年2月18日に集団訴訟制限法 (Class Action Fairness Act of 2005) が成立した。これにより乱訴が防止されると期待される。

(2) 税制改革

ブッシュ大統領は, 2005年1月に税制改革に関する大統領諮問パネル (President's Advisory Panel) を設置し, バイパルチザン・ベースで大統領令で要求する税制改革の選択肢を勧告としてまとめ, 同年7月までに財務長官に提出するように要求した。同パネルは, 同年11月1日に報告書および勧告をまとめ, 財務長官に提出した[82]。その選択肢は, 次の2案であった。
① 簡易所得税 (Simplified Income Tax:SIT) 案
② 成長・投資税 (Growth and Investment Tax:GIT) 案
　この勧告の採否は, 米国財務省の検討に委ねられているが, いずれの案も現行税制を抜本的に改革するものであり, 米国中間選挙を控える今後の政治過程

の中で現実に立法化に至るか否か，予断は許されない[83]。

(3) 高度技能者への査証発給体制

国務省は，2005年2月に特定技術の研究活動を行う外国人の査証期間を現在の1年間から学生4年間，研究者2年間に延長した。

3 2006年における施策

ブッシュ大統領は，2006年1月31日における一般教書において「米国競争力の維持」(keeping America competitive) という言葉を次のように何度も繰り返した[84]。

一般教書を貫くメッセージは，「強いアメリカ」が世界をリードする (A Strong America Leading the World) であった。この時点では，年金改革と税制改革が失速したとみられるが，これまで米国産業界からブッシュ政権に対し不満が出ていた「米国競争力の強化政策」を看板に架け替え，米国産業界が歓迎する方針を強くアッピールしているのが印象的である[85]。その主要内容は，ヤング・レポートからパルミサーノ・レポートに至る多数のレポートで提言されたことを網羅しており，民主党のリーバーマン・レポートの提言とも多くの点で共通するところがあるので，米国議会においても受け入れられるであろう。ブッシュ大統領は，パルミサーノ・レポートと同様に，中国とインドを「新しい競争相手」とし，世界市場で競争する国としてのアジェンダを発表した。ダイナミックな世界経済の中で，生じる不確実性から保護主義者は競争を避けようとするが，政府は中央集権により経済の方向を決める大きい役割を果たすべきだというものもいる。

しかし，そのような方向は経済的敗北であり，停滞した二流経済への方向であるといい，このアジェンダは米国の生活水準を引き上げ，新規雇用を創出する競争力強化の方向を示す。特に，エネルギー政策について，大胆な数値目標を示した。

(1) 減税による可処分所得と経済成長

米国競争力の維持は米国経済成長から生じる。米国人がより多額の金を消費

し，貯蓄し，投資する時，米国経済は成長する。過去5年間の減税は，米国の労働者，投資家，小規模事業および世帯に8,800億ドルの可処分所得を与え，これが4年超の経済成長を可能にした。この減税措置はあと数年で期限切れになる。手を打たなければ，米国の世帯は予想もしない大増税をされることになる。米国人には期限延長が必要であり，減税の恒久化が必要である。

(2) **歳出の抑制**

米国競争力の維持には税金のよき番人が必要である。ブッシュ政権は，保証のない裁量的経費の伸びを抑制してきた。昨年は歳出削減法案を成立させたが，本年の予算も，また歳出削減をし，実績が乏しいプログラムや本質的に優先事項を履行していないプログラムを140以上排除する。これにより来年は140億ドルの歳出を削減し，2009年までに赤字を半減する。義務的経費の削減に挑戦しなければならない。ベビーブーム世代の引退は，連邦政府に前例のない負担となり，2030年までに社会保障，メディケアとメディケードの支出は連邦予算総額の約60％に達するので，途轍もない増税か，莫大な赤字か，すべての分野の歳出削減か，米国は不可能な選択を迫ることになる。

(3) **国 際 通 商**

米国競争力の維持のため，米国製品のすべてについてより多くの市場開放が必要である。米国工場の5分の1は，グローバルな通商に関係し，米国はあらゆる国が米国製品を買うことを望んでいる。公開市場で競争条件が平等ならば，米国労働者と競争できる者はいない。

(4) **入国管理制度**

米国競争力の維持には，米国法に適合し，米国の価値を反映し，米国経済の利益に寄与する入国管理制度が必要である。米国には国境の安全が必要であり，そのために入国管理の法執行と国境保全を強化しなければならない。国境の犯罪と密輸を防止し，合法的に就労する者に仕事を認める合理的で人情のあるゲストワーカー・プログラムをつくる必要がある。

(5) **余裕のあるヘルスケア**

米国競争力の維持には，余裕のあるヘルスケアが必要である。貧困者や高齢

者のヘルスケアは政府の責任である。医療費の上昇に対応し，医師・患者の関係を改善し，必要な保険を提供する。電子記録その他の情報技術を利用し，医療過誤を防止する。個人や小規模事業の労働者が大企業の労働者と同様に医療保険を利用できるようにし，転職する場合における保険のポータブル化を可能にし，訴訟のため多数の医師が駆逐されることを改善する[86]。

(6) エネルギー

米国競争力の維持には十分なエネルギーが必要である。深刻な問題は米国の輸入石油への依存である。この依存度を引き下げるため，クリーンで安い信頼できる代替エネルギーの開発のため，2001年から約100億ドルを支出してきた。エネルギー省のクリーンエネルギー研究を22%増加する「エネルギー戦略」(the Advanced Energy Initiative) を次の二つの分野で実施する[87]。

(ⅰ) 家庭および事務所の動力の変更

  ゼロエミッションの石炭火力発電，革新的な太陽エネルギーおよび風力エネルギー，ならびにクリーンで安全な核エネルギーに対する投資

(ⅱ) 自動車の動力の変更

  ハイブリッド・カーおよび電気自動車のバッテリー改良ならびに水素で走行する無公害自動車の研究を増加し，トウモロコシでなく，木材チップや茎または小枝からエタノールを生産するカッティング・エッジ法の研究に投資し，6年以内に新種のエタノールを実用化する。2025年までに中東からの石油輸入の75%以上をこれに取り替え，

米国の人材と技術によって米国の環境を劇的に改善し，石油依存経済から脱却して中東石油依存経済を過去のものにする。

(7) 人　　材

米国競争力の維持には，人材と創造性で引き続き世界をリードしなければならない。米国の世界一の長所は，教育を受け，勤勉で野心のある国民である。そこで，米国経済全般のイノベーションを促進し，米国民の子供たちに数学と科学の確固たる基盤を与えるため，次の「米国競争力戦略」(an American Competitiveness Initiative) を発表する[88]。

（ⅰ） 10年間に物理学の基礎研究プログラムに対する連邦政府のコミットメントを倍にする。

有望な分野(ナノテクノロジー，スーパーコンピュータ，代替エネルギー)を探究する米国人のクリエーティブ精神の産物の支援のため資金供給する。

（ⅱ） 大胆な民間部門の技術戦略の奨励のために研究開発税額控除の恒久化をする。官民双方の研究を増加させ，生活水準を改善し，今後10年間機会とイノベーションにおいて米国が世界をリードすることを確実にする。

（ⅲ） 米国の子女が数学と科学に強くなることを奨励し，それが外国と十分に競争するための基盤となる。全米の標準を引き上げ，テストの点を引上げる「脱落者を出さない法」(the No Child Left Behind Act)を低学年でスタートする。数学と科学の上級コースをリードするため7万人の高校教師を訓練し，3万人の数学と科学の専門家を教壇に招き，数学に取り組む学生を早期に援助する。米国人が世界で競争する準備をすることが目標である。

第3　現行R＆D税制

1　研究費税額控除

米国では，1996年7月1日から2005年12月31日までに支払いまたは発生した研究費（Research Expenditures）について研究費税額控除（Credit for Research Expenditures）が認められる（IRC41）。代替的増加税額控除（Alternative Incremental Credit）を選択しない限り，税額控除は次の合計額とされる。

（ⅰ） 当期の適格研究費のうち基準金額を超える額の20％

（ⅱ） 基礎研究費（basic research payments）の20％

この税額控除は，当期の税額（還付できない人的税額控除，外国税額控除および代替的燃料生産控除の合計額を差し引く）を超えることはできない。研究実験活動費（costs of research and experimental activities）の当期損金算入を選択するか否かを問わず，進行中の事業につき，税額控除が認められる。研究費税額控除は，一般事業税額控除（the general business credit）の一部とされ，その限度額（税額

の最初の25,000ドルの100％と税額のうち25,000ドル超の金額の75％の合計額とする）の範囲で認められる。

(1) 税額控除と損金算入との関係

研究活動増加税額控除（the credit for increasing research activities）を選択する場合，ＩＲＣ174研究費控除（research deduction）は当該税額控除の金額だけ減額されるが，この研究費控除の減額に代えて，税額控除の金額を減らすことを選択できる。

(2) 税額控除の終了

増加研究費税額控除は，1995年6月30日後1996年7月1日前に支払いもしくは発生した金額，または2005年12月31日後に支払いもしくは発生した金額には，適用されない（IRC41(h)(1)(B)，2004年勤労世帯租税救済法による改正）。

(3) エネルギー租税優遇措置法（Energy Tax Incentive Act of 2005(P. L. 109−58)

エネルギー研究増加の奨励のため研究費税額を拡大した。適格研究施設で行う適格エネルギー研究に関し，2005年8月8日後に支払いまたは発生した経費については，限度額は中止されている（IRC41, 2005年エネルギー租税優遇措置法による改正）。

(4) 適格研究支出（Qualified Research Expenditures）

研究活動増加税額控除は，納税主体（a taxable entity）が従事している営業または事業において発生した研究支出のみに適用される（ＩＲＣ41(b), (d)および(e)）。例えば，製品，方式，発明，工程または模型の開発または改良のために生じた支出は，この税額控除の対象とされるが，潜在的な営業または事業に関連する経費については税額控除を認められない。将来の生産のために研究を行い，その研究を通じて開発した技術の結果として販売を行う新規事業や新事業活動の開発のために研究を行う既存の事業は，この税額控除を受けることができない。適格研究支出が当期の営業または事業において支払いまたは発生したものに限られるという要件については，一定のスタートアップ・ベンチャーのインハウス研究費について，1989年後に開始する課税年度に例外措置が認められる。次

の種類の研究支出は，この税額控除を受けることができる。
（ⅰ）　インハウス支出で，研究に係る賃金，研究用備品，実験装置，コンピュータその他の動産の使用のための支払（IRC41(b)(3)(C)）
（ⅱ）　適格委託研究費として従業員以外の者に支払う金額の65％

ただし，次のものにはこの税額控除は認められない。
（ⅰ）　外国で行う研究
（ⅱ）　社会科学または人文科学の研究
（ⅲ）　他の者または政府機関の助成金，契約等により資金供給を受ける研究

　適格支出の対象は，実験における研究開発であり，実験の模型，工程，製品，方式，発明または類似の資産の開発および同種の既存の資産の改良に付随する費用ならびにこれらの資産に係る特許権の取得費が含まれる。

　次のような支出は，税額控除の対象とされない。
（ⅰ）　品質管理のために行う製品または原材料の通常のテストまたは検査の費用
（ⅱ）　効率調査，経営研究，消費者調査（市場研究を含む）の費用
（ⅲ）　広告または宣伝（市場テストまたは市場開拓を含む）の費用
（ⅳ）　通常の資料収集の費用
（ⅴ）　既存製品，生産ライン，その他の現行オペレーションに関する通常の，定期的な，装飾的な変更または改良の費用

(5) 基礎研究費

　研究費税額控除の第二要素（基礎研究費の20％）は，総合大学，単科大学その他の適格機関が行う基礎研究に対する法人支出であるため，俗に大学研究税額控除と呼ばれる。基礎研究とは，特定の商業目的のない科学知識の進歩のためのオリジナル調査をいう。

(6) 被支配法人グループの合算

　被支配法人グループの場合，同一グループのすべてのメンバーは，税額控除の適用上，単一の事業として取り扱われる（IRC41(f)）。被支配法人グループのすべての研究費は合算され，グループ全体の税額控除の計算が行われる。その

第 9 章　研究開発促進税制

後，適格研究費の増加の比例割合に応じて，この税額控除がメンバーに分割される。

2　代替的増加税額控除

1996年 6 月30日後に開始する最初の課税年度に，3段階の固定比率と控除率を利用する研究税額控除の計算方法を選択することができる（IRC41(c)(4)）。1996年 6 月30日後2004年 7 月 1 日前に開始する最初の課税年度に代替的増加税額控除を選択する場合，この税額控除は当該課税年度に開始する36ヶ月間適用される。

固定比率は，1984年から1988年における適格研究支出の合計が当該期間の総収入金額に占める割合である。代替的増加税額控除は，次の 3 段階の合計額である。

（ⅰ）　1 段階税額控除　前 4 課税年度の平均年間総収入の 1 ％超1.5％以下の当期の適格研究費の2.65％（1999年 7 月 1 日前に開始する課税年度の適格研究費の1.65％）（IRC41(c)(1)(B)）
（ⅱ）　2 段階税額控除　前 4 課税年度の平均年間総収入の1.5％超 2 ％以下の当期の適格研究費の3.2％（1999年 7 月 1 日前に開始する課税年度の適格研究費の2.2％）
（ⅲ）　3 段階税額控除　前 4 課税年度の平均年間総収入の 2 ％超の当期の適格研究費の3.75％（1999年 7 月 1 日前に開始する課税年度の適格研究費の2.75％）

3　研究実験費

研究実験費（research and experimental expenses）は，課税上，次の取扱いを認められる（IRC174(a)）。
（ⅰ）　すべての研究実験費用（research and experimental costs）を損金算入する。
（ⅱ）　研究実験費用のうち資本的支出以外の部分を損金算入し，他の部分を60ヶ月以上の期間にわたり償却する。
（ⅲ）　研究実験費用のうち当期の経費を構成する部分を損金算入し，残余の費

用を資本化する。

研究実験費とは、営業または事業に関連して発生した経費で実験における研究開発費用 (research and development costs) を表わすものをいう(規則1.174-2)。研究実験費には、実験モデル、パイロット・モデル、工程、製品、方式、発明または類似の資産の開発およびこれらの資産の改良に付随するすべての費用が含まれる。

4 Ｒ＆Ｄの租税優遇措置に関する租税回避スキームとＲ＆Ｄの海外移転

2005年には「小さい政府」のスローガンで民間企業活動への関与を減らす方針の下で、ブッシュ政権はＡＴＰ(先端技術計画)によるリスクのある技術開発に対する補助金制度の廃止を唱え、製造技術競争力法案 (Manufacturing Technology Competitiveness Act of 2005(H.R.250)) へのＡＴＰ予算配分をしようとしなかったが、イノベーション促進のための研究開発 (Ｒ＆Ｄ) 租税優遇措置が租税回避スキームに利用されることも重要視されている。しかし、2006年大統領一般教書で表明されたように、ブッシュ政権が中間選挙に向けて米国産業界の歓迎する競争力強化政策への切り替えを示しているため、これまで歳出削減政策で抑制されてきた研究開発 (Ｒ＆Ｄ) 予算と租税支出 (tax expenditures) といわれる租税優遇措置の活用が注目される。

他の問題は、米国ベース多国籍企業の製造拠点の海外への移転が盛んになるにつれ、製造に伴う無形資産の海外移転が起こり、さらには研究開発拠点の海外移転が起こることに米国は懸念をもっているということである[89]。米国は、米国内の研究開発の成果を海外の製造拠点や販売拠点で利用させる場合、その対価が使用料やキャピタル・ゲインとして米国に還流することを歓迎するであろうが、その成果を生むまでの長期にわたる研究開発費を米国だけで負担することについては疑義をもち、移転価格課税やコスト・シェアリングが重視されることになる。米国税を回避するために、特許取得前に研究開発の成果を海外子会社等に譲渡し、その後これを米国法人が使用する形で使用料を支払うとい

第9章　研究開発促進税制

うスキームの利用も警戒される。これらの租税回避スキームを防止するため，外国子会社合算課税強化の必要性が生じるが，過度になれば法人インバージョンに拍車をかけるおそれがある。2005年大統領諮問パネルの税制改革のＳＩＴおよびＧＩＴの勧告は，この点における米国のジレンマを窺わせる。

〔注〕
60) 米国産業を外国との競争から守るために政府の保護の下で外国貿易を行うべきことを主張する立場で，保護貿易主義ともいう。
61) 政府介入や民間規制のない自由競争の下で行われる貿易をいう。
62　米国通商法301-309条の総称で，米国通商に負担と制限を課す外国の慣行等について，利害関係者の訴えまたはUSTRの職権に基づき当該外国と協議することを義務づけ，解決できない場合には一方的措置を発動する権限を政府に与える。
63) 1988年に制定された包括的通商法で，通商法301条の強化，スーパー301条の導入，不当廉売関税の強化，関税法の強化，国防に係る投資規制の改正，金融市場・電気通信に係る条項の新設等を内容とする。
64) 1963年に通商交渉を担当する組織として創設され，1974年に大統領府の機関として通商協定の実施，調整の権限を付与されている。
65) 米国の貿易の利益を害する外国とその貿易慣行を「優先交渉国」と「優先交渉慣行」として特定し，是正交渉を行い，これが不調に終わるときは，制裁措置を講じることができるよう通商法301条を強化する規定。
66) 通商法182条をいう。米国企業の知的財産権を保護しない国に対して，貿易障壁年次報告書の発表後30日以内に特定し，通商法301条手続の開始を政府に義務づける規定。
67) OECDの競争力の定義
　　The degree to which a country can, under free and fair market conditions, produce goods and services which meet the test of international market, while simultaneously maintaining and expanding the real incomes of its people over the long term.
68) 競争力評議会のレポート
　　1991年　Gaining New Ground, Technology Priorities for America's Future.
　　1992年　Industry as a Customer of the Federal Laboratories.
　　1994年　Critical Technologies Update 1994.
　　1996年　Endless Frontier, Limited Resources: U.S. R&D Policy for Competitiveness.
　　1998年　Going Global ? The New Shape of American Innovation.
　　1999年　The New Challenge to America's Prosperity Findings from the Innovation Index.
　　2001年　U.S. Competitiveness 2001 : Strengths, Vulnerabilities and Long-term

Priorities.
69) イノベーション・インデックス
　　イノベーションとは，「知識」を新製品，工程およびサービスへの転換を意味するが，競争力評議会は，イノベーションが科学技術水準のみでなく，マーケティング，物流およびサービスの分野で重要になるという。イノベーション・インデックスとして国際特許件数が具体的な指標とされるが，OECD統計（研究開発の雇用者数，研究開発支出，研究開発支出に占める民間支出の比率や大学支出の比率）やスイスIMD『世界競争力年鑑』アンケートが用いられる。IMDの世界競争力の指標は，（i）経済的パフォーマンスについては，(a)国内経済，(b)貿易，(c)国際投資，(d)雇用，(e)物価とし，(ii)政府効率については，(a)財政，(b)財政政策，(c)国家制度，(d)産業制度，(e)教育とし，(iii)産業効率については，(a)生産性，(b)労働，(c)金融市場，(d)経営，(e)国際化とし，(iv)インフラについては，(a)基礎，(b)技術，(c)科学，(d)環境，(e)評価制度としている。
70) 日本政策投資銀行産業技術部「ヤングレポート以降の米国競争力政策と我が国製造業空洞化へのインプリケーション」産業レポートVol.3.2001.
71) 産業パフォーマンス（Industrial Performance）
　　生産性指標の概念で，品質，技術革新スピード，戦略的技術対応力など企業活動成果に影響を与える質的要素を産業の視点から取り入れている。
72) レーガン政権初期の減税政策
　　レーガン政権は，1981年に（i）加速度償却，（ii）投資税額控除，（iii）欠損繰延期間の延長などの投資減税を行った。研究開発投資の促進のため，研究開発費増加分に対し，25％の税額控除を認めた。
73) ヤング・レポートの提言のレーガン政権およびブッシュ政権の政策への反映
　　① 提言1（新技術の創造，実用化および保護）
　　　1986年　連邦技術移転法（Federal Technology Transfer Act）の成立.
　　　1987年　Small Business Innovation Research（SBIR）Programの承認
　　　1988年　包括通商競争力法（Omnibus Trade and Competitiveness Act of 1988）
　　②提言2（資本コストの低減）
　　　1986年　第二次レーガン税制改革
　　③ 提言3（人的資源開発）
　　　1985年　職業訓練パートナーシップ法（Jobs Training Partnership Act）
　　　1986年　Trade Adjustment assistance Program
　　　1987年　Workers Adjustment Assistance Program
　　　1989年　Economic Dislocation and Worker Adjustment Assistance Program
　　　　　　　Worker Adjustment and Retraining Notification Act
　　　1990年　Immigration Act改正
　　④ 通商政策
　　　1988年　包括通商競争力法の成立
74) ヤング・レポートの提言のクリントン政権の政策への反映

第9章　研究開発促進税制

① 提言1（新技術の創造，実用化および保護）
　1993年　国家輸出戦略の策定，ハイテク関連輸出の促進，政府R＆Dを民間にシフト，国防省，エネルギー省およびNASAの研究成果の民間転用の促進，連邦政府と民間企業の技術開発コンソーシアムの設立
　1994年　Global Information Infrastructure 構想
　1996年　Computing, Information and Communications：ＣＩＣ計画
　1998年　次世代インターネット法（Next Generation Internet Research Act of 1988)
② 提言2（人的資源開発）
　1993年　Office of the American Workplace 設立
　1998年　労働力投資法（Workforce Investment Act）
③ 提言3（通商政策）

75) ビザ・マンティス・プログラム（Visa Mantis Program）
　　ビザ・マンティス・プログラムは，国家機密，企業秘密に係る科学技術の研究開発に携わる外国人の査証発給に際しては特別な背景調査を実施するものであるが，テロ本土攻撃（2001年9月）以後警戒のため審査が停滞している。査証当局の科学技術知識の向上を図り，審査手続の迅速化・合理化のためこのプログラムの改善が必要であるとＥＩＡは主張する。
76) 米国移民政策
　　テロ本土攻撃により米国は移民政策の不備を認め，組織改革を行った。米国は，司法省が管轄していた移民帰化局（Immigration and Naturalization Service：ＩＮＳ）を廃止し，新設した国土安全保障省の一部局として市民権・移民サービス局（Citizenship And Immigration Services：ＣＩＳ）を新設した。
77) 貿易調整支援制度（Trade Adjustment Assistance：ＴＡＡ）
　　ＴＡＡは，1962年ケネディ政権が外国輸入品の増加により失業する労働者の所得補償，職業訓練および就職支援を内容とする福祉政策であったが，次第に産業競争力強化策としてみられるようになってきた。しかし，ＴＡＡは製造業を念頭に置いた制度であり，サービス貿易を考慮に入れていないため，製造業のみならずサービス産業にも顕著になってきたオフショアリングの影響によって失業するソフトウエア関連の労働者も支援対象に入れる必要があるとＥＩＡは主張する。
78) 日本政策投資銀行新産業創造部「産業競争力に向けた米国動向と日本の課題」産業レポートvol. 14. 2005。
79) 福田佳之「イノベーション重視に舵を切る米国の経済戦略」『ＴＢＲ産業経済の論点』東レ経営研究所 No. 05－05. 2005。
80) The White House, *The 2005 State of the Union Address：Complete Transcript of President Bush's Speech to Congress and the Nation,* February 2 . 2005。
　　The White House, *Fact Sheet：The State of the Union,* February 2 . 2005。
81) The White House, *Press Briefing on Fiscal Year 2006 Budget by OMB Director Joshua Bolten,* February 7 , 2005。

The White House, *President Discusses Economy, Budget at Detroit Economic Club*, February 8, 2005。

The White House *Fact Sheet: Ensuring America's Prosperity*, February 8, 2005。

82) The President's Tax Reform Panel *Report of the President's Advisory Panel on Federal Tax Reform-Simple, Fair and Pro-Growth : Proposals to Fix America's Tax System* November 2005。

83) 本庄資「米国国際租税制度の大転換が起こる時，日本はどうするのか」税経通信 Vol. 61/No. 2 /860. pp. 17〜29。

84) 2006年大統領一般教書および予算教書において大統領諮問パネルの税制改革勧告について明確に言及されない場合，中間選挙の結果をみるまで結論を先送りしたものとみられる。日経新聞（平成18年2月4日）は，「立て直しなるかブッシュ政権」と題する吉田透の記事において「所得税制の簡素化などを目指した税制改革も，大統領の諮問委員会が提言をまとめた後，たなざらしになったままだ。米財務省は昨年末をめどにしていた改革案の公表を中間選挙後まで先送りする方針を固めたとされる。」とみている。

85) The White House, *President Bush Delivers State of the Union Address*, January 31, 2006。

86) The White House, *State of the Union : A Strong America Leading the World*, January 31, 2006。

87) The White House, *State of the Union : Affordable and Accessible Health Care*, January 31, 2006。

88) The White House, *State of the Union: The Advanced Energy Initiative*, January 31, 2006。

89) The White House, *State of the Union : American Competitiveness Initiative*, January 31, 2006。

第10章
エネルギー対策税制

　石油産業の代理人といわれるブッシュ政権のエネルギー政策は，各国のエネルギー政策に大きな影響を及ぼす。ある意味で，20世紀は「石油の世紀」と呼ばれる。1920〜1930年代の中東油田の発見と開発によって，これらの油田利権がセブンシスターズという国際石油資本による国際石油カルテルの支配力を強力な存在にしていくが，第二次世界大戦以前の石油産業は米国およびカリブという石油供給基地を支配する米国の支配下にあり，米国が覇権国として君臨し，ドルを基軸とする国際通貨，国際金融，国際貿易および国際課税を通じて戦後の世界秩序を形成していく過程で，石油支配がパクス・アメリカーナの基礎となっている。戦後から1970年代までに米国以外の石油産業は，急成長を遂げ，石炭から石油へのエネルギー革命を起こし，世界の石油需要は急激な伸びを示すことになる。このような石油需要の増大によるエネルギー転換が進むに伴い，高コストの石油供給地国としての米国の地位は相対的に低下し，低コストの供給地国としての中東地域の地位が顕著に台頭していく。石油の精製方式が産油地精製方式から消費地精製方式に急速に転換していく。超大型タンカーの長距離輸送の発展により輸送コストが石油製品輸送から原油輸送への転換を可能にするとともに，エネルギー輸入国のドル節約の面からも原油輸入・消費地国精製・石油化学の発展が国家政策の方針とされた。このため，経済的合理性を追求する観点から石油製品および関連産品の国内市場における消化を可能にするため，重化学工業が発展していく。米国は，サウジアラビアの油田の発見，米国メジャーズによるサウジアラビア石油利権の独占支配の確立，中東地域の対ソビエト戦略上の地政学的重要性など，安全保障政策からソビエト中東進出の

防衛ラインとして，サウジアラビア重視政策を堅持する一方，1948年イスラエル建国以来，イスラエル支持を堅持するというジレンマから対アラブ二元外交を続けている。1950年代，米国は，サウジアラビアの国有化による石油利権喪失の恐れと中東地域におけるソビエト勢力の浸透を懸念して，サウジアラビアの収入増額要求に対処するため具体策としてこれについて外国税額控除を適用することを約束したが，他の多くの産油国もこれに倣い，各国の収入増額要求を実現していくと同時に，米国の歳入ロスが増大していく。1960年石油輸出国機構（Organization of the Petroleum Exporting Countries：OPEC）を創設した産油国は，米国メジャーズの寡占支配に対抗するため，カルテルを結成した。この年代にはソビエト原油，新規油田開発により過剰供給時代を迎え，新規加盟国を迎え入れ，世界原油輸出の8割以上を支配する最強のカルテルになっていたが，減産調整の合意の場と化していたので，各国の収入減をもたらす調整は困難であり，1967年第三次中東戦争の勃発によりイスラエル支持国に対する石油禁輸の発動など，政治的武器として石油を使用する動きが出てくるに及び，アラブ諸国と非アラブ諸国の分裂が起こるに至った。このように，原油過剰と原油価格の低水準傾向により世界は石油依存型経済へと移行し，各国の石油依存度が高まっていく。世界最大の産油国である米国は，国内石油業界保護のために石油輸入制限を試みたが，すでに石油消費量の3割を輸入に依存する国になっていた。こうしたエネルギー危機の到来の予想と産油国による供給削減の脅威に世界の三極・日米欧が晒されていることが自覚されるにつれ，石油は買手市場から売手市場に転換し，1970年代にはOPECは原油価格の引上げと資源主権を米国メジャーズに迫り，数多の交渉に勝ち，その支配力を強化していく。1973年第4次中東戦争の勃発においてOPECは，石油を政治的武器として利用し，公示価格の一斉引上げを行い，第一次石油ショックを招いた。石油消費国は，米国のイスラエル政策の路線から一定の距離を置き，アラブ諸国との関係を重視する傾向を強め，米国メジャーズの支配力は，OPECの支配力に対し，後退していく。米国は単独では対抗できなくなり，1974年主要石油消費国を召集し，エネルギー節約，代替エネルギー開発，石油消費需要削減および

第10章　エネルギー対策税制

緊急事態における石油融通計画の策定の基本計画である「国際エネルギー計画」(International Energy Program：ＩＥＰ)政府間協定を締結した。このＩＥＰ実施機関として日米欧を中心とする「国際エネルギー機関」(International Energy Agency：ＩＥＡ)[90]を設置した。このような状況でオイルダラーのOPECへの集中と非産油国への流出を中心にオイルダラー還流の問題が起こった。主要国は，OPECへの資本財，消費財，兵器等の輸出拡大，ユーロ市場などでの投資促進，多国籍銀行等を通じる貸付の勧誘により，オイルダラー還流を図っている。この結果，主要国から積極的な輸入拡大と工業化政策や軍備拡充を行った国（ハイ・アブソーバー）は大幅な経常赤字国となり，輸入拡大でなく貯蓄志向の国（ローアブソーバー）は対米投資を増加させた。また，非産油国への貸付金は，それらの国が先進国からの輸入に充てられたが，1980年代に債務危機に陥った国も少なくない。1978年OPECの原油価格引上げ，1979年イラン革命に伴う供給不安に対する市場の過剰な反応から第二次石油ショックが起こり，1980年イラン・イラク戦争の勃発でスポット価格が上昇したが，北海，メキシコ，アラスカ等の新油田開発や先進国の景気停滞による石油需要の抑制，非石油エネルギーへの転換，省エネルギーの浸透などから石油消費量の減少，原油輸入量の減少，供給過剰へと状況が変化し，OPECの支配力は低下し始める。石油取引はスポット価格に連動する取引の比率が高まり，先物市場の開設により金融商品としての性格が濃くなり，投機・裁定取引の急増によって原油価格決定が伝統的な石油市場と異なる場で行われるようになってきた。このような状況を受けて，米国はエネルギー政策を支える税制について明瞭なメッセージを発信している。

第1　米国のエネルギー政策支援税制の成立

米国は，2005年エネルギー租税優遇措置法（Energy Tax Incentives Act of 2005）および2005年エネルギー政策法（Energy Policy Act of 2005）を2005年7月28日下院，2005年7月29日上院で可決した。エネルギー租税優遇措置法は，米

国のエネルギー生産，輸送および効率を改善するための145億ドルの租税優遇措置のパッケージであり，30億ドルの増収を図っているので，差し引き115億ドルの減税措置を定めている。

　租税優遇措置の概要は，再生可能なエネルギー，エネルギー節約および伝統的なエネルギーに関し，次の減税を行うものである。

① 再生可能なクリーン・エネルギー　　　　　32億ドル
② 電気の確実性　　　　　　　　　　　　　　31億ドル
③ クリーン石炭　　　　　　　　　　　　　　29億ドル
④ エネルギー効率および節約　　　　　　　　27億ドル
⑤ 石油および天然ガスの清算および精製　　　26億ドル

第2　2004年米国雇用創出法(American Jobs Creation Act of 2004：AJCA)におけるエネルギー優遇税制の試み

　2005年エネルギー租税優遇措置法の成立に至るまでの経緯をみると，画期的な税制改革案であったAJCAにおいて，米国は多様なエネルギー関連の優遇税制案を議会で検討している。この時，積極的な上院に比して下院はほとんど動かず，下院案を提出しなかった。多くの上院改正案は両院協議会の合意を得られず，議会を通過するに至らなかった。

1　特定の発電に係る税額控除

(1) 旧法（ＩＲＣ45）

　適格風力エネルギー，適格クローズド・ループ・バイオマスまたは適格家禽排泄物処理施設からの発電に関して税額控除（発電量キロワット/時1.8セント）が認められる（IRC45）。この税額控除は，1993年12月31日後2006年1月1日前に用に供された風力エネルギー設備による発電，1992年12月31日後2006年1月1日前に用に供されたクローズド・ループ・バイオマス設備による発電，1999年12月31日後2006年1月1日前に用に供された家禽排泄物処理設備に適用される。

この税額控除は，設備が用に供された日後10年間の発電に適用される。

(2) 改　正　案

A　下院案（House Bill）

特になし。

B　上院案（Senate Amendment）

（ⅰ）期限延長　既存設備の適用を2007年1月1日前に用に供した設備による発電までとする。

（ⅱ）適格設備の追加　6種類の新適格設備（オープン・ループ・バイオマス，地熱エネルギー，太陽エネルギー，バイオ・ソリッド＆スラッジ，灌漑，固形廃棄物）を追加する。

C　両院協議会の合意（Conference Agreement）

（ⅰ）期限延長　上院案を採用しないが，既存設備を用に供した日について次のように修正する。

既存の適格クローズド・ループ・バイオマス設備を石炭および他のバイオマスと共用するように改造した場合，10年間の税額控除を認める。

（ⅱ）適格設備の追加　5種類の適格発電設備（適格オープン・ループ・バイオマス設備，適格地熱エネルギー設備，適格灌漑発電設備，適格埋立式ごみ廃棄物ガス設備・ごみ廃棄物燃焼設備，適格石炭精製設備）を追加する。

追加設備の税額控除は，現行どおり原則としてキロワット／時1.5セント（2004年1.8セント）とし，設備を用に供した日から開始する10年間とする。

2　小規模エタノール生産業者税額控除

(1) 旧法（ＩＲＣ40）

自動車燃料として使用され，または他の燃料（例えばガソリン）とのブレンドされる再生可能な源泉（例えばバイオマス）から生産されるエタノールおよびメタノールについてタックス・ベネフィットが認められている。エタノールについては，小規模生産業者は，ガロンにつき10セントの税額控除を認められる。小規模生産業者税額控除は，ＩＲＣ40に基づきアルコール燃料税額控除の一部

である。小規模生産業者は，生産が年間1,500万ガロン以下であり，かつ，生産能力が年間3,000万ガロン以下である生産業者である。この税額控除は，一般的事業税額控除として取り扱われる。アルコール燃料税額控除は，2007年12月31日まで認められる。

(2) 改　正　案

A　下院案（House Bill）

特になし。

B　上院案（Senate Amendment）

小規模生産業者のエタノール税額控除に関するルールを次のように改正する。

（ⅰ）　適格小規模生産業者の定義を改正し，生産能力が6,000万ガロン以下の者を含むものとする。

（ⅱ）　協同組合が小規模エタノール生産業者税額控除を組合員にパススルーすることを選択できるように改正する。

（ⅲ）　小規模生産業者税額控除を請求する者の所得に算入するルールを廃止する。

（ⅳ）　小規模生産業者税額控除が，パッシブ活動に帰すべき税額控除および経費控除を制限するルールの適用上，パッシブ活動から生じるものとみなさない。

C　両院協議会の合意（Conference Agreement）

協同組合が小規模生産業者税額控除を組合員にパススルーすることを選択できるものとする。この税額控除は，課税年度に組合員とともにまたは組合員のために行われた事業の分量と価値に基づき組合員配当の分与を受けることができる組合員の間で割り当てられる。組合員に割り当てられない税額控除の金額は，組織の税額控除とされる。

3 石油・天然ガス優遇措置

3-1 限界井戸 (marginal wells) からの石油およびガスの生産

(1) 旧　法
限界井戸からの石油およびガスの生産税額控除について規定はない。

(2) 改　正　案

A　下院案 (House Bill)

特になし。

B　上院案 (Senate Amendment)

原油生産につき1バレル3ドル，適格天然ガス1,000立方フィートにつき0.50ドルの税額控除を認める。この税額控除は，適格限界井戸の生産についてのみ認められる。適格井戸とは，次の国内井戸をいう。

(i)　生産がパーセント減耗控除ルールの適用上限界生産として取り扱われる井戸

(ii)　平均日産25バレル以下である井戸

C　両院協議会の合意 (Conference Agreement) (IRC45I)

上院案を改正する。この税額控除を一般的事業税額控除の一部とする。未使用の税額控除は，5年の繰戻を認められる。

3-2 環境保護庁 (environmental protection agency：EPA) 硫黄規制を遵守する生産に係る小規模精製業者の資本コストの経費控除

(1) 旧　法
納税者は，精製資産に対する投資コストを減価償却費の控除によって回収することができる。

(2) 改　正　案

A　下院案 (House Bill)

特になし。

B 上院案 (Senate Amendment)

小規模精製業者は，環境保護庁のハイウエー・ディーゼル燃料硫黄規制要件を遵守するために支払いまたは発生したコストの75％まで，これを経費として即時控除することができる。この適格コストは，2003年1月1日に開始し，ＥＰＡ規則を遵守する日後1年目の日または2009年12月31日のいずれか早い方に終了する期間，小規模事業精製業者のすべての設備について支払いまたは発生した費用である。小規模事業精製業者は，石油生産物の精製業に従事し，直接に精製に従事する1,500人以下の従業員を雇用し，精製能力が平均205,000バレル／日未満である納税者である。

C 両院協議会の合意（Conference Agreement）（IRC179B）

上院案を採用する。

3－3 環境保護庁の硫黄規制を遵守するディーゼル燃料に関する小規模精製業者の税額控除

(1) 旧　法

低硫黄ディーゼル燃料生産の税額控除について規定はない。

(2) 改　正　案

A 下院案 (House Bill)

特になし。

B 上院案 (Senate Amendment)

小規模事業精製業者は，ＥＰＡのハイウエー・ディーゼル燃料硫黄規制要件を遵守して課税年度に生産された低硫黄ディーゼル燃料についてガロンにつき5セントの税額控除を認められる。生産税額控除は，ＥＰＡディーゼル燃料要件を遵守するために生じた資本コストの25％に限定される。適格コストは，2003年1月1日に開始し，ＥＰＡ規制を遵守する日後1年目の日または2009年12月31日のいずれか早い方に終了する期間に小規模事業精製業者の設備について支払いまたは発生したコストである。小規模事業精製業者の定義は，上記5－4における定義と同様である。

第10章 エネルギー対策税制

C 両院協議会の合意（Conference Agreement）（IRC45H）

上院案を修正する。低硫黄ディーゼル燃料税額控除をＩＲＣ169(c)に基づく適格事業税額控除とする。課税年度に税額控除の一部が一般的事業税額控除として認められない場合，当該一部に相当する金額は，繰戻および繰越ルール（IRC39）に基づき税額控除として認められたであろう最後の課税年度後の第一課税年度に控除することができる。

3－4　一定のアラスカ・パイプライン資産を７年資産として取り扱うこと

(1)　旧法（ＩＲＣ168）

パイプおよびコンベヤーで石油，ガスその他の生産物を運搬する民間商業契約で用いられる資産は，クラス耐用年数22年および回収期間15年とされる。

(2)　改　正　案

A　下院案（House Bill）

特になし。

B　上院案（Senate Amendment）

アラスカ天然ガス・パイプラインは，クラス耐用年数22年，回収期間７年とする。アラスカ天然ガス・パイプラインとは，アラスカ州内に所在する天然ガス・パイプライン・システム（天然ガスの輸送に用いられるパイプ，トランク・ライン，関連装置および付属物を含むが，ガス加工プラントを含まない）で，１日5,000万ＢＴＵ超の能力をもち，2010年12月31日後に用に供されるものをいう。

C　両院協議会の合意（Conference Agreement）

次の点を修正の上，上院案に従う。

(ⅰ)　７年の回収期間を適用されるには，適格資産を2013年12月31日後に用に供しなければならない。

(ⅱ)　2014年１月１日前に適格システムを用に供する納税者はこのシステムを2014年１月１日に用に供したものとして取り扱うことを選択することができる。

3-5　一定のガス加工施設の石油回収税額控除

(1) 旧法（IRC43）

石油回収費用の15％に相当する税額控除が認められる。適格石油回収費用には，石油回収プロジェクトの一部である減価償却有形資産の取得原価，無形ドリル費用および開発費用，このプロジェクトに関する第三の導入物の費用が含まれる。

(2) 改正案

A　下院案（House Bill）

特になし。

B　上院案（Senate Amendment）

アラスカ天然ガスを天然ガス・パイプライン・システムに入れる一日2兆BTU処理能力をもつ適格天然ガス加工プラントの建設に関する費用は，石油回収税額控除を受けることができる適格石油回収費用とされる。

C　両院協議会の合意（Conference Agreement）

上院案に従う。

第3　米国エネルギーの現状

中国と並びガス・ガズラーと悪口を叩かれる米国で，ブッシュ大統領は2005年8月8日にエネルギー租税優遇措置法（Energy Tax Incentives Act of 2005），同年8月10日にSAFE運輸衡平法（Safe, Accountable, Flexible, Efficient Transportation Equity Act of 2005, 俗に「ハイウエー法」といわれる）に相次いで署名した。いうまでもなく運輸は米国経済におけるエネルギー利用の大部分を占めているので，エネルギーと運輸という米国経済を支える二大領域の相互関係を考慮すれば，ほぼ同時に成立した上記2法のもつ意義は大きい。前者は，（ⅰ）伝統的なエネルギー生産者，（ⅱ）原子力産業および（ⅲ）新エネルギー源に対する特典を定めた。米国議会におけるブッシュ大統領の2001年優先政策を反映する包括的エネルギー立法審議について，財務長官ジョン・W.スノーは，（ⅰ）

エネルギー価格の高騰への対処，(ⅱ) 米国の外国石油依存度の低下，(ⅲ) エネルギー効率の向上および (ⅳ) 省エネルギーという緊急の課題に対し，迅速な立法が必要であると訴えていた。2004年米国雇用創出法 (American Jobs Creation Act of 2004, AJCA) において上院がエネルギー税法の改正に積極的な提案をしたが下院がほとんど動かなかったため，不成立に終わった内容を点検したが，2005年は下院も多数の提案を行い，米国議会はバイ・パルチザン・ベースの対応により，両院協議会の協議を経て，ブッシュ大統領の優先課題を立法化することに成功した。大統領は，"America must have an energy policy that plans for the future, but meets the needs of today. I believe we can develop our natural resources and protect our environment" をスローガンとし，これを受けて副大統領ディック・チェニーを長とする米国エネルギー政策開発グループ (National Energy Policy Development Group:NEPD Group) は，2001年5月16日に報告書「米国エネルギー政策」(National Energy Policy) を公表するとともに，大統領に対し以下の主要項目について詳細な勧告を行った。

(ⅰ) 米国の当面するエネルギー問題を見直すこと
(ⅱ) エネルギー価格高騰が家族，共同社会および事業に及ぼす影響を緩和すること
(ⅲ) 米国の環境を保護すること
(ⅳ) 省エネルギーおよびエネルギー効率化によりエネルギーを賢明に利用すること
(ⅴ) 新世紀の米国エネルギー供給を確保すること
(ⅵ) 自然の力，再生可能な代替エネルギー利用を促進すること
(ⅶ) 包括的輸送システム，米国エネルギー・インフラを整備すること
(ⅷ) 米国エネルギー安全保障と国際関係を確立するため，グローバル・アライアンスを強化すること

　大統領エネルギー政策に基づき，漸く包括的なエネルギー税制が成立した米国で，エネルギー産業，一般事業および投資家に対するこれらの税法の効果が，どのように予測されているかについて要約する。

1 エネルギー資源の賦存状況（2002年末）

　BP統計によれば，北米のシェアは，石油4.8％，天然ガス4.6％，石炭26.2％である。石油の65.4％は中東にあり，天然ガスの36％は中東，39.2％は旧ソ連にあるが，石炭の36.1％は欧州・旧ソ連，29.7％はアジア太平洋にある。米国は，石炭の活用に着目する。

2 エネルギー源別消費構成（石油換算100万トン）（2000年）

　IEAによれば，米国の消費2,299.7の構成比は，石炭23.6，石油38.6，天然ガス23.7，原子力9.1，水力・地熱5.1となっており，エネルギー輸入依存度は29.5％，石油の輸入依存度は62.1％に達している。米国は，国産エネルギーの開発，省エネルギー，輸入依存度の低下に努めることを政策目標として掲げる。

3 CO_2排出量シェア（2000年）

　IEAによれば，米国のCO_2排出量シェアは，23.9％で世界最悪であり，中国の13.3％を大きく上回る。米国にとっては，クリーンなエネルギーへの転換が急務である。

4 一次エネルギー供給の見通し（石油換算100万トン）

　IEAによれば，北米の一次エネルギー供給は，将来も増加すると見込まれるが，世界におけるシェアは低下する。2000年2,696(29.4％)，2010年3,040(27.3％)，2020年(25.8％)，2030年3,726(24.4％)と見込まれる。

5 石油の埋蔵量，生産量，可採年数および原油消費量（2002年）

　BP統計によれば，米国の確認可採埋蔵量は304億バレル（対世界シェア2.9％），生産量は769.8万バレル/日，可採年数10.8となっている。これに対

し，米国の原油消費量は，1970.8万バーレル/日である。米国は，生産量ではサウジアラビア（868万バーレル/日）に次いで，ロシア（769.8万バーレル/日）と並び2位であるが，消費量では世界1位となっている。米国は，省エネルギー，再生可能な代替エネルギーへの転換を急ぐ必要がある。

6　原油（NGLを含む），石油製品の輸出入量（2001年）

IEAによれば，米国の原油（NGLを含む）輸入量は，52,633万トン(対世界シェア25.6%)，石油製品輸入量は，7,965万トン(同11.4%)で，ともに世界一であり，石油製品輸出量は，4,967.5万トン(同6.4%)で，世界4位である。

7　国別原油輸入量および中東産油国依存度（2002年）

IEAによれば，米国の原油輸入量48,743.6万トンの内訳は，サウジアラビア15.7%，メキシコ15.6%，ベネズエラ15.4%，カナダ14.8%，ナイジェリア7.2%，イラク5.5%，英国4.1%，ノルウエー3.8%，アンゴラ3.3%，コロンビア2.5%，クエート2.2%，ガボン1.8%，エクアドル1.1%，その他6.9%となっている。中東産油国依存度は，24.1%である。輸入エネルギー確保と同時に輸入依存度の低下が米国の課題である。

8　天然ガスの埋蔵量，生産量，可採年数および消費量（2002年末）

BP統計によれば，米国の確認可採埋蔵量は，5.19兆立方メートル（対世界シェア3.3%）で世界6位，生産量は5,477億立方メートルで世界2位，可採年数9.6とされる。米国の消費量は，6,675億立方メートルで世界1位である。当然，米国の輸入量は113,480百万立方メートル（対世界シェア）で，世界一となっている。国別の輸入量は，カナダ94.2%，トリニダド・トバゴ3.8%，カタール0.9%，アルジェリア0.7%，ナイジェリア0.2%，オマーン0.1%，マレイシア0.1%，その他0.1%となっている。

9 石炭の埋蔵量,生産量,可採年数および消費量 (2002年末)

BP統計によれば,米国の確認可採埋蔵量は,249,994百万トン(対世界シェア25.4%)で世界一であり,生産量は571.7百万トンで中国に次いで世界2位,可採年数252とされる。消費量は,553.8百万トンで中国に次いで世界2位である。

10 再生可能エネルギー(石油換算千トン)

IEAによれば,米国の再生可能エネルギー導入は,110,391で,一次エネルギー総供給量に占める割合は,4.8%である。その内訳は,バイオマス66,780,水力21,359,地熱13,142,廃棄物7,108,太陽光・太陽熱1,517,風力485,である。

11 総発電量とそれに占める原子力の割合 (2000年)

IEAによれば,米国の総発電量は,4003.5兆Whで,世界で断然トップであり,総発電量に占める原子力の割合は,20%である。

第4 2005年エネルギー税制改革の納税者に対する影響

いわゆる京都会議の議定書の実効性も考慮に入れて,日本では炭化水素燃料の問題について主として環境政策の視点からエネルギー消費抑制の目的で経済的規制の一手段として「環境税」の問題としてアプローチする傾向があるが,米国では,ブッシュ政権のエネルギー税制が2004年米国雇用創出法案の審議で多くの上院案を潰した後,2005年エネルギー税制改革2法の成立により,省エネルギーと新世代エネルギー開発・普及へのインセンティブとして税制を活用する方向性を明らかにした。まず,幅広い納税者に租税優遇措置を与えることとしているので,その影響を受ける納税者の範囲について,以下に要約する。

第10章　エネルギー対策税制

1　エネルギーおよび燃料に係る産業界

近年の化石燃料不足とエネルギー価格高騰によりエネルギー産業は米国経済の中で最も収益性の高い部門となっている。新法の趣旨は，エネルギー産業が現行制度の問題の除去，廃棄物の減少および代替エネルギーの奨励であり，財務省がエネルギーの生産と消費に係る外部コストとベネフィットの評価について研究することを要求している。

(1)　石油生産者

「独立生産者」の定義を拡大し，独立生産者に適用される石油減耗控除に係る税制の適用範囲を拡大し，油濁責任信託基金（Oil Spill Liability Trust Fund）をもっと大きい資金とし，オイルシェールやタールサンドからの石油生産に一般的事業税額控除を適用し，米国石油探査費用の2年償却を可能にする。

(2)　天然ガス生産者

米国供給不足に対応し，天然ガスの代替的源泉（石炭，石油，バイオマスその他の物質を合成ガスに転換するガス化プロジェクト）の投資控除を新設し，ブライン，デボン紀シェール，石炭層またはバイオマスからのガス生産に一般的事業税額控除を適用し，米国ガス探査費用の2年償却を可能にする。

(3)　天然ガス公益事業

政府公益事業の天然ガス供給契約の払戻しの資金調達のための免税債券に係る一般的裁定取引制限の例外を認める。

(4)　天然ガス配給者

天然ガス収集・配給ラインの減価償却期間の短縮を認める。

(5)　電力生産者

一定の代替的源泉からの電力生産プロジェクトの用に供する期限（IRC45）を適格風力施設，クローズド・ループ・バイオマス施設，オープン・ループ・バイオマス施設，地熱施設，灌漑施設，埋立ごみ廃物ガス施設およびごみ焼却施設，さらに水力発電およびインデアン石炭に拡大適用する。IRC45の代替燃料による電力生産プロジェクトの資金調達のためにクリーン再生可能エネ

ギー債券 (Clean Renewable Energy Bond:CREB) のため税額控除を新設し，石炭火力発電に係る公害防止施設の償却期間を84ヶ月とする。

(6) 原子力産業

第二世代原子力プラント建設促進のため，適格原子力施設の発電のため税額控除を新設し，核用途廃止基金への拠出の控除ルールを緩和するため，控除要件を廃止し，1984年前用途廃止費用基金 (nuclear decommissioning funds) への拠出を認める。

(7) 送　電

適格IRC45資産の定義を改正し，販売用電力の送電用資産および関連土地の回収期間を15年に短縮し，送電用資産の売却その他の処分に係る収益の繰延に関する特別ルールを適用する。

(8) 電力事業

一定の電力会社に5年純営業損失の繰戻を認める。

(9) エネルギー協同組合 (Energy Cooperatives)

代替的源泉の発電のIRC45税額控除，適格液体燃料精製の経費選択，小規模精製協同組合のEPAハイウエーディーゼル小規模農業バイオディーゼル生産者控除，小規模エタノール生産者控除などの所有者またはパトロンへのパススルーを明確化する。電気協同組合をCREBの税額控除の適格借主とし，地方電気協同組合につき送電・配電サービス，核用途廃止取引およびIRC501(c)(12)の資産交換・転換取引による所得除外に係る一定期限を除去する。

(10) 石炭およびコークス生産者

統合ガス化結合サイクルその他石炭発電技術を用いる公認プロジェクトの税額控除を新設する。石炭の液化，気化または固体合成燃料の生産に係るIRC29税額控除を一般的事業税額控除の一部にし，コークスおよびコークスガスの生産施設にIRC45K税額控除を拡大適用し，石炭発電の公害防止施設の償却期間を84ヶ月とする。再生資源による発電のIRC45税額控除の新規適格エネルギーにインデアン石炭を追加し，石炭ディーゼルを容積測定消費税控除の代替燃料とする。

(11) ガソリン生産者

漏出地下貯蔵タンク信託基金（Leaking Underground Storage Tank Trust Fund：LUSTTF）の資金調達のためにガソリンその他燃料に係る消費税を拡大し，すべての燃料に課税する。ガソリンの消費税の税率引下げを6年間延期する。自動車燃料消費税の実施状況を監視するため臨時諮問委員会を設置する。

(12) ディーゼル生産者およびバイオディーゼル生産者

水と混合してディーゼル水燃料乳剤化するディーゼル燃料に特別消費税率を定める。

バイオディーゼルおよび適格バイオディーゼル混合物の所得税額控除およびバイオディーゼル混合物の消費税控除をバイオディーゼル燃料混合物税額控除とともに，延長する。

再生ディーゼルにも同様の優遇措置を与える。新規小規模農業バイオディーゼル生産者控除をバイオディーゼル燃料控除に追加する。LUSTTFの資金調達のためディーゼルその他燃料の消費税を拡大し，すべての燃料に課税する。ディーゼル燃料消費税の税率引下げは6年間延期する。トラックのハイウエー燃料の使用につき財務省に研究させ，ディーゼル燃料消費税の徴税強化のため新技法開発に関する報告書をIRSに命ずる。EPA硫黄ディーゼル規制に違反するディーゼルの販売者に対し新しい制裁を科す。

(13) ケロシン生産者

LUSTTFの資金調達のためケロシンその他燃料の消費税を拡大し，すべての燃料に課税する。ケロシンの消費税の税率引下げは6年間延期する。ケロシンのすべての移動（航空機の翼を除く）は，ディーゼル燃料として課税する。

(14) 液化石油ガス（LPG）生産者

LPGを容積測定消費税控除の代替燃料とする。

(15) エタノール生産者

IRC40の小規模エタノール生産者控除の定義に該当するために必要な生産能力の制限を増やすよう改正する。

⒃　アルコール燃料生産者

　アルコール燃料の消費税の税率の引下げは6年間延期する。

⒄　特別自動車燃料生産者

　LUSTTFの資金調達のため特別自動車燃料その他燃料の消費税を拡大し，すべての燃料に課税する。特別自動車燃料の消費税の税率引下げは6年間延期する。自動車燃料消費税の実施状況を監視するために臨時諮問委員会を設置する。

⒅　モーターボートおよび小型エンジン燃料生産者

　ハイウエー基金からスポーツフィシュ回復およびボート信託基金への資金移転の権限を6年間延長する。スポーツフィシュ回復およびボート信託基金に預託された小型エンジン燃料税は，沿岸湿地帯保護法の実施のためだけに使用できることを明確化する。

⒆　Pシリーズ燃料生産者

　Pシリーズ燃料を容積測定消費税控除の代替燃料とする。

⒇　バイオマスからの液化炭化水素

　バイオマスからの液化炭化水素を容積測定消費税控除の代替燃料とする。

(21)　燃料ブレンダー，パイプライン・オペレーター，インベントリー・ポジション保有者ならびにターミナルおよび船舶オペレーター

　IRC4101の登録義務者に所有者負担に係る登録を要求する。

(22)　燃料輸入者

　IRC4101の登録義務を負う輸入業者に所有者負担に係る登録を要求する。本土保全省および財務省は，輸入燃料に関する情報をIRSに提供する義務を負う。

(23)　精製業者

　米国の精製能力を向上させるため，液体燃料の精製に用いられる適格精製資産の経費化の選択制度を認める。独立生産者の定義を拡大して独立生産者に適用される石油減耗控除を適用される石油精製業者を増やす。IRC4101の登録

義務を負う精製業者に所有者負担に係る登録を要求する。

2　一般事業

　燃料電池またはマイクロ・タービン発電装置および太陽エネルギー資産の購入および据付に対する優遇措置を新設した。研究税額控除を拡大し，エネルギー関連研究の支出を含めることとした。自動車を購入しまたはリースする事業所有者は，個人が利用できるハイブリッドその他の種類の代替燃料自動車の購入またはリースに係る税額控除を適用される。住宅建築業者は，省エネルギー住宅に係る新しい税額控除を受ける。商業ビルの所有者は，その資産の省エネルギー支出に対する奨励措置を受ける。家具産業は，洗濯機，冷蔵庫および皿洗機の製造に係る新しい税額控除を受ける。

(1)　省エネルギーおよび研究に係る事業支出
①　燃料電池およびマイクロ・タービン発電装置

　新エネルギー源の研究にとって燃料電池は重要視され，2006～2007年に用に供された適格燃料電池の購入につき30％の事業エネルギー税額控除を認める。この制度は，2分の1キロワットの電気を生じる発電効率30％超の電気化学装置を用いて燃料を電気に転換する燃料電池スタックと関連物資を統合する。この税額控除は，各2分の1キロワットごとに500ドルに制限される。

　すでにガスタービンは普及しているが，マイクロ・タービンはまだ新技術とみられ，次世代のブームの推進力をもつとみられている。適格マイクロ・タービン発電装置の購入に10％の税額控除を認める。適格要件は，国際標準機関条件に基づき発電効率26％以上で発電能力2,000キロワット未満であり，この税額控除は，2006～2007年に用に供された資産で，適格資産のベースの10％または発電能力の各キロワットごとに200ドルのいずれか少ない方に制限される。

②　太陽エネルギー資産

　環境論者に選好される太陽エネルギーを奨励する。（ⅰ）構造物の暖冷房用発電に太陽エネルギーを使用し，（ⅱ）太陽熱を提供し，または（ⅲ）地熱鉱床からエネルギーを生産し，配給しもしくは使用する装置の取得に係る税額控

除を10％から30％に引き上げた。構造物内部の照明用太陽光の配給にガラス繊維による光の屈折伝達装置 (fiber optics) を用いる装置を太陽エネルギー資産とする。この税額控除は，2006〜2007年に用に供される資産に適用される。

③ 研究税額控除の拡大

ＩＲＣ41適格エネルギー研究税額控除を改正し，エネルギー研究コンソシアムが行う適格エネルギー研究支出につき20％の税額控除を認める。エネルギー研究コンソシアムは，次の要件を満たすものでなければならない。

（ⅰ） 公益のためにエネルギー研究・開発を行うために組織され運営されること

（ⅱ） 5人以上の非関連者が当該組織に金額を支払うこと

（ⅲ） 単一の者の支払金額が当該組織の受け取る金額合計の50％以下であること

（ⅳ） 民間財団でないこと

④ 無形資産の償却

無形資産の取得価額を15年間にわたり償却することを認めるＩＲＣ197の使用を制限し，単一取引または一連取引で複数の無形資産を売却する場合，償却のベネフィットを取り戻すことにする。無形資産の売却による収益は，過去に当該無形資産につき請求した通常の減価償却費控除の範囲で通常の所得として取り戻される。

(2) クリーン自動車の購入

① 購入者および賃貸者

クリーン燃料自動車の損金控除を廃止し，ハイブリッド，リーンバーン自動車，燃料電池自動車，代替燃料自動車などの一連の税額控除（これらを包括的に代替モーター自動車税額控除という）を新設する。

② ハイブリッド自動車およびリーンバーン自動車

2006年1月1日から，ハイブリッド自動車およびリーンバーン自動車の購入者および賃貸者に（ⅰ）燃費効率税額控除（fuel economy credit）と（ⅱ）省エネルギー税額控除（conservation credit）を認める。燃費効率税額控除は，2002

年モデルとの比較に基づいて計算される。この幅は，燃費効率を基準金額より125％以上改善した自動車の400ドルから，基準金額より250％以上改善した自動車の2,400ドルまでとされる。節約税額控除は，自動車の耐用年数の節約により，ガソリン節約1,200ガロン以上の場合の250ドルから，節約3,000ガロン以上の場合の1,000ドルまでとされる。これらの税額控除は，賃貸者も認められ，乗用車のみならず，軽トラックや重トラックについても認められる。

③ 燃料電池自動車

燃料電池自動車の使用の優遇措置として重量と2002年モデルとの比較による燃費効率に基づいて26,000ポンド超のトラックにつき40,000ドルの税額控除が認められる。

④ 代替燃料自動車

代替燃料には天然ガス，液化石油ガス，液化天然ガスまたは85％メタノールが含まれる。26,000ポンド超のトラック，バスおよびバンにつき32,000ドルまでの税額控除が認められる。

⑤ クリーン燃料補給装置

2006年から，代替燃料自動車の補給装置の据付につき30,000ドルまでの税額控除を新設する。この装置には，貯蔵タンク，補給ユニットおよび電気自動車の充電スタンドが含まれる。

(3) 住宅建築業者

2005年後に完成し2006～2007年に購入された住宅につき，現行の国際省エネルギー・コードに従って建築された住宅と比較してエネルギー効率を50％改良する場合，新エネルギー効率住宅税額控除として2,000ドルの税額控除を認める。これには，新築，改築および再建築が含まれる。この税額控除は，購入者が住居として使用する住宅を建築する建築業者のみに与えられる。

(4) 商業ビル所有者

商業ビルのエネルギー効率資産支出の控除を認める。この控除は，米国暖冷房・空調技術者団体および北米照明技術団体の基準を参照して50％省エネルギーを達成するビルにつき，平方フィート当たり1.80ドルとされ，50％基準に

満たないビルにつき，控除は平方フィート当たり0.60ドルとされた。
(5) 家具製造業者
　中国法人のMaytag買収を契機に，家具製造業者の租税特別措置が検討された。エネルギー効率のよい洗濯機，皿洗機，冷蔵庫の2006～2007年の生産についてのみ税額控除を新設する。

3　個　　人

　未来型自動車と軽トラックの購入者は，伝統的なガソリン・エンジン以外の動力車の購入につき，住宅所有者は，太陽装置または光電池装置の据付を含む住宅のエネルギー効率化につき，次の租税優遇措置を適用される。

(1)　環境に優しい自動車の購入者
①　購入またはリース
　伝統的なガソリン・エンジン以外の動力車の購入者に租税優遇措置を与える。これには電気自動車，ハイブリッド自動車，天然ガス，液化石油ガス，液化天然ガスまたは85％メタノールを燃料とする自動車が含まれる。クリーンな燃料自動車に係る現行の控除を廃止し，包括的な代替自動車税額控除として一連の税額控除を認める。

②　ハイブリッドおよびリーンバーン自動車
　2006年1月1日から，ハイブリッドおよびリーンバーン自動車の購入者および賃貸者，に燃費効率税額控除と省エネルギー税額控除を認める。燃費効率税額控除は，2002年モデル基準と比較して計算され，燃費効率が基準の250％以上である自動車に対する400ドルから250％以上である自動車に対する2,400ドルまで認める。省エネルギー税額控除は，自動車の耐用年数の省エネルギーにより節約ガソリン1,200ガロン以上に対する250ドルから3,000ガロン以上に対する1,000ドルまで認める。

③　代替燃料自動車
　代替燃料には天然ガス，液化石油ガス，液化天然ガスまたは85％メタノールが含まれる。代替燃料自動車および軽トラックについて，4,000ドルまでの税

額控除，トラック，バスおよびバンについて，より多額の税額控除を認める。

④ 燃料電池自動車

重量と2002年モデル基準と比較した燃費効率に基づいて税額控除を認める。この税額控除は，燃費効率が基準の150％の自動車に対する1,000ドルから基準の300％の自動車に対する4,000ドルまでとする。

⑤ 住宅用クリーン燃料補給装置

2006年から，用に供した資産について，代替燃料補給資産の住宅据付につき1,000ドルまでの税額控除を新設する。この資産には貯蔵タンク，補給ユニットおよび充電スタンドが含まれる。代替燃料には，85％以上のエタノール，天然ガス，圧縮天然ガス，液化天然ガス，液化石油ガスおよび水素の混合物ならびに20％以上のバイオディーゼルの混合物が含まれる。

(2) 住宅所有者

① エネルギー効率の改良

住宅所有者は，2006〜2007年にエネルギー効率の改良を行った場合，500ドルまでの税額控除を認められる。この税額控除は，（ⅰ）エネルギー効率の改良コストおよび（ⅱ）住宅用エネルギー資産の取得価額の10％とされる。

② 太陽エネルギー装置または光電池装置

住宅所有者は，2006〜2007年に用に供された太陽熱水または光電池装置および燃料電池装置の据付につき30％の税額控除を認められる。この税額控除は，太陽熱水および光電池の支出につき範疇ごとに2,000ドル，燃料電池の2分の1キロワットごとに500ドルに制限される。

(3) 免税債券の投資家

① クリーン・エネルギー再生債券

政府，テネシー峡谷，電気協同組合その他が再生可能なエネルギー施設の資金調達のために発行する債券について，免税債券の投資家に税額控除を認める。

② 免税施設債券の範疇の追加

ハイウエー法は，免税債券の投資を奨励するため，新しい範疇の免税施設債券を追加する。

③ 州有 REIT の発行する債券

REIT として組織された州所有法人の所得は，州の所得として取り扱われ，当該 REIT が発行する債券は民間活動債券でなく，その利子は免税とされる。この適格要件として，2003年12月31日後2006年12月31日前に州が REIT の100％を所有することが必要とされる。

(4) 協同組合のパトロン

① 電力生産税額控除のパススルー

適格電気協同組合または農業協同組合は，ＩＲＣ45(e)の新税額控除をそのパトロンにパススルーすることができる。この税額控除は，パトロンの事業金額に基づいて配分される。

② 他のパススルー

協同組合は，特定の税額控除をその所有者またはパトロンにパススルーすることができる。この税額控除には，適格液体燃料精製資産の支出の経費控除，小規模精製業協同組合のＥＰＡハイウエー・ディーゼル燃料硫黄規制要件に係るコストの控除，小規模農業バイオディーゼル生産者税額控除，小規模エタノール生産者税額控除が含まれる。

4　エネルギー研究

エネルギー研究コンソシアムの行う研究の税額控除を与え，小事業，大学および連邦研究所に支払われる金額の100％を税額控除できるよう，適格エネルギー研究の税額控除を緩和する。

5　特定の事業

(1) 運輸会社

① スーパー・シングル・タイヤー

スーパー・シングル・タイヤーは，3,500ポンドを超える積載能力10ポンド当り4.725セントの消費税を課される。スーパー・シングル・タイヤーの定義は，二重装備の２本のタイヤーを取り替えるためのタイヤーで断面の直径13イ

第10章　エネルギー対策税制

ンチ超のものとする。

② 消費税を免除されるトラック・トラクター

自重19,500ポンド以下のトラクターは，トラックのシャシーおよび車体，トラック・トレーラーおよびセミ・トレーラーのシャシーおよび車体ならびに主としてトレーラーまたはセミトレーラーと結合してハイウエー運輸に用いられるトラックの最初の小売高に通常課される12％の消費税を免除される。この免除要件は，トラクターの自重は，トレーラーまたはセミトレーラーと結合して，33,000ポンド以下である。

③ リムジンにガス・ガズラー税を課さないこと

ガス・ガズラー税は，平均燃費効率がガロン当たり22.5マイル以上に達しない自動車で，自重6,000ポンド以下のものに限り課される。この税の幅は，平均ガロン当たり12.5マイル未満の自動車については，1,000ドルから7,700ドルとする。緊急事態用自動車および貨物自動車はこの税を免除されるが，リムジンはその重量にかかわらず免除されない。この不公平を是正するため，ハイウエー法は自重6,000ポンド超のリムジンについてガス・ガズラー税を免除する。

④ 報告研究

エネルギー法は，ＩＲＳに対し，2007年7月1日までに，2006年1月1日以後1年間における各種の課税タイヤーの本数および徴収税額を米国議会に報告することを命ずるとともに，ハイウエー法は，財務省に対し，トラックが運送以外の目的で使用したハイウエー燃料の研究を命じる。

(2) アルコール飲料生産者

① 特別職業税の廃止

アルコール飲料の生産者および流通業者に特別職業税が課されていたが，ハイウエー法は2008年7月1日から特別職業税を廃止する。

② 小規模生産者の消費税

2006年から，スピリッツ，ワインおよびビールの小規模生産者および輸入業者は，消費税要件を緩和され，半月ごとでなく，四半期ごとに消費税を納付することができる。小規模要件は，前年度の税額が5万ドル以下であったことで

ある。

③　卸売業者および蒸留酒製造業者

2005年9月30日後に開始する課税年度に，卸売在庫の米国産スピリッツの運送費につき税額控除を新設する。この税額控除は，仮の保有期間を60日とし，仮の消費税をケース当たり25.68として，法人の過誤納付利子率を用い，直近年のスピリッツのケース当たり平均納税資金調達コストに基づき，算定される。

(3)　航　空　機

①　航空機用ケロシン

商業航空のため精製所またはターミナルから航空機に直接移動する航空機用ケロシンは，ガロン当たり4.3セントで課税され，商業以外の航空のためであれば，ガロン当たり21.8セントで課税されることになっていたが，2007年9月30日後，税率はガロン当たり4.3セントに引き下げられる。空港のターミナルの給油トラックに係る免税は，当該ターミナルが空港の保全地域に所在する場合にのみ適用される。

②　地方空港の乗客

地方空港の顧客は，「地方空港」の定義の拡大により，フライト・セグメントの消費税の免除を受けることができる。

③　水上飛行機のオペレーターおよび乗客

離着水をする水上飛行機には航空機乗客・貨物税は課されないが，非商業航空機として分類され，そのための燃料は非商業航空機の税率で課税される。

(4)　輸　出　業　者

2005年8月5日に輸出に対する港維持税 (harbor maintenance tax) を廃止する。

(5)　農　　　家

農業目的で用いられるディーゼル燃料または灯油の売主のみが当該燃料につき支払われた消費税の還付を請求できるというルールを廃止する。2005年9月30日後，別段の定めがなければ，ディーゼル燃料または灯油の非課税使用に適用されるルールにより買主である農家に還付金が支払われる。

(6) クレジット・カード発行者

消費税を免除される事業体（例えば州，地方政府）への販売に適用されるので，石油会社クレジット・カード・ルールを改正し，2005年12月31日後の販売について，登録したクレジット・カード発行者のみが州，地方政府に対する課税燃料のクレジット・カード販売または非営利教育機関へのガソリンの販売に対する消費税の税額控除または還付を受けることができることにする。

(7) 銃　砲　工

ハイウエー法は，暦年中に50丁未満しか製造し，生産しまたは輸入しない者が製造し，生産しまたは輸入するピストル，リボルバー，その他の火器は，火器消費税を免除される。

(8) 石油タンカー・オペレーター

燃料税の脱税に対処するため，ハイウエー法は，2005年8月10日後1年以内に本土保全省は財務長官と協議の上で，米国税関・国境保護部局が電子的に入手した燃料の貨物に関する情報をIRSに送付する電子情報交換制度の確立を命じている。

これらの貨物情報のすべての申告者は，電子情報交換制度を通じ，米国税関・国境保護部局に燃料貨物情報を提出しなければならない。

(9) ディープドラフト船舶のオペレーター

脱税防止規定は，主として公海で運航されるディープドラフト船舶の財務省登録を命じる。

(10) リサイクル産業

リサイクルの優遇措置を検討するため，第一段階として，米国議会は財務省に多様なリサイクルの省エネルギー実現方法の研究を命じる。

6　政　府

(1) 信　託　基　金

ハイウエー法には政府信託基金の管理に関する規定が含まれる。

(2) 州のエネルギー租税優遇措置

2005年エネルギー租税優遇措置法による連邦租税優遇措置を享受する納税者は，多数の州の省エネルギーおよびエネルギー生産に係る租税優遇措置を享受することもできる。

第5 各項目の租税優遇措置

1 自動車に関する租税優遇措置

自動車については，(1)代替的自動車税額控除（(ⅰ) 適格燃料電池自動車税額控除（新設），(ⅱ) リーンバーン自動車税額控除（新設），(ⅲ) 適格ハイブリッド自動車税額控除（新設），(ⅳ) 適格代替燃料自動車税額控除（新設）），(2)リムジンおよびガスガズラー税，(3)小売重トラックおよびトレーラー消費税，(4)タイヤ消費税などを主たる内容とする税制改正が行われた。

(1) **代替的自動車税額控除**

これまでの代替燃料の開発を奨励することを目的とする租税優遇措置は，クリーン燃料自動車および関連資産の一定コストの損金控除を認める制度のみであった（IRC179A）。適格クリーン燃料自動車とは，クリーン燃料を消費する自動車（ハイブリッド電気自動車を含む）をいう（IRC30）。クリーン燃料には，天然ガス，液化天然ガス，液化石油ガス，水素，電気およびメタノール，エタノールその他のアルコールまたはエーテルを85％以上含む燃料が含まれる（IRC179A(e)(1)）。しかし，この控除制度は制限的であり，エネルギー効率を高める新技術を用いる自動車に適用できない。米国議会は，一層エネルギー効率のよい自動車の使用，発明および技術開発を奨励するため，より強力な優遇措置が必要であると判断した。そこで，2005年エネルギー租税優遇措置法は，代替的燃料自動車の開発，製造および使用の各段階の奨励策として，次の一連の税額控除制度を新設した（IRC30B）。これらの税額控除を包括的に代替的自動車税額控除という。

① 適格燃料電池自動車税額控除（IRC30B(b)）

② リーンバーン技術自動車税額控除（IRC30B(c)）
③ 適格ハイブリッド自動車税額控除（IRC30B(d)）
④ 適格代替燃料自動車税額控除（IRC30B(e)）

　これらの税額控除の共通の適格要件としては，（ⅰ）納税者が自動車の当初使用者であること，（ⅱ）納税者が再販売のためでなく，自己の使用またはリースのために自動車を取得すること，および（ⅲ）一製造業者が製造した自動車であること，が要求される。

(2) リムジンおよびガス・ガズラー税

　規制税制として，ガス・ガズラー税が，法定燃費効率基準を満たさない自動車の製造業者または輸入業者による販売に対して課税される。この税は，ガロン当たり22.5マイルという基準を満たさない自動車に対する1,000ドルからガロン当たり12.5マイル未満の自動車に対する7,700ドルまでとされている（IRC4064(a)）。ガス・ガズラー税は，自重6,000ポンド超のリムジンに適用されることとされていたが，ハイウエー法により，リムジンに対する適用を廃止した。

(3) 小売される重トラックおよびトレーラーの消費税

（ⅰ）自重33,000ポンド超の自動車に使用されるトラック車体およびシャシー
（ⅱ）自重26,000ポンド超の自動車に使用されるトラック・トレーラーおよびセミトレーラーの車体およびシャシー
（ⅲ）主としてトレーラーまたはセミトレーラーとともにハイウエー輸送に使用されるトラクター，の小売価格に12％の消費税が課される（IRC4051(a)）。

　ハイウエー法は，次の重量規制基準を満たす場合，トレーラーまたはセミトレーラーと結合して使用されるハイウエートラクターに係る消費税を免税とする。
（ⅰ）トラクターの自重が19,500ポンド以下であること
（ⅱ）トレーラーまたはセミトレーラーと結合した場合の自重が33,000ポンド以下であること

(4) タイヤ消費税

　2004年米国雇用創出法は，タイヤ重量ベースの消費税を廃止してタイヤの積

載能力ベースの消費税に改正した。課税タイヤにバイアスプライ・タイヤとスーパー・シングル・タイヤを追加した。タイヤ消費税は，タイヤ積載能力が3,500ポンドを超える10ポンドごとに9.45セントの税率で，製造者，生産者または輸入者に対して課される（IRC4071(a)）。スーパー・シングル・タイヤは，二重装備の二本のタイヤと取り替えるため断面直径が13インチより大きいシングル・タイヤである（IRC4072(e)）。2005年エネルギー租税優遇措置法は，スーパー・シングル・タイヤがスティアリング用タイヤを含まないこととした。

2 電 気

(1) 生産税額控除

① 適格エネルギー資源

一定の適格エネルギー資源（qualified energy resources：QER）による米国発電には，還付不能税額控除が認められる（IRC45(a)）。QERとは，風力，クローズド・ループ・バイオマス，オープン・ループ・バイオマス，地熱，太陽，小規模灌漑，固形燃料および精製石炭の8種類をいう。再生可能な発電税額控除は，適格施設でQERから生産し，課税年度に売却した電力のキロワット/時に1.9セントを乗じた金額とされる。新法は，QERの定義を改正し，適格水力およびインデアン石炭を追加して10種類に拡大した。

② 生産用適格施設

再生可能な発電税額控除の適用要件は，QERから適格施設(qualified facility：QF)で発電されることである。QFは，（ⅰ）1993年後2006年1月1日前に用に供された風力エネルギー施設，（ⅱ）1992年後2006年1月1日前に用に供されたクローズド・ループ・バイオマス施設，（ⅲ）2004年10月22日後2006年1月1日前に用に供された(a)オープン・ループ・バイオマス施設，(b)地熱または太陽エネルギー施設，(c)小規模灌漑施設，(d)埋立ごみ廃棄物ガス施設，(e)ごみ燃焼施設，（ⅳ）2004年10月22日後2009年1月1日前に用に供された精製石炭施設をいう。新法は，適格水力発電施設とインデアン石炭生産施設を追加するとともに，上記の各QFを「2008年1月1日前に用に供された施設」に適用拡

大する。

③ 再生可能な発電税額控除の計算

2005年には，風力エネルギー，クローズド・ループ・バイオマス，地熱・太陽エネルギー施設のＱＥＲによる発電のキロワット/時当たり1.9セント，オープン・ループ・バイオマス，小規模灌漑，埋立ごみ廃棄物ガス，ごみ焼却施設のＱＥＲによる発電のキロワット/時当たり0.95セントの再生可能な発電税額控除が次の期間認められる。

（ⅰ） 風力エネルギー，クローズド・ループ・バイオマスまたは精製石炭施設が用に供された日から10年間（IRC45(a)）

（ⅱ） オープン・ループ・バイオマス，地熱・太陽エネルギー，小規模灌漑，埋立ごみ廃棄物ガス，ごみ焼却施設が用に供された日から5年間（IRC45(b)(4)(B)（ⅰ））

新法は，ＱＦの新ＱＥＲによる税額控除を次の適用期間に次のように与える。

① 適格水力発電

発電能力の増強の日から10年間，キロワット/時当たり0.95セント

② インデアン石炭発電

2006～2009年には，2006年1月1日から7年間，インデアン石炭のトン当たり1.50ドル，2010年以後は，インデアン石炭のトン当たり2ドル

③ 一定のＱＦの発電に係る適用期間の延長

一定のＱＦの発電について税額控除の適用期間を5年から10年に延長する。2005年8月8日後に用に供する(a)オープン・ループ・バイオマス，(b)地熱・太陽エネルギー，（ⅲ）小規模灌漑，（ⅳ）埋立ごみ廃棄物ガス，および（ⅴ）ごみ焼却の各施設につき，10年間の税額控除を認める。

(2) 農業協同組合の再生可能な発電税額控除

適格農業協同組合は，税額控除の一部をパトロンに配分することができる（IRC45(e)(11)）。ここで適格農業協同組合とは，農業生産者が50％超を所有するものまたは農業生産者が所有する事業体である。この配分は，課税年度にパトロンが協同組合と行った事業分量に基づいて行われる。

(3) 送電資産の減価償却

修正加速度コスト回収制度（modified accelerated cost recovery system：MACRS）により，販売用電力の送電および配電に用いられる資産および関連土地改良は，20年の回収期間を割り当てられている（Rev. Proc. 87-56, Asset Class 49.14）。MACRS選択的減価償却制度（alternative depreciation system：ADS）の適用の場合には30年の回収期間が適用される。新法は，2005年4月11日後に用に供される一定の送電資産をMACRS 15年資産として取り扱う（IRC168(e)(3)(E)(vii)）。ＡＤＳの適用上，30年回収期間が割り当てられるので，適格資産の通常の回収期間は20年間から15年に短縮される。

(4) 送電および公害防止投資の促進のための公益事業のNOLの繰越

新法は，一定の送電または公害防止装置に対する投資により2003～2005年に終了する課税年度に生じた純営業損失（net operating loss：NOL）につき，電力会社が5年の繰戻を選択することを認める（IRC172(b)(1)）。納税者は，2005年12月31日後2009年1月1日前に終了する課税年度に5年繰戻を選択することができるが，繰戻ＮＯＬの金額は選択した課税年度の前課税年度における送電資産および公害防止施設に対する資本的支出の合計額の20％に制限される（IRC 172(b)(1)(I)(ⅰ)）。

(5) 連邦エネルギー規制委員会のリストラクチャー方針の実施

納税者は，適格送電取引からの適格収益を8年間にわたり認識することを選択することができる（IRC451(ⅰ)）。適格収益は，取引の実現した金額が次の金額を超える範囲で，直ちに認識される（IRC451(ⅰ)(1)(A)）。

（ⅰ）取引日から4年間に購入する免税公益事業資産の取得価額
（ⅱ）この収益繰延ルールにより過去に考慮に入れた取得価額の一部

残存適格収益は，8年間にわたり比例的に認識される（IRC451(ⅰ)(1)(B)）。

独立の送電会社への売却その他の処分の繰延の取扱いは，1年延長して2008年1月1日前に行われた取引に適用される（IRC451(ⅰ)(3)）。

(6) 核エネルギー

① 先進的原子力発電税額控除

新法は，先進的原子力発電税額控除を新設する（IRC38(b)および45）。この税額控除は，（ⅰ）施設を用に供する日から8年間に生産し，かつ，（ⅱ）課税年度に非関連者に売却した電力のキロワット/時に1.8セントを乗じた金額である。

② 核用途廃止コストの特則の改正

核用途廃止コストの控除に係る特則を改正する。納税者の核用途廃止引当金（nuclear decommissioning reserve fund：NDRF）への繰入金は，課税年度に適用される「ルーリング金額」に制限される（IRC468A(b)）。

(7) 電気協同組合の一定の所得

免税地方電気協同組合が送電・配電サービスへのオープンアクセス，核用途廃止取引，資産の交換または転換によって受け取る所得を除外するルールにつき，サンセット期限を排除される。

(8) エネルギー債

新法は，2006～2007年に免税電力生産者がクリーンな再生可能な源泉による発電能力の向上に必要な資本的支出のための資金調達をするため，クリーンな再生可能なエネルギー債（clean renewable energy bond：CREB）という税額控除債券を8億ドルまで発行することを認めている（IRC54）。

3 石油およびガス

(1) 適格液体燃料精製業者

石油精製資産は，MACRS（IRC168）の200％定率法を用い，10年の回収期間にわたり減価償却を認められ，小規模精製業者は環境保護庁（Environmental Protection Agency）の硫黄規制の遵守によって生じた適格資本コストの75％を経費とすることを認められる。新法は，納税者が適格精製資産の取得価額の50％をその用に供した課税年度の経費として控除することを選択することを認める（IRC179C(a)）。適格精製所とは，米国内に所在する精製所で主として原油その他の適格燃料から液体燃料を加工する目的で用いられるものをいい（IRC

179C(d)), 適格燃料には, シェールおよびタールサンドから生産される石油, ブライン, デボン紀シェール, 石炭層またはバイオマスから生産されるガス, および石炭から生産される合成燃料が含まれる。

(2) 石油減耗控除の例外－小規模精製業者

石油およびガスの生産者は, コスト減耗控除法により減耗控除を行うことを認められる (IRC613A(a)) が, 独立生産者およびロイヤルティ所有者はこのルールの適用を免除され, 井戸の現実の生産に基づくコスト控除の代りにパーセント減耗控除を用いることができる (IRC613A(c))。パーセント減耗控除は, 小売業者または精製業者には適用されない。精製業者とは, 直接または関連者を通じて原油の精製に従事している者であるが, その精製量が課税年度の日産5万バーレルを超える者に限る (IRC613A(d)(4))。したがって, 精製量が日産5万バーレル限度を超える独立の生産者は, その地位を失い, パーセント減耗控除を用いることはできない。しかし, 新法は, 独立生産者免除の日産5万バーレルの精製所の限度を引上げ, 75,000バーレルとした。

(3) 天然ガス配給ラインの減価償却

ガス会社が据え付ける天然ガス配給ラインは, MACRSでは20年資産であり, ADSの適用では35年回収期間を適用される。新法は, 2005年4月11日後2011年1月1日前に用に供された天然ガス配給ラインがMACRS 15年資産として減価償却とした (IRC168(e)(3)(E)(viii))。

(4) 天然ガス収集パイプラインの減価償却

これまで天然ガスの非生産者が所有する天然ガス収集ラインに係るMACRSによる回収期間については, 次の分類がある。

(i) 石油および天然ガスの生産者が井戸のドリルや石油および天然ガスの生産のために用いる資産 (収集パイプラインを含む) について7年の回収期間 (Rev. Proc. 87-56, 1987-2 CB674, Asset Class 13.2) とする説 (控訴裁)

(ii) パイプおよびコンベアによって石油, ガスその他の生産物を運搬する私的, 商業的契約で用いられる資産について15年の回収期間 (Rev. Proc. 87-56, 1987-2 CB674, Asset Class 46.0) とする説 (IRS, 租税裁判所)

新法は，2005年4月11日後に用に供された天然ガス収集ラインを生産者または非生産者のいずれが所有しているかを問わず，MACRS7年資産として取り扱い（IRC168(e)(3)(C)(iv), 168(i)(17)），ＡＤＳの適用上14年回収期間を割り当てることとした（IRC168(g)(3)(B)）。

(5) 2年を超える地質学上および地球物理学上のコストの償却

地質学上および地球物理学上の支出は，鉱物（石油およびガスを含む）を探査する納税者が鉱床の取得および留保の基礎として用いる資料を取得し蓄積するために生じるコストである。新法は，その取扱いを簡素化し，米国内の石油およびガスの探査・開発に関して支払うこれらの経費は，その経費を支払いまたは発生した課税年度の中央で開始する24ヶ月にわたり比例的に償却される（IRC167(h)(1)および(h)(2)）。

(6) 前払天然ガスに関する免税債券裁定取引のセーフハーバー

州・地方政府は資金調達のため免税債券を発行することができるが，この債券収益の投資により事業体が利益を得ることを制限するため，ＩＲＣ148は一定のアービトラージを制限している。アービトラージ債券は，より高い利回りの投資資産を購入しまたはこのような投資を得るために充てる資金を置き換えるために合理的に期待される収益の基因となる債券と定義される。したがって，証券，保険年金，その他の投資資産の利回りが債券の利回りより相当高い場合，これらの資金のアービトラージは規制される（IRC148(b)）。一定の州・地方政府の公益事業が購入する適格前払天然ガス供給契約について，アービトラージ・ルールのセーフハーバーが定められ（IRC148(b)(4)），このような契約に基づく適格前払は，投資資産の取得の結果とは考えられない。

(7) ＥＰＡ硫黄規制の遵守のために生じる資本コストの控除

環境保護庁（EPA）はガソリンおよびハイウエー・ディーゼル燃料の硫黄の数量規制を行っている。ＥＰＡ規制では，精製業者は2006年6月1日から生産するディーゼル燃料が含む硫黄は百万ppmにつき15パーツ以下とされる。多数の精製業者は，高価な脱硫装置に投資する必要がある。新法は，小規模精製業協同組合がこのＥＰＡの硫黄規制の遵守費用の控除を精製業者の所有持分を直

接保有する他の協同組合（パトロン）にプロラタ配分することを選択できることとした（IRC179B(e)(1)）。

したがって，控除がパトロンにパススルーされる範囲で，協同組合はこのコストの控除を否定される。

(8) 油濁責任信託基金（Oil Spill Liability Trust Fund）

油濁責任信託基金は，主として油濁の除去費用および関連費用を支払うために，1986年オムニバス予算調整法(Omnibus Budget Reconciliation Act of 1986, P.L. 99-509) により設けられた。油濁責任信託基金の一部の資金源は，（ⅰ）米国の精製業者が受け取る国産原油，（ⅱ）消費，使用または貯蔵のために輸入する石油製品および（ⅲ）使用または輸出前に課税されずに米国内で使用されまたは米国から輸出される国産原油に対するバーレル当たり5セントの油濁税（Oil Spill Tax）である。この油濁税は，国産原油を受け取る米国精製所のオペレーター，石油製品の輸入者および原油の使用者または輸出者に課される（IRC4611(d)）。この油濁責任信託基金の資金源である油濁税の税率は，この基金の額が27億ドルに達するまで，バーレル当たり5セントとされ，その基金の額を問わず，2014年12月31日後に廃止されることとされた。

4 石　　炭

(1) クリーンな石炭施設に対する投資税額控除

事業エネルギー税額控除は，（ⅰ）構造物の暖冷房用もしくは太陽熱処理用に太陽エネルギーを使用し，または（ⅱ）地熱鉱床から生じるエネルギーを生じ，配給しもしくは使用する装置である新資産の取得価額について，還付不能な10％の投資税額控除である（IRC48）。これまで，石炭を燃料として用いる発電ユニットや石炭その他の物質のガス化については，エネルギー税額控除が認められていなかったが，米国議会でクリーンな石炭技術の議論が盛んになり，旧式の石炭燃焼システムに比較して硫黄や酸化窒素の排出を減少させる燃焼効率のよい石炭を生み，石炭が信頼できる米国産エネルギー源となる。反対勢力は，石炭技術は環境に有害であると主張しているが，米国議会は，新法により，

クリーンな石炭施設に次の２種類の投資税額控除を新設した。

① 適格先端的石炭プロジェクト税額控除（IRC48A）

課税年度の適格先端的石炭プロジェクト税額控除は，(a)課税年度のＩＲＳ公認の統合ガス化結合サイクル（integrated gasification combined cycle：IGCC）プロジェクトに関する適格投資の20％および(b)課税年度の他の技術を用いるプロジェクトの適格投資の15％である（IRC48A(a)(1)）。

② 適格ガス化プロジェクト税額控除（IRC48B）

課税年度の適格ガス化プロジェクトの税額控除は，課税年度の適格投資の20％である（IRC48B(a)）。

(2) コークスまたはコークス・ガス化施設に対する燃料生産税額控除

代替的源泉からのエネルギーの生産および販売に係る還付不能な税額控除（IRC29）が，1980年原油臨時利得税法（Crude Oil Windfall Profit Tax Act of 1980, P.L.96-223）により認められた。当時の立法の趣旨は，（ⅰ）米国の輸入エネルギー依存度の低下，（ⅱ）代替燃料の長期的競争力の増強，である。この税額控除は，課税年度に生産・販売された適格燃料の石油換算バーレル当たり３ドルである（2004年の税額控除は，天然ガス1,000立方フィート当たり1.16ドル，石油換算バーレル当たり6.56ドルであった）。通常の源泉以外の源泉から生産する燃料に係るＩＲＣ29の税額控除は，新法によりコークスまたはコークス・ガスに適用拡大されることになった（IRC45K(h)）。この税額控除は，（ⅰ）1993年１月１日前または1998年６月30日後2010年１月１日前に用に供された施設で生産され，（ⅱ）2006年１月１日または当該施設を用に供した日のいずれか遅い方に開始しその４年後の日に終了する期間中に販売されたコークスまたはコークス・ガスに適用される（IRC45K(h)(1)）。

(3) 大気汚染防止施設の84ヶ月償却

納税者は，1976年１月１日前に用に供されたプラントその他の資産とともに用いられる公認公害防止施設を60ヶ月にわたり償却することを選択できる（IRC169）。一般に，公認公害防止施設とは，水または大気汚染の減少または防止のために1976年１月１日前に用に供されたプラントその他の資産とともに用

いられる新しい処理施設である。新法は，2005年4月11日後に用に供される大気汚染防止施設について，プラントが主として石炭燃料の発電施設その他の資産である場合，「1976年1月1日前に用に供されたプラントとともに用いられる」という要件を削除し，償却期間を84ヶ月とする（IRC169(d)(5)）。

5　燃料生産と燃料消費税

(1)　ディーゼルおよびバイオディーゼル

①　バイオディーゼル税額控除

バイオディーゼルなどの代替燃料に対する優遇措置は，2004年米国雇用創出税法（American Jobs Creation Act of 2004, AJCA, P.L. 108-357）に規定された。同法は，一般的事業税額控除（IRC38）の一部としてバイオディーゼル燃料所得税額控除を追加し（IRC40A），アルコール燃料およびバイオディーゼル混合物の消費税額控除を定めた（IRC6426）。これらの税額控除は，2004年12月31日後に生産され，販売されまたは使用される燃料に適用されるが，2006年12月31日後については適用されない（IRC40A(e), 6426(c)(6), 6427）。新法は，これらの税額控除の適用期限を2008年12月31日まで延長する（IRC40A(g), 6426(c)(6), 6427(e)(3)(B)）。

②　小規模農業バイオディーゼル生産者税額控除

米国の外国石油依存度の低下のために，米国議会は再生可能な代替エネルギー源の生産および使用を促進する目的で租税優遇措置を定めた。バイオディーゼル燃料税額控除は，（ⅰ）バイオディーゼル混合物税額控除（IRC40A(b)(1)）と（ⅱ）バイオディーゼル税額控除（IRC40A(b)(2)）から成り，一般的事業税額控除として取り扱われる。バイオディーゼル混合物税額控除は，適格バイオディーゼルの生産に用いられたバイオディーゼルのガロン当たり50セントである。バイオディーゼル税額控除は，ディーゼル燃料との混合物でないバイオディーゼルのガロン当たり50セントである。新法は，小規模農業バイオディーゼル生産者税額控除を追加する（IRC40A(a)）。この税額控除は，適格農業バイオディーゼル生産のガロン当たり10セントである（IRC40A(b)(5)(A)および

40A(b)(5)(C)）。

③　再生可能なディーゼル

米国を外国石油依存から脱却させるため，米国の国益を考えて，再生可能な代替エネルギー源を重視して2004年AJCAにおいてバイオディーゼルについて租税優遇措置を与えたことはすでに述べたとおりである。再生可能なディーゼルの課税上の取扱いは，次の点を除いてバイオディーゼルと同様である。

（ⅰ）　再生可能なディーゼルについて，バイオディーゼル混合物所得税額控除とバイオディーゼル所得税額控除はガロン当たり1ドルとする。

（ⅱ）　再生可能なディーゼルについて，農業バイオディーゼル税額控除と小規模農業バイオディーゼル生産者税額控除は適用されない。

④　ディーゼル水燃料乳剤の消費税の軽減

ディーゼル燃料は，ハイウエー信託基金の資金調達に用いられるガロン当たり24.3セントの消費税を課される（IRC4081(a)(2)(A)(ⅲ)）。ガソリンおよび大部分の特別自動車燃料は，ガロン当たり18.3セントの消費税を課される（IRC4041(a)(2)(B)および4081(a)(2)(A)(ⅰ)）。特別自動車燃料は，ガソリンに相当するエネルギーに基づいて軽減税率で課税される。ここで，特別自動車燃料には，プロパン，液化天然ガス，石油または天然ガスから生じるメタノール，圧縮天然ガスが含まれる。ディーゼル水乳剤燃料については，特別税率を定められていなかったが，新法はガロン当たり19.7セントの特別消費税率を定めた。この税率の適用を受ける乳剤は，ディーゼル燃料86％以下，水14％以上である。

(2)　代替燃料（alternative fuels）

①　代替燃料の消費税額控除

精製所またはターミナルからの課税燃料の移出，米国への課税燃料の輸入または課税燃料の販売に対し，消費税が課される（IRC4081）。課税燃料には，ガソリン，ケロシンおよびディーゼル燃料が含まれる。消費税は，ガソリンにはガロン当たり18.3セント，ケロシンおよびディーゼル燃料にはガロン当たり24.3セントである。燃料は，0.1セントのLUST税を課される。これらの燃料は，IRC4081により課税されない場合またはIRC4041により税額控除さ

れもしくは還付される場合，その小売または使用に対し補完税（back-up tax）を課される。小売補完税は，特別自動車燃料（ガスオイル，燃料オイル，ガソリン，ケロシンおよびディーゼル以外のすべての液体であって，液化石油ガス，液化天然ガス，ベンゾール，ベンジンおよびナフサを含む）に対し，ガロン当たり18.3セントから多様な税率で課税される。ガソールおよびこれを作るためにアルコールと混合されるガソリンは，軽減税率を適用されていたが，2004年AJCAでこの軽減税率は廃止され，その代わりに税額控除を認められた。

新法は，特別自動車燃料という分類に代えて，代替燃料という分類を定め，AJCAによるアルコール混合燃料の取扱いの変更に類似する取扱いに変更した。ハイウエー法は，代替燃料の多様な税率を軽減し，代替燃料および代替燃料混合物税額控除を現行のアルコール燃料およびバイオディーゼル混合物税額控除（IRC6426）に追加した。

② **代替燃料補給スタンド据付税額控除**

クリーン燃料自動車に補給するための資産は，その資産が用に供された課税年度にＩＲＣ179Ａ控除を認められる。新法は，この損金控除に代えて，営業もしくは事業で用いられまたは住宅における代替燃料（クリーン燃料）自動車の補給スタンド据付で，2005年12月31日後に用に供されたものについて，税額控除を新設した（IRC30C）。

③ **小規模エタノール生産者税額控除の大規模生産者への適用拡大**

再生可能な源泉から生産されるエタノールおよびメタノールで，自動車燃料として使用されるものまたは他の燃料と混合されるものは，多様な課税上の特典を受けるが，その一つが小規模エタノール生産者の所得税額控除がある（IRC40(b)(4)(A)）。

小規模エタノール生産者は，エタノール生産能力が年産3,000万ガロン以下の者をいい，ガロン当たり10セントの税額控除（最高年間1,500万ガロン）を認められる。

新法は，小規模エタノール生産者の定義を改正し，生産能力が年産6,000万ガロン以下の者を含むこととした（IRC40(g)）。

第10章　エネルギー対策税制

(3) 燃料詐欺の防止
① 航空機用ケロシン消費税

ディーゼルおよびケロシンの消費税は，一般にガロン当たり24.3セントである（IRC4081(a)(2)(A)(iii)）が，航空機グレード・ケロシンはガロン当たり21.8セント（IRC4081(a)(2)(A)(iv)），特に商業用航空機についてはガロン当たり4.3セント（IRC4081(a)(2)(C)）とされる。これらにリーキング地下貯蔵タンク信託基金（LUST）の資金源となるガロン当たり0.1セントの追加税が課される。新法は，航空機燃料消費税の徴収の改善を意図している。すべてのケロシンは，ガロン当たり24.3セントの最高税率で課税されることとし，航空機に用いられるケロシンには特別税率が適用されることとした。

② クレジット・カードによる燃料の免税販売に係る消費税の還付

州・地方政府により発行されるクレジット・カードを用いるガソリン，ディーゼル燃料およびケロシンの購入には，新しいルールが適用されることとなった。

③ 農業用ディーゼル燃料の還付

非課税とされる農業用ディーゼル燃料およびケロシンについて，税額控除または還付を請求できる（IRC6427(c)）が，2005年9月30日後の販売について究極的な売主の権利を認めず，究極的な買主にこの権利を与えることにする（IRC6427(1)(6)(A)）。

④ 所有権変更の登録

ＩＲＣ4101により，特別燃料税，航空機燃料税および自動車燃料税を課されるブレンダー，エンターラー，パイプライン・オペレーター，ポジション・ホルダー，精製業者，ターミナル・オペレーターおよび船舶オペレーターは，ＩＲＳへ登録する義務を負う。2004年 AJCA は，登録義務違反に対し，最初の登録懈怠につき1万ドル，懈怠の継続につき1日当たり1,000ドルの民事罰を科しているほか，1万ドル以下の罰金もしくは5年以下の禁固またはこれらの併科という刑事罰を科している。新法は，これらの者の所有権の変更について登録義務を科すことにする（IRC4101(a)）。

所有権の変更とは，登録者の所有権持分または当該登録者の資産の50%超が，取引前に当該持分または資産の50%超を保有していた者以外の者によって保有されることをいう。

〔注〕
90) OPECに対抗するため，1976年に主要石油消費国16カ国が国際エネルギー計画の実施機関として設立された。石油備蓄と緊急事態における相互の融通，代替エネルギー開発促進などを目的とする。

〔参考文献〕
US National Energy Policy Development Group, *National Energy Policy,* 2001.
CCH, *Energy Tax Incentives Act of 2005.*
CCH, *Safe, Accountable, Flexible, Efficient Transportation Equity Act of 2005.*
CCH, *Conference Report of Energy Tax Incentives Act of 2005.*
外務省,エネルギー基礎統計 http://www.mofa.go.jp/mofaj/gaiko/energy/tokei.html

第11章
投資税額控除

　産業政策税制の双璧は，減価償却制度における特別償却の活用と各種の投資税額控除制度の活用である。米国の産業政策といえば，米国競争力評議会の一連の報告書，なかんずく最近の『イノベート・アメリカ』（通称『パルミサーノ・レポート』）が有名である。日本では，経済産業省が2004年5月に「新産業創造戦略」を公表した。これは，米国における1990年代の産業再生の基礎を形成した1985年『ヤング・レポート』日本版ともいうべきものであり，（i）強い競争力を活かす先進産業群，（ii）社会変化に対応する市場ニーズに応じる産業群，および（iii）地域再生を担う産業群を3本の柱とし，今後の日本経済の発展の動力となる新産業分野として，燃料電池，情報家電，ロボット，コンテンツ，健康・福祉・サービス，環境・エネルギー，ビジネス支援サービス，の戦略7分野を選定して，成長のための行動計画と重点政策を示し，同年6月3日の経済財政諮問会議「経済財政運営と構造改革に関する基本方針2004」（いわゆる骨太の方針2004）に盛り込まれた。米国に比して，日本の各種の「戦略」と称するものが共通にもつ弱点は，政策誘導に必要な政策税制措置をその「戦略」の一部とするパッケージ戦略が欠如している点であり，これらの「戦略」とこれらを支えるための「税制」の構築を別々に議論している点である。平成17年3月に公表された「経済活力を高める税制改革に関する懇談会」（座長井堀利宏）の論点とりまとめにおいても，悠長な議論に終始している様子が窺われるが，産業の国際競争力と法人課税（論点Ⅱ－1－(1)－①）について，「法人課税改革の議論に当たっては，新産業創造戦略に基づき，国際競争をしている法人の競争力を強化するという観点が今後とも重要になろう。これらの研究開発・設備投資

減税の経済活性化,国際競争力強化に与える効果及び必要性を十分検証した上で,法人課税のあり方について検討を行う必要がある。なお,政策的意義や効果が減少してきている租税特別措置については,さらなる整理・統合を行う必要がある。」という方向性を示している点は,頷ける。日本は,産業競争力の強化のための税制改革として,平成15年度税制改正において,設備投資減税としてソフトウエアを含むIT投資促進税制・開発研究用設備の特別償却制度の創設のほか,研究開発減税として試験研究費の総額に係る特別税額控除制度の創設,産学官連携の共同研究・委託研究に係る特別税額控除制度の創設を行った。世界経済では1990年代後半のIT関連投資の過剰設備・債務がまだ解消されていないため本格的な投資ブームが期待できない状況であったが,米国経済はITバブル崩壊による不況をブッシュ政権の第一次減税 (2001.6.) と金利引下げにより切り抜け,2004年大統領選挙を控えて打ち出された第二次減税により,米国は2001年減税スケジュールの前倒し,投資減税および配当所得課税の軽減を柱とし,選挙年2004年の減税効果を最大化するために期限付き投資減税措置で,IT分野を中心とする設備投資の増加を図ろうとした。ブッシュ政権は,金融政策においてカードを切ることができない状況で財政政策の発動により米国経済の停滞からの脱出・失速の防止を図ろうとしてきた。この頃,日本経済は,不安定な海外情勢をみて企業マインドが慎重になり,設備投資の緩やかな拡大テンポを示し,借入返済,投資の効率化および海外生産シフトが進むなかで,強気と弱気の見方が拮抗していた。日本では,平成17年度税制改正において,教育訓練費が増加した場合に特別税額控除を与える人材投資促進税制を創設し,平成18年度税制改正において,情報基盤強化税制を創設した。ブッシュ政権は,本年の一般教書において,パルミサーノ・レポートによって促される米国産業競争力強化に向けて舵をきることを鮮明にした。以下に,米国の産業政策を支える投資税額控除について,その現状を素描する。

第11章　投資税額控除

第1　米国における主要な減税とその特徴

　1913年に所得税を導入し，1943年に源泉徴収税を導入した米国では，1945年の所得税は約430億ドルに達した。米国の近年の減税で有名な大統領は，レーガン，クリントンおよびブッシュであるが，その減税額は第二次大戦終結時の米国所得税収に比して巨額である。レーガンは，1981年約7,500億ドル（1982年および1984年の増税により約2,650億ドルは相殺された）の史上最高の減税を行ったが，1986年税制改革法（the Tax Reform Act of 1986）では，個人所得税について最高税率を50％から28％に引き下げるなど1,200億ドルの減税（5年間）を行うとともに「税収中立」とするため同額の企業所得税の増税を図っている。増税を行ったクリントンも，1997年に個人キャピタルゲイン税の減税，1人500ドルの児童税額控除や教育減税を行った。そして，ブッシュは，2001〜2004年の毎年減税を行っている。最初の2001年経済成長租税救済調整法（the Economic Growth and Tax Relief Reconciliation Act of 2001：EGTRRA）の減税は，1兆3,000億ドル（10年間）に達し，1964年ジョンソンが署名したケネディ減税，1981年レーガン減税に次ぐ大型減税である。

1　ケネディ減税案（民主党）

　J.F.ケネディは，1963年に米国議会に所得税の最高税率を91％から65％に引き下げ，最低税率を20％から14％に引き下げるよう要請した。ケネディは，1961年4月20日，米国議会に向けて，（ⅰ）長期税制改革，（ⅱ）近代化と拡大のための租税優遇措置，（ⅲ）外国所得の課税上の取扱い，（ⅳ）構造的欠陥の是正，（ⅴ）税務行政などについて，その税制改革構想をアッピールした。特に，税額控除による投資奨励措置について，企業税額の30％を限度として，①すべての新規のプラント・設備投資支出の現行減価償却費控除を超える部分の15％，②この投資支出のうちこの水準を下回るが減価償却費控除の50％を超える部分の6％，③ミニマム税額控除として新規投資のうち最初の5,000ドルの10％を

321

勧告していた。

　この趣旨は，通常では行われない新規投資（new investment which would not otherwise be undertaken）にできる限りの誘因措置を与えることである。ケネディは，投資税額控除は，歳入ロス（推定17億ドル）に照らし，投資誘因措置としては法人税率の引下げより効果的であり，個人，パートナーシップおよび法人に適用されるので，その特典をより広く配分できると主張した。ケネディ減税は，不慮の死後，リンドン・ジョンソンの手で成立した。

　ケネディ減税については，リベラルな民主党のケネディが突然サプライサイド経済学の信奉者である保守的な共和党に変わったのかという議論を呼んだ。すべての減税をサプライサイドの政策の範疇に包括する伝統的な見方に反し，サプライサイドの保守派や実業界の減税案に対する反対は分り難い政治的対決の遺物かまたは説明し難いものであったともいわれる。保守派にとっては，ケネディが財政赤字を生じる減税を望んでいるというだけで，十分な反対理由となったのであろうか。また，実業界の民主党への歴史的な不信だけがその反対の理由であったのか。David Shreve は，「ケネディとリベラルな経済学者にとって，大部分のサプライサイドの効果は，単なる派生効果であり，減税の主たる目標は需要創出と完全雇用であり，この需要は生産性と投資がプラスの反応をする有効な循環の先駆けとなる」という。

　ケネディの顧問である James Tobin は，「好況は投資に良いという意味で減税は長期成長に良い」といい，1964年減税の米国生産力に及ぼす効果が期待されたが，それは需要創出と完全雇用に付随するものであった。ケネディのエコノミスト Arthur Okun は，「1964年歳入法（the Revenue Act of 1964）の狙いは，経済のサプライサイドでなく，ディマンドサイドであった」と述べたと伝えられる。1980年代のレーガン減税以来，共和党はサプライサイド経済学のパトロンとしてケネディの名を上げることが少なくない。最近，ブッシュ減税の支持者は，1963年の米国議会に向けた J．F．ケネディの減税アピールを大きく取り上げる宣伝を展開している。

第11章　投資税額控除

2　フォード減税案（共和党）

　1975年1月15日，G.R.フォードは，米国議会でリセッションとインフレーション，失業，300億ドルの連邦赤字，5,000億ドルを超える累積債務を前に，企業支援と新規雇用創出のため，1年の160億ドル減税（個人減税に3/4，事業投資促進に1/4）を打ち出した。個人減税は，120億ドル（1974年税収の12％）を申告1件につき最高1,000ドルの還付を行うという形で実施し，40億ドルを企業減税に当てることにした。フォードは，低所得層と中級所得層の個人消費による景気回復を図ろうとし，税率を引き下げず，すべての納税者と扶養者に30ドルの税額控除を与えた。概算控除を増額し，還付可能な勤労所得税額控除（a refundable earned income tax credit）を認めた。この減税と失業補償給付の増加により，連邦赤字は増加し（1974年GDPの1％未満，1975年3.4％，1976年4.3％），総需要は拡大した。1975年の税制改正と歳出の変化は，1974－75年リセッションに対処する第一歩であり，中低所得層の可処分所得と消費の増加（GDP対比の消費は1974年61.7％から1975年63.1％に，可処分所得対比の消費は1974年88.3％から1975年90％超に）を重視したものであり，経済顧問の Alan Greenspan が助言したものである。GDP対比の投資は，1975年は1974年より低下し，1977年まで回復しなかった。リセッションの回復に伴い，消費拡大が先行し，投資増加が遅れたのであり，米国の得た教訓は，景気対策的財政政策（counter-cyclical fiscal policy）の成功には特定の消費拡大を標的にする税制改正と歳出増加が必要であるということであった。

3　レーガン減税案（共和党）

　1981年，リセッションが始まる前にレーガンはリセッション対策でなく，労働，貯蓄および投資の奨励措置によりサプライサイドの刺激のため3年減税を提案した。レーガン減税は，高所得層および法人の税負担の軽減を重視したので，その効果は遅れた。リセッションは，1981年第4四半期に始まった（失業率は7.4％から8.2％になり，1982年同期までに10.7％になった）。1981年経済には1974

-75年と同様に刺激策が必要であったが，個人所得税のブラケットクリープによる増収と社会保障税の増税によりGDP対比連邦赤字は現実に減少し，失業補償給付の増加策もとられなかった。1981年減税は所得税および法人税の著しい減税であったが，消費に対する効果はみられなかった。10％税率引下げの初年度1982年には連邦赤字は激増し，消費の対GDP比は上昇したが，投資は落込み，総需要の増加はリセッション脱出には不十分であった。失業率が８％を超えたのは，1974－75年リセッションでは４四半期であったが，1981－83年リセッションでは７四半期であった。

この両リセッション対策を比較すると，（ⅰ）レーガン減税はその効果が遅いこと，（ⅱ）景気回復を早める消費を拡大するために中低所得層に焦点を当てなかったこと，（ⅲ）失業補償給付の増額を加味しなかったこと，（ⅳ）投資家は保守的であり，消費の増加を見定めてから新規投資プロジェクトに着手すること，（ⅴ）投資の対GDP比は景気回復が始まった後まで上昇しないこと，が明らかになる。1981年経済再生税法（the Economic Recovery Tax Act of 1981: ERTA. The Kemp-Roth Billともいう）におけるレーガン減税の中心は，個人限界税率の引下げ（across-the-board tax cuts）と経済奨励措置の改善（生産への資源フローの増加）であった。個人限界税率の引下げは，1920年代のメロン減税と1960年代のケネディ減税に類似している。その思想は，高い限界税率は勤労意欲，貯蓄および投資を抑制し，租税回避や脱税を助長するので，高い限界税率の引下げは長期経済成長を押し上げ，タックス・シェルターその他の租税回避の魅力を減少させるという。「金持ち減税」という批判に対して，米国議会合同経済委員会（Joint Economic Committee: JEC）は，1980年代の減税効果について，納税者をトップ１％，トップ５％，トップ10％，その他に分類して，その納税額を公表しているが，このデータによれば，1981年の高い限界税率の引下げ後，トップ１％の税負担は急上昇した。トップ１％の納税額が個人所得税に占める割合は1981年17.6％から1988年27.5％に上昇し，トップ10％の割合は1981年48.0％から1988年57.2％に上昇した。納税者の下位50％の割合は1981年7.5％から1988年5.7％に低下した。中層の納税者は，第50百分位と第95百分位

の間の納税者と定義され,中層の所得税負担は1981年57.5％から1988年48.7％に減少した。この差8.8％は,トップ１％の税負担の増加によるものである。ＪＥＣは,「非現実的なサプライサイドのレーガン政権の歳入計画が1980年代の巨額の財政赤字を生じたという批判は嘘である」という。

4　ブッシュ減税（共和党）

　2001年２月15日,ブッシュは,大胆かつ公平な減税プラン（大統領アジェンダ）を次のとおり提案した。
（ⅰ）　５段階税率（15,28,31,36および39.6％）に代えて４段階税率（10,15,25および33％）に改正すること。
（ⅱ）　児童税額控除を１人につき1,000ドルに倍増し,代替的ミニマムタックス（AMT）の税額控除に適用すること。
（ⅲ）　共稼ぎ夫婦に係る10％控除によって婚姻ペナルティを減らすこと。
（ⅳ）　相続税を廃止すること。
（ⅴ）　慈善寄付控除を拡大すること。
（ⅵ）　研究開発（R＆D）税額控除を恒久化すること。
　ブッシュは,2001年６月７日,この減税プランに基づき,2001年経済成長租税救済法(the Economic Growth and Tax Relief Reconciliation Act of 2001：EGTRRA)を成立させた。この減税の規模（10年間）は,（ⅰ）10％ブラケットの新設（3,106億ドル）,（ⅱ）税率引下げ（5,006億ドル）,（ⅲ）児童税額控除の倍増（2,000億ドル）,（ⅳ）共稼ぎ夫婦の10％控除の復活（1,128億ドル）,（ⅴ）慈善寄付控除（520億ドル）,（ⅵ）相続税の廃止（2,715億ドル）,（ⅶ）研究開発税額控除の恒久化（495億ドル）となる。
　ブッシュは,2003年１月７日,大統領成長・減税パッケージを公表し,2003年雇用成長租税救済調整法（the Jobs and Growth Tax Relief Reconciliation Act of 2003：JGTRRA）を成立させた。この減税の規模（2003年）は,（ⅰ）配当およびキャピタル・ゲインに対する税率の引下げ（80億ドル）,（ⅱ）小事業の新規投資の即時控除（30億ドル）,（ⅲ）初年度割増償却の増加（200億ドル）,（ⅳ）ＡＭＴ

の減税（90億ドル），合計1,090億ドルとなる。2004年10月4日，2004年勤労者家族減税法（the Working Families Tax Relief Act of 2004:WFTRA）を成立させ，期限切れの減税措置を延長させた。

ブッシュは，2004年10月22日，2004年米国雇用創出法（the American Jobs Creation Act of 2004:AJCA）を成立させた。AJCAには，（ⅰ）域外所得除外規定の廃止と米国生産活動に帰すべき所得に関する控除（米国内産業の優遇政策），（ⅱ）製造業，小事業および農業の雇用創出促進，（ⅲ）期限切れ減税措置の延長，（ⅳ）売上税の控除，（ⅴ）エネルギー税の優遇措置などが含まれている。ブッシュ減税は金持ち優遇税制であるという批判が起こったが，政府は2004年4月1日に「個人所得税を最も多く負担しているのは誰か」というキャンペーンにおいて次の事実の周知を図った。

(ⅰ) 2001年にはトップ5％の納税者が個人所得税の53.3％を負担，トップ1％の納税者が個人所得税の33.9％を負担，トップ50％の納税者が個人所得税の96％を負担していた。

(ⅱ) 2004年（ブッシュ減税の効果が生じる年）には低所得層の税負担が減少し，高所得層の税負担が増加する。減税がなかった場合に比してトップ1％の納税者の税負担は30.5％から32.3％になり，低所得層50％の納税者の税負担は4.1％から3.6％に低下する。

第2 米国租税政策における選択肢としての減価償却制度と税額控除制度

米国所得課税の歴史において最も多く改正された税法の条文の代表例として，その時々の租税政策を敏感に反映する減価償却制度と投資税額控除制度を上げることができる。

したがって，立法の企画立案者や租税政策の効果を評価する研究に従事する者にとっては，このような優遇措置の歴史的な推移を熟知することが大切である。本章では，レーガン～ブッシュ政権（共和党）の投資税額控除を主題に取

第11章　投資税額控除

り上げるので，ここではそれ以前の経緯を概観しておきたい[91]。

1　レーガン政権以前の減価償却制度

　減価償却費の控除は，個人および法人の所得税制の導入以来認められてきた。1909年税率法（the Tariff Act of 1909）の一部として導入された法人消費税（the corporate excise tax）は，合理的な減価償却費の控除を認め，1913年歳入法（the Revenue Act of 1913）は，事業用資産の合理的な減耗控除を認めた。当時の内国歳入局（the Bureau of Internal Revenue：BIR）規則における減価償却費控除の根拠は，一定の事業用資産が消耗されるという事実から必要性が生じるという事実である。20世紀の初期には，減価償却費による課税所得の算定は，財務諸表の実務に影響を与えた。しかし，減価償却は企業内部取引であるため相当程度の恣意性を有し，課税上の損金控除にも影響を及ぼすことになった。財務省は，1920年企業の知識経験に基づいて減価償却費の算定を行うことを認めるBulletin Fを発行した結果，1924～1931年，減価償却費は著しく増加した。米国議会は，1931年までに申告された減価償却費の控除金額が法人課税所得を上回ることを問題視した。そこで，財務省は各種の事業用資産の耐用年数に関する調査を行い，Bulletin Fを改正した。なお，企業の恣意性は駆除されないが，税務当局が控除の非合理性を明瞭な証拠によって立証できない限り否認できなかった。1934年までに米国議会は減価償却費を25％減少させることができ，年間8,500万ドルの増税となると考えたが，財務省は，行政措置によって恣意的な減価償却費の控除を阻止するため，納税者に対し算定根拠を示すスケジュールの提出，定額法または生産単位法による耐用年数に基づく減価償却，合理性の立証責任の納税者への転換を要求する財務省決定（Treasury Decision：TD）4422（1934 C B 58）を発した。財務省は，1942年，Bulletine Fの第2の改正を行い，5,000種類超の資産の耐用年数を勧告した。その耐用年数は，実際の耐用年数や1931年 Bulletin F の耐用年数より長く定められたが，結果的に税務上の減価償却は，「経済的減価償却」より小さくなった。ところが，1954年内国歳入法典（the Internal Revenue Code of 1954）は，減価償却の役割を一転させた。

327

米国議会は,「適正な所得」計算のため必要な控除項目として考えてきた減価償却費を経済的な投資奨励措置として活用することを考案したのである。したがって,その控除の計算方法を決めたのは,財務省でなく,米国議会であった。米国議会は,1954年前の減価償却制度が投資の障害になっていると考えたとみられる。1954年改正は,継続適用と定額法の倍を限度とすることを条件として,いかなる減価償却方法も認める(200％定率法の利用も認めた)。1958年小規模事業税改正法(the Small Business Tax Revision Act of 1958)は,初年度減価償却制度を導入した(有形資産について20％までの初年度控除)。1962年,内国歳入庁(the Internal Revenue Service:IRS)は,Revenue Procedure 62-21を発し,Bulletin Fでは資産ごとの耐用年数を定め,事業ごとの資産グループごとに異なる減価償却方法を定めた。この新しい耐用年数ガイドラインは,資産の物理的耐用年数でなく,経済的耐用年数に基づくものであったといえる。1971年歳入法(the Revenue Act of 1971)は,クラス耐用年数資産減価償却レンジ制度(the Class Life Asset Depreciation Range System:ADR)を導入した。ADRは,Revenue Procedure 62-21の代りに,資産の耐用年数を定める新しいガイドラインを規定した。レーガン大統領(共和党)は,1981年経済再生税法(the Economic Recovery Tax Act of 1981:ERTA)において,米国に初めて加速度コスト回収制度(the Accelerated Cost Recovery System:ACRS)を導入したが,これは米国租税政策および減価償却制度において画期的なものであった。すなわち,これまでは,米国議会は,減価償却制度が健全な会計原則に一致するように配慮してきたが,ERTAにより,減価償却制度の機能は一変し,ACRSは伝統的に「減価償却」と呼ばれてきた制度と全く異なる性質のものであるため,損金控除の名称も「コスト回収」という特別な名称を与えられた。このACRSを必要とする理由としては,(ⅰ)経済成長に重要とされる投資促進効果を生じないこれまでの減価償却制度とITCを改正する必要があること,(ⅱ)これまでの減価償却制度は不必要に複雑であるので簡素化する必要があること,(ⅲ)減価償却費控除の実際の価額はインフレによって減少するので償却期間を短縮する必要があること,(ⅳ)米国の国際貿易における競争力の強化と近代設備に対する投資奨励

による生産性の改善を通じて米国の国際収支を改善すること,が上げられた。1986年税制改革法(the Tax Reform Act of 1986:TRA86)は,租税政策と減価償却制度における転機となった。TRA86は,投資税額控除(ITC)を廃止し,ACRSを修正し,MACRSを定めた。(レーガン政権以後の減価償却制度については,拙著「ブッシュ政権の租税政策－産業政策税制(減価償却制度)」税経通信Vol/61/No. 7 /865. pp.171－189.)

2 レーガン政権以前の投資税額控除

産業政策として税制,特に税額控除を活用する場合,これによって生ずる歳入ロスは米国では「隠れた支出」形態の租税支出(tax expenditure)とされ,一種の補助金としての機能をもつ[92]。

1962年歳入法(the Revenue Act of 1962)は,投資奨励措置としての租税優遇措置に関して画期的なものであり,ケネディ大統領(民主党)の資本形成促進政策の実施のため,投資税額控除(Investment Tax Credit:ITC)を導入した。ケネディは,米国生産施設の近代化と拡大を促進し,米国経済を改善し,雇用機会の増加と世界経済における米国の競争力の強化を図ることを目的として,ITCを導入したのである。財務省の投資奨励措置は,(i) 減価償却ガイドラインと (ii) ITCであったが,米国議会は減価償却だけでは経済成長刺激策として十分でなく,ITCによる追加的刺激が必要であると考え,減価償却資産の取得コストを引き下げ,投資に当てるキャッシュフローの増加が必要と考えた。このとき,米国議会は,減価償却制度を利用する投資奨励策は所得計算ルールを歪めるので,税額控除を利用する方がましであると考え,加速度償却の考えを放棄した。1966年,米国はインフレ問題に悩んでいたので,ジョンソン大統領(民主党)は政府支出を削減し,投資優遇措置を一時的に停止した(1966年10月10日～1967年12月31日)。1969年,米国は再びインフレ問題に対処しなければならなくなった。米国議会は,ITCがインフレ圧力と投資変動の原因となっていると考え,このような税額控除を廃止することにした。1970年代に米国はインフレ,失業ならびにGNPおよび投資の鈍化に当面し,1971年歳

入法 (the Revenue Act of 1971) における租税優遇措置は，経済刺激に十分であるが，インフレ圧力を生じない程度でなければならないとの考えで，減価償却制度の改正とITCの実施を行うものであった。ニクソン政権（共和党）下で，雇用開発投資税額控除という形でITCは再導入された。

その理由としては，（i）機械設備への支出の増加による雇用創出によって経済回復を行うこと，（ii）物価の引下げには市場への商品フローの増加が必要であるためITCによってインフレを抑制できること，（iii）生産施設への新規投資は生産施設を効率化すること，（iv）米国の外国市場における競争力を強化し国際収支を改善すること，が挙げられた。1975年，米国は深刻な失業問題に悩んでいた。フォード大統領（共和党）は，1975年減税法 (the Tax Reduction Act of 1975) において，経済回復と完全雇用を図ることを目的として，一時的にITCの増加を行った (1977年1月1日前に取得した適格資産の7％から10％に引上げた)。

このとき，米国議会は，さほどインフレ圧力をかけず経済回復と雇用増加を図るために，1976年税制改革法 (the Tax Reform Act of 1976) により，ITCの一時的な増加を1980年まで延長し，1978年歳入法 (the Revenue Act of 1978) では，ITCの一時的な増加を恒久化した。レーガン大統領（共和党）は，1981年経済再生法 (ERTA) によりITAを/ACRS/と両立し得るものに修正したが，1982～1985年におけるERTAの寛大さの揺戻しの中で，1982年租税公平・財政責任法 (the Tax Equity and Fiscal Responsibility Act of 1982：TEFRA) においてITCの減額が要求され，1986年税制改革法 (the Tax Reform Act of 1986：TRA 86) は，ITCを廃止した。米国議会は，ITCが長期投資に対し差別的であり，タックス・シェルター・スキームで利用されると考えたのである。

3 米国の産業政策

1974年議会予算法に基づき租税支出 (tax expenditure) も予算案とともに米国議会に提出することになった。産業政策として代表的な設備投資減税については，一般に，（i）需要創出効果（短期効果），（ii）生産性引上げ効果（長期効

果),(iii) 財政収支に及ぼす影響について考察されるが,通常の投資減税はその手法により投資税額控除と加速度償却に分けられる。前者は,投資金額のうち一定額を税額から控除することにより,減税分に見合う期待収益率を高め設備投資の喚起を図る政策であり,一律に実施する場合には財政の大幅な悪化を招くおそれがあるので,その効果を最大化するために対象分野を限定する必要がある。後者は,税法上の減価償却の前倒しにより課税繰延を認め,キャッシュフロー面から設備投資の喚起を図る政策であり,財政負担は比較的小さくて済む。

レーガン政権は,1983年に産業競争力委員会 (President's Commission on Industrial Competitiveness) を設立し,米国産業競争力強化策を検討した。同委員会は,1985年に『グローバル競争－新しい現実』(Global Competition The New Reality) を大統領に提出した。これが通称「ヤング・レポート」と呼ばれるものである。ヤング・レポートは,(i) 新技術の創造,実用化および保護,(ii) 資本コストの低減,(iii) 人的資源開発ならびに通商政策の重視の4項目について,税制につき研究開発優遇税制の強化,資本フローを歪曲している税制の是正および外国販売会社 (Foreign Sales Corporation：FSC) の立法化を提言した。

ヤング・レポート公表後,レーガン政権 (2期) はインフレ沈静化に伴い,1986年税制改革において,税制の中立性の観点から過剰な租税優遇措置を見直し,投資税額控除の廃止,加速度償却制度の修正,研究開発投資の税額控除率の引下げを行った。ヤング・レポートは,レーガン政権の「小さい政府」というスローガンと相容れないところがあり,その政策に十分反映されないと評価された。このため,産業競争力委員会のメンバーは,1986年に民間組織として競争力評議会 (Council on Competitiveness) を設立し,1987年にニューヤング・レポート (America's Competitive Crisis：Confronting The New Reality),1988年に第3ヤング・レポート (Picking Up The Pace：The Commercial Challenge to American Innovation) を相次いで発表した。

クリントン政権は,米国経済再生を最優先課題として掲げ,小規模事業の投資税額控除および研究開発減税を認めた。同政権の産業競争力強化策は,競争

力政策協議会 (Competitiveness Policy Council) の政策提言で進められた。競争力政策協議会は，包括的競争戦略（教育，労働者訓練，技術の商業化，貿易政策，生産，インフラ整備を含む）を提言したが，税制については競争力の基軸である技術の商業化につき，研究開発投資の技術革新および商品化の税額控除，軍民転換の研究開発投資の加速度償却を認めていた。

また，競争力評議会は，ジョージ・ブッシュ政権（1989～1993）の下でも，クリントン政権（1993～2001）の下でも，ＮＰＯとして，数多のレポートを発表し，積極的な政策提言を続けている。

ジョージ・W・ブッシュ政権の下で，競争力評議会の中に2003年10月に設置された国家技術革新戦略（National Innovation Initiative：NII）は，2004年12月に報告書『イノベート・アメリカ』(Innovate America) を発表した。これが通称「パルミサーノ・レポート」と呼ばれるものである。パルミサーノ・レポートは，イノベーションを「社会経済的価値の創造に寄与する発明と洞察力の交差点」と定義した上で，（ⅰ）人材，（ⅱ）投資および（ⅲ）インフラの３項目について政策提言を行った。米国産業の製造拠点の海外展開に伴い，米国技術の海外移転が盛んになる。このようなオフショア・アウトソーシングと技術流出の傾向は，米国の国際競争力にとって問題ではないかという議論が高まり，米国は技術と雇用のオフショア・アウトソーシング問題のみならず，急激な技術発展に伴う労働市場の挑戦に当面している。営業，技術その他の要素によって排除される職歴の労働者および米国で就職できる職務に十分に適応できない技能の労働者に関する失業補償，転職，保健・年金等のポータビリティ，賃金保険および職業訓練，キャリアアップ，技能の陳腐化への対応が必要になる。そこで，現役労働者および新規参入労働者の双方に関する技能労働者の国際競争力の強化のため，人的資本投資税額控除（Human-Capital Investment Tax Credit）構想が出現した[93]。

第3　米国の税額控除制度

米国の産業政策に関する有力な提言からも推測できるように，現行の税額控除制度は人材，一定の投資について認められている。現行制度を概観しよう。

1　一般的事業税額控除 (the General Business Tax Credit)

事業に適用される多種の所得税額控除は，一般事業税額控除として合算され，統一的な限度額，繰戻および繰越その他の規定を適用される。一般的事業税額控除は，次の税額控除から成る。複数の税額控除を適用する場合，次の順序に従うものとされ，限度超過額　については，繰戻または繰越が認められる。すなわち，以下の税額控除が「一般的事業税額控除」の名で単一の税額控除として結合される。さらに，内国歳入法典以外の規定により認められる一定のコミュニティ開発法人（Community Development Corporations：CDC）への拠出税額控除は，一般的税額控除の一部として取り扱われる。一般的事業税額控除は，還付されない税額控除（a nonrefundable credit）とされる。この税額控除の金額の計算は，この税額控除の各要素を個別に計算した後で合計額を算定する。

(ⅰ)　投資税額控除（Investment credit）（リハビリテーション税額控除（Rehabilitation credit），エネルギー税額控除（Energy credit）および再植林税額控除（Reforestation credit））
(ⅱ)　勤労機会税額控除（Work Opportunity credit）
(ⅲ)　労働福祉税額控除（Welfare-to-work credit）
(ⅳ)　アルコール燃料税額控除（Alcohol fuels credit）
(ⅴ)　研究開発税額控除（R＆E credit）
(ⅵ)　低所得層住宅税額控除（Low-income housing credit）
(ⅶ)　石油回収強化税額控除（Enhanced oil recovery credit）
(ⅷ)　障害者アクセス税額控除（Disabled access credit）

(ix) 再生可能資源発電税額控除（Renewable-resource electricity production credit）
(x) 権限付与地帯税額控除（Empowerment zone credit）
(xi) インデアン雇用税額控除（Indian employment credit）
(xii) オーファン医薬税額控除（Orphan drug credit）
(xiii) 雇用主社会保障税額控除（Employer FICA credit on tips）
(xiv) 新市場税額控除（New markets credit）
(xv) 小規模雇用主年金プラン開始コスト税額控除（Small employer pension plan start-up costs credit）
(xvi) 雇用主提供児童ケア税額控除（Employer-provided child care credit）

　一般的事業税額控除の金額は，①繰り越された事業税額控除，②当期の事業税額控除および③繰り戻された事業税額控除の合計額とされる。

　当期の一般的事業税額控除の合計額は，「純所得税額」から（i）仮のミニマム・タックスまたは（ii）25,000ドル超の「純通常税額」の25％のいずれか大きい方を差し引いた残額を超えることはできない（限度額）。「純所得税額」とは，通常税額と仮のミニマム・タックスとの合計額からすべての還付されない税額控除を差し引いた残額をいい，「純通常税額」とは，通常税額からこれらの税額控除を差し引いた残額をいう。一般的事業税額控除のうち限度額を超える金額は，前年に繰り戻し，翌20年に繰り越される。1998年前に生じた税額控除については，3年の繰戻，15年の繰越が認められる。

　一般的事業税額控除において「投資税額控除」（Investment Credit）とされるものは，きわめて限定されている（これを「狭義の投資税額控除」という）。しかし，サプライサイド，生産者等に直接的に与える租税補助金としての狭義の投資税額控除は，少なくなったが，各種政策のために以下のとおり別の範疇に属するものとされるが，広義の投資税額控除とみられるものは必ずしも少なくない。

2　米国の税額控除の種類

(1) 投資税額控除

当期にその用に供されたすべての減価償却資産に係る10％の税額控除を一般的に与えた通常の投資税額控除は、1985年後にその用に供された資産については、一般に廃止された。現在一般的事業税額控除の要素として認められる投資税額控除は、次の三つの税額控除の合計額である。

① リハビリテーション税額控除

リハビリテーション税額控除は、1936年前にその用に供された建築物を修理するための支出の10％と一定の歴史的構造物を修復するための支出の20％である。

② エネルギー税額控除

エネルギー税額控除は、一定の太陽資産および地熱資産のベーシスの10％である。

③ 再植林税額控除

再植林税額控除は、適格資産の償却ベーシスの10％である。

(2) 一定の投資に係る税額控除

現在、（ⅰ）上記1（ⅰ）の「狭義の投資税額控除」のほか、別の名称をもつ税額控除が一定の投資につき認められる。これらは、広義の投資税額控除の一部とされる。この分類には、（ⅱ）上記1の（ⅴ）R＆E税額控除（Research and experimentation credit）、（ⅲ）上記1（xⅱ）オーファン医薬税額控除（Orphan drug credit）、（ⅳ）上記1（xv）退職プラン開始税額控除（Retirement plan start-up credit）、（ⅴ）上記1（xvi）雇用主児童ケア税額控除（Employer-provided child care credit）が含まれる。

① R＆E税額控除

R＆E税額控除は、事業が科学研究につき支出する金額を増加することを奨励するために認められた。この税額控除は、1996年7月1日から2006年1月1日前に支払いまたは生じた適格研究支出に適用される。この税額控除は、当期

の研究費が，1984～1988年に総収入に対し研究に支出した費用の割合に基づく数字である基準額を超える金額の20％および基礎研究の支払の20％の合計額に相当する。「適格研究支出」とは，次のものをいう。
（ⅰ）　研究賃金，研究用設備のためのインハウス支出および実験装置，コンピュータその他の動産の研究利用のために支払った金額
（ⅱ）　従業員以外の者に適格契約研究支出として支払いまたは発生した金額の65％
（ⅲ）　適格研究コンソシアムに適格研究支出として1996年7月1日以後に支払いまたは発生した金額の75％

ただし，次の研究については，税額控除は認められない。
（ⅰ）　米国外で行われる研究
（ⅱ）　社会科学または人文科学における研究
（ⅲ）　他の者または政府団体による補助金，契約その他の資金提供を受ける研究
（ⅳ）　マーケット・リサーチまたは消費者調査，広告支出，あるいは鉱物資源（石油・ガスを含む）の探査および埋蔵量の測定の研究

1996年6月30日後の課税年度に関し，代替的増加税額控除（Alternative Incremental Credit）を選択することができる。これは，次の3段階の基準割合と控除率を利用して研究税額控除を計算する方法である。「基準割合」とは，1984～1988年の適格研究支出の合計額が当該期間の総収入金額の合計額に占める割合をいい，研究税額控除は，次の3段階の税額控除の合計額である。
（ⅰ）　第1段階の税額控除
　　　　前4課税年度の平均年間総収入の1～1.5％を超える当期の適格研究支出の2.65％
（ⅱ）　第2段階の税額控除
　　　　前4課税年度の平均年間総収入の1.5～2％を超える当期の適格研究支出の3.2％
（ⅲ）　第3段階の税額控除

第11章 投資税額控除

前4課税年度の平均年間総収入の2％を超える当期の適格研究支出の3.75％

② オーファン医薬税額控除

オーファン医薬税額控除は，臨床実験費税額控除（Clinical Testing Expenses Credit）ともいわれる。この税額控除は，通常ならば経済的に採算のとれない奇病の医薬の開発を奨励するために認められた。この税額控除は，いったん1994年に廃止されたが，1996年7月1日後に支払いまたは生じた適格試験費用につき恒久的に認められた。この税額控除は，当期の適格医療試験費用の50％に相当する。この税額控除は，費用が基準額を超えることという要件がない点を除き，R＆E税額控除と同じ機能をもつ。同じ費用がオーファン医薬税額控除とR＆E税額控除の双方に該当する場合，そのいずれかを選択することができる。

③ 退職プラン開始税額控除

退職プラン開始税額控除は，退職貯蓄の増加を奨励するため，新規退職プランを設定する小規模雇用主に認められる。この税額控除は，新規プランの初年度直前3年間に適格退職プランを有したことがない雇用主で従業員数が100人未満のものだけに認められる。この税額控除は，2010年後に開始する課税年度に期限切れとなる。この税額控除は，プラン適用後の3年間の各年500ドルを限度として，新規適格プランを創設または維持するために生じた費用の50％に相当する。これは，この税額控除を受けるには，年間1,000ドル以上を支出する必要がある。

④ 雇用主児童ケア税額控除

雇用主児童ケア税額控除は，2001年12月31日後2011年前に開始する課税年度に，中小規模の事業に対し認められる新しい税額控除であり，適格児童ケア支出の25％および適格児童ケア資源・サービス費用の10％とされる。この税額控除の限度額は，15万ドルとされる。この適格支出には，従業員に児童ケアサービスを提供する適格児童ケア施設との接触による支払，雇用主が従業員のために適格児童ケア施設を取得し，建設し，設置し，運営するために支払いまたは

生じた金額が含まれる。

⑤ リハビリテーション税額控除

リハビリテーション税額控除は，古い不動産または公認の歴史的建造物のリハビリテーションを奨励するために認められた。これは，一定の建造物を修理し，復旧し，再建するための支出に係る税額控除である。税額控除が認められる支出の割合は，1936年前に最初に用に供された建築物については10%，米国史跡登録された建築物については20%とされる。限度額は，25,000ドルであるが，調整総所得が20～25万ドルの納税者については，フェーズアウトされる。非居住用不動産のリハビリテーション支出でなければこの税額控除は認められないが，居住用レンタル資産である公認の歴史的建造物には例外的に認められる。

(3) 環境に係る税額控除

エネルギー節約その他環境保全活動を奨励する目的の税額控除が，（ⅰ）居住用エネルギー資産税額控除（Residential energy property credit），（ⅱ）適格電気自動車税額控除（Credit for qualified electric vehicles），（ⅲ）上記1（ⅰ）のエネルギー税額控除（Energy credit），（ⅳ）上記1（ⅰ）の再植林税額控除（Reforestation credit），（ⅴ）上記1（ⅳ）アルコール燃料税額控除（Alcohol fuels credit），（ⅵ）上記1（ⅶ）の石油回収強化税額控除（Enhanced oil recovery credit），（ⅶ）上記1（ⅸ）再生可能資源発電税額控除（Renewable resources electricity production credit）として認められる。次に掲げる①および②は消費者サイドに認められる税額控除であるが，⑤～⑦は広義の投資税額控除とみられる。

① 居住用エネルギー資産税額控除

居住用エネルギー資産税額控除は，2006～2007年に用に供された個人の非事業用エネルギー資産（扉，窓，絶縁体，熱ポンプ，暖房炉，空調および熱水）につき500ドルを限度として認められる。納税者が所有しかつ使用する米国内の住宅に据え付けられることが必要であり，適格エネルギーの効率化の改善機能が5年以上持続すると合理的に見込まれることが必要である。この税額控除は，（ⅰ）居住用エネルギー資産支出および（ⅱ）適格エネルギー効率改良費用の10%

第11章　投資税額控除

に相当する。

② 適格電気自動車税額控除

適格電気自動車税額控除は，2007年前に用に供された新車の購入価額の10%（4,000ドルを限度とする）に相当する。

③ エネルギー税額控除

エネルギー税額控除は，（ⅰ）太陽エネルギーを発電，冷暖房，熱水のために使用する装置，または（ⅱ）地熱を生産，分配または使用するための装置として用に供された資産の費用の10%に相当する。この税額控除は，上記1（ⅰ）の狭義の投資税額控除の一部であるが，適格資産が減価償却のコスト回収期間の満了前に売却または処分される場合には，取り戻される。

④ 再植林税額控除

再植林税額控除は，植林または再植林の費用の10%（1万ドルを限度とする）に相当する。適格支出には，整地，種子，苗木，労働費および道具（機械装置の減価償却費を含む）の費用が含まれる。この税額控除は，上記1（ⅰ）の狭義の投資税額控除の一部である。

⑤ アルコール燃料税額控除

アルコール燃料税額控除は，アルコール燃料または混合燃料（ガソールまたはエタノールなど）の売却または使用に係る税額控除で，一般的事業税額控除の一部として生産者に認められる。1994年後の課税年度にはこの税額控除の繰越は認められない。

⑥ 石油回収強化税額控除

石油回収強化税額控除は，原油増産のため一定の第3の回収方法を用いる石油回収プロジェクトの開始または拡大のための適格費用の15%に相当する。

⑦ 再生可能資源発電税額控除

再生可能資源発電税額控除は，1992年後2006年1月1日前に用に供された施設で風力またはバイオマスから生産され，第三者に売却される電力に基づきキロワット時1.9セント（2005年の場合）に相当する。

(4) 不遇な者に係る税額控除

米国は，政府が望ましいと考える活動であるが，経済的に十分報われないため通常ならば人が引き受けない活動を奨励するために税制を利用してきた。この種の税制としては，（ⅰ）上記1（ⅷ）障害者アクセス税額控除，（ⅱ）上記1（ⅹ）権限付与地帯雇用税額控除，（ⅲ）上記1（ⅺ）インデアン雇用税額控除，（ⅳ）上記1（ⅻⅰ）コミュニティ開発法人寄附金税額控除，（ⅴ）新規市場税額控除，（ⅵ）上記1（ⅵ）低所得層住宅税額控除，（ⅶ）上記1（ⅱ）勤労機会税額控除，（ⅷ）上記1（ⅲ）労働福祉税額控除，（ⅸ）新ハリケーン・カトリーナ従業員雇用継続税額控除がある。

① 勤労機会税額控除

勤労機会税額控除は，特に失業率の高い一定のグループ（都市部の青年，政府援助受領者，受刑者，退役軍人など）の者の雇用促進を目的とし，Targeted jobs credit の廃止に代えて1996年に導入された。2001～2005年に雇用された従業員について，雇用主は従業員が400時間以上勤務することを条件として雇用初年度に支払われた適格賃金の最初の6,000ドルの40%（2,400ドル）に相当する税額控除を認められる。従業員の勤務時間が120～400時間であれば，税額控除は25%とされる。従業員の勤務時間が120時間未満であれば，税額控除は認められない。

② 労働福祉税額控除

労働福祉税額控除は，適格長期家族援助受領者を雇用する雇用主に雇用初年度に賃金の1万ドル未満の35%，第2年度に1万ドル未満の50%まで，2年間の最高限度額を8,500ドルとして，1998～2005年に雇用された従業員につき認められた。

③ 障害者アクセス税額控除

1990年障害米国人法（the Americans with Disabilities Act of 1990：ADA）に基づき，大衆に開かれた事業は障害者を施設に受け入れかつ援助しなければならず，障害者にとっての物理的障害を除去しなければならない。施設の修理または新設においては，障害者のアクセスを可能にすることが必要である。ＡＤＡを遵

守するため改造しなければならない小規模事業者は，ＡＤＡ遵守の促進のため，障害者アクセス税額控除を認められる。この税額控除は，適格支出（250ドル超10,250ドル以下）の50％に相当する。ここで小事業とは，総収入が100万ドル以下であるかまたは常勤従業員数が30人以下である事業をいう。

④　権限付与地帯雇用税額控除

権限付与地帯雇用税額控除は，各労働者に支払われる賃金の最初の15,000ドルの20％に相当する。労働者は，常勤か非常勤かを問わず，労働の相当部分が権限付与地帯の内部で，雇用主の営業または事業において行われる限り，適格と認められるが，労働が90日未満の従業員，雇用主と特殊な関係のある従業員，事業の５％以上の持分を有する従業員，ゴルフコース，カントリークラブ，マッサージパーラー，ホットタブ施設，サンタン施設，レース場もしくは賭博場，または酒店の従業員に支払われる賃金は，適格賃金とされない。

⑤　インデアン雇用税額控除

インデアン雇用税額控除は，インデアン居留地に所在する事業が居留地内またはその近隣に居住する従業員の雇用につき，1993年に比してこれを超える賃金および健康保険コストの20％（２万ドルを限度とする）に相当する。

⑥　コミュニティ開発法人税額控除

政府は，低所得者に雇用と事業機会を提供するコミュニティ開発法人に寄付または長期ローンを行うことを奨励するため，コミュニティ開発法人税額控除を認める。この税額控除は，寄付年度に開始する10課税年度にわたり各年度に寄付金額の５％（最終的には50％）に相当する。寄付であれば，全額慈善寄附金控除を受けることもできる。ローンであれば，そのローンは10年以上のものでなければならない。

⑦　新規市場税額控除

新規市場税額控除は，コミュニティ開発事業体（a community entity：CDE）の株式を取得するため2000年12月31日後に行う適格エクィティ投資につき認められる。この税額控除には，適格能動的低所得コミュニティ事業または適格コミュニティ開発事業体に対する資本投資もしくはエクィティ投資またはローン

が含まれる。この税額控除は，投資金額の30％超に達する。投資家は，ＣＤＥからエクィティ持分を購入した年度および次の２年度に５％，翌４年度に６％の税額控除を受けることができる。

⑧ 低所得層住宅税額控除

低所得層住宅税額控除は，1986年後に建設し，修理しまたは取得した低所得層住宅につき，（ⅰ）連邦補助のないユニットの適格ベースの70％，または（ⅱ）免税債その他の連邦補助金でファイナンスされたユニットの適格ベースの30％に相当する。

(5) その他の税額控除

一般的事業税額控除のうち上記1(xii)チップFICA税額控除，ガソリン税額控除，前年ＡＭＴ税額控除および外国税額控除が，一定の租税のリベートとしての税額控除として認められる。

第4 広義の投資税額控除の代表例

産業政策においてＲ＆Ｅは経済成長に貢献する役割からますます重要視されてきた[94]。近年，米国産業はＲ＆Ｅに資金を注入し，この分野のシェアを伸ばしてきた。Ｒ＆Ｅその他のイノベーションから生ずる新知識は無形資産となるが，そのユーザーは無形資産の生産者に必ずしも十分な対価を支払わずにその無形資産を利用できるとすれば，民間のＲ＆Ｅのインセンティブは失われてしまう。Ｒ＆Ｅを促進する政策は，産業，技術およびイノベーションにおけるＲ＆Ｅの多様性を反映して，多様な措置を用いる必要がある[95]。米国は，財政政策として，直接的な資金提供（補助金または契約）および間接的な奨励措置（税額控除または経費控除）を用いるが，米国や先進諸国のＲ＆Ｅ税額控除は，制度の仕組み，目標，予算面およびイノベーション促進効果について，多様である[96]。

米国の間接的な奨励措置である法人のＲ＆Ｅ税額控除は，例えば2000年71億ドル，2001年64億ドル程度と推計されているが，1990～2001年間におけるＲ＆

E税額控除は，法人その他の民間のR＆E支出の2倍の速度で増加した。

1　R＆E税額控除の改正の経緯

米国のR＆E租税政策は，この20年間に次の3要素を示している。
（ⅰ）　R＆Eの損金算入の一般原則（IRC174）
（ⅱ）　R＆E税額控除
（ⅲ）　R＆Eの外国源泉配分ルール

このうち（ⅰ）は1954年に導入されてから基本的には変更されず，大部分のR＆Eの損金算入を認めてきた。1980年代の法人税率の引下げは，損金算入のベネフィットを減少させたので，R＆Eコストに影響を与えた。

米国R＆E税額控除は，1981年経済再生税法（ERTA）によって導入された。これは，米国企業の競争力に関する問題に対処するために1980年代に採用された政策の一つである[97]。これは，最初1981年7月1日から1985年12月31日までとされたが，1986年税制改革法（the Tax Reform Act of 1986）により2年間延長され，1988年技術的多種歳入法（the Technical and Miscellaneous Revenue Act of 1988：TAMRA）により1年間延長され，1989年オムニバス予算調整法（the Omnibus Budget Reconciliation Act of 1989：OBRA89）により1990年まで延長され，1990年オムニバス予算調整法（OBRA90）により1991年まで延長され，1991年租税延長法（the Tax Extension Act of 1991）により1992年6月30日まで延期され，1993年オムニバス予算調整法（OBRA93）により1995年6月30日まで延長された。その後も，この税額控除は1995年と1996年の間に期限切れとなる臨時的な制度とされていたが，定期的に延長された。2003年12月22日に財務省およびIRSは研究税額控除に関する最終規則を発した。近年，2004年勤労家族租税救済法（the Working Families Tax Relief Act of 2004, PL108－311：WFTRA）により，この税額控除は改正され，2005年末まで適用されることになったが，2005年12月31日後に支払われまたは発生した金額には適用されないことになる。ブッシュ政権はその恒久化を目指した。2005年エネルギー租税優遇措置法（the Energy Tax Incentive Act of 2005, PL109－58：ETIA）により，エネルギー研究の増

343

加を奨励するための研究税額控除が延長され，適格研究施設で行われた適格エネルギー研究について，2005年8月8日後に支払われまたは発生した支出に関して制限は停止された（IRC41）。

2 米国イノベーションの租税優遇措置

米国法人税法が米国法人のイノベーションに次の優遇措置を認めている。一般に，これらの措置は，パートナーシップおよび単独の事業主にも利用できる。
（ⅰ）　R＆Dの即時損金算入
（ⅱ）　R＆E税額控除
（ⅲ）　R＆D支出の外国源泉配分ルール
（ⅳ）　有利なキャピタル・ゲイン税率
（ⅴ）　資本設備に係る加速度減価償却および投資税額控除
（ⅵ）　買収の課税上の取扱い

米国税法は「技術的イノベーション」および「研究開発（R＆D）」の定義を置いていないが，1957年規則は研究実験費（research and experimental expenditure: R＆E）の定義を定めた。この定義は，適格研究実験費の意味を明確にするため最初のR＆E税額控除法（1981）で更新された。

上記六つのイノベーション活動に対する優遇措置を以下に素描する。

①　R＆Dの即時損金算入

研究開発費は，（ⅰ）当期に所得控除できるものと（ⅱ）繰り延べられ60ヶ月以下の期間にわたり定額法で償却されるものに分れる。ＩＲＣ174によるR＆E支出の事業控除は，ＩＲＣ280Ｃ(c)の研究税額控除の金額だけ減算される。

②　R＆E税額控除

上記2(2)①を参照。

③　外国源泉所得とR＆D

米国では米国企業に全世界所得課税を行い，外国税額控除を行う。この外国税額控除は，外国源泉所得に対する米国税に制限された。このため，所得および費用の源泉配分が重要になる。利用できない外国税額控除がある場合，R＆

第11章　投資税額控除

Dを外国源所得に多く配分すれば，税額を減少せず，課税対象となる米国所得を増加させる。

④　キャピタル・ゲイン

事業主が技術革新のアイデアを実現することから課税上のベネフィットを得る主たる方法は，公開してその企業持分を投資家に売却し，創造した価値を回収することである。このようなリスク・テーキングは税制上優遇される。キャピタル・ゲイン税率は，1986年以来，通常所得の税率よりも低い。ＴＲＡ97は，キャピタル・ゲインの課税上の取扱いを変更し，長期キャピタル・ゲインの税率を引き下げたので，長期資産に該当するため，資産の保有期間を長期化することになったが，クリントン政権による新法および1998年内国歳入再建改革法 (the IRS Restructuring and Reform Act of 1998) によってＴＲＡ97の変更は修正された。キャピタル・ゲイン最低税率が適用される資産保有期間が短縮された。

⑤　買　　収

Ｒ＆Ｄの買収については，課税上の取扱いよりも会計上の取扱いとされる。

⑥　投資税額控除

米国の生産性の伸びは，資本投下における技術的変化による。投資税額控除は，新規の質的に改善された資本設備に対する投資コストを効果的に低下させるので，イノベーションのたの重要な税額控除となる。米国産業が古い設備を新モデルの設備に取り替えることを奨励すれば，米国イノベーションを促進することになる。

3　再生可能資源発電税額控除

(1)　再生可能エネルギーＲ＆Ｅ予算

米国の再生可能エネルギープログラムの推進力であるエネルギー保障問題は，2000年後半の石油・ガス価格高騰，2001年米国同時多発テロおよびイラク戦争を背景とするエネルギー確保，エネルギー・インフラの危弱性および代替燃料の必要性に対する関心の高まりや，大気・水の汚染や地球環境の変化に係る環境問題，日欧のクリーンエネルギー技術の発展および技術競争力の見直しから，

米国政策に大きい影響を与えた。例えば、ＦＹ2006エネルギー・水開発予算法 (the Energy and Water Development appropriations Act for FY2006) は、エネルギー省のエネルギー効率・再生可能エネルギープログラムに11億8,570万ドルの予算を付けたが、このうち5分野の再生可能エネルギー研究開発プログラム（バイオマス、太陽、風力、地熱および水力）に2億3,860万ドルに付けた。再生可能エネルギーは、人間の利用によって減耗しない資源から生じる。1973年石油輸出禁止は、エネルギー価格を4倍に引き上げ、経済ショックを惹き起こし、当面の石油需要と長期需要を満たす包括的なエネルギープログラムの策定につながった。1970年代、米国は基礎研究および応用研究の双方に係る再生可能エネルギーＲ＆Ｅを急速に進め、民間と共同でデモプロジェクト、商業化および情報提供、優遇措置（居住用・事業用税額控除など）による誘導を行った。1980年代の石油・ガス価格の低下により連邦プログラムも失速し、米国議会の広範かつ積極的な取組みにもかかわらず、プログラムへの支出は1990年まで落ち込んでいく。1994年米国議会（第103回）は、ＦＹ1995においてクリントン政権の要求額を下回る予算とし、1995年米国議会（第104回）は、ＦＹ1996において政権の要求額を23％下回る予算としたが、105回議会および106回議会ではこの予算は上昇に転じた。ＦＹ1973～2003において、連邦政府は再生可能エネルギーＲ＆Ｅに146億ドルを支出した。ＦＹ2004の再生可能エネルギーＲ＆Ｅの予算は4億3,940万ドル（全エネルギーＲ＆Ｅ予算の19％）となった。

(2) 再生可能エネルギー税額控除

1978年エネルギー税法 (the Energy Tax Act of 1978:PL95-618) は、居住用太陽税額控除および風力エネルギー装置事業用税額控除を創設したが、1985年12月31日に期限切れとなったが、事業投資税額控除は1980年代に繰り返し延長された。1992年エネルギー政策法 (the Energy Policy Act of 1992:EPACT, PL102-486) は、太陽およびガソール装置の10％事業用税額控除、風力およびバイオマス発電1.5セント/kwhの生産税額控除 (Renewable Energy Production Tax Credit:PTC) を認め、ＰＬ106-170では家禽廃物にもこの税額控除を適用することとした。雇用創出労働者援助法 (the Job Creation and Worker Assistance Act：

第11章　投資税額控除

PL107-147）は，この税額控除を2003年12月31日まで延長した。JOBS Act（PL108-357）は，ＰＴＣを太陽，地熱，バイオマス，埋立地ガス，ごみ焼却および水力を含めるよう拡大適用し，これを2005年末まで延長した。ＰＬ96-223は，アルコール燃料税額控除を創設し，ＰＬ105-178で40〜60セント/ガロン税額控除を2007年12月31日まで延長した。2005年，ＰＴＣは，2007年末まで延長された[98]。

4　ニューマーケット税額控除

2000年コミュニティ再生租税救済法（the Community Renewal Tax Relief Act of 2000）は，低所得で経済的困窮コミュニティに対する150億ドルの投資を奨励するための税額控除を認めた。その性質は，補助金とみられるが，機能的には資本補助金（a capital grant）でなく，利子補給金（an interest subsidy）に近いとみられる。その意味は，ファイナンスの対象活動がプラスのキャッシュフローを生じ，投資家にとって魅力のあるものであるため，資本に対するリターンを生じなければならないということである。米国の地域の40％超（米国人口の3分の1超がその地域に居住している）がこの投資の適格地域とされる。2003年末までに，20州以上の66コミュニティ開発事業体（Community Development Entities：CDE）がこのニューマーケット税額控除（New Market Tax Credits：NMTC）を配分された。適格ＣＤＥの大部分は主に都市部に投資するが，主に地方に投資するものが20％程度ある。NMTCの目的は，低所得コミュニティへの投資の促進であるが，近年，連邦と地方とのパートナーシップに関係して土地管理，森林業務支援プロジェクトもみられる。NMTCは，資金需給ギャップを埋める方法として，投資家，コミュニティ，事業家，ＮＧＯおよび政府のパートナーシップを生じる。ＩＲＳは，2004年12月23日にNMTCに関する最終規則を発した。これによれば，NMTCは，CDEという民間経営投資媒体（privately-managed investment vehicles）に適格エクィティ投資を行う投資家に与えられる税額控除である。

まとめ

　米国は，ITCという名の狭義の投資税額控除はきわめて限定された税制としているが，R&E税額控除をはじめ，かなり多様な種類の税額控除を制度化している。生産者・製造業者の投資を直接的に刺激する型の税額控除のみでなく，消費者にも税額控除を与えることによって政策目的を実現するとともに，産業の振興を図る手法を採用する。環境税制の名においてエネルギー政策（節約，石油の海外依存度の低下，再生可能エネルギーへの転換促進）を推進するための税額控除や新規市場税額控除も新しい手法によるものといえる。米国税制の動向については，国家補助金にならないか否かという視点で西欧諸国が監視している[99]。米国としては，米国産業の国際競争力の強化を図るため，多様な名の下に広義の税額控除制度の拡充を図っていくであろうが，米国産業の投資に対し直接的に狭義の投資税額控除を与えることには用心深くなるであろう。

　この面においては，2005年大統領税制改革パネルにおける投資の即時損金算入という方向性が出ていることに注目すべきである。

〔注〕

91) Beth B Kern, *The role of depreciation and the investment tax credit in tax policy And their influence on financial reporting during the 20th century.* Academy of Accounting Historians. Dec 2000.

92) Ronald F. King, *Money, Time and Politics: Investment Tax Subsidies and American Democracy, Yale* University Press, 1993. pp. 536.

93) *Globalization of IT Services and White Collar Jobs: The Next Wave of Productivity Growth,* Institute Economics Policy Brief PB 03−11 December, 2003.
Catherine L. Mann, *Off-shore Outsourcing and Technology Jobs: Rationale and Potential Role for the Human-Capital Investment Tax Credit,* Institute for International Economics, April 9 , 2004。

94) B. L. R. Smith and C. E. Bartfield, *Technology, R&D and Economy,* The Brookings Institution and American Enterprise Institute, 1996.

95) S. Martin and J. T. Scott, *The nature of innovation market failures and the design of public support for private innovation,* Research Policy 29:2000, pp. 437〜447.

96) OECD, *Tax Incentives for Research and Development: Trends and Issues, 2003.*

97) G. Guenther, *Research and Experimentation Tax Credit:Current Status Legislative Proposals and Policy Issues,* U.S. Congressional Research Service, 2005.
98) Fred Sissine, *Renewable Energy : Tax Credit, Budget and Electricity Production Issues,* CRS for Congress, 2006.
  Department of the Treasury *General Explanations of the Administration's Fiscal Years 2001~2007 Revenue Proposals,* 2000~2006.
99) Bronwyn H. Hall, *Tax Incentives for Innovation in the United States,* A Report To the European Union by Asesoria ZABALA‐Spain. Contract No:INNO‐99−03。

第12章 米国の歳入確保政策

 これまで減税政策，米国の利益の追求，米国企業の国際競争力を主題とするブッシュ政権の租税政策を取り上げてきたが，次に2004年米国雇用創出法（AJCA）に表現された米国の歳入確保を主題とする政策を取り上げる。米国雇用創出法タイトルⅩ－歳入規定は，①個人および法人の海外移住を通じる租税回避を防止する規定，②タックス・シェルターに関する規定，③燃料税のほ脱を防止する規定，④非適格繰延報酬プラン，⑤その他の歳入規定から構成されているが，本章では主として①および②に重点を置いて説明することとする。

第1 個人および法人の海外移住を通じる租税回避を防止する規定

1 海外へ移住した事業体とその外国パートナーの課税上の取扱い

(1) 旧　　法
① 法人の居住地国の決定
 米国における多国籍企業グループの課税上の取扱いは，このグループの親会社が内国法人か外国法人かによって異なる。米国税法は設立準拠法主義を採用しているので，米国法または州法により設立された法人は，内国法人として取り扱われる。外国法により設立された法人は，外国法人として取り扱われる。
② 内国法人の米国課税
 米国の課税原則は全世界所得課税であるので，内国法人は源泉地を問わず

べての所得に対し米国税を課される。内国法人の外国源泉所得に対する二重課税の救済のため，外国に納付した所得税は一定の控除限度額の範囲で外国税額控除を認められる。内国法人（親会社）が外国子会社の外国活動から稼得する所得は，当該所得が内国法人（親会社）に配当として分配される（本国償還）時に米国税を課される。同じ外国活動からの所得であっても，内国法人が支店等を通じて直接これを稼得せず，子会社等を通じて間接的にこれを稼得することによって，米国税の課税繰延が起こる。例外としての繰延防止制度（anti-deferral regimes）により，内国法人（親会社）が配当として分配されるか否かを問わず，外国子会社の稼得する一定の範疇のパッシブ所得または可動性の大きい所得に対し当期に課税されることがある。繰延防止制度としては，サブパートFの被支配外国法人（CFC）ルール（IRC951-964）およびパッシブ外国投資会社ルール（IRC1291-1298）がある。外国源泉所得が現実の配当として本国償還されるか繰延防止制度により合算課税されるかにかかわらず，この外国源泉所得に対する米国税と相殺する外国税額控除が適用される。

③ 外国法人の米国課税

外国法人に対して，米国は，米国と十分なネクサスを有する所得にのみ課税する。すなわち，外国法人は，米国の営業・事業の遂行と実質的に関連する所得（実質関連所得（effectively connected income）という）にのみ米国税を課される。米国では，実質関連所得は，内国法人と同様の方法で，かつ，同様の税率で課税される。しかし，租税条約においては，「恒久的施設」概念を用いることとし，租税条約により，外国法人の事業所得に対する米国税の課税は，外国法人の事業が米国の恒久的施設を通じて行われる場合に制限される。また，米国源泉の利子，配当，賃貸料，使用料および一定の種類の所得の受領に対し，外国法人はグロスベースで30％の比例税率で，米国税を課される。この税は，租税条約により軽減または免除される。

④ 米国におけるインバージョン取引の課税上の取扱い

米国法人が外国で法人を設立し，多国籍企業グループの米国親会社を外国親会社に取り替えることがある。この取引は，「インバージョン取引」（inversion transaction）といわれる。インバージョン取引の形態には，多数の形態（株式インバージョン，資産インバージョン，これらの多様な組合せ）がある。株式インバージョンの一例を挙げると，米国法人(A)が外国法人(B)を設立し，外国法人(B)が米国子会社(C)を設立し，このCが米国法人(A)と合併して，Aが存続会社となり，Aは外国法人(B)の子会社になる場合がある。米国法人(A)の株主は，外国法人(B)の株式を受け取り，A株式とB株式を交換したもの（株式交換）とされる。資産インバージョンも同様の結果を生じる。株式インバージョンの場合，外国源泉所得を米国の課税権から離脱させるために，その外国子会社の全部または一部を新しい外国法人または他の関連外国法人に直接譲渡することがあり，また，インバージョンを利用し，多様なアーニング・ストリッピング取引等を通じて米国源泉所得に対する米国税を減少させる。例えば，米国法人が新しい外国親会社その他の外国関連会社への賃貸料，使用料またはマネジメント・サービス料など損金に計上する支払によるアーニング・ストリッピングがある。法人インバージョン取引後，法人グループは，外国親会社と米国子会社から成る多国籍企業グループが利用している租税回避スキームと同様の租税回避スキームを利用することができる。法人インバージョン取引は，その種類により，株主段階または法人段階で課税上の効果を生じる。株式インバージョンでは，受け取る外国法人株式の時価と交換した内国法人株式の調整ベーシスとの差異に基づき，米国株主はＩＲＣ367(a)（外国法人－米国からの資産の譲渡）により収益を認識する。法人株式の価値が低下し，法人が多数の外国株主または免税株主を有する場合，ＩＲＣ367(a)（外国法人－米国からの資産の譲渡）の「トール・チャージ」の影響は減少する。外国子会社その他の資産の外国親会社への譲渡は，法人段階で米国税の効果を生じる（IRC1001, 311(b), 304, 367, 1248）。これらの再編成の結果として認識される所得に対する税は，純営業損失，外国税額控除その他の利用によって軽減または免除される。資産インバージョンでは，米国法人は資産のすべてを売却したかのようにＩＲＣ367(a)により収益を認識するが，株主は，当該取引がＩＲＣ368（法人組織再編成に関する定義）による組織再編成の要件を満たすものと仮定して，一般に損益を認識しない。

(2) 改正案

A 下院案 (House Bill)

インバージョン取引を定義し,これを行う法人に適用する特則を定める。「インバージョン」とは,プランまたは一連の関連取引により,①米国法人が外国で設立した事業体の子会社になり,もしくは米国法人の資産の実質的にすべてをこのような事業体に譲渡する取引,②米国法人の元の株主が当該取引後外国に設立した事業体の株式の60％以上を保有する取引,③外国に設立した事業体と50％超の所有連鎖によってこれに関係するすべての会社(拡大した関連グループ)がその拡大した関連グループの全世界事業活動に比較して当該事業体の設立国である外国で実質的な事業活動を行わない取引をいう。このインバージョンの仕組みを作るための法人段階の「トール・チャージ」は,純営業損失または外国税額控除などによって相殺されない。米国法人がインバージョン取引の一部としてまたはインバージョン取引後関連外国人に対する被支配外国法人株式の譲渡もしくは他の資産の譲渡もしくはライセンスに係るIRC304(関連法人の利用を通じた償還),311(b)(含み益のある資産の分配),367(外国法人),1001(損益の金額の決定および認識),1248(一定の外国法人の株式の売却または交換の収益)その他の規定に基づき認識する必要がある法人段階の所得または収益は,純営業損失,外国税額控除などによって相殺されず,課税されるものとする。これらの対抗措置は,インバージョン取引後10年間適用される。インバージョンの定義に該当する取引の判定に当たって,拡大した関連グループのメンバー(外国に設立した子会社を含む)が保有する株式は無視される。この対抗措置の目的の回避を主目的とするプランの一部として行う資産または負債の譲渡は,無視される。また,この対抗措置の目的の回避(関連者,パススルー・エンティティ,法人格のないエンティティを利用する回避やある者を関連者または拡大した関連グループのメンバーに該当する者とするかしないことを仕組む取引を通じる回避を含む)を防止する規則制定権を財務長官に付与する。この対抗措置においては,一定のパートナーシップ取引も,インバージョン取引に含まれる。特に,外国で設立した事業体が内国パートナーシップの営業・事業を構成する資産の実質

的にすべてを取得する取引は，取得後，当該パートナーシップの元のパートナーがこの事業体の株式の60％以上を保有する場合，インバージョン取引とされる。このルールの適用上，ＩＲＣ482（納税者間の所得および所得控除等の配分）に規定する共通の支配下にあるすべてのパートナーシップは，一パートナーシップとして取り扱われる。インバージョン取引の定義に該当する取引であっても，2003年3月4日以前に外国に設立した事業体が内国法人の直接・間接に保有する資産の半分超またはパートナーシップの営業・事業を構成する資産の半分超を直接・間接に取得した場合にはインバージョン取引として扱われない。

B 上院案（Senate Amendment）

二種類の法人インバージョン取引を定義し，異なる取扱いをする。一定のパートナーシップ取引も対象とする。

① 80％以上の株式所有に係る取引

インバージョンの第1類型は，プランまたは一連の関連取引により，（ⅰ）米国法人が外国に設立した事業体の子会社になるかまたはその資産の実質的にすべてを当該事業体に譲渡すること，②米国法人の元の株主が外国に設立された事業体の株式を保有すること，および③外国に設立した事業体と50％超の所有連鎖により当該事業体に関係するすべての会社（拡大した関連グループ）が拡大した関連グループの全世界事業活動に比較して当該事業体の設立国で実質的な事業活動をしないこと，に該当する取引である。上層の外国法人を内国法人とみなすことによってこの種のインバージョンが意図したタックス・ベネフィットを否定する。この対抗措置は，取得に先立つ4年間に公認の証券取引所で株式が取引されない米国法人の資産の直接・間接取得については，適用しない。インバージョン取引に該当するか否かの判断に当たって，拡大した関連グループのメンバー（外国で設立した事業体を含む）が保有する株式は無視される。内国法人またはパートナーシップに係る取得は，所有基準を満たす前2年の日に開始する4年間に行われる場合，「プランによるもの」とみなされる。この対抗措置の目的を回避することを主目的とするプランの一部である資産または負債の譲渡は無視される。この対抗措置の目的の回避（関連者，パススルー・エン

ティティ,他の人格のないエンティティその他の介在者の利用やある者を関連者,拡大した関連グループのメンバー,上場法人とするかまたはしないことを仕組む取引を通じる回避を含む)を防止する規則制定権を財務長官に付与する。また,この対抗措置の目的を達成するため必要がある場合,一定の株式以外の証書を株式とみなし,一定の株式を株式以外のものとみなす権限を財務長官に付与する。

② 50％超80％未満の株式所有に係る取引

インバージョンの第2類型は,上記①の定義に該当するが,80％の所有基準を満たさないものである。50％以上の所有基準を満たす場合,次のルールが適用されるものとする。インバージョン取引は一応認められ,外国法人は外国法人として取り扱われるが,(ⅰ)インバージョンの仕組みを作る法人段階の「トール・チャージ」は純営業損失,外国税額控除などで相殺されず,(ⅱ)正確性関連ペナルティを増加し,(ⅲ)関連者負債を通じるアーニング・ストリッピングに関するIRC163(j)を強化する。この対抗措置は,インバージョン取引後10年間適用される。インバージョン取引については,株主,パートナーおよびIRSに対する情報提供を義務づける。「トール・チャージ」については,米国法人がインバージョン取引の一部としてまたは当該取引後被支配外国法人の株式その他の資産の譲渡につきIRC304, 311(b), 367, 1001, 1248その他の規定により認識する必要がある法人段階の所得または収益は,純営業損失,外国税額控除などによって相殺されず,課税される。税法のルールまたは規則の懈怠または無視,所得税の実質的な過少申告および実質的な評価ミスに対する20％のペナルティは,インバージョン取引に関する納税者については30％に引き上げ,グロス評価ミスに対する40％のペナルティは,このような納税者については50％に引き上げられる。IRC163(j)のアーニング・ストリッピング・ルールは,外国関連者に対する一定の支払利子の控除を否認または繰り延べるルールであるが,インバージョン取引についてはより強化し,IRC163(j)の負債・資本比率基準 (debt-equity threshold) を排除し,「超過利子経費」や「超過限度額」の50％基準を25％に引き下げる。米国法人グループが非関連のインバートされた法人グループから子会社その他の資産を取得する場合,こ

れらの対抗措置は，インバージョン取引に関連する子会社その他の資産を取得したことを理由として取得側の米国法人グループまたはその関連者（新しく取得された子会社その他の資産を含む）には適用されない。

③　パートナーシップ取引

両類型のインバージョンは，一定のパートナーシップ取引を含む。この対抗措置は，外国で設立した事業体が内国パートナーシップ（公開取引の有無を問わない）の営業・事業を構成する資産の実質的にすべてを取得する取引に，取得後パートナーシップの元のパートナーが当該事業体の株式の80％以上を保有する場合で，「実質的な事業活動」基準に該当しないとき，適用される。これらの基準に該当するかどうかの判定に当たっては，ＩＲＣ482の共通の支配下にあるすべてのパートナーシップは，一パートナーシップとして取り扱われる。

C　両院協議会の合意（Conference Agreement）

両院協議会の合意は，下院案に従うが，次の修正を加える。2種類の法人インバージョン取引を定義し，それぞれに異なる取扱いを定める。

① **80％以上の株式所有に係る取引**

第1類型のインバージョン取引は，基本的に下院案と同様であるが，米国法人の元の株主による取引後の外国で設立した事業体の株式保有割合を下院案の60％から80％に引き上げる。上院案と同様に，上層の外国法人を内国法人とみなすことによって意図したこの種のタックス・ベネフィットを否定する。

② **60％以上80％未満の株式所有に係る取引**

第2類型のインバージョン取引は，上記①の取引に該当するが，80％の所有基準を満たさないものである。60％以上の所有基準を満たすインバージョン取引は，一応認められ，外国法人は外国法人として扱われるが，インバージョンの仕組みを作るための法人段階の「トール・チャージ」は，純営業損失，外国税額控除などで相殺されず，特にインバージョン取引の一部としてまたは当該取引後に米国法人が関連外国人に被支配外国法人株式の譲渡または他の資産の譲渡もしくはライセンスにつきＩＲＣ304, 311(b), 367, 1001, 1248その他の規定により認識する必要がある法人段階の所得または収益は，純営業損失，外

国税額控除などで相殺されずに課税される。これらの対抗措置は，インバージョン取引後10年間適用される。この対抗措置は，一定のパートナーシップに適用される。その内容は，下院案と同じである。

2 米国離脱法人のインサイダーの株式報酬に対する消費税

(1) 旧法（ＩＲＣ162(m), 275(a)）

非適格ストップ・オプションの所得課税は，サービス提供に関して移転される資産に適用されるルールに基づいて決定される（IRC83）。非適格ストック・オプションが付与時に確定可能な時価を有しない場合，オプションが公認の市場で能動的に取引される場合を除き，被付与者がオプションを行使するまで，当該オプションについていかなる額も被付与者の総所得に算入されない。オプション行使時に，購入した株式の時価が行使価格を超える額は，当期に通常の所得として被付与者の総所得に算入される。他の種類の株式ベース報酬の課税上の取扱いも，ＩＲＣ83に基づいて決定される。その資産の時価が支払額を超える額は，当該資産の権利が譲渡可能になる最初の課税年度に総所得に算入される。株主は，株式インバージョン取引に係る収益を認識しなければならない。ストック・オプションその他の株式ベース報酬の保有者にとっては，インバージョン取引は課税されない。

(2) 改　正　案

A　下院案（House Bill）

ストック・オプションその他の株式ベース報酬の保有者は，一定のインバージョン取引に消費税（excise tax）を課される。法人の移住の日前6月に開始する12ヶ月中に不適格者またはその家族あるいはこれらの者のために直接または間接に保有する株式報酬の価値に対し15％の消費税を課することとする。個人またはその家族が持分を有するパートナーシップまたは信託などのエンティティが株式ベース報酬を保有する場合には，当該株式ベース報酬は不適格者のために保有されるものとして取り扱われる。

① 不適格者

不適格者とは，移住の日前6月の日に開始する12月中，法人もしくは法人の拡大した関連グループのメンバーにつき1934年証券取引法 (the Securities and Exchange Act of 1934) 16条の要件を課され，または法人もしくはメンバーが16条証券の発行者であったならばこのような要件を課されたであろう個人である。不適格者は，私法人および公開法人の役職員および10％以上の所有者を含む。

② 消費税の適用

消費税は，法人インバージョン取引を理由に株主の収益が認識される場合にのみ，移住した法人の不適格者に対して課される。

③ 特定の株式報酬

消費税を課される特定の株式報酬には，支払または支払を受ける権利が米国離脱法人または当該法人の拡大した関連グループのメンバーの価値または価値の変化に基づきまたはこれを参照して決定される場合，当該法人または当該法人の拡大関連グループのメンバーのために不適格者が提供したサービスに関し米国離脱法人または当該法人の拡大関連グループのメンバーが何人かに付与した支払または支払を受ける権利が含まれる。このような報酬の存在および評価の決定には，すべての制限は無視される。特定の株式報酬には，報酬株式 (compensatory stock)，制限株式交付 (restricted stock grants)，報酬ストック・オプション (compensatory stock options)，その他の株式ベース報酬 (株式評価権 (stock appreciation rights)，ファントム株式，ファントム・ストック・オプションを含む)，米国離脱法人または当該法人の拡大した関連グループのメンバーの株式またはストック・オプションに投資されたかのように取り扱われる非適格繰延報酬，不適格者に法人株主の経済的利益に実質的に類似した経済的利益を付与する報酬アレンジメントが含まれる。支払が単に法人株式の目標価値によって引き金を引かれる場合または支払が法人株式の価値以外の業績によって決まる場合には消費税は課されない。また，支払金額が株式価値またはその株式価値の増加によって直接測定されない場合には消費税は課されない。消費税は，以前に不適格者に付与されたが，米国離脱の日に終了する6月内に取り消されま

たは支払われた特定の株式報酬および米国離脱の日に開始する6月間に付与された特定の株式報酬に適用される。消費税を課される特定の株式報酬には，法定ストック・オプション，適格退職プランまたは保険年金，タックス・シェルター保険年金，簡易従業員年金等からの支払または支払を受ける権利は含まれない。

④　課税対象金額の決定

米国離脱の日に保有する特定の株式報酬に関し，税額は当日における報酬の価値に基づいて決定される。米国離脱の日前6ヶ月以内に取り消された特定の株式報酬に対する消費税は，この取消前日の株式報酬の価値に基づいて決定される。消費税を課される特定の株式報酬の価値は，ストック・オプションおよび株式評価権については公正な価値 (fair value) であり，その他の報酬については時価 (fair market value) である。消費税の課税上，オプションまたは株式評価権の公正な価値は，財務長官が認める適切なオプション・プライシング・モデルを用いて決定される。その他の報酬（ファントム株式，制限株式など）の価値は，米国離脱取引の日の株価である。株式を参考に評価される繰延報酬の価値は，米国離脱取引の日にすべての繰延報酬を分配するプランならば不適格者が受け取ることになるであろう金額である。

B　上　院　案 (Senate Amendment)

上院案は，下院案に従うが，消費税は特定の株式報酬の価値の20％とし，拡大した関連グループの幹部には消費税を課税しない。

C　両院協議会の合意 (Conference Agreement)

両院協議会の合意は，下院案に従うが，消費税は個人の調整純キャピタル・ゲインに対する最高税率に等しい税率（2005－2008年15％，2008年12月31日後に開始する課税年度20％）で課税されるものとする。

3　外国における米国リスクの再保険

(1) 旧法（IRC845(a)）

複数の関連者間の再保険契約について，各当事者の項目の源泉地および性質

を反映するために，再保険契約に関する所得，所得控除，資産，準備金，税額控除その他の項目を当事者間で配分しもしくはリキャラクタライズし，または他の調整を行う権限を財務長官に付与している。関連者の定義はＩＲＣ482により定められている。者が同一の持分権者により直接または間接に所有されまたは支配される組織，営業・事業（法人格の有無を問わず，米国内で組織されたか否かを問わず，関連の有無を問わない）である場合，関連者となる。このルールは，関連者の一方が内国法人でない契約にも適用され，再保険契約の一方の当事者が他方の当事者の代理人または関連者間の導管である場合における配分，リキャラクタライゼーション，その他の調整を認める。

(2) 改 正 案

A 下院案（House Bill）

現在，ＩＲＣ845(a)（一定の再保険契約）に基づく規則がない。財務長官の権限を明瞭にする。その意図は，関連者間の調整を行う財務長官のＩＲＣ482に基づく権限に類似する方法で，財務長官の権限を定めることである。この権限は，関連者が項目の源泉，性質または金額を適正に反映するように配分，リキャラクタライゼーション，その他の調整を要する国際取引に従事する場合に適用される。

B 上院案（Senate Amendment）

上院案は，下院案と同じである。

C 両院協議会の合意（Conference Agreement）

両院協議会の合意は，下院案に従う。

4 個人の移住に関する課税ルールの改正

(1) 旧法（ＩＲＣ877, 2107, 2501および6039Ｇ）

米国市民および居住者は，その全世界所得に対して米国税を課され，外国源泉所得に対して納付した外国税につき外国税額控除を受ける。外国人は，居住外国人と非居住非外国人に分類される。非居住外国人は，米国源泉の一定のパッシブ所得に対し30％の比例税率で課税され，米国の営業・事業からの純所

得に対し通常の累進税率で課税される。非居住外国人の遺産は，米国所在の資産（例えば米国内に所在する不動産および有形資産，米国法人の株式）に遺産税を課され，米国所在の資産の贈与による移転に対して贈与税を課される。

① 海外移住に係る課税ルール

個人が米国税の回避を主たる目的として米国市民権を放棄し，または米国居住者の地位を終了した後10年間，個人は非居住外国人に適用される課税ルールに代わる課税方式（代替課税制度）を適用される。当該個人は，10年間，米国市民に適用される税率で，米国源泉所得のみに所得税を課される。市民権を放棄しまたは居住者の地位を終了する個人は，（ⅰ）市民権の放棄もしくは居住者の地位の終了に先立つ5課税年度の年間連邦所得税の平均税額が10万ドルを超える場合または（ⅱ）市民権の放棄もしくは居住者の地位の終了の日における個人の純資産の価値が50万ドル以上である場合，租税回避を主たる目的としてそのようにしたものとされ，代替課税制度を適用される。一定の範疇の個人（例えば二重居住者）は，主として課税上の理由で市民権を放棄しまたは居住者の地位を終了したか否かを決めるルーリングをIRSに要求することにより租税回避目的であったとみなされることを回避することができる。代替課税制度を出し抜くことを防止する濫用防止規定を定める。

② 海外移住に係る遺産税ルール

租税回避目的を有しない場合を除き，死亡の日に先立つ10年以内に市民権を放棄しまたは長期居住者の地位を終了した個人には特則が適用される。元市民または元長期居住者が所有する一定の閉鎖保有外国株式は，当該外国法人が米国所在資産を所有する範囲で，総遺産に含まれる。

③ 海外移住に係る贈与税ルール

租税回避目的を有しない場合を除き，死亡の日に先立つ10年以内に市民権を放棄しまたは長期居住者の地位を終了した個人には特則が適用される。個人は，市民権の放棄または居住者の地位の終了後10年中に行った米国所在の無形資産の贈与に対し贈与税を課される。

④ 情報申告

市民権を放棄する米国市民および居住者の地位を終了する長期居住者は，海外移住の時に保有する資産に係る情報を提供しなければならない。

(2) 改 正 案

A 下院案 (House Bill)

下院案は，（ⅰ）代替課税制度を適用するかどうかを決める客観的基準，（ⅱ）個人が課税上米国市民または長期居住者でなくなる時を決める課税ルール，（ⅲ）代替課税制度の対象となり延長期間に米国に申告する個人に関する米国税の課税，（ⅳ）米国所在資産を保有する一定の閉鎖保有外国法人の株式の贈与に対する米国贈与税の課税，（ⅴ）市民権の放棄または居住者の地位の終了後10年間に代替課税制度を適用される個人の年間申告要件を定める。

① **代替課税制度の客観的基準**

市民権の放棄または居住者の地位の終了の主目的としての租税回避を主観的に決定することをやめ，客観的ルールを定める。元の市民または元の長期居住者は，（ⅰ）先立つ5年間の年間純所得税額の平均額が124,000ドル以下であり，純資産が200万ドル以下であることを立証するか，もしくは米国との実質的な接点を有しない二重市民および未成年者に関する客観的な例外を満たす場合，（ⅱ）先立つ5年間すべての米国連邦税額を遵守したことを偽証罪のペナルティの下で証明し，財務長官の要求する証拠を提出する場合を除き，市民権の放棄または居住者の地位の終了後10年間代替課税制度を適用される。この金額基準により納税者の意図を問わず，現在のＩＲＳルーリング要求制度を廃止する。

② **米国市民権の放棄または長期居住者の地位の終了**

個人が移住法（an expatriating act）により国務省または本土保全省に市民権の放棄または居住者の地位の終了を通知し，ＩＲＣ6039Ｇ（米国市民権を喪失する個人に関する情報）に従う文書を提出するまで，米国税法の適用上，当該個人は米国の課税上引き続き米国市民または長期居住者として取り扱われるものとする。

③ 延長期間に米国に申告する個人に関する制裁

代替課税制度は，市民権の放棄または居住者の地位の終了後10年間の課税年度において，個人が課税年度に終了する暦年に30日を超えて米国に滞在する場合には適用しない。当該個人は，この課税年度においては米国市民または居住者として取り扱われ，全世界所得に対して課税される。代替課税制度の対象とされる個人が市民権の放棄または居住者の地位の終了後10年間に終了する暦年に30日を超えて米国に滞在し，当暦年中に死亡する場合，当該個人は米国居住者として取り扱われ，その個人の全世界遺産が米国遺産税を課される。また，代替課税制度の対象とされる個人が市民権の放棄または居住者の地位の終了後10年間の暦年中に30日を超えて米国に滞在する場合，当該個人は当該課税年度に贈与による全世界資産の移転に対し米国贈与税を課される。

④ 一定の閉鎖保有外国法人株式に係る贈与税の課税

代替課税制度の対象となる元の市民または元の長期居住者による一定の閉鎖保有外国法人株式の贈与は，市民権の放棄または居住者の地位の終了後10年以内に行われる場合，米国贈与税を課される。このルールの適用は，（ⅰ）贈与前に当該外国法人の議決権のあるすべての種類の株式の議決権合計の10％以上を直接または間接に所有すること，（ⅱ）当該外国法人の議決権のあるすべての種類の株式の議決権合計または当該外国法人の株式の価値合計の50％超を直接または間接に所有すると考えられること，を条件とする。この株式所有基準が満たされる場合，課税贈与には当該個人が移転した外国株式の贈与時の時価のうち，当該外国法人が所有しかつ米国に所在する資産の時価が当該外国法人が所有する全資産の時価総額に占める割合に相当する部分が含まれる。

⑤ 年間申告

元の市民および元の長期居住者は，市民権の放棄または居住者の地位の終了後の代替課税制度の対象となる各年の申告書を提出しなければならない。この年間申告は，たとえ米国所得税が課されない場合でも必要である。年間申告には，恒久的住居，居住地国，年間の米国滞在日数，代替課税制度の対象となる所得および資産に関する詳細な情報が含まれる。

B 上院案 (Senate Amendment)

米国市民権を放棄する米国市民および居住者の地位を終了する一定の長期居住者は，市民権の放棄または居住者の地位の終了前にその資産を売却したかのように，その未実現収益に課税されることとする。他の税法の規定にかかわらず，その時点でみなし売却からの収益を考慮に入れる。みなし売却からの損失は，税法に規定される範囲で考慮に入れる。このみなし売却による純収益は，60万ドルを超える範囲で認識される。

① 対象となる個人

米国市民権を放棄する米国市民および居住者の地位を終了する長期居住者には，マーク・トウ・マーケット税が適用される。個人は，居住者の地位を終了する年度に終了する15課税年度のうち8課税年度以上の間に合法的な恒久的居住者 (a lawful permanent resident) であった場合に「長期居住者」(a long-term resident) である。個人が合法的な恒久的居住者であることをやめまたは個人が租税条約により外国の居住者として扱われかつ条約の特典を放棄しないとき，長期居住者の地位を終了すると考えられる。次の二つの場合にマーク・トウ・マーケット税の例外を認める。(ⅰ) 海外移住の日に個人が外国の市民であり当該外国の居住者として課税されることおよび (ⅱ) 個人が海外移住の年に終了する5課税年度に米国の居住者でなかったこととして，米国と当該外国の双方で市民権を有する個人が，第1の例外である。個人が市民権の放棄前5課税年度以内に米国の居住者であったことを条件として，18.5歳になる前に米国市民権を放棄する米国市民が，第2の例外である。

② 米国市民として扱われることの選択

別段の定めがなければ海外移住税 (expatriation tax) の対象となるすべての資産につき，個人は引き続き米国市民として課税されることを選択することができる。この選択はオールオアナッシングの選択であり，部分的な資産のみについて選択することはできない。この選択をすると，個人は資産から生じる所得および資産の処分により実現する収益に対し，海外移住後も引き続き米国市民に適用される税率で米国税を課される。資産は，引き続き米国の贈与税，遺産

税および世代スキッピング譲渡税を課される。この選択をするには，納税者は徴税を妨げる条約の特典を放棄しなければならない。

　③　市民権の放棄の日

　個人は，次の日のうち最も早い日に米国市民権を放棄したものとみなされる。
(ⅰ)　個人が米国の外交官または領事の前で米国の国籍を放棄する日
(ⅱ)　個人が海外移住を確認する米国の国籍の自主的な放棄の署名文書を国務省に提出する日
(ⅲ)　国務省が国籍喪失の証明書を発行する日
(ⅳ)　米国裁判所が帰化市民の帰化証明を取り消す日

　④　海外移住または居住者の地位の終了の時における資産のみなし売却

　個人が市民権の放棄または居住者の地位の終了の日に保有するすべての資産の権利にみなし売却ルールが適用される。信託の持分については特則がある。非居住外国人の手元で依然として米国税を課される米国不動産持分は，このルールから除外される。マーク・トウ・マーケット税の対象となる個人は，市民権を放棄しまたは居住者の地位を終了する日に終了する短期課税年度に納付すべき税額に相当する仮の税を当日後90日目に納付しなければならない。

　⑤　退職プランおよび類似のアレンジメント

　一定の例外があるほか，個人が市民権の放棄または居住者の地位の終了の時に保有するすべての資産の権利には，雇用主の支援する退職プランまたは繰延報酬アレンジメントの権利および個人退職勘定または保険年金（IRA）の権利が含まれるが，適格退職プランの権利に関して特則がある。「適格退職プラン」には，雇用主が支援する適格プラン（IRC401(a)），適格保険年金（IRC403(a)），タックス・シェルター保険年金（IRC403(b)），政府の適格繰延報酬プラン（IRC457(b)）またはＩＲＡ（IRC408）が含まれる。外国プランまたは類似の退職アレンジメントもしくはプログラムにも特別退職プラン・ルールが適用される。この特則により，適格退職プランに基づいて個人が授与し発生したベネフィットの現在価値に等しい額は，当該個人の市民権の放棄または居住者の地位の終了前の日に当該プランに基づく配当として個人が受け取ったものとして取り扱わ

れる。プランが租税優遇措置の適用を受けるため分配を行ったとみなされることは意図されていない。後にプランから個人に分配があった場合，その分配の結果として個人の所得に算入されるべき額は，従前に特別退職プランにより所得に算入された金額を反映するように減少される。分配に適用される減少の額は，特別退職プラン・ルールにより所得に算入された額から従前の分配に適用された減少額を差し引いた残額である。しかし，退職プランとこのプランのために行為する者は，後の分配を特別退職プラン・ルールにかかわらず取り扱うものとする。

⑥　課税の繰延

個人は，資産のみなし売却に課されるマーク・トウ・マーケット税の納付の繰延を選択することができる。税が繰り延べられる期間に個人の過少納付に通常適用される率より2％ポイント高い率で利子税が課される。この選択により，特定の資産に帰すべきマーク・トウ・マーケット税は，当該資産が処分される時に課される。特定の資産に帰すべきマーク・トウ・マーケット税は，当該資産につき考慮される収益が当期にこのルールにより考慮される収益合計額に占める割合を当期のマーク・トウ・マーケット税に乗じた額である。

⑦　信託の受益権

市民権の放棄または居住者の地位の終了の時に個人が保有する信託の受益権に適用されるルールでは，信託の受益権の取扱いは適格信託か否かによって異なる。米国の裁判所が信託の管理について第一次監督権を行使することができる場合であって，一人または複数の米国人が信託のすべての重要な決定を支配する権限を有する場合，このような信託を適格信託とする。みなし所有ルール(constructive ownership rules)は，信託の受益者（法人，パートナーシップ，信託または遺産）に適用される。事業体の株主，パートナーまたは受益者は，信託の直接の受益者とみなされる。市民権の放棄または居住者の地位の終了の時に信託証書を保有する個人は，その申告書において信託の受益権を決定するために用いた方法および信託の他の受益者が異なる方法を用いることを知っているかどうかを開示しなければならない。

(ⅰ) 非適格信託

　　個人が非適格信託の受益権を保有する場合，当該持分に係るマーク・トウ・マーケット税の額を決定するため特則が適用される。個人の信託受益権は，当該受益権に配分される信託資産から成る分離した信託として取り扱われる。この分離した信託は，市民権の放棄または居住者の地位の終了の日に純資産を売却しかつ資産を個人に分配しその後当該個人がその資産を信託に再拠出したものとして扱われる。個人は，信託からのみなし分配から生じる所得または収益に係るマーク・トウ・マーケット税を課される。非適格信託に帰すべきマーク・トウ・マーケット税について納付繰延の選択を行うことができる。

(ⅱ) 適格信託

　　個人が適格信託の受益権を有する場合，個人の信託持分に配分される未実現収益は，海外移住または居住者の地位の終了の時に計算される。その金額の決定に当たり，すべての不確定かつ任意の受益権は当該個人に有利になるように解される。個人が信託から分配を受け取る時または個人の死亡の時に当該収益に課されるマーク・トウ・マーケット税が徴収される。個人が適格信託の受益権を有する場合，個人は信託からの分配の受領時にマーク・トウ・マーケット税を課される。これらの分配は他の米国所得税も課される。個人の市民権の放棄または居住者の地位の終了後に適格信託からの分配が行われる場合，マーク・トウ・マーケット税は，この分配に信託および遺産に配分される最高税率を乗じた金額に相当する額とされるが，いかなる場合も，この税は信託受益権に係る繰延税額を超えないものとする。この目的のため，繰延税額とは，海外移住または居住者の地位の終了の時に信託受益権に配分される未実現収益について計算された税，これに対する利子税を加算し，以前に当該個人に対する信託分配に課されたマーク・トウ・マーケット税を減算した額をいう。信託が適格信託でなくなるか，個人が適格信託を処分するか，または個人が死亡する時，マーク・トウ・マーケット税が課される。この場合，この税額はこのようなことが

起こった時の非適格信託に関するルールで計算される税または当日の信託受益権に係る繰延税額のいずれか少ない方の金額に等しいものとされる。

⑧ 旧法の代替的課税制度との調整

代替課税制度との調整のため，ＩＲＣ877（租税回避のための移住）による海外移住所得税ルール（expatriation income tax rules），ＩＲＣ2107（遺産税の租税回避のための移住および2501(a)(3)（贈与税の課税除外）による海外移住遺産・贈与税は，2003年2月5日以後に海外移住または居住者の地位の終了を行う元の市民または元の長期居住者に適用されないこととする。

⑨ 元の市民または元の長期居住者からの贈与および相続の取扱い

一定の二重市民および未成年者に関する例外の対象となる元市民または元長期居住者からの贈与または相続により受け取る資産の価値には，ＩＲＣ102（贈与および相続）の所得除外の規定は適用されない。このような個人からの贈与または相続を受け取る米国納税者は，このような贈与または相続の価値を総所得に算入し，米国税を課される。当該資産の価値を所得に算入する場合，受領者は当該資産のベーシスを当該価値に等しいものとする。この税は，贈与税申告書に記載される資産で元市民もしくは元長期居住者による課税贈与であるもの，または遺産税申告書に記載される資産で元市民もしくは元長期居住者の総米国遺産に含まれる資産に適用されない。

⑩ 情 報 申 告

元市民および元長期居住者に適用されるＩＲＣ6039Ｇの情報申告要件が適用される。

⑪ イミグレーション・ルール

海外移住が租税動機によるものとする要件を除去することによって租税動機による海外移住者が米国に再入国することを否定し，個人が海外移住税の納税義務を遵守しないと決められる場合，元市民が米国に再入国することを否定するイミグレーション・ルールを改正する。

Ｃ　両院協議会の合意（Conference Agreement）

両院協議会の合意は，下院案に従う。

5　課税対象となる合併・買収の報告

(1) 旧　　法

ＩＲＣ6045（ブローカーの申告）により，ブローカー（株式譲渡代理人を含む）は情報申告を行い，顧客のために行った売却に関する受取人報告書を提出しなければならない。この懈怠に対してはＩＲＣ6721−6724のペナルティが課される。この要件は，現金交換以外の課税取引については適用されない。

(2) 改　正　案

A　下院案（House Bill）

第二法人が第一法人の株式または資産を取得する場合，法人の株主が，第一法人の株式または資産の第二法人の取得を理由に損益を認識するとき，取得法人または取得される法人は，次の事項を含む申告書を作成しなければならない。

① 取引内容の説明
② 取引の結果として収益を認識する取得法人の各株主の氏名および住所
③ 各株主に支払われる金銭の額および株式その他の対価の価値
④ 財務長官の要求するその他の情報　選択的に，このような取引の株式譲渡を記録する株式譲渡代理人は，第二法人の代わりに申告することができる。

B　上院案（Senate Amendment）

上院案は，下院案と同じである。

C　両院協議会の合意（Conference Agreement）

両院協議会の合意は，下院案と上院案に従う。

6　研　　究

(1) 現　行　法

各国の税制の差異により，多国籍企業は全世界の税負担を減少するために所得，所得控除または税額控除を移転する。このような移転を行うために，グループのメンバー間取引において人為的な非独立企業間価格が用いられる。ＩＲＣ482により，財務長官は，脱税の防止または明瞭な所得の反映のために再配分

が必要と認める場合，共通の支配下にある複数の組織，営業・事業の間に所得，所得控除または税額控除を再配分する権限を付与されている。財務省規則は，このような再配分が妥当であるか否かを決める基準として独立企業基準を採用している。財務省規則は，独立企業間取引を行う非関連者ならば生じたであろう関連者の課税所得を識別するルールを定める。無形資産とサービスに関する取引は，その性質が第三者取引との比較を困難にするので，独立企業基準の適用を困難にする。米国人の外国所得と外国人の米国所得に対する課税に係る国内税法のほか，租税条約は一方の国が他方の国の居住者に課税する所得税額を制限する。

(2) 改 正 案

A 下院案（House Bill）

財務長官は，次の三つの研究を行い米国議会に提出すべきである。

（ⅰ） ＩＲＣ482の移転価格ルール（特に無形資産取引に関するルール）の効果

（ⅱ） 米国が締結する租税条約（特に不当な源泉徴収税の軽減と濫用の機会）

（ⅲ） インバージョン取引に対する税制改正の影響

B 上院案（Senate Amendment）

特になし。

C 両院協議会の合意（Conference Agreement）

両院協議会の合意は，下院案に従う。ただし，インバージョンの研究は，2006年12月31日までとする。

第2 タックス・シェルター

1 報告すべき取引の開示の懈怠に対するペナルティ

(1) 旧 法

ＩＲＣ6011の規則は，納税者が参加する各「報告すべき取引」に関する一定の情報をその申告書に開示することを要求する。報告すべき取引は，次の6種類に分かれる。

① 財務省が現行税法の下でタックス・ベネフィットを否認する租税回避取引として特定する取引(指定取引という)と同様の取引
② 秘密の条件の下でオファーされる取引(ミニマムフィーを支払われるアドバイザーが取引の課税上の取扱いや仕組みについて開示することを制限し、アドバイザーの戦略の秘密を守るために開示を制限する場合、取引は秘密の条件の下でオファーされると考えられる)
③ 取引から意図した課税上の効果が維持されない場合に報酬の全部もしくは一部が還付されるかまたは報酬が取引の意図した課税上の効果の維持に付随する取引
④ 法人納税者または唯一の法人パートナーを有するパートナーシップが単年度に1,000万ドル以上もしくは複数年度に2,000万ドル以上、その他のパートナーシップ、S法人、信託および個人が単年度に200万ドル以上もしくは複数年度に400万ドル以上、外貨取引損失につき個人または信託の単年度に5万ドル以上の損失を計上する取引
⑤ 一定の納税者が行う取引でその課税上の取扱いと帳簿上の取扱いの差異が1,000万ドルを超えるもの
⑥ 納税者が45日未満資産を保有する場合に25万ドルを超える税額控除を生じる取引

旧法には、報告すべき取引の開示の懈怠について特別なペナルティは規定されていない。しかし、このような懈怠がある場合、開示しない取引に帰すべき過少申告が相当の理由によるものであり納税者は善意で行為したと主張する納税者の能力は危うくなる。

(2) **改正案**(新IRC6707A)

A 下院案(House Bill)

報告すべき取引に係る必要な情報を申告書等に記載することを懈怠する者に対する新しいペナルティを課する。この新しいペナルティは、当該取引が究極的に過少申告となるか否かにかかわらず、正確性関連ペナルティのほかに、適用されるものとする。

① 開示すべき取引

下院案は,「指定取引」(listed transaction) または「報告すべき取引」(reportable transaction) を定義せず,開示すべき情報の種類も明示していない。IRC 6011の「指定取引」および「報告すべき取引」を定義する権限を財務長官に付与する。

② ペナルティの内容

報告すべき取引の開示の懈怠に対するペナルティは,自然人の場合1万ドル,その他の場合5万ドルとし,その懈怠が「指定取引」に係る場合,ペナルティはそれぞれ10万ドル,および20万ドルとする。ペナルティの緩和が税法遵守と税務行政の効果に役立つ場合に限り,IRS長官は報告すべき取引についてペナルティを減額できるが,指定取引については減額できないものとする。IRSは,開示ペナルティの適用,各ペナルティ減額の詳細とその理由を米国議会に報告しなければならない。

B 上院案 (Senate Amendment)

上院案は,下院案と同じであるが,次の修正を行う。

報告すべき取引の開示の懈怠に対するペナルティは5万ドルとし,懈怠が指定取引に係る場合には10万ドルとする。大事業体および純資産の大きい個人の場合,ペナルティは倍額とする。指定取引についてはペナルティの緩和はできないが,報告すべき取引については,次の場合にのみ,緩和することができる。

① 納税者が過去に税法を遵守してきた歴史を有すること
② 違反が意図しない誤ちによることが立証されること
③ ペナルティが公平と良心に反するおそれがあること
④ ペナルティの緩和が税法遵守と効果的な税務行政に役立つこと

ペナルティの減額の権限は,IRS長官またはタックス・シェルター分析室長に付与する。逆にいえば,その他の税務職員は,ペナルティの減額をすることはできない。「大事業体」(large entity) とは,取引年度またはその前年度の総収入が1,000万ドルを超えるすべての事業体をいう。「純資産の大きい個人」(high net worth individual) とは,取引直前の個人の資産・負債の時価に基づき

純資産が200万ドルを超えるすべての個人をいう。指定取引の開示を懈怠するペナルティを課された公開事業体 (public entity) は、ペナルティを課されたことを証券取引委員会に開示しなければならない。

　C　両院協議会の合意 (Conference Agreement)

両院協議会の合意は、下院案に従う。ただし、次の修正を行う。

① 税法遵守および効果的な税務行政を促進するとの理由で報告すべき取引の開示を懈怠することに対するペナルティを減額するかどうかを決めるに当たって、IRS長官は、(i) 納税者が過去に税法を遵守している歴史を有すること、(ii) 違反が意図しない誤ちによること、(iii) ペナルティが公平と良心に反するおそれがあること、を考慮に入れるべきものとする。

② 指定取引の開示の懈怠に対するペナルティを課される公開事業体は、ペナルティが課されたことを証券取引委員会に開示しなければならない。

2　重要な租税回避を目的とする指定取引および報告すべき取引に係る正確性関連ペナルティの改正

(1)　旧　　法

正確性関連ペナルティは、①懈怠、②所得税の実質的な過少申告、③実質的な評価間違い、④年金債務の実質的な過大申告、⑤遺産税・贈与税の評価の実質的な過少申告に帰すべき過少納付に適用される。正確な所得税額が申告税額を超える額が正確な税額の10％を超えるかまたは5,000ドル（法人の場合1万ドル）を超える場合、実質的な過少申告が存在するものとし、過少申告に帰すべき過少納付税額の20％に相当するペナルティが課される。タックス・シェルターについては特則が適用される。非法人のタックス・シェルターに帰すべき過少申告に関しては、納税者が取扱いが適正でないと合理的に信じたことを立証する場合に限り、ペナルティを回避することができる。法人タックス・シェルターにはペナルティの減額は認められない。過少申告ペナルティは、納税者が過少納付に相当の理由があり、かつ、納税者が善意で行為したことを示す場合には、減額される。

(2) 改正案（新ＩＲＣ6662Ａ）

A　下院案（House Bill）

タックス・シェルターに適用されるルールに代えて，指定取引および実質的な租税回避目的を有する報告すべき取引（報告すべき租税回避取引という）に適用される新しい正確性関連ペナルティを定める。ペナルティは，取引が十分に開示されているか否かによって異なる。

（ⅰ）　開示された取引　十分に開示された指定取引または報告すべき租税回避取引に帰すべき過少申告に対し，20％の正確性関連ペナルティが課される。納税者がより説得力のある合理的な理由と善意があるとの例外（「厳格な合理的理由の例外」という）に該当する場合がペナルティの唯一の例外である。

（ⅱ）　開示されない取引　納税者が取引を十分に開示しない場合，厳格な合理的理由の例外は適用されず，納税者は30％の過少申告ペナルティを課される。

①　過少申告の額の決定

ペナルティは，指定取引または報告すべき租税回避取引に帰すべき過少申告の額に適用される。過少申告の額は，（ⅰ）納税者の取扱いと適正な取扱いとの差異から生じる課税所得の増加分に最高税率を乗じて算定される額と（ⅱ）納税者の取扱いと適正な取扱いとの差異から生じる税額控除の合計額の減少分との合計額である。

②　厳格な合理的理由の例外

過少申告の部分について合理的な理由があり，かつ，納税者が善意で行為したことが立証される場合，ペナルティは課されない。この立証は，（ⅰ）ＩＲＣ6011の規則に従い取引に影響する事実の十分な開示，（ⅱ）取扱いについて十分な権限があったこと，（ⅲ）取扱いが適正な取扱いと合理的に信じたこと，という要件を満たさなければならない。納税者は，取扱いが適正な取扱いと信じたことは，そう信じたことが（ⅰ）事実と申告書提出時の法令に基づき，（ⅱ）メリットにつき成功の機会のみに関係し，申告書が調査されず，その取扱いが調査で問題とされず，問題となったとしても和解で解決される可能性を

考慮に入れない場合にのみ，認められる。納税者は，取扱いを適正な取扱いであると合理的に信じるために租税アドバイザーの意見に依存することがあるが，不適格な租税アドバイザーの意見または不適格意見に依存することはできない。

(ⅰ) 不適格租税アドバイザー　不適格租税アドバイザーとは，実質的なアドバイザーで，取引の組成，管理，プロモーションもしくは販売に参加し，もしくは参加者に関連するもの，取引につき実質的なアドバイザーから直接もしくは間接に報酬を受けるもの，取引からの意図したタックス・ベネフィットの全部もしくは一部に付随する取引に係る報酬アレンジメントを有するもの，または取引に係る不適格財務持分を有するものをいう。

(ⅱ) 取引の組成，管理，プロモーションまたは販売　実質的なアドバイザーは，取引の開発に関する行為を行う場合には取引の「組成」すると考えられる。これには，取引に関して用いられる仕組みを作り，取引を説明し，政府に取引を登録する書類を作成することが含まれる。取引の「管理」に参加するとは，取引に係る事業活動に関する意思決定に関与することをいう。取引の「プロモーションまたは販売」とは，取引の販売または勧誘に関与することをいう。

(ⅲ) 不適格な意見　意見が不合理な事実上もしくは法律上の仮定に基づき，納税者もしくはその他の者の陳述，文書，事実認定もしくは取決めに不合理に依存し，すべての関係事実を確認せず，考慮せず，または財務長官の定める要件に従わない場合，この意見に依存することはできない。

③　他のペナルティとの調整

下院案によりペナルティを課される過少申告は，ＩＲＣ6662の正確性関連ペナルティを課されない。

　Ｂ　上院案（Senate Amendment）

上院案は，下院案に従うが，一定の修正を行う。

　Ｃ　両院協議会の合意（Conference Agreement）

両院協議会の合意は，下院案に従うが，ペナルティを課される過少申告は，ＩＲＣ6662(e)または6662(h)の評価間違いのペナルティを課されないものとす

る。

3 納税者通信に関する秘密特権に係るタックス・シェルターの例外

(1) 旧法（I R C 7525）

弁護士が依頼人に与える法律上の助言に係る弁護士と依頼人との通信に関してコモンローの秘匿特権が存在する。内国歳入法典は，税務上の助言について，納税者と弁護士との通信に適用される同様のコモンローの秘密保護が納税者と租税実務家との通信にも適用されると規定している。このルールは，法人タックス・シェルターに関する通信には適用されない。

(2) 改　正　案

A　下院案（House Bill）

法人タックス・シェルターに関するルールを改正し，法人，個人，パートナーシップ，免税団体その他の事業体のいかんを問わず，すべてのタックス・シェルターにこれを適用する。タックス・シェルターに係る通信は，納税者と租税実務家の通信に適用される内国歳入法典における秘密保護の規定を適用されないこととする。

B　上院案（Senate Amendment）

上院案は，下院案と同じである。

C　両院協議会の合意（Conference Agreement）

両院協議会の合意は，下院案と上院案に従う。

4 報告されない指定取引の期間制限

(1) 旧法（I R C 6501）

申告書提出日後3年以内に租税の賦課が行われる。申告書に記載された総所得の25%を超える総所得除外があった場合，賦課を行うべき期間は6年に延長される。賦課が制限期間内に行われない場合，その後，租税の賦課または徴収を行うことはできない。しかし，納税者が脱税の意図で虚偽もしくは詐欺的な

申告書を提出し，または全く申告書を提出しない場合，租税はいつでも賦課することができる。

(2) 改 正 案

A　下院案（House Bill）

納税者が課税年度の申告書または計算書に指定取引に係る情報を記載することを懈怠する場合，指定取引に係る期間制限を延長する。指定取引に係る期間制限は，①必要な情報を財務省に提出する日または②実質的なアドバイザーが財務長官の要求に係るリスト保存要件（IRC6112）を満たす日のいずれか早い方の日の1年後までとする。

B　上院案（Senate Amendment）

上院案は，下院案と同じである。

C　両院協議会の合意（Conference Agreement）

両院協議会の合意は，下院案と上院案に従う。

5　報告すべき取引の実質的なアドバイザーによる開示

(1)　旧法（ＩＲＣ6111および6707）

①　タックス・シェルター・アレンジメントの登録

タックス・シェルターのオーガナイザーは，そのシェルターを最初に販売のオファーをした日以前に財務長官に登録しなければならない（IRC6111(a)）。「タックス・シェルター」とは，投資の販売のオファー後に終了する最初の5年の末日における投資家のタックス・シェルター割合が2対1より大きく，（ⅰ）連邦・州の証券法に基づき登録を要し，（ⅱ）連邦・州の証券当局に通知することを要する登録の免除により販売され，または（ⅲ）実質的な投資（25万ドルより大きく，5人以上の投資家を含む）であるものをいう（IRC6111(c)）。他のプロモートされたアレンジメントは，（ⅰ）重要な目的が法人参加者の連邦所得税の回避またはほ脱であり，（ⅱ）秘密の条件の下にオファーされ，かつ，（ⅲ）プロモーターが合計10万ドルを超える報酬を受け取る場合，登録要件の適用上，タックス・シェルターとして取り扱われる（IRC6111(d)）。取引が「指

定取引」と同じか実質的に類似のものであり，または（ⅱ）アレンジメントの意図した結果の重要部分をなしプロモーターがこのアレンジメントを複数の納税者に提供すると合理的に予期するタックス・ベネフィットを創出するように仕組まれる場合，この取引は「連邦所得税の回避またはほ脱を重要な目的とする取引」である。アレンジメントが秘密の条件の下でオファーされる場合とは，（ⅰ）オファーを受けた者が取引や取引の重要な租税上の特徴の開示制限を理解しもしくは合意するかまたは（ⅱ）オファーを受けた者の取引に係る情報の使用もしくは開示が他の方法で制限されていることをプロモータが知り，もしくは知る理由がある場合である。

② タックス・シェルター登録の懈怠

タックス・シェルター登録の懈怠に対するペナルティは，当該シェルターへの投資合計額の1％または500ドルのいずれか大きい方の額である（IRC6707）。しかし，タックス・シェルターが秘密の条件の下で法人にオファーされたアレンジメントに関する場合，ペナルティは登録日前のオファーにつきプロモーターに支払われるべき報酬の50％または1万ドルのいずれか大きい方である。登録要件の意図的な無視の場合，ペナルティは当該報酬の75％に引き上げられる。また，プロモーターが投資家にタックス・シェルター識別番号の付与を懈怠した場合，プロモーターは一人につき100ドルのペナルティを課される。投資家が申告書にタックス・シェルター識別番号の記載を懈怠した場合，投資家は250ドルのペナルティを課される。

(2) 改 正 案

A 下院案（House Bill）

① 報告すべき取引の実質的なアドバイザーによる開示

タックス・シェルター登録に係る現行ルールを廃止する。各実質的なアドバイザーは，報告すべき取引につき，財務長官に情報申告を行うように義務づける。この情報申告には，（ⅰ）取引を識別し説明する情報，（ⅱ）取引の結果生じると期待される潜在的タックス・ベネフィットを説明する情報，（ⅲ）財務長官の定める他の情報が含まれる。

② 報告すべき取引に関する情報提出の懈怠に対するペナルティ

タックス・シェルター登録の懈怠に対する現行のペナルティを廃止し，報告すべき取引に係る情報申告の提出を懈怠しまたは虚偽もしくは不完全な情報申告を提出する実質的なアドバイザーに対してペナルティを課することとする。このペナルティは，5万ドルとする。指定取引については，ペナルティは20万ドルまたは情報申告の提出日前に取引に係る援助または助言による総所得の50％のいずれか大きい方の額に引き上げられる。実質的なアドバイザーによる指定取引を開示する要件の意図的な無視に対するペナルティは，総所得の75％に引き上げられる。指定取引についてペナルティは緩和できないが，報告すべき取引については，例外的な場合のみ，ペナルティの緩和が認められる。ペナルティの全部または一部の減額は，税法遵守および効果的な税務行政に役立つ場合のみ認められる。ＩＲＳは，開示ペナルティの適用とペナルティ減額の説明とその理由を米国議会に報告しなければならない。

B　上院案（Senate Amendment）

上院案は，下院案と同じである。ただし，実質的なアドバイザーの定義に報告すべき取引を保険することにつき援助または助言する者を含める。

C　両院協議会の合意（Conference Agreement）

両院協議会の合意は，上院案に従う。

6　投資家リストおよび投資家リスト保存の懈怠に対するペナルティ

(1)　旧法（ＩＲＣ6112および6708）

① 投資家リスト

潜在的濫用的タックス・シェルターのオーガナイザーまたは販売者は，IRC6112により登録を要するこのようなタックス・シェルターの持分の販売先である各人を特定するリストを保存しなければならない。投資家リスト保存要件に関する財務省規則（Reg.301.6112-1）は，2003年2月28日後に取得した潜在的濫用的タックス・シェルターである取引に適用される。この規則の適用上，こ

のような取引の実質的なアドバイザーは潜在的濫用的タックス・シェルターのオーガナイザーまたは販売者とされる。「実質的なアドバイザー」は，IRC6111に基づき取引を登録することを要する者または（ⅰ）すべての参加者が法人である場合潜在的濫用的タックス・シェルターである取引について25万ドル以上，（ⅱ）その他の潜在的濫用的タックス・シェルターである取引について5万ドル以上の報酬を受け取ると見込まれる者である。指定取引に関しては，この報酬基準は，それぞれ25,000ドル，10,000ドルとしている。「潜在的濫用的タックス・シェルター」は，（ⅰ）IRC6111により登録を要する取引，（ⅱ）指定取引，または（ⅲ）取引が行われる時，潜在的な実質的なアドバイザーが報告すべき取引に該当することを知りもしくは合理的に知ることが期待される取引である。②投資家リスト保存の懈怠に対するペナルティIRC6708により，IRC6112で要求される投資家リスト保存の懈怠に対するペナルティは，リストから除外された各人名一件につき50ドルとする。

(2) 改 正 案

A 下院案（House Bill）

① 投資家リスト

報告すべき取引（指定取引を含む）の各実質的なアドバイザーは，（ⅰ）アドバイザーが報告すべき取引の実質的なアドバイザーとして行為した各投資家を特定し，（ⅱ）財務長官が要求する情報を記載したリストを保存しなければならない。

② 投資家リスト保存の懈怠に対するペナルティ

投資家リスト保存の懈怠に対するペナルティを改正し，懈怠期間を反映する。実質的なアドバイザーが要求後20事業日以内にリスト作成を懈怠する場合，懈怠一日当たり1万ドルのペナルティを課される。同様のペナルティは，リスト保存を懈怠し，不完全なリストを保存し，または事実上リストを保存しているが財務長官にリストを提示しない者に適用する。

B 上院案（Senate Amendment）

上院案は，下院案と同じであるが，上院案はIRC6112の適用上者の確認に

についてはコモンローの弁護士と依頼人の特権は認められないことを明確にする。

　C　両院協議会の合意（Conference Agreement）

両院協議会の合意は，下院案に従う。

7　タックス・シェルターのプロモーターに対するペナルティ

(1) 旧法（IRC6700）

パートナーシップその他の事業体，投資プランもしくはアレンジメントまたはその他のプランもしくはアレンジメントを組成し，その組成を援助またはこれらの持分の売却に参加する者は，これらの活動に関して，虚偽もしくは詐欺的な書類または過大評価を作成または提出する場合，ペナルティを課される。虚偽または詐欺的な書類は，当該者が重要事項に関し虚偽または詐欺的であると知りまたは知るとみられる理由がある事業体を保有しまたはプランもしくはアレンジメントに参加するとの理由で，所得控除もしくは税額控除，所得除外またはその他のタックス・ベネフィットの確保に係る書類である。「過大評価」は，明示価値が正確な評価の200％を超え，かつ，その価値が直接認容できる所得控除または税額控除に関連する場合，資産またはサービスの価値に関する書類である。ペナルティは，1,000ドルである。

(2) 改　正　案

　A　下院案（House Bill）

ペナルティの額を改正し，プロモーターがペナルティを課される活動から生じる総所得の50％とする。新しいペナルティは，プランまたはアレンジメントに参加することによるタックス・ベネフィットに関する書類が重要事項について虚偽または詐欺的であることを知りまたは知るとみられる理由がある場合，この書類に関する活動に適用される。

　B　上院案（Senate Amendment）

ペナルティの額を改正し，プロモーターがペナルティを課される活動から生じる総所得の100％とする。新しいペナルティは，（ⅰ）プランまたはアレンジ

メントに参加することによるタックス・ベネフィットに関する書類が重要事項について虚偽または詐欺的であることを知りまたは知るとみられる理由がある場合この書類に関する活動，（ii）このような活動から生じる所得，および（iii）このような活動に参加する者に適用される。

　C　両院協議会の合意（Conference Agreement）

両院協議会の合意は，下院案に従う。

8　税額の過少申告の幇助・教唆に対するペナルティ

(1)　旧法（IRC6701）

申告書その他の書類について幇助または助言し，このような書類が重要事項に関して使用されることを知り，かつ，これが他人の税額の過少申告を生じることを知る者は，ペナルティを課される。ペナルティは，1,000ドルである。この書類が法人の申告書である場合，ペナルティは1万ドルである。

(2)　改　正　案

　A　下院案（House Bill）

特になし。

　B　上院案（Senate Amendment）

このペナルティを拡大する。①税額に係る幇助および②幇助・教唆にもペナルティを適用し，③ペナルティを幇助・教唆から生じる総所得の100%とし，④複数の者がペナルティを課される場合，すべての者または別々にペナルティを課されることとし，⑤ペナルティおよびこのペナルティの回避または調停の費用は控除できないこととする。

　C　両院協議会の合意（Conference Agreement）

両院協議会の合意は，上院案を採用しない。

9　報告すべき取引以外の実質的な過少申告

(1)　旧法（IRC6662）

税額の実質的な過少申告は，20%の正確性関連ペナルティを課される。「実

質的な過少申告」(substantial understatement) は、課税年度の正確な税額と申告税額の差が、正確な税額の10％または5,000ドルのいずれか大きい方を超える場合をいう。

(2) 改 正 案

A 下院案（House Bill）

法人について「実質的」の定義を改正し、課税年度の過少申告税額が適正な税額の10％または1,000万ドルのいずれか小さい方を超える場合、実質的な過少申告があるとする。

B 上院案（Senate Amendment）

上院案は、下院案と同じであるが、法人の「実質的」の定義を修正する。

C 両院協議会の合意（Conference Agreement）

両院協議会の合意は、下院案に従う。

10 タックス・シェルターおよび報告すべき取引に関する行為を禁止する措置

(1) 旧法（ＩＲＣ7408）

ＩＲＣ7408は、濫用的タックス・シェルターのプロモートまたは税額の過少申告の幇助・教唆を禁止する民事措置を認める。

(2) 改 正 案

A 下院案（House Bill）

このルールを拡大し、報告すべき取引の報告および実質的なアドバイザーによる投資家リストの保存に関する要件に関して禁止命令を求めることができることにする。アドバイザーに（ⅰ）報告すべき取引に係る情報申告の懈怠または（ⅱ）各報告すべき取引に係る投資家リストの保存もしくは財務長官の要求時における提出の懈怠を禁止するため、実質的なアドバイザーに対し禁止命令することができることにする。

B 上院案（Senate Amendment）

上院案は、下院案と同じである。さらに、財務省の面前における代理人のプ

ラクティスを規制するサーキュラー230のルールに対する違反について，禁止命令を求めることができることとする。

　C　両院協議会の合意（Conference Agreement）

　両院協議会の合意は，上院案に従う。

第13章
タックス・シェルター対抗措置による税収確保

　米国は，1990年代に蔓延する法人タックス・シェルター（Corporate Tax Shelters）に対抗するため，本格的に取り組んできた。現在までの対抗措置をみると，税法で「タックス・シェルター」（Tax Shelters）を定義し，これに該当するスキームについてプロモーターに税務当局への登録，投資家リストの保存，内国歳入庁（Internal Revenue Service：IRS）による審査を受けることを義務づけると同時に「濫用的タックス・シェルター」（Abusive Tax Shelters）の判定基準を開示し，①ＩＲＳに登録されないスキームおよび②ＩＲＳによって濫用的タックス・シェルターと判定されたスキームは，税務上これを否認されることとしている。米国財務省は，法人タックス・シェルターの現状を分析し，1999年7月に「法人タックス・シェルターの問題」（The Problem of Corporate Tax Shelters）と題する報告書（俗にタックス・シェルター白書という）を公表した。この白書の構成は，6部（Ⅰ概要，Ⅱ序論，Ⅲ法人タックス・シェルターの発展の要因，Ⅳ租税回避取引に関する現行法，Ⅴ税務当局の予算案の分析，Ⅵ選択的アプローチ）から成る。
　レーガン税制改革として有名な1986年税制改革法（The Tax Reform Act of 1986）によるマージナル・レートの引下げでタックス・シェルターの魅力は減殺されたかにみえたが，同時に行われた租税優遇措置，加速度償却および投資税額控除の廃止または縮小によって課税ベースが拡大し，税率引下げ効果を相殺したため，タックス・シェルターの潜在的ベネフィットは逆に改正前よりも大きくなったとみられる。この白書の分析によると，タックス・シェルターのコスト・ダウンが法人タックス・シェルターの増加要因となっている。コス

ト・ダウンの要因としては，①洗練されたファイナンス，②タックス・シェルター専門家の供給の増加，③アグレッシブなタックス・プランニングに対する税務顧問や企業幹部の態度の変化，④税務調査割合の低下による否認リスクの低下，⑤税制の複雑化による利用可能なループホールの増加などが指摘された。「負債」の過度の利用についての懸念は，1980年代の法人レバレッジのビークルであったレバレッジド・バイアウトがほとんど消滅したことによって薄れていたが，洗練された金融市場とグローバル化に伴い，外国当事者に係る複雑な金融取引，新金融商品の開発などによって各国税制の差異のアービトラージが可能になり，M&Aブームによる企業売買から生ずるキャピタル・ゲインを相殺するキャピタル・ロスを生じるタイプのタックス・プランニングが発展することになった。

米国では税制の複雑さと不完全性を利用する多彩な節税（tax saving）スキームや租税回避（tax avoidance）スキームがタックス・シェルターとして相次いで開発される。これらは，成文法のメカニカル・スタンダードに抵触しないようにデザインされている。

第1　米国のタックス・シェルターの類型化

1　「タックス・シェルター」の税法上の定義（旧法ＩＲＣ 6111(c)）

米国では，旧税法上，「タックス・シェルター」とは「投資における持分の売却の申出に関してなされた説明からその投資の売却の申出日後に終了する5年間のいずれの年末においても投資家のタックス・シェルター割合が2対1より大きくなるであろうと何人も合理的に推測できる投資であって，①連邦もしくは州の証券法に基づき登録を要し，②連邦もしくは州の証券規制当局に通知することを要する登録免除により売却され，または③相当の投資に該当するもの」をいうと定義されていた。税法上，タックス・シェルターの特定については，次の識別基準が適用されることとされていた。みなしタックス・シェル

ターとしては,「秘密アレンジメント」があった（旧法IRC6111(d)(1)）。

> **AJCAによる改正前のタックス・シェルターの識別基準：**
> (1) タックス・シェルター割合：各年末日までの期間に投資家に潜在的に認められる税額の350％と所得控除の合計額が当該年の末日における投資ベース（投資家の拠出した金銭および他の資産負債を除く）の額をいう）に占める割合
> (2) 相当の投資：売却の申出が25万ドルを超えかつ5人以上の投資家が見込まれるもの
> (3) タックス・シェルターとみなされる「秘密アレンジメント」：法人である直接・間接の参加者にとって連邦所得税の回避または脱税がストラクチャーの主たる目的であり, 秘密の条件に基づき潜在的参加者に申出がなされ, かつ, タックス・プロモーターが10万ドルを超える報酬を受けるすべてのエンティティ, プラン, アレンジメントまたは取引

2 「濫用的タックス・シェルター」の定義 (Rev. Proc. 83-78, 1983-2 C B 595, I R S Pub. 550)

「濫用的タックス・シェルター」とは,「投資家が取得するタックス・ベネフィットが米国議会の意図したタックス・ベネフィットを超える一定の投資または取引」をいうと定義する。濫用的タックス・シェルターとされるタックス・ベネフィットとしては, ①非現実的な配分, ②過大な評価, ③投資額を超える損失額, ④所得と所得控除の不一致, ⑤通常の事業慣行に従わないファイナンス技術, ⑥投資もしくは取引の実体と異なる分類, ⑦当初の投資額以下のリスクで投資額を大きく超える節税額を入手すること, ⑧現在もしくは将来の投資額を遥かに超える損失, 所得控除および税額控除を生じるように最初からデザインされたパッケージ・ディールなどの利用による税効果がある。

3 タックス・シェルターの類型化の方法論

拙著『アメリカン・タックス・シェルター基礎研究』(平成15年) は，米国タックス・シェルターを次のように類型化している。
(1) 目的別類型：①所得分割，②所得移転，③所得帰属主体の変更，④所得繰延，⑤所得帰属年度の変更，⑥課税繰延，⑦課税排除，⑧所得分類の変更，⑨所得源泉の変更，⑩課税軽減，⑪損失の創造・損失の二重控除
(2) 手法別類型：①コーポレート的手法
　　　　　　　　②コーポレート・ファイナンス的手法

タックス・シェルターの特性：
（ⅰ） 当期の所得税額の減少（所得移転，所得分類の変更，所得源泉地の変更，年度帰属の変更，所得控除および税額控除の利用など）
（ⅱ） 投資からの所得およびキャピタル・ゲインの課税繰延（帳簿価額の引継，帳簿価額のステッピング・アップなど）
（ⅲ） オリジナル投資のファイナンスのために投資家が借入金を利用できること（レバレッジ投資）
（ⅳ） 租税優遇措置や租税条約の特典の最大限の利用

---

4 原理的類型

(1) 課税標準の引下げ

① 資産の取得価額に関する税法の規定を利用して「経済的価値のない税務上の帳簿価値の創造」を行い，これを「譲渡原価」や「減価償却費」として所得控除を行う方法で課税所得を減少させるスキーム

② デリバティブ取引など「金融資産に係る取引」を利用して課税標準の発生のタイミングのコントロールにより課税繰延を行うスキーム

③ 「取引の仕組み」を利用して課税繰延を行うスキーム

(2) 税率の引下げ

①所得種類の変更スキーム，②軽課税国への所得移転スキーム

(3) 税額控除の増額

5　目的別類型：達成しようとする租税回避の類型

①所得移転型スキーム：移転価格利用型，移転価格利用型以外の類型，②所得繰延型スキーム，③課税排除型スキーム，④所得分類変更型スキーム

6　手法別類型：ベーシス・ステップアップ

(1) コーポレート的手法

①非課税法人の利用，②課税法人の利用，③非法人の利用，④組織再編成の利用，⑤グループ会社・持株会社等の利用

(2) コーポレート・ファイナンス的手法

①投資と融資の選択，②循環金融・迂回融資の利用，③リース取引の利用，④ストラクチャード・ファイナンスの利用，⑤デリバティブ取引の利用

7　濫用的タックス・シェルター

(1) 米国の指定取引（Listed Abusive Tax Shelters and Transaction）

現在，米国は，32の指定取引を定め，これと同じまたは類似の取引は否認されることを警告している。

(2) 脱税スキームとされる「外国信託スキーム」

第2　米国の「報告すべき取引」

米国雇用創出法（American Jobs Creation Act of 2004：AJCA, P. L. 108−357）は，内国歳入法典における「タックス・シェルターの登録」(Registration of Tax Shelter) の規定（IRC6111）および「濫用的タックス・シェルターのオルガナイザー

および販売者の投資家リスト保存義務」の規定（IRC6112）を改正し，それぞれ「報告すべき取引の開示」（Disclosure of reportable Transactions）と「報告すべき取引の重要アドバイザーの被助言者等リスト保存義務」の規定を置いた。旧法ＩＲＣ6111（タックス・シェルターの登録）は，(a)（登録），(b)（タックス・シェルター識別番号の付番と申告書における記載），(c)（タックス・シェルターの定義）を規定し，旧法ＩＲＣ6112（潜在的濫用的タックス・シェルターのオルガナイザーおよび販売者の投資家リスト保存義務）は，(a)（総則），(b)（潜在的濫用的タックス・シェルターの定義）を規定していたが，新法ＩＲＣ6111（報告すべき取引の開示）は，(a)（総則），(b)（重要アドバイザーおよび報告すべき取引の定義），(c)（財務長官に対する規則制定権の付与）を規定し，新法6112（報告すべき取引の重要アドバイザーの被助言者等リスト保存義務）は，(a)（総則），(b)特則を規定している。ここで用いられる新しい概念「報告すべき取引」とは，ＩＲＣ6111により委任された財務省規則の規定に従い，財務長官が租税回避または脱税の潜在的な可能性があると判断する種類の取引であるという理由で，申告書または計算書類にこれに関する情報を記載しなければならないすべての取引をいい（IRC6707A(c)(1)），このうち，IRC6111の適用上，財務長官が特に租税回避取引（a tax avoidance transaction）として特定した取引と同一または実質的に類似の報告すべき取引を「指定取引」（Listed Transaction）という（IRC6707A(c)(2)）。

1 報告すべき取引の開示

すべての報告すべき取引について重要なアドバイザーは，以下の事項を記載する申告書を作成し，財務長官の定める日までに提出するものとする。
① 取引を特定し，かつ，説明する情報
② 取引から生じると期待される潜在的なタックス・ベネフィットを説明する情報
③ 財務長官が定めるその他の情報

「重要なアドバイザー」（Material Advisor）とは，（ⅰ）すべての報告すべき取引の組成，管理，プロモーション，販売，実施，保証または実行につき重要な

援助，補助または助言を行い，かつ，(ⅱ) この援助，補助または助言に対し限度額を超える総所得を直接または間接に取得するすべての者をいう。ここで，限度額は，(ⅰ) 実質的にすべてのタックス・ベネフィットが自然人に与えられる報告すべき取引については5万ドル，その他の取引については25万ドルとされる。

2 報告すべき取引の重要なアドバイザーの被助言者等リスト保存義務

報告すべき取引の各重要なアドバイザーは，ＩＲＣ6111の申告書の提出義務の有無にかかわらず，(ⅰ) 当該アドバイザーが報告すべき取引の重要なアドバイザーとして行為した各被助言者等を特定し，かつ，(ⅱ) 財務長官が規則において定めるその他の情報を記載したリストを保存するものとする。このリスト保存義務者は，財務長官の文書による要求があるときは財務長官に検査のためこのリストを提供しなければならず，規則に別段の定めがなければ，このリストに記載されるべき情報を7年間保存しなければならない。

3 具体的な「報告すべき取引」

米国財務省・ＩＲＳは，問題のある取引を「報告すべき取引」(Reportable Transaction) とし，これを「指定取引」(Listed Transaction) と「指定取引以外の取引」に区分し，登録義務，開示義務，投資家リスト保存義務のペナルティの強化を図る。「指定取引」(Listed Abusive Tax Shelters and Transactions) を次のように定め，これに類似する取引は否認されることを警告する。現在，米国は次の32の指定取引のリストを公開している。

1 一定の現金・繰延アレンジメントへの拠出または一定の拠出プランへの拠出に係る加速度控除：Revenue Ruling 90−105
  ① 内国歳入法典 (Internal Revenue Code:IRC) 401 (k)プランへの拠出の控除：修正 9−24−2004
  ② Revenue Ruling 2002−46 §401K Accelerators

③　Revenue Ruling 2002－73 modifies RR2002－46 for changing method of accounting
2　複数の雇用主福祉ファンド（Multiple Employer Welfare Funds）に見せかける一定の信託：Notice 95－34
3　ASA Investing Partnership v. Commissioner
　　ACM Partnership v. Commissioner（157F. 3d 231　3 rd Cir. 1998）およびASA Investing 訴訟の対象となった取引
4　チャリタブル・リメインダー・トラスト（Charitable Remainder Trust）からの一定の分配：財務省規則§1.643(a)－8
5　資本的支出に係る損失が回収済みの負債付資産の分配に係る取引（BOSS取引）：Notice 99－59
6　ファースト・ペイ・ストック/ステップ・ダウン・プリファード（Fast Pay or Step-Down Preferred Transactions）：財務省規則§1.7701(l)－3
7　負債ストラドル（Debt Straddles）：Revenue Ruling 2000－12
8　インフレーテッド・パートナーシップ・ベーシス取引（Inflated Partnership Basis Transactions）（Son of BOSS）：Notice 2000－44
　　①　IRS Announcement 2004－46（Son of BOSS Settlement Initiative）
　　②　Form 13582 Notice of Election to Participate in Settlement Initiative
　　③　Form 13586 Additional Information and Documentation
　　④　Form 13586－A Settlement Initiative Declaration
9　株式報酬取引（Stock Compensation Transaction）：Notice 2000－60
10　グアム信託（Guam Trust）：Notice 2000－61
11　中間介在者取引（Intermediary Transaction）：Notice 2001－16
12　ＩＲＣ351不確定債務（Contingent Liability）：Notice 2001－17
13　ＩＲＣ302ベーシス・シフティング取引（Basis-Shifting Transactions）：Notice 2001－45
14　インフレーテッド・ベーシスCARDS取引（Inflated Basis CARDS Transactions）：Notice 2002－21

第13章　タックス・シェルター対抗措置による税収確保

15　想定元本契約（Notional Principal Contracts）：Notice 2002－35
　①　Notice 2006－16 Tax Avoidance Using Notional Principal Contracts
　②　Explanation of Notice 2006 Impact on Required Disclosures
16　パートナーシップ・ストラドル・タックス・シェルター（Partnership Straddle Tax Shelter）：Notice2002－50
　①　コモン・トラスト・ファンド・ストラドル・タックス・シェルター（Common Trust Fund Straddle Tax Shelter）：Notice 2003－54
　②　パススルー・エンティティ・ストラドル・タックス・シェルター（Pass-through Entity Straddle Tax Shelter）：Notice 2002－65
17　リースイン／リースアウト取引（Lease In/Lease Out Transactions：LILO Transactions）：Revenue Ruling 2002－69
　①　Lease In/Lease Out Transactions：Revenue Ruling 99－14
18　S法人ESOPの濫用（Abuses Associated with S Corp. ESOPs）：Revenue Ruling 2003－6
19　オフショア繰延報酬アレンジメント（Offshore Deferred Compensation Arrangements）：Notice 2003－22
20　IRC419A(f)(5)による集団交渉福祉給付金ファンド（Collectively Bargained Welfare Benefit Funds）の例外の適格を求める一定の信託アレンジメント：Notice 2003－24
21　関連者に対するストック・オプションの譲渡（Transfers of Compensatory Stock Options to Related Persons）：Notice 2003－47
　①　IRS Announcement 2005-39 Additional Guidance relating to Announcement 2005－19
　②　IRS Announcement 2005－19 Stock Option Settlement
　③　Form13656 Settlement Election for Executive and Related Parties
　④　Form13567 Settlement Election for Corporations
22　リース・ストリップスその他ストリッピング取引会計（Accounting for Lease Strips and Other Stripping Transactions）：Notice 2003－55

① Notice 95-53 Lease Strips modified and superseded by Notice 2003-55
24 ＩＲＣ461(f)による係争中の債務 (contested liabilities) の控除を加速するための係争中の債務信託 (contested liability trust) の悪用：Notice 2003-77
① TD9095
② 財務省規則136890-02
③ Revenue Procedure 2004-31 Change of accounting methods of improper contested liability trust transactions described in Notice 2003-77
25 外貨オプション相殺契約 (Offsetting Foreign Currency Option Contracts)：Notice 2003-81
26 濫用的Roth IRA 取引：Notice 2004-8
27 禁じられたＳ法人の証券の配分 (Prohibited Allocation of Securities in S Corporation)：Revenue Ruling 2004-04
28 ＩＲＣ412(ⅰ)退職プランにおける保険証券の濫用的取引：Revenue Ruling 2004-20
① Revenue Ruling 2004-21
② 財務省規則案126967-03
③ Revenue Procedure 2004-16
④ News Release IR-2004-21
29 濫用的外国税額控除取引 (Abusive Foreign Tax Credit Transactions)：Notice 2004-20
30 免税団体への所得移転に係るＳ法人タックス・シェルター：Notice 2004-30
31 パートナーシップを通じた法人間ファイナンス (Intercompany Financing Through Partnership)：Notice2004-31
32 セールイン/リースアウト取引 (Sale-In/Lease-Out Transactions)
指定取引 (Listed Transaction) から除外された取引
  1 生産者所有再保険会社 (Producer Owned Reinsurance Companies：PORC)：Notice 2004-65
  2 少額資産・損害保険会社の免税の修正：Notice2004-64

3 Notice2002−70（Notice 2004−65による修正）

第3 米国財務省およびIRSの濫用的租税回避に対する取組みの現状

1 税務行政支援税制の整備

タックス・ギャップの発生原因を突きとめ，その原因が税制の中に潜在している場合はもとより，これを除去するための税制改正が必要であるが，財務省主税局の租税政策立案者としては，租税政策を実施するための基礎条件として，税制を執行する税務行政の使命が効率的かつ効果的に遂行できるように税務行政支援税制を整備する必要がある。その必要に応じて，次のような措置が講じられている。

(1) 財務省とIRSの緊密な連携プレー
（ⅰ） タックス・プロモーターの把握
（ⅱ） タックス・スキームの把握
（ⅲ） タックス・スキーム利用者（投資家）の把握
（ⅳ） 第三者通報制度による把握
（ⅴ） 税務調査による情報のフィードバック

(2) 包括的否認規定

米国は，一般的否認規定を有しないが，税法上，税務会計原則を規定し，その基本原則として，「納税者の会計方法が所得を明瞭に反映する会計方法でなければ，財務長官は所得を明瞭に反映する方法に基づいて課税所得を計算することができる」と規定することによって財務長官に一般的な行為計算の否認権限を付与している（IRC446(b)）。特に，タックス・シェルターについては，税法上，明文で次の特別な税務会計ルールを規定している。

① タックス・シェルターについては，課税所得の計算は現金主義会計ではなく，発生主義会計で行わなければならない（IRC448(a)）。
② タックス・シェルターは，発生主義会計によるとしても，「経済的パフォー

マンス・ルール」（経済的パフォーマンスが発生するまでは債務の発生を認めないとする原則）により，(ⅰ)納税者による資産もしくはサービスの提供または(ⅱ)納税者に対する資産もしくはサービスの提供もしくは納税者による使用が行われるまでは，債務は発生しないとされ，控除は認められない（IRC461(h),(i))。

③ 所得税の回避またはほ脱をその重要な目的とするタックス・シェルターには，正確性関連ペナルティの例外は適用されない（IRC6662(d)(2)(C)(ⅱ))。

米国は，各種の濫用的租税回避取引に共通の包括的否認規定を次のように定めている。

(ⅰ) 代替的ミニマム・タックス（IRC55-59）
(ⅱ) 留保収益税（IRC531）
(ⅲ) 同族持株会社税（IRC541）
(ⅳ) 連結納税制度（IRC1501-1505）
(ⅴ) 移転価格税制（IRC482）
(ⅵ) タックス・ヘイブン対策税制（IRC951）
(ⅶ) 過少資本税制（IRC385）
(ⅷ) 危険負担原則による損失控除制限（アットリスク・ルール）（IRC465）
(ⅸ) パッシブ活動ルール（IRC469）
(ⅹ) 外国税額控除の制限（IRC901(k)）

(3) 個別的否認規定

主な個別的否認規定としては，次のようなものがある。

(ⅰ) S法人の損失控除制限（IRC1366(b)(1)）
(ⅱ) パートナーシップの損失控除制限（IRC704(d)）
(ⅲ) パートナーシップを通じた資産の偽装売却の否認（IRC707(a)(2), (b)）
(ⅳ) 人的役務法人の濫用防止規定（IRC269A）
(ⅴ) 債権ストラドルの濫用防止規定（Reg. 1.1275-2(g), 1.1275-6）
(ⅵ) 法人所有生命保険の利子控除制限（IRC264）
(ⅶ) 不適格負債の利子控除否認ルール（IRC163(l)）

第13章　タックス・シェルター対抗措置による税収確保

(viii)　赤字法人の購入による租税回避の防止規定（IRC269）
(ix)　投資負債利子控除制限（IRC163(d)）
(x)　利益動機なき活動の経費控除制限（IRC183）
(xi)　一定の農業経費の控除制限（IRC464）
(xii)　受取配当控除の制限（IRC246A）
(xiii)　関連外国法人あてに発行した割引債の利子控除制限（IRC163(e)(3)）
(xiv)　関連者またはパススルー・エンティティの介在による迂回取引に対抗する措置（IRC7701(f)）
(xv)　支店利益税（IRC884）
(xvi)　評価益のある資産の分配に係る収益不認識ルールの否定（Reg.1.337(d)－1, 1.337－2, 1.1502－20）
(xvii)　キャピタル・ゲイン優遇税制の廃止（1986年税制改正）
(xviii)　短期債券の負債利子の計上時期（IRC1281）
(xix)　全部清算における分配資産の損益計上と損失の控除制限（IRC336）
(xx)　所有権変更後の営業純損失の繰越とビルトイン・ロスの制限（IRC382）
(xxi)　他法人の買収前損失の利用制限（IRC384）
(xxii)　外国関連会社への支払利子の控除制限（IRC163(j)）
(xxiii)　金融取引を利用した所得分類変更の防止規定（IRC1258）
(xxiv)　課税規定を利用したベーシスのステップアップの防止規定（IRC357(c)）
(xxv)　パッシブ外国投資会社の繰延防止規定（IRC1291, 1293－1296）

(4)　**財務長官への規則制定権の付与**

(i)　財務省規則の一般的基本ルール
　　　明瞭に所得を反映する会計方法（IRC446）
(ii)　財務省規則の個別的否認規定

2　制裁制度の整備

　脱税や租税回避の阻止およびタックス・シェルター関連義務の履行を確実にするため，米国は民事上および刑事上の厳しい制裁制度を整備している。

2-1 刑事上の制裁
(1) 脱税に対する制裁
① 方法のいかんを問わず内国歳入法典により課される租税またはその納付を故意にほ脱しようと企てる者は，法令に定めるペナルティのほか，重罪として有罪となるとき，10万ドル（法人の場合には50万ドル）以下の罰金刑もしくは5年以下の禁固刑に処され，またはこれらを併科されるものとし，訴追費用を負担すべきものとされる（IRC7201）。

② 内国歳入法典により課される租税を徴収し，計算して納付する義務を負う者（源泉徴収義務者）で，当該租税を徴収しまたは真実の計算をして納付することを故意に懈怠するものは，法令に定めるペナルティのほか，重罪として有罪となるとき，1万ドル以下の罰金刑もしくは5年以下の禁固刑に処され，またはこれらを併科されるものとし，訴追費用を負担すべきものとされる（IRC7202）。

③ 内国歳入法典により租税もしくは予定税を納付すべき者または内国歳入法典もしくはその委任により制定された規則により申告，記録保存もしくは情報申告をなすべき者で，法令規則の命ずる時に，当該租税もしくは予定税の納付，申告，記録保存または情報申告を故意に懈怠するものは，法令に定めるペナルティのほか，軽罪として有罪となるとき，25,000ドル（法人の場合には10万ドル）以下の罰金刑もしくは1年以下の禁固刑に処され，またはこれらを併科されるものとし，訴追費用を負担すべきものとされる。ただし，マネーロンダリング防止規定であるIRC6050I（営業・事業等において受け取る現金に関する申告）に故意に違反した場合には，「軽罪」に代えて「重罪」とし，「1年」に代えて「5年」とする（IRC7203）。

(2) **詐欺的行為に対する制裁**
① IRC6051（源泉徴収義務）の規定により計算書を交付すべき者

虚偽もしくは詐欺的な計算書を故意に交付し，またはIRC6051もしくはその規則に定める方法，時に所要の情報を記載した計算書の交付を故意に懈怠するものは，各違反ごとに有罪とされるとき，1,000ドル以下の罰金刑もしくは

第13章　タックス・シェルター対抗措置による税収確保

1年以下の禁固刑に処され，またはこれらを併科されるものとする（IRC7204）。

②　IRC3402（源泉徴収）の規定により従業員に情報を提供すべき個人

虚偽もしくは詐欺的な情報を故意に提供し，またはIRC3402による源泉徴収税の増額となるべき情報の提供を故意に懈怠するものは，法令に定めるペナルティのほか，有罪とされるとき，1,000ドル以下の罰金刑もしくは1年以下の禁固刑に処され，またはこれらを併科されるものとする（IRC7205(a)）。

③　IRC3406(d)による虚偽の源泉徴収免除証明書を故意に作成する個人

法令に定めるペナルティのほか，有罪とされるとき，1,000ドル以下の罰金刑もしくは1年以下の禁固刑に処され，またはこれらを併科されるものとする（IRC7205(b)）。

④　下記（i）～（v）の者

重罪として有罪とされるとき，10万ドル（法人の場合には50万ドル）の罰金刑もしくは3年以下の禁固刑に処され，またはこれらを併科されるものとし，訴追費用を負担すべきものとされる（IRC7206）。

（i）　内容が偽証罪に問われるべき宣言書で確認され，または本人がすべての重要事項の真実性と正確性を信じていない申告書，計算書類その他の書類を故意に作成し署名した者

（ii）　内国歳入法典に基づきまたは同法典により生じる問題に関連して申告書，供述書，請求書その他の書類で，重要事項につき詐欺的または虚偽のものの作成または提出を故意に幇助し，斡旋し，相談しまたは助言した者（当該申告書，供述書，請求書その他の書類を承認しまたは提出すべき者がそれらが虚偽であることまたは詐欺的なものであることを知っていたか否かまたは同意していたか否かを問わない）

（iii）　内国歳入法典またはその規則の規定により要求される担保，許可，登録その他の書類を模造し，虚偽もしくは詐欺的に行使しもしくは署名し，もしくはこれらを詐欺的に行使するために入手し，またはこれらの行使について助言し，幇助し，黙認した者

（iv）　内国歳入法典により課される租税の賦課徴収をほ脱する意図で，租税を

課されるべき物品もしくは商品、またはIRC6331によりレビーを認められた財産を除去し、預託し、もしくは隠匿し、またはその除去、預託もしくは隠匿に関係した者

(ⅴ) IRC7122によるコンプロマイズ、コンプロマイズの申出、またはIRC7121による終結合意 (closing agreement) もしくはその申出に関して、(a)納税者その他租税につき義務を負う者の遺産に属する財産を税務職員から隠し、または(b)これらの者の遺産もしくは財政状態に関し、帳簿、書類もしくは記録を受け取り、差し控え、破壊し、毀損し、変造する者

⑤ 重要事項について詐欺的または虚偽のものと知りながらリスト、申告書、勘定、計算書その他の書類を財務長官に故意に提出しまたは開示する者

1万ドル (法人の場合には5万ドル) 以下の罰金刑もしくは1年以下の禁固刑に処され、またはこれらを併科されるものとする。IRC6047(b) (株主-従業員)、IRC6104(d) (免税団体の申告書、情報申告、免税申請等のパブリック・インスペクション) もしくはIRC527 (政治団体) の規定により財務長官に情報を提供すべき者で、重要事項につき詐欺的もしくは虚偽のものと知りながらそのような情報を財務長官に提供したものは、1万ドル (法人の場合には5万ドル) 以下の罰金刑もしくは1年以下の禁固刑に処され、またはこれらを併科されるものとする (IRC7207)。

(3) 税務行政支援の制裁

(ⅰ) IRC6420(e)(2)、IRC6421(g)(2)、IRC6427(j)(2)、IRC7602、IRC7603およびIRC7604(b)により証言のために出頭することまたは出頭して帳簿、勘定、記録、覚書その他の書類を提供することを命じる適正な召喚状 (Summons) に従わない者は、1,000ドル以下の罰金もしくは1年以下の禁固刑に処され、またはこれらを併科されるものとする (IRC7210)。

(ⅱ) 内国歳入法典に基づき公的な資格で行為する税務職員を賄賂、暴力もしくは脅迫 (脅迫の手紙および通信を含む) で怯えさせもしくは妨害し、または賄賂、暴力もしくは脅迫で内国歳入法典の適正な執行を妨害する者は、有罪とされるとき、5,000ドル以下の罰金刑もしくは3年以下の禁固刑に処

第13章　タックス・シェルター対抗措置による税収確保

されまたはこれらを併科されるものとする。ただし，暴力の脅迫（threats of force）（税務職員およびその家族に対する身体に危害を加えるとする脅迫をいう）のみを行った者は，3,000ドル以下の罰金刑もしくは1年以下の禁固刑に処され，またはこれらを併科されるものとする（IRC7212(a)）。

(iii) 内国歳入法典により差し押さえられた財産を実力で奪還しもしくは奪還させ，またはそうさせるように企てまたは努める者は，別段の定めがある場合を除き，各違反ごとに，500ドルもしくは奪還された財産の価値の2倍のいずれか大きい方の金額以下の罰金刑または2年以下の禁固刑に処される（IRC7212(b)）。

2−2　加　算　税（Additions to the tax）

内国歳入法典チャプター68のサブチャプターAは，加算税について規定する。

加算税および民事上の制裁の法体系：
　サブチャプターA　加算税および加算税額
　サブチャプターB　賦課すべきペナルティ
　サブチャプターC　手続要件

サブチャプターAは，(i) パートⅠ（一般規定），(ii) パートⅡ（正確性関連ペナルティおよび詐欺ペナルティ）ならびに (iii) パートⅢ（適用すべきルール）から構成される。パートⅠは，(i) 税務申告の懈怠または納付の懈怠（IRC6651），(ii) 一定の情報申告，登録等の懈怠（IRC6652），(iii) 印紙税の納付の懈怠（IRC6653），(iv) 個人の予定所得税の納付の懈怠（IRC6654），(v) 法人の予定所得税の納付の懈怠（IRC6655），(vi) 租税預託の懈怠（IRC6656），(vii) 不良小切手（IRC6657），(viii) タイトル11との調整（IRC6658）から構成されているが，本書では，ＩＲＣ6651およびＩＲＣ6652を中心に所得課税に関する主要な加算税について説明する。

(1) **無申告・期限後申告および不納付・期限後納付に対する加算税**（ⅠＲＣ6651(a)）

(ⅰ) 内国歳入法典チャプター61サブチャプターＡ（申告および記録）（情報申告を除く）に規定する申告書の提出を懈怠した場合，故意の懈怠でなく，その懈怠につき正当な理由があるときを除き，期限後１ヶ月以内であれば，税額の５％，１ヶ月を超える懈怠については懈怠の継続する期間について，１ヶ月またはその端数ごとに５％ずつ加算して，合計25％以下の期限後申告加算税が課される。

(ⅱ) 納期限以前に申告税額の納付を懈怠した場合，故意の懈怠でなく，その懈怠につき正当な理由があるときを除き，期限後１ヶ月以内であれば，税額の0.5％，１ヶ月を超える懈怠については懈怠の継続する期間について，１ヶ月またはその端数ごとに0.5％ずつ加算して，合計25％以下の期限後納付加算税が課される。

(ⅲ) 申告書に記載されるべき税額が記載されず，通知書および督促状の日から21暦日以内に納付することを懈怠した場合，故意の懈怠でなく，その懈怠につき正当な理由があるときを除き，１ヶ月以内であれば，税額の0.5％，１ヶ月を超える懈怠については懈怠の継続する期間について，１ヶ月またはその端数ごとに0.5％ずつ加算して，合計25％以下の加算税が課される。

(ⅳ) チャプター１（通常の租税）により課される租税の申告書を申告期限から60日以内に提出することを懈怠した場合，故意の懈怠でなく，その懈怠につき正当な理由があるときを除き，上記①の加算税は，100ドルまたは申告すべき税額の100％のいずれか小さい方の金額以上とする。

(ⅴ) 申告書提出の懈怠が詐欺的である場合，上記①における「５％」を「15％」とし，「25％」を「75％」とする（IRC6651(f)）。

(2) **一定の情報申告の懈怠に対する加算税**（ⅠＲＣ6652）

① 合計10ドル未満の支払に係る申告の懈怠（IRC6652(a)）

ⅠＲＣ6042(a)(2)（合計10ドル未満の配当の支払）またはⅠＲＣ6044(a)(2)（合計10ドル未満のパトロン配当の支払）により他人への支払の計算書の提出を懈怠する

第13章　タックス・シェルター対抗措置による税収確保

場合，故意の懈怠でなく，その懈怠につき正当な理由があるときを除き，提出しない各計算書ごとに1ドルの加算税が課される（暦年中の合計は1,000ドル以下）。

② チップ申告の懈怠（IRCC6652(b)）

従業員がＩＲＣ6053(a)により賃金（IRC3121(a)）または報酬（IRC3231(e)）として報告すべきチップの金額を雇用主に報告することを懈怠した場合，故意の懈怠でなく，その懈怠につき正当な理由があるときを除き，報告しないチップの金額につき，税額の50％の加算税が課される。

③ 免税団体および一定の信託の申告の懈怠（IRC6652(c)）

(a) ＩＲＣ6033(a)(1)（免税団体の申告）またはＩＲＣ6012(a)(6)（政治団体の申告）の年間申告

　（ⅰ）免税団体

　　　免税団体の申告書もしくは政治団体の申告書の提出またはこれらの申告書に正確な情報の記載が懈怠された場合，免税団体は，懈怠が継続する日ごとに20ドル（限度額は申告書1件ごとに1万ドルまたは当期の総収入の5％のいずれか少ない方の金額以下とする）の加算税が課される。総収入が100万ドルを超える団体の場合，「20ドル」を「100ドル」とし，限度額は5万ドルとする。

　（ⅱ）マネージャー

　　　財務長官は，上記（ⅰ）のペナルティを課される団体に申告すべき合理的な日付を決める督促状を出すことができるが，この日付以前に督促に応じない者は，この日付後その懈怠が継続する日ごとに10ドル（限度額は申告書1件ごとに5,000ドル以下とする）の加算税を課される。

　（ⅲ）申告書のパブリック・インスペクション

　　　申告書または報告書についてＩＲＣ6104(d)（申告書のパブリック・インスペクション）またはＩＲＣ527(j)の要件の遵守を懈怠した場合，その懈怠が継続する日ごとに20ドル（限度額は申告書1件ごとに1万ドル以下とする）の加算税が課される。

(b) ＩＲＣ6034（一定の信託の申告）またはＩＲＣ6043（免税団体の終了）

（ⅰ） 免税団体または信託

これらの申告書の提出が懈怠される場合，免税団体または信託は，その懈怠が継続する日ごとに10ドル（限度額は申告書1件ごとに5,000ドル以下とする）の加算税が課される。

（ⅱ） マネージャー

財務長官は，上記（ⅰ）のペナルティを課される団体または信託に申告すべき合理的な日付を決める督促状を出すことができるが，この日付以前に督促に応じない者は，この日付後その懈怠が継続する日ごとに10ドル（限度額は申告書1件ごとに5,000ドルとする）の加算税を課される。

（ⅲ） 分割持分の信託（Split-interest trust）

ＩＲＣ6034(a)により申告書を提出すべき信託については，上記（ⅰ）および（ⅱ）が適用されず，次のことを条件として，ＩＲＣ6033により必要な申告書と同様の方法で上記(a)が適用される。

A 上記(a)(ⅰ)の「5％」限度は適用されない。

B 総所得が25万ドルを超える信託については，上記(a)(ⅰ)の「20ドル」を「100ドル」とし，「1万ドル」を「5万ドル」とする。

(c) ＩＲＣ6033(a)(2)による開示

（ⅰ） 免税事業体

ＩＲＣ6033(a)(2)による開示の懈怠について，免税事業体は，その懈怠が継続する日ごとに100ドル（限度額は開示1件ごとに5万ドルとする）の加算税を課される。

（ⅱ） 事業体またはマネージャー

財務長官は，上記（ⅰ）のペナルティを課される事業体またはマネージャーに開示すべき日付を決める督促状を出すことができるが，この日付以前に督促に応じない事業体またはマネージャーは，この日付後その懈怠が継続する日ごとに100ドル（限度額は開示1件ごとに1万ドルとする）の加算税を課される。

第13章　タックス・シェルター対抗措置による税収確保

④　年金プランの登録その他の通知（IRC6652(d)）

(ⅰ)　登　　　録

　　ＩＲＣ6057(a)（一定のプランの登録）による登録書類（すべての参加者を記載する必要がある）の提出の懈怠について，その懈怠につき正当な理由があるときを除き，登録を懈怠した者は，各参加者ごとに1ドルにこの懈怠が継続する日数を乗じた金額（限度額は5,000ドルとする）の加算税を課される。

(ⅱ)　地位変更の通知

　　ＩＲＣ6057(b)（地位変更の通知）による通知の懈怠について，その懈怠につき正当な理由があるときを除き，通知を懈怠した者は，この懈怠が継続する日ごとに1ドル（限度額は1,000ドルとする）の加算税を課される。

⑤　一定の繰延報酬プランに関する情報（IRC6652(e)）

　ＩＲＣ6058（一定の繰延報酬プランに関する情報），ＩＲＣ6047（一定の信託，保険年金および債券購入プランに関する情報）またはＩＲＣ6039Ｄ（一定のフリンジ・ベネフィット・プランの申告書または記録）による申告書または計算書の提出の懈怠について，その懈怠につき正当な理由があるときを除き，これを懈怠した者は，この懈怠が継続する日ごとに25ドル（限度額は15,000ドルとする）の加算税を課される。

⑥　ＩＲＣ6039Ｃ（米国不動産持分に対する直接投資を保有する外国人に係る申告書）による申告書（IRC6652(f)）

　ＩＲＣ6039Ｃによる申告書の提出の懈怠について，その懈怠が故意の懈怠でなく，その懈怠につき正当な理由があるときを除き，申告を懈怠した者は，その懈怠が継続する日ごとに25ドル（限度額は25,000ドルまたは当該者が当期中に所有している米国不動産持分の公正な市場価値の合計額の5％のいずれか小さい方の金額とする）の加算税を課される。

⑦　控除できる従業員拠出に関する情報（IRC6652(g)）

　ＩＲＣ219(f)(4)（退職貯蓄）による報告の懈怠について，その懈怠につき正当な理由があるときを除き，これを懈怠した者は，情報が欠如している参加者ごとに25ドル，これに懈怠が継続した年数を乗じた金額（限度額は1万ドルとする）

の加算税を課される。

⑧　一定の年金等の参加者に対する分配通知の懈怠（IRC6652(h)）

ＩＲＣ3405(e)(19)(B)による通知の懈怠について，故意の懈怠でなく，その懈怠につき正当な理由があるときを除き，これを懈怠した者は，懈怠ごとに10ドル（限度額は5,000ドルとする）の加算税を課される。

⑨　一定の適格ロールオーバー分配に関する参加者への説明書の交付の懈怠（IRC6652(ⅰ)）

ＩＲＣ402(f)による説明書の交付の懈怠について，故意の懈怠でなく，その懈怠につき正当な理由があるときを除き，これを懈怠した者は，懈怠ごとに100ドル（限度額は5万ドルとする）の加算税を課される。

⑩　一定の居住用賃貸プロジェクトに係る証書の提出の懈怠（IRC6652(j)）

ＩＲＣ142(d)(7)による証書の提出の懈怠について，故意の懈怠でなく，その懈怠につき正当な理由があるときを除き，これを懈怠した者は，懈怠ごとに100ドルの加算税を課される。

⑪　ＩＲＣ1202（一定の小事業株式からの収益に係る一部除外）による報告の懈怠（IRC6652(k)）

ＩＲＣ1202(d)(1)(C)による報告の懈怠について，故意の懈怠でなく，その懈怠につき正当な理由があるときを除き，これを懈怠した者は，懈怠した報告ごとに50ドルの加算税を課される。この懈怠が過失（negligence）または意図的な無視（disregard）による場合には，「50ドル」を「100ドル」とする。この報告が2年以上に関するものである場合，加算税は，上記の金額に年数を乗じた金額とする。

「過失」には内国歳入法典の規定を遵守しようと合理的に努めることを怠ることを含み，「無視」には不注意，不認識または意図的な無視を含む（IRC6662(c)）。

⑫　一定の法人取引に係る申告書提出の懈怠（IRC6652(l)）

ＩＲＣ6043(c)（支配の変更および資本構成の変更）による申告の懈怠について，その懈怠につき正当な理由があるときを除き，これを懈怠した者は，この懈怠が継続する日ごとに500ドル（限度額は10万ドルとする）の加算税を課される。

2－3　正確性関連ペナルティ（Accuracy-Related Penalty）

　サブチャプターAのパートⅡは，正確性関連ペナルティおよび詐欺ペナルティ（Accuracy-Related and Fraud Penalties）について規定しているが，（ⅰ）過少納付に対する正確性関連ペナルティ（IRC6662），（ⅱ）報告すべき取引に係る過少申告に対する正確性関連ペナルティ（IRC6662A），（ⅲ）詐欺ペナルティ（IRC6663），（ⅳ）定義および特則（IRC6664）から構成されている。ここでは，ＩＲＣ6662およびＩＲＣ6662Aを中心に「正確性関連ペナルティ」という民事上の制裁について説明する。

(1)　過少納付に対する正確性関連ペナルティ（ＩＲＣ6662）

　①　ペナルティの賦課（IRC6662(a)）
　申告書に記載すべき税額の過少納付の部分に対しその20％に相当する加算税が課される。

　②　過少納付の部分（IRC6662(b)）
　このペナルティは，次のものに帰すべき過少納付の部分に適用される。
（ⅰ）　税法のルールまたは財務省規則の過失または無視による過少納付
（ⅱ）　所得税の実質的な過少申告による過少納付
（ⅲ）　実質的な評価誤りによる過少納付
（ⅳ）　年金債務の実質的な過大申告による過少納付
（ⅴ）　実質的な遺産税・贈与税の評価の過少申告による過少納付
　ここでは，ＩＲＣ6662Aにより報告すべき取引の過少申告に帰すべき過少納付の部分およびＩＲＣ6663により詐欺ペナルティを課される過少納付の部分を除く。ここで，「過少納付」（Underpayment）とは，内国歳入法典により課される税額が，（ⅰ）納税者の申告税額と（ⅱ）過去に賦課されたことのない金額との合計額のうち（ⅲ）リベート金額を超える部分，を超過する金額をいう（IRC6664(a)）。

　③　所得税の実質的な過少申告（Substantial Understatement）（IRC6662(d)）
　当期の過少申告の金額が（ⅰ）当期の申告書に記載すべき税額の10％または（ⅱ）5,000ドルのいずれか大きい方の金額を超える場合，当期の所得税の「実

質的な過少申告」があるとされる。法人（S法人および同族持株会社を除く）については，当期の過少申告の金額が（ⅰ）当期の申告書に記載すべき税額の10％または（ⅱ）1,000万ドルのいずれか少ない方の金額を超える場合，当期の所得税の「実質的な過少申告」があるとされる。「過少申告」とは，（ⅰ）当期の申告書に記載すべき税額が（ⅱ）申告税額からリベートを差し引いた金額を超える部分をいう。この過少申告の金額は，次のものに帰すべき過少申告の部分だけ減額される。

（ⅰ）　課税上の取扱いを実質的に認められまたは認められた場合納税者によるすべての項目の課税上の取扱い

（ⅱ）　項目の課税上の取扱いに影響する事実が申告書または添付書類に十分に開示され，かつ，納税者による項目の課税上の取扱いの合理的な根拠がある場合の項目

　ただし，この減額は，タックス・シェルターに帰すべき項目には適用されない。ここで，「タックス・シェルター」とは，パートナーシップ，事業体，プランまたはアレンジメントの実質的な目的が連邦所得税の回避またはほ脱である場合における（ⅰ）パートナーシップその他の事業体，（ⅱ）投資プランもしくはアレンジメント，または（ⅲ）その他のプランもしくはアレンジメントをいう。

　④　実質的な評価誤り（Substantial Valuation Misstatement）（IRC6662(e)）

　（ⅰ）チャプター1で課される租税の申告書に記載される資産の価値がこの評価もしくは調整ベーシスの正確な金額と決定された金額の150％以上であるか，（ⅱ）ＩＲＣ482に規定する関連者間取引に関して申告書に記載された資産もしくはサービスの価格がＩＲＣ482により正確な価格の金額と決定された金額の200％以上であるか，または（ⅲ）当期のＩＲＣ482の移転価格の純調整額が納税者の総収入の10％もしくは500万ドルのいずれか小さい方の金額を超える場合に，「実質的な評価誤り」があるとされる。実質的な評価誤りに帰すべき当期の過少納付の部分が5,000ドル（法人（S法人および同族持株会社を除く）の場合には1万ドル）を超えるときを除き，いかなるペナルティも課されない。ここで，

第13章　タックス・シェルター対抗措置による税収確保

「ＩＲＣ482の移転価格の純調整額」とは，当期の課税所得の純増加額をいう。

大規模な評価誤り（Gross Valuation Misstatement）に帰すべき過少納付の部分について，その40％の加算税が課される（IRC6662(h)）。「大規模な評価誤り」とは，（ⅰ）チャプター１で課される租税の申告書に記載される資産の価値がこの評価もしくは調整ベーシスの正確な金額と決定された金額の200％以上であるか，（ⅱ）ＩＲＣ482に規定する関連者取引に関して申告書に記載された資産もしくはサービスの価格がＩＲＣ482により正確な価格の金額と決定された金額の400％以上であるか，または（ⅲ）当期のＩＲＣ482の移転価格の純調整額が納税者の総収入の20％もしくは2,000万ドルのいずれか小さい方の金額を超える場合に，「大規模な評価誤り」があるとされる。

⑤　年金債務の実質的な過大申告（IRC6662(f)）

ＩＲＣ404(a)（雇用主の従業員信託または保険年金への拠出および繰延払プランによる報酬の控除）による控除の計算上考慮に入れる債務の保険数理上の決定がこの債務の正確な金額と決定された金額の200％以上である場合，「年金債務の実質的な過大申告」があるとされる。年金債務の実質的な過大申告に帰すべき当期の過少納付の部分が1,000ドルを超えない場合，いかなるペナルティも課されない。

⑥　実質的な遺産税・贈与税評価の過少申告（IRC6662(g)）

サブタイトルＢ（遺産税・贈与税）によって課される租税の申告書における資産の価値がこの評価の正確な金額と決定された金額の65％以下である場合，「実質的な遺産税・贈与税評価の過少申告」があるとされる。実質的な遺産税・贈与税評価の過少申告に帰すべき過少納付の部分が5,000ドルを超えない場合，いかなるペナルティも課されない。

２－４　報告すべき取引に係る過少申告に対する正確性関連ペナルティ（ＩＲＣ6662Ａ）

(1)　ペナルティの賦課（ＩＲＣ6662Ａ(a)）

当期の報告すべき取引の過少申告については，その過少申告の金額の20％に

相当する加算税が課される。

(2) 報告すべき取引過少申告（IRC6662A(b)）

報告すべき取引過少申告とは，（i）項目の適正な課税上の取扱いと納税者の課税上の取扱いとの差異から生じる課税所得の増加額に（ii）最高税率を乗じた金額と（iii）この差異から生じるサブタイトルA（所得税）の税額控除における減少額との合計をいう。この規定は，取引の主たる目的が連邦所得税の回避またはほ脱である場合，（i）指定取引（listed transaction）と（ii）報告すべき取引に帰すべき項目に適用される。IRC6664(d)(2)(A)の要件を満たさない報告すべき取引過少申告の部分については，30％の加算税が課される（IRC6662A(c)）。

「報告すべき取引」（reportable transaction）と「指定取引」（listed transaction）は，それぞれIRC6707A(c)によって定義されている。

2－5 詐欺ペナルティ（Fraud Penalty）（IRC6663）

(1) ペナルティの賦課（IRC6663(a)）

申告書に記載すべき税額のうち過少納付の部分が詐欺によるものである場合，過少納付のうち詐欺に帰すべき部分の75％に相当する加算税が課される。

(2) 詐欺に帰すべき部分の決定（IRC6663(b)）

財務長官が過少納付の部分が詐欺に帰すべきであることを立証する場合，納税者が過少納付のうち詐欺に帰すべきでないことを立証する部分を除き，過少納付の全部が詐欺に帰すべきものとして取り扱われる。

2－6 賦課すべきペナルティ（Assessable Penalties）

内国歳入法典チャプター68のサブチャプターBは，コンプライアンスの確保のため，多数の民事上の制裁について規定している。サブチャプターBは，パートI（一般規定）とパートII（一定の情報申告要件の不遵守）から構成される。サブチャプターBのペナルティは，財務長官の通知と督促の時に支払うべきものとされ，租税と同様の方法で賦課徴収される（IRC6671(a)）。以下に所得課税

に関する主要な民事上の制裁について説明する。

(1) 租税の徴収納付義務の懈怠または脱税の企て

内国歳入法典により課される租税を徴収し，計算しかつ納付する義務を負う者で，故意に租税の徴収，計算および納付を懈怠しまたは方法のいかんを問わず故意に租税またはその納付をほ脱することを企てるものは，法令に定める他のペナルティのほかに，ほ脱し，または徴収されず，計算されず，納付されなかった税額の全額に相当するペナルティを課される（IRC6672(a)）。このペナルティが課される違反については，ＩＲＣ6653またはサブチャプターＡのパートⅡによるペナルティは課されないものとする。

(2) 裁判所により裁定された制裁と費用

① 租税裁判所

租税裁判所は，（ⅰ）手続の開始もしくは維持が納税者により遅延したこと，（ⅱ）納税者のポジションがフリボラスもしくは根拠のないものであること，または（ⅲ）納税者が利用できる行政上の救済措置を不当に避けたことが明白になったとき，その決定で，納税者に対し25,000ドル以下のペナルティを課すことができる（IRC6673(a)(1)）。租税裁判所は，弁護士その他の者が訴訟手続を不当にかつ根拠もなく増加させたことが明白になったとき，当該弁護士その他の者にそのような行為によって生じた超過費用，支出および弁護士報酬を個人的に負担させるよう命じることができる（IRC6673(a)(2)）。

② 他の裁判所

裁判所は，ＩＲＣ7433（承認されない徴収に係る損害賠償）により納税者により開始されまたは維持される訴訟における納税者のポジションがフリボラスまたは根拠のないものであることが明白になったとき，納税者に対し1万ドル以下のペナルティを課すことができる（IRC6673(b)(1)）。

(3) 詐欺的な書類の交付または従業員に対する書類提供の懈怠（ＩＲＣ6674）

ＩＲＣ6051（従業員に係る領収書）またはＩＲＣ6053(b)（チップの情報申告）により従業員に書類を交付すべき者で，故意に虚偽もしくは詐欺的な書類を交付

しまたはIRC6051もしくはIRC6053(b)の定める方法で，必要な情報を記載した書類の交付を懈怠したものは，IRC7204に規定する刑事上のペナルティのほかに，各懈怠ごとに50ドルのペナルティを課される。

(4) 一定の外国信託に係る情報提供の懈怠 （IRC6677）

IRC6048 (一定の外国信託に係る情報申告) により提出すべき通知書または申告書が（ⅰ）同条に規定する時までに提出されず，または（ⅱ）同条における必要なすべての情報を記載せず，もしくは不正確な情報を記載した場合，この通知書または申告書を提出すべき者は，法令に規定する刑事上のペナルティのほかに，報告すべき金額の35％に相当する民事上のペナルティを課される。

(5) 外国法人または外国パートナーシップに係る申告書等の提出の懈怠 （IRC6679）

IRC6046 (外国法人の組織・組織再編成およびその株式取得に関する情報申告) およびIRC6046A (外国パートナーシップの持分に関する情報申告) により申告書を提出すべき者で，（ⅰ）同条に規定する時にこの申告書の提出を怠り，または（ⅱ）同条に規定する必要な情報を記載しないものは，法令に規定する刑事上のペナルティのほかに，その懈怠に正当な理由があるときを除き，1万ドルの民事上のペナルティを課される。

(6) 源泉徴収に係る虚偽情報 （IRC6682）

個人がチャプター24 (賃金に対する所得税の源泉徴収) により源泉徴収される金額を減少する結果を生ずる計算書をIRC3402またはIRC3406により作成し，かつ，この計算書に合理的な根拠がない場合，法令に規定する刑事上のペナルティのほかに，当該個人は当該計算書につき500ドルの民事上のペナルティを課される。

(7) チャプター42の納税義務に係る制裁 （IRC6684）

チャプター42 (民間財団その他の免税団体) により納税義務を負う者が正当な理由もない作為または不作為により，（ⅰ）その時まで同チャプターの租税につき納税義務を負っていたか，または（ⅱ）その作為または不作為が故意によるものである場合，当該税額に相当するペナルティを課される。

第13章　タックス・シェルター対抗措置による税収確保

(8) 一定の免税団体に対するパブリック・インスペクションに係る制裁（ＩＲＣ6685）

ＩＲＣ6104(d)（一定の免税団体および一定の信託の情報公開－年間申告，報告，免税申請および地位の通知に関するパブリック・インスペクション）の要件を遵守すべき者で，申告または申請につきこれを遵守しないものは，その懈怠が故意によるものである場合，ＩＲＣ7207（詐欺的な申告書，計算書その他の書類）によるペナルティのほかに，各申告または申請ごとに5,000ドルの民事上のペナルティを課される。

(9) DISCまたはFSCによる申告または情報申告の懈怠（ＩＲＣ6686）

ＩＲＣ6011(c)（DISC，元DISC，ＦＳＣ，元ＦＳＣの申告等）により情報提供または申告書提出の義務を負う者で，（ⅰ）財務長官の定める時にこれを怠り，または（ⅱ）必要な情報を記載しない申告書を提出したものは，その懈怠につき正当な理由があるときを除き，ＩＲＣ7203（申告書提出，情報提供または租税納付の故意による懈怠）に規定するペナルティのほかに，情報提供の懈怠ごとに100ドル，申告書提出の懈怠ごとに1,000ドルの民事上のペナルティを課される。

(10) ＩＲＣ7654により提出すべき情報に係る制裁（ＩＲＣ6688）

ＩＲＣ7654(a)（米国と米国属領の個人所得税の総合調整）に規定する者であってＩＲＣ937(c)（米国属領に関する居住性とソース・ルール）またはＩＲＣ7654の規則により情報を提供すべきものは，同規則に定める時にこの義務を守らない場合，その懈怠が故意の怠慢でなく，その懈怠につき正当な理由があるときを除き，法令に定める刑事上のペナルティのほかに，その懈怠ごとに1,000ドルの民事上のペナルティを課される。

(11) 外国税の再決定の通知書提出の懈怠（ＩＲＣ6689）

納税者が外国税の再決定を財務長官に通知することを怠る場合，この懈怠が故意の怠慢でなく，この懈怠につき正当な理由があるときを除き，この再決定に帰すべき不足税額に加え，（ⅰ）1ヶ月以内の懈怠につき，不足税額の5％，（ⅱ）懈怠が継続する間につき，1ヶ月またはその端数ごとに5％ずつの民事上のペナルティを課される。

⑿ **詐欺的な計算書またはプラン参加者に対する計算書交付の懈怠**
（ＩＲＣ6690）

ＩＲＣ6057(e)（年金等，プランの登録および情報）により参加者に計算書を交付すべき者で，（ⅰ）故意に虚偽もしくは詐欺的な計算書を交付し，または（ⅱ）ＩＲＣ6057(e)もしくはその規則で定める方法，時および必要な情報を遵守して計算書の交付を故意に懈怠したものは，そのような行為または懈怠ごとに，50ドルの民事上のペナルティを課される。

⒀ **保険数理報告提出の懈怠**（ＩＲＣ6692）

ＩＲＣ412（ミニマム・ファンディング・スタンダード）が適用される各ベネフィット・プランの管理者で，ＩＲＣ6059（保険計理士の定期報告）の定める時，方法を遵守して報告書を提出することを怠ったものは，この懈怠につき正当な理由があるときを除き，その懈怠ごとに1,000ドルの民事上のペナルティを課される。

⒁ **一定の租税優遇口座または保険年金に関する報告の懈怠および特定の控除できない拠出に関するペナルティ**（ＩＲＣ6693）

① 報告書提出の懈怠（IRC6693(a)）

次の規定により報告書を提出すべき者がその規定に定める時と方法でこれを怠る場合，その懈怠につき正当な理由があるときを除き，その懈怠ごとに50ドルの民事上のペナルティを課される。

（ⅰ） ＩＲＣ408（個人退職プラン）
（ⅱ） ＩＲＣ220(h)（Archer MSA）
（ⅲ） ＩＲＣ223(h)（保健貯蓄口座）
（ⅳ） ＩＲＣ529(d)（適格授業料プログラム）
（ⅴ） ＩＲＣ530（Coverdell 教育貯蓄口座）

② 控除できない拠出に関するペナルティ（IRC6693(b)）

当期における特定の控除できない拠出金額につきＩＲＣ408(o)(4)（個人退職プラン）により情報申告を提出すべき個人で，当期の拠出金額を過大申告するものは，その過大申告につき正当な理由があるときを除き，過大申告ごとに100

ドルの民事上のペナルティを課される。同条項により提出すべき様式の提出を怠る個人は，その懈怠につき正当な理由がない限り，その懈怠ごとに50ドルの民事上のペナルティを課される。

③　簡易退職勘定 (Simple Retirement Account) に関するペナルティ (IRC6693 (c))

ＩＲＣ408 (1)(2)(C)により必要な1以上の通知書の提供を怠る雇用主は，その懈怠が継続する日ごとに50ドルの民事上のペナルティを課される。ＩＲＣ408 (i)により必要な1以上の計算書またはＩＲＣ408 (1)(2)(B)により必要な1以上の説明書の提出を怠る受託者は，その懈怠が継続する日ごとに50ドルの民事上のペナルティを課される。

⒂　所得税申告書作成業者による納税者の税額の過少申告 (IRC6694)

①　非現実的なポジションによる過少申告　(IRC6694 (a))

申告書または還付請求における税額の過少申告の一部が理非によって維持される現実的な可能性のないポジションによるものであり，この申告書または還付請求に係る所得税申告書作成業者がこのポジションを知っており，または合理的に知っているべきであり，かつ，このようなポジションがＩＲＣ6662 (d)(2)(B)(ii)で規定するところにより開示されず，またはフリボラスなものである場合，この申告書作成業者は，過少申告につき正当な理由があり，かつ，善意で行為したことを立証しない限り，当該申告書または還付請求につき250ドルの民事上のペナルティを課される。

②　故意または過失　(IRC6694 (b))

申告書または還付請求における税額の過少申告の一部が (i) 方法のいかんを問わず，所得税申告業者が故意に税額の過少申告を企て，または税法のルールまたは規則についての過失もしくは故意の無視によるものである場合，申告書作成業者は，当該申告書または還付請求につき1,000ドルの民事上のペナルティを課される。

⒃　他人のための所得税申告書の作成に係るペナルティ (ＩＲＣ6695)

①　納税者に対する写しの交付の懈怠　(IRC6695 (a))

所得税申告書作成業者がＩＲＣ6107 (a)(納税者に対する写しの交付)の遵守を怠

る場合，その懈怠が故意の怠慢でなく，その懈怠につき正当な理由があるときを除き，その懈怠につき50ドル（限度額は25,000ドルとする）の民事上のペナルティを課される。

② 署名の懈怠（IRC6695(b)）

所得税申告書作成業者が署名義務を懈怠する場合，その懈怠が故意の怠慢でなく，その懈怠につき正当な理由があるときを除き，その懈怠につき50ドル（限度額は25,000ドルとする）の民事上のペナルティを課される。

③ 識別番号の交付の懈怠（IRC6695(c)）

所得税申告書作成業者が申告書または還付請求に係るＩＲＣ6109(a)(4)（申告書作成業者の識別番号の交付）の遵守を怠る場合，その懈怠が故意の怠慢でなく，その懈怠につき正当な理由があるときを除き，その懈怠につき50ドル（限度額は25,000ドルとする）の民事上のペナルティを課される。

④ 写しまたはリスト保存の懈怠（IRC6695(d)）

所得税申告書作成業者が申告書または還付請求に係るＩＲＣ6107(b)（申告書作成業者の保存すべき写しまたはリスト）の遵守を怠る場合，その懈怠が故意の怠慢でなく，その懈怠につき正当な理由があるときを除き，その懈怠につき50ドル（限度額は25,000ドルとする）の民事上のペナルティを課される。

⑤ 正確な情報申告の懈怠（IRC6695(e)）

所得税申告書作成業者を雇う者がＩＲＣ6060（所得税申告業者の情報申告）の遵守を怠る場合，その懈怠が故意の怠慢でなく，その懈怠につき正当な理由があるときを除き，（ⅰ）情報申告書の懈怠ごと，また記載事項の懈怠ごとに，50ドル（限度額は25,000ドルとする）の民事上のペナルティを課される。

⑥ 小切手の譲渡（IRC6695(f)）

所得税申告書作成業者がサブタイトルＡ（所得税）によって課される税につき納税者に対して振り出された小切手を裏書しまたは直接もしくは代理人を通じてこれを譲渡する場合，この小切手ごとに500ドルの民事上のペナルティを課される。

⑰ 不正確な鑑定に帰すべき実質的かつ大規模な評価誤り（IRC 6695A）

資産の価値について鑑定書を作成する者が、その鑑定書が申告書または還付請求に関して用いられることを知りまたは合理的に知っているべきであり、当該資産の価値がIRC6662(e)の「実質的な評価誤り」またはIRC6662(h)の「大規模な評価誤り」を生じる場合、この鑑定人は、（ⅰ）この評価誤りに帰すべき過少納付の税額の10％もしくは1,000ドルのいずれか大きい方の金額、または（ⅱ）鑑定書の作成により得た総所得の125％のいずれか小さい方の金額に相当する民事上のペナルティを課される。

⑱ 規制投資会社（Regulated Investment Companies：RIC）の税額に関するペナルティ（IRC6697）

IRC860(c)(1)(A)により当期の税額が増加するとみなされるRICは、法令に定める他のペナルティのほかに、その増加のみに帰すべき持分の金額に相当する民事上のペナルティを課される（IRC6697(a)）。ただし、ペナルティの金額は、当期のIRC860(a)によって認められる控除金額の50％以下とする（IRC6697(b)）。

⑲ パートナーシップ申告書の提出の懈怠（IRC6698）

IRC6031により申告書を提出すべきパートナーシップが（ⅰ）この申告書の提出を怠り、または（ⅱ）必要な情報を記載しない申告書を提出する場合、その懈怠につき正当な理由があるときを除き、その懈怠が継続する期間の1ヶ月またはその端数ごとに、50ドルにパートナー数を乗じた金額に相当する民事上のペナルティを課される。

⑳ 濫用的タックス・シェルター等のプロモーター（IRC6700）

（ⅰ）パートナーシップその他の事業体、投資プランもしくはアレンジメント、その他のプランもしくはアレンジメントを組成し、もしくは組成を支援し、または（ⅱ）そのような事業体、プランまたはアレンジメントの持分の販売に直接・間接に参加し、かつ、（ⅰ）事業体の持分の保有、もしくはプランもしくはアレンジメントの参加を理由として所得控除もしくは税額控除の認容、所得

の除外，もしくは他のタックス・ベネフィットの確保に係る書類で，重要事項に関して虚偽もしくは詐欺的なものであることを知りもしくは合理的に知っているべきもの，または（ⅱ）重要事項に関する大規模な過大評価を行い，提出し，または他人に作成させ，もしくは提出させる者は，各活動ごとに，1,000万ドルまたはこの活動から生じた総所得の100％のいずれか少ない方の金額に相当する民事上のペナルティを課される。

(21)　税額の過少申告の幇助に対するペナルティ（ＩＲＣ6701）

（ⅰ）申告書，供述書，請求書その他の書類の一部の作成または提出を幇助し，入手しまたは助言し，（ⅱ）当該部分が内国歳入法典により生じる重要事項に関して用いられることを知り，（ⅲ）この部分が他人の税額の過少申告を生じることを知っている者は，1,000ドル（法人の場合には1万ドル）の民事上のペナルティを課される。

(22)　フリボラスな所得税申告（ＩＲＣ6702）

個人が見せ掛けの所得税申告書であるが（ⅰ）自己賦課の正確さを判断する情報を記載せず，または（ⅱ）自己賦課が実質的に不正確であることを示す情報を記載するものを提出し，かつ，その行為がフリボラスなポジションまたは連邦所得税法の執行を遅延させまたは妨害する意思による場合，この個人は500ドルの民事上のペナルティを課される。

(23)　ＩＲＣ6047(d)により報告要件を満たすため必要な記録の保存の懈怠（ＩＲＣ6704）

ＩＲＣ6047(d)（一定の信託および保険年金プランに関する情報：所有者－従業員）により情報申告義務を有し，かつ，現在または将来の報告に必要なデータベースを提供するため規則に定める記録を保存することを怠る者は，50ドルに懈怠を生じた人数を乗じた金額（限度額は5万ドルとする）の民事上のペナルティを課される。

(24)　ブローカーによる支払者への通知の懈怠（ＩＲＣ6705）

ＩＲＣ3406(d)(2)(B)により支払者に対し通知書を提出すべき者で，故意にこれを怠るものは，懈怠ごとに500ドルの民事ペナルティを課される。

㉕ OID情報要件（IRC6706）

① 債務証書に関する情報の懈怠（IRC6706(a)）

IRC1275(c)(1)により債務証書に記載すべき情報を当該債務証書に記載することを懈怠する場合，故意の懈怠でなく，その懈怠につき正当な理由があるときを除き，発行者は懈怠のある各債務証書ごとに50ドルの民事上のペナルティを課される。

② 財務長官に対する情報提供の懈怠（IRC6706(b)）

IRC1275(c)(2)により債務証書の発行につき必要な情報の提供を怠る発行者は，故意の懈怠でなく，その懈怠につき正当な理由があるときを除き，発行価額合計額の1％に相当する民事上のペナルティ（限度額は発行につき5万ドルとする）を課される。

㉖ 報告すべき取引に関する情報の提供の懈怠（IRC6707）

① 報告すべき取引

報告すべき取引についてIRC6111(a)により申告すべき者が（ⅰ）申告書の提出を懈怠し，または（ⅱ）報告すべき取引について財務長官に虚偽もしくは不完全な情報を提出する場合，この者は，5万ドルの民事上のペナルティを課される。

② 指定取引

指定取引について課される民事上のペナルティは，20万ドルまたはIRC6111により申告日前に指定取引について行った幇助または助言により取得した総所得の50％のいずれか大きい方の金額に相当する民事上のペナルティを課される。

㉗ 申告書に報告すべき取引の情報を記載しないことに対するペナルティ

IRC6011により申告書または計算書に記載すべき報告すべき取引に係る情報の記載を怠る者は，自然人の場合は1万ドル，その他の者の場合は5万ドルの民事上のペナルティを課される。指定取引については，民事上のペナルティは，自然人については10万ドル，その他の者については20万ドルとされている。

⑱ 報告すべき取引に係る被助言者リスト保存の懈怠（ＩＲＣ6708）

ＩＲＣ6112(a)により被助言者リストを保存すべき者がＩＲＣ6112(b)に従い，要求日から20事業日以内に財務長官にリストの利用をさせることができない場合，この20日後この懈怠の日ごとに１万ドルの民事上のペナルティを課される。

⑲ モーゲージ・クレジット証書に係るペナルティ（ＩＲＣ6709）

① 懈　　　怠

モーゲージ・クレジット証書の発行につき偽証罪の下に確認された文書に懈怠により重要な誤りをした者は，各モーゲージ・クレジット証書ごとに1,000ドルの民事上のペナルティを課される（IRC6709(a)）。

② 詐　　　欺

上記①の誤りが詐欺によるものである場合，この者は，刑事上のペナルティのほか，各モーゲージ・クレジット証書ごとに１万ドルの民事上のペナルティを課される（IRC6709(b)）。

③ 報　　　告

ＩＲＣ25(g)により財務長官に報告すべき者がモーゲージ・クレジット証書に係る報告を懈怠した場合，故意の懈怠でなく，その懈怠につき正当な理由があるときを除き，その懈怠につき200ドルの民事上のペナルティを課される（IRC6709(c)）。

⑳ 拠出が控除できないことの開示の懈怠（ＩＲＣ6710）

ＩＲＣ6113が適用される団体による資金調達の勧誘についてＩＲＣ6113の要件を充足しない場合，この団体は，懈怠の日ごとに1,000ドル（限度額は１万ドルとする）の民事上のペナルティを課される。

㉛ 申告書作成業者による情報の開示または使用（ＩＲＣ6713）

（ⅰ）チャプター１（通常の税および付加税）により課される申告書の作成，または作成に関するサービスの提供の業務に従事する者，または（ⅱ）他人のために有償で申告書を作成し，申告書の作成に関して提供された情報を開示し，もしくは申告書の作成または作成の援助以外の目的のためにこの情報を使用する者は，その開示または使用ごとに250ドル（限度額は１万ドルとする）の民事上

第13章 タックス・シェルター対抗措置による税収確保

のペナルティを課される。

㉜ みなし拠出に適用される開示要件の懈怠（ＩＲＣ6714）

団体がみなし拠出に係るＩＲＣ6115の開示要件を満たさない場合，この団体は，各拠出ごとに10ドル（限度額は5,000ドルとする）の民事上のペナルティを課される。

㉝ 正確な情報申告の提出の懈怠（ＩＲＣ6721）

情報申告について，（ⅰ）期限までに財務長官に情報申告書を提出することを懈怠し，（ⅱ）情報申告書に記載すべきすべての情報を記載せず，または不正確な情報を記載した者は，各申告ごとに50ドル（限度額は25,000ドルとする）の民事上のペナルティを課される。この懈怠が申告要件の意図的な無視による場合，民事上のペナルティは，100ドルまたは次の金額とのいずれか大きい方の金額とされる。

（ⅰ）ＩＲＣ6045(a)，6041Ａ(b)，6050Ｈ，6050Ｉ，6050Ｊ，6050Ｋ，または6050Ｌ以外の申告書については，正確に申告すべき項目の合計金額の10％。

（ⅱ）ＩＲＣ6045(a)，6050Ｋ，または6050Ｌの申告書については，正確に申告すべき項目の合計金額の5％。

（ⅲ）ＩＲＣ6050Ⅰ(a)の申告書については，25,000ドルと10万ドルの範囲内で取引において受領した現金の金額のいずれか大きい方の金額。

（ⅳ）ＩＲＣ6050Ｖの申告書については，契約のベネフィットの価値の10％。

㉞ 正確な受領者計算書の提出の懈怠（ＩＲＣ6722）

受領者計算書について，（ⅰ）期限までに受領者計算書を提出することを怠り，（ⅱ）受領者申告書に記載すべきすべての情報を記載せず，または不正確な情報を記載した者は，各計算書ごとに50ドル（限度額は10万ドルとする）の民事上のペナルティを課される。

この懈怠が提出要件の意図的な無視による場合，民事上のペナルティは，100ドルまたは次の金額とのいずれか大きい方の金額とされる。

（ⅰ）ＩＲＣ6045(b)，6041Ａ(e)，6050Ｈ(d)，6050Ｊ(e)，6050Ｋ(b)または6050Ｌ(c)の申告書については，正確に申告すべき項目の合計金額の10％。

(ⅱ) ＩＲＣ6045(b), 6050Ｋ(b)または6050Ｌ(c)の申告書については，正確に申告すべき項目の合計金額の5％。

㉟ **他の情報申告要件の不遵守**（ＩＲＣ6723）

期限までに特定の情報申告要件を遵守しない者は，その懈怠ごとに50ドル（限度額は10万ドルとする）の民事上のペナルティを課される。

3 行政上の対抗措置

AJCAによるタックス・シェルター登録制度の改正前において，作成された暫定規則§301.6111-1Tが最終規則として提案されているが，新法ＩＲＣ6111およびＩＲＣ6112に関する規則は，2006年には未だ制定されていない。

4 判例理論の形成と確立した判例原則

米国財務省は，1999年7月に「法人タックス・シェルターの問題」（The Problem of Corporate Tax Shelter）と題する報告書（これを俗に「タックス・シェルター白書」という）を公表した。タックス・シェルター白書は，租税回避行為の抑止のために，判例原則が有効であると評価している。コモンローの国である米国で租税について確立した判例原則としては，①実質主義の原則，②事業目的原則，および③経済実体原則がある。

(1) **実質主義原則**（Substance Over Form Doctrine）

一般に納税者が行う取引の税効果はその取引の法的「形式」（form）によって決まるが，租税回避取引においては，税負担を減少させるために，納税者は取引の「実体」（substance）と一致しない法的「形式」を選択する。この場合，取引の法的「形式」が取引の「実体」に反することを立証できる場合には，IRSと裁判所は，実質主義原則に基づいて，取引の「実体」に即した課税を行うことができる。租税回避行為では，取引を国内外のステップ取引に分割し，個々の分割された取引ごとに異なる法的「形式」を与えることが行われる。

形式的に別個の取引とされたステップを結合することによって取引の実体が税負担に正確に反映される場合，これらを課税上単一の取引として取り扱うス

テップ取引原則が判例原則として確立された。判例は，実質主義の適用に当たって，ステップ取引原則の適用の適否を判定するため，① binding commitment test，② end result test，および③ mutual interdependence test の3基準を明確に示してきた。

① Binding commitment test は，第1ステップで納税者が後のステップに続くことを約束している場合にのみ別個のステップとの結合を認めるという基準である。
② End result test は，ステップが特定の結果を生じたため最初から意図された単一のスキームまたはプランの一部である場合に別個のステップを組み合わせた単一の取引とする基準である。
③ Mutual interdependence test は，客観的事実の合理的解釈に基づいて一取引が形成する法的関係が一連の取引の完了なくしては効果がないといえる相互依存の有無を問題とする基準である。

(2) **事業目的原則**（Business Purpose Doctrine）

最高裁は，取引にはこれを行う理由（租税回避を除く）がなければならないという事業目的原則を明確にした。

(3) **経済実体原則**（Economic Substance Doctrine）

取引の経済実体がその取引から生じるタックス・ベネフィットに比べて取るに足りない場合にこのタックス・ベネフィットを否認する。

〔参考文献〕
本庄　資『アメリカン・タックス・シェルター基礎研究』（平成15年）。
本庄　資・梅辻雅春・須藤一郎『タックス・シェルター事例研究』（平成16年）。

第14章 米国の基礎的なエンティティ・アプローチ

　ある者の当期の所得に租税を課すためには，当然のことながら，（ⅰ）ある者が納税義務者か，（ⅱ）実現した所得が認識されるか，（ⅲ）その所得は当期に帰属すべきものか，（ⅳ）その所得は課税すべき所得か，（ⅴ）その所得は「ある者」に帰属するものか，という命題にすべてイエスと答えられることが必要である。これまでの租税法の議論は，課税物件である「所得」の計算に関するものや所得の課税繰延など帰属年度の操作に関するものが圧倒的であったが，最近，「多様な事業体」（パススルー型事業体および導管型事業体を含む）に関する議論が盛んになってきた。しかし，事業体と所得の紐帯である「所得の帰属」に関する議論は，過去には実質課税や実質主義について検討されたが，実質所得者課税原則の条文の解釈について法律的帰属説と経済的帰属説が対立したまま，思考停止状態に陥っている[100]。本章は，課税の要件であるこれらの要素のうち，エンティティについて米国が選択している租税政策[101]の現状と問題の所在を見極め，未発達な状態にある日本のエンティティ税制の構築のため，参考資料を供することを目的とする。

第1　日本におけるエンティティの課税上の取扱いの問題

　日本の税法が，所得課税の納税主体（taxable entities）として明文の規定を置いているのは，個人および法人，ならびに非法人のうち人格のない社団等（みなし法人）のみである。タックス・プランニングでは節税のため非法人を活用

するスキームを模索するが，所得の帰属について議論せざるを得なくなる。現実には，個人または法人が私法上の契約によって組成される人的結合体を通じて各種の経済活動を行い，利益または損失を生じている。このような複数の者 (persons) の人的結合体について，団体性・社団性が認められる私法上の権利能力のない社団・財団のうち代表者または管理人の定めがあるものを「人格のない社団等」とし（法2条8号），これを法人とみなして税法を適用することとされている（法3条）が，団体性・社団性が認められないものまたは私法上法主体とされないものは，税法上納税主体とならないものと解されている。課税要件のうち最も基本的な納税主体について現行税法が非法人の税制を欠落していることが租税法律主義の御旗の下でさまざまな租税回避を誘発する元凶となっている。現行国税庁法令解釈通達は，「法人でない社団」とは，多数の者が一定の目的を達成するために結合した団体のうち法人格を有しないもので，単なる個人の集合体でなく，団体としての組織を有して統一された意志の下にその構成員の個性を超越して活動を行うものをいい，民法上の組合（民667条）および匿名組合（商535条）を除外している（法基1-1-1）。同通達は，「任意組合等」という概念を設け，「任意組合等」とは，民法上の組合，投資事業有限責任組合および有限責任事業組合ならびに外国におけるこれらに類するものをいうと定めている（法基14-1-1（注））。同通達により納税主体とされないこれらの非法人の所得に対しては，組合員の段階で課税されることになる。非法人に関する体系的な税法の規定は，まだ存在するに至っていないが，税法の規定がない状態を逆用する租税回避スキームに対処するため，近年，財務省は個別的否認規定を立法化する傾向を示し始めた[102]。非法人のうち重要な存在は，信託であるが，私法上信託とは委託者がその財産を受託者に移転しその財産を一定の目的に従い管理処分させる契約をいい（信託法1条），これを税法上本文信託，但書信託および特定信託に区分している（法12条）。信託は，私法上の契約であって，その収益の法律上の帰属主体は受託者であるが，税法上信託財産や受託者は納税主体とされず，経済上の帰属主体である受益者または委託者が納税主体とされている。信託を利用した租税回避スキームに対処するため，近年，

第14章 米国の基礎的なエンティティ・アプローチ

財務省は個別的否認規定の立法化に着手している[103]。平成12年改正により資産流動化法の特定目的信託および投資法人法の特定投資信託の収益については，法律上の帰属により受託会社が納税義務を負うものとされている（法82条の２）。

非法人に関する税制が未発達である税法では，まだ「組合税制」や「信託税制」は存在しない。税法の規定が存在しない状態で，実務上，国税庁通達によって任意組合，匿名組合または信託について私法上の概念を借用して，それぞれの課税上の取扱いを決めてきた。

過去には民法上の組合は契約関係であると位置づけ，私法上の「組合と社団の二分論」に基づいて実務上通達も任意組合を「法人でない社団」の範囲外としてきたが，借用概念の基盤となる民法学説においても実態を踏まえて任意組合の団体性・社団性を認める説が有力になっている[104]。さらに，税法学者も任意組合は組合契約により２名以上から成る共同の事業体または団体であることを認めている[105]。非法人のうち人格のない社団等と認められる要件として（ⅰ）団体としての組織を備えること，（ⅱ）多数決原則が行われること，（ⅲ）構成員の変更があっても団体そのものが存続すること，（ⅳ）その組織によって代表の方法，総会の運営，財産の管理その他団体としての主要事項が確定していることが挙げられる[106]。

任意組合等の非法人について，契約か団体かの区分に囚われている段階はすでに過ぎたと考え，私法上の契約によって組成された複数の者から成る人的結合体を法的主体（legal entity）とし，団体性を認め，その多様性から上記４要件を満たすものを「法人でない社団」とし，それ以外のものとして取り扱うように肌理の細いルールに変更する必要がある。そうでなければ，自由な契約によって組合員間の権利義務関係を柔軟に組み立てることができる団体の実態と適合しない課税上の取扱いになってしまうであろう。国際課税の領域では，米国をはじめとする主要国の法的主体とその課税上の取扱いとの異同を税法において明確にすることができなければ，日本企業はその日本または外国の非法人を利用して内外で経済活動をする場合，課税上の法的安定性を失われると同時に，外国企業もまたその日本または外国の非法人を利用して日本で実体のある

経済活動を行う場合の課税上の法的安定性に懸念を抱く反面,課税上の曖昧さを寄貨とする国際的租税回避の蔓延を誘発するおそれがある[107]。

本章は,法的主体（legal entity）,特に事業体（business entity）について,その課税上の取扱いを私法である州法に委ねず,公法である連邦税法において明文化する米国における非法人の課税ルール（エンティティ・アプローチ）を確認し,ブッシュ政権下において非法人の課税ルールがどのような変化を遂げているかをチェックして,我が国の今後の非法人税制の体系化への方向性を探るものである。

第2 米国の非法人の課税ルール

1 米国の主要な非法人

米国の法的主体は,私法（州法）上,法人と非法人に大別されるが,連邦税法上,当然法人（per se corporation, mandatory corporation）[108]に該当する法的主体を除き,法人格の有無を問わず,選択適格事業体（eligible entity）[109]とされる。米国では,州法における事業体の分類にかかわらず,連邦税法上における事業体の分類について,1997年前においてはキントナー原則[110]を採用していたが,同年チェック・ザ・ボックス規則（Check-the-Box Regulation）[111]を採用することになった。私法上の非法人は,（ⅰ）パートナーシップ（partnership）[112],（ⅱ）遺産財団（estate）または（ⅲ）信託（trust）[113]であるが,連邦税法上,パートナーシップとは,シンジケート,グループ,プール,ジョイント・ベンチャー,その他の非法人組織で,当該組織を通じもしくは当該組織によって事業,金融活動またはベンチャーを行うものであって,連邦税法上の法人,遺産財団または信託のいずれにも該当しないものをいう（IRC761(a), 7701(a)(2)）と定義し,私法上法人とされるものや外国法令上法人とされるものであっても,当然法人を除き,選択適格事業体として法人として課税されることを選択しない限りパートナーシップとして取り扱われるのである。例えば,有限責任会社（Limited Liability Company：LLC）[114]は,州法（LLC法）に基づいて組成される

組織であり，私法である州法上法人とされるとしても，連邦税法では選択適格事業体としてチェック・ザ・ボックス規則により法人としての課税を選択することができるが，その選択を怠る場合にはパートナーシップとして取り扱われる。

米国の非法人の重要な論点は，単一の構成員しかいない事業体の課税上の取扱いである。

複数の構成員から成る事業体は，（ⅰ）法人として課税される社団（association）または（ⅱ）パートナーシップのいずれに分類されるかを選択することができるが，単一の構成員しかいない事業体は，（ⅰ）法人として分類されるか，または（ⅱ）その存在を無視されるを選択することになる。ここで，「無視される事業体」（disregarded entity）は，個人事業主（sole proprietorship）または個人事業主の支店もしくは一部門として取り扱われることになる。

チェック・ザ・ボックス規則は，次の4通りの事業体分類の変更を認めている（規則301.7701-(g)）。(a)パートナーシップが社団となること，(b)社団がパートナーシップとなること，(c)社団が「無視される事業体」となること，または，(d)「無視される事業体」が社団となること。

すなわち，単一の構成員しかいない事業体は，法人として課税される社団にはなれるが，パートナーシップにはなれないのである。ここで，問題となるのは，1人所有のLLCである。州法でもパートナーシップには複数のパートナーの存在が必要であるが，州によっては1人所有のLLCの組成を認めている。しかし，連邦税法では，1人所有のLLCは，法人として課税される社団としての分類を選択しない限り，「無視される事業体」であり，その所有者が個人であれば，個人事業主として取り扱われ，その所有者が法人であれば，当該法人の一部門として取り扱われる。

2　米国のパートナーシップの課税ルール

2－1　パススルー型事業体と導管型事業体の区別

事業体を法人と非法人に区分した場合，日本の税法では，法人は（ⅰ）公共

法人，（ⅱ）公益法人等，（ⅲ）人格のない社団等（みなし法人），（ⅳ）協同組合，（ⅴ）普通法人に大別され，普通法人には，株式会社，合名会社，合資会社，有限会社，合同会社，中間法人等が含まれる。

　普通法人は，営利法人であって，その全所得に課税される納税主体である。平成10年資産流動化法により創設された特定目的会社（同法2条②），金融改革法により改正された証券投資信託法により創設された証券投資法人（同法2条⑪），平成12年証券投資信託法が投資法人法に改正されたことに伴い認められた投資法人は，その本質をみると，それぞれ資産流動化型媒体，証券投資スキームや資産運用型集団投資スキームの媒体であり，その利益の大部分（90％超）を社員に配当することを前提とする納税主体であり，実際に利益の90％超を配当した場合には配当に当てた金額は損金算入を認められるため，導管型事業体として分類される。日本では，公共法人を除き，法人は納税主体とされ，非法人は人格のない社団等を除き，納税主体とされないので，そのような非法人はパススルー型事業体に分類される。これに対し，米国税法では，当然法人を除き，私法上法人であっても，ＬＬＣなども含めて，選択適格事業体とされ，Ｓ法人はパススルー事業体と規定されているほか，パートナーシップは典型的なパススルー事業体とされる。遺産財団および信託は，パススルー事業体と間違って分類する学者がいるが，連邦税法では，これらが事業体であることを認めた上で，信託のうちグランタートラストおよび実質的受益者に課税されるサブパートＥの信託のみがパススルー事業体とされ，遺産財団またはその他の信託は，パススルー事業体の範疇から除外されているので，導管型事業体である納税主体として分類される。

2－2　米国のパートナーシップ

　税法上組合および組合員の課税上の取扱いについて全く規定を設けていない日本と異なり，米国は連邦税法上パートナーシップおよびパートナーの課税上の取扱いについて詳細なルールを規定する（ＩＲＣサブチャプターＫ）。税法上「組合」の定義がないため，私法上組合が単なる契約であるかまたは契約に

第14章　米国の基礎的なエンティティ・アプローチ

よって組成される団体であるかを議論している日本と異なり，米国は連邦税法上パートナーシップは，単なる契約（partnership agreement）でなく法的主体（legal entity）である事業体（business entity）として認めた上で，それ自体は連邦所得税の納税主体（taxable entity）としないことおよびパートナーシップの課税所得につき分配シェアに応じてパートナーが課税されることを規定する（IRC701, 702, 703, 704）。連邦税法では，パートナーには，シンジケート，グループ，プール，ジョイント・ベンチャーその他の非法人組織の構成員を含むと定義している（IRC7701 (a)(2)）。パートナーシップのすべての租税項目（所得, 損金控除, 損失, 税額控除等）は，パートナーにパススルーされ，パートナーは自己の申告書にパートナーシップの租税項目を反映しなければならない。このように，パートナーシップは，その租税項目を直接パートナーにパススルーするため，パススルー事業体（pass through entity）[115]として分類される。パートナーが100人以上の大規模パートナーシップについては特則がある（IRC771-777）。米国は，米国企業が事業，金融活動を行うため自由にその事業形態を選択することができるよう私法上多様な事業体の創設を認め，その税効果が州ごとに異なるものとならないよう連邦税法において各事業体の課税上の取扱いを統一的に明確化している。米国企業が連邦税法上法人として課税されることを選択する場合，法人と株主との二段階課税とされるが，パートナーシップとして取り扱われることを選択する場合，パートナーの一段階課税とされる。いずれを選択するかは，自由であるが，事業体の所得の帰属について，法人の場合，一次的に法人に帰属した上で，二次的に法人からの配当という形で株主に帰属するので，配当せずに内部留保される場合には配当課税は繰延される。これに反し，パートナーシップの場合，契約による配分（allocation）と現実の分配（distribution）という概念を区分し，パートナーシップの所得は，現実の分配がなくとも，配分が行われたものとしてパートナーは直接帰属するパートナーシップ所得について課税されることになる。したがって，パートナーの適正な申告を担保するため，パートナーシップは納税主体でないが，米国はこれを報告主体（reporting entity）としている[116]。米国で営業・事業を行い，または米

国源泉から所得を得るすべてのパートナーシップは，様式1065により，パートナーシップの所得，損金，収益および損失ならびにこれらの租税項目の各パートナーのシェアを申告しなければならない（IRC6031, 6072(a), 規則1.6031－1(a)）。各パートナーは，パートナーシップ所得の各自のシェアを申告しなければならない（IRC701, 規則1.701－1）。

(1) パートナーシップの組成

パートナーはパートナーシップ持分（interests in partnership）と引換えにパートナーシップに資産を拠出するが，この拠出（contributions to a partnership）についてはパートナーシップにとっても，また，パートナーにとっても，損益は認識しない（IRC721）。これを不認識ルール（non-recognition rule）という[117]。

① 金銭の拠出

パートナーシップへの金銭の拠出は，その本質が金銭によるパートナーシップ持分の購入であるという租税理論から，課税されない。

② 資産の拠出

パートナーシップ持分と引換えに資産を拠出することは，パートナーシップへの資産の売却・交換に当たるという説があるが，連邦税法は不認識ルールを採用し，資産の課税処分としない（IRC721）[118]。しかし，租税回避防止の観点から，（ⅰ）人的役務の拠出，（ⅱ）偽装売却・偽装交換[119]，（ⅲ）外国パートナーシップには，この不認識ルールは適用しないこととしている（IRC1491）。拠出資産に係る負債の金額が拠出した金銭および資産の価値より大きい場合には所得が認識される。資産の拠出について，（ⅰ）信用の拠出，（ⅱ）無形資産の拠出，（ⅲ）法人の自己株式の拠出などに関し問題となる場合がある。

(2) パートナーのパートナーシップ持分のベーシス

パートナーは，パートナーシップ持分における調整ベーシスを超えるパートナーシップ項目からの損金控除を行うことはできない。パートナーの調整ベーシスは，パートナーシップ持分の売却その他の処分のときに実現した収益または損失の金額を算定するために用いられる。パートナーの当初ベーシスは，通常，パートナーシップ持分に対して支払われた金額である。

第14章　米国の基礎的なエンティティ・アプローチ

① ベーシスの調整

パートナーがパートナーシップ持分を取得する場合，その持分ベーシスは追加拠出，引き出されない所得の分配シェア，パートナーシップの負債の増加その他の要素を反映するよう調整される（IRC705，規則1.705－1，1.752－1）。

② パートナーシップ負債のパートナーベーシスに対する効果

パートナーシップ負債におけるパートナー・シェアの増加は，パートナーのパートナーシップへの金銭の拠出とみなされる。パートナーによるパートナーシップ負債の引受を理由とするパートナーの個人負債の増加も，同様に取り扱われる（IRC752，規則1.752－1）。拠出資産に係る負債がパートナーの当該資産の調整ベーシスを超える場合，パートナーのパートナーシップのベーシスはゼロであり，他のパートナーが引き受けた負債のうちパートナーの当該資産のベーシスを超える部分について，拠出者は課税される。

③ パートナーシップ負債の譲渡

パートナーがパートナーシップに，またはパートナーシップがパートナーに，負債を負担する資産を譲渡する場合，譲受人は当該負債を引き受けたものとされる。この負債は，譲渡された資産の公正な市場価値を超えない範囲に限られる。パートナーに対する負債の譲渡の効果は，リコース負債かノンリコース負債かによって異なる（IRC752，規則1.752－1）[120]。

④ パートナーシップ持分の譲渡

パートナーシップ持分と引換えにパートナーシップに資産を拠出する新規パートナーの加入は，他のパートナーのパートナーシップ負債におけるシェアの減少を理由に他のパートナーに対するみなし分配を生じ，新規パートナーがそのパートナーシップ負債におけるシェアを引き受けるとの理由で新規パートナーによるみなし分配を生じる。

(3) パートナーシップの資産の所有

パートナーシップにおける拠出資産のベーシスは，拠出するパートナーのベーシスおよび拠出時にパートナーが認識する収益である（パートナーシップ資産の当初ベーシス）。

435

① 持分譲渡に係るベーシスの調整

売却・交換またはパートナーの死亡によるパートナーシップ持分の譲渡がある場合，パートナーシップは，資産ベーシスを次のように調整することができる（IRC743, 754）。

(ⅰ) 譲受人のパートナーシップ持分のベーシスのうち，すべてのパートナーシップ資産の調整ベーシスの譲受人シェアを超える部分だけパートナーシップ資産の調整ベーシスを加算。

(ⅱ) すべてのパートナーシップ資産の調整ベーシスの譲受人のシェアのうち，譲受人のパートナーシップ持分のベーシスを超える部分だけパートナーシップ資産の調整ベーシスを減算。

② 資産の分配に係るベーシスの調整

パートナーシップは，パートナーに対する金銭その他のパートナーシップ資産の分配後その残存パートナーシップ資産のベーシスを調整することを選択できる（IRC734）。

(4) **活動するパートナーシップ**

パートナーシップ契約は，租税項目のパートナー間における分割について定めるが，多くの場合，パートナーの所有持分に従ってすべてのパートナーシップ項目をシェアリングすることを定めている。ただし，(ⅰ) パートナーシップ契約が租税項目の分割について定めていない場合，および (ⅱ) 契約で定めた配分が実質的経済実体のないものである場合，パートナーとパートナーシップとの間の取引につき，その濫用を防止するための特別なルールが適用される。パートナーの所得または損失は，パートナーシップの租税項目におけるパートナーの分配シェア（partner's distributive share）に応じて発生する。パートナーシップの租税項目は，パートナーシップ段階で計算され，パートナーにパススルーされる。パートナーは，租税項目の現実の分配 (an actual distribution) の有無にかかわらず，自己の租税項目として申告しなければならない。ただし，租税回避防止規定[121]により，パートナーの損失控除は，(ⅰ) 自己のパートナーシップ持分のベーシス，(ⅱ) 自己が企業リスクを負担する金額（アトリスク・

第14章 米国の基礎的なエンティティ・アプローチ

ルール)および(iii)パッシブ活動ルールの制限の範囲に,制限される(IRC704 (d),規則1.704-1(d))。パートナーシップの利得または損失にかかわらず,パートナーに支払われた金銭は,パートナーの通常の所得として課税され,パートナーシップの課税所得の計算上控除される。

① パートナーシップ所得の申告

パートナーシップは,パートナーがそのパートナーシップ課税所得の分配シェアを申告することができるように計算しなければならない。この計算は,個人と同様に行われる[122]。

パートナーシップは,その所得の有無を問わず,各課税年度に申告しなければならない(IRC702(a)(4)～(6),703(a))。

② パートナーの分配シェア(distributive share)

パートナーの分配シェアは,パートナーシップ契約で決定されるが,パートナーシップ契約は税法上の配分ルール(allocation rule)に従うものでなければならない(IRC704(a),規則1.704-1(b))[123]。契約自由の原則を尊重するが,恣意的な配分による租税回避を防止する観点から,税法上の配分ルールを規定している。

(ⅰ) 分離して明示された項目

　パートナーは,パートナーシップの純所得または損失に対する自己のシェアを申告することはできないが,自己の税額計算に影響するパートナーシップの租税項目に対する自己のシェアを分離して考慮に入れなければならない。

(ⅱ) 特別な配分

　パートナーシップは,その租税項目を特定のパートナーに特別配分することができるが,この権利は無制限に認められるものでなく,実質的経済効果(substantial economic effect)を有する配分が税法上認められる(IRC704(b),規則1.704-1(b))。

(ⅲ) 配分の方法

　パートナーがパートナーシップに拠出した資産に係る所得,収益,損金

控除，損失は，当該資産のベーシスと拠出時の公正な市場価値との差を計算するために，パートナー間でシェアされる。パートナーの税負担とタックス・ベネフィットを配分する合理的な方法として，（ⅰ）伝統的な方法，（ⅱ）修正配分方法，（ⅲ）第三の方法が認められる（IRC704(c)，規則1.704－1(b)および(c)）。

③　当期の分配[124]

当期の分配は，パートナーのパートナーシップ持分の清算で行われるもの以外のものである。パートナーは，当期のパートナーシップの収益からの分配については収益を認識しない（IRC731）。当期の資産の分配は，収益の認識を生じない。収益の認識は，パートナーがその資産を売却するまで，延期される（IRC735）。また，パートナーシップ資産の当期の分配を受け取るとき，パートナーはいかなる損失も認識しない。パートナーがパートナーシップ持分を超えて金銭の当期分配を受け取る場合，その超過分を所得として認識しなければならない。パートナーシップは，パートナーに対する金銭その他の資産の分配についていかなる収益または損失も認識しない。

(5)　パートナーシップ持分の処分

パートナーシップ持分は，資本投資を意味するので，その売却その他の処分による収益または損失は，キャピタル・ゲインまたはキャピタル・ロスを生じる（IRC741，規則1.741－1）。

①　持分のパートナーシップへの売戻

償還取引でパートナーがそのパートナーシップ持分をパートナーシップに売却する場合，その対価はパートナーシップ所得または保証された支払の分配シェアでなく，パートナーシップ清算分配として取り扱われる（IRC736(b)）。パートナーは，受け取った金額がパートナーのパートナーシップ持分のベースを超える範囲で，パートナーシップへの持分の売却に対して課税される。

②　他のパートナーまたは外部者への売却

パートナーシップ持分の他のパートナーまたは外部者への売却は，キャピタル・ゲインまたはキャピタル・ロスを生じる（IRC741，Rev. Rul. 59－109, 1959－

1 CB168)。

3 米国の信託の課税ルール

3-1 法律的帰属または経済的帰属のいずれにより納税主体を決定するか

　非法人のうち経済活動において重要な役割を果たしているものに信託がある。日本の税法では，まだ，信託を法的主体，特に事業体として取り扱う規定が存在しないが，僅かに信託財産に帰せられる収入支出の帰属原則の規定が置かれている（所法13条，法12条）。本文信託については経済的帰属によるが，但書信託（集団的信託）は，経済的帰属の適用対象から除外し，受託者の収入支出ともしない（法12②③）で，受益者に配分された時に受益者に帰属するものとしている。実際には，但書信託は，課税繰延の合法的な媒体として，多数の者から資金を集め，これを「ファンド」として運用し，その収益を受益者に分配するための媒体として活用されている。信託の仕組みを形成する委託者，受託者，受益者および信託財産という要素を結合する法的根拠は，委託者の特定財産を受託者に移転し，この財産を管理または処分させ，その利益を受益者に受けさせる契約である（信託法1条）。税法学者は，税法上，信託を契約ととらえ，この契約による人的物的結合体としての信託または信託財産を法的主体，特に事業体と位置づけるに至っていない[125]。しかし，資産流動化法の特定目的信託および投資法人法の特定投資信託の収益については，平成12年法人税法改正で，税法上これらを納税主体として取り扱うか否かを明確にしないまま，法律的帰属に則り，受託会社を納税主体と規定しているが，この場合，受託会社はこれらの特定信託の収益について導管型事業体と同様の取扱いをされる（法7条の2，82条の2以下，措法68条の3の3，68条の3の4）。これに対し，米国税法では，遺産財団，信託および受益者（beneficiaries）に関する詳細な課税ルールを規定している[126]。

3-2　米国の信託

前述のように，信託は，チェック・ザ・ボックス規則の選択適格事業体ではない。日本には，特定信託に関する規定を除き，俗にいう一般的な「信託税制」は存在しないに等しい。米国の「外国信託」(foreign trust)[127]をめぐる諸問題については，第16章で論述するが，信託の課税ルールを以下に要約する。

(1) 一 般 原 則

遺産財団は，納税者の死亡のときに設定され，信託は，資産が他者のために信託受託者に移転されるときに設定される。遺産財団および信託（グランタートラストを除く）はその所得税の計算上分離した納税主体とされる法的主体 (legal entity) である。これらは，分配可能純所得 (distributable net income：DNI) の金額を限度として受益者に対する分配を控除できるので，その本質は，導管 (conduit) として機能する導管型事業体である。遺産財団および信託の課税所得は，導管としての取扱いを除き，個人と同様に計算される。申告納付は，受託者が責任を負う。

① 納税主体としての遺産財団および信託

遺産財団および信託は，所得税の適用上，別個の完全な事業体であり，個人と同様の所得税を課される（規則1.641(a)-1，1.641(b)-2）。遺産財団および信託は，導管型事業体であり，その所得が分配されない限り，課税される。信託の所得課税の一般原則は，次のとおりである。

(i)　信託は，分離した主体として取り扱われ，所得税の人的控除が適用される。

(ii)　信託は，その所得全額を当期に受益者に分配すべき場合には，当該受益者が当該所得に課税される。

(iii)　受益者が14歳未満の未成年者であり，年末に両親のいずれかが生存している場合，当該児童の不労所得のうち1,600ドル超の部分は，親の最高税率で課税されるが，親は児童の所得を自己の所得に合算することを選択することができる。

(iv)　信託の委託者は，信託を現在または将来の自己の個人的利益または経済

的利益のために利用できる場合，信託所得に対して課税される。
（v）信託が撤回不能であり，かつ，委託者が信託に対する実質的な権利および権限を有していない場合，信託財産は委託者の遺産財団には含めない。
（vi）信託への資産の移転は，受益者への贈与として取り扱われ，贈与税の課税ルールを適用される。

② 信託の種類

連邦税法では，次のような種類の信託が規定されている。

（ⅰ）清算信託（Liquidating Trusts）

　移転された資産の清算および分配を主目的として組成された組織で，その活動が目的の達成のため合理的に必要である場合，この組織は清算信託として取り扱われる（規則301.7701-4⒟）。特定資産の清算を目的として組成された信託は，営利の可能性があっても，社団でなく，信託として取り扱われる。判定基準は，信託の目的である。

（ⅱ）適格取消可能信託（Qualified Revocable Trust：QRT）

　ＱＲＴの受託者がまたは関連遺産財団の管理人が関連遺産財団の一部として課税されることを選択する場合，所得税の適用上，ＱＲＴは，分離した信託でなく，死者の遺産財団の一部として取り扱われる（IRC645）。ＱＲＴは，死者が委託者として有していた権限の結果として死者が所有するものとみなされる信託または信託の一部分である。

（ⅲ）一信託として取り扱われる複数信託（Multiple Trusts treated as One）

　委託者または遺言者は，複数の受益者のために一文書をもって複数の信託を設定することができるが，その所得は各信託ごとに別々に課税される（IRC643⒡）。しかし，信託が⒜委託者が実質的に同一であり，かつ，主たる受益者が実質的に同一であり，かつ，⒝このような信託の主目的が租税回避である場合，所得税の適用上，複数信託は一信託として取り扱われる（IRC643⒡）。

（ⅳ）墓地永久供養信託（Cemetery Perpetual Care Trusts）

　墓地永久供養信託は，永久供養ファンド信託（Perpetual Care Fund Trust）

ともいうが，墓地の維持と供養のために墓所に分配される金額をDNIの限度内で控除することができる（IRC642(ⅰ)）。墓地の所有者，相続人および大衆は，この信託の受益者として取り扱われず，この分配はその所得に算入されない。この分配された金額は，墓地会社の通常の所得として課税される（IRC61，652，662）。

(ⅴ) 委託者留保購入年金信託（Grantor Retained Annuity Trust：GRAT）および委託者留保ユニトラスト（Grantor Retained Unitrust：GRUT）

GRATおよびGRUTについては，家族に対する信託の移転に通常適用される評価ルールは，適格持分には適用されない。適格持分には，(a)毎年支払われる明示金額（前年の支払金額の120％以下の金額）を受け取る権利，(b)毎年支払われる金額（信託財産の一定割合である金額，前年支払われた割合の120％以下の割合を限度として決定される）を受け取る権利，または(c)信託の他の持分のすべてが(a)もしくは(b)の支払である場合における不確定でない残余持分が含まれる（IRC2702，規則25.2702－3）。

(ⅵ) 適格私宅信託（Qualified Personal Residence Trust：QPRT）

家族に対する信託の移転に通常適用される評価ルールは，QPRTには適用されない（IRC2702(a)(3)(A)(ⅱ)）。QPRTは，住宅所有者がその子女に住宅を将来贈与し，予定年数の間，その住宅に引き続き居住する権利を留保する撤回不能信託である（IRC2702）。

(ⅶ) 慈善リメインダー信託（Charitable Remainder Trusts）

慈善以外の受益者がいる場合，所得税，遺産税および贈与税の適用において，信託の残余持分の贈与に係る慈善寄附金控除の適用は，慈善リメインダー購入年金信託（Charitable Remainder Annuity Trust：CRAT）および慈善リメインダーユニトラスト（Charitable Remainder Unitrust：CRUT）の2種類の信託に限って，認められる（IRC664(d)および(e)）。他のすべての信託では，残余持分の贈与については，慈善寄附金控除は，否定される。委託者が信託持分のすべてを慈善のために贈与する場合，このルールは適用されず，寄附金控除が認められる。信託プロモーターは，信託の分配の性質を

第14章 米国の基礎的なエンティティ・アプローチ

操作するアレンジメントを開発している。例えば，贈与者は，慈善リメインダー信託に高額の含み益のある資産を寄附すると，信託が当期に所得を生じないように，購入年金の資金調達をするためにこの資産を売却する代りに，受託者がこの資産のフォーワード売却を行う。受益者への分配の性質は，免税の元本の償還であるとされる。ＩＲＳは，このスキームは，慈善リメインダー信託ルールの趣旨に反すると判断し，これを慈善リメインダー信託の濫用として更正し，フォーワード売却その他類似の取引は含み益のある資産の売却であるとみなし，受益者のキャピタル・ゲインが生ずるものとする。

(ⅷ) 別居手当信託（Alimony Trusts）

1985年前，別居手当信託は，所得税の適用上，(a)離婚または別居の時に設定される別居手当信託（IRC71）と(b)離婚を予想して設定されたものでない別居手当信託（IRC682）の２種類に大別された。1984年税制改革法では，ＩＲＣ71別居信託の選択を排除し（規則1.71－1, 1.682(a)－1～1.682(c)－1），すべての別居手当信託は，ＩＲＣ682離婚信託として取り扱われる。ＩＲＣ682別居手当信託の受益者は，通常の信託ルールにより，ＤＮＩを限度として，課税される。

(ⅸ) 交換ファンド信託（Exchange Fund Trusts）

信託への資産の移転は，当該資産の売却その他の処分として取り扱われず，信託への資産の移転者は，所得税の適用上，通常，損益を認識する必要はない（IRC683）。(a)信託への移転の結果，直接・間接に移転者の持分の転換を生じ，かつ，(b)譲受者が不動産投資信託（REIT）である場合，信託は投資会社として取り扱われる（規則1.351－1(c)(1)）。

(ⅹ) 小事業信託（Small Business Trusts）

小事業信託は，個人，遺産財団または一定の免税団体のみを受益者とする信託である。このような信託の持分は購入によって取得できず，この信託は選択小事業信託として取り扱われることを選択する必要がある。免税信託，CRAT，CRUTおよびサブチャプターＳ信託は，一般に，小事業信

託となる資格がない（IRC1361(e)）。小事業信託は，S法人の株式を保有することができる。信託のうち一または複数のS法人の株式から成る部分は，信託が保有するS法人株式に帰すべき所得税の計算上，分離した信託として取り扱われ，信託所得のうちこの部分は，遺産財団および信託の最高税率（通常の所得には35％，純キャピタル・ゲインには15％）で課税される。

③ 受益者への分配の控除（導管型事業体の特性）

連邦税法は，信託を導管型事業体としているが，受益者への分配を控除することを認める。信託が（ⅰ）シンプル・トラストか（ⅱ）コンプレックス・トラストかにより異なるルールが適用される（規則1.651(a)－1～1.651(a)－4，規則1.661(a)－1）。シンプル・トラストとは，受託者が現実にそうするか否かを問わず，その所得全額を当期に分配するものであって，信託契約において慈善寄附金に関する条項のない信託をいう。信託の委託者，受益者またはこれらの関連者である米国の者（a US person）[128]にローンをする外国信託は，シンプル・トラストとして取り扱われない（IRC643(ⅰ)(2)(D)）。コンプレックス・トラストとは，シンプル・トラスト以外のすべての信託をいう。受益者への分配の控除は，DNIによって決定される。遺産財団または信託が支払，税額控除または受益者への分配として認容される控除額は，これらの分配可能純所得（DNI）を限度とされる（規則1.643(a)－1～1.643(c)－1）。

(ⅰ) シンプル・トラストの分配

シンプル・トラストは，たとえ受託者が現実には課税年度末後に分配するとしても，受託者が当期に分配する義務を負う所得金額を信託のDNIの限度内で控除することができる（規則1.651(b)－1）。

(ⅱ) 遺産財団およびコンプレックス・トラストの分配

コンプレックス・トラストまたは遺産財団は，課税年度の所得のうち，当期に分配されるべき金額，および課税年度に支払，クレジットまたは分配すべき資産の金額をDNIの限度内で控除することができる（IRC661，規則1.661(a)－1～1.661(c)－2）。遺産財団およびコンプレックス・トラストにより資産が支払われ，クレジットされ，現物で分配されるべき場合，

遺産財団または信託は，分配を理由に，いかなる損益も実現しない。ただし，この分配が特定の金額を受け取る権利または受け取ったもの以外の特定の資産を受け取る権利を満たすためになされる場合はこの限りではない（IRC661(a)）。

(2) フィデュシャリー（fiduciary）の責任

フィデュシャリーは，受託者，遺言執行者，法定遺産管理人，管財人，後見人など他者から特別な信任を得た者である（IRC7701(a)(6)，規則301.7701－6および301.7701－7）。

ある者が，代理人，中間介在者または導管として所得を受け取り，この所得を他者に支払う場合，その所得については受領者が課税されるので，フィデュシャリー申告は不要である。ジョイントベンチャーの他者のためのマネージャー，他者のために資産を管理する家族の構成員，占有株式の配当を受け取るブローカー，など法的帰属主体が他者であるものは，フィデュシャリーとして取り扱われない。

(3) 信託および遺産財団の受益者の課税

信託または遺産財団の受益者は，これらの主体がまだ所要の分配を行っていないとしても，当該主体がそのDNIを限度として当期に受益者に分配されるべき所得に対し課税される。当該主体の所得の所要の分配がDNIを超える場合，特定の受益者の所得への算入額は，当該主体の所得のうち特定の受益者に分配すべき金額が，当該主体の所得のうち当期にすべての受益者に分配すべき合計金額に占める割合をDNIに乗じて算定される。

① シンプル・トラストの受益者

シンプル・トラストの受益者に分配されるべき所得は，課税年度中に分配されるか否かにかかわらず，DNIを限度として，受益者が課税される（IRC652，規則1.652(a)－1～1.652(c)－4）。

② 遺産財団およびコンプレックス・トラストの受益者

遺産財団およびコンプレックス・トラストの受益者は，次の2種類の所得に分けて課税される（IRC662）。

（ⅰ）現実に分配されたか否かを問わず、遺産財団または信託の所得のうち当期に受益者に分配されるべきもの

（ⅱ）課税年度に適正に支払われ、クレジットされまたは分配されるべき他の金額（規則1.662(a)−1〜1.662(b)−2）

(4) グランタートラスト (Grantor Trusts)

信託に資産を移転するが、信託財産の全部または一部に対する一定の権限または持分を留保する委託者は、当該資産が生ずる所得、所得控除および税額控除に基づいて直接課税される。信託の残余部分は、通常の信託所得課税ルールの対象となる（規則1.671−1）。

その結果、信託の所得、所得控除および税額控除は、直接委託者に帰属するものとなり、「信託」という事業体が存在しないものとして取り扱われる。租税回避のために信託が悪用されることが多いが、グランタートラストは、そのような租税回避防止規定として機能する。

それにもかかわらず、多様な非課税スキームにグランタートラストが利用されることがある。家族間の所得分割のために用いることはできないが、例えば、正当な理由があるものとしては、リスク分散のためモーゲージの持分をプールし、また将来の葬儀費用の準備のために用いられる。外国信託を利用した租税回避・脱税スキームについては、米国が対処するため最も腐心している問題であり、実質的に信託の存在を否定するため、外国グランタートラスト (Foreign Grantors Trusts) 制度を設けた。

(5) 外国グランタートラスト

外国グランタートラストは、次のとおり、（ⅰ）アウトバウンド外国グランタートラストと（ⅱ）インバウンド外国グランタートラストに大別される。

① アウトバウンド外国グランタートラスト

米国の受益者を有する外国信託に資産を移転する米国の者 (any US person) は、この信託のうち当該資産に帰すべき部分の所有者として取り扱われ、当該資産により生じた所得は当該移転者に対して課税されることとしている (IRC 679(a))。このルールは、外国信託へ資産譲渡者に多くの内国信託に適用される

グラタートラスト・ルールを適用するものである。このルールは，米国の者（米国の市民もしくは居住者，内国法人，遺産財団もしくは信託を含む）に適用される。米国の者が外国信託の委託者であり，かつ，外国信託に資産を移転する場合，当該信託は，次の場合を除き，課税年度に米国の受益者（a US beneficiary）を有するものとみなされる。

（ⅰ）　信託契約により信託の所得または元本のいかなる部分も，課税年度中，米国の者に，または米国の者のために支払われずまたは蓄積されず，かつ，

（ⅱ）　課税年度中に信託が終了する場合，信託の所得または元本のいかなる部分も，米国の者に，または米国の者のために支払われ得ない場合（IRC679(c)）

信託は，次の三つの帰属ルールの一を満たす場合，米国の受益者を有するものと考えられる。

（ⅰ）　信託が外国法人を受益者とし，かつ，ＣＦＣ株式所有ルールにより米国株主がすべての種類の議決権株式の50％超を所有し，または所有するとみなされる場合，信託は米国の受益者を有するものとみなされる。

（ⅱ）　外国パートナーシップが直接・間接に米国の者をパートナーとする場合で，当該外国パートナーシップを受益者とする信託は，同様に，米国の受益者を有するものとみなされる。

（ⅲ）　外国信託または外国遺産財団が米国の受益者を有する他の外国信託または他の外国遺産財団をその受益者とする場合，この外国信託または外国遺産財団は米国の受益者を有するものとみなされる。

②　インバウンド外国グランタートラスト

外国グランタートラストの利用による租税回避を防止するため，米国グランタートラスト・ルールは，別段の定めがない場合，外国の者に所有されるとみなされない信託の部分について，一般に適用されない（IRC672(c), (f), 665(d)(2)および901(b)(5), IRC643(h)）。グランタートラスト・ルールは，米国の市民もしくは居住者または内国法人の所得の計算上，直接・間接に考慮に入れる金額を生じる時だけ適用される（規則1.672(f)−1）。米国の者に支払われた金額で外国信

託から直接・間接に生ずるものは，その支払者が委託者でない場合，外国信託が直接支払ったものとみなされる。このルールは，主たる目的が租税回避である計画に従って，受益者が外国信託から資産を受け取る場合に，適用される（規則1.643(h)－1）。

4　不動産モーゲージ投資導管 (Real Estate Mortgage Investment Conduit：REMIC)

REMICは，一定のモーゲージ・プールを保有し，多種類の持分証券を投資家に発行する主体である。REMICは，その所得に課税されず，その持分証券の保有者がREMICの所得について直接課税される。REMICは，納税主体とならず，その所得が持分証券の保有者に帰属する課税上の取扱いは，パートナーシップの課税上の取扱いに類似している。連邦税法では，REMICをパススルー事業体として分類している（IRC67(c)，規則1.67－2T(g)(1)）。

事業体は，次の要件を満たす場合，REMICとされる。

(ⅰ)　主体 (entity) が，REMICとして取り扱われる第一課税年度に取消不能な選択を行うこと（規則1.860D－1(d)）
(ⅱ)　主体の持分は通常持分 (regular interest) と残余持分 (residual interest) のいずれかであること
(ⅲ)　主体は一種類の残余持分のみを有することができ，残余持分の保有者に対するすべての分配がプロラタであること
(ⅳ)　主体の組成日後開始する3ヶ月目の末日およびその後の各四半期末にその主体の実質的に全資産が適格モーゲージと認められる投資から成ること
(ⅴ)　主体は暦年を課税年度として採用すること
(ⅶ)　一定の不適格組織が残余持分を保有しないように合理的なアレンジメントを行うこと（IRC860D(a)）
(ⅷ)　REMICの地位を選択する主体は，その第一課税年度に様式1066によりREMICとしてその課税所得を計算し，申告すること（規則1.860D－1および1.860F－4(b)(2)）

(1) 適格モーゲージ

適格モーゲージは，主として不動産の持分によって担保される債権であって，次のものをいう（IRC860G (a)(3)）。

(ⅰ) REMICの通常持分証券または残余持分証券と交換に組成日にREMICに移転されるもの

(ⅱ) 購入が組成日に有効な一定の価格契約に基づいて行われることを条件として，組成日に開始する3ヶ月の期間内にREMICによって購入されるもの

(ⅲ) 上記二つの債権の一つの当初の条件による元本の金額の増加を表し，債権の当初の条件に従って債務者に対する前払金に帰属すべきであり，組成日に有効な一定の価格契約に従ってREMICに購入されるもの

(2) 認められる投資 (permitted investment)

認められる投資は，(a)キャッシュフロー投資，(b)適格リザーブ資産，および(c)抵当流れ資産である（IRC860G (a)(5)）。

(3) 投資家の持分

REMICの投資家は，次の2種類の持分を保有することができる。

① 通常持分

通常持分は，主体の組成日に定められる条件をもつすべての持分であり，保有者は特定の元本を無条件で受け取ることができるものである(IRC860G(a)(1))。

② 残余持分

残余持分は，主体の組成日に発行される通常持分以外のすべての持分であって，REMICによって残余持分として指定されるものである。残余持分は一種類のみであり，この持分についてはプロラタですべての分配が行われる（IRC 860G (a)(2)）。

5 金融資産証券化投資信託 (Financial Asset Securitization Investment Trust：FASIT)

FASITは，クレジットカードの受取債権，住宅エクィティ・ローンや自動

車ローンなどの債権の証券化のために用いられる法的主体である。FASITは，単一のC法人によって所有され，連邦税法上負債（Debt）として取り扱われる資産担保付証券（Asset-Backed Security：ABS）を発行する。FASITの残余所得（residual income）は，そのローン・ポートフォリオからの所得と投資家への支払利子との差額であるが，この所得についてはFASITは課税されず，その所有者が直接課税される（IRC860H）。FASITは，パススルー事業体である。FASITの活動は，適格ローン・ポートフォリオの保有に限られる。独自の貸付業を行うことはできない。FASITになるための要件は，次のとおりである。

（ⅰ）　選択以後の課税年度にFASITとして取り扱われることを選択すること
（ⅱ）　所有資産の全部が認められる資産であること
（ⅲ）　通常持分の要件を満たす所有持分でない証券のみを発行すること
（ⅳ）　内国銀行またはC法人が単一の所有持分を有すること
（ⅴ）　規制投資会社（RIC）とならないこと

(1) **認められる資産**（permitted asset）

認められる資産とは，(a)金銭と金銭等価物，(b)一定の債務証書，(c)一定の抵当流れ資産，(d)FASITの発行する債務証書の保証または保有する債権のヘッジ，(e)債務証書またはヘッジを取得する契約上の権利，(f)他のFASITの通常持分をいう。

(2) **通 常 持 分**

FASITの通常持分は，固定的条件を満たすABSであり，次の要件を満たすものである（IRC860L(b)(1)）。

（ⅰ）　保有者が特定の元本を無条件で受け取ることができる証券であること
（ⅱ）　証券につき支払う利子は，（ⅰ）固定金利，（ⅱ）新規借入資金コストの変化を反映するレートに基づく予測スケジュールにインデックスされる利子または（ⅲ）REMIC通常持分について認められるものに類似する変動金利であること
（ⅲ）　満期は，30年以下であること
（ⅳ）　明示の元本の25％以下のプレミアム付で大衆に発行されること

(ⅴ) 満期イールドが証券発行の月の適用連邦レートを5％以下上回るものとすること

(3) FASITの廃止

　FASITは，パススルー事業体である性質とその発行するＡＢＳが連邦税の適用上，負債として取り扱われる点を利用する租税回避のために重宝された。例えば，エンロンは，そのプロジェクト・アパッチ（自己金融取引を含む）でFASIT取引を通じた受取債権ファクタリング経費と支払利子を控除し，プロジェクト・レニゲード（アコモデーション・フィー）でFASITの発行する証券が負債とされることを利用したが，2003年米国議会課税合同委員会（Joint Committee on Taxation：JCT）のエンロン報告書[129]）がFASITの廃止を特別勧告し，2004年米国雇用創出法（AJCA）により2005年1月1日にFASITは廃止された。

6　コモン・トラスト・ファンド

　銀行が維持するコモン・トラスト・ファンドは，社団（association）として課税されないように，連邦税法で，パートナーシップに適用される取扱いに相当する特別な取扱いが規定されている（IRC584，規則1.584－1～1.584－6）。コモン・トラスト・ファンドは，専ら信託の受託者，遺言執行者，財産管理人または後見人の資格で銀行が専ら拠出した金銭の集団投資および集団的再投資のために銀行が維持するファンドである。口座の管理人（カストディアン）として銀行に拠出された金銭も，また，コモン・トラスト・ファンドとして取り扱われる。課税上，コモン・トラスト・ファンドの維持は，単一の銀行に制限される（Rev. Rul. 74－213，1974－1 CB146）が，銀行持株会社は共同受託者として他のメンバー銀行からそのトラスト・ファンドに拠出を受け入れることができる（Rev. Rul. 76－55，1976－1 CB174）。

第2 米国のパススルー型法人の課税ルール

1 米国のパススルー型法人

　日本の税法では，公共法人を除き，法人は納税主体とされる。会社法上，株式会社および持分会社は法人である（会法3条）ので，合名会社，合資会社または合同会社がその本質において米国のゼネラル・パートナーシップ[130]，リミテッド・パートナーシップ[131] または有限責任会社（LLC）[132] との類似性が認められるとしても，税法上，これらの法人を株式会社と同様に，納税主体としている。米国税法では，法人（corporation）には社団（associations），株式会社（joint-stock companies）および保険会社（insurance companies）を含むと定義している（IRC7701(a)(3)）。州法の法人法（corporation statute）により設立される法人は，連邦税法上「当然法人」（per se corporation）とされるが，同じ州法であっても，ＬＬＣ法に基づき設立されるＬＬＣは当然法人には該当せず，チェック・ザ・ボックス規則により社団として取り扱われるかパートナーシップとして取り扱われるかを選択する選択適格事業体とされる。外国法人のうち当然法人として取り扱うものを個別に規定している。日本の新会社法による特例有限会社は，米国では選択適格事業体として取り扱われる（Rev. Rul. 26CFR 301.7701－2）。日本の事業体のうち，米国で当然法人とされるのは，株式会社のみであり，持分会社は選択適格事業体とされる。日本の税法では，外国事業体（Foreign Entities）の課税上の取扱いを明確に規定していないので，法的安定性が保障されない状況がある。米国は，事業体の課税上の取扱いが（ⅰ）連邦法と州法，（ⅱ）米国と外国で差異があることから生じる諸問題に取り組んできた。連邦税法は，明文の規定でパススルー事業体の定義を設け，法人格を有するＳ法人をパススルー事業体として掲げている（IRC67(c)，規則1.67－2T(g)(1)）。

2　Ｓ　法　人

　中小企業政策と税務行政の費用対効果などに係る租税政策の観点から，法人

第14章　米国の基礎的なエンティティ・アプローチ

を通常の法人（regular corporation：Ｃ法人）と小規模事業法人（Small Business Corporation）に区分した上で，小規模法人は，納税主体とされないＳ法人（S Corporation）の地位を選択することができることとし，政策目的から多数の導管型法人を創設した。

　Ｓ法人は，パススルー型法人である。Ｓ法人は，その所得に対して課税されない。Ｓ法人の租税項目（所得，所得控除，税額控除，利益および損失）は，その株主にパススルーされ，株主の段階で課税される。Ｓ法人と株主は，この制度によって，（ⅰ）法人格，（ⅱ）有限責任，（ⅲ）営利活動および（ⅳ）パススルー課税（組織としては非課税法人と同様の税効果をもつ）すなわち一段階課税などの利点を享受できる。小規模事業法人がＳ法人の地位を選択するための要件は，次のとおりである（IRC1371, 1361(b), 規則1.1361−1）。

（ⅰ）　内国法人であること
（ⅱ）　一種類を超える株式を有しないこと
（ⅲ）　100人を超える株主を有しないこと
（ⅳ）　個人以外の株主または一定の遺産財団および信託以外の株主を有しないこと
（ⅴ）　非居住外国人である株主を有しないこと

　Ｓ法人の地位の選択をする場合，小規模事業法人は，ＩＲＣサブチャプターＳルール[133]の適用を選択し，かつ，株主全員がその選択に同意しなければならない（ＩＲＣ1362(a), 規則1.1362−1および1.1362−2）。

3　有限責任会社（Limited Liability Company：LLC）

　ＬＬＣは，州法であるＬＬＣ法に基づいて設立される事業体である。日本の国税庁は次の理由で米国ＬＬＣを私法上は法人であると判定した[134]。
（ⅰ）　ＬＬＣは商行為をなす目的で米国の各州のＬＬＣ法に準拠して設立された事業体であり，外国の商事会社であると認められること
（ⅱ）　事業体の設立に伴いその商号等の登録等が行われること
（ⅲ）　事業体自らが訴訟の当事者等になれるといった法的主体になることが認

められていること

（iv）統一ＬＬＣ法においては，「ＬＬＣは構成員と別個の法的主体である」「ＬＬＣは事業活動を行うための必要かつ十分な個人と同等の権利能力を有する」と規定されていること

　この判断は，私法上の法人性に関する判断としては妥当であるが，連邦税法上の法人概念を全く無視している点で疑問がある。ＬＬＣは，私法である州法において，法人法（corporation statute）でなく，ＬＬＣ法に基づいて設立される事業体であるが，私法上の法人性は否定しがたい。それにもかかわらず，連邦税法では，「ＬＬＣとは組織（organization）の負債に対するすべての負債に対するすべての構成員の有限責任を認める州法に基づいて設立された組織であって，連邦税の適用上パートナーシップとして分類されるものをいう」と定義して，一般に，課税上パートナーシップとして分類する（規則301.7701－3）。したがって，連邦税の適用上，ＬＬＣは原則として納税主体とならない。もっとも，ＬＬＣは選択適格事業体であるので，チェック・ザ・ボックス規則により社団として取り扱われることを選択する場合には，法人と同様に課税される。米国で事業におけるすべての参加者は，（ⅰ）経営への参加，（ⅱ）有限責任，（ⅲ）多様な持分の所有および（ⅳ）パススルー課税（二段階課税の一段階課税への転換）が実現できる組織体を望んでいる。ゼネラル・パートナーシップは無限責任を伴うが，この点でリミテッド・パートナーシップは有限責任となり，多様な持分の所有という要求を満たせる。しかし，リミテッド・パートナーシップはすべての参加者の能動的な経営参加という要求を満たすことができない。ゼネラル・パートナーが無限責任を免れるために法人を設立することが可能であるが，二つの事業体が必要になる。

　このような要求を満たすために，私法である州法はＬＬＣを創設したが，連邦税法は，その州法の政策的目的を受け入れ，ＬＬＣが納税主体となるかどうかを選択できるようにしている。タックス・プランニングの観点から，リミテッド・パートナーシップに関するルールに制約されず，強制的に社団として納税主体とされることのないＬＬＣの利点と欠点を指摘すれば，次のとおりで

第14章　米国の基礎的なエンティティ・アプローチ

ある。

(1)　ＬＬＣの利点

（ⅰ）　ＬＬＣの投資家は，マネジメントに能動的に参加することができること
（ⅱ）　すべての種類の信託，法人およびパートナーシップがＬＬＣの所有者になることができること
（ⅲ）　すべての構成員がＬＬＣの負債について有限責任とされること
（ⅳ）　複数の構成員をもつＬＬＣは，連邦税の適用上パートナーシップとして分類されること（構成員課税）を選択することができること

(2)　ＬＬＣの欠点

（ⅰ）　過去のＬＬＣ関連裁判例の蓄積がないので，まだ法的安定性が欠如していること
（ⅱ）　統一ＬＬＣ法は完成しているが，これを採用する州が少ないので，各州のＬＬＣ法が異なっていること
（ⅲ）　実務的にＬＬＣの運用の複雑さ，設立関係文書の準備段階における膨大な質疑，多数の合意事項，などコンプライアンス・コストがかかること
（ⅳ）　州レベルで１人ＬＬＣの取扱いが異なっていること

第3　米国の導管型法人の課税ルール

　米国は，米国企業の事業および金融活動を活発化させるため，集合的投資媒体（Collective Investment Vehicle：CIV）に法人格を与え，納税主体とするが，その法人課税上その利益の分配を損金算入することを認めることによって，実質的に法人段階で課税されない事業体を認める。この種の導管型事業体の典型は，規制投資会社（Regulated Investment Company：RIC），不動産投資信託（Real Estate Investment Trusts：REIT），不動産モーゲージ投資導管（Real Estate Mortgage Investment Conduit：REMIC）がある。導管型事業体は，国際取引において利用される場合，租税条約締結国を源泉地国とするとき，源泉地国における租税条約の特典の享受に関する問題につき，パススルー型事業体に比較して所得の帰属

や特典の帰属を主張し易い点で有利である。

　日本は，平成10年資産流動化法による特定目的会社（Special Purpose Company：SPC），金融改革法による証券投資信託法の改正で証券投資法人法による証券投資法人を設けたが，平成12年証券投資信託法の改正で投資法人法により証券投資法人は投資法人となった。これらはその利益の90％超を配当した場合には配当に充てた金額を損金に算入することによって課税除外とされる導管型法人である。また，平成12年資産流動化法および投資法人法の改正により特定目的信託および特定投資信託を合わせて特定信託といい，その所得に対し受託会社を納税主体として同様の条件で特定目的信託の利益の分配および特定投資信託の収益の分配を損金に算入する導管型法人とした。この制度を信託または信託財産そのものに対する課税として法律的帰属説で受託会社に対して課税する制度とみるか，あるいは信託を受託することを業とする受託会社に対する課税として信託財産の収益を区別してその部分についてのみ導管型法人として課税する制度とみるか，まだ定説はない。しかし，日本の税法が経験のない導管型法人制度を導入した点で一歩米国税法の租税政策に近づいたといえる。

1　規制投資会社（RIC）

　RICは，その本質は株主の投資代理人（investment agents）として機能する法人であり，俗にミューチャル・ファンドといわれる。RICは，政府証券・法人証券に投資して得た配当および利子を株主に対して配当として分配するが，支払配当を損金に算入することが認められる導管型法人である。RICになるための要件は，次のとおりである（IRC851，規則1.851-1～1.851-7）。

（ⅰ）　内国法人であること

（ⅱ）　1940年投資会社法に基づき管理会社（management company）もしくはユニット投資信託（unit investment trust）として登録されるかまたは事業開発会社（business development company）として取り扱われることを選択すること

（ⅲ）　コモントラストファンドまたは類似のファンドであって，同法に基づく

投資会社（investment company）でなく，銀行が保有するコモントラストファンドでないもの
（iv） 課税年度の総所得の90％以上が配当，利子，証券ローンの対価，株式・証券・外貨の売却その他の処分からの収益またはＲＩＣの株式・証券・通貨に対する投資事業から生ずる所得（オプション，先物取引または先渡取引からの収益を含む）であること[135]
（ⅴ） 1997年8月5日以前に開始する課税年度に関しては，保有期間が3ヶ月未満の株式，証券，オプション，先物契約・先渡契約または外貨の売却その他の処分からの所得が当該課税年度の総所得の30％未満であること
（ⅵ） 課税年度の各四半期末において現金，政府証券，他のＲＩＣおよび他の発行者の証券で表わされる資産価値の50％以上を有すること
（ⅶ） 一発行者の証券または類似の事業を行う法人が支配する全発行者の証券に対する投資が全資産価値の25％以下であること
（ⅷ） 通常の所得と免税利子の合計額の90％以上を株主に分配すること
（ⅸ） 選択年度に様式1120－ＲＩＣによる申告を行うことによりＲＩＣとして取り扱われることを選択すること

2　不動産投資信託（Real Estate Investment Trust：REIT）

　REITは，小口投資家が個人的に投資できない不動産投資を小口資金のプールによって可能にするため，株主の投資代理人として機能する組織（法人，社団または信託を含む）である。REITは，課税上，ＲＩＣと同様に取り扱われる。REITは，信託という名称にもかかわらず，導管型法人とされる。組織がREITとなるための要件は，次のとおりである。
　① 所有要件・目的要件
（ⅰ） 組織の受益権（beneficial ownership）が，12ヶ月の課税年度またはその一部分を通じ335日以上の間，100人以上の者によって保有されること（IRC 856(a)(5)および(b), Rev. Rul. 65－3, 1965－1 CB267）
（ⅱ） 受益権は譲渡性のある株式または受益権証書によって証明されること

（IRC856(a)(2)）

(iii) 組織の経営が，一般に組織の財産の法的所有権を保有し経営について排他的権限を有する受託者と，1人以上の受託者または役員によって行われること（IRC856(a)(1)）

(iv) 組織が，REITの規定を除き，内国法人として課税される原因となるすべての必要な属性を備えていること（IRC856(a)(3), Rev. Rul. 89-130, 1989-2 CB117）

(v) 5人以下の個人が組織の課税年度の直近6ヶ月中組織の株式の価値の50％超を直接・間接に所有することができないこと（IRC856(a)(6), (h)および(k), 規則1.857-8）

(vi) 組織が金融機関または保険会社でないこと（IRC856(a)(4)）

(vii) 組織が所得および投資に関する一定の要件を満たすこと（IRC856(c), 規則1.856-2, 1.856-3, 1.856-4）

(viii) 課税年度の課税所得の90％以上をその株主に分配すること

(ix) 選択の第一課税年度に様式1120-REITにより申告を行い，REITとして取り扱われることを選択すること（IRC856(c)(1)および(g)）

② 所得および投資要件

(i) 信託の総所得の95％以上が配当，利子，不動産賃貸料，株式・証券・不動産・不動産モーゲージの持分の売却その他の処分からの総収益，不動産税の還付金であること

(ii) 信託の総所得の75％以上が不動産から生ずること

(iii) 1997年8月5日前に開始する課税年度に証券売却による短期収益，保有期間が4年未満である不動産の売却の収益が，信託の総所得の30％未満であること

(iv) 課税年度の各四半期末に信託の全資産の価値の75％が現金，不動産または政府証券であること

(v) 課税年度の各四半期末に75％基準に規定するもの以外の証券が信託資産の価値の25％以下であることおよび一発行者の証券の全額が信託の全資産

第14章　米国の基礎的なエンティティ・アプローチ

の価値の5％または発行者の議決権のある証券の10％を超えないこと

〔注〕
100) 植松守雄「税法上の実質主義について」税経通信Vol.23, No.10−No.11, 北野弘久「実質課税の原則」『税法の基本原理』（昭和53年）p.67, 吉良実「実質所得者課税の原則」前掲書p.91, 富岡幸雄「課税所得の帰属者の決定と実質課税主義の原則」商学論纂17巻1号p.1。
101) 本庄　資『アメリカ法人税法講義』税務経理協会（平成18年）。
102) 平成17年度改正で特定組合員（任意組合契約，投資事業有限責任組合契約および外国におけるこれらに類する契約を締結する組合員のうち重要な事項の執行責任を負う組合員以外のもの）が組合事業から生ずる不動産所得に係る損失の金額を有する場合，当該損失の金額は不動産所得計算上の必要経費算入，損益通算その他の所得税法令の適用上生じなかったものとみなす個別的否認規定が定められた（措法41条の4の2）。有限責任事業組合は，その組合員のすべてが業務執行に関与するという建前からこの措置の適用外とされたが，組合員の計上損失の額は調整出資金額の範囲内に限定される（措法27条の2①）。また，任意組合，投資事業有限責任組合および有限責任事業組合ならびに外国におけるこれらに類するものの外国組合員がこれらの組合の利益の分配を受ける場合，外国組合員に利益の分配を行う者に源泉徴収義務（所212①⑤, 213①一）と支払調書提出義務（所225①八）を課し，適正な申告義務の履行（所164①四）と税収確保を目的とする措置を講じた。また，非居住者等の事業譲渡類似株式の譲渡益課税について，国内にPEを有しない非居住者等が任意組合等の形態のファンドを通じて内国法人株式等を取得する場合その株式等の譲渡益を国内源泉所得として課税対象に含めるため，内国法人の特殊関連株主等の範囲に一株主が締結している組合契約に係る他の組合員を加えることにした（所令291④⑤, 法令187④⑤）。
103) 平成17年度改正で非居住者・外国法人の不動産関連株式等の譲渡所得課税制度が創設された。内外の法人または信託を設立し，国内土地等を取得させ，その法人株式または信託受益権を譲渡する租税回避に対処するため，国内にある土地等の価額の合計額が（ⅰ）資産価額の総額の50％以上である不動産関連法人の発行する株式等または（ⅱ）信託財産に属する資産の価額の総額の50％以上である不動産関連特定信託の受益権の譲渡をした場合には，その譲渡による所得の一定のものを不動産譲渡益に類するものとして非居住者等の申告納税の対象となる国内源泉所得に含めることとした（所令280②五, 291①四, ⑧〜⑫, 法令177②五, 187①四, ⑧〜⑫）。
104) 我妻　栄『債権各論中巻二』（昭和37年）745−754頁, 星野英一「いわゆる『権利能力なき社団』について」民法論集1巻（昭和45年）pp.257−262, 後藤元伸「団体設立の自由とその制約」ジュリスト1126号（平成10年）p.61。
105) 金子　宏『租税法11版』（平成18年）p.151, 増井良啓「多様な事業組織をめぐる税制上の問題点」フィナンシャルレビュー（平成15年）p.117。

459

106) 金子　宏, 前掲書, p.149。
107) 非法人に関する税法の規定がないのに，学者，プロモーター，課税当局および裁判官が私法ベースで非法人に関する課税ルールをあれこれ論議する様は，「裸の王様」の寓話を想起させる。着ていない着物について誉めたり貶したりしているわけで，このような状態を租税法律主義と呼ぶならば，そのような解釈論を中心とする税法学は，コモンローの国から見ても，神秘的な学問になってしまう。
108) 当然法人には，連邦，州，準州の法人法（corporation laws）に基づき設立されたすべての事業体（規則301.7701－2(b)(1)），株式会社（joint-stock company），保険会社（insurance company），一定の銀行業を営む事業体，州政府が全部所有する組織，ＩＲＣの規定に従い法人として課税される事業体（規則301.7701－2(b)(7)）ならびに外国法令に基づき設立された一定の組織（規則301.7701－2(b)(8)）が含まれる。例えば，日本については当然法人とされるのは株式会社のみであり，有限会社（新会社法における特例有限会社）は選択適格事業体とされる。
109) 選択適格事業体とは，当然法人を除くすべての組織（organization）をいい，法人として課税される社団（association）として取り扱われることを選択しない限り，パートナーシップとして取り扱われる。
110) ＩＲＳは，法人の特性として（ⅰ）利益を追求して営業・事業を行うために組織されたもの，(ⅱ) 社員を有すること，(ⅲ) 組織の負債について社員の有限責任，(ⅳ) 組織の存続性，（ⅴ）経営の集中，（ⅵ）持分譲渡の自由という六つの要素を判定基準とし，その過半数を有する組織は「法人として課税される社団」（an association taxed as a corporation）とする。
111) 1997年に導入されたチェック・ザ・ボックス規則により，選択適格事業体は課税上法人として取り扱われるかパートナーシップとして取り扱われるかを選択することができる。信託は選択適格事業体とされないので，チェック・ザ・ボックス規則の適用に当たって，ある組織が事業体か信託かを区分しなければならない。このため，事業体とは，規則301.7701－2の定義により，連邦税の適用上，信託以外の主体（an entity other than a trust）として認識されるすべての組織である。事業体は，あえて選択をしない場合には，パートナーシップとして取り扱われる。
112) パートナーシップは，各州法（パートナーシップ法）により組成され，規制される。各州は，1914年統一パートナーシップ法（Uniform Partnership Act：UPA）を採用している。連邦税法ではサブチャプターＫ（IRC701-761）がパートナーおよびパートナーシップの課税ルールについて規定する。
113) 遺産財団および信託ならびに受益者の課税ルールは，連邦税法ではサブチャプターＪ（IRC641-685）に規定されている。
114) ＩＲＳは，ＬＬＣとは，組織（organization）の負債に対するすべての構成員の有限責任を認める州法に基づいて設立された組織であって，連邦税の適用上パートナーシップとして分類されるものをいうと定義している。
115) 連邦税法では，個別控除の制限についてパススルー事業体を通じる間接控除の否認に関する規定（IRC67(c)）に関し，同条項の適用上「パススルー事業体」とは，

第14章　米国の基礎的なエンティティ・アプローチ

（ｉ）ＩＲＣサブチャプターＪパート１サブパートＥ（グランターおよびその他実質的所有者とみなされるもの）が適用される信託,（ⅱ）パートナーシップ,（ⅲ）Ｓ法人,（ⅳ）コモントラストファンド（IRC584）,（ⅴ）非公開の規制投資会社（ＲＩＣ）,（ⅵ）不動産モーゲージ投資導管（REMIC）,（ⅶ）その他の者で，それ自体課税されないかまたは所有者もしくは受益者に対する分配に係る税額の計算上控除を認められるもの，をいう（規則1.67－２T(g)(1)）が,（ｉ）遺産財団,（ⅱ）上記（ｉ）のサブパートＥ以外の信託,（ⅲ）協同組合（IRC1381(a)(2)）,（ⅳ）不動産投資信託（REIT）は含まない（規則1.67－２T(g)(2)）。須田徹『米国のパートナーシップ』（平成６年）57頁において，「信託（REITを含む）」を規則1.67－２T(g)のパススルー事業体の定義に含めているが，これは明白な誤りである。

116) 日本の税法上組合税制といえる規定はまだ存在しないが，任意組合等を単なる私法上の契約であるとする議論を脱却して，法的主体，特に共同で事業を行うという契約によって組成される事業体であることを認め，納税主体ではないが，報告主体とするよう税法の整備を急ぐ必要がある。任意組合等の組合員の適正申告を担保するには，任意組合等の申告は不可欠である。匿名組合や投資事業有限責任組合における私募の場合，私法上匿名をセールスポイントとして制度の普及を図ることは正当化されるかもしれないが，税務当局に対してまで組合員の匿名を保障するような結果を放置することは，健全な政策目的に活用すべきこれらの制度を専ら脱税を教唆・幇助する制度に堕落させる。

117) 不認識ルールは,（ｉ）新パートナーシップの組成,（ⅱ）新規パートナーの加入,（ⅲ）パートナーのパートナーシップ持分の追加取得,（ⅳ）複数のパートナーシップの合併に適用される。

118) パートナーシップが法人格を有するならば投資会社（IRC351）として取り扱われるであろうパートナーシップへの資産の移転により実現した収益には，不認識ルールは適用しない（IRC721(b)）。

119) パートナーがパートナーシップに金銭その他の資産を譲渡し，パートナーに金銭その他の資産の関連譲渡がある場合，この取引が資産の売却・交換として分類されるとき，パートナーは当該資産をパートナーシップに売却したものとみなされる。ＩＲＣは，２年以内に行われた拠出と分配を売却と推定する（IRC707(a)(2)(B)）。

120) パートナーのパートナーシップ・リコース負債のシェアは，負債のうちパートナーが損失の経済的リスクを負担する部分であり，パートナーのパートナーシップ・ノンリコース負債のシェアは，パートナーのパートナーシップ・ミニマム収益のシェアとパートナーのＩＲＣ704(c)ミニマム収益のシェアおよびパートナーの超過ノンリコース負債のシェアの合計額に等しい（IRC752, 規則1.752－１～1.752－５）。パートナーシップ・リコース負債とは，１人以上のパートナーが損失の経済的リスクを負担する負債であり，パートナーシップ・ノンリコース負債とは，いかなるパートナーも損失の経済的リスクを負担しない負債である。

121) 本庄　資『アメリカン・タックスシェルター基礎研究』（平成15年）278頁, 281頁。

122) パートナーシップは，人的控除，外国税額控除を請求できる外国税，慈善寄附金,

純営業損失,個人の追加的個別項目,キャピタル・ロスの繰越控除,石油・ガス生産の減耗控除などの控除は認められない。

123) 原則として,すべてのパートナーのパートナーシップ持分は均等であると推定されるが,別の事実と状況を立証すれば,この推定を覆すことができる。パートナーのパートナーシップ持分を決定する場合に考慮すべき要素としては,(ⅰ)パートナー関連者のパートナーシップへの拠出,(ⅱ)課税上の所得または損失におけるパートナーの持分と異なる経済的な利得および損失におけるパートナーの持分,(ⅲ)キャッシュフローおよび他の非清算分配におけるパートナーの持分,(ⅳ)清算時における資本の分配に対するパートナーの権利などがある(規則1.704－1(b)(1)(ⅰ),1.704(b)(3))。

124) 分配(distribution)とは,パートナーシップによるパートナーへの支払である。分配は,(ⅰ)パートナーシップの当期の収益および利潤(E&P)からなされるか,(ⅱ)将来の収益および利潤を予想する前払金としてなされる。また,分配は,(ⅰ)パートナーがパートナーシップに投資した資本の一部の取崩しまたは(ⅱ)パートナーのパートナーシップ持分もしくはパートナーシップそれ自体の完全な清算である(IRC731,規則1.731－1)。

125) 金子 宏,前掲書,p.154。

126) ＩＲＣサブチャプターＪパートⅠ(遺産財団,信託および受益者)は,サブパートＡ(遺産財団および信託課税の一般原則),サブパートＢ(当期の所得のみを分配する信託),サブパートＣ(所得を留保しまたは元本を分配する遺産財団および信託),サブパートＤ(信託の過大分配の取扱い),サブパートＥ(実質的所有者として取り扱われる委託者その他の者),およびサブパートＦ(雑則)から構成される(IRC641－685)。

127) 外国信託とは,IRC7701(a)(30)(E)に規定する信託以外のすべての信託をいう(IRC7701(a)(31)(B))。

128) 「米国の者」とは,(ⅰ)米国の市民または居住者,(ⅱ)内国パートナーシップ,(ⅲ)内国法人,(ⅳ)遺産財団(外国遺産財団を除く),(ⅴ)米国裁判所が信託の管理につき監督をすることができ,かつ,一または複数の米国の者が信託のすべての実質的な決定を支配する権限を有する信託をいう(IRC7701(a)(30))。

129) JCT Report of Investigation of Enron Corporation and Related Entities regarding Federal Tax and Compensation Issues and Policy Recommendation.
　　本庄 資,前掲書,p.129,p.142。

130) ゼネラル・パートナーシップ(General Partnership)
　　ゼネラル・パートナーシップは,州法であるゼネラル・パートナーシップ法に基づいて組成される。統一パートナーシップ法では,パートナーシップは2人以上の者が共同所有者として営利目的で事業を営む社団(association)と定義される(UPA6(1))。すべてのパートナーがパートナーシップの所得および負債を分ち合い,パートナーシップのマネジメントに参加する権利を有する。

131) リミテッド・パートナーシップ(Limited Partnership)

第14章　米国の基礎的なエンティティ・アプローチ

リミテッド・パートナーシップは，州法であるリミテッド・パートナーシップ法に基づいて組成される。統一リミテッド・パートナーシップ法では，2人以上の者によって組成され，1人以上のゼネラル・パートナーと1人以上のリミテッド・パートナーを有するパートナーシップと定義される（ULPA1，RULPA101(7)）。リミテッド・パートナーは，パートナーシップのマネジメントに参加できないが，パートナーシップ負債につき合意した投資金額を超える責任を負わない。

132)　有限責任会社（Limited Liability Company：LLC）

　　　ＬＬＣは，州法であるリミテッド・ライアビリティ・カンパニー法に基づいて組成される。すべての参加者がマネジメントに参加すること，有限責任と多様な持分の所有形態が認められる。連邦税法は，ＬＬＣとは組織の負債に対するすべての構成員の有限責任を認める州法に基づいて設立された組織であって，連邦税の適用上パートナーシップとして分類されるものと定義されている。

133)　サブチャプターＳ（Ｓ法人およびその株主の課税上の取扱い）ＩＲＣ1361〜1379。

134)　国税庁は，質疑応答事例（法人税）において「米国ＬＬＣに係る税務上の取扱い」について，「ＬＬＣ法に準拠して設立された米国ＬＬＣについては，原則的には，我が国の私法上，外国法人に該当するものと考えられる」と回答している。

135)　ブッシュ政権下で成立した2004年米国雇用創出法（American Jobs Creation Act of 2004）により，適格公開パートナーシップ（a qualified publicly traded partnership)の持分の処分または当該持分から生ずる所得も，含められる。

第15章
米国の戦略的な
エンティティ・アプローチ

　前章では，米国連邦税法上で規定されている各種エンティティについて確認した。米国では，各州法（私法）上のエンティティは，米国租税政策により，連邦税法（公法）上の取扱いを決定される。これに対し，日本の税法では，エンティティに関する規定が現実の経済活動や投資活動のために近年利用される多様なエンティティを正確にカバーしているといえないので，複層化する非法人スキームへの税法の当てはめをめぐって事案ごとに百家争鳴の解釈論を巻き起こすことになる。これまで，税務の実務では，「私法上の法人」は税法上も法人として取り扱うこととしてきたが，閉鎖国家ではない日本においては多様な外国事業体の事業や投資の課税問題が発生することになる。その場合，「私法上の法人」とは，「日本の私法」上の法人のみを意味するのか，「外国の私法」上の法人も，また，当然に税法上の法人とすることを意味するのか，という根本的な問題について，争いの余地のない解答をしなければならない事態が生ずる。戦後の長い税法の歴史のなかで，このような基本的な問題について，まだ税法上の根拠規定を欠く状態であることを自覚して，国際課税を論じなければならない。すなわち，外国事業体が外国法令に基づき法人格を有する場合には日本では外国法令を尊重して当然外国「法人」として扱い，外国法令において法人以外の事業体とされる場合には日本でも当然「非法人」として扱うべきか，それとも，日本の私法上の法人・非法人の区分に照らし，外国事業体を分類し直すのか，日本の税法において，速やかに明文化をする必要があるのである。現状のままでは，外国事業体の課税上の取扱い[136]をめぐり，各国のタック

ス・プロモーター[137)]のために不毛の法解釈論が続くことになろう。外国事業体の税法上の取扱いに関する立法化が遅れていることは，実務的に否認リスクがあるとしても，現実の実地調査割合を考慮に入れた職業的タックス・プロモーターやそのバックとなる学者による多彩な法解釈論を許すことになる。その結果，タックス・シェルター産業が肥大する。彼らは，課税庁に彼らのスキームに挑戦するようにさせ，さらに税務訴訟を彼らのプロフィット・セクターにさせている。タックス・プロモーターは，課税庁の恣意的な課税を防止するためと称して，自己の考案し販売するスキームに挑戦する課税庁に対し実質課税原則を封じ込めるために租税法律主義の御旗を振り回すことが多いが，このようなタックス・プロモーターとそのバックにいる学者の暗躍を封じるためにこそ租税法律主義を徹底すべきである。

第1 投資ファンドは税法上のエンティティか

1 投資ファンドの定義

　税法の不備や隙間を利用するタックス・プランニングは，いわゆる米国の投資ファンド[138)]によるM&A，不良債権ビジネス，不動産取引などをめぐり，エンティティ・アプローチの視点からも，法解釈論および立法論に係る多くの課題を突きつけてきた。外資系投資ファンドの日本進出は，1997年頃から目立ちはじめ，投資先はベンチャー企業から組織再編成を進める経営不振企業や破綻企業，さらに大企業の子会社に広がり，投資規模も大型化しつつある[139)]。「投資ファンド」という用語が余りにも無造作に使用されているので，国内税法または国際課税における所得課税の問題を論ずる場合，「投資ファンド」課税をどのように位置づけるべきかについていまだ定説をみていない。俗語としては，①ファンドは広く一般の投資家から募集した資金をいい，投資ファンドとは投資を目的とした資金であるといえる。投資ファンド課税というとき，このような資金に対して所得課税することを意味するわけではない。②投資ファンドに集められた資金を一定の金融商品や事業等に投資して得た収益等の成果

第15章　米国の戦略的なエンティティ・アプローチ

を投資家に還元する仕組みを集団投資スキームと呼び，これを全体として投資ファンドと定義する者がいる。投資ファンド課税というとき，このような金融の仕組みまたは金融取引に所得課税することを意味するわけではない。仮にこのような仕組みまたは集団投資スキームに対する所得課税を議論しようとするならば，このような仕組みまたは集団投資スキームをエンティティとして，パススルー課税とするか導管課税するかを議論しなければならない。また，③集められた資金を自らが直接投資するのでなく，さまざまな投資媒体(ビークル)を通じて投資する場合，投資ファンド課税というとき，このような投資媒体に対する所得課税を意味することになる[140]。日本の税法では，投資ファンドの定義を有しない状態で，多くの論者が投資ファンド課税と投資家課税を議論していることを自覚しなければならない。国際課税においても，まだ国際的に受け入れられる「投資ファンド」の定義は存在しない。投資ファンドを投資家からみて集団投資媒体（Collective Investment Vehicle：CIV）ととらえ，これを「投資するエンティティ」と定義する国が多いが，これでは税法上の定義として用いることはできない。投資ファンドの本質を示すためには，国際租税協会（International Fiscal Association：IFA）の研究において示されるとおり，（ⅰ）目的テスト，（ⅱ）所得テスト，（ⅲ）資産テスト，（ⅳ）活動テスト，（ⅴ）規制テストなどによって，投資先企業への「投資」と投資先企業の事業経営の支配を意味する「持株」を区分し，税法上の投資ファンドを定義するに当たっては，（ⅰ）通常の経営の結果として生ずる所得およびキャピタル・ゲインを取得すること，（ⅱ）ファンドの権利の取得と譲渡が自由にできることにより多数の投資家にオープンであったこと，（ⅲ）目的，運用および独立性についての透明性の見地から規制されること，を重視すべきであり，法形態，リスク，資産の流動性，活動の程度またはレバレッジなどによって判別すべきではない。そこで，日本の税法上，投資ファンドそれ自体を投資家の集団的投資媒体（エンティティ）としてどのように取り扱うことにするか，または投資ファンド自体はエンティティではないが，投資ファンドが利用する投資媒体（ビークル）となるエンティティをどのように取り扱うかというルールを明らかにする必要がある。こ

のような問題が，喫緊のエンティティ・アプローチの問題である。

2 エンティティの分類

　日本の税法のルールでは，（ⅰ）能動的事業活動から生ずる所得に対する課税と（ⅱ）パッシブ所得に対する課税141)を区分したルールになっていないので，多様な事業体に対する課税ルールを考察するときも，税法上の「事業」概念と「投資」概念の区分142)を立法化して置かなければ，エンティティの特定もまた曖昧になろう。米国税法では，エンティティをその活動により（ⅰ）能動的事業活動を行うエンティティと（ⅱ）金融証券サービス等を主たる内容とするパッシブ活動を行うエンティティに大別して取り扱い，また，その税効果について，団体課税するか構成員課税するかについて，（ⅰ）社団（association）として団体課税するエンティティ，（ⅱ）パススルー事業体（Pass thru-Entity）として構成員課税するエンティティ，（ⅲ）導管事業体（Conduit Entity）として法的に団体課税することとしながら一定要件の下に利益の分配を損金算入することを認められるエンティティ，（ⅳ）税法上無視される事業体（Disregarded Entity）とされるエンティティに大別している143)。基本的に納税者の選択に基づいて課税上の取扱いを決定する米国の税制144)について，法人か否かの判定の困難を避けるためやむを得ず納税者の選択に切り替えたと解する説が一般化しているが，そのような単純な割切り方は，二大政党による差異はあるにせよ，米国として租税政策を構築してきた米国政権の戦略思考を嘲笑し全く洞察しようとしない考えであるといわざるを得ない。本章では，能動的事業活動を行うエンティティとパッシブ活動を行うエンティティの2種類のエンティティに大別した上で，米国の基本政策を描くことを目的とする。タックス・シェルターとの戦いにおいても，「登録」「開示」「ＩＲＳの審査」「タックス・シェルター番号の付与」「投資家リストの保存」「摘発したスキームの指定」「節税と租税回避と脱税との区別」「制裁の強化」などの税務行政支援措置の立法を連発し，「取るに足りない訴訟に対する制裁」145)や「プロモーターに対する調査と摘発の強化」など正面から撲滅を期す米国の姿は，象牙の塔で租税理論や租税法学

を研究している学者やプロモーターたちからは，巨大な風車に挑むドンキホーテのように冷笑されているかもしれない。しかし，米国が取り組むタックス・シェルターの国際的スキームはグローバル化し，防御の備えが不十分な日本を容易に巻き込んでくる。米国が何を考えてそのような行動をとるのか，本当のことは誰にも分らないであろうが，一定の仮説を置いて米国がその当面する事実と状況に対しどのような租税政策を実際にとろうとしているかを探ることにより，日本においてとるべき方策を検討する糸口を見つけることが賢明ではないか。

3　能動的事業活動を行うエンティティとパッシブ活動を行うエンティティ

まず能動的事業活動についてみると，米国の租税政策の明確なメッセージの一は，「米国の者」(US Persons)[146]が国内外で実質的に営業・事業を行う場合その租税障害をできる限り排除することであり，その二は，何人も租税動機のみで米国税の回避を試みること[147]を許さないということである。これらの目的を達成するため，米国税法は，州法（私法）によらず，別個独立のエンティティ・アプローチを採用する。一方では，米国の者が米国内外の営業・事業を行う上で，その利用するエンティティの選択に当たり，課税上有利選択を許すが，同じエンティティを租税動機のみから悪用する可能性を排除するための行為規制としてエンティティごとの個別的否認規定を法令で明文化することとしている[148]。米国では，法人格の有無を問わず，米国のエンティティを，(ⅰ) 実際に生産・販売に従事するもの，(ⅱ) 取引の中間介在者・導管とするもの，(ⅲ) 租税回避以外に全く経済的実体のないものに大別して，それぞれの課税上の取扱いを決定する。日本の税法においては，このような視点からのエンティティ・アプローチは，漸く緒についたばかりであり，タックス・ヘイブン対策税制（外国子会社合算制度）の適用対象となる特定外国子会社[149]，資産流動型事業体[150]，資産運用型事業体[151]，特定信託[152]のほかは，まだ，未発達である。例えば，日本では，民法上の組合[153]，匿名組合[154]や信託[155]を単なる契

約でなく，事業体として取り扱うか否かについてさえ税法は沈黙している[156]。そのため，税法学者は「税法の解釈」を論ずることができず，私法学者と一緒に「私法の解釈」を論ずるに止まるか，公法と私法の区別もできない議論が横行している[157]。例えば，信託を例にとると，信託の設定において，委託者が法的には受託者に財産の物権を完全に譲渡したといいながら，指図権を留保し，信託財産およびその運用・収益の処分につき支配力を有するもの，あるいは委託者が実質的には受益者であることを前提とする信託契約が常識化している[158]。このような信託は俗に「自益信託」とよばれ，受益者の存在を前提とする「他益信託」と同様に合法的な信託であるかのように議論されているが，これは「信託」という法形式を仮装する資産の譲渡としてとらえることも可能であり，税法以前に信託法学者としては自益信託が私法である信託法上の信託といえるのか否かを明確にすべきであるとともに，公法である税法がこのような自益信託も税法上の信託として取り扱うべきか否かについて明文化すべきであろう。米国税法は，このような自益信託を税法上は本来の信託として扱わず，税法上は信託の存在を実質的に否認するグランター・トラスト（Grantor Trust）の規定を定めている[159]。委託者が支配力を留保する信託は，真正な信託と厳正に区別して，にせ信託（shell trust or sham trust）またはいんちき信託（bogus trust）としてこのような法形式を利用するスキームは脱税スキームとしてIRS－CIによって追及され，このような信託を立案し販売したプロモーターは弁護士，公認会計士などの社会的地位のある者であっても，詐欺や脱税の共謀，教唆・幇助の罪により数十ヶ月の禁錮刑に処せられている[160]。日本では，税法上，信託と名がつけば，本文信託として疑問も抱かずに法解釈論を展開している私法万能主義の税法学者が少なくないが，このような曖昧な状態を続ければ，そのような学説の影響力によって，日本は信託のもつ匿名性，複層化信託や外国信託を利用するタックス・プランナーの跋扈を無制限に容認する国ということになってしまうのである。このような原始的な税法の不備は，速やかに埋めなければならず，その上で，体系的な信託税制を構築すべきであろう。このような観点で，投資ファンドなどの範疇において，パッシブ活動を行うエンティ

第15章　米国の戦略的なエンティティ・アプローチ

ティについても，本章では，米国のエンティティ・アプローチについて，若干の考察を行う。

第2　米国企業の輸出競争力を強化するエンティティ・アプローチ（チャンネル・トレード[161]のための外国子会社の奨励政策）

　第二次大戦後パクス・アメリカーナの時代からグローバル化の進展を推進してきた米国は，自国ベース多国籍企業の国際競争力の強化を図るため，法人税率の引下げ，設備投資を刺激する加速度償却，補助金に代わる割増償却，即時償却，投資税額控除など，競争力政策に沿った国内税制上の措置を講じてきた。もとより競争力と税制との関係については多様な学問上の論叢があるが，この線上で米国政府が歴史的に採用してきたユニークなエンティティ・アプローチは，チャンネル・トレードによる輸出所得優遇税制であった。この競争力政策を実現するための租税政策の基本構想は，租税回避スキームを考案するタックス・プランニングに類似するところがあるが，米国企業の輸出そのものに特別優遇措置を与える税制は先進国として競争相手国によって容認されないので，外国法人（米国企業の外国子会社）に米国製品を輸出させ，その外国子会社の利益をその外国子会社の株主である米国企業に配当させ，米国としてはその米国企業である株主の受取配当を免税とすることであり，配当されない場合には，タックス・ヘイブン対策税制とも呼ばれるＣＦＣ（被支配外国法人）ルールが適用されるので，米国株主に合算課税される外国基地会社所得から一定の輸出所得を除外する制度を創出するという構想であった。このような米国の基本構想に対して，欧州諸国は，ＧＡＴＴ／ＷＴＯを通じ米国の特別優遇税制が国際ルールの「国家補助金の禁止」に抵触すると主張し，30年にわたり米欧貿易摩擦の争点としてきた。そのため，米国は，この基本構想を崩さず，欧州の非難をかわすため，チャンネル・トレード用の外国子会社の制度を改廃し続けたが，2004年にブッシュ政権は，欧州の制裁関税の圧力とＷＴＯのルーリングによっ

て，このような外国子会社によるエンティティ・アプローチを放棄するに至った。第6章で述べたとおり，米国はいわゆるチャンネル・トレードのために次のエンティティを利用してきた。

1　輸出法人 (Export Trade Corporation：ETC)

ETCは，米国内で製造，生産，栽培または採取された生産物を海外に輸出する適格被支配外国法人であり，その輸出所得の部分だけ外国基地会社所得を減算される。この制度は，1971年10月31日後に開始する課税年度には，適用されない。

2　米国国際販売法人 (Domestic International Sales Corporation：DISC)

DISC は，米国生産物を輸出するため DISC 段階では米国税を非課税とされる外国基地会社を設立することができ，DISC 株主は，輸出用資産の販売所得に対する課税を部分的に免除される。DISC は，1971年に制定されたが，1981年に GATT はこれを輸出補助金であると決定した。米国は，「DISC は課税の免除でなく，所得繰延を認める制度である」という主張を崩さず，1984年に欧州を宥めすかすため，「課税繰延であるから繰延所得に対し利子を徴収する」という理論で，付利 DISC (Interest Charge DISC) を創設した。

3　外国販売法人 (Foreign Sales Corporation：FSC)

米国企業は，DISC のレプリカとしてFSCという外国子会社を設立し，米国生産物をこの外国子会社に販売または販売委託し，この外国子会社の外国貿易所得 (Foreign Trade Income：FTI) にはサブパートFの適用を免除することとされる。FSCは，1984年に導入されたが，WTOは1999年にFSCが補助金と対抗措置に関するWTO協定 (WTO Agreement on Subsidies and Countervailing Measures：SCM Agreement) 違反であると判断し，米国の控訴に対し，WTO控訴機関 (WTO Appellate Body) は2000年にFSCはSCMに違反すると判示した。

4　FSCの廃止と域外所得除外制度

　米国は，WTOの決定とEUの通商制裁の脅威を受けて，FSC廃止および域外所得除外法（FSC Repeal and Extraterritorial Income Exclusion Act：以下FSC廃止法という）を制定し，2000年9月30日にFSCを廃止し，一定の域外所得の除外を認める制度を導入した。この段階で，ブッシュ政権は，伝統的なチャンネル・トレードに利用してきた外国子会社のエンティティ・アプローチを放棄したといえる。

5　域外所得除外制度の廃止

　米国は，エンティティ・アプローチによる輸出所得に対する優遇税制措置から所得分類による優遇税制措置に転換した。EUは，なおその矛を納めず，米国の域外所得除外（ETI）は実質的には「除外」(exclusion)でなく，「通常支払うべき税の免除」(an exemption from taxes that would be otherwise due)であるという論理で攻撃し，WTOは，FSC廃止法が輸出関連補助金であると判断し，2002年8月，EUが対米制裁関税を課す措置を承認した。ブッシュ大統領は，WTO決定を遵守することを決意し，2002年9月11日，各国大使館を通じ，その旨を公表し，2004年10月22日，2004年雇用創出法（American Jobs Creation Act of 2004：AJCA）を制定し，ETI除外制度を廃止した。

6　米国の新しい輸出振興戦略

　米国は，チャンネル・トレードのためにこれまでのような外国子会社に対する優遇税制のシステムを継続することができない。その影響は，エンティティ・アプローチでは，タックス・ヘイブン対策税制，外国子会社合算課税制度，関連企業間取引の課税ルールの変化に現れる。また，米国企業が直接輸出を行う場合に，特定の輸出所得に対する優遇税制が国家補助金の禁止に抵触しないように，なお米国生産物の輸出競争力を維持するため，新しい制度の創設を模索する必要がある。AJCAは，これまでのETI除外制度に代わり，米国

製造業の3％減税に相当する租税特別措置として，米国生産活動所得（Domestic Production Activities Income）控除制度を導入した[162]。米国は，このような大局的な戦略から米国企業がパススルー事業体を含む多様な事業体を活用することが米国の国益に沿う側面があることを承知していると思われる。さらに，エコノミストや税制改革大統領諮問パネルは，米国が全世界所得課税方式から国外所得免除方式に転換するように大統領に勧告している。また，欧州の税制と同様に，米国も税制を所得課税から消費課税に転換するように勧告している。これらの動きは，単なる学説の集大成という性格の報告書ではなく，いざとなれば，欧州と同様の税制に転換することも辞さないという米国のメッセージとしての性格をもつものとして評価すべきであろう。その点，我妻章如氏の見解は，米国大統領諮問パネルの報告書および勧告の背景と意義について評論をしているが，国際課税の理論的な指摘は正鵠を得ているとしても，なぜあの時期にあのような報告書を公表する必要があったのかという点についての考察，緊迫した米欧貿易戦争の最中における米国のシチェーションに対する認識という点では物足りなさを感じさせるものである[163]。

第3 米国企業のパッシブ活動の戦略

1 租税条約の適用に関する考慮

銀行業による金融は典型的な間接金融であるが，法人格のあるエンティティ間の金融においても，内外エンティティを利用した間接金融が行われる。日本でも「貯蓄」から「投資」へというスローガンが声高くいわれ，資金調達する側からみれば，金融機関を通じる間接金融から直接金融へと多様な方法が制度化されてきた。投資についても，同様のことが起こっている。投資家は，ターゲットの投資先に直接投資することも，多様な事業体を通じて間接的に投資することも，自由に選択できる。現実に，内外の多様なエンティティが投資媒体（ビークル）として利用されている。米国としては，米国投資家が国境を越えて海外のターゲットの投資先に投資する場合，米国投資家のために，（ⅰ）米国

第15章　米国の戦略的なエンティティ・アプローチ

の導管型事業体を通じて外国でパッシブ所得を得る場合にその事業体レベルで租税条約の特典を受けることができるようにするとともに，(ⅱ) 米国企業が課税対象とならない事業体を通じて得たパッシブ所得を直接米国構成員に帰属させる場合に米国構成員が租税条約の特典を受けることができるようにする必要がある。租税条約の特典を享受することができるエンティティは，租税条約において「者」(a person) であり，さらに「居住者」(a resident) でなければならない。米国モデル租税条約における「居住者」の判定基準によれば，米国の居住者とは，「住所，居所，市民権，管理の場所，設立の場所その他これらに類する性質の基準を理由として米国において租税を課されることとなる者」である。このため，パートナーシップは米国ではパススルー事業体とされるので，「者」に該当するが，「米国において租税を課されることとなる者」には該当しないので，「居住者」とならず，論理的に事業体として源泉地国で租税条約の特典を享受することは主張できない[164]。連邦税法では，ＩＲＣ67(c)に関し，パススルー事業体を定義している。この定義によれば，パススルー事業体とは，(ⅰ) ＩＲＣサブチャプターＪサブパートＥ（グランターおよびその他実質所得者とみなされるもの）が適用される信託，(ⅱ) パートナーシップ，(ⅲ) Ｓ法人，(ⅳ) コモントラスト・ファンド (IRC584)，(ⅴ) 非公開の規制投資会社 (RIC)，(ⅵ) 不動産モーゲージ投資導管 (REMIC)，(ⅶ) その他の者で，それ自体課税されないか，または，所有者もしくは受益者に対する分配に係る税額の計算上控除を認められるものをいう (Reg. 1.67-2 T(g)(1)) が，(ⅰ) 遺産財団，(ⅱ) 上記サブパートＥ以外の信託，(ⅲ) 協同組合，(ⅳ) 不動産投資信託 (REIT) は含まない (Reg. 1.67-2 T(g)(2))[165]。自国のエンティティをパススルー事業体として定義すると，その事業体レベルでは租税条約の特典を享受できる「居住者」に該当しなくなるのである。これに対し，導管事業体は，租税条約上の「者」であり，かつ，「米国において租税を課されることとなる者」であるため，その利益の分配の損金算入によって実際には課税標準がゼロになるとしても，「居住者」として租税条約の特典を享受することができる。連邦税法では，規制投資会社 (Regulated Investment Company：RIC)，不動産投資信託 (Real Estate

475

Investment Trust：REIT），遺産財団（Estate），グラタートラスト以外の信託（Trust）が代表的な導管事業体である。米国としては，米国企業が米国のパススルー事業体を通じて事業体レベルで課税されないことを確実にするとともに，このような事業体を利用した米国企業が租税条約の特典を享受できるように，米国モデル租税条約4条1項dは，「いずれかの締約国の法令により課税上透明であるエンティティを通じて取得する所得，利潤または収益という項目は，それが当該締約国の税法の適用上居住者の所得，利潤または収益として取り扱われる範囲で，ある国の居住者が取得するものと考えられる」と定め，米国企業の権利を確保しているのである。

2 米国投資ファンド

米国投資家は，このような米国の租税条約のアンブレラの下で，パススルー事業体または導管事業体のいずれを利用しても，相手国において租税条約の特典を享受することができるようになっている。いわゆる米国ファンドは，さまざまな法形態を利用して，全世界でパッシブ活動を展開している。日本においても，対日直接投資の大部分を占めるM＆A市場で投資銀行とともに米国ファンドが主役を演じている。近年の著名な案件でも，ビッグネームとしては，シティグループのほか，証券会社モルガン・スタンレー・グループ，リーマン・ブラザース，ゴールドマン・サックス・グループ，メリル・リンチ，投資法人のリップルウッド・ホールディング，投資ファンドのカーライル，ローンスター，サーベラスグループ，KKR（コールバーグ・クラビス・ロバーツ）などの活動が顕著である。米国ファンドは，クロスボーダーM＆Aでも主役を演じている。米国企業は，投資の複層化構造を利用することができる。このような米国投資ファンドの背景には，米国機関投資家の存在がある。しかし，投資ファンドそれ自体がまた巨大な機関投資家となる。米国投資ファンドの定義は，現在，税法上存在しないが，俗に，投資ファンドという用語は投資を目的とする資金をいい，複数の個人や法人等から集めた資金であって，その資金を運用，管理，処分するために利用する媒体（ビークル）の法形態は多様である。また，

第15章　米国の戦略的なエンティティ・アプローチ

その資金の集め方，プールされた資金の運用，管理，処分の仕組みもまた多様である。私法上，このプールされた資金をエンティティとしてみるのか，それが利用する媒体（ビークル）をエンティティとしてみるのか，この金融取引の仕組みまたは集団投資スキームをエンティティとみるのか，この第一課題を私法上の法解釈論で誤魔化さず，まず明らかにし，次に税法上，資金，媒体（ビークル）または仕組みをエンティティとして扱うべきか否か，いずれが日本の内外投資政策に沿うのかどうかを明らかにしなければならない。そして，エンティティ段階の課税と投資家段階のいずれの段階の課税が国家としてのファンド政策と税制上の課税の公平と税務行政の執行可能性をも考慮に入れて，法解釈論と立法論を展開していかなければならない[166]。日本の金融庁は，エンティティごとに日本のファンドを①会社型（投資法人と特定目的会社），②信託型（投資信託と特定目的信託），③組合型（任意組合，匿名組合，投資事業有限責任組合と有限責任組合）に大別しているが，タックス・プロモーターは，これらをエンティティとして捉えるのでなく，「金融商品」として体系化を試みる傾向があり，また，「金融取引スキーム」または集団投資スキーム（Collective Investment Scheme：CIS）として単なるアレンジメント（arrangement）として体系化する傾向がある。この場合，金融商品としてのファンドは，①証券投資信託，②不動産投資信託，③信託ファンド，④投資型ファンド，⑤商品ファンド，⑥不動産特定共同事業ファンド，⑦事業型ファンドなど多様な種類に分類される。多数の投資家から資金を集めて専門家がこの資金を市場で運用し管理しその利益を投資家に分配する金融の仕組みを集団投資スキーム（CIS）と呼ぶ場合，資産運用型，資産流動型，資産証券化などの集団投資スキームにおいて媒体（ビークル）となるエンティティが必要になる。ここで，繰り返しになるが，学者が，投資ファンドの課税を論ずるとき，資金，媒体（ビークル）または仕組みあるいは投資家のいずれに対する課税について議論しているのかを区分しなければ議論が混沌としてくるが，まだ，十分な議論が尽くされているとはいえない[167]。このような集団投資媒体（Collective Investment Vehicle：CIV）は，各国で多様な呼称をもつが，一般に，マネジド・ファンド，ミューチャル・ファンド，または単

にファンドと呼ばれる。税法において，エンティティ・アプローチで課税ルールを検討する場合，集団投資媒体として投資ファンドを捉え，米国は事業体とその投資家に対するルールを明確に定めてこれを利用する米国企業の対外パッシブ活動を戦略的に促進している。日本が米国投資ファンドを迎え，日本で得た収益に対し，この米国投資ファンドそのものをエンティティとして，法人性の有無による可否を判定するのか，米国投資ファンドが利用する投資媒体（ビークル）をエンティティとして，法人性の有無による可否を判定するのか，米国投資ファンドの投資家に対するパススルー課税（現実の分配の有無を問わない）を行うのか，米国投資ファンドの投資家への分配に対する課税を行うのか，透明なルールを定めることが重要である[168]。

第4　米国の対外投資戦略の変化

　米国は，国際市場において米国生産物の輸出力を維持・強化するため，チャンネル・トレードに利用してきた特定の外国子会社以外の米資系外国法人をフル活用する必要がある。そのため，米国にとっては，米国ベース多国籍企業の米資系外国法人ネットワークが戦略的に重要な存在となる。これまでの選ばれたチャンネル・トレード用のエンティティである特定の外国子会社に代わる使命が，一般の米資系外国法人に期待されることになる。したがって，米国の対外投資政策における税制の役割については，国際的租税回避防止一点張りでなく，別の視点からも，税制における国家戦略論が台頭してくるものと考えられる。外国税額控除制度を古い税法学では国際的二重課税に係る納税者の救済制度としての側面のみに囚われ，国外所得免除制度との政策的選択が国益に重要な影響を与えることに考えが及ばない。国際的二重課税の排除という目的を超えて，国外所得免除制度との政策選択のもつ意義については，法解釈の制約を離れて，国家としていずれが適切かという命題を巡り財政学者，経済学者の論議が必要である[169]。米国では，ＣＩＮを主張する共和党とＣＥＮを主張する民主党との政策論争が盛んである。このように重要な課題は，単なる法解釈論

の域内に閉じ込めるべき問題でなく，常にその時代において戦略的な政策選択の検討を要する問題である。

1 領土主義課税（国外所得免除）原則というカード

その例としては，米国が米国企業に対して，一般的に，国外所得免除を認めることを選択する場合，米国企業の海外支店のみならず，米資系外国法人の国外所得に係る受取配当については，米国課税は行われない。二段階課税を嫌って，米国の親会社に対する配当を繰り延べてきた米資系外国法人による米国親会社への配当が非課税で行われるようになると期待することができる。米国は，これまで被支配外国法人（Controlled Foreign Corporation:CFC）の利益を米国に償還させる施策と税コストの影響について，多くの学者が研究してきた。この問題については，多種多様な学説があるが，この問題に対処するため，米国政府は，AJCAにおいて，ＣＦＣからの受取配当の85％控除という１年限りの優遇税制を採用した。AJCAの国際課税ルールの改正に関して，ブッシュ政権は，上記の外国所得の米国再投資奨励策のほか，（ⅰ）外国税額控除制度の改正および（ⅱ）外国子会社を通じる一定の外国所得の課税繰延措置を取り上げたが，輸出産業のみならず，多くの米国企業は，これを歓迎した。

2 米国法人税制改革の提言

(1) **外国通商審議会** (National Foreign Trade Council:NFTC)

NFTCは，領土主義課税原則への転換には消極的であるが，サブパートFを見直し，能動的外国事業所得の課税繰延制度の拡大を進めるべきであると提言している。

(2) **米国国際事業審議会** (U. S. Council for International Business：USCIB)

USCIBは，（ⅰ）サブパートF条項の完全廃止，（ⅱ）外国税額控除におけるバスケット方式から包括的限度額方式への転換，を提言した。

(3) 米国議会両院合同経済委員会（Joint Economic Committee：JEC）

JECは，2005年5月，税の競争を増進する米国法人税制改革（Reforming the U.S. Corporate Tax System to Increase Tax Competitiveness）という研究報告書において，（ⅰ）領土主義課税原則への転換，（ⅱ）所得ベース課税から消費ベース課税への転換，（ⅲ）個人所得税と法人所得税との統合，（ⅳ）法人税率の引下げを提言した。

(4) 大統領諮問パネル（President's Advisory Panel）

これらの提言に基づいて，2005年11月，大統領諮問パネルの2005年税制改革報告書が財務長官に提出された[170]。これは，所得税制改革のため，（ⅰ）簡易所得税プラン（Simplified Income Tax Plan：SITP）と（ⅱ）成長・投資税プラン（Growth and Investment Tax Plan：GITP）の2案を提言した。SITPでは，すべてのエンティティを前3年間の平均総収入について（ⅰ）小事業，（ⅱ）中事業および（ⅲ）大事業に区分し，大事業のみに法人税を課すこととし，国際課税については，領土主義課税原則に転換し，外国活動の能動的事業所得は本国償還されるか否かにかかわらず，米国では課税しないこととする[171]。したがって，SITPを採用する場合，米国企業の外国子会社の能動的事業所得からの配当および外国支店の能動的事業所得は，米国では課税されない。ただし，外国で所得控除が認められる支払（利子および使用料など）は，米国で課税される。非能動的所得に関して外国税額控除制度が存続するとしても，米国税が課されない外国源泉所得については，いかなる外国税額控除も認められない。パッシブ所得および高度な可動性所得については，サブパートFを維持する。エンティティ・アプローチの視点で重要なことは，米国株主が実現する米国法人の外国源泉所得および外国法人のすべての所得は，米国で課税するとしていることである。現在，大統領諮問パネルの税制改革報告書と提案は，財務省の手中にある。財務省は，この提言どおりの税制改革を行うことを示す兆候をこれまでのところみせていないが，国際市場における対欧州貿易競争において，支店形態の事業および外国子会社形態の事業について，WTOによって国家補助金の禁止という非難を受けない税制として，米国は国外所得免除というカー

ドをもつ可能性を示すことに成功したといえる。

第5　米国の対米外国投資戦略の変化

　米国は，その経済の活力と雇用を支える外国資本や外国企業の存在を評価しているとみられるが，国際市場のみでなく，米国市場における競争において，全世界所得課税を受ける米国ベース多国籍企業が領土主義課税（国外所得免除）の外国ベース多国籍企業やタックス・ヘイブン・ベース多国籍企業より不利な立場にあるという指摘がなされている。

　そのため，現実に，大型米国企業のインバージョンが起こっている。外国企業が米国で稼得する利益については，米国は米国企業と同様に法人税を課すことができるが，外国企業が米国子会社を通じて同額の利益を稼得する場合，その利益を本国償還する法形態が配当であるときは，米国はその親会社である外国企業にも課税できるにもかかわらず，米国支店形態で対米進出している外国企業に対しては，同額の米国源泉の利益を本店に送金したとき，原則として米国において配当課税をすることができない。資本輸出の中立性（Capital Export Neutrality：CEN）でなく，資本輸入の中立性（Capital Import Neutrality：CIN）を重視する立場では，米国への進出形態により課税上の差異を認めることは，外資系米国法人のみならず，内資系米国法人よりも外国法人の米国支店を有利に扱うことになる。経済活動のプレーフィールドを平等にする（leveling playfield）という米国の競争原理からも，米国としては，支店形態を選択する外国法人に対しては米国支店利益税（Branch Profits Tax）を課税する必要があり[172]，これを回避するための支払利子による課税ベース・エロージョンに対しては支店利子税（Branch-level Interest Tax）を課税する必要がある[173]。このような米国の措置に対しては，多くの租税条約締結国から国内法による租税条約オーバーライドについて一斉に批判を浴びたが，米国では連邦憲法の下で法律と条約は同位に位置づけられ，後法優先原則により租税条約オーバーライドが正当化される上，これらの国内法の規定は外国法人が事業形態の差異を利用する租税回避を

防止するための規定であると解されてきた[174]。連邦税法では、外国法人の米国支店の有利性を解消することによって、外国法人の米国子会社化を促進しているのであり、外資系米国法人の増加が期待されているのである[175]。米国では、連邦レベルでは特に外資の対米投資に対する奨励措置を定めず、米国生産物の輸出に貢献する業種の米国法人に対する種々の優遇措置を提供しているので、外国法人は米国子会社形態となって米資系米国法人と同列にこれらの優遇措置の適用を受けることができる。その意味では、資本無差別の待遇が認められている。ただし、米国は、特定の9分野（航空業、通信業、海運業、発電業、銀行業、保険業、不動産・地下資源行、国防）については、外資導入を警戒している。

1　米国現地法人化への誘導

米国は、輸出入銀行により米国の輸出業者に対し輸出のための資金調達（ダイレクトローン、割引貸付、保証等）の支援を行い、中小企業庁（SBA）により財政、金融、経営における援助を行っている。米国は、連邦税制において、（ⅰ）加速度コスト回収制度、割増償却および即時償却、（ⅱ）受取配当控除、（ⅲ）投資税額控除、（ⅳ）研究開発税額控除、などを認めている。外国法人が米国に進出する形態としては、基本的に（ⅰ）株式会社（C Corporation）、（ⅱ）支店（Branch）、（ⅲ）駐在員事務所（Representative Office）、（ⅳ）パートナーシップ、（ⅴ）有限責任会社（Limited Liability Company：LLC）、（ⅵ）リミテッド・ライアビリティ・パートナーシップ（Limited Liability Partnership：LLP）、（ⅶ）S法人（S Corporation）、（ⅷ）事業主（Sole Proprietorship）などがある。法務的には、私法上の手続として、株式会社、支店、パートナーシップ、ＬＬＣ、ＬＬＰなど、州法に基づき設立、設置または組成され、州政府への登録または登記を要するほか、連邦税務としては、すべての法人は内国歳入庁（IRS）に納税者登録を行い、雇用主番号（EIN）を取得しなければならない。

米国商務省は、外国法人の対米投資について報告要件（Inward Investment Reporting Requirements）を規定している。外資の対米投資については、次の規制法が存在する。

第15章　米国の戦略的なエンティティ・アプローチ

(1) **外資・通商調査法**(International Investment and Trade in Services Survey Act：IITSSA)

商務省経済分析局（BEA）は，外資の対米投資につき，外国人投資家または外国事業体が投資先の米国事業体の議決権の10％以上を有する場合，その投資内容を届け出ることを義務づけている（100万ドル未満もしくは200エーカー未満，または個人使用目的の不動産購入を除く）。提出書類は，(i) ＢＥ－13, (ii) ＢＥ－14, (iii) ＢＥ－605, (iv) ＢＥ－15, (v) ＢＥ－12, (vi) ＢＥ－605の6種類である。

(2) **農業外資開示法**（Agricultural Foreign Investment Disclosure Act：AFIDA）

農務省は，外国人が農地を所有する場合，所有の日から90日以内にＦＳＡ－153（農業投資報告書）の提出を義務づけている。

(3) **エクソン・フロリオ条項**（Exon-Florio Provision）

対米外国投資委員会（CFIUS）は，財務省，国務省，国防省，商務省，司法省，米国通商代表部，経済諮問委員会，行政管理予算局，科学技術政策局で構成される。CFIUSの所管するエクソン・フロリオ条項は，外国人（外国法人を含む）の米国企業買収・吸収合併が米国安全保障に脅威となると判断される場合に適用される。CFIUSは，投資内容の精査を行い，できるだけ米国市場を公開するが，必要と認める場合には，捜査を実施し，対米外国直接投資（Foreign Direct Investment：FDI）を制限する。大統領は，捜査結果の報告を受け，15日以内に判断をすべきものとされる。

① 航　空　業

米国における旅客・貨物の航空機は，米国内で登録された航空機に限定される。航空機の登録は，原則として，(i) 米国市民, (ii) 米国市民のパートナーシップ, (iii) 最高経営責任者（CEO）と取締役の3分の2以上が米国市民でありかつ株式の75％以上が米国市民によって所有される米国法人のみによって行われることを要する。ただし，外国人は，米国航空機会社の株式の49％以下（議決権株式の25％以下）の所有を認められる場合がある。

② 海　運　業

国内運河・淡水路の運送は，米国企業が75％以上を所有する船舶または国内で建造されかつ米国に登録した船舶に限定される。米国籍船舶を外国人に売却する場合には運輸長官の認可を受けなければならない。

③ 通　信　業

外国企業による米国通信業（電話，電報，ラジオ放送およびテレビ放送）に対する直接投資は，連邦法で規制され，外資系米国法人が通信伝達機器を操作する免許を取得することは禁止されている。

④ 発　　電

米国内の原子力発電は，原子力エネルギー法によって，外国所有または外国経営を禁止されている。原子力エネルギー委員会（AEC）は，（ⅰ）外国人によって所有されまたは経営される企業，（ⅱ）外国人によって支配される企業，（ⅲ）外国政府によって影響を受ける企業，などに原子力の利用や生産を免許することはできない。

⑤ 銀　行　業

米国銀行については米国通貨監督庁（U.S. Controller of the Currency）の認可，州銀行については州政府の認可を得なければ，米国で銀行業を開業することができない。これらの銀行の役員はすべて米国市民でなければならない。外国銀行または外国銀行の子会社については，米国市民以外の者が例外としてその役員となることが認められる。

⑥ 保　険　業

保険業については，マッカラン・ファーガソン法（McCarran-Ferguson Act）により，各州の規制が連邦の規制に優先する。各州の対米直接投資は異なるが，大部分の州では，保険会社の役員は米国市民または米国永住権保持者であることを要する。

⑦ 不動産・地下資源

外国人または外国法人による米国不動産の所有や使用には，連邦法と州法が適用される。連邦法では，連邦政府所有不動産（地下資源を含む）の購入または

使用について,州法により登記した米国法人でなければ許可されない。ただし,外国人の本国が米国人に対して地下資源埋蔵地の借地権を認める場合に限り,当該外国人に地下資源埋蔵地の借地権を認めることができる。

(4) 財務省外国資産管理規制 (Foreign Assets Control)

財務省外国資産管理局（Office of Foreign Assets Control：OFAC）は,外国企業所有資産の規制を統括している。銀行,輸出入業,証券,保険,信用調査報告,消費者信用報告,非政府サービス,企業登記サービスなどの業界を対象として,外国資産管理を行うほか,経済制裁実施権限を有し,バルカン,ビルマ,キューバ,イラン,イラク,リベリア,北朝鮮,ジンバブエを対象国としている。また,ダイヤモンド取引,麻薬,核不拡散,テロリズムなどの制裁分野についても管理している。

2 各州の企業誘致・投資奨励策

各州は,経済開発局,州・地方（郡・市）政府機関,商工会議所等を中心に,企業誘致・投資奨励を競い合い,種々の便宜供与（立地選定調査,土地取得,会社設立または工場建設,融資,雇用,職業訓練,海外からの派遣者の受入などを含む）や税制優遇措置を講じている。各州は,過疎地,スラム化した地域,環境問題のある土地などの再開発を促進するため,ルネッサンス・ゾーン,再開発ゾーン,などの名をつけた特別経済開発地域を指定し,この地域への企業誘致のために土地リース代を無料とするなどの優遇措置を講じている。州政府の税制優遇措置は,州により異なるが,主たる措置には,（ⅰ）投資税額控除,（ⅱ）研究開発税額控除,（ⅲ）売上税の免除,（ⅳ）固定資産税の減免,（ⅴ）動産税の免除,（ⅵ）経済開発地区税額控除,（ⅶ）損失の繰越などが含まれる。

第6 米国の外国企業によるパッシブ活動に対する戦略

米国は，外資導入を歓迎しているが，連邦税法としては特別な奨励措置を設けていない。米国の税法では，外国事業体を（ⅰ）当然法人 (Per se Corporation or mandatory corporation)，（ⅱ）選択適格事業体 (Eligible Entity)，（ⅲ）税法上無視される事業体に大別し，当然法人については法人課税を行い，選択適格事業体については米国事業体と同様にチェック・ザ・ボックス規則により社団として法人課税されるかまたはパートナーシップとして構成員課税（パススルー課税）されるかを選択することができるものとし，1人事業体については社団として法人課税をされるかまたは無視される事業体とされるかを選択することができるものとする。外国事業体が当然法人とされるか否かは，米国が各国ごとに決定することとされ，日本の事業体については株式会社のみが当然法人であり，日本のその他の法人（合名会社，合資会社などの持分会社，特例有限会社，合同会社）は，すべて選択適格事業体として取り扱われる[176]。日本の非法人は，選択適格事業体とされる。

米国は，外国事業体による米国の課税ベース・エロージョンを許さない。

1 トリーティ・ショッピング防止規定

米国の課税ベース・エロージョン防止の措置の代表例は，トリーティ・ショッピング防止規定（特典制限条項：Limitation on Benefits：LOB）である。条約相手国以外の第三国の企業が，条約相手国に名目的な法人を設立して，米国との租税条約の特典を享受することにより米国の課税を免れる行為は，米国としては許しがたいとする基本政策から，このような租税条約の濫用に対して，エンティティ・アプローチにより，法形式上は条約相手国の法人であっても，一定のテストにより，米国の租税条約の適用を否定する。租税条約について権限と責任をもつ米国議会上院は，トリーティ・ショッピング防止規定を欠く租税条約は一本たりとも承認はしない。米国のLOB条項は，米国モデル租税条

第15章　米国の戦略的なエンティティ・アプローチ

約においても，歴史的に精緻なものになってきた。1971年財務省モデル条約では第16条（投資会社または持株会社）というシンプルな規定であったが，1981年財務省モデル条約では第16条（特典の制限）でやや詳細なものになり，1992年討議ドラフトを経て，1996年第22条（特典の制限）は，（ⅰ）適格居住者要件，（ⅱ）能動的事業活動要件，（ⅲ）権限ある当局の認定要件を規定するに至った。個人および適格政府団体以外の法人および非法人について，適格居住者要件として，（ⅰ）真正要件，（ⅱ）ルックスルーによる支配要件・所有要件，（ⅲ）課税ベース・エロージョン要件が定められている[177]。

　米国モデル租税条約のLOB条項におけるエンティティ・アプローチでは，適格居住者と認められる法人は，（ⅰ）議決権および価値の50％超の種類の株式全部が公認の株式取引所で通常取引される法人または（ⅱ）各種類の株式の50％以上が（ⅰ）により適格居住者として認められる法人によって直接・間接に所有される法人（間接所有の場合には中間所有者が適格居住者であることを条件とする）であり，公認の株式取引所の上場という真正要件と株式所有要件を判定基準としている（22条2(c)）。適格居住者と認められる非法人は，適格居住者が課税年度の日数の半分以上各種類の持分その他の受益権の50％以上を直接・間接に所有し，かつ，居住地国において所得税の課税上控除できる支払の形で，第三国居住者に直接・間接に支払われ，または支払われることとなる金額が課税年度の総所得の50％未満である非法人であり，持分所有要件と居住地国における課税ベース・エロージョン要件を判定基準としている（22条2(f)）。さらに，条約相手国の居住者がその居住地国で営業・事業を積極的に遂行し，米国で生ずる所得がその営業・事業に関連を有しまたは付随し，かつ，その営業・事業が米国で当該所得を生じる活動に関して重要である場合に当該所得について租税条約の特典を享受することができるとする能動的事業活動要件を定めている。この要件については，銀行，保険会社または証券会社を除き，投資を行いまたは投資を管理する事業は積極的な営業・事業とは考えられない。米国は，投資と事業を区別する。

2 米国不動産に対する投資

米国の国内法では条約に規定する「恒久的施設」概念がなく,「実質的関連所得」概念を採用している。米国では,条約の規定と国内法の規定との関係は同位とされている (IRC7852(d)) ので,条約上の「恒久的施設」概念と国内法上の「実質的関連所得」概念が同時に並存するため,租税条約の適用に当たり,疑義を生ずることが少なくない。1966年外国投資家税法 (Foreign Investors Tax Act of 1966(P.L.89-809)) によりＩＲＣ894(b)が追加されたとき,米国は,恒久的施設を有するか否かを問わず米国事業に関連しない投資所得に対し30％の税率で課税するという原則を含む古い条約をすべて改正することになった。ＩＲＣ894(b)により,米国内の営業・事業の遂行に実質的関連を有しない所得について,外国法人は米国に恒久的施設を有しないものとみなされ,租税条約の特典を受けることができる。米国の営業・事業に実質的関連を有する投資所得(配当,利子,使用料,譲渡収益等)を含むすべての所得に対して,外国法人は内国法人に適用される累進税率で課税される (IRC864(c))。これらの所得が米国の営業・事業に実質的関連を有しないとき,30％の比例税率で課税される。投資所得は,(ⅰ) 固定または確定した定期的所得 (利子,配当,賃貸料,使用料,プレミアム,保険年金等),(ⅱ) 一定の収益,(ⅲ) 譲渡収益に分類される。投資所得が実質的関連原則に合致するか否かを決定するとき,(ⅰ) その所得が営業・事業に使用されまたは使用するために保有される資産から取得されたものか,(ⅱ) 営業・事業の活動が所得の実現において重要な要素であったか,ということが判断基準とされる。しかし,米国不動産の権利の処分から生ずる純収益について,外国法人は,米国の営業・事業に実質的関連を有していたか否かにかかわらず,課税される (IRC897(a))。米国不動産の権利には,(ⅰ) 米国またはバージン諸島内に存在する不動産における権利 (鉱山,油井その他の天然資源埋蔵物に対する権利を含む),(ⅱ) 内国法人における権利,が含まれる (IRC897(c))。この「不動産の権利」には,土地またはその改良の所有権および共有権,土地またはその改良のリース,土地またはその改良を取得するオプション,

ならびに土地またはその改良のリースを取得するオプションが含まれる。米国不動産保有法人における権利も、同じ原則に従う。パートナーシップ，遺産財団または信託が保有する米国不動産の権利は，パートナーまたは受益者によって比例的に所有されるものとして取り扱われる。米国のエンティティ・アプローチの手法は，外国法人のステータスを内国法人のステータスに転換することを認める。外国法人がその収益に対して内国法人と同じ方法で租税を課されることを選択することができる。外国法人が米国に条約上の恒久的施設を有し，かつ，条約の下でその恒久的施設が同じ活動に従事している内国法人より不利な取扱いを受けない（無差別待遇）場合，ＩＲＣ897の適用上，すべての株主の合意の上，内国法人として取り扱われることを選択できる。米国は，米国不動産の譲渡収益を不動産保有法人の株式譲渡という法形式を利用して不動産所在地国課税から居住地国課税に転換する非居住者・外国法人のスキームに対処するため，米国モデル租税条約13条２項は，「不動産」の定義において（ⅰ）米国不動産持分，（ⅱ）米国に存在する不動産における相当の持分を含めることとしている。米国は，米国不動産収益に対するFIRPTAの課税権を留保する必要がある。不動産投資信託（REIT）が行う分配は，不動産譲渡によって生ずる収益に帰せられる場合，租税条約上10条（配当）でなく，13条（譲渡収益）が適用される。

3　規制投資会社（ＲＩＣ）[178] または不動産投資信託（REIT）[179]

米国モデル租税条約10条２項は，配当の限度税率について(a)配当の受益者が法人の議決権株式の10％以上を直接所有する法人である場合（親子間配当）５％，(b)その他のすべての場合（ポートフォリオ配当）15％と定めているが，同条３項は，(a)の限度税率は米国のＲＩＣまたはREITが支払う配当については適用されず，(b)REITの支払う配当についてその配当の受益者がREIT持分の10％未満を保有する場合を除き，適用されないと規定している。この規定は，非居住者または外国法人が直接的な米国不動産投資に代えて米国のＲＩＣまた

はREITというエンティティを利用して不当に米国源泉税（30%）を免れることを防止する規定である。ＲＩＣまたはREITは，連邦税法が認める集団投資媒体（Collective Investment Vehicle：CIV）であり，これが少数の投資家によって支配される場合には，米国はこのようなＣＩＶを通じる利益の分配という法形式を否定する。10条２項では，非居住者・外国法人がそのポートフォリオとしてターゲット法人の株式を直接取得する場合には租税条約の軽減税率は，15%であるが，自己が議決権株式の10%以上を所有し支配するＲＩＣを通じてこのターゲット法人の株式を保有すれば５％の軽減税率を享受できることになり，また，米国不動産を直接保有すれば，その不動産収益に対して30%の源泉税を課されるが，自己が支配するREITを通じて不動産所得を得ると，REITの利益の分配という法形式をとることによって15%の軽減税率を享受できることになる。

10条３項は，このようなエンティティの利用を封じるものである。

4　関連会社に対する諸規制とその範囲

米国は，外国事業体の米国事業体に対する支配力によって米国の課税ベース・エロージョンを許さない。そのため，連邦税法において，移転価格税制をはじめ，多くの対策を講じている。特にパッシブ所得を中心に重要な制度を要約する。

(1)　移転価格税制（ＩＲＣ482）

米国の移転価格税制の適用範囲は，日本の制度と異なり，広範であり，法人・個人，米国人・外国人，株式等所有比率を問わず，取引の当事者が共通の株主等によって支配される場合には，関連会社として，ＩＲＣ482の適用対象とされる。移転価格税制においてその適用の実効性を確保するため，米国は情報収集を重視し，関連会社間取引について，（ⅰ）米国法人とその外国子会社との取引に関する報告（IRC6038），（ⅱ）外国法人と米国子会社との取引に関する報告（IRC6038A）および（ⅲ）外国法人と米国支店との取引に関する報告（IRC6038C）を要求する。外国法人が米国子会社の株式の25%以上を所有する

場合，または米国支店を有する外国法人の25％以上を外国法人が所有する場合，米国子会社または米国支店は，罰金つきの報告義務を負う。

(2) 過少資本税制（ＩＲＣ385）

米国は，連邦税法に過少資本税制を導入し，法人における一定持分を株式または負債として取り扱うルール（Treatment of Certain Interests in Corporations as Stock or Indebtedness）として必要かつ適切な財務省規則を制定する権限を財務長官に付与したが，関連会社間の関係が（ⅰ）債権者・債務者関係かまたは（ⅱ）株主・法人関係かを判定する基準の策定が1980年代に試みられたが，これまで具体的な規則は制定されるに至っていない。

(3) アーニング・ストリッピング・ルール（ＩＲＣ163(j)）

米国では，法人が利子を支払う場合，その利子を受ける者がその受取利子に対して米国税法上課税されないときは，その損金算入を否認する。損金算入が否認される不適格利子（Disqualified Interest）は，関連者（法人，個人，パートナーシップ等）に対して支払う利子で，純利子経費（支払利子－受取利子）が（ⅰ）課税所得の50％および（ⅱ）過去３年間の限度余裕額の合計額を超え，かつ，年度末の負債対資本比率が1.5対１を超えているとき，超過利子（Excess Interest Expense）は，損金控除が認められず，翌年度以降に繰り越される。この規定で，エンティティ・アプローチにより，関連者とされる範囲は，ＩＲＣ267(b)およびＩＲＣ707(b)で規定される関連者である。

① ＩＲＣ267(b)に規定する関連者

(a)親子，兄弟姉妹，配偶者，(b)法人の発行済株式の50％超を直接・間接に保有する個人，(c)同一の被支配グループの構成員である二法人，(d)信託の委託者と受託者，(e)同一の者が二信託の委託者である場合における一信託の受託者と他の信託の受託者，(f)信託の受託者と受益者，(g)同一の者が二信託の委託者である場合における一信託の受託者と他の信託の受益者，(h)信託の受託者と，その信託によりもしくはその信託のために，またはその信託の委託者である者によりもしくはその委託者のために，直接・間接に発行済株式の50％超が所有される法人，(i)ある者と，ＩＲＣ501が適用される教育・慈善等免税団体でその

者またはその者の家族の構成員が直接に支配するもの，(j)同一の者が法人の発行済株式の50％超とパートナーシップの資本持分または利益持分の50％超を有する場合における法人とパートナーシップ，(k)同一の者が各Ｓ法人の発行済株式の50％超を所有する場合におけるＳ法人と他のＳ法人，(l)同一の者が各法人の発行済株式の50％超を所有する場合におけるＳ法人とＣ法人。

② ＩＲＣ707(b)に規定する関連者

(a)あるパートナーシップとこのパートナーシップの資本持分または利益持分の50％超を直接・間接に所有する者，(b)同一の者が資本持分または利益持分の50％超を直接・間接に所有する二つのパートナーシップ。

(4) **連結申告納税（Consolidated Returns）制度**[180]

米国の連結申告納税制度は，議決権および株式の80％以上を直接所有する子会社に適用することができることとし，以下の一定のエンティティをその適用除外としている（IRC1504(b)）。適用除外されるエンティティとしては，（ⅰ）ＩＲＣ501による免税法人，（ⅱ）ＩＲＣ801により課税される保険会社，（ⅲ）外国法人，（ⅳ）プエルトリコ，米領バージン諸島，などの属領の法人，（ⅴ）China Trade Act of 1922により設立された法人，（ⅵ）規制投資会社，不動産投資信託，（ⅶ）DISC，（ⅷ）Ｓ法人などがある。

(5) **タックス・ヘイブン対策税制（Controlled Foreign Corporations）**[181]

米国は，被支配外国法人（Controlled Foreign Corporations：CFC）について，その米国株主に対し，サブパートＦ所得のプロラタ・シェアを合算課税する制度を設けている。米国株主は，ＣＦＣに該当する外国法人のすべての種類の議決権株式の全議決権の10％以上を所有し，または所有するとみなされる者である（IRC957(c)）。ここでＣＦＣとは，（ⅰ）法人のすべての種類の議決権株式の議決権と（ⅱ）法人の株式価値の合計の50％超が当該外国法人の課税年度中みなし株式保有ルール（IRC958(b)）の適用上，米国株主によって所有され，または所有されているとみなされる外国法人をいう（IRC957(a)）。米国の者（U.S. person）とは，（ⅰ）米国の市民または居住外国人，（ⅱ）内国パートナーシップ，（ⅲ）内国法人，（ⅳ）遺産財団（外国遺産財団を除く），（ⅴ）信託（米国裁判所が

第15章　米国の戦略的なエンティティ・アプローチ

信託の管理に関する監督権を行使できるもので，一または複数の米国の者が信託のすべての実質的な意思決定を支配する権限を有するもの）をいう（IRC957(c)，7701(a)(30)）。サブパートＦ所得とは，（ⅰ）保険所得，（ⅱ）外国基地会社所得，（ⅲ）国際的ボイコット所得，（ⅳ）賄賂，キックバック，その他の違法所得，等をいう（IRC952(a)）が，そのうち，外国基地会社所得（Foreign Base Company Income）とは，（ⅰ）外国同族持株会社所得（foreign personal holding company income），（ⅱ）外国基地会社販売所得（foreign base company sales income），（ⅲ）外国基地会社サービス所得（foreign base company services income），（ⅳ）外国基地会社石油関連所得（foreign base company oil related income）の合計額をいう（IRC954(a)）。ここでは，ＣＦＣルールの適用範囲を決めるため，エンティティ・アプローチが用いられている。

(6) 法人インバージョン（Corporate Inversion）の防止

米国は，米国企業が国際経済活動から生ずる国外源泉所得，特に投資所得に対する源泉地国課税を抑制するため，租税条約の締結に努めるが，それは国外所得の本国償還を期待するからであり，外国子会社からの利益の分配に対して課される外国税の抑制を通じて，米国における外国税額控除を通じて米国の税収が減少することを防止する努力でもある。しかし，米国ベース多国籍企業が，米国の二段階課税を嫌って，外国子会社から米国親会社への配当による国外所得の米国への償還をやめるならば，海外進出形態の差異について租税の中立性を維持するための間接外国税額控除のみならず，租税条約における配当に対する源泉地国課税の抑制努力は無効になる。米国は，米国企業が合理的な事業目的からグローバルな生産・販売・研究開発戦略をもち，Ｍ＆Ａや企業連鎖管理技術と合わせて高度な租税専門家のタックス・プランニングによって外国税の節税を図ることを歓迎することができる。しかし，外国ベース多国籍企業，特にタックス・ヘイブンに会社を設立し，その傘下に多国籍企業をぶら下げるスキームや領土主義課税原則の国をベースとする多国籍企業に比して，米国ベース多国籍企業は課税上不利であるといい，国際競争力強化の名の下で自助行為（Self-help）により実効税率を引き下げるために，外国課税権のみならず，米国

493

の課税権まで回避する行動をとり，究極の租税回避行為としてコーポレート・インバージョン取引を行うに至るが，租税動機のみによるタックス・プランニングは，米国の税収の低下を生じるのみならず，そのような機会を全く有しない多数の納税者のコンプライアンスに悪影響を及ぼすとともに，米国民の税制への信頼を蝕んでいく。米国のインバージョンについては，第12章で詳述したとおり，ブッシュ政権は，対抗措置として，IRC7874を新設した。

① 80％以上の株式所有に係るインバージョン取引

プランまたは一連の関連取引に従って，米国法人が外国で設立された事業体の子会社になるかまたはその資産の実質的にすべてを当該外国事業体に譲渡し，米国法人の元の株主がこの取引後外国事業体の株式（価値または議決権）の80％以上を所有し，かつ，外国事業体（50％の所有連鎖で結合するすべての法人と合わせて）拡大関連グループの全世界事業活動に比して当該外国事業体の設立地国で実質的な事業活動を有しない場合，これを第1種インバージョンといい，米国税法の適用上，外国親会社を米国法人とみなす。この規定によって，インバージョン取引が意図した課税上のベネフィットを否定する。

② 60％以上80％未満の株式所有に係るインバージョン取引

上記の定義に該当する取引であって，80％所有要件を満たさないが，60％所有要件を満たす場合，第2種インバージョンといい，インバージョン取引は認容されるが，インバージョン・スキームを作る法人段階のトール・チャージは純営業損失外国税額控除によって相殺されない。IRC304, 311(b)367, 1001, 1248またはCFC株式の譲渡もしくは米国法人がインバージョン取引の一部としてもしくは取引後外国関連者に他の資産を譲渡もしくは使用許諾することに係る規定に基づき認識される法人段階の所得または収益は，純営業損失や外国税額控除によって相殺されず，課税される。

第7　租税回避防止規定におけるエンティティ・アプローチ

　米国は，米国企業・米国投資家のため，税法上も多様なエンティティのメニューを品揃えして，米国議会の意図する用法でフルに活用されることを期待する反面，米国税の減少のみを企む租税動機取引を許そうとしない。タックス・プランニングでは，（ⅰ）課税標準の減少，（ⅱ）実効税率の減少，（ⅲ）税額控除の増加を目的とし，（ⅰ）所得分割，（ⅱ）所得移転，（ⅲ）所得帰属主体の変更，（ⅳ）所得分類の変更，（ⅴ）所得源泉の変更，（ⅵ）損失の創造，（ⅶ）損失の二重控除，（ⅷ）課税繰延，（ⅵ）課税排除などの方法を用いて，タックス・シェルターを考案する。そのとき，タックス・プランナーは，法人や非法人などのエンティティの法律学を駆使するコーポレート的手法と種々の経済・金融取引のファイナンス理論と技術を駆使するコーポレート・ファイナンス的手法を用いる。したがって，このような租税回避を防止するためには，エンティティについての利用制限や濫用的取引などの行為規制を税法における実体法および手続法で措置する必要がある[182]。租税回避のために最も利用されるエンティティは，いうまでもなく，法人，特に関連法人であるが，パートナーシップなどの非法人も，また，利用されるので，米国税法はエンティティごとに多くの個別的否認規定を制定してきた。米国がその政策の遂行上あるエンティティを有効と認めたが，その意に反してそのエンティティが租税回避のために利用されたからという理由で，そのエンティティを抹殺すべきか，租税回避防止措置を講じた上で初期の政策目的を達成するために存続させるべきかの決定は，専ら政策判断による。租税回避に利用されるおそれが大きいエンティティは排除すべきであるという考えは，OECDの論議においても見受けられ，米国においても，FASITの抹殺という例もある。租税のみでなく，マネーロンダリングにも利用されるおそれが大きいという国際的コンセンサスが形成される場合には，一国にとって国策に沿うエンティティであるとしても，他国にとって有害であると判断されるときは，OECDの「有害な税の競争」「有害税

制」などの抑圧のようなイニシャティブを惹き起こすことになる。日本の租税条約では，ルクセンブルグの持株会社[183]を適用対象外として明記したが，条約の適用範囲から外国の個別エンティティを特別に排除することもある。日本における匿名組合についての特別な取極めを規定することも，そのような措置の一例といえよう[184]。

〔注〕
136) 日本公認会計士協会租税調査会研究報告第6号（中間報告）『外国事業体課税のあり方について』平成14年3月25日。
137) 日本の税法ではタックス・プロモーターについて規制はないが，米国の税法では規制および制裁に関する規定が以下のように整備されている。
  ① タックス・シェルターの登録（IRC6111）
  ② 潜在的濫用的タックス・シェルターの投資家リスト保存義務（IRC6112）
  ③ 濫用的タックス・シェルター等のプロモーターに対する制裁（IRC6700）
  ④ 過少申告教唆・幇助に対する制裁（IRC6701）
  ⑤ 濫用的タックス・シェルター等のプロモータに対する民事訴訟（IRC7408）
138) 投資ファンドの定義については未だ定説がない。俗に投資ファンド課税を論議するとき，文字どおり「投資を目的として多数の投資家から集めた資金」と解すれば，その資金に対する課税は所得課税の対象外の論議となる。所得課税の問題は，投資ファンドの収益に対する課税と投資家に配分される投資ファンド収益に対する課税である。投資ファンドは投資スキームまたは投資の仕組みであるという学説があるが，このようなスキームまたは仕組みに対する課税を議論することは，そのようなスキームや仕組みそれ自体をエンティティとみなして議論しているのか，金融取引とみなしてその取引に用いられる媒体（ビークル）の課税を議論しているのか，明らかにした上で議論することが，重要である。ビークル課税の議論だとすれば，エンティティ・アプローチの検討対象となる。これについては，拙著『国際的租税回避－基礎研究』（平成14年）において国際租税協会（International Fiscal Association：IFA）における研究を紹介している。
139) ジェトロ経済情報部調査レポート『日本における外資系投資ファンドの動向』2002年6月。
140) 本庄資『国際的租税回避－基礎研究』（平成14年）pp.129－131。
141) パッシブ活動（Passive activities）という概念は，米国では多くの租税回避スキームで損失（losses）を利用することが常套手段となっているので，包括的否認規定としてパッシブ活動損失（Passive Activities Losses：PAL）ルールを確立し，PALはパッシブ活動による利得のみから控除できるものとし，能動的事業による利得と相殺することを許さないという原則によってこの種の租税回避行為を防止する。このため，パッシブ活動の所得または損失の定義が重要となる。また，外国投資会社

第15章 米国の戦略的なエンティティ・アプローチ

の課税上，パッシブ外国投資会社（Passive Foreign Investment Companies：PFIC）についてIRC1291-1298において，特則を定めている。
142) 税法で使用する用語の概念をめぐる借用概念論の功罪は，非法人の課税上の取扱いのように，税法において具体的な課税ルールが明記されていない場合，「裸の王様」の寓話のように，着ていない服について服が見えると称する者たちのさまざまな学説・意見が果てしもなく続いている。「事業」と「投資」の区分が問題となる一例としては，民法上の組合を上げることができる。民法上の組合が存在するか否かを争う場合，「各当事者が出資をして共同の事業を営むこと」を約束する契約と称するとき，この「事業」とは何かを私法上どのように定義しているか，また，私法上の定義はともかく，税法上の「組合」課税上パススルー課税するためにどのような活動を「事業」と認めるべきか，「投資」はこの概念から除外するのか，日本の税法では米国税法サブチャプターKのような規定が全く存在しないため，その解は曖昧な「社会通念」によって決めざるを得ない。
143) 本庄資『アメリカ法人税法講義』（平成18年）pp.17-27。
144) 米国は，1997年チェック・ザ・ボックス規則を導入し，同年前まで法人性の判定に用いてきたキントナー原則を捨てた。
145) IR2006-45 *IRS Debunks Frivolous Arguments on Paying Taxes.* Notice2006-31, Revenue Rule 2006-17, 2006-18, 2006-19, 2006-20, 2006-21。
146) 米国税法では，米国の者（U. S. Person）とは，(a)米国市民または米国居住者，(b)内国パートナーシップ，(c)内国法人，(d)すべての遺産財団（IRC7701(a)(31)に規定する外国遺産財団を除く），(e)米国裁判所が信託の管理に対し監督権を行使することができ，かつ，一または複数の米国の者が信託のすべての実質的な意思決定を支配する権限を有する信託をいうと定義している（IRC7701(a)(30)）。
147) 日本の税法では，脱税犯は，納税義務者が偽り不正の行為により租税を免れまたはその還付を受けたことを構成要件とする犯罪であり，租税債権の侵害がなければならないと解して，ほ脱犯は既遂のみを処罰対象とし，未遂についてはほ脱犯は成立しないと解するのが通説とされている。この説ではほ脱税犯の範囲をきわめて制限的に解釈するが，米国税法の脱税犯の構成要件は，「方法のいかんを問わず，内国歳入法典（26USC）によって課される租税またはその納付を故意にほ脱することを試みること」（Any person who willfully attempts in any manner to evade or defeat any tax imposed by this title or the payment therof）と規定され（IRC7201），故意犯である点は日本と同じであるが，「偽りその他の不正の行為」という解釈の疑義を残す概念を用いる日本の税法に比して"in any manner"という開放的な概念を用い，"attempt"という日本流にいう未遂についても脱税犯の成立を認める点で，日本の制裁制度と異なる。
148) 本庄資『アメリカン・タックス・シェルター基礎研究』（平成15年）および本庄資・梅辻雅春・須藤一郎共著『タックス・シェルター事例研究』（平成16年）。
149) 昭和53年租税特別措置法40条の4以下および66条の6以下において「タックス・ヘイブン対策税制」を導入し，平成12年に特定信託もこの制度の対象に含めること

とした。ここで用いるエンティティ概念は，「外国関係会社」概念であり，そのうちの一定要件を満たすものとして，「特定外国子会社」概念を用いている。

150) 資産流動型事業体としては，平成10年特定目的会社による特定資産の流動化に関する法律(俗に資産流動化法という)により設立が認められた特定目的会社（Special Purpose Company：SPC）があるが，平成12年に資産流動化法が改正され，その名称が「資産の流動化に関する法律」に改正され，流動化の媒体（ビークル）として，新たに特定目的信託が認められた。

151) 資産運用型事業体としては，平成10年金融システム改革のための関係法律の整備等に関する法律（俗に金融システム改革法という）により証券投資信託法が改正され，設立が認められた証券投資法人があるが，平成12年に証券投資信託法が改正され，その名称が「投資信託および投資法人に関する法律」（俗に投資法人法という）に改正され，投資信託および投資法人がこれに属する。

152) 平成12年の資産流動化法および投資法人法の改正により，税法上，特定目的信託および特定投資信託を合わせて特定信託という概念を用い，特定信託の所得に対して受託会社に法人税を課することにした（法法7条の2，82条の2以下）。

153) 民法667条－688条。

154) 商法535条－542条。

155) 信託法1条。

156) 非法人について米国税法ではサブチャプターK（パートナーシップ）およびサブチャプターJ（遺産財団および信託）において詳細な規定があるが，日本の税法ではこれらに匹敵する規定は存在しない。国税庁通達において任意組合等に関する取扱いを定め，国税職員の実務上の取扱いの統一を図っている。

157) 現在，日本の非法人の課税上の取扱いに関する税法学者等の議論は混乱を示している。すなわち，（ⅰ）私法上の解釈論，（ⅱ）法文のない税法上の解釈論，（ⅲ）国税庁通達の解釈を巡る議論，（ⅳ）立法論のいずれのレベルで論議しているのかを明らかにしない議論が多い。

158) 新井誠『信託法（第2版）』（平成17年）pp. 60, 87。

159) IRC Subpart E (Grantors and Others Treated as Substantial Owners) of Subchapter J (Estates, Trusts, Beneficiaries and Decedents). IRC671－679。

160) 本庄資「ブッシュ政権の租税政策－外国信託税制および濫用的外国信託スキームの摘発－」税経通信 Vol. 61/No. 12/869.

161) チャンネル・トレードは，二国間の企業間の直接的な輸出入でなく，代理人（agents）や中間介在者（intermediaries）を通じて行う輸出入をいい，これらの代理人や中間介在者が第三国居住者である場合には，法形式上，三カ国貿易となる。これは，商品の取引に限らず，資本，技術，サービスなどについても，同様である。関連グループ内の取引において，この中間介在者として，第三者または関連者のいずれを利用するかによって，国際課税において異種の問題が生じる。また，これらの中間介在者が，非法人で課税上透明な事業体（fiscally transparent entities）である場合に，国際課税における問題が生じる。

第15章　米国の戦略的なエンティティ・アプローチ

162) IRC199 (Income attributable to domestic production activities)。
163) 我妻章如「国外所得免税（又は仕向地主義課税）移行論についてのアメリカの議論の紹介と考察」フィナンシャル・レビュー，平成18年第5号, pp.152-164。
164) 米国モデル租税条約3条1項は，「者」(a person) には，個人，遺産財団，信託，パートナーシップ，法人およびすべての他の社団を含むと規定している。
165) 米国のパススルー事業体の定義について，須田徹『米国のパートナーシップ』（平成6年）p.57では，「信託（REITを含む）」を規則1.67-2T(g)のパススルー事業体の定義に含めているが，これは明白な誤りである。
166) Lynne J. Ed and Paul J. M. Bongaats *The Taxation of Investment Funds* Cahiers de droit fiscal international Volume LXXX IIb, 1997。
167) 増井良啓「投資ファンド税制の国際的側面－外国パートナーシップの性質決定を中心として－」，田邊昇『投資ファンドと税制－集団投資スキーム課税の在り方』（平成14年）。
168) 平成17年度税制改正で，国内源泉所得の範囲について，任意組合，投資事業有限責任組合，有限責任事業組合または「これらの組合に類する外国の組合」の外国組合員が日本における活動の利益の配分を受ける場合，外国組合員に利益の分配を行う者に源泉徴収義務および支払調書提出義務を課すこととした。非居住者・外国法人の不動産関連株式等の譲渡所得課税制度を創設し，国内にある土地等の価額の合計額が資産価額総額の50％以上である不動産関連法人の発行する株式等または国内にある土地等の価額の合計額が信託財産に属する資産価額総額の50％以上である不動産関連特定信託の受益権の譲渡をした場合にはその譲渡による所得の一定のものを不動産譲渡益に類するものとして，国内源泉所得に含めた。また，非居住者・外国法人の事業譲渡類似株式の譲渡益課税制度を改正し，民法上の組合等の形態をとるファンドを通じて内国法人の株式等を取得する事例の増加に対処するため，内国法人の特殊関係株主等の範囲に内国法人の一の株主が締結している組合契約に係る他の組合員を加えることにした。「これらの組合に類する外国の組合」という用語で米国投資ファンドのすべてまたは米国投資ファンドが利用する投資媒体（ビークル）のすべてを含むといえるか否かが問題である。
169) 水野忠恒「外国税額控除に関する最近の裁判例とその問題点」国際税務 Vol.23, No.3.
　　水野教授は，「外国税額控除制度とは国際租税法の基本的概念であり，…外国税額控除制度を政策的課税減免規定と理解するのは誤りである。…外国税額控除制度は，課税の公平と中立性という原則に基づくものであるとしており，このような租税原則に基づく制度が政策的減免規定，租税優遇措置と位置づけられるのは，不適当である」との立場を示している。
170) 本庄　資「米国国際租税制度の大転換が起こる時日本はどうするのか－米国大統領税制改革パネルの勧告を中心として－」税経通信Vol.61/No.2/860, pp.17-32。
171) この案では，法人格の有無を問わず，エンティティを大事業，中事業および小事業に分類する構想である。

499

172) ＩＲＣ884（Branch Profits Tax）。
173) ＩＲＣ884(f), Reg. 1.884－4。
174) ＩＲＣ7852(d)。
175) 外国法人の米国子会社と米国支店に対する課税を同じように取り扱うという考えは，世界的に広がり，OECDでは別の形をとりつつある。関連企業間の移転価格について独立企業原則を適用する思想が普及した後，現在，OECDは本支店間においても独立企業原則を適用する場合，「恒久的施設に帰属する所得」に関する計算ルールの確立に努めている。
176) 本庄資『アメリカ法人税法講義』（平成18年）pp. 42－44。
177) 本庄資『アメリカの租税条約』（平成9年）pp. 307－376。
178) ＩＲＣ851－860。
179) ＩＲＣ856－860。
180) ＩＲＣ1501－1505。
181) ＩＲＣ951－964。
182) 本庄資・梅辻雅春・須藤一郎共著『タックス・シェルター事例研究』（平成16年）。
183) 日本・ルクセンブルグ租税条約25条。
184) 日米租税条約議定書13.

第16章
外国信託税制と濫用的外国信託スキームの摘発

　信託は，中世の英国で広く利用されたユース（use）を起源とし，衡平法裁判所で認められたが，封建領主にとって地代や税金が減ることになるという理由で，1535年ヘンリー8世はユース禁止法（Statute of Uses）で禁止した。この禁止法を潜脱するため，二重ユース（use upon use）が考案された。これに対し，普通法裁判所は16世紀に無効としたが，衡平法裁判所はこれを衡平法の権利として認めた。二重ユースは，時代を経て近代的な信託制度に発展し，「信頼」を意味するトラスト（trust）の名でよばれるようになった。信託制度は，米国に移植され，遺言執行や遺産管理を中心に利用されたが，資本主義の発展に伴い，事業経営は会社組織で行われるようになり，19世紀のはじめには，信託の引受は，会社組織で行われるようになった。1861年の南北戦争を契機に鉄道の敷設，鉱山の開発など大型事業に多額の資金が必要になり，信託会社が事業会社の社債を引き受けて大衆に販売する形でその資金供給を行うようになり，金融機関の性格を備えるようになるが，銀行が信託業務を営むようになってきた。日本は，明治時代に英米法の信託制度を導入した。「信託」は，1900年に日本興行銀行法に規定され，1905年担保附社債信託法が制定されたが，この制度は日清戦争および日露戦争を契機に軽工業から重工業へ転換するため必要な資金を海外から導入するため必要であった。1906年に個人財産の管理・運用を行う信託会社が設立された。信託制度の法制が信託法と信託業法として整備されたのは，1921年になってからである。1937年の日華事変以後戦時体制のなかで経済の統制，金融機関の統合が進められ，信託会社の統合も進められた。1943年

に普通銀行等の貯蓄銀行業務または信託業務の兼営等に関する法律が制定され，銀行と信託会社との合併が進められた。太平洋戦争の終戦後，1948年に信託会社は信託業務を兼営する信託銀行に転換することになったが，1950年代における専門金融機関の強化策により，信託銀行による業務選択，都市銀行の信託部門の分離統合と地方銀行の信託業務の廃止が進められた。戦後の経済復興のための基幹産業への資金供給が必要になり，1952年に貸付信託法が制定され，信託銀行による貸付信託は，産業界への資金供給源として戦後復興と高度経済成長を支え，大衆に高利貯蓄手段を提供することになった。その後，信託を利用した金融商品の開発が進んでいる。日本経済の発展に伴う対外経済不均衡の拡大により，外国から金融資本市場開放の要求が高まるなかで，日本は1985年以後外資系信託銀行の設立を認めた。また，金融の自由化，国際化，証券化の変化に対応するため，1992年に金融改革法が制定され，銀行等の証券子会社および信託子会社の設立，証券会社の銀行子会社および信託子会社の設立を通じ，相互に他業態の業務に参入することが認められることになった。信託の仕組みは，市場型間接金融，財産管理・転換機能，倒産隔離機能などと新しく多様な金融商品との結合により，重要性を高めていく。事業会社などが信託業に参入し，その知的財産権等の受託，管理および処分に信託機能を活用する要請を入れ，2004年に信託業法が改正されたが，いまなお，日本は信託法の現代化および国際化という課題を抱えている[185]。このような信託の歴史の背景には，日本の特異な信託税制の存在がある。日本の税法は，実質所得者課税原則の規定[186]のほか，信託財産に帰せられる収入・支出について特に所得税法13条および法人税法12条等を規定している。これらの規定によれば，信託財産から生ずる所得は，経済的帰属に基づき，原則として，受益者または委託者の所得として課税することとしているが，但書で一定範囲の集団的信託（俗に但書信託という）の収益は，受託者の収入とせず，受益者に配分されるまで受益者に対する課税の繰延を認めることとしている。そのため，いわゆる但書信託を利用する節税策（集団的投資スキーム）が考案された。2000年の資産流動化法の改正により流動化媒体として特定目的信託が導入され，投資信託及び投資法人に関する法律

の改正により特定投資信託が認められることになったが，同年の法人税法改正では，特定投資信託と特定目的信託を包含する「特定信託」概念を創設し，受益者に対する所得税の前取りとして受託者段階で信託収益に対して法人税を課すことになった。信託業法の改正により外国法人である信託会社が特定信託業務を行う可能性があるので，2004年法人税法改正により外国法人に対しても特定信託の所得に対し法人税を課税することにした。特定目的信託の利益の分配および特定投資信託の収益の分配は，利益または収益の90％を超える場合，法人税の計算上損金に算入され，課税対象から除外されることとされる。信託を含む多様な事業体の課税関係については，現行国内税法上，明確かつ詳細な規定がないため，国際課税について外国事業体の課税関係をめぐって多くの問題が生じる。特に信託については，課税関係を決定する複数の要素（委託者，受託者，受益者，信託財産および信託というエンティティ）が存在するため，これらの要素を巧みに操作する濫用的スキームにより，法人の場合（役員，株主および法人というエンティティ）よりも複雑な課税関係を生じる。課税関係を決定するエンティティの居住性についても，信託については，私法上は設立準拠法主義で区分することに疑義はないとしても，そのような法形式主義を税法上もそのまま受け入れた場合多くの要素を巧みに利用した国際的租税回避スキームまたは国際的脱税スキームを防止することも，摘発することもできない。本章は，米国がその長い信託の歴史の中で，信託，特に外国信託を利用した租税回避行為や脱税にどのように取り組んでいるかを要約し，日本における今後の外国信託課税ルールの構築を考案するための重要ポイントを米国の対応の中から探ることを目的とする。

　このような状況の下で，信託法の改正が行われ，私法上，多様な機能をもつ信託が可能になり，日本で信託制度の利用機会が飛躍的に拡大されることになった。米国のように「真正な信託」と疑似信託，にせ信託などとの識別が困難になるため，「信託」概念を借用概念とするだけでは，多様な信託の税法上の取扱いをめぐって徒らに法解釈論争を惹起することが予想されるので，平成19年度税制改正において立法により次のとおり明確化することになった。

1 受益証券発行信託

(1) 特定受益証券発行信託

特定受益証券発行信託の信託財産に帰せられる収入および支出については，受託者段階で課税せず，受益者が受ける収益の分配について所得税または法人税を課税する。個人受益者が受ける（ⅰ）収益の分配は配当所得として，（ⅱ）その受益証券の譲渡による所得は株式等に係る譲渡所得等として，所得税を課税する。

(2) (1)以外の受益証券発行信託

信託財産から生じる所得について，受託者に対し，法人税を課税する。

2 受益者等の存在しない信託

(ⅰ) 受益者等の存在しない信託については，受託者に対し，法人税を課税する。受益者等の存在しない信託を設定する場合，委託者に対し，みなし譲渡課税または寄付金課税，受託者に対し，信託財産の価額に相当する金額について受贈益課税を行う。

(ⅱ) 受益者等の存在しない信託に受益者等が存することとなった場合に限り，受益者等の受益権の取得による受贈益について，所得税または法人税を課税しない。

3 受益者連続型信託等

(ⅰ) 受益者連続型信託等について，設定時に受益者等に対し，委託者から受益権を遺贈等により取得したものとみなして相続税等を課税する。

(ⅱ) 次の受益者等以降の者に対し，その直前の受益者等から遺贈等により受益権を取得したものとみなし，その直前の受益者等は受益権を遺贈等したものとみなして，相続税等を課税する。

4　租税回避防止措置

(1) **法人が委託者となる信託**

法人が委託者となる信託のうち，①重要な事業の信託で受益権の過半を委託者の株主に交付するもの，②長期（信託期間20年超）の自己信託等（主たる信託財産が耐用年数20年超の減価償却資産である場合等を除く），③損益分配の操作が可能である自己信託等，について，受託者に対し，信託財産から生ずる所得について，法人税を課税する。

(2) **信託損失の取扱い**

① 受益者段階課税（発生時課税）される信託の個人受益者等の信託に係る不動産所得の損失は，生じなかったものとみなし，損益通算等を制限する。
② 受益者段階課税（発生時課税）される信託の法人受益者等の信託損失のうち信託金額を超える部分の金額は，損金の額に算入しない。また，損失補てん契約等により信託期間終了までの間の累積損益が明らかに欠損とならない場合には，信託損失の全額を損金の額に算入しない。

(3) **合同運用信託**

合同運用信託の範囲を適正化する。

5　信託の合併または信託の分割

投資信託その他信託財産に帰せられる収入および支出の帰属の原則が適用されない信託の併合に係る従前の信託または信託の分割に係る分割信託もしくは従前の信託（以下「旧信託」という）の受益者は，信託の併合に係る新たな信託または信託の分割に係る承継信託もしくは新たな信託の受益者以外の資産の交付を受けていない場合には，その旧信託の受益権の譲渡損益の計上を繰り延べる。

6　受託者に対し法人税を課税する信託

国内の営業所に信託されたものは内国法人と同様の課税を行い，国外の営業

所に信託されたものは外国法人と同様の課税を行う。

第1　米国の信託税制

1　ブッシュ政権の信託に対する感触

　CCN Monday.com（2005. 3. 23.）で Jeanne Sahadi は，社会保障トラストファンドの金は2041年までに底をつくという受託者の報告を伝えた。その後，ロサンゼルス・タイムス（2005.4.8.）は，ピューリッツアー受賞者 Michael Hiltzik の The Rich Are Behind Trust Fund Myth という記事を掲げ，ブッシュ大統領が社会保障トラストファンド（Social Security Trust Fund：SSTF）の解体と民営化のキャンペーンを行い，SSTF の手元には見かけほど金がないことを示唆しながら，1983年に作られたこのメカニズムは基本的にフィクションであり，社会保障財政危機を隠す帳簿上のデバイスであると，これを詐欺のように表現したことを批判した。SSTF は，当時1.7兆ドルの米国債を保有しているが，ベビーブーム世代の退職金の支給のために2020年代（この頃には6兆ドル超の米国債を保有する予定）に20年をかけて清算される。大統領の脚本は，「SSTF の資産は米国債のみであり，通常の金融という意味では存在しないも同然である。退職金の支給のために米国債を償還する時がくれば，増税以外に議論の余地がなくなる。経済に打撃を与える増税を望む者がいない以上，トラストファンド・ボンドに価値がないふりをするしかない」というが，①ファンドの金はどこから集められているか，②その金は過去20年にわたってどのように使用されたか，という論点が隠されている。真実の答は，①普通の米国勤労者の給与から社会保障税として集めたものであり，②富者への補助金として支出されてきたということになる。1983年に社会保障税を引き上げて以来，毎年の支給額を超える金が SSTF に入り，受託者はその余剰金を法で定められた唯一の方法として米国債に投資してきたのであり，歴代の政権は連邦財政支出を削減せず，所得税の増税もせず，このウインドフォールを利用してきたのである。2020年後トラストファンド・ボンドの支払のために所得税を増税するとすれば，富者

は直撃されるが,増税を望まない。そこで,政権はSSTFは神話であり,実際には米国にはボンド償還する余裕がないと泣言を言わざるを得なくなった。Michael Hiltzilkは,「カリフォルニア州の所得税の増税はできないが,公立学校制度に対する負債を免れることができるという議論について信用詐欺 (Scam) ではないかと考え始めたように,SSTFについて米国民が大統領の信用詐欺に気づくように望む」と述べている。政権の担当者が,巨大な信託について,"The trust fund is basically fictional. It's just a bookkeeping device that conceals Social Security's true fiscal crisis."という感触を抱いていることは,トラストに対する不信感を示すものであり,他の多様な信託の課税にも,少なからず影響を与えているのではないか。

2　免税団体の濫用的租税回避取引

非営利法人に対する租税政策については,IRS長官マーク・エバーソンの米国議会証言[187]で明らかにしているように,米国では免税団体 (Tax-exempt organizations:EO) はIRSの承認により連邦所得税を免除されるが,本来,濫用的租税回避取引 (Abusive Tax Avoidance Transaction:ATAT) に直接関与することが少ないはずである。しかし,だからこそ,それが「租税に無関係な事業体」(a tax indifferent entity) であるという特性に着眼され,EOが営利団体のアコモデーション・パーティとして利用されるようになってきた。この証言で,IRSは,EOに関するATATを特定し,これに対抗することが,免税団体および政府団体内部の法令不遵守を阻止するために重要であると述べた。IRSがすでに特定したEOに関するATATとしては,(ⅰ) コンサーベーション・イーズメント,(ⅱ) クレジット・カウンセリング団体,(ⅲ) コーポレーション・ソール団体,(ⅳ) 寄附者助言ファンド,(ⅴ) 通貨戦略,(ⅵ) サポーティング団体,(ⅶ) 信託などが知られている。

3　信託に関する米国の課税原則

プロモーターがいうような「コモンロー信託」(common law trusts) は,米国

にはもはや存在せず、すべての州が信託の設定および運用に関する成文法を定めている。

合法的な目的で信託が利用される場合、信託財産が生じる所得に対する税は、適用される税法、信託の種類および信託契約に従い、（ⅰ）信託自体、（ⅱ）受益者（beneficiary）または信託に資産を譲渡した主体に課税される。「合法的な信託」(legitimate trusts) は、納税者の私的経費、生計費または教育費を控除項目に変形することはなく、（ⅰ）所得および資産の真実の所有権（true ownership of income and assets）または（ⅱ）取引の実質（true substance of transactions）のいずれかを無視することによる租税回避をするものではない。濫用的信託アレンジメントに対する適正な課税上の取扱いは、プロモーターの約束にかかわらず、次の確立された課税原則によることとされている。

(1) **形式でなく実質による課税**

最高裁は、一貫して実質主義課税（Substance-not Form-controls Taxation）の原則を採用している[188]。

(2) **委託者が信託の所有者として取り扱われることがある。**

委託者信託ルール（Grantor trust rules）は、信託に譲渡された資産の所有者が当該資産の経済的持分（a economic interest）または支配を留保する場合、当該資産の譲渡者は課税上信託財産の所有者として取り扱われると規定する（IRC 671～677）。外国資産に資産を直接または間接に譲渡する米国の者（a U.S. person）は、当該外国信託の米国受益者がいる場合には当該資産の所有者として取り扱われる（IRC679）。このルールは、当該外国信託のすべての収益および経費が当該所有者に帰属するものとし、当該所有者と当該外国信託との取引から生ずる控除項目および損失は無視されることを意味する。また、当該外国信託との資産の非課税交換はなかったものとされ、当該外国信託に譲渡したとされた資産の減価償却において当該資産の課税ベースはステップアップされない(Rev. Rul. 85-13, 1985-1 C.B. 184)。

(3) **ノングランター・トラスト（Non-Grantor Trusts）の課税**

信託が仮装でなく、委託者信託（a grantor trust）でない場合、当該信託の所

得（受益者への分配を減算した後の金額）は課税される。当該信託は，納税者番号（a taxpayer identification number：TIN）を取得し，その所得を毎年申告しなければならない。当該信託は，Forms K－1で 受益者への分配を情報申告しなければならず，受益者はその申告書で分配された所得を計上しなければならない（IRC 641, 651, 652, 661 and 662）。

(4) 信託への譲渡は遺産税および贈与税を課されることがある。

信託への譲渡は，贈与税の課税上，完全な贈与とされる。贈与税が課されるか否かにかかわらず，所有者がその死亡まで信託に譲渡された資産の使用，享受または所得を留保する場合，譲渡者が死亡する時に当該資産は遺産税を課される（IRC2036(a)）。

(5) 私的経費は一般に控除できない。

私的経費（例えば家計費，教育費および私的旅費）は，税法に別段の定めがない限り，控除できない（IRC262）。判例は，一貫して控除できない経費は信託の利用により控除できる経費に変形することはできず，このような信託の設定費用を控除することもできない[189]。

(6) 有効な慈善控除を請求するためには真正な慈善のためでなければならない。

免税となる慈善信託（charitable trusts）は，税法の要件（真正な目的が慈善であるという要件を含む）を満たさなければならない。信託の慈善支出とされるものが，実際は所有者やその家族の利益のための支出である場合には，控除できる慈善寄附とされない[190]。慈善信託には，（ⅰ）慈善リード信託（charitable lead trust），（ⅱ）慈善リード保険年金信託（charitable lead annuity trust），（ⅲ）慈善リードユニトラスト（charitable lead unitrust），（ⅳ）慈善リメインダートラスト（charitable remainder trust），（ⅴ）プールドインカムファンド信託（pooled income fund trust）などがある。

(7) 外国信託の特則

1996年まで，受託者，主体（corpus）および管理が外国にあれば，その信託は外国信託とされていたが，1996年以後は，米国裁判所が信託を監督しかつ米

国受益者がすべての実質的な意思決定を支配する場合を除き，その信託は外国信託とされる。米国納税者は，資産を外国信託に拠出する時，Form3520，Form 3520-A および Form 926 を提出しなければならない。これらの信託は，米国税について中立的であり，委託者信託として取り扱われる。①米国源泉所得を有するが委託者信託でない外国信託は，Form 1040NR を提出し，②米国源泉所得を有するが委託者信託である外国信託は，この所得が委託者に直接帰属するものとして取り扱われる。外国信託に関するアレンジメントについては，米国委託者または米国受益者を有する外国信託の特則を適用される（IRC 6048, 6677, 1441, 1446, 1491）。例えば，米国の者が外国信託への資産の譲渡または外国信託からの分配の受領を報告しなかった場合，取引総額の35％に相当するペナルティを課される。外国信託への支払に対する米国源泉徴収税，含み益のある資産の外国信託への譲渡に対する米国消費税などの特則がある。

(8) アコモデーション・パーティとして利用される外国信託

①米国受益者を有しない外国信託または②米国の者（a US person）によって設定されない外国信託は，米国課税上，非居住外国人として取り扱われる。外国法人と同様に，このような外国信託は無税で米国債や一定の米国銀行およびS&L勘定に投資することができる。非居住外国人は，米国証券の売買収益も無税とされ，外国信託がタックス・ヘイブンの居住者となれば，米国外投資からの収益も，無税となる。米国の者が外国信託の所得の受益者である場合でさえ，受益者が当該信託の測定可能な持分を有する場合を除き，この信託の資産は，受益者の死亡時にも，遺産税を課されない。1976年前にはこのような外国信託は非常に人気があったが，1976年後は多数の米国人が米国税法に従わない外国信託を設定するようになったので，米国議会は1996年に外国信託の米国委託者と米国受益者に係る報告義務を変更した。1976年後，米国税法は，米国委託者および米国受益者を有する外国信託を委託者信託として取り扱うことにした（IRC679）。その結果，米国投資家は，外国信託で節税することが困難になるが，米国議会は資産を外国信託に移転しただけで納税者が投資所得の課税を免れることを許さない。しかし，狡賢い納税者は，名義人，代理人，外国法人

第16章　外国信託税制と濫用的外国信託スキームの摘発

その他のアレンジメントを通じて外国信託を設定する。これに対し，米国税法はIRSが中間介在者をルックスルーして真実の影響をもつ者を把握することを認めるので，大部分のアレンジメントは失敗に終わる事案が多い。普通のアレンジメントは，「外国人」に外国法人である国際事業法人（IBC）を保有させ，このIBCに外国信託を組成させるスキームであるが，IRSは，①IBCは米国納税者の単なる代理人または名義人であり，課税上，無視されて納税者が当該外国信託の委託者とされるとするか，または②この外国信託は外国法人IBCの代理人であり，米国委託者はパッシブ外国投資会社（Passive Foreign Investment Company：PFIC）および外国同族持株会社（Foreign Personal Holding Company：FPHC）である被支配外国法人（CFC）の唯一の株主として取り扱われるとする。また，「外国人」は，次の例外を除き，課税上，外国信託の所有者として取り扱われない。

（ⅰ）　外国信託が外国委託者に信託の資産の権原を自己に移転する絶対的な権利を含む場合
（ⅱ）　外国信託が分配できるのは委託者またはその配偶者に限られると明記する場合
（ⅲ）　外国法人が提供役務報酬として米国の者が課税される分配を行う場合

　プロモーターやコンサルタントが米国の外国信託の課税ルールを回避するために，多様な方法を案出する。例えば，納税者の生存中は米国受益者は存在しないというスキームがある。また，納税者の両親を委託者とする外国信託を組成し，両親の死亡まで待てば，米国委託者のいないみせかけの外国信託ができる。その時点で，納税者が利得や資産をこの外国信託に移転するために多様な金融取引を行うというスキームがある。これに対し，IRSは，この外国信託の真実の委託者は納税者であり，納税者の両親は単なるアコモデーション・パーティであるという論理で，対抗する。アコモデーション・パーティは，委託者として取り扱われない。

4 信託に対する基本的な課税ルール

(1) 基本的な課税ルール

私法上「有効な信託」は，分離した法的主体を創設する法的アレンジメントである。このアレンジメントの当事者の権利義務と責任は，州法と信託契約により決定される。信託の設定により，資産の法的権原（legal title）が受託者に移転され，受託者が別の者である受益者（実際に所有権のすべての利益を有する者）のために当該資産を使用する責任を負う。受託者は，信託を管理し，信託財産の法的権原を保有し，独立の支配権を行使する。米国税法では，信託が受け取るすべての所得（国内源泉所得および外国源泉所得を含む）は，税法で個別に免除されない限り，信託，受益者または委託者の段階で課税される。米国納税者が資産を譲渡した外国信託は，一人以上の米国受益者を有する限り，委託者信託とみなされる。委託者信託の所得については，委託者信託ルールにより，別の者に分配されるか否かにかかわらず，委託者が課税される。委託者が一または複数の権利を留保し，信託所得の所有者であるため，委託者信託は分離した納税主体として認識されない。合法的な信託は，受益者への分配をその課税所得から控除することができる。信託は，受益者と名のつく他の信託その他の事業体への分配によって課税所得を減らすことができる。

(2) 基本的な申告手続

(i) 内国信託は，Form 1041（遺産および信託の米国所得税申告書）を提出しなければならない。内国委託者信託は，個人がForm 1040（米国個人所得税申告書）ですべての所得を申告する場合には，Form1041を提出する必要はない。

(ii) 外国信託は，特別な申告要件を満たさなければならない。信託が米国営業・事業と実質関連を有する所得を有する場合，Form1040NR（非居住外国人所得税申告書）を提出しなければならない。一定の外国信託の設定または一定の外国信託への資産の譲渡については，Form 3520（外国信託との取引および外国贈与の受領の報告書），ならびにForm 3520-A（米国所有者を有

する外国信託の情報申告）を提出しなければならない。
(iii) 納税者は，外国銀行口座，証券その他の金融勘定に１万ドル超の権利を有する場合，財務省 Form TD F90－22.1（外国銀行および金融勘定報告書）を提出しなければならない。

5 特別な種類の信託

米国では，次のような特別な種類の信託がある。

(1) 私宅信託（personal residence trust）

私宅信託は，私宅を信託に譲渡し，委託者が一定の期間当該私宅に居住する権利を留保するものである。委託者の死亡または一定期間の満了のいずれか早い時に，当該私宅の権原は受益者に移転される。これは，贈与税につき取消不能信託とされる。適格私宅信託（qualified personal residence trust：QPRT）は，私宅を信託に譲渡し，委託者が適格期間の権利を留保するものである。委託者が適格期間の満了前に死亡する場合，当該私宅の価値は委託者の遺産に算入される。委託者が適格期間の満了時に生存している場合，当該私宅は受益者に移転される。QPRTは，委託者信託であるが，遺産税・贈与税につき特別な評価ルール（IRC2702）を適用される。

(2) 委託者所得留保信託（grantor retained income trust）

委託者は，取消不能信託を設定し，（ⅰ）特定期間もしくは委託者の死亡のいずれか早い時まで，または（ⅱ）特定期間のすべての信託所得に対する権利を留保する。委託者が特定期間生存する場合，信託条件に従い，信託元本は他者に移転される。この信託は，課税上，委託者信託として取り扱われる。

(3) 委託者保険年金留保信託（grantor retained annuity trust）

委託者は，取消不能信託を設定し，特定期間，特定金額または信託に譲渡した資産の一定割合に基づく保険年金を受け取る権利を留保する。これは，特に税法で公認された委託者信託である（IRC2702(a)(2)(B) and 2702(b)）。これに類似した委託者留保ユニトラスト（grantor retained unitrust）は，委託者が取消不能信託を設定し，特定期間，信託資産の毎年決定される純「公正な市場価値」の一

定割合を受け取る権利を留保する委託者信託である（財務省規則25.2702-(c)(1)）。

(4) 生命保険信託 (life insurance trust)

生命保険信託は，委託者または委託者および配偶者の生命保険を有する取消不能信託である。この信託の目的は，委託者または配偶者の死亡に係る保険金の遺産税を回避することである。保険料その他の信託への贈与が行われる時，贈与税の年間除外の範囲で信託証書が特定の受益者に贈与に対する引出権を与える。この信託は，コンプレックス信託としてForm 1041を提出しなければならない。

(5) 適格S法人信託 (qualified subchapter S trust：QSST)

QSSTは，税法（IRC1361(d)(3)）で認められた信託である。この信託は，S法人株式を所有することができる。小事業信託 (electing small business trust：ESBT) もまた税法（IRC641(d)）で認められた信託である。この信託も，S法人株式を所有することができる。

ESBTは，Form 1041を提出しなければならず，S法人所得は信託の最高税率で課税される。所得分配控除は，受益者には認められない。

(6) 事業信託 (business trust)

「事業信託」という用語は，内国歳入法典では用いられない。財務省規則は，委託者，受益者または受託者が事業の運営または日常のマネジメントに実質的に参加する場合，営業・事業を営む信託が法人，パートナーシップ，または事業主 (sole proprietorship) として取り扱われることを要求する。委託者が信託の支配を維持する場合には，委託者信託ルールが適用されるが，それ以外の場合には，信託証書に応じて，シンプル信託またはコンプレックス信託として取り扱われる。

(7) イリノイ土地信託 (Illinois Land Trust：ILT)

イリノイほか5州では，「イリノイ土地信託」という特別な種類の信託の設定に関する法令が制定された。土地信託が設定された後，州法は資産の真実の所有者または受益権を有する者を開示しないように受託者の権利を制限するので，資産取引のトレースが制限される。内国歳入法典では，土地信託について

特別な差を設けず，信託証書に応じて，シンプル信託，コンプレックス信託または委託者信託として取り扱う。

(8) デラウエア事業信託 (Delaware Business Trust：DBT)

大部分の信託より有限責任，債権者保護および評価の点で柔軟に資産を保有し，資産を投資するために信託を設定することが，デラウエア州やアラスカ州で認められている。デラウエア事業信託やアラスカ事業信託は，内国歳入法典では特別な差を設けられず，信託証書に応じて，シンプル信託，コンプレックス信託または委託者信託として取り扱われる。

(9) 法人格のない事業組織 (unincorporated business organization：UBO)[191]

UBOやマサチュセッツ事業信託 (Massachusetts Business Trust：MBT) という用語は，プロモーターが売り込み，それが信託であるという事実を偽装するために用いられる。この用語は，内国歳入法典が用いる用語ではない。

第2 信託を利用した濫用的租税回避スキーム

米国の4.8兆ドルの富が2015年までに多様な信託を通じて相続等で次世代に移転されると推定されている。現在，Form 1041 (信託申告) 件数は，個人所得税および法人所得税の件数に次ぎ第3位を占める (2003年のForm 1041の件数は360万件)。このような資産譲渡の多くは合法的なものであるが，実際に租税詐欺 (tax fraud) が広まっている。この数年間に，IRSは濫用的信託脱税スキームが富裕な個人，小事業主および自由業者 (特に医師と弁護士) をターゲットに広まりつつあることを認識している。プロモーターは，(ⅰ) 課税所得の減少または排除，(ⅱ) 信託が支払う私的経費の控除，(ⅲ) 信託が支払う所有者の私的経費 (減価償却費) の控除，(ⅳ) 所有者の私宅等の減価償却費の控除，(ⅴ) 信託に譲渡した資産の課税ベースのステップアップ，(ⅵ) 雇用税の減少または排除，(ⅶ) 贈与税および遺産税の減少または排除，(ⅷ) 所得の多数の事業体への分割，(ⅸ) 申告の回避，(ⅹ) 所得の海外移転とタックス・ヘイ

ブンの銀行秘密による取引の保護などをタックス・ベネフィットとする濫用的信託アレンジメントを売り込んでいる。これらのアレンジメントは、資産および所得の真実の所有権の帰属を隠蔽し、または金融取引の実質を仮装するために、信託（詐欺的信託）を利用する。このスキームでは、納税者が合法的な信託を事実上支配することによって、所有権の受益から分離した責任と支配に法的な外観を付与するので、法的形式主義では全く問題ない外観を整えている。このスキームでは、ＩＲＳのトレースを困難にするため、異なる資産と他の信託の持分を保有する複数の信託を利用することが少なくない。この場合、信託は垂直的にレイヤリングされ、各信託がその所得を次のレイヤーに分配し、資金は、賃貸契約、サービス料、売買契約および分配などの方法で、一信託から他の信託へ流れる。このスキームの真の目標は、控除項目の水増しまたは捏造によって課税所得を減少することである。この種のスキームは多様であるが、その基本的な仕組みは、次に述べるように、（ⅰ）国内パッケージと（ⅱ）外国パッケージに分類される[192]。

1 濫用的内国信託スキーム

内国信託（domestic trusts）は、米国で設定された信託である。ＩＲＳに把握された普通の濫用的内国信託スキームとしては、（ⅰ）事業信託（business trust）、（ⅱ）設備・サービス信託（equipment or service trust）、（ⅲ）家族住宅等信託（family residence trust）、（ⅳ）慈善信託（charitable trust）、（ⅴ）資産保護信託（asset protection trust）などがある。

(1) 事業信託

このスキームは、事業の信託（法人格のない事業組織、ピュア・トラストまたは擬制信託（a constitutional trust）という）への譲渡に関するもので、納税者がその事業の支配権を放棄する外観を装うが、実際には納税者が支配する受託者その他の事業体を通じて日常の活動を営み、事業の所得の流れを支配するものである。判例は、経済実体の欠如（lack of economic substance）、所得の割当、またはこのアレンジメントを委託者信託とみなす法理論に基づいて、事業信託の事業

所得については，納税者に課税することを支持している。場合によっては，この信託を法人として課税することもある[193]。

(2) 設備・サービス信託

この信託は，事業信託に高い料金で賃貸される設備を保有するために組成される。事業信託は，設備信託に対する賃借料の支払の控除によってその所得を減らす。

(3) 家族住宅等信託

納税者は家族住宅等を信託に譲渡し，信託はこれを納税者にリースバックする。信託はこの住宅の減価償却費や維持管理費を控除する。判例は，一貫してこの種の信託を否定し，納税者の私的経費の控除を否認している。

(4) 慈善信託

納税者は慈善団体と称する信託に資産または所得を譲渡する。信託は納税者またはその家族のために私的経費，教育費または娯楽費を支払い，その支払を慈善控除とする。IRSは，慈善団体という申立はその資格がないものとし，このような寄附の控除を認めない。

(5) 資産保護信託

この信託は，個人または事業に対する裁判上の義務を回避する方法とされるが，連邦所得税や雇用税の回避パッケージとしても利用されることがある。判例は，この信託を無視し，未済債務の返済のためこの信託の資産を納税者の資産として売却することができる。

2　濫用的外国信託スキーム

濫用的外国信託（abusive foreign trust）は，信託に対して全く課税しないかまたはほとんど課税しない外国で金融秘密を約束するもの（いわゆるタックス・ヘイブン）において組成される。典型的な濫用的外国信託アレンジメントは，課税対象ファンドが究極的にオリジナル所有者に無税で分配されるか，利用可能になるまで複数の信託または事業体をフロースルーさせる仕組みである。外国信託スキームは，相互にレイヤーされる一連の内国信託として組成される。こ

の組成は、納税者がその事業および資産を信託に譲渡し、もはや当該事業または当該資産を支配していないという外観を作るために利用される。内国信託への譲渡後、その所得および経費は典型的なタックス・ヘイブンにある複数の外国信託に移転される。その基本的なアイデアを例示すると、納税者の事業は、まず二つの信託に分割される。一つの信託は、日常業務を行う事業信託であり、他方は設備信託である。設備信託は、事業信託の申告所得が無になるほどの高いリース料で事業信託にリースバックする事業設備を保有するために組成される。設備信託の所得は、外国信託ワン（foreign trust one）に分配され、これによって設備信託の税額は無になる。外国信託ワンは、その所得の全部を外国信託ツー（foreign trust two）に分配する。外国信託ツーの所得の全部は、外国源泉所得になるので、申告義務はなくなるという理論である。この仕組みを外国パッケージという。

(1) **外国パッケージ**

外国パッケージは、資産管理会社、事業信託などからその所得を複数の信託レイヤーに分配する形をとるが、オフショア銀行口座や国際事業法人（International Business Corporation：IBC）を利用する。ＩＲＳに把握された典型的な濫用的外国信託スキームとしては、（ⅰ）資産管理会社（asset management company：AMC），（ⅱ）事業信託，（ⅲ）外国信託ワン（foreign trust one），（ⅳ）外国信託ツー（foreign trust two），（ⅴ）資産保護信託（foreign asset protection trust：FAPT）などのステップが用いられる。このステップ取引は、次のように要約することができる。

① 資産管理会社（第１ステップ）

納税者を取締役とするAMCを内国信託として組成し、プロモーターの職員（個人）をAMCの受託者とするが、納税者は速やかにこの個人を取り替える。AMCの目的は、納税者が事業を管理していないという外観を整え、レイヤリング・プロセスに入ることである。

② 事業信託（第２ステップ）

内国信託スキームと類似しているが、次に事業信託を組成する。

③ 外国信託ワン

タックス・ヘイブンに外国信託（外国信託ワン）を組成し，事業信託からその所得をこの外国信託ワンに分配する。通常，ＡＭＣが外国信託ワンの受託者になる。所得が米国の国内源泉所得であり，かつ，受託者が「米国の者」であるという理由で，外国信託ワンは，米国に申告しなければならない。

④ 外国信託ツー

第２外国信託（外国信託ツー）を組成し，外国信託ワンのすべての所得をこの外国信託ツーに分配する。外国信託ワンまたはプロモーターの職員である外国人が外国信託ツーの受託者になる。受託者が外国信託ワンである場合，納税者はＡＭＣの取締役として，外国信託ワンの受託者を管理しているという事実によって，外国信託ツーをも支配する。外国人が外国信託ツーの受託者である場合，納税者はプロモーターによってこの受託者の意思決定を支配する権限を与えられる。いずれの場合にも，納税者は外国信託ツーを支配する。プロモーターは，「受託者と所得の源泉が外国にある以上，外国信託ツーは米国に申告する義務を負わない」と主張する。

⑤ 資産保護信託

第２外国信託の一部または分離した信託として，資産保護信託を組成する。納税者は，これにすべての資産（現実に米国に所在する住宅その他の資産を含む）を譲渡することにする。判例では，取引の経済実質をみて，納税者が引続き自宅に居住し，その資産を支配する場合には，裁判所は納税者の債務の履行のためこれらの資産を差し押さえ，売却することができるとする。資産保護信託は，必ずしもすべてのものが濫用的スキームの一部として組成されるとは限らないとはいえ，プロモーターは，所得税または雇用税の減少を目的とするパッケージの一部として資産保護信託を売り込んでいる。

(2) オフショア・ファンド

納税者は，外国パッケージにおける成果をオフショア・ファンドとしている。その資金を米国に償還する方法として，ＩＲＳは次のような外国銀行口座の開設に注目している。

① タックス・ヘイブンの銀行口座

納税者は，タックス・ヘイブンに銀行口座を開設し，その口座からデービットカードまたはクレジットカードの発行を受け，米国でこれらのカードを用いて現金を引き出し，日常の経費を支払う。ＩＲＳは，納税者のこれらの取引をトレースすることは非常に困難になる。

② 国際事業法人（IBC）

納税者は，外国法人であるＩＢＣを設立し，外国銀行口座を通じて外国信託からＩＢＣへ資金を移転する。次にＩＢＣから納税者に対し詐欺的なローンを組み，資金を米国の納税者に電信送金する。ローン自体には課税されないので，資金の償還は米国の税務申告には記載されない。ＩＢＣがタックス・ヘイブンに所在し，ＩＢＣの所有権は無記名株式で表象されているので，ＩＲＳがこの詐欺的ローンが現実に納税者の所得であることを証明することは非常に困難である。

③ オフショア・タックス・ヘイブンの信託とシェル法人

USA TODAY (2006.7.31.) において，Elliot Blair Smith は，米国上院の調査報告が，米国の富者が違法なオフショア・ヘイブンを通じて毎年400億ドルの米国税を回避しているとの調査結果を踏まえ，①米国人が利用しているオフショア信託とシェル法人が個人の支配下にあり，米国税の対象となると推定するように米国税法を改正すべきであると勧告したこと，②米国に協力しないタックス・ヘイブンのタックス・ベネフィットを排除する権限を財務省に付与することを勧告したと報道した。この調査では，米国人は約50のタックス・ヘイブンに推定１兆ドルを保有している。オフショア・タックス・ヘイブンが，租税回避者の指示の下でフロント・カンパニーを設立する雇われ重役や受託者の繁盛を支えており，例えば，米国市民が資産を独立のオフショア事業体に譲渡し，このオフショア事業体が当該資産を米国人の支配するヘッジファンドに譲渡したり，米国法人のインサイダーがインサイダートレーディング法を潜脱するためオフショア事業体を利用して自社株を売買している。

第3　濫用的信託脱税スキームに対するIRSの基本方針

1　納税者教育[194]

　大衆は，信託（trust）という用語にミスリードされるべきではない。この用語を金融アレンジメントと結合させるだけで，課税上合法的な信託と認められるとは限らず，組成の意図が脱税であれば，濫用的信託として取り扱われる。プロモーターが用いる嘘の主張（False Claim）に対し，IRSは大衆に真実の課税上の取扱いを説明する必要がある。IRSは，次の点を重視する。

(ⅰ)　「信託の設定で所得税または雇用税は減少する」とプロモーターは主張するが，IRSは「資産の信託への譲渡は，寄附者に追加的なタックス・ベネフィットを与えるものでなく，信託で保有される所得および資産について租税を課される」ことを指摘する。

(ⅱ)　「信託に所得を譲渡すれば，当該所得に対する所得税が排除される」とプロモーターは主張するが，IRSは「所得に対してはこれを稼得する個人が課税される」ことを指摘する。

(ⅲ)　「信託の組成で所得と資産に対する完全な支配を留保することができる」とプロモーターは主張するが，IRSは「ノングランタートラストの場合，所得および資産に対する実質的な支配を放棄しなければならない。信託資産の法的権原を保有し，信託に対し独立の支配権を行使し，かつ，信託を管理するため，受託者が指定される」ことを指摘する。

(ⅳ)　「納税者は信託が支払う私的経費を申告書において控除できる」とプロモーターは主張するが，IRSは「資産および所得を信託に割り当てることによって，控除できない私的生計費を控除できる経費に変形することはできない」ことを指摘する。

2　濫用的信託プロモーターの阻止

　IRSは，国家戦略の一環として濫用的信託スキームに対処する。濫用的信

託スキームは，米国では単なる租税回避でなく，脱税，米国からの詐取として摘発されることが多いが，IRSのターゲットは，弁護士，公認会計士をはじめとするプロモーターである。最近では，内国信託と外国信託，オフショア外国銀行口座などの信託パッケージを販売する事例が増えているので，外国信託はIRS-CIの重要ターゲットとされている[195]。

3 制　　裁

　納税者が濫用的信託スキームに参加する場合，民事制裁および刑事制裁の危険に晒される。税法違反については，①民事制裁は脱税とされる過少納付税額の75％以下のペナルティ（fraud penalty），②刑事制裁は25万ドル以下の罰金および／または5年以下の禁錮の刑を科される。

第4　濫用的信託スキームの摘発事例[196]

　2003～2006年におけるIRSの摘発事例のうち，主要な濫用的信託スキーム（外国信託スキームを含む）事案を以下に示すことにする。

1　2003年における主要事案

(1)　IGPの濫用的信託スキームの販売

　2003年10月10日，ワシントン州シアトルで，the Institute of Global Prosperity (IGP) の関連者 Laura Jean Marie Struckman は，仕組み金融取引の共謀で21ヶ月の禁錮刑に処せられた。彼女と共謀者は，1万ドル以下の分離した取引122件で96万ドルを超える現金を引き出し，通貨報告要件を免れ，IGPから稼得した370万ドルを3件の名義人銀行口座に預金した。IGPは，租税回避の合法的な手段と称しているが，脱税スキーム以外の何物でもない外国信託，ピュア信託その他のパッケージなどを販売することをメンバーに奨励する組織であった。

第16章　外国信託税制と濫用的外国信託スキームの摘発

(2)　**投資詐欺およびマネーロンダリング**

2003年10月31日，オハイオ州クリーブランドで，J. Richard Jamiesonは，マネーロンダリングと郵便詐欺の共謀で，20年の禁錮刑に処せられた。彼は，内国信託および外国信託を利用した詐欺スキームの利得をマネーロンダリングを行った。

(3)　**脱税，投資詐欺およびマネーロンダリング**

2003年11月4日，カリフォルニア州サクラメントで，Herbert Arthur Bates, Christopher R. BatesおよびDavid Larry Smithは，所得税の賦課徴収でIRSを妨害して米国からの共謀，郵便詐欺および電信詐欺の共謀ならびにマネーロンダリングの共謀で有罪とされ，それぞれ136ヶ月，63ヶ月および151ヶ月の禁錮刑に処せられた。彼らは，法人格のない事業組織（unincorporated business organization: UBO）という信託の形態を約249人の投資家に販売した。彼らは，依頼人に「その所得と資産のすべてをUBOに譲渡すればもはや所得税申告書を提出し所得税を納付する必要がない」と助言していた。

(4)　**公認会計士の濫用的信託の販売**

2003年11月24日，アリゾナ州プレスコットで，公認会計士Ralph N. Whistlerは，虚偽の所得税申告書の作成および提出の幇助により39ヶ月の禁錮刑に処せられた。彼は，合法的に所得税を減少させるとみせかける信託パッケージを購入した。その後，彼はこのパッケージを修正し，これをプロモートし，一人につき5,000ドルないし1万ドルで約20人の依頼人にこれを販売した。依頼人の証言では，彼は事業所得を一連の信託名義の銀行口座を通じて移転させ，これらの口座にプレースした金額を依頼人の所得税申告で控除項目とした。

(5)　**濫用的信託スキームのプロモーター**

2003年12月12日，アリゾナ州フェニックスで，John F. Poseleyは，イノベーティブ・フィナンシャル・コンサルタント（IFC）という組織を通じていんちき信託（bogus trust）を販売し，米国政府からの詐取の共謀で有罪となった。イノベーティブ・フィナンシャル・コンサルタントは，1995～2003年に「納税者はその所得と資産を信託にプレースすれば所得税を回避できる」と虚偽を述べ，

3,000を超えるオンショアおよびオフショアの信託パッケージを組成して販売した。彼は，納税者に「その資産を信託にプレースすれば，当該資産の使用，支配および所有権を留保しつつ，所得税を回避できる」と虚偽の陳述をしていた。

2 2004年における主要事案

(1) 脱税スキームの濫用的信託をプロモートした公認会計士

2004年2月6日，フロリダ州タンパで，公認会計士 Michael J. Maricle は，虚偽の所得税申告書の作成および提出の幇助により30ヶ月の禁錮刑に処せられた。彼は，所得を隠蔽し脱税をするために濫用的信託を利用するスキームを通じ多額の所得を偽装する虚偽の所得税申告書の提出を幇助した。

(2) ピュア信託の反税作家

2004年5月，"Vultures in Eagles Clothing" の著者 Lynne Meredith は，いんちきピュア信託の販売その他の違法な租税回避行為 (illegal tax dodging activities) で重罪とされた。

(3) AEGIS信託システム

2004年5月7日，フロリダ州タンパで，William Tiner は，脱税と虚偽の所得税申告書の提出で，5年の禁錮刑に処せられた。彼は，シカゴからプロモートされた AEGIS 信託システムを購入し，一連の内国法人および外国法人を用いて法人の利得を転換し隠蔽した。

(4) いんちき信託 (sham trusts) のプロモーター

2004年6月7日，アリゾナ州フェニックスで，Mark D. Poseley は，イノベーティブ・フィナンシャル・コンサルタント (IFC) という組織を通じていんちき信託を販売し，IRSからの詐取の共謀で有罪とされた。彼は，IFCとの仕事で相当の所得を稼得したにもかかわらず，所得税申告を故意に怠った。彼は，IFCのセールスマンとしてオンショアおよびオフショア信託パッケージを販売した。彼は，納税者に「その所得と資産を信託にプレースすれば，信託の執行役員として残るにもかかわらず，所得税を合法的に回避できる」と虚

第16章 外国信託税制と濫用的外国信託スキームの摘発

偽の陳述をしていた。

(5) グローバル・プロスペリティ（IGP）の共同創設者

2004年7月15日，ワシントン州シアトルで，グローバル・プロスペリティの共同創設者 Daniel Andersen は，IRSの妨害で米国からの詐取（脱税）の共謀で有罪とされた。彼は，グローバル・プロスペリティの金融商品の販売から得た所得を隠すためいんちき信託，名義だけの事業体，国内およびオフショア銀行口座などのシステムを利用し，事業名を変更してグローバル・プロスペリティの名を隠し，場所を隠すために郵便ドロップを使い，金融取引を現金で行い，IRSに捕捉されないように社会保障番号の使用をやめていた。彼は，個人所得税，法人所得税，信託所得税，パートナーシップ情報申告，外国銀行口座における持分の申告などを怠っている。

(6) いんちき信託（sham trusts）

2004年7月20日，オハイオ州アクロンで，米国からの詐取の共謀で，Gary Harris は151ヶ月の禁錮刑，同年6月23日，Michael Kotula は70ヶ月の禁錮刑，Tamara Schwentker は15ヶ月の禁錮刑に処せられた。彼らは，支配する多様な事業の所得約1,800万ドルを隠すため迷宮のような信託と法人を利用していた。

(7) 濫用的信託アレンジメントを利用したコンサルタント

2004年9月16日，ミシガン州グランドラピッドで，John F. Napieralski は，教育システム信託（the Educational Systems Trust：TEST）といういんちき信託（sham trust）を組成し，Sto-Ex, Inc. に対するコンサルタント・サービスの支払を TEST に支払うように指示し，1997～2003年に TEST の銀行口座に95万ドル超を60万ドルの Sto-Ex. Inc. からの所得とともに預金し，所得税申告書の提出を怠り，故意に脱税を試みた罪で，30ヶ月の禁錮刑に処せられた。

(8) いんちき信託（sham trusts）

2004年9月27日，ミシガン州グランドラピッドで，Andrew Stuart ouwenga および Karen Ann Ouwenga は，いんちき信託（sham trusts）を組成して脱税を行い，IRSの妨害により米国からの詐取の共謀で，それぞれ60ヶ月，

51ヶ月の禁錮刑に処せられた。

3 2005年における主要事案

(1) IGP関連者

2005年4月12日, ワシントン州シアトルで, Dwayne Robareは, the Institute of Global Prosperity (IGP) の関連者であり, 電話相談システムを運営していた。IGPメンバーは電話サービスを予約し, IDEA という名義団体に料金を送金することになっており, IDEA のパートナーであるRobare は, IDEAに払われた料金からの利得を分け合った。彼は, アリゾナ州のイノベーティブ・フィナンシャル・コンサルタントから得た国内銀行口座とバハマの Pros-per Consultants International League Ltd. から得たオフショア信託および外国銀行口座とパッケージになっている虚偽の信託 (false trust) を利用して所得を隠蔽したことで有罪とされた。

(2) 弁　護　士

2005年5月5日, アーカンソー州リトルロックで, 租税弁護士 Bobby Keith Moser は, 脱税とマネーロンダリングで15年の禁錮刑に処せられた。彼は, 通信会社の売却益約900万ドルを分配されるまで信託金に課税されない適格退職プランという信託に移転し, この信託ファンドは外観上第三者に支配されているが, 実際は依頼人によって支配されていたところ, 彼は依頼人の信託ファンドを詐取していた。

(3) 女の脱税スキーム

2005年5月9日, カリフォルニア州サクラメントで, Karen Louise Younce は, 大規模な濫用的信託スキームで37ヶ月の禁錮刑に処せられた。彼女は, 依頼人に彼女が脱税目的で組成し販売した内国信託および外国信託に資産と所得を生じる事業体を譲渡するように助言しこれを幇助し, また, 彼女が支配するオフショア銀行口座を通じて依頼人の米国源泉所得を循環させた後にこれを依頼人に返還するスキームを助言し幇助した。

(4) We the People 脱税グループのプロモーター

2005年6月7日，カリフォルニア州ロサンゼルスで，脱税グループ We the People に関連する5人が，連邦所得税の課税を制限すると虚偽の約束をするいんちきタックス・シェルター（bogus tax shelters）のプロモートにつき，所得税申告書の不提出，共謀，郵便詐欺の件で，首謀者 Lynne Meredith は121ヶ月，Gayle Bybee は60ヶ月，Teresa Manharth は40ヶ月，Willie Watts は36ヶ月，Gregory Paul Karl は20ヶ月の禁錮刑に処せられた。

彼女らは，納税者がその所得と資産を隠すためにいかさまのピュアトラスト（phony pure trusts）を組成することを幇助し，特に Meredith は，納税者が合法的に所得と資産を隠すことができると信じさせる目的で，セミナーを開催し，自著"How to Cook a Vulture"や"Vultures in Eagle's Clothing"といんちきピュアトラストを大衆に売り込み，このスキームで850万ドル超を稼いでいる。

(5) 脱税のため濫用的信託スキームを利用した夫婦

2005年6月27日，コロラド州デンバーで，Charles William Ledford は，米国からの詐取の共謀で，24ヶ月の禁錮刑に処せられた。彼と妻は，暖房換気装置の販売会社 Service Engineering Ltd. を共有していたが，その後，その事業は，Service Engineering Trust として運営されるようになった。この夫婦は，信託の利用で所得を隠蔽することにより個人が非課税となると主張する組織である the Pilot Connection に参加し，ユタ州に多数の信託を設定し，ＩＲＳから資産と所得を隠匿するためこれらを信託に譲渡した。彼らは，多様な信託から分配を受け取ったが，これも申告しなかった。

(6) 脱税のため濫用的信託アレンジメントを利用した保険会社の所有者

2005年7月1日，イリノイ州アーバーナで，Patridge Insurance Services, Inc. の経営者 Denny R. Patridge は，脱税，電信詐欺およびマネーロンダリングで有罪とされた。彼は，収益，所得源泉を隠匿し，ＩＲＳを欺き所得税を回避するために利用する信託を組成し，信託の名を付した銀行口座に資金をプレース

し，信託税務申告でこの資金がオフショア信託に分配されたと主張したが，この信託の銀行口座の資金に対する完全な支配を留保し，この資金の実質的な使用を享受していた。彼は，1996年および1997年の申告書ではさほどの所得を申告しなかったので，2000年にＩＲＳは更正処分を行ったが，その後，彼は，投資勘定を清算し，オフショア口座を設定し，約20万ドルをこの口座にプレースした。1999年も，稼得した所得を外国口座に譲渡してＩＲＳから隠蔽し，私的経費にこれを当て，申告を怠った。IRSは，1996年および1997年の所得税の納付を怠る場合，彼の資産にリーエンを設定すると通知した直後に，彼は，IRSから資産を隠すシステムを作った。彼は，その資金をオフショアの自己名義でないがその支配する口座に移し始めた。彼は，自己名義でイリノイ州のEdgar county Bank and Trust の新口座を設定し，これを通じて資金をオフショアに仕向けることができる。彼は，Edgar County Bank 口座から約20万ドルをNevis American Trust Company（彼の支配下にあるSultan Services Ltd. のために資金を維持する事業体）名義で保有するセントキッツの銀行口座に電信送金した後，ＩＲＳが彼の不動産に第一リーエンを設定する措置をとった。彼は，彼の支配する法人から10万ドルのローンにつきストラスバーグの自宅にモーゲージを設定させ，2000年にオフショアから彼の支配する米国の法人に10万ドルを電信送金した。この送金目的は，この法人に10万ドルのローンに十分な資金を提供することであった。彼は，虚偽のモーゲージを設定した後，この資金をオフショアに戻し，私的に使用することができた。彼は，イリノイ州のAegis という事業体からいんちき信託（sham trusts）を取得して，Aegis 信託パッケージの販売を幇助し，また，センとキッツやネーヴィスおよびネヴァダ州レノの名義会社を設立するため，オレゴン州ポートランドのオフショア・コンサルティング・サービス（OCS）やLaughlin, Inc. の事業を利用した。

(7) 信託スキームの共謀で有罪とされた申告書作成業者

2005年7月1日，アリゾナ州フェニックスで，James D. Sherrifs は，12ヶ月の禁錮刑と4年の業務停止処分に処せられた。彼は，連邦税のほ脱のために組成された PROTEC Services Trust に参加して，納税者に信託システムをプロ

モートし，これを販売し，ＩＲＳを妨害して米国からの詐取を意図して納税者の申告書を作成した。

(8) 濫用的オフショア信託スキーム

2005年7月19日，ペンシルベニア州フィラデルフィアで，Robert singletonは，米国からの詐取の共謀で60ヶ月の禁錮刑に処せられた。彼は，依頼人の金をオフショア口座に移転するため，彼の会社the Worthington Groupを通じて内国信託および外国信託を組成し，ユタ州の申告書作成業者William Perkinsと共謀して，濫用的オフショア信託スキームに関して，依頼人のために虚偽の所得税申告書を提出した。

(9) Aegisオフショア信託プログラムを利用した弁護士

2005年8月11日，テキサス州ヒューストンで，弁護士James S. Quayは，Aegisという外国濫用的タックス・シェルター・プログラムにより，中間的な内国信託と外国信託への中間的移転を通じて，所得をオフショア会社に移転して脱税した罪で，15ヶ月の禁錮刑に処せられた。

(10) 濫用的信託スキームのプロモーション

2005年9月8日，アリゾナ州フェニックスで，イノベーティブ・フィナンシャル・コンサルタント（IFC）につき5人がピュアトラストという濫用的信託を利用した脱税のプロモーションで有罪とされ，2006年6月29日，Dennis Poseleyは84ヶ月，Patricia Ensignは18ヶ月，David Trepasは60ヶ月，Rachel Mcelhinneyは16ヶ月，Keith Priestは18ヶ月の禁錮刑に処せられた。彼らは，1996〜2003年に2千件のピュアトラストを「顧客が所得と資産をオンショアまたはオフショア信託パッケージにプレースすれば合法的に所得税を回避できる」と虚偽をいい，その販売の報酬470万ドルを受け取った。

(11) 濫用的信託スキームを利用した脱税

2005年12月20日，ユタ州ソルトレークシティで，Anglo-American International（AAI）の名義で販売したオフショア事業体を用いる濫用的信託スキームの設定を通じ米国からの詐取の共謀につき，弁護士Ozy Jay Neeleyは51ヶ月，弁護士Paul J. Youngは45ヶ月，弁護士Robert Dodenbierは41ヶ月，公

認会計士 Chad L. Merica は51ヶ月，申告書作成業者 Kevin J. Crockett は60ヶ月の禁錮刑に処せられた。ＡＡＩの首謀者 Kirk Koskella は，10年の禁錮刑に処せられた。

4　2006年における主要事案

(1)　濫用的信託アレンジメントをプロモートした公認会計士

2006年2月7日，ユタ州ソルトレークシティで，公認会計士 Max C. Lloyd は，指圧療法業者に濫用的信託アレンジメントによる虚偽の所得税申告書作成の幇助で21ヶ月の禁錮刑に処せられた。

(2)　信託プロモーター

2006年2月21日，ワシントン州タコマで，David Carroll Stephenson は，Michael J. Shanahan とともに，ピュア・エクィティ・トラストを利用する脱税スキームのプロモーションにつき，所得税申告の懈怠と米国からの詐取の共謀で有罪とされ，同年5月18日に96ヶ月の禁錮刑に処せられた。彼らは，American Business estate and Tax Planning という組織を通じて信託パッケージを販売した。彼らは，「顧客がその所得と資産をピュア・エクィティ・トラストにプレースすれば　たとえ当該所得と資産の使用に対する支配を留保しても所得税を回避できる」と虚偽の助言を行い，セミナー，ウエッブサイト，パンフレットで400件超の信託を販売し，200万ドル超を受け取った。

(3)　濫用的信託スキーム

2006年2月24日，フロリダ州タンパで，独立のフィナンシャル・プランナー Howard Lee McCauley は，15ヶ月の禁錮刑に処せられた。彼は，脱税のための濫用的信託スキームに参加し，そのすべての所得を一連の内国信託および外国信託に移転したが，この資金に対する現実の支配を維持して，過少申告を行った。

(4)　脱税のためオフショア信託を利用した事業主

2006年3月24日，マサチューセッツ州スプリングフィールドで，Protective Security services の所有者 Paul Allen は，事業所得を偽装するために，パート

第16章　外国信託税制と濫用的外国信託スキームの摘発

ナーシップを組成し，外国銀行口座を設定し，私宅を名義信託（nominee trust）に移転する方法で脱税した件で有罪とされ，同年6月22日，6ヶ月の禁錮刑に処せられた。

(5) 所得隠しのためにいんちき信託を利用した夫婦

2006年4月27日，ヴァージニア州リッチモンドで，米国からの詐取，脱税および郵便詐欺の共謀につき，コンピュータ・コンサルタント業者James Dominic Delfinoは，6.5年，その妻Jeaniene Ann Delfinoは，5年3ヶ月の禁錮刑に処せられた。この夫婦は，その所得を自己が支配するいんちき信託（bogus trusts）に移転する方法で150万ドル超の脱税を行った。

(6) オフショア信託の依頼人の虚偽申告をした公認会計士

2006年5月24日，イリノイ州シカゴで，公認会計士Laura Baxterは，オフショア信託および内国信託を販売するAegisの依頼人のため虚偽の税務申告書を作成した件で24ヶ月の禁錮刑に処せられた。

(7) ＩＧＰのプロモーター

2006年5月30日，ハワイ州ホノルルで，John David Van Hoveは，27ヶ月の禁錮刑に処せられた。彼は，資産と所得の所有と支配を隠す「コモンロー信託」の利用とオフショア信託と関連銀行口座の利用（資産をデービットカードを利用して本国に償還される）により，所得と資産をＩＲＳから隠蔽するスキームを依頼人にプロモートし，また，国際事業法人（IBC）という独立の経済実体のない事業体の設立を奨励した。

(8) 租税詐欺信託パッケージの販売

2006年7月6日，オクラホマ州マスコジーで，Jimmy C. Chisumは，97ヶ月の禁錮刑に処せられた。「信託は税金を排除する」と主張し，外国信託と内国信託を含む信託パッケージを販売するセミナーを開催し，「税金の申告は任意的なものであり，納税者は納税拒否で政府支出に抗議することができる」と主張した。その依頼人は，その事業所得の95％を彼の組成した信託に移転し，この信託はその資金をオフショア銀行口座に移転した。この信託に投資した納税者は，私的経費のためにその資金を充てることができるものと信じて現実の所

得を隠すため虚偽の詐欺的申告を行い，彼はこれを幇助した。

小括　日本へのインプリケーション

　米国では，財務省・ＩＲＳの犯罪捜査局（IRS-CI）の重点摘発対象となっている外国信託を中心に信託パッケージとして米国人が脱税のために多様な濫用的信託スキームを利用していることが明らかにされている。米国のターゲットは，弁護士，公認会計士およびコンサルタントをはじめとするプロモーターである。日本では，現在，外国事業体の課税上の取扱いについて，税法に明確な規定がないため，米国から輸入される濫用的信託スキームに対して本格的な査察調査が動き出すに至っていないようにみえる。財務省も多様な事業体を利用した租税回避を防止するため，従来のように個別具体的な判断を裁判所に求めるような法的安定性のない状態から脱して，私法上の概念を借用していることから曖昧な法解釈について紛争を生じた事案については順次個別的否認規定の立法化へ舵を切り替え始めた。この流れの線上において外国事業体の課税ルールも税法に明確に規定されることになると期待される。米国で相続税・贈与税に限らず，事業所得や投資所得に対する租税の回避・脱税にも多用される内国信託・外国信託・外国法人・ＵＢＯ，オフショア銀行口座・デービットカードやクレジットカードなどのパッケージ・スキームについても，明確な個別的否認規定が必要になる。その時，日本でも外国信託スキームとこれをプロモートする弁護士，公認会計士およびコンサルタントなどのプロモーターを査察調査のターゲットにすることが可能になる。日本でも信託はすでに集団的投資ファンドとして活用されている。日本では実質所得者課税の原則について，いまは法律的帰属説が有力であるが，信託については経済的帰属による課税を税法で規定している。プロモーターの学説は，私法上の法的権原の帰属を課税の根拠とする傾向があり，形式と実質が異なる場合に実質により課税するというが，国境を跨いで複層化する中間介在者を用いて現実に「実質」の捕捉はきわめて困難になっており，「実質」と称するス

トローでトレースがストップする実態がある。また，単純な法律的帰属説のみでは，私法上の法的権原をもたない犯罪者や犯罪組織が現実に違法源泉所得を経済的に享受しているにもかかわらず，これらの者に対し原則として課税することが困難になる。このような経済的利益の享受についても，経済的帰属を根拠に課税できるよう現行規定の解釈の明確化を図るか，この点で解釈の紛争を生じるおそれがあれば，経済的帰属による課税を税法で規定する必要がある。真実の受益者をトレースすることが困難な場合，日本は使途不明金の制裁課税のような形で処理することもあったが，トレースの困難を回避するため特定信託のように法律的帰属の原則に戻り受託者課税を制度化した例もある。では，違法源泉所得については，どのような課税ルールが望ましいか。米国は，信託，特に外国信託については，悩んだ末，委託者課税制度で対応することにしている。外国信託を含む濫用的信託スキームについては，法形式としての外国信託を無視して日本人に所得と資産を帰属させる「エンティティアプローチの帰属ルール」を採用するか（エンティティ否認の法理），法形式として外国信託の存在を認めるが，その所得と資産については日本人の所得と資産とみなす「みなし所得」「みなし資産」ルールを採用することなども，日本のＣＦＣルールの延長線上で一考に値すると考えられる。投資事業有限責任組合制度の創設においても，私法として投資手法の自由化，中小企業の資金調達の円滑化，投資家保護などのために，出資の公募以外のものについて投資家の匿名を認めることとし，プロモーターをはじめ投資家にも「使い勝手のよいエンティティ」といわれたが，課税面では真実の受益者を課税当局から隠すエンティティをセールスポイントにすることになった。プロモーターのいう「使い勝手」は，公法である税法では必ずしも正当化されず，税法自体で脱税のループホールは塞ぐ必要がある。外国信託についても，私法上は「使い勝手のよさ」を追求することは正当化されるが，税法ではプロモーターのいう「使い勝手」に同調してはならないのである。

〔注〕

185) 新井　誠『信託法［第2版］』有斐閣，2005, pp. 2 −32。
186) 所得税法12条および法人税法11条。日本では，これらの条文の意義について，法律的帰属説と経済的帰属説との対立があり，学説の上で，決着がついていない。
187) IRS *Written Statement of Mark W. Everson, Commissioner of Internal Revenue, before the Committee of Finance, US Senate:Hearing on Charitable Giving Problems and Best Practices* IR−2004−81, June 22, 2004.
188) Gregory v. Helvering, 293 U.S. 465 (1935), XIV− 1 C.B. 193;and Helvering v. Clifford, 309 U.S. 331 (1940), 1940− 1 C.B. 105 ; Markosian v. Commissioner, 73 T.C. 1235(1980) ; Zmuda v. Commissioner, 731 F. 2 d 1417(9 th Cir. 1984) ; Lucas v. Earl, 281 U.S. 111 (1930). Donald D. Kozusko and Stephen K. Vetter "*Respect for"Form"as"Substance"in U.S. Taxation of International Trusts*" Vanderbilt Journal of Transnational Law vol. 32:675.
189) Schulz v. Commissioner, 686 F. 2d 490(7 th Cir. 1982) ; Neely v. United States, 775 F. 2d 1092(9 th Cir. 1985)。
190) Fausner v. Commissioner, 55 T.C. 620(1971).
191) Denis Kleinfeld "*Using Domestic and Offshore Trusts Effectively for Wealth Protection Planning*"
192) ピュアトラスト（pure trust）とは，納税者がピュア・トラストに譲渡した財産や事業に対する支配を現実には全く変更せずに，分離した法的主体を創設するようにみせかけるアレンジメントをいう。pure trustは，課税上，仮装行為とみなされる。Notice 97−24, 1997− 1 C.B. 409。
193) Lonnie D. Crockett "*Maybe its Time for a Business Trust*" http://www.svpvril.com/ubo.html.
194) IRS Public Announcement Notice 97−24, Pub. 2193(8 −2001), Catalog No. 24843F "*Too Good To Be True−Trusts−Should Your Financial Portfolio Include Trust ?* , Pub. 3995 (5 −2002), Catalog No. 33989Q, "*Is It Too Good To Be True−Recognizing Illegal Tax Avoidance Schemes*".
195) US Senate Committee on Finance "*Tax Shelters:Who's Buying, Who's Selling, and What's the Government Doing About It ?* "hearing before Committee on Finance108 Congress, 2003. 10. 21. US Senate Committee on Finance "*Schemes, Scams and Cons:the IRS Strikes Back*" hearing before Committee on Finance 107 Congress, 2002. 4. 11. IRS Referral Form for Reporting Abusive Tax Promotions and/or Promoters.
196) IRS "*Examples of Abusive Tax Schemes Investigations*"
　　Trust Scam Bulletin Board "*Tax&Trust Scams*" http://www.taxprophet.com/hot/Trustscam.shtml.

第17章
タックス・プロモーターの摘発

　日本では昭和26年税理士法施行以来税理士制度が申告納税制度の定着と発展に寄与してきた。税理士の使命は、租税専門家として、独立公正な立場で、納税者の信頼に応え、租税法令に規定された納税義務の適正な実現を図ることである。税理士となる資格を有する者は、税理士試験合格者のほか、税理士法に定める一定要件に該当する者として税理士試験を免除された者、弁護士および公認会計士である。税理士業務は、税理士または税理士法人のみによって行われることとされており、それ以外の者は税理士業務を行うことはできず、違反した者に罰則が適用される。税理士となるには、日本税理士会連合会に備える税理士名簿に登録することを要する。平成18年3月末現在、登録者数は69,243人に達している。このように、税理士は、自主申告納税制度の下で、その理念に沿って、納税者の税知識の普及、納税道義（モラル）および税法遵守（コンプライアンス）水準の向上、効率的な税務行政と税収確保への貢献が期待されている。独占的税理士業務の保障の下で、税理士が納税者に及ぼす影響は大きい。国家財政の基盤を支える税務行政において税理士業務の適正な運営を図ることがきわめて重要であるという観点から、税理士に対する指導、連絡および監督は、税理士会および日本税理士連合会が自主的・自律的に行うべきであり、税務行政に責任をもつ国税庁の任務でもある。税理士、弁護士および公認会計士などの租税専門家の一部といえども腐食されると、国家および国民の税理士制度への信頼と期待は裏切られることになる。租税専門家は、税理士法違反行為のみならず、日本の税収確保という国家存立の基盤を蝕む結果を招く濫用的租税回避スキームのプロモーターとして活動することはもとより、このような活

動に加担することも許されることではない。近年，移転価格課税により多額の追徴課税を受ける大企業が増加している。これらの対象企業の経営者，税務担当者およびこれらの企業の顧問として助言すべき租税専門家・租税実務家は，移転価格課税制度の本質を見誤り，その研究と対策を怠ってきたことを露呈した。これらの企業は，移転価格課税を受けるまでに事前確認制度など開かれた予防措置をどの程度活用してきたのか。アエラNo.50（2006.10.30）の「国税庁への企業大逆襲」という記事（大鹿靖明・落合博美著）で更正処分を受けた企業に長期間を要する裁判を勧誘する法律家グループの動きを伝えているが，そのような動きは移転価格課税をプロフィット・セクターとする弁護士の懐を潤すだけの解決方法を誘いかけるサイレンの歌声であり，企業経営者たちの判断ミスと更正処分を回避する事前準備などの努力を怠った株主に対する責任を糊塗する動きを誘うものであって，生産的な解決方法ではないだろう。また，当然予見すべき否認リスクの防止に必要な助言を怠った関与税理士等の責任も重い。また，国税庁の公表データによれば，税理士法違反行為に基づく調査件数は，毎年増加しており，平成17年度は2,426件（調査割合3.5％）になり，懲戒処分件数は禁止処分8件，停止処分10件，合計18件となっている。この件数は登録者数に比べても，また，米国に比べても多くない。アエラNo.50は税務アドバイスビジネスが活況を呈するなか，国税庁幹部が「最近の会計事務所は租税回避スキームで相当利益を上げているようだし，税務訴訟で稼いでいる弁護士もいるようですね。料調のほうできちんと調査させていただく必要がありますな」とのべたことを伝えている。これは，このようなことをしゃべるまでもなく，当然徹底的な調査を実施すべきである。米国では最大級のKPMGを脱税の共謀罪，詐欺的タックス・シェルターのデザイン，マーケッティング，および実施に係る詐欺罪で訴追していることをIRSと司法省が公表し，"KPMG to pay ＄456 Million for Criminal Violations" という記事をインターネットで世界に流した（IR-2005-83, Aug.29.2005）。米国に劣らず，日本においても，監査不信を払拭し，租税専門家への信頼を確立するために，税理士，弁護士および公認会計士に対する調査割合を，さらに高めていく必要がある。日本では税理士

の世代交代期を迎えており，多数の事務所で，高齢者がその体力・能力を超える依頼人を抱えて無資格者に実際に税理士業務相当事務を担当させたり，税理士の名義貸しを行ったりしていないだろうか。税理士の名において活動する無資格者が自分の独立後の依頼人獲得のために納税者の利益のみに阿ねて税法の適用を曲げるようなことがないだろうか。税理士試験免除制度について税法の指導教授でない者が大学院の修了者に証明書を交付するような方法で不正に資格を取得する者はいないだろうか。国税庁および税理士会は，コンプライアンスの維持向上を図るために調査を実施しているが，納税者の調査以上に，納税者に影響をもつ税理士および税理士事務所に対する調査を徹底的に行う必要がある。1人の有能な税理士が納税者の税務相談，税務指導，税務書類の作成等を誠実に行う場合，最大限何件の依頼人を処理できるかという観点から一定の客観的基準が策定できるはずであり，そのような基準を余りにも超過した依頼人を抱えている税理士および税理士事務所は，調査対象として優先的に選定されるべきであろう。税理士制度を腐食する「にせ税理士」の摘発の問題については別に論ずることとして，本章は，米国の制度および行政におけるタックス・プロモーター対策を検討し，米国に劣らず，日本で濫用的租税回避スキームのプロモーターとして暗躍している租税専門家・租税実務家やフリボラス税務訴訟を唆し，訴訟において多額の鑑定料を得ている租税法学者等の鑑定人を重点的・組織的に調査・摘発する体制の構築を検討するための参考資料の提供を目的とするものである。

第1　濫用的租税回避の元凶はタックス・プロモーター

1　タックス・プロモーターに的を絞る米国

　米国では，自主申告納税制度により世界で最も効率的な税務行政を実施していることを誇りにしているが，自主申告納税制度の基盤は納税者のコンプライアンスであることを重視し，コンプライアンス戦略を税務行政の基本方針としている。税法で予定された税額と実際に納付された税額との差額，その算定が

困難である場合には，現実に税務調査によって発見された不足税額をタックス・ギャップ (tax gap) といい，第2章で述べたとおり，税務当局に限らず，多くの研究者がタックス・ギャップの研究に従事している。また，内国歳入庁 (Internal Revenue Service: IRS) は，コンプライアンス戦略の基礎となる納税者コンプライアンスを把握するため，一定の算定方法に基づく納税者コンプライアンス測定計画 (Taxpayer Compliance Measurement Program: TCMP) を1988年から実施してきた。ブッシュ政権下では，2001年のデータに基づくタックス・ギャップを研究し，2005年にIRSとして研究内容を公表した[197]。会計検査院 (General Accounting Office: GAO) も，IRSのTCMPのあり方に大きな関心を示し，米国議会に対し報告書を提出している[198]。米国は，レーガン政権 (共和党) 下で濫用的タックス・シェルターに対抗するため数多の防止規定を創設したが[199]，タックス・プロモーターに着目し，1984年税制改革法でタックス・シェルターのオルガナイザー (タックス・シェルターの組成に主として責任がある者，その組成に参加する者および投資商品の販売またはマネジメントに参加する者) の登録義務を制定し (IRC6111(a))，プロモーターにその取り扱ったタックス・シェルターの投資家リスト保存義務を課し (IRC6112)，その義務違反に対するペナルティを導入した (IRC6707, 6708)。米国は，クリントン政権 (民主党) 下で1997年納税者救済法により秘密の法人タックス・シェルター (Confidential Corporate Tax Shelter) の登録を義務づけた。この措置は，タックス・プロモーターの存在を強く意識するものであった。「秘密の法人タックス・シェルター」とは，次の要件に該当するすべてのエンティティ，プラン，契約または取引をいう[200]。

(ⅰ)　法人である直接・間接の参加者にとってストラクチャーの重要な目的が所得税の回避または脱税であること
(ⅱ)　秘密を条件にすべての潜在的参加者にオファーされること
(ⅲ)　タックス・シェルターのプロモーター (タックス・シェルターの組成，マネジメントまたは販売に参加する者または関連者をいう) の報酬が10万ドルを超えること

第17章　タックス・プロモーターの摘発

　ここで，次の取引は，「ストラクチャーの重要な目的が所得税の回避または脱税であるとみなされる取引」とみなされる（暫定規則301.6111－2Ｔ）。
（ⅰ）　ＩＲＳが租税回避取引と決定しかつ指定取引 (a listed transaction) として識別した特定の種類の取引と同じかまたは類似する取引
（ⅱ）　参加者が合理的に見込む取引からの「税引前利益の現在価値」がその取引から予想される「タックス・ベネフィットの現在価値」に比較して取るに足りない取引
（ⅲ）　取引の意図する結果の重要な部分がタックス・ベネフィットを生ずるように仕組まれた取引でプロモーターが複数の潜在的参加者に提示すると合理的に見込まれるもの

　知的水準の高いタックス・プロモーターのターゲットは，個人富裕層のタックス・シェルターから法人タックス・シェルターに傾斜している。第13章で述べたとおり，クリントン政権下で，1999年に財務省は「法人タックス・シェルターの問題」(The Problem of Corporate Tax Shelters) と題する報告書（俗に「タックス・シェルター白書」という）を公表した。この報告書において，タックス・アドバイザーやファイナンス・アドバイザー，プロモーターや租税研究家などによる法人タックス・シェルターが蔓延する原因を分析し，法人タックス・シェルターのコスト・ダウンが，（ⅰ）洗練されたファイナンスの増加，（ⅱ）タックス・シェルター専門家の供給増加，（ⅲ）タックス・シェルターに対する法人幹部の態度の変化（法人ガバナンスの腐敗），（ⅳ）タックス・シェルターに対する税務調査割合の低下，などによってもたらされることを指摘した[201]。ブッシュ政権（共和党）下で，2003年米国議会は，エンロン社および関連事業体に係る課税に関する上院下院合同委員会の報告書 (Report of Investigation of Enron Corporation and Related Entities regarding Federal Tax and Compensation Issues and Policy Recommendation) を公表した[202]。これを俗に「エンロン報告書」という。エンロン報告書では，多数の濫用的タックス・シェルターについて，タックス・プロモーターの暗躍と弁護士の法律意見書を暴露した上で，弁護士のタックス・オピニオンについては特に「納税者の申立が不正，不完全または事実に

合致しないことを知りながら，この申立を信頼してオピニオンを提供した法律アドバイザーに対する制裁規定を設けるべきこと」を勧告した。米国の法執行の標的は，タックス・プロモーターに絞られることになった。

2　タックス・プロモーター・イニシャティブ

IRSは，次の目的で個人および法人の租税回避取引のプロモーター対策に取り組んでいる。
(ⅰ)　IRSが潜在的租税回避取引に参加する納税者を把握し，これを調査の標的とすることができるように投資家リストをプロモーターから入手すること
(ⅱ)　劣悪なプロモーターの活動を抑制し，そのノンコンプライアンスを罰すること

これまでの具体的措置は，(ⅰ)ソフトレター，(ⅱ)召喚状，(ⅲ)ペナルティ調査である。

IRSは，法人タックス・シェルター，個人・小事業の濫用的租税回避取引および信用詐欺のプロモーターの摘発に乗り出している。その動向について，制度面の対抗措置を要約する。

(1)　**濫用的タックス・シェルター等のプロモーターに対する制裁**

(A)(a)(ⅰ)パートナーシップ，その他のエンティティ，(ⅱ)投資プランもしくは投資アレンジメント，もしくは(ⅲ)その他のプランもしくはアレンジメントを組成し，もしくは組成を援助し，または(b)これらのエンティティ，プランもしくはアレンジメントの販売に直接・間接に参加し，かつ，(B)(ⅰ)重要事実について虚偽であるかもしくは詐欺的であることを知りもしくは知る理由があるエンティティの持分を保有し，もしくはプランもしくはアレンジメントに参加しているという理由で，所得控除もしくは税額控除を受けることができ，所得除外その他のタックス・ベネフィットを享受することができるという文書，もしくは重要事実についての過大評価を作成・提出し，もしくは他人に作成させ，もしくは提出させる者は，(b)の各活動につき，1,000ドルに相当するペナ

ルティ，または当該活動から生じた総所得の100％に相当するペナルティを課される。各エンティティまたはアレンジメントにつき，(A)(a)の活動は，分離した活動として取り扱われ，(A)(b)の各販売の参加もまた同様に分離した販売として取り扱われる（IRC6700(a)）。「過大評価」(gross valuation overstatement) は，すべての資産またはサービスの価値に関する表示で，(ⅰ) 表示された価値が正確な価値と認められる金額の200％を超え，かつ，(ⅱ) 当該資産またはサービスの価値が参加者に認められる所得控除または税額控除の金額に直接関連する場合に該当するものをいう（IRC6700(b)）。このペナルティは，他のペナルティとは別に課される（IRC6700(c)）。

(2) 過少申告の教唆・幇助のペナルティ

タックス・プロモーターが，納税者の過少申告を教唆・幇助したと認められる場合には，次のペナルティを課されることになる。

(ⅰ) 申告書，供述書，請求，その他の文書の一部につき，またはその作成もしくは提出につき，幇助または助言し，(ⅱ) 当該部分が税法に基づいて生ずる重要事実に関して使用されることを知りまたは知る理由を有し，かつ，(ⅲ) 当該部分の結果他人の納税義務の過少申告となることを知る者は，各文書につき，次に定めるペナルティを課される（IRC6701(a)）。

一般に，ペナルティの金額は，1,000ドルとする。法人の申告書，供述書，請求，その他の文書については，ペナルティの金額は，1万ドルとする（IRC6701(b)）。

(3) 報告すべき取引に関する情報提供の懈怠に対するペナルティ

報告すべき取引 (reportable transaction) についてＩＲＣ6111(a)に基づき申告書を提出すべき者が，(ⅰ) 規定の日以前に当該申告書の提出を懈怠し，または (ⅱ) 当該取引について財務長官に虚偽もしくは不完全な情報を提出する場合，次の金額のペナルティを課される（IRC6707(a)）。(ⅱ) 以外のペナルティの金額は，5万ドルとする。指定取引に係るペナルティの金額は，20万ドルまたは申告書がＩＲＣ6111に基づく提出期限までに指定取引に係る幇助または助言により取得した総所得の50％のうち大きい方の金額とする。意図的な懈怠に

ついては,「50%」に代えて「70%」とする (IRC6707(b))。

　申告書または書面にＩＲＣ6011に基づき含めるべき報告すべき取引に係る情報を当該申告書または書面に含めることを懈怠する者は，次の金額のペナルティを課される (IRC6707A(a))。一般に，ペナルティの金額は，個人については1万ドル，その他については5万ドルとする。指定取引に係るペナルティの金額は，個人については10万ドル，その他については20万ドルとする (IRC6707A(b))。

　報告すべき取引に係る重要なアドバイザー (material advisor) は，(i) 取引を特定する情報，(ii) 取引の結果として期待される潜在的なタックス・ベネフィットの情報および (iii) その他財務長官が規定する情報を記載した申告書を作成し，期限内に提出しなければならない (IRC6111(a))。「重要なアドバイザー」とは，(i) 報告すべき取引を組成し，管理し，プロモートし，販売し，実施し，保険し，または実行することにつき，重要な補助，支援または助言を行い，かつ，(ii) 当該補助，支援または助言につき限度額 (threshold) を超える総所得を直接・間接に取得する者をいう。タックス・プロモーターは，重要なアドバイザーに該当する。ここで，限度額とは，実質的にすべてのタックス・ベネフィットが個人に与えられる報告すべき取引については5万ドルであり，その他の場合には25万ドルである (IRC6111(b)(1)(B))。「報告すべき取引」は，財務長官が租税回避または脱税の潜在的可能性があると認める取引であるという理由で，その情報を申告書または書面に含める必要があるすべての取引をいう (IRC6707A(c)(1))。「指定取引」は，財務長官がＩＲＣ6011の適用上租税回避取引と特定した取引と同じかまたは実質的に類似の報告すべき取引をいう (IRC6707A(c)(2))。

(4) 報告すべき取引に係る助言を受ける者のリスト保存の懈怠に対するペナルティ

　ＩＲＣ6112(a)によるリストを保存すべき者がＩＲＣ6112(b)に従って文書による要求により20事業日以内に当該リストの提出を怠る場合，当該者はこの20事業日後懈怠が続く日ごとに1万ドルのペナルティを課される (IRC6708(a))。

報告すべき取引に係る重要なアドバイザーは，（ⅰ）当該アドバイザーが当該取引に係る重要なアドバイザーとして行為する被助言者を特定し，かつ，（ⅱ）その他財務長官が規則により要求する情報を含むリストを保存しなければならない（IRC6112(a)）。

3 タックス・プロモーターに対する差止命令

　内国歳入庁（Internal Revenue Service：IRS）は，2005年４月に，2001年以来，司法省（Department of Justice：DOJ）の協力で，違法な租税回避スキームのプロモーターと詐欺的税務申告作成業者に対する100件以上の民事差止命令（Civil Injunctions）を得たことを公表した（FS-2005-15）。この差止命令は，タックス・プロモーターにそのクライエント・リストの提出と税務申告書作成業務停止を命ずる。米国政府は，脱税対策の新しい手法として，特に，（ⅰ）納税者の資産の名義を信託に移転するが当該資産に対する支配力は留保する濫用的信託（Abusive trusts），（ⅱ）にせの宗教団体を設立するためのコーポレーション・ソール法（Corporation sole laws）の濫用，（ⅲ）雇用税をほ脱するためのIRC861のフリボラスな弁論，（ⅳ）私的経費を事業経費とする控除，（ⅴ）ゼロ申告，（ⅵ）障害者アクセス税額控除の濫用，（ⅶ）課税所得は外国源泉所得のみという主張などを阻止するため，民事差止命令を活用している。税務調査により民事差止命令を得られると認める場合，IRSはDOJに事案を連絡し，DOJは裁判所がタックス・プロモーターに対し詐欺的活動を禁止するよう命令することを求めてタックス・プロモーターを訴追する。裁判所は，事実と状況を判断して，（ⅰ）一時的抑止命令（Temporary Restraining Order），（ⅱ）予備的差止命令（Temporary Injunction）または（ⅲ）終局的差止命令（Permanent Injunction）を発することができる。これまで裁判所が発した差止命令のうち，濫用的スキームのタックス・プロモータに対するものの81件が終局的なものであり，18件が予備的なものであり，濫用的税務申告作成業者に対するもの17件はすべて終局的なものであった。IRSは，さらに1,000件以上のタックス・プロモーターの税務調査を実施中である。

4 「にせ信託」や外国信託スキームのプロモーターを投獄せよ

　日本の信託に関する信託法学の未発達により，私法上でさえ「合法的な信託」(legitimate trusts) と「非合法な信託」や「仮装信託」の区別，「有効な信託」と「無効な信託」との区別が明瞭でなく，信託に関する税法の未整備と税法学の未発達により，信託を単なる契約として取り扱うべきか・法的主体 (legal entity) または事業体 (business entity) として取り扱うべきかという課税の基本ルールさえ確立していない。日本のこのような状態では，タックス・プロモーターは実にのびのびと信託という法形態を利用して節税を行うことができるかもしれないが，同じタックス・プロモーターは米国ではより厳しい「信託税制」に直面する。信託に関する米国の課税原則については，第16章において詳述しているが，米国でタックス・プロモーターが利用する基本スキームは，個人または法人が信託に法的に当該財産の所有権を移転するが，実質的に当該信託財産の支配権を留保しかつ行使して当該信託財産の運用益や譲渡収益を法的に他者である受益者に帰属させ，実質的には委託者が受益者となるか，または受益者から別の法形態の資金としてその運用益や譲渡収益を委託者に償還させるというスキームである。この基本スキームには，濫用的内国信託 (abusive domestic trusts) として, (i) 事業信託 (business trusts), (ⅱ) 法人格のない事業組織 (unincorporated business organization : UBO), (ⅲ) デラウエア事業信託 (Delaware Business Trusts : DBT), (ⅳ) マサチューセッツ事業信託 (Massachusetts Business Trusts : MBT), (v) ピュア・トラスト (pure trusts), これらと組み合わせて, (ⅵ) 設備・サービス信託 (equipment trusts), (ⅶ) 家族住宅信託 (family residence trusts), (ⅷ) 慈善信託 (charitable trusts), (ⅸ) 資産保護信託 (asset protection trusts) などがある。少し高度な濫用的外国信託 (abusive foreign trusts) として，タックス・ヘイブンにおいて組成される外国信託を基本とし, (i) 国際事業法人 (International Business Corporation : IBC), (ⅱ) 資産管理会社 (asset management company : AMC), (ⅲ) 事業信託, (ⅳ) 外国信託ワン (foreign trust one)，（ⅴ）外国信託ツー(foreign trust two)，（ⅵ）外国資産保護信託（foreign asset protection trust:FAPT）などのステップ取引などが仕組まれる。ＩＲＳは，濫用的信託脱税スキームに対しては，単なる租税回避として通常の税務調査で対処するのでなく，米国の税収を詐取する脱税，テロリスト資金供与やマネーロンダリングとして，ＩＲＳ－ＣＩによる犯罪捜査，国家戦略の一環として対処する。この領域においては，弁護士，公認会計士，その他のタックス・プロモーターをターゲットとしている。第16章でブッシュ政権下における濫用的信託スキームの摘発事例を紹介したように，主要な事件で，2003年アリゾナ州の公認会計士（39ヶ月の禁錮刑），2004年フロリダ州の公認会計士（30ヶ月の禁錮刑），2005年アーカンソー州の弁護士（15年の禁錮刑），テキサス州の弁護士（15ヶ月の禁錮刑），ユタ州の弁護士（51ヶ月の禁錮刑），同州の弁護士（45ヶ月の禁錮刑），同州の弁護士（41ヶ月の禁錮刑），同州の公認会計士（51ヶ月の禁錮刑），2006年ユタ州の公認会計士（21ヶ月の禁錮刑），イリノイ州の公認会計士（24ヶ月の禁錮刑）などが処分されている。日本では，プロモーターが私法上「事業信託」の導入を活発に論じているが，これを税法上どのように取り扱うべきかを迅速に明文化しなければ，国際課税の領域では，米国では犯罪としてタックス・プロモーターが逮捕されている事案については，日本では何のお咎めもないという事態が生ずるであろう。現在の曖昧な法制の下で日本のいわゆる信託が，例えば米国からみて「外国信託」として利用される場合，米国の視点から日本側でそのスキームに関与するプロモーターは，犯罪者として追及されることも起こることを覚悟しなければならない。

第2　米国のコンプライアンス戦略

1　ＩＲＳの使命と戦略的目標

　米国では，ＩＲＳの使命を「米国の納税者が納税義務を理解しこれを遵守することを助け，すべての納税義務者に税法を統一的かつ公正に適用することによって，米国納税者にトップクオリティのサービスを提供すること」と定めて

いる。この言葉は，IRSの役割と米国民がIRSが果たすべき役割として期待することを正確に表現したものとされている。現在，米国の徴収税額の約98％は，IRSの積極的な介入なしに納付されている。問題は，残りの2％である。米国は，少数の納税義務者が納税を免れフリーライダーとなり，税法を遵守する他の納税者に負担のしわ寄せをすることを許さない。IRSは，税法を遵守する多数の納税者に対するサービスとして，脱税者，濫用的租税回避スキームのタックス・プロモーターを摘発することを使命としている。この点は，「すべての納税義務者に税法を統一的かつ公正に適用すること」(applying the tax law with integrity and fairness to all) という言葉によって表現されている。米国は，この使命を遂行するため，2～3年の期間ごとに戦略目標 (strategic goals) を設定し，必要な税制改正と税務行政の改革を進めてきた[203]。IRSは，それまでの年間事務計画に代えて，2005－2009年IRS戦略的計画 (IRS Strategic Plan 2005－2009) を公表し，マークW. エバーソン長官 (Commissioner of Internal Revenue Mark W. Everson) は，サービス・＋法執行＝コンプライアンスという方程式をIRSのスローガンとして宣言した。彼は，IRS長官のメッセージとして，「納税義務を免れようとする者を摘発し，税法に違反する者を追及する。」(We also deter people inclined to evade their responsibilities and vigorously pursue those who violate tax laws) と述べている。

2005－2009年IRS戦略的計画が掲げる「IRSのビジョン」は，2009年に納税者負担を最小に効果的・効率的に徴税する人材と技術的能力を有する21世紀の国家機関になることであり，「IRSの特性」は，（ⅰ）納税者という顧客のニーズに合うサービスを提供し，（ⅱ）米国市民に正直に納税する責任を理解させ，（ⅲ）すべての米国市民に対して公正かつ一貫した法執行を行い，（ⅳ）IRSが米国に価値あるサービスを提供する組織であって，米国人が望ましい勤務先であると考えることでなければならない。「IRSの価値」は，（ⅰ）権威（最高水準の正直さ，真実，信頼および名誉の維持），（ⅱ）アカウンタビリティ（約束を守り，行動に責任をもち，成果を上げること），（ⅲ）正確さ（正確・完全な結果を出すよう勤勉であること），（ⅳ）尊重（人間や考えの差異を評価し，他人を公正かつ統

一的に扱うこと），（ⅴ）専門性（権威と効率を確保し，優れた業績を達成すること），（ⅵ）パートナーシップ（利害関係者の意見を聞き，彼らと密接に協働すること）によって，評価される。ＩＲＳは，その使命を遂行するための戦略的目標（Strategic Goals）として，（ⅰ）納税者サービス（Taxpayer Service）の改善，（ⅱ）税法の法執行の強化，（ⅲ）人材，手続および技術の各面におけるＩＲＳの近代化の3点を掲げる。

ＩＲＳは，そのビジョンを実現するため，次の外部要素および内部要素について効果的に対処しなければならない。

（ⅰ） 重要な外部要素としては，（ⅰ）税法の改正，（ⅱ）インターネット等の情報通信改革，（ⅲ）濫用的租税回避取引の複雑化，（ⅳ）米国社会の多様化，（ⅴ）グローバル化，（ⅵ）テロリズムなどがある。

（ⅱ） 内部要素としては，（ⅰ）人員の更新と能力開発，（ⅱ）人員の変化がある。

ＩＲＳは，限られた人員と予算の範囲でこれらの各要素に効果的に対処し，その戦略目標を達成し，ＩＲＳの価値を高めるため，次の戦略的パートナーとの協力関係を強化する必要がある。

- 他の連邦政府機関，州政府・地方政府，民間団体および財務省職員組合（National Treasury Employees Union）
- 財務省，司法省，本土安全保障省，労働省，社会保障庁，年金給付保証法人，州税務官庁
- 租税実務家団体，税務申告書作成業者団体，電子申告用ソフトウエア団体，納税者団体

2　租税専門家・租税実務家はIRSの重要なパートナー

ＩＲＳにとって米国公認会計士協会（American Institute of Certified Public Accountants），米国法曹協会（American Bar Association），租税エグゼクティブ協会（Tax Executives Institute），米国租税専門家協会（National Society of Tax Professionals），米国税理士協会（National Association of Enrolled Agents），米国租税実務家

協会 (National Association of Tax Practitioners) は，最も信頼できる重要なパートナーであるが，これらに属する公認会計士，租税弁護士，租税専門家，税理士，租税実務家の一部は，脱税または濫用的租税回避スキームにおけるタックス・プロモーターとして暗躍しているので，IRSの法執行の対象でもある。(本稿は，IRSがその使命を達成するために最も信頼すべきパートナーの中に潜み，米国民とIRSの信頼を裏切るタックス・プロモーターの識別と摘発の努力について考察し，日本において同様の行為を行っているタックス・プロモーター対策の一助となることを目的とするものである)。

3　第1目標：納税者サービスの改善

IRSは，納税者がその納税義務を理解することを援助し，納税者の税法遵守を容易にさせることを任務とする。自主申告納税制度を完全に実施するため，税法を遵守する納税者の負担軽減を図るには，IRSとして税法を遵守しない納税者に対する法執行に努めることである。IRSは，納税者教育や窓口サービス以外に，ハイリスク領域におけるコンプライアンス戦略によって自主申告納税を促進する。1998年IRS再生改革法(Restructuring and Reform Act of 1998)施行以来，着実に納税者という顧客満足度を改善しつつある[204]。納税者サービスの具体的目的として，(ⅰ)納税者のサービス・オプションの改善，(ⅱ)すべてのセクターの納税者による税制への参加の促進，(ⅲ)租税手続の簡素化，を掲げている。

4　第2目標：法執行の強化

IRSは，確実に納税者がその納税義務を履行させる必要がある。それは，米国民は納税するとき，自分の隣人や競争相手も同じように納税していると信じているからである。それ故，IRSは納税義務を免れている人から納税させるために法執行権限を行使しなければならない。ノンコンプライアンスは，故意でなく，知識不足，混乱，記録の不完全な保存，法解釈の相違，不測の緊急事態，一時的キャッシュフロー問題などさまざまな理由で生ずるが，故意によ

る場合があり，脱税となる場合がある。特に，一部の納税者は，プロモーターの約束するタックス・ベネフィットが税法の趣旨に反することを知りつつ，タックス・シェルター，信託その他の仕組まれた金融商品に投資する。IRSは，濫用的租税回避取引に参加する法人や個人富裕層に対する法執行の強化に努める。法執行の強化の具体的目的として，（ⅰ）法人，高所得個人その他のタックス・ギャップの要因となる者による税収腐食活動・ノンコンプライアンスの抑制と摘発，（ⅱ）弁護士，公認会計士その他の租税実務家に確実にプロフェッショナル・スタンダードと税法を遵守させること，（ⅲ）国内およびオフショアの脱税および金融犯罪活動の抑止と摘発，（ⅳ）租税回避等の目的で行われる免税団体および政府団体内部の濫用および第三者による免税団体および政府団体の悪用の摘発，を掲げている。特に，タックス・プロモーター対策については，（ⅰ）最高水準のプロフェッショナルの権威を保ち，そのタックス・コンプライアンスを改善するために租税実務家とのパートナーシップを強化すること，（ⅱ）租税実務家に関する明瞭で，健全な，意味のある行為基準（standards of conduct）の確立と周知徹底，（ⅲ）租税実務家の監視システムの確立とその厳密な実施，重点目標の設定および効果的な実施，（ⅳ）行為基準を遵守しない租税実務家に対する制裁制度の確立と公正で注意深く効果的な実施，を目的として掲げている。

5　第3目標：人材，手続および技術におけるIRSの近代化

IRSは，納税者サービスと法執行という2大使命を効果的かつ効率的に果たすためその人材管理，業務手続の改善および技術システムの向上を戦略的に進めなければならない。放置すると，税務行政のシステムが陳腐化し，急速に変化する環境の変化に追随することができなくなる。IRSは，近代化計画を実施している。その具体的目的として，（ⅰ）IRS職員の生産性を最大化するための組織力の強化，（ⅱ）納税者サービスと法執行を改善するための情報システムの近代化，（ⅲ）要員，装備および情報システムの安全と保護，（ⅳ）業務

手続の近代化と第一線業務に投入する要員を最大化することを支えるインフラストラクチャーの整備，を掲げている。

6　米国のタックス・ギャップ（Tax Gap）

　第2章でタックス・ギャップについて詳述しているが，2005－2009年IRS戦略計画は，TY88以前からのコンプライアンス・データ・モデルからの推計により，米国のタックス・ギャップの要素別に，（ⅰ）高所得個人1,010億ドル（32％），（ⅱ）雇用税730億ドル（23％），（ⅲ）大法人240億ドル（8％），（ⅳ）小法人90億ドル（3％），（ⅴ）遺産税・贈与税および消費税90億ドル（3％），（ⅵ）その他960億ドル（31％）のタックス・ギャップが存在すると述べている。上記4「第2目標」について述べたように，ノンコンプライアンスは，①低レベルの納税者の場合，（ⅰ）税知識の不足，（ⅱ）思違い，（ⅲ）記録保存の欠如，（ⅳ）法解釈の相違，（ⅴ）不測の事情，（ⅵ）一時的なキャッシュフロー問題などの理由で生ずるが，②知的レベルの高い納税者や犯罪者の場合，税法に反するタックス・ベネフィットを得るための，（ⅰ）タックス・シェルターへの投資，（ⅱ）信託その他の仕組み取引の利用および（ⅲ）脱税など故意によって惹き起こされる理由から生じる。IRSの法執行は，これらのすべての領域のノンコンプライアンスに及ぶが，特に濫用的租税回避取引を行う法人セクターと富裕層に焦点を合わせている。IRSの戦略目標の2「法執行の強化」（Enhance Enforcement of the Tax Law）は，上記4で述べた（ⅰ）～（ⅳ）の四つの具体的な目的（Objectives）を掲げている。これらの目的について，以下に少し詳しくみておく。

(1)　法人，富裕層その他のタックス・ギャップの原因者による活動を中心とするノンコンプライアンスの抑止と摘発

　ノンコンプライアンスは，抑止しなければならない。税務調査は自発的コンプライアンスの促進に有効であるとして，IRSは（ⅰ）濫用的租税回避スキームのプロモーションと利用，（ⅱ）オフショア取引の悪用，（ⅲ）富裕層による無申告と過少申告，（ⅳ）フロースルーの所得を重点対象とし，その調査割合

を引き上げる。具体的な対処方針としては，（ⅰ）ターゲット領域のノンコンプライアンスの調査手続を再検討し調整すること，（ⅱ）調査およびその範囲を拡大するため調査サイクル・タイムを短縮すること，（ⅲ）濫用的租税回避取引の調査を強制すること，（ⅳ）ノンコンプライアンスの測定と摘発を改善すること，（ⅴ）法執行要員の配置を改善すること，（ⅵ）他の政府機関，外部パートナー，利害関係者およびメディアを法執行に活用すること，を掲げた。

(2) 弁護士，会計士その他の租税実務家が職業基準を守り法を遵守することを確保

ＩＲＳの最も信頼すべき外部パートナーである弁護士，会計士その他の租税実務家の一部が法人セクターや富裕層の脱税または濫用的租税回避のプロモーターとなることがある。ＩＲＳは，租税専門家のプラクティスに関する法規を所掌する立場から，租税専門家に対し，（ⅰ）遵守すべき義務，（ⅱ）ＩＲＳの期待，（ⅲ）租税専門家団体の行動基準を周知徹底する。その例としては，ベスト・プラクティスの策定やＩＲＳの受け入れられるプラクティスの基準に関するガイダンスの追加などがあるが，倫理的行動を奨励し，法規スレスレの行動を誤った行動とすることによってノンコンプライアンスを抑止する。確立した行動基準を守らない租税専門家に対し，その誤った行動に効果的に対処する措置としては，（ⅰ）申告書作成業者の制裁，（ⅱ）財務省サーキュラー230に基づく制裁，（ⅲ）電子申告特権の停止，（ⅳ）差止命令，（ⅴ）司法省による刑事訴追などが行われる。具体的な対処方針としては，（ⅰ）最高水準の専門性を維持しタックス・コンプライアンスを改善するため租税実務家とのパートナーシップを強化すること，（ⅱ）租税実務家の行動基準を確立すること，（ⅲ）租税実務家の監督制度を確立すること，（ⅳ）行動基準を守らない租税実務家に対する制裁制度を確立すること，を掲げた。

(3) 米国ベースおよびオフショア・ベースの租税犯罪活動および金融犯罪活動の抑止と摘発

ＩＲＳ－ＣＩは，内国歳入法典（Internal Revenue Code：IRC）の刑事法規，銀行秘密法（Bank Secret Act：BSA）およびマネーロンダリング防止法規（AntiMoney

Laundering Statutes) を執行する。刑事法規の執行は，自発的なコンプライアンスの水準を向上させ，税制の公正と統一に対する信頼を醸成するための施策の不可分の一部となっている。具体的な対処方針としては，（ⅰ）犯罪事件の選定と訴追を確実にするため犯罪捜査手続を再検討し調整すること，（ⅱ）法人詐欺，濫用的スキームを利用する富裕層，故意の無申告，国際的租税回避スキームおよびテロ関連金融犯罪において迅速にターゲットを抑止し摘発すること，を掲げた。

(4) 租税回避その他の税法で意図しない目的のための免税団体および政府団体の内部の濫用ならびに第三者によるこれらの団体の悪用の抑止

濫用的スキームにおいて免税団体および政府団体がアコモデーション・パーティとして利用されるが，このようなスキームを放置すると，自発的なコンプライアンスに依存する税制に対する信頼が失われるのみでなく，米国社会の特性である慈善寄附の制度を腐食させることになる。具体的な対処方針としては，（ⅰ）インサイダーによる税法の意図しない目的のための免税団体の濫用を抑止するため重点調査対象とすること，（ⅱ）租税回避その他の税法の意図しない目的のため第三者による免税団体の悪用を特定し抑止すること，（ⅲ）免税団体の資産をテロその他の犯罪活動のために分散することを防止すること，を掲げた。

第3 租税専門家（Tax Professionals）のプラクティス

2006年2月15日に2007年度予算の上院予算委員会における証言において，IRS長官マーク・エバーソンは，毎年のタックス・ギャップを排除する必要があるが，政府と納税者との関係を基本的に変更せずに，さらに500億ドルないし1,000億ドル程度縮小することが可能であり，そのためにIRS法執行予算を2％増加し，1億3,700万ドルを要求した。同長官は，当時のIRS法執行の成果により2001年水準のタックス・ギャップ3,450億ドルを2,900億ドルに縮

第17章　タックス・プロモーターの摘発

小することができたと主張した。このとき，上院予算委員会の Judd Gregg は，要求が余りにも小さいといい，ＩＲＳの法執行への予算は「歳入確保のための投資」(an investment in revenue) であるといい，その倍くらいを考えていることを述べたと USA TODAY は伝えている。同紙は，Richard Wolf の記事において，上院財政委員会の委員長 Chuck Grassley（共和党）が「タックス・シェルター等が強力な敵対者 (tough adversaries) である」という主張を行い，上院議員 Kent Conrad（民主党）が「大部分の調査は所得を隠すためいんちきタックス・シェルター (bogus tax shelters) を利用する法人や富裕層の個人に集中しているが，米国の租税回避の火に油を注いできたのは，申告書作成業者や会計専門家であり，彼らが非常に濫用的な租税回避のテクニックを用いてきた」と発言したことを伝えた。このような状況のなかで，ＩＲＳは，本来は税務行政にとって最重要なパートナーであるべき租税専門家・租税実務家の中の一部にタックス・ギャップの創造と拡大のために活動する租税専門家・租税実務家がいることを認め，誰がそうなのかを特定し，その者に焦点を合わせて調査し，少しでも違法な行為や行為基準等のルール違反があれば，摘発し，ＩＲＳプラクティスから排除しようとしている。そのため，ＩＲＳは次のようなルールを定めている。

1　租税専門家の行動基準

租税専門家は，次の行動基準に従わなければならない。
① 弁護士，公認会計士，税理士，保険計理士および鑑定士の行動基準（サーキュラー 230）(Rev. 6 − 2005)
② 税務申告書作成業者（弁護士，公認会計士，税理士および保険計理士を除く）の行動基準
　(ⅰ)　Pub 470 (Rev. 1 − 82)（資格のないプラクティスの制限）
　(ⅱ)　Pub 216（IRSに対し委任状に基づいて納税者に代理するための面談・プラクティス要件）
　(ⅲ)　Pub 947 (Rev. May2004)（IRSに対するプラクティスと委任状）

553

（iv） Form 2848（委任状と代理人宣言）

（ⅴ） Form 8821（租税情報の受領権限）

2　ＩＲＳに対するプラクティス

　ＩＲＳに対するプラクティスには，納税者のためにＩＲＳに対して行うプレゼンテーションに関するすべての事柄が含まれると解され，書類の作成と提出，ＩＲＳとの通信，会合における依頼人の代理などがその例である。

　ＩＲＳに対するプラクティスを行うことができる者は，（ⅰ）弁護士，公認会計士，税理士および保険計理士，（ⅱ）自己のために出頭する個人，（ⅲ）家族を代理する個人，（ⅳ）雇用主を代理する常勤使用人，（ⅴ）パートナーシップを代理するゼネラル・パートナーまたは当該パートナーシップの常勤使用人，（ⅵ）法人，社団または組織グループを代理する当該法人，社団または組織グループの真正な役員または常勤使用人，（ⅶ）信託，遺産管財人，後見人または遺産財団を代理する当該信託，遺産管財人，後見人または遺産財団の常勤使用人，（ⅷ）公務の遂行の過程で政府ユニット，政府機関または当局を代理する当該政府ユニット，政府機関または当局の役職員，（ⅸ）国外にある個人または事業体を代理する個人，（ｘ）納税者を代理して納税者の税務申告書を作成し署名する個人，である。無資格の申告書作成者（unenrolled preparer）のプラクティスは，非常に制限され，作成した申告書のみについてＩＲＳの調査を受けることであるが，異議担当官（appeals officers），歳入調査官（revenue officers）および法律顧問官（Counsel）に対するプラクティスを行うこと，還付請求や還付金の受領，賦課徴収期間制限の延長の同意，終結合意，不足税額の賦課徴収制限の差控えなどを行うことは，できない。

　米国法典タイトル31第330条は，財務省に対するプラクティスの規則制定権を財務長官に付与し，財務長官は財務省サーキュラー230（31CFR part10）において同規則を制定した。2003年12月30日，財務省およびＩＲＳは，納税者に助言するタックス・アドバイザーのベスト・プラクティスを定め，タックス・シェルターに関する意見書の標準を修正する規則（Rev.122379-02）修正案を

第17章　タックス・プロモーターの摘発

フェデラル・レジスター（68ＦＲ75186）で公表した。2004年2月19日に公聴を行い，パブリック・コメントを考慮に入れた上で，修正規則案（最終規則）が決定した。最終規則（31CFR part10）は，2004年12月20日に発効した。2004年10月22日，大統領は米国雇用創出法（American Jobs Creation Act of 2004, Pub. L. 108-357：AJCA）に署名したが，AJCA はタイトル31ＵＳＣ第330を改正し，（ⅰ）財務長官が租税回避または脱税のおそれがあると認められる問題に関する助言者の標準に違反する実務家（practitioner）に対し制裁を課す権限を付与されることを明記した。最終規則は，AJCA の改正を反映していなかったので，AJCA の改正を実施するための追加規則を制定する必要が生じた。財務省サーキュラー230（Rev. 6-2005）「弁護士，公認会計士，税理士，保険計理士および鑑定士のＩＲＳに対するプラクティスに関する規則」は，2005年6月20日に改正された。

　財務省は，最終規則（31CFR part10）の公表に当たり，「タックス・アドバイザーは，コンプライアンスと自発的な自主申告に基づく米国税制において重要な役割を演じている。税制の執行がベストとなるのは，米国民が助言者である租税専門家の正直さと権威を信頼するときである。租税専門家に対する米国民の信頼を回復し，維持し，深めることを目的として，最終規則は，すべてのタックス・アドバイザーに適用されるベスト・プラクティスを定め，租税実務家の意見書に関する要件を規定する」と述べた。

　①　タックス・アドバイザーのベスト・プラクティス

　ベスト・プラクティスには，次のことが含まれる。

（ⅰ）　契約条件につき依頼人に明瞭に伝えること

（ⅱ）　事実を確証し，どの事実が関係するかを決定し，推定または表示の合理性を評価し，関係事実に適切な法令を当てはめ，法令と事実に基づく結論を導き出すこと

（ⅲ）　到達した結論の趣旨を依頼人に助言すること（納税者がIRCの正確性関連ペナルティを回避することができるか否かを含む）

（ⅳ）　ＩＲＳに対し公正にかつ権威をもって行動すること

555

② タックス・アドバイザーのベスト・プラクティスを確実にする手続

課税問題の助言またはIRSへの提出書類の作成もしくは作成援助に関する事務所のプラクティスを監督する責任を有するタックス・アドバイザーは，当該事務所のすべての構成員，準構成員および使用人に関する手続がベスト・プラクティスに従うことを確実にするため合理的な措置を講じるべきである。

③ 弁護士等の意見書に関する要件

意見書を提出する租税実務家は，対象意見書（Covered opinion）について，以下のプラクティス基準を守らなければならない。

対象意見書とは，次の課税問題に関する租税実務家の文書（電子通信を含む）による助言をいう。

(ⅰ) 助言の時にIRSが租税回避取引（a tax avoidance transaction）であると決定し，26 CFR 1.6011－4(b)(2)に基づき指定取引（a listed transaction）として指定された取引と同一または実質的に類似の取引

(ⅱ) 主たる目的が租税回避または脱税であるパートナーシップその他の事業体，投資プランもしくはアレンジメント，または他のプランもしくは

(ⅲ) 文書による助言が(イ)リライアンス・オピニオン，(ロ)マーケッテッド・オピニオン，(ハ)秘密条件付オピニオン，(ニ)契約保護付オピニオンに該当するものである場合における，実質的な目的が租税回避または脱税であるパートナーシップその他の事業体，投資プランもしくはアレンジメント，または他のプランもしくはアレンジメント

3　財務省サーキュラー 230

サーキュラー 230（IRSに対するプラクティス）は，サブパートA（プラクティス承認ルール），サブパートB（IRSに対するプラクティスに関する義務と制限），サブパートC（規則違反に対する制裁），サブパートD（規律手続）およびサブパートE（総則）から構成される。

(1)　租税実務家の管理

米国は，財務省内にプラクティス専担部局 "Office of Director of Practice"

を設置し，IRSに対するプラクティスの登録申請に係る事務，質問，規律手続の制定，等を所掌させる (10.1)。財務省は，IRSに対してプラクティスを行うことができる者として，(ⅰ) 弁護士 (Attorney)，(ⅱ) 公認会計士 (Certified public accountants)，(ⅲ) 税理士 (Enrolled agents)，(ⅳ) 保険計理士 (Enrolled actuaries)，(ⅴ) その他について規定する (10.3)。財務省は，これらのすべての個人の登録簿 (Roster) を保存し，2002年7月26日後にプラクティスを承認した個人に登録カード (Enrollment Card) を発行する (10.6)。

(2) 租税実務家の義務

① 提供すべき情報

IRSに対する情報提供について，租税実務家は，記録または情報が秘匿特権の対象であると信ずる合理的な理由がある場合を除き，IRSの権限のある職員の適正かつ合法的な要求により，迅速に記録または情報をIRSに提出しなければならない。要求された記録または情報が租税実務家またはその依頼人の占有していないものまたは管理していないものである場合，租税実務家は要求しているIRSの職員にその旨を迅速に通知し，要求された記録または情報を占有または管理していると信じる者の本人確認に関するすべての情報を提供しなければならない。租税実務家は，要求された記録または情報を占有または管理する者の本人確認について依頼人に合理的な質問をしなければならないが，他の者に質問する必要はなく，またこのような者の本人確認について依頼人によって提供された情報を独立に立証する必要はない (10.20(a))。

財務省プラクティス担当部局に対する情報提供について，財務省プラクティス担当部局の適正かつ合法的な要求があるときは，租税実務家は，何人により申し立てられた規則違反に係るプラクティス担当部局の質問に関し，また，規則に定める手続で情報に関し，立証するため，租税実務家が有する情報を当該担当部局に提出しなければならない。ただし，当該情報が秘匿特権の対象であると信じる合理的な理由がある場合はこの限りではない (10.20(b))。

適正かつ合法的な記録または情報の要求に対する妨害について，租税実務家は，IRS，その職員，財務省プラクティス担当部局またはその職員が記録ま

たは情報を取得する適正かつ合法的な努力を妨害または妨害することを試みてはならない。ただし，記録または情報が秘匿特権の対象であると信じる合理的な理由がある場合はこの限りではない（10.20(c)）。

② 依頼人の除外の認識

IRSの所掌事項について依頼人が留保していたが，依頼人が税法を遵守していないことまたは依頼人が税法に基づいて提出した申告書，書類，供述書その他の文書の誤謬または省略を行ったことを知っている租税実務家は，ノンコンプライアンス，誤謬または省略の事実を依頼人に迅速に助言しなければならない。租税実務家は，ノンコンプライアンス，誤謬または省略に関する税法上の結果を依頼人に助言しなければならない（10.21）。

③ 正確性に関する注意義務

租税実務家は，（ⅰ）IRSに提出する税務申告書，書類，供述書その他の文書の作成，作成の援助，承認および提出，（ⅱ）租税実務家が財務省に対して行う口頭または文書による陳述の正確性の決定，（ⅲ）IRSの所掌事項に関し租税実務家が依頼人に対して行う口頭または文書による陳述の正確性の決定において，相当な注意（due diligence）を払わなければならない（10.22(a)）。タックス・アドバイザーのベスト・プラクティス（10.33）ならびに税務申告書に関する助言および申告書の作成または署名に基準（10.34）を除くほか，租税実務家が他人の作成書類を信頼し，その者との約束，その者の監督，訓練かつ評価，租税実務家とその者との関係の性質を適正に考慮するに当たり合理的な注意を払っている場合，相当の注意を払ったものと推定される（10.22(b)）。

④ 迅速な処理

租税実務家は，IRSに対し，相当の理由もなく，迅速な処理を遅延してはならない（10.23）。

⑤ 資格を剥奪された者または停止された者および元IRS職員の援助

租税実務家は，直接・間接を問わず，故意に次のことをしてはならない（10.24）。
（ⅰ）IRSに対するプラクティスに該当する事項に関する援助について，IRSに対するプラクティスの資格を剥奪されまたは停止されている者の援

第17章 タックス・プロモーターの摘発

　　助を受け，またはこのような者を援助すること
（ⅱ）　元政府職員，そのパートナーおよび準構成員の規定（10.25）または連邦法に違反する場合に元の政府職員の援助を受けること
⑥　元政府職員，そのパートナーおよび準構成員のプラクティス

　元政府職員は，退職後，ＩＲＳ所掌事項について誰かを代理することが18ＵＳＣ207その他の米国法に違反する場合には，代理することはできない。ある取引に参加した元政府職員は，退職後，当該取引について，当該取引の特定の当事者でありまたは当事者であった者を代理することはできず，また，故意にこのような者を援助することはできない。退職前１年以内にある取引に関し公務上担当していた元政府職員は，退職後２年以内，当該取引について，当該取引の特定の当事者でありまたは当事者であった者を代理することはできず，また故意にこのような者を援助することはできない。元政府職員は，退職後１年以内に，当該元政府職員が策定に参加し，または退職前１年以内に公務上策定を担当していたルールの公表，取消，改正または解釈に関連して，財務省職員の面前に出てはならない。この規定は，元政府職員が当該ルールの策定において取得した秘密情報を利用しまたは開示しないことを条件として，ある取引に係る当該ルールの適用・解釈に自己のためにＩＲＳに出頭し，またはＩＲＳに対し納税者を代理することを妨げるものではない（10.25(b)）。

　元政府職員が構成員となっている事務所の構成員は，上記のように元政府職員に適用される制限に係る取引において，当該元政府職員が陳述において援助できないことが確実な方法で当該元政府職員を隔離する場合を除き，当該取引の特定の当事者でありまたはあった者を代理することはできず，またこのような者を故意に援助することはできない。この隔離の事実を確認する陳述書は，事務所，元政府職員および取引を特定し，元政府職員と事務所の代表構成員の宣誓の下で作成され，財務省プラクティス担当部局に提出されることを要する（10.25(c)）。米国と同様に，日本においても，財務省・国税庁の元職員が弁護士，公認会計士および税理士として特定企業のために税務行政の適正な執行を歪めるようなプラクティスを行うことは許されるべきでなく，またそのような

疑惑を招くようなことも許されない。その意味では，米国のような厳しい規律を明文化する必要がある。

⑦ 公　証　人

租税実務家は，IRSの所掌事項で，そのために顧問，弁護士もしくは代理人として雇用され，またはなんらかの利害関係のあることについて承認を行い，宣誓の儀式を行い，書類を確証しまたは公証人として公務を行うことはできない（10.26）。

⑧ 依頼人の記録

租税実務家は，依頼人の要求で，依頼人が納税義務を遵守するために必要な依頼人の記録のすべてを迅速に返戻しなければならない。租税実務家は，依頼人に返戻した記録の写しを保存することができる。手数料に関する争いが存在しても，租税実務家は上記の義務を免れない。それにもかかわらず，提供されたサービスに対する手数料に関する争いがある場合，州法では租税実務家が依頼人の記録を留保することが認められるとしても，租税実務家は，納税申告書に添付しなければならない記録を返戻する必要がある（10.28）。

⑨ 利益相反（Conflicting interests）

租税実務家は，依頼人と利益相反関係がある場合，IRSに対し依頼人を代理することは認められない（10.29(a)）。利益相反（A conflict of interest）は，次の場合に存在する。

（ⅰ）一依頼人の代理が他の依頼人にとって直接的に不利となる場合

（ⅱ）一または複数の依頼人の代理が他の依頼人，元の依頼人もしくは第三者に対する租税実務家の責任または租税実務家の個人的利益によって重要な制限を受ける重要なリスクがある場合

ただし，租税実務家は，次の場合，上記の利益相反があるとしても，依頼人を代理することができる（10.29(b)）。

（ⅰ）租税実務家が，各依頼人のために権威のある注意深い代理行為ができると合理的に信ずる場合

（ⅱ）その代理が法令により禁止されていない場合

(ⅲ) 各依頼人が，文書で確認できる同意をしている場合
⑩ 勧　　誘

租税実務家は，IRS所掌事項について，方法のいかんを問わず，虚偽，詐欺的もしくは強制的な陳述もしくは主張，または誤解させ，人を惑わせる陳述もしくは主張を含む公開の通信またはプライベートな勧誘を用いまたはそのような勧誘に参加することはできない。

税理士（Enrolled agents）は，その租税専門家としての肩書きに「公認」(certified）やIRSとの雇用主－使用人関係を暗示するような用語を利用することはできない（10.30(a)(1)）。

租税実務家は，直接・間接を問わず，勧誘が連邦法，州法その他のルールに違反する場合，文書か口頭かにかかわらず，IRSに関係する事項における雇用の勧誘を行うことはできない。例えば，弁護士は，州の免許を得たすべての弁護士に適用される行為基準（conduct rules）によって禁止される勧誘を行うことはできない。IRSに対してプラクティスを認められる租税実務家によりまたはその租税実務家のために行われる合法的な勧誘は，その勧誘がそのようなものであることを明瞭に識別されなければならず，受領者の選択に当たっては用いられた情報の源泉を特定しなければならない（10.30(a)(2)）。

租税実務家は，文書による報酬表（a written schedule of fees）を公表し，(a)特定のルーチン業務の固定報酬，(b)時間料金，(c)特別な業務の報酬の幅，(d)初回相談料金，を流布することができる。費用が発生する事項に関する報酬情報には，依頼人が当該費用を負担すべきことを開示する旨の記述を含めなければならない（10.30(b)）。報酬情報は，租税専門家名簿，電話帳，印刷媒体，郵便物，電子メール，ファックス，ラジオ，テレビ，その他の方法で通信することができる（10.30(c)）。

⑪ 納税者の小切手の流通

税務申告書を作成する租税実務家は，納税義務について政府が依頼人に発行した小切手の裏書その他流通させることはできない（10.31）。

⑫　法律のプラクティス

このパート10の規定は，弁護士以外の者に法律のプラクティスの権限を付与するものと解されるべきではない（10.32）。

⑬　タックス・アドバイザーのベスト・プラクティス

タックス・アドバイザーは，連邦税問題に関し，助言サービスの提供およびIRSに提出する書類の作成または作成の援助において，依頼人に最高度の代理サービスを提供すべきである。パート10に規定するプラクティス基準（standards of practice）を遵守するほか，次のベスト・プラクティスを遵守しなければならない（10.33(a)）。

（ⅰ）　依頼人に対し明瞭に勤務条件に関し通知すること
（ⅱ）　事実を立証し，関係事実を決定し，仮定または陳述の合理性を評価し，関係事実に的確に法令を当てはめ，法令および事実に基づいて結論を導くこと
（ⅲ）　到達した結論の意味に関し依頼人に助言すること（例えば，納税者が助言を信頼して行為する場合，納税者が正確性ペナルティを回避することができるか否かを含む）
（ⅳ）　IRSに対するプラクティスにおいて公正かつ権威をもって行為すること

連邦税問題に関する助言またはIRSへの提出書類の作成もしくは作成の援助に係る事務所のプラクティスを監督する責任をもつタックス・アドバイザーは，すべての構成員，準構成員および使用人につき事務所の手続がベスト・プラクティスの規定に確実に一致するよう合理的な措置を講じるべきである（10.33(b)）。

⑭　税務申告書に係る助言と申告書の作成または署名に関する基準

租税実務家は，税務申告書のポジションが是認される現実的な可能性がないと認める場合には，その税務申告書に作成者として署名することはできない。ただし，そのポジションが取るに足りないものでなく，IRSに十分に開示されている場合はこの限りでない。これを現実的可能性基準（Realistic possibility

standard) という。租税実務家は，依頼人に対し，税務申告書においてとるべきポジションまたは税務申告書におけるポジションの部分の作成を助言することはできない。ただし，次の場合はこの限りでない（10.34(a)）。
（ⅰ）　租税実務家がポジションが現実的可能性基準を満たすと認める場合，
（ⅱ）　ポジションが取るに足りないものでなく，そのポジションを十分に開示することによって租税実務家が依頼人に対しＩＲＣ6662の正確性関連ペナルティを回避する機会と十分な開示に関する要件を助言する場合

　税務申告書においてあるポジションをとることを依頼人に助言し，または税務申告書を作成しもしくは作成者として署名する租税実務家は，助言され，作成されまたは報告されたポジションについて，合理的に依頼人に適用される可能性のあるペナルティを依頼人に通知しなければならない。租税実務家は，開示によりペナルティを回避する機会と十分な開示の要件を依頼人に通知しなければならない（10.34(b)）。

　税務申告書においてとるポジションを依頼人に助言し，または税務申告書を作成しもしくは作成者として署名する租税実務家は，依頼人の提供した情報を善意で確認せずに信頼することがあるが，租税実務家に提供されまたは租税実務家が現実に知っていた情報の含意を無視することはできない。提供された情報が不正確であり，重要な事実その他の事実上の仮定と一致せず，または不完全なものにみえる場合，租税実務家は合理的な質問をしなければならない（10.34(c)）。

　⑮　一定の意見の要件（Requirement for covered opinions）
　一定の意見を提供する租税実務家は，プラクティス基準を遵守しなければならない。
　一定の意見とは，次のことから生ずる一または複数の連邦税問題に関し租税実務家が行う文書（電子通信を含む）による助言をいう。
（ⅰ）　助言が提供された時，ＩＲＳが租税回避取引と認め，かつ，公表ガイダンスにより26ＣＦＲ1.6011－4(b)(2)による指定取引（a listed transaction）として特定した取引と同一の取引または実質的に類似の取引

(ⅱ) 主たる目的がＩＲＣによって課されるすべての租税の回避またはほ脱であるパートナーシップその他のエンティティ，投資プランもしくはアレンジメント，または他のプランもしくはアレンジメント

(ⅲ) 文書による助言が(イ)リライアンス・オピニオン，(ロ)マーケッテド・オピニオン，(ハ)秘密条件付助言，(ニ)契約保護付助言である場合，実質的な目的がＩＲＣによって課されるすべての租税の回避またはほ脱であるパートナーシップその他のエンティティ，投資プランもしくはアレンジメント，または他のプランもしくはアレンジメント

ただし，次の意見は，除外される（10.35(b)(2)(ⅱ)）。

(ⅰ) 租税実務家が依頼人にパート10の規定する要件を満たす文書による助言を今後提供すると合理的に期待される場合，業務の過程で提供される文書による助言

(ⅱ) (イ)適格プランの適格性に関し，(ロ)州債・地方債オピニオン，または(ハ)証券取引委員会（SEC）に提出する必要のある書類に含まれる10.35(b)(2)(ⅰ)(A)（指定取引）または(b)(2)(ⅰ)(B)（租税回避または脱税を主たる目的とする取引）に規定する助言を除く文書による助言

(ⅲ) 納税者がＩＲＳに取引のタックス・ベネフィットを反映する税務申告書を提出した後，専ら納税者による使用のため，納税者のために作成され，納税者に提供された文書による助言

(ⅳ) 専ら雇用主の納税義務を決定するため当該雇用主の使用人としての資格で租税実務家が当該雇用主に提供する文書による助言

(ⅴ) 納税者のために連邦税問題を解決しない文書による助言（ただし，当該助言は当該問題について秘密レベルで納税者に有利な結論に到達する場合はこの限りではない）

文書による助言が複数の連邦税問題に関する場合，当該助言は次のような10.35(c)の一定の意見の要件を遵守しなければならない。

(ⅰ) 事実問題　租税実務家は，ある取引が見込まれまたは提案される場合，将来の出来事に関連する事実を特定し，どの事実が関係するかを決定する

ため合理的な努力をしなければならない。意見は，租税実務家が関係があると認めるすべての事実を特定し考慮に入れることを要する。租税実務家は，不合理な事実の仮定（不正確または不完全な仮定を含む）に基づいて意見を書くべきではない。例えば，ある取引が事業目的を有するとか，タックス・ベネフィット以外に潜在的な収益性があると仮定することは，不合理である。租税実務家は，納税者その他の者の意見や不合理な事実上の陳述（不正確または不完全な事実上の陳述を含む）または事実認定に基づいて意見を書くべきではない。

(ⅱ) 事実への法の当てはめ　意見は，関係事実に妥当な法を当てはめなければならない。租税実務家は，限定範囲の意見（limited scope opinions）および包括的結論（overall conclusion）を除き，重要な連邦税問題の有利な解決を仮定し，そうでなくとも，不合理な法的仮定，陳述または結論に基づいて意見を書いてはならない。意見には，矛盾した法的分析または結論を含めてはならない。

(ⅲ) 重要な連邦税問題の評価　意見は，考慮すべき重要な連邦税問題ごとに納税者が有利になるとみられる租税実務家の結論を提供しなければならない。意見は，結論の理由（事実および分析を含む）または一もしくは複数の問題に関して一つの結論に到達することができない理由を述べることを要する。重要な連邦税問題の評価に当たり，租税実務家は税務申告書が調査されない可能性，調査で問題が生じない可能性，または問題が生じた場合における問題が解決される可能性を考慮に入れるべきではない。

　租税実務家が他の租税実務家の意見を信頼すべきでないことを知りまたは知るべき場合を除き，一または複数の重要な連邦税問題に関する他の租税実務家の意見に依ることができる場合を別にすれば，租税実務家は提供すべき意見に関する連邦税法のすべての面の知識を有しなければならない。租税実務家が他の租税実務家の意見に依る場合，意見は当該他の意見を特定し，当該他の意見において到達した結論を明示しなければならない（10.35(d)）。

意見には，次の開示のすべてが含まれなければならない。

プロモーターと租税実務家との関係についての意見は，次の存在を開示しなければならない (10.35(e)(1))。
（ⅰ） 意見の主題であるエンティティ，プランまたはアレンジメントのプロモート，マーケッティングまたは勧告について租税実務家（または租税実務家の事務所もしくは租税実務家の事務所の構成員，準構成員もしくは使用人）と他の者との間の報酬アレンジメント
（ⅱ） 意見の主題であるエンティティ，プランまたはアレンジメントのプロモート，マーケッティングまたは勧告について従事する者と租税実務家との間の連携

重要な連邦税問題について確信をもって結論を出せない意見は，次のことを開示しなければならない (10.35(e)(4))。
（ⅰ） 一または複数の重要な連邦税問題について確信をもって結論を出せないこと
（ⅱ） 重要な連邦税問題について意見は書かれず，納税者に課されるペナルティを回避するために納税者が使用することはできないこと

また，租税実務家は，必要な開示に反する者に対して助言をすることはできない (10.35(e)(5))。

⑯ 他の文書による助言の要件

租税実務家は，不合理な事実上または法的な仮定に基づき，納税者その他の者の陳述，事実認定またはアレンジメントに不合理に依存し，知りまたは知るべき関係事実のすべてを考慮に入れず，連邦税問題の評価に当たって税務申告書が調査されない可能性，調査で問題が見つけられない可能性または問題が妥協で解決される可能性を考慮に入れて，文書による助言を行うことはできない。租税実務家がパート10の規定を遵守することを怠るか否かを決めるに当たって，すべての事実と状況（業務の範囲，依頼人が求める助言の種類と特性を含む）を考慮に入れるものとする (10.37)。

(3) 制　　裁

　財務長官は，租税実務家が無能または不評であり，パート10の規則を遵守せず，欺瞞の意図で，故意に依頼人を誤指導しまたは脅迫する場合には，租税実務家を公開で譴責し，IRSに対するプラクティスを停止させ，その資格を剥奪することができる（10.50(a)）。財務長官は，IRC670(a)によりペナルティを課された鑑定人の資格を剥奪することができる。

　鑑定人の資格が剥奪される場合，この鑑定人は，再陳述の請願（10.81）に従って財務省プラクティス担当部局によって承認される場合を除き，財務省またはIRSに対する行政手続において証拠を提出しまたは証言することを禁止される。

　① 　無能または不評な行為（Incompetence and disreputable conduct）

　租税実務家が譴責され，IRSに対するプラクティスを停止されまたは資格を剥奪される無能または不評な行為には，次のような行為が含まれる（10.51）。

（ⅰ）　米国税法における刑事犯罪
（ⅱ）　不正直または信義則違反に係る刑事犯罪
（ⅲ）　租税実務家の行為がIRSに対するプラクティスに不適切であるとする連邦法または州法に基づく重罪
（ⅳ）　連邦税問題に関し，懸案の問題について，虚偽または誤った情報と知りながら，財務省もしくはその職員または不服申立機関に対し，虚偽もしくは誤った情報を与えること，または方法のいかんを問わず，虚偽もしくは誤った情報を与えることに関与すること
（ⅴ）　禁じられた勧誘，雇用機会を手に入れるため，または租税実務家が不当にIRSもしくはその職員から特別な配慮もしくは特別な措置を得ることができることをほのめかして，依頼人を騙す意図で行う虚偽もしくは誤った陳述
（ⅵ）　米国税法に違反して税務申告書の作成の故意の懈怠，故意の脱税もしくは脱税の試み，方法のいかんを問わず，連邦税の賦課徴収のほ脱もしくはほ脱の関与，または連邦税の賦課徴収をほ脱する違法なプランを依頼人に

示唆しもしくは依頼人と故意に相談すること
(vii) 連邦税その他の債務を支払うために依頼人から受け取った資金の不正使用またはその資金の適正かつ迅速な送金の懈怠
(viii) 脅迫，虚偽の告発，監禁，強制，特別な誘惑，特別有利な約束，または贈与によって，ＩＲＳ職員の公務に直接・間接に影響を与える試み，または影響を与える試みをオファーしもしくは同意すること
(ix) 米国の州（コロンビア特別区を含む），準州，属領（プエルト・リコを含む），連邦裁判所または連邦機関による弁護士，公認会計士，税理士または保険計理士としてのプラクティスの資格の剥奪または停止
(x) 他人の資格剥奪または停止の期間におけるＩＲＳに対するプラクティスについて故意にその他人を教唆し幇助すること
(xi) ＩＲＳに対するプラクティスに関する侮辱的な行為（濫用的な言語の使用，虚偽の告発と陳述，悪意のある中傷的な事柄の流布を含む）
(xii) 故意に，不注意にまたは無資格で虚偽の意見を与えること
　② 租税実務家に関する情報の受領
　ＩＲＳ職員が租税実務家がパート10の規定に違反していると信ずる理由を有する場合，当該ＩＲＳ職員は，疑惑の違反について財務省プラクティス担当部局に対し，迅速に文書で報告するものとする。また，パート10の規定の違反に関する情報を有する者（ＩＲＳ職員を除く）は，財務省プラクティス担当部局またはＩＲＳ職員に対し，口頭または文書で，違反を申し立てることができる。

(4) 規律手続に適用されるルール

　① 手続の開始

　財務省プラクティス担当部局は，租税実務家が法規またはパート10の規則に違反したと認めるとき，当該租税実務家を譴責し，訴状の内容（10.62）に従い，租税実務家を譴責し，その資格を停止しまたは剥奪する手続を開始することができる。

　財務省プラクティス担当部局は，ＩＲＣ6701(a)に基づき鑑定人に対しペナルティが課されたことを助言されまたは気づくとき，当該鑑定人を譴責し，訴状

の内容（10.62）に従い，鑑定人の資格を剥奪する手続を開始することができる。

② 面　　接（Conferences）

　財務省プラクティス担当部局は，租税実務家または鑑定人に対し譴責，資格停止または資格剥奪の手続が開始されたか否かにかかわらず，非行に関する申立につき，当該租税実務家または鑑定人と面接することができる。租税実務家または鑑定人が被申立人（respondent）である進行中の手続に関して面接の結果，合意（stipulation）に達した場合，その合意は手続当事者によって記録される（10.61(a)）。この手続に代えて，租税実務家は譴責，資格停止もしくは資格剥奪の問題について同意することを申し出ることができ，税理士である場合，引退を申し出ることができる。財務省プラクティス担当部局は，その裁量で，申出のあった同意により，譴責，資格停止もしくは資格剥奪または税理士の引退を受け入れるか拒否するかを決めることができる（10.61(b)）。

③ 行政法裁判官（Administrative Law Judge）

　租税実務家の譴責，資格停止もしくは資格剥奪または鑑定人の資格剥奪に関する訴状に基づく手続は，5 U S C 3105の規定により任命された行政法裁判官によって行われる（10.70(a)）。行政法裁判官は，訴状に基づき審理（hearings）を主宰し，審理の終了により当事者から提出された事実認定および結論の提案を受領後，決定を行う。この決定には，事実認定および結論ならびに決定の理由および根拠，譴責，資格停止，資格剥奪の命令または却下が含まれる（10.76(a)）。制裁が譴責または6ヶ月未満の資格停止である場合，有力な証拠により事実を申し立てる当事者が立証するとき，行政法裁判官は，事実認定と結論において，立証された事実の申立を考慮に入れる。制裁が資格剥奪または6ヶ月以上の資格停止である場合，租税実務家に対する事実認定に必要な事実の申立は，明瞭かつ確信的証拠によって立証されなければならない。鑑定人の資格剥奪の事実認定に必要な事実の申立も，明瞭かつ確信的証拠によって立証されなければならない。行政法裁判官は，財務省プラクティス担当部局に決定を提供し，被申立人の代理人にその写しを提供しなければならない（10.76）。

④　行政法裁判官の決定に対する控訴

当事者は，行政法裁判官の決定の日から30日以内に，財務長官に対し控訴することができる（10.77）。財務長官は，機関決定（agency decision）を行う（10.78）。財務長官は，その機関決定の写しを財務省プラクティス担当部局，被申立人またはその代理人に提供する。

⑤　譴責，資格停止または資格剥奪の効果

最終決定が資格剥奪を命じる場合，被申立人は財務省プラクティス担当部局によって承認されるまで，ＩＲＳに対するプラクティスを行うことは許されない（10.79(a)）。最終決定が資格停止を命じる場合，被申立人は停止期間中はＩＲＳに対するプラクティスを行うことは許されない（10.79(b)）。最終決定が譴責である場合，被申立人は条件付でＩＲＳに対するプラクティスを行うことができる（10.79(c)）。

⑥　回復の請願（Petition for reinstatement）

財務省プラクティス担当部局は，資格剥奪から５年経過後，資格剥奪された租税実務家または鑑定人から回復の請願を受けることができる。財務省プラクティス担当部局は，請願者がパート10の規則に反する行為を行うことはなく，資格の回復を認めることが公益に反するものでないと確信できる場合を除き，資格の回復を認めることはできない（10.81）。

小　括

日本において租税実務家の中心は税理士であり，税理士は納税者および国税庁と並び税務行政の主役としての地位を確立している。日本で税理士が社会的な信頼を維持し，一層高めるため，「特別の法律により設立される民間法人の運営に関する指導監督基準に基づく指導監督状況」の公表とそのなかで，「指導監督の実績およびその内容」の正直な記述，新書面添付制度の効果的な実施が期待される。税理士や税理士会の研修が活発に開催されることはその資質・知識・経験の向上を通じて，米国流にいえば税務行政の重要なパートナーとして増大する租税を専門とする弁護士・公認

第17章　タックス・プロモーターの摘発

会計士と切磋琢磨することになれば，社会的に歓迎すべきことであるが，アエラNo.50が国税庁に対抗する「税理士バブルの到来」で時給13万円のやり手が登場とＰＲしているようなタックス・プロモーターとして高額報酬を得ている一部の弁護士・公認会計士の羽振りに汚染されて，月額顧問料３万円程度で懸命に納税者の世話をしている正直な税理士までが，租税回避の方法を観様見真似で学習する場を提供するような事態に陥ってはならないのである。米国の経験が示唆するように，今後日本でも政府を上げて敵対すべきこととなるであろうタックス・プロモーターの養成の場を税理士会の研修が提供することになってはならないのである。米国では，所得隠しの追及を免れるために利用するビークルとしてのエンティティの複層化，クロス・ボーダー取引の複雑化，所得の法的帰属の操作による経済的帰属の隠蔽などに巧妙なアドバイスを行い，特定の濫用的租税回避スキームをオファーし，虚偽・不完全な申告書の作成やその援助について，タックス・プロモーターを摘発することをＩＲＳ法執行の戦略目標とし，税務行政を妨害するフリボラスな申告書の提出には500ドルのペナルティを課され（IRC6702），フリボラスな訴訟提起には25,000ドル以下のペナルティを課される（IRC6673(a)(1)(B)）。日本では，タックス・プロモーターを「正直な納税者の敵」として税務行政の法執行における重点対象として，これに対抗する制度や行政上のルール，または税理士会の自律的規範が税法や租税刑法においてまだ明文化されていない。税理士については，税務行政や税理士会として「名義貸し」や無資格者の摘発を徹底し，いやしくも有資格者はタックス・プロモーターとしての活動はしていないが，無資格者で類似の活動を行う場合は厳重に取り締まっていることを示す必要がある。さらに，米国の弁護士の「法律意見」（リーガル・オピニオン）や裁判における学者等の「鑑定人」に対する取組みも重要である。タックス・プロモーターの陰で，時には法律事務所や会計事務所の顧問等となり，時には裁判の際に鑑定人となって，タックス・プロモーターや納税者の側で働

く学者等が少なくない。表面的には，税務行政の重要なパートナーであるべき多数の租税専門家・租税実務家の中に潜む一部のタックス・プロモーターを炙り出し，その実態を把握するために，米国はタックス・シェルターの登録制度と開示制度をすでに法制化しているが，現在の日本にはまだそのような制度が存在しないので，タックス・プロモーターの識別さえ非常に困難な状況にある。高額納税者（個人および法人）の公表システムが廃止されたが，一般納税者は，大銀行や大企業の納税額が公表されないことにより，それらが納税しているのか，いないのか，不信の念を抱いている。政府としては，一般国民に増税の必要性を訴えると同時に，いわゆる地下経済に対する課税強化を図るほか，「大きい税源が政府の手から漏れていないか」という国民の気持ちに応え，大きいスケールで現在の税に係るメカニズムを再点検する必要があり，一般納税者と異なり，通常の所得計算では巧妙なスキームで課税所得をゼロにすることが可能な一般税法の外側にある租税特別措置により，移転価格課税の強化などを通じて，山のように知識経験の豊かな租税専門家・租税実務家を雇うことができる大企業でさえ，更正処分を受けることもあるということを一般国民に知らせることは，今後税制の重心を徐々に消費税へ移行するためにも，必要なことであろう。

〔注〕
197) 研究内容は，（ⅰ）個人所得税コンプライアンスの新しい推計，（ⅱ）コンプライアンスの間接的な測定，（ⅲ）納税者コンプライアンス負担，（ⅳ）税務行政資源の利用，（ⅴ）影響力のある自発的コンプライアンス行動，（ⅵ）コンプライアンスと参加の障害，から成る。
198) GAO *TAX ADMINISTRATION Information on IRS' Taxpayer Compliance Measurement Program* October 1995. GAO/GGD－96－21.
199) 1981年税制改革法における投資税額控除に対するアット・リスク・ルールの適用拡大およびストラドル取引の防止，1982年税制改革法（TEFRA）における個人に対する代替的ミニマム・タックスの導入および濫用的タックス・シェルターのペナルティの強化，1984年税制改革法における経済的パフォーマンス・ルールの導入ならびにタックス・シェルター登録義務およびプロモーターの投資家リスト保存義務の

制定，1986年税制改革法における法人に対する代替的ミニマム・タックスの導入，投資利子控除の制限，タックス・シェルター関連義務違反のペナルティの強化，パッシブ・ロス・リミテーション・ルールの創設。
200) 本庄　資・梅辻雅春・須藤一郎『タックス・シェルター事例研究』(平成16年) pp. 342−343。
201) 本庄　資『アメリカン・タックス・シェルター基礎研究』(平成15年) pp. 14−16。
202) 同，前掲書，pp. 26−27。
203) IRS *Fiscal Year 2004 Annual Performance Plan* February 3, 2003.
204) Joint Committee on Taxation of US Congress, *Summary of the Conference Agreement on H.R. 2676, The Internal Revenue Service Restructuring and Reform Act of 1998,* June 24, 1998 JCX−50−98R.

　US Department of the Treasury, *Treasury Inspector General for Tax Administration Testimony:Implementation of the IRS Restructuring and Reform Act of 1998 Joint Hearing before Committees of the United States Senate and United States House of Representatives,* May 8, 2001。

第18章
米国国際租税制度の大転換が起きる可能性
－米国大統領税制改革パネルの勧告を中心として－

　平成17年12月15日自由民主党の『平成18年度税制改正大綱』が公表された。この「第一　新しい時代に相応しい税制の構築を目指して」において，「日本が広範な構造改革を更に一層強力に推進していく必要があり，この改革の一環として税制面においても抜本的な改革に取り組まねばならない」といい，「企業の国際競争力の強化の視点も踏まえつつ，新しい時代に相応しい税制の構築への架け橋となるような改正を目指す必要がある」と述べている。日本企業が世界市場において十分に競争力を維持することが，今後とも日本経済や日本の雇用および福祉の健全な状態を維持する上で不可欠の条件であると考えるので，同大綱の認識は妥当なものである。しかし，その具体策として掲げる項目をみると，「3　産業競争力・経済活性化の促進」として，（ⅰ）研究開発税制・情報基盤強化税制，業績連動型役員報酬の損金算入，（ⅱ）中小企業・ベンチャー支援，「5　国際課税」として，（ⅰ）国際的な投資交流の促進，（ⅱ）租税回避行為の防止，（ⅲ）適正な課税・確実な執行の確保を掲げるに止まっている。国政レベルで日本の税制を抜本的に改革するというのであれば，「日本の国際租税法」を「日本の国内税法の付録」のような認識で考えてきた過去の思考方法を捨て，「日本の国内税法」を「日本の国際租税法」の枠組みの中で再構築するという思考方法によらなければ，日本はグローバル市場で生き残ることが困難になるであろう。

　このことを身近に教えてくれる出来事がいま米国で起こりつつある。米国は，

全世界所得課税（World-wide Taxation）の原則を採用しているが，ヨーロッパ諸国をはじめ領土主義課税（Territorial Taxation）の原則を採用する主要貿易相手国との30年以上に及ぶ大西洋貿易摩擦を克服するため，輸出法人（Export Trade Corporations：ETC），国際販売法人（Domestic International Sales Corporations：DISC），外国販売法人（Foreign Sales Corporations：FSC），域外所得除外制度（Extraterritorial Income Exclusion System：ETI）など，米国企業の外国子会社等を通じて稼得する外国所得に米国税を課税しない制度を策定して，原則として国外所得免除制度を採用している国と米国企業の競争条件を平等にしようと努力してきた。しかし，これらの税制はことごとくＥＣ／ＥＵに「輸出補助金」（国家補助金）として禁止されるべきものと非難され，ＧＡＴＴ／ＷＴＯに訴えられ，禁じられた輸出補助金であるとされた。米国内では，ＷＴＯルーリングに抵触しない新しい事業体を創設してこのような事態を続けるか，あるいは，競争条件を揃えるために，所得税中心の米国税制を間接税重視のヨーロッパ諸国等と同様の税制に切り替えるか，または所得税を維持しつつ，全世界所得課税から外国所得免除の領土主義課税に切り替えるか，政界，官界，財界，実務界および学界を挙げて，大議論が飛び交うことになった。同じ全世界所得課税を採用している日本では，このような緊迫した米国の議論に余りにも冷淡である。もちろん，このような競争上不利な税制の下で，米国内市場および外国市場で対等に競争するため，多国籍企業は自助努力（Self-Help）で米国税を回避しているから，生真面目に税制改革議論など無駄なことは不必要という意見が米国にもある。日本の冷淡さが，すでに全世界所得課税原則の国の企業として領土主義課税原則の国の企業と対等に競争するため，上手に日本税を回避しているという実態から生じているのであれば，別であるが，無知や無関心であるとすれば，対岸の火はすでに身近に迫っているので，早期に対策を講じるべきである。仮に，米国が領土主義課税の国になった場合には，日本企業はどのような行動をとるであろうか。日本政府はそのような企業行動を黙認するであろうか，税制改正でそのような動きを阻止するのであろうか，世界第二の経済大国といわれる日本の反応は世界の注視を浴びている。物事が起こってから慌てふため

第18章　米国国際租税制度の大転換が起きる可能性

くようなみっともない姿を晒すことはできない。本章は，米国の議論の一端を報告するとともに，その時日本はどうすべきかを考える契機を作ることを目的とする。日本の税制調査会は，政府レベル，各党レベルを問わず，米国に比肩し得るようなスケールの大きい議論を国民に示してほしいと考える。いま，米国では，国際租税法を「国内税法の付録」のように扱ってきたことを後悔している。日本でも，同じく，国際租税法を国内税法の付録扱いを続けると，移転価格課税を含め，痛い結末が待っているのだ。

第1　米国大統領税制改革パネルの報告

　ジョージ・W・ブッシュ大統領は，2005年1月7日，バイパルチザンの税制改革パネルを設置した。これを大統領諮問パネル（President's Advisory Panel）という。大統領令（Executive Order）において，大統領は，このパネルが，2005年7月31日までに，税法を簡素化し，より公平かつ成長志向型の税制に改正する歳入中立型の選択肢に関する報告書を財務長官に提出することを命じた。この提出期限は延期され，現実に提出された日は，2005年11月1日であった。この選択肢は，同令第3条により，次の条件を満たすことを要求されていた。
(ⅰ)　連邦税法を簡素化し，コンプライアンス・コストおよび行政コストを引き下げること
(ⅱ)　長期的経済成長および雇用創出を促進し，勤労・貯蓄・投資を奨励し，グローバル市場における米国の競争力を強化すること
(ⅲ)　米国社会の所有権と慈善の重要性を認識し，適度の進歩的な方法で連邦租税構造の負担を分担し，ベネフィットを分配すること

　重要なことは，同令第3条により，この選択肢の一つ以上がその税制改革勧告のベースとして連邦所得税を用いることを命じられていた点にある。パネルの構成員は，9人以下とし，大統領が任命する[205]。

　提出された報告書（A First Step: Report of the President's Tax Reform Panel）は，立法案ではないが，米国議会が審議する立法案の基本的な枠組みをホワイトハ

ウスおよび財務省に与えるものである[206]。パネルは，現行税制を徹底的に分析し，次の課題について審議した。
（ⅰ） 税制の基本目的が政府資金源となる歳入調達であるという事実を見失っていること
（ⅱ） 特定の活動を他の活動より優遇しまたは特定の納税者にタックス・ベネフィットを与える規定が税法の複雑化・不安定化を招き，コンプライアンス・コストを増大させ，資源効率を悪化させていること
（ⅲ） 所得控除，税額控除または非課税の効果がより高い税を正当化することを説得できる場合に特別措置を限定し，課税ベースを広くする制度が合理的であること
（ⅳ） 現行税制は，家族と事業の経済的な意思決定を歪め，資源配分の非効率化と経済成長の阻害要因になっていること
（ⅴ） 税法の複雑さが不公平感を醸成し，税負担を免れるためにルール操作を行う機会を生み出していること，すなわち，難解な税法の不透明さが意味することは，個人も事業も自己の納税義務を容易に理解できないということであり，他人が公平な納税をしていると信じられなくなっていることであること
（ⅵ） 現行税法は法的安定性と予測可能性を失っていること，すなわち，頻繁な税法改正が家族と事業の法的不安定性を招いており，そのボラティリティは経済に有害であり，コンプライアンス・コストを増加させていること
（ⅶ） 簡素，公平および経済成長の目的は相互に密接な関係をもつこと，すなわち，立法者はこれらの競合する目的について選択をしてきたが，常に簡素を犠牲にしてきた。意味のある改革によって現行税制より簡素で公平で成長を志向する税制を作り出すことができること

パネルは，5州およびワシントンD.C.で合計12会合の後，2案の勧告「簡易所得税案」(Simplified Income Tax Plan:SIT) および「成長投資税案」(Growth and Investment Tax Plan:GIT) を行うに至った。本章は，このパネル勧告に含

まれる米国国際租税法の全面的な改革に焦点を合わせて、日本を含む世界各国を震撼させる国際租税法の変更内容とその影響を検討するものであるが、その本論に入る前にパネル報告書のエグゼクティブ・サマリーを概観することにする[207]。

第2　米国大統領パネルの税制改革勧告

大統領パネルの税制勧告には、次の主要事項が含まれる[208]。
（ⅰ）　税制全般の簡素化および家族と事業の税務申告の簡素化
（ⅱ）　家族と事業の税率の引下げと累進税制の維持
（ⅲ）　住宅所有と慈善寄付の重要なタックス・ベネフィットをすべての納税者への拡大および免税の健康保険をすべての納税者への拡大
（ⅳ）　貯蓄および投資の阻害要因の除去
（ⅴ）　代替的ミニマム・タックスの廃止

簡易所得税（SIT）案[209]と成長投資税（GIT）案[210]の2案は、事業所得課税と資本所得課税で異なる。2案は異なるアプローチを用いるが、米国人が免税で貯蓄し事業が生産性を向上させる投資の税負担を引き下げる簡素かつ直裁な方法を規定するという共通の目標をもつ。

パネルは、進歩的な消費税案を開発し、検討したが、この勧告に入れることはできなかった。また、パネルは、付加価値税や連邦小売上税の構想を検討したが、両方ともこの勧告に入れないことに決めた。

簡易所得税（SIT）案と成長投資税（GIT）案は、次の多くの方法で、大統領の設定した目標を達成する。

1　複雑さを減らす方法

（ⅰ）　すべての納税者が簡易税務申告様式（現行様式1040の半分未満の長さに変更）を使用できるようにすること
（ⅱ）　勤労貯蓄、保険貯蓄、教育貯蓄および退職貯蓄に関する15の規定を結合

して三つの簡易な貯蓄プランにすること
（iii）　納税者が多数の規定のタックス・ベネフィットを享受できるか否かが不明瞭な一連の複雑なフェーズアウトを排除すること
（iv）　高齢者の社会保障所得の申告用ワークシートを6行以下の簡易計算に取り替えること
（v）　小事業の複雑なルールを所有者の記録に基づく制度に取り替えること

2　公正な税制に改正する方法

（ i ）　タックス・ベネフィットを容易に理解し入手できることを確実にすることによって、税制への信頼度を高めること
（ii）　すべての納税者が大部分のタックス・ベネフィットを享受できるようにすること
（iii）　高額所得者にとって利益となる所得控除の優遇措置をすべての納税者が平等に利益を受けられる税額控除に転換すること
（iv）　既婚者の税率ブラケット、家族税額控除および社会保障給付課税が独身者の金額の2倍になることを確実にし、いわゆる結婚ペナルティを減らすこと
（v）　勤労所得税額控除および貯蓄者税額控除を低所得者にとって利用し易く有利な規定に変更すること
（vi）　節税の助言を得られる者がその公正な税を回避することを許すループホールを封鎖し、特別なタックス・ブレイクを排除すること
（vii）　米国税制の累進性を維持すること

3　経済成長を促進する方法

（ i ）　米国内で稼得する法人利得の二重課税を減らすこと
（ii）　米国経済を通じ、特に家族段階の貯蓄を促進すること
（iii）　法人が成長に必要な資金調達のため負債でなく、株式を発行するインセンティブを引き上げ、多様な法人ファイナンスの課税上の取扱いの公平を

図ること
(iv)　個人および大事業の最高税率を引き下げること
(v)　家族または事業が租税優遇措置やタックス・ベネフィットのために経済行動を変更する可能性を減らすこと
(vi)　小事業のペーパーワークの負担を減らし，新規器具・設備のすべての購入について即時の経費として控除することを認めること
(vii)　米国の国際租税制度を最新の制度に改正すること

―― 小　括 ――

　これらの改正は，従来のパッチワークでなく，根本的な税法改正とする。個々にみれば，勧告の中には議論の余地があるものもあるが，全体としてみると，パネルの目的を達成している。各案は，包括的にデザインされているので，統合されたパッケージとして取り扱うべきである。パネルは，このような大改正をせずに，複雑さと特別なタックス・ブレイクを回避しようとすれば，税法はますます混乱し，不公正なものになり，米国経済に損害を及ぼすことになると確信する。米国内外のグローバル市場で貿易相手国と競争を余儀なくされる米国ベース多国籍企業が対等の競争を行うために米国税を回避するようますます国際的租税回避に走るか，極端な選択肢として法人インバージョンに走ることが懸念されるからである。パネルとしては，このような危機的状態を放置できないと考え，ブッシュ政権と米国議会にこれらの勧告を注意深く審議し，税制改革を前進させるように促しているのである。

第3　米国国際課税制度の更新

　パネルは，米国の国際課税制度を大改正する必要があると判断した。所得税と消費税は，異種の国際課税問題を生じるが，パネルの2案「簡易所得税案」(Simplified Income Tax Plan：SIT) および「成長投資税案」(Growth and Investment Tax Plan:GIT) には異なる国際課税ルールが含まれる。しかし，各案の意図は，米国の競争力を支えるより平等な競争条件の整備 (creating a more level playing field) によって米国国際課税制度の経済的な歪みを減らし，不公正を是正することである。ＳＩＴは，米国法人の被支配法人 (Controlled Foreign Corporations:CFC) の能動的収益からの配当や外国支店について米国税を免除する。この趣旨は，米国ベース多国籍法人によるクロスボーダー投資の課税上の取扱いを簡素化し，現行税制より平等なものにすることである。すべての米国ベース多国籍法人は，その能動的外国事業所得について領土主義課税 (Territorial Taxation) の原則を適用され，米国税を免除される。この趣旨は，外国活動における米国企業の競争力を強化するとともに，米国ベース多国籍企業が他者より有利な取扱いを受けるためにタックス・プランニングを行う余地を減らすことである。

ＧＩＴは，課税標準として米国消費 (Domestic Consumption) を用いる。この趣旨は，外国多国籍企業が米国に投資するインセンティブを改善することである。米国内で消費されるすべての財貨サービスが同じ消費税を課されることを確実にして，国内産品と輸入品との競争条件を平等なものにする。課税標準として米国消費を用いることによって，外国当事者に関する租税回避スキームの防止に関する税務行政の強化を図ることができる。

1 国際事業活動に対する課税制度

(1) 米国の現行制度

現行制度によれば，米国ベース多国籍企業は，全世界所得課税制度 (worldwide tax system) により米国税を課される。これは，自らが直接稼得する外国所得に米国税を課されるが，その外国子会社を通じて稼得する外国所得に対する米国税は一旦遮断される。外国子会社の能動的事業活動によって稼得する外国所得は，米国に配当の形で本国償還されるまで，その米国親会社はこの外国所得について米国税の課税を繰延される。また，本国償還された外国所得につき外国子会社が納付した外国税については，米国親会社の米国税は間接外国税

第18章　米国国際租税制度の大転換が起きる可能性

額控除によって減額される。外国所得に対する課税について全世界所得課税がかつては優勢であったが，いまこの原則を採用する国は，主要先進国の半分未満となっている[211]。多数の国では，外国所得の全部または一部について本国課税を免除する領土主義課税制度（territorial tax system）を採用する国が優勢になっている。タックス・プランニングが多国籍企業の事業立地の決定に影響しないことおよび特定の国に対するすべての投資家が課税上同様に取り扱われることを同時に達成することは，世界各国の税率および税制が同一である場合を除き，不可能である。そのいずれの原則による場合でも，実際の各国の税制は純粋な型でなく，外国所得に対し，課税する種類，課税する時期，適用される税額控除を決定するルールは複雑であるので，タックス・プランニングの余地を生じている。

(2) 米国の現行制度の問題点

米国の現行国際課税制度には次の問題がある。

（ⅰ）米国親会社の外国子会社の能動的事業所得が配当として分配されるまで米国税は課されないので，配当に対する米国税はキャピタル・ゲインに対する税と同様に，選択的である。課税の繰延がもつ「金銭の時間価値」（time value of money）により，米国税の繰延によって外国事業所得の実効税率は米国内源泉所得の実効税率より低くなる。

　　これが，外国子会社はその外国所得をできるだけ長く外国に留保するインセンティブを与え，事業および投資の意思決定を歪めることになる。

（ⅱ）法人所得の国際的二重課税を防止するメカニズムである外国税額控除は，外国所得が仮に米国内で稼得された場合に課されることとなる米国税に制限される。控除限度額の趣旨は，米国法人が米国源泉所得に対する米国税を減らすために外国税額控除を利用することを防止することである。米国の外国税額控除の計算方法は複雑であり，その利用を制限しているが，高率の外国税を課された一定の所得と低率の外国税を課された他の所得を同時に本国償還することができる場合，米国法人は外国所得に対する課税を回避するためにアレンジメントを整えることができる。

583

(iii) 課税の繰延と外国税額控除の制度では，外国投資の税効果は納税者の状況によって異なる。米国法人は，その外国活動から生じる外国事業所得について，(a)課税の繰延により本国償還を回避する方法または(b)本国償還して外国税額控除による方法で，米国税を回避することができる。この双方のアプローチにより，米国法人は能動的事業所得に対する実質的な領土主義課税を自助的な選択で利用することができる。

(iv) 外国配当の本国償還に米国税を課することは，事業の意思決定を歪める。米国税は，タックス・プランニングによって外国税全額の控除を可能にするかまたは別の技法によって米国税を回避する場合を除き，米国内源泉所得の移動につきまず課されなければならない。課税の繰延に係る複雑なルールが惹き起こすタックス・プランニングによって，米国法人が領土主義課税よりも有利な結果を生じることができる。現行税制は，外国源泉の能動的事業所得を単純に免除する領土主義課税よりも複雑であり，米国法人の経済的意思決定を大きく歪めており，米国多国籍企業の外国所得に対する税収をほとんど確保することができない。米国多国籍企業は，その外国所得に対する米国税を回避するため，無駄なタックス・プランニング・コストを負担している。

2　国際事業課税の簡素化

　ＳＩＴは，多数の先進国に共通の制度を採用して，米国国際課税制度を抜本的に更新する。

(1) 全世界所得課税と領土主義課税の比較

　現行税制は，米国法人の全世界所得に米国税を課し，外国所得に対する外国税は外国税額控除制度で救済する全世界所得課税 (world-wide taxation) を採用しているが，多数の貿易相手国は，外国活動による事業所得の全部または一部を免除する領土主義課税制度 (territorial tax system) を採用している。例えば，フランスおよびオランダは，外国配当を免税とし，カナダは，租税条約締結国からの外国配当を免税としている。全世界所得課税と領土主義課税の差異を例

第18章 米国国際租税制度の大転換が起きる可能性

示するため,フランス多国籍企業Fと米国多国籍企業Aが,法人所得に20％の課税を行う第三国Xで能動的事業活動を行う子会社GおよびBをそれぞれ設立した場合を想定する。米国法人所得税率は,35％とし,GおよびBの両社はXの活動によりともに100ドルの所得を稼得して直ちに本国に配当として送金したとする。GとBは,その所得100ドルに対しXによって20ドルの法人税を課される。外国からの受取配当に対する税という形の本国償還税 (a repatriation tax) は,米国ベースのAは課されるが,フランス・ベースのGは課されない。Aはその子会社BがXに納付した20ドルを外国税額控除できるので,Aの外国所得100ドルに対する35ドルの米国税は15ドルに軽減される。この意味は,AがXに20ドル,米国に15ドル,合計35ドルの税を課されるということである。Fの税負担は,Xの20ドルだけであり,フランスが領土主義課税を採用しているため,FはAよりX投資を低い税負担で行うことができる。もちろん,現実はこの例ほど簡単ではない。

(2) **競争力維持のために行われるタックス・プランニング**

AはFと競争するために,外国子会社の外国所得を本国償還するまで米国税を課されないというルールを利用して,BからAに配当しなくなる。このように,選択的な本国償還税 (repatriation tax) は,多国籍企業の意思決定を歪める。2004年AJCAにより,米国は,米国ベース多国籍企業が能動的事業に80ドルを再投資することによって外国所得を米国に移動させる場合,米国税を回避することができることとしたが,米国親会社に配当するためには,米国税に相当する金額だけ,米国法人はより魅力的な米国投資を差し控えるかまたは高価な借入によって投資資金を調達しなければならない。タックス・プランナーは,本国償還税を回避するために精巧なスキームを考案することができるが,米国経済にとってはそんなスキームに高価な費用をかけさせることは無駄である。

国家社会にとって無益なタックス・シェルターの余地を残す税制では,米国税収は増えず,弁護士,公認会計士,投資銀行,保険会社,証券会社等のプロモーター等の収入が増えるだけであり,企業としても本来の税額 (tax liability) 以上のコンプライアンス・コストをこれらのタックス・シェルター・ビジネス

に対するスキームの報酬やリーガル・オピニオンの報酬の形で支払う羽目に陥るだけであり，現実にその国際競争力は損なわれる。

　課税の繰延と外国税額控除の組合せによって，外国投資の実効税率は米国多国籍企業の間でも異なる。例えば，本国償還を無期限に繰り延べることができる米国法人は，本国償還税を課されないが，本国償還税を回避する仕組みを利用しない米国法人は，米国税を課される。米国法人は，外国投資に対し，外国子会社の居住地国より低い税率の適用を受けることも可能である。例えば，米国多国籍企業が，Xに追加投資する資金を米国借入によって調達する場合，この企業がX源泉所得に対する米国税を無期限に繰り延べる場合，この投資に係る実効税率をXの20％よりも低くすることができる。領土主義課税では能動的外国所得に米国税を課さないことになるが，この制度の目標は対外投資の補助とされないので，免税外国所得に係る費用を当該所得に配分する規定が必要になる。

(3) 領土主義課税に転換する必要性

　ＳＩＴは，能動的外国所得につき領土主義課税の原則を採用する。外国関連者（支店およびCFC）における外国源泉の能動的事業所得は，領土主義ベースで課税される。したがって，外国関連者が能動的外国所得から支払う配当は，米国では法人段階で課税されない。ただし，外国関連者の支払が外国で損金として控除できる場合，使用料および利子などは一般に米国で課税される。免税外国所得を稼得するために米国で生じた費用が米国で控除できないことを明確にする合理的なルールが必要である。領土主義課税制度では，関連事業体が財貨サービスの独立企業間価格を相互に請求することが現行税制以上に重要であるので，移転価格調査に専念する税務職員の増加が必要である。外国資産で税制を利用するために容易に移動できるものにより生じる所得（例えば金融所得）は，引き続き米国で課税される。例えば，米国法人がXの外国所得100ドルを能動的事業でなく，債券に投資する場合，この債券利子は米国税を課される。このような税制は，主要な貿易相手国の多くが採用している国際課税ルールを反映している。それは，対外投資を行う米国多国籍企業間の競争条件を平等にする。

また，米国多国籍企業は，現行制度で必要とされるタックス・プランニング・コストをかけずに，領土主義課税を採用する外国の多国籍企業と競争することができる。さらに，米国法人は，外国所得を無税で本国償還することが容易にできるようになり，事業の意思決定を歪める課税上の考慮を減らすことができる。米国が領土主義課税を採用する結果に関する研究は，この税制改革が効率化と簡素化をもたらすだろうと示唆している。能動的外国源泉所得に対する米国税の免除は，米国投資と雇用の実質的な再配分を招くことになる。米国多国籍企業の立地インセンティブがＳＩＴの提案に類似する領土主義課税によりどのように変化するかについて，研究の結果は異なる。米国の国際課税制度は，全世界所得課税と領土主義課税の双方の性格を有する。

3 国際的租税回避防止規定の強化

国際的租税回避防止の強化が必要である。しかし，これまでと異なる点で，タックス・プランニングと税制との攻防戦が始まる。その基幹部分について，パネルは，次の2点を指摘している。

(1) 事業所得とパッシブ所得との区別

ＳＩＴは，米国内で事業を行うベネフィットを享受する企業が確実に公正な税負担をするように，米国税を課される「事業」の定義を改正する。今後は，「事業所得」「能動的事業所得」と「パッシブ所得」「可動性の高い所得」（Mobile Income）の区別が重要になるであろう。

(2) 居住性の判定基準

現行法では，居住性は，事業体（a business entity）が設立された場所に基づいて決められる。この基準では，一定の外国事業体が，米国で設立された事業体に経済的に類似しているとしても，米国税を回避することを可能にする人為的な区別をする。米国の大法人の中には，現行制度では，租税を回避するため類似の技法を用いてきた。最近の立法（2004年AJCA）は，「既存の法人」が海外移転すること（法人インバージョン）を防止するルールを創設したが，「新設の事業体」がこのルールを利用することを防止していない。この租税動機スキー

ムを防止するため，ＳＩＴは，（ⅰ）米国が事業の法的居住性の場所である場合または（ⅱ）米国が事業の「主たる管理支配」の場所である場合，当該事業を米国の居住者として取り扱い，米国税を課されるものとする包括的ルールを規定する。

この新しい二つの居住性判定基準は，米国で日常管理が行われる事業が，単に郵便の受領と孤島で毎年僅かな取締役会を開催するという理由で，租税回避することはできないことを確実にする。

4　成長投資税（ＧＩＴ）案

ＧＩＴは，累進的な方法で歳入を挙げるが，現行税制の重要な特徴を留めている。それは，家族および勤労税額控除を通じて低所得層に勤労インセンティブを与え，住宅所有と慈善寄付を奨励する。それは，現行所得税制の悪しき特性（タックス・ベネフィットのフェーズアウトおよびAMT）を排除する。事業に関して，ＧＩＴは，事業資産の即時損金控除を認め，利子の損金控除を廃止することによって投資課税をより統一されたものにする。投資インセンティブに対する税制の効果を描くためにエコノミストが用いる措置の一つは，「限界実効税率」（marginal effective tax rate）である。この尺度は，成文法の税率でなく，投資の税引き前リターンと税引き後リターンとの差である。限界実効税率が高ければ高いほど税引き前リターンに比して税引き後リターンは低くなる。実効税率がゼロであれば，投資家が無税の世界で選択するプロジェクトは，課税される世界でも行われる。現行税制では，実効税率は，資産およびプロジェクトによって大きく異なる。すべての事業投資の平均実効税率は，約22％であるが，ＧＩＴは実効税率を６％に引き下げ，異なる種類の投資の税負担を平等化する。パネルは，投資の税負担の引下げが資本形成を刺激し，外国に去っていたはずの米国資本を本国に引きとめ，外資を米国に引き寄せるものと確信している。

(1)　事業に関するＧＩＴ案

ＧＩＴ案は，すべての事業のキャッシュ・フロー（売上または収入から原材料，労働サービスおよび事業資産の購入のコストを差し引いた額）に対し比例税（a flat tax）

第18章　米国国際租税制度の大転換が起きる可能性

を課する。ＧＩＴ案は，現行の法人所得税の課税標準を四つの重要な方法で改正する。
（ⅰ）　事業は，資本的支出を即時に控除し，または経費として控除することができる。
（ⅱ）　非金融機関については，金融取引はキャッシュ・フローの計算から除外される。

　　事業は，支払利子を控除することはできず，または受取利子および受取配当ならびに金融資産の売却によるキャピタル・ゲインを算入する必要がある。金融サービスを提供する事業には特則が適用される。
（ⅲ）　損失を生じる企業は，損失を繰り越し，将来の納税義務を相殺することができる。

　　現行制度と異なり，損失を繰り越す場合，利子が発生する。
（ⅳ）　国際取引は，仕向地ベース原則で課税される。キャッシュ・フロー税は，輸出についてリベートされ，輸入はキャッシュ・フローから控除されない。

　パネルは，国内消費を課税標準として使用し，他の案よりも執行し易いという理由で仕向地ベースの制度を受け入れる。

(2)　比例税率で一度だけ課税される事業キャッシュ・フロー

　ＧＩＴ案は，すべての事業（個人事業主を除く）に対し，その法形態を問わず，30％の比例税率を適用する。事業体による課税上の差別を除去することによって，現行制度における非法人形態に認められるフロースルーの取扱い（LLC,パートナーシップまたはＳ法人）を利用できない法人に対する二重課税が惹き起こす経済的非効率を排除する。フロースルー型事業体のプラスのキャッシュ・フローは，その事業体の所有者が個人申告と別のスケジュールで事業キャッシュ・フローに対する税を計算し，申告することができるが，事業税率で課税される。また，個人事業主のプラスのキャッシュ・フローは，その所有者の申告とされるが，個人累進税率で課税される。キャッシュ・フローに焦点を合わせることによって，新しい課税標準では所得と控除の対応を試みる現在の複雑な会計ルールを捨てることになり，大部分の事業に関して，受け取るキャッ

シュと支払うキャッシュの差額が課税標準とされる。事業税（business tax）は，賃金その他の報酬が控除できる経費となることを例外として，控除型付加価値税に類似するものになる。事業キャッシュ・フローに対する30％の比例税率は，家族税（household tax）の最高税率と同じとし，事業税と個人税の間で所得移転を目的とするタックス・プランニングが起こらないようにする。

(3) すべての事業投資の損金処理

　GIT案は，新規投資の実効税率を引き下げることによって投資インセンティブを高める。現行制度では事業資産の種類ごとに異なる税率となるため，資本投資を抑制し，その配分を誤ることになっているが，GIT案はこの歪みを減らす。現行の減価償却制度では，事業は新規投資コストを時間をかけて課税所得から控除することができるが，加速度償却や一部の資産の即時控除によって新規投資リターンの税負担を引き下げるとしても，減価償却費の控除は資産価値の現実の低下を測定するメカニズムとしては不完全なものであり，資産の種類ごとに実効税率が大きく異なることになっている。資産価値の現実の低下（経済的減価償却）と税務上の減価償却との乖離は，プラントおよび設備の新規投資を抑制し，資産の種類ごとの投資配分を歪める。現行の減価償却制度はインフレを考慮に入れていないので，インフレによって取替コストが増加していても，資産の名目的な購入価額に基づいている。そのため，投資家は投資全額を減価償却によって回収することはできない。GIT案は，現行制度のインセンティブや税額控除を簡単なルールに取り替えることによって，新規投資を奨励する。すべての事業投資は，当期に損金として控除することができる。減価償却から即時損金処理に切り替えることによって，新規投資リターンの税負担は引き下げられ，事業資産の種類が異なっていても競争条件は平等になる。新規投資資産に支出した1ドルは，資産の種類にかかわらず，1ドルの所得控除を受けることになる。このように，詳細な減価償却スケジュールと資産ベーシス会計を維持する必要性を排除することによって，事業税を簡素化する。GIT案は，個人段階では配当，利子およびキャピタル・ゲインに対する低率の課税を持続するので，すべての種類の投資に対する税負担は約6％となる。現

第18章 米国国際租税制度の大転換が起きる可能性

行制度では経済的に採算のとれない多数のプロジェクトが，GIT案では税引き後リターンについて受け入れられるものになるであろう。

(4) 金融取引の取扱い

GIT案の事業の課税標準には，金融取引（例えば支払利子および受取利子）が含まれない。支払利子の控除可能性を排除することによって，多様な種類のファイナンスの課税上の取扱いを平等なものとし，投資インセンティブの租税誘因による歪みを減らす。現行制度では，新規プロジェクトの資金調達をする場合，株式市場を利用する企業よりデット・ファイナンスを利用する企業の方の税負担が低くなる。非金融機関について事業の利子控除を排除し，新規投資の即時控除を認めることは，新しい租税補助金である。法人負債の税務上の有利性を除去することは，通常の事業が必要とする金額を超えて負債を増加するインセンティブを排除することである。

金融サービスを提供する事業の場合，事業税から金融取引を除外することから特別な困難が生じる。歪みを防止するには，金融サービスは他の事業の財貨サービスと同様に課税すべきであるが，金融サービスの課税は，インプリシット・フィーが金利スプレッドおよび金融マージンに含まれているので，複雑である。例えば，銀行はモーゲージ借手から受け取る利率より低い利子を預金者に支払う。これらの取引には単一の利子の支払に含まれる（ⅰ）サービス・フィーと（ⅱ）金銭の使用に関連する金融コストという二つの内容が含まれている。金融サービスを分離する問題は，単に消費税に固有のものでなく，所得税も金融サービスに適正に課税されないが，過少課税が消費税ではより目にみえるだけである。この概念規定の困難さから，VATのある国は金融サービスについては特則により免除している。しかし，パネルは，GIT案で，金融サービスに課税すべきであるという。特則がなければ，主として金融サービスを提供する事業は，恒常的に課税上損失を生じることになる。その理由は，金融機関のキャッシュ・フロー課税標準には資金コストより高い金利で貸し付け，また投資することから生ずる収入が含まれず，労働の報酬および他の資産購入のコストについて控除が認められるからである。パネルは，金融機関の課税に

つき検討した結果，金融機関はすべての元金と利子のインフローを課税すべきものとして取り扱い，すべての元金と利子のアウトフローを控除する方法を勧告している。顧客は，課税上，金融取引を無視する。

金融サービスの購入に対する過度の課税を防止するため，金融機関は顧客に対し，控除できる金融仲介サービスに帰する金融キャッシュ・フローの金額を通知する。この金額は，顧客の課税キャッシュ・フローの計算上損金として控除することができる。

金融事業活動と非金融事業活動の双方を行う事業の場合，どの事業に金融機関ルールを適用するかを決めるルールが必要である。金融キャッシュ・フローの金融コストの内容に関する代用として用いられる金利は，分離して課税対象とされるサービスの価値を決定するために，立証されなければならない。最も簡単な方法は，金融インフローおよびアウトフローを単一の短期銀行間利率と比較することであろう。パネルは，金融機関の代替的課税ルールと企業行動のインセンティブに及ぼす影響を考慮に入れることが賢明であると考えている。

(5) 損失の取扱い

現行税制では，損失がタックス・シェルターによって発生することを懸念して，損失の還付可能性を制限する。企業は，損失を繰り戻して過去に納付した税の還付を請求し，また，損失を繰り越して将来の税額と相殺することができる。損失が還付されないが，プラスのキャッシュ・フローである時に課税される場合，この税制は実質的に損失の可能性があるリスクの多いベンチャーを抑制する。損失の還付を否定すると，還付可能な損失を認める税制に比して，限界投資に対する実効税率を引き上げることになる。実質的に資本的支出を前払いするが，当初ほとんど収入のない開業時の企業を想定すると，この企業のキャッシュ・フローは初期にはマイナスであるが，将来は収益性があると見込まれる場合，税制がこの企業が黒字になるまで損失の還付を認めなければ，資本投資の即時控除に伴うタックス・ベネフィットの享受は遅れる。それでは，長年のマイナスのキャッシュ・フローが見込まれるプロジェクトを行う企業は現われないであろう。開業損失のベネフィットを享受する前に破産する可能性

第18章　米国国際租税制度の大転換が起きる可能性

がある場合，この税制によって新規投資の実効税率は引き上げられる。ＧＩＴ案は，損失の還付を認めない。この損失の還付可能性を否定することによる影響を緩和するため，パネルは，損失を無期限に繰り越すことを認め，損失の繰越に利子を認めることを勧告する。また，企業がマイナスのキャッシュ・フローに伴うタックス・ベネフィットの全部を確保することを認める方法として，企業が他の企業に損失をトレードすることを認める方法があるが，パネルは損失のトレードを認めない。

(6) クロスボーダー取引の仕向地ベース課税

財貨サービスの輸出入を含む国際取引および外国子会社の外国所得の本国償還などの金融取引は，すべての税制に係る重要な挑戦を突きつける。ＧＩＴ案も例外ではない。

国際取引に対する税の実施は，（ⅰ）仕向地ベース（a destination-basis）または（ⅱ）原産地ベース（origin-basis）のいずれかによる。前者は，すべての国内消費を平等に取り扱うが，後者は，すべての国内生産を平等に取り扱う。パネルは，ＧＩＴ案の実施に仕向地ベースの使用を勧告する。仕向地ベース消費税は，財貨の生産地を問わず，米国内の消費には同じ税を課する。この制度では，外国の顧客への販売（輸出）は，課税ベースから除外され，外国からの購入（輸入）は，課税ベースに含まれる。米国製造業者が米国内で90ドルの原価の製品を生産し，外国で100ドルでこれを販売する場合，この製造業者は100ドルに課税されない。製造業者が生産原価90ドルにつき税のリベートを受け取る場合，これは，外国で販売される商品の税負担を排除する効果をもつ。

輸出の時点で製造業者が受け取る税のリベートは，国境税調整といわれる。外国からの購入は，輸入業者に還付できないとするかまたは輸入税を課すことによって，課税される。

第4　日本に及ぼす影響に関する検討の必要性

　日本では，これまでの税制改革論議において，米国と異なり，日本の国際租税法が日本企業，日本ベース多国籍企業，日本経済および日本の雇用・福祉にどのような影響をもつのかという実証的な研究や課税ルールの選択に応じて生じる結果とその問題についてのシミュレーションの試みさえ未だ見られない。米国が仮に国際租税法を抜本的に改革し，全世界所得課税の原則を捨てて領土主義課税の原則を採用し，自らの外国支店を通じて「事業」により稼得する外国所得だけでなく，外国子会社等を通じて「事業」により稼得する外国所得についても米国税を課税しないという大転換を行った場合，日本はEUや米国の企業と対等の競争条件で競争することができるだろうか。米国が法人税の課税根拠である正統方式（classical method）を捨てて法人税と個人所得税との統合（integration）を図るだけでなく，外国子会社からの配当についても本国償還税（repatriation tax）といわれる受取配当に対する米国税を課税しないという大転換を行った場合，日本企業は本国で二重課税を受けるために外国子会社から外国所得を配当の形で償還させるだろうか。タックス・ヘイブンの定義は，世界で統一されていないが，かつてブラック・リスト方式を採用していた頃には，香港のように「国外所得免除」の国・地域をタックス・ヘイブンと指定していたことがあるが，その意味では，主要なEU諸国や米国も，日本にとってはタックス・ヘイブンとして取り扱うことになるのであろうか。米国が30年以上にわたって消費税ベースの国家で，所得についても国外所得免除方式を採用している貿易相手国EC／EUとの競争条件の水平化（to level playing fields）のために，全体の税制としては全世界所得課税を基本としつつ，特定の米国事業体または外国事業体に外国所得免除を与える税制を捻出した30年以上の歴史は，大西洋通商戦争（Atlantic Trade War）といわれた。日本は，米国の苦悩についてEC／EUやGATT／WTOと同様に「米国税制（ETC, DISC, IC-DISC, FSCおよびETI）」を「国家補助金＝輸出補助金」であるといって冷淡に扱って

第18章　米国国際租税制度の大転換が起きる可能性

きたが，日本の堅持している全世界所得課税は，世界有力国の中で，徐々に少数派になっていく。果たして，日本のエコノミストたちは，このように国益を左右する問題について，シミュレーションを試みた上で，現行の国際課税ルールを堅持する方がよいという結論に到達しているのであろうか。全世界所得課税と外国税額控除制度の組合せを採用する日本が，たとえEUや米国から孤立しても，現行制度を維持するメリットは何か，また，デメリットは何か。一部の税法学者は，外国税額控除制度は当然の基本法であり，政策税制とは考えるべきでないというが，国際的二重課税の排除それ自体は，当然の基本法として認識すべきであるとしても，そのために外国税額控除制度を選択するか，または国外所得免除制度を選択するか，という問題はきわめて重要な政策選択の問題である。税法学者であっても，解釈論議でなく，制度設計に貢献するため，政策選択に当っては「当然」ということでなく，謙虚に日本にとっての優劣を理論と具体的な計算によって議論すべきである。少なくとも米国の議論はこのことを日本に教えている。米国は，EC／EUとの長年の戦いを通じて，今回の抜本的な税制の検討において，「所得税」を捨てて「消費税」(VAT, 連邦小売売上税など) への転換，比例税 (Flat Tax) の導入も，考慮に入れている。競争に勝ち抜くために，発生主義から現金主義への転換 (キャッシュ・フロー税)，減価償却制度を捨てて即時損金算入方式 (Expensing) への転換を検討している。日本の税制の舵取りをしている責任者たちが，国際租税法の改革だけでなく，税制の基盤である所得税と消費税の選択，これを決定する消費税率アップの議論さえ封殺している状況は，米国が真正面から困難な問題にストレートに取り組んでいる状況に照らし，正当化できない。米国の財務省の手にこの勧告のボールは引き渡された。直後の2006年の大統領教書においては方向性は示されなかった。この件については，2008年大統領選挙をにらんで米国は意思決定すると見込まれる。

〔注〕
205) パネルのメンバーは，次のとおりである。
Chairman Connie Mack, Ⅲ, Vice-Chairman John Breaux, William E. Frenzel, Elizabeth Garrett, Edward P. Lazear, Timothy J. Muris, James M. Poterba, Charles O. Rossotti, Liz Ann Sonders.
206) The President's Advisory Panel on Federal Tax Reform, *Simple, Fair, and Pro-Growth: Proposals to Fix America's Tax System,* November 2005.
207) Report of the President's Advisory Panel on Federal Tax Reform, *Executive Summary* xiii〜xvii.
208) Report of the President's Advisory Panel on Federal Tax Reform, *Chapter Five The Panel's Recommendations,* pp. 58〜106.
209) Report of the President's Advisory Panel on Federal Tax Reform, *Chapter Six The Simplified Income Tax Plan,* pp. 107〜149.
210) Report of the President's Advisory Panel on Federal Tax Reform, *Chapter Seven The Growth and Investment Tax Plan,* pp. 150〜190.
211) 内国法人の受け取る外国源泉配当に対する課税上の取扱い
① 全世界所得課税＝外国税額控除方式の国
米国，英国，日本，韓国，メキシコ，チェッコ，アイスランド，ニュージーランド，ポーランド
② 免除方式
オーストラリア，オーストリア，ベルギー，カナダ，デンマーク，フィンランド，フランス，ドイツ，ギリシャ，ハンガリー，イタリア，ルクセンブルグ，オランダ，ノールウエー，ポルトガル，スロバキア，スペイン，スエーデン，スイス，トルコ

第19章
米国国際租税制度の大転換の可能性がもつ日本への影響
－日本の税制と税務行政で対応できるか－

1 注目されるGIT

大統領諮問パネルは,次の点を指摘した。

(1) 過去の反省

多様な政策目標に合わせて税法改正を行ってきたが,その政策目標の多くは特定の納税者を優遇するものであった。所得控除,税額控除,免除その他の優遇措置は,政策実現の方法としてはプラクティカルであるが,税法の書き方としては稚拙である。政府が特定の納税者に対する支出を増加する場合も,特別優遇措置(租税支出)を拡大する場合も,その結果は同一であり,政府はその運営に必要な財源である税収を調達するため,結局,他の納税者の税負担を増加せざるを得ない。

(2) 過去の税制改革

米国は過去数十年間繰り返しパネルを設置し,毎年税法を改正してきた。米国は1986年に税制大改革を行ったが,その後税法を弄り回し,約15,000(1日2項目以上)の税法改正を重ねてきた。頻繁な税法改正には,各々スポンサーがいて,それなりの理論的根拠もあるが,いかにその趣旨が立派でも,「税法のインテグリティ」を蝕んでいく。ファンダメンタルな税制改革を実現するため,大統領諮問パネルは倍の努力をしなければならない。

(3) パネル勧告の選択肢の評価

これらの2案は,現行税制より好ましい選択肢であり,大統領令の要求を満

たすものである。

① ＳＩＴ

ＳＩＴは，劇的に税制を簡素化し，税制を複雑化した減免措置を一掃し，税率を引き下げるとともに，代替的ミニマム・タックス（the Alternative Minimum Tax：ATM）のような「わな」の仕掛けを除去する。また，貯蓄阻害要因を排除し，小規模事業の税務計算を簡素化する。そして，本章のテーマである国際課税について，「米国法人がグローバル市場で競争することを容易にするため，法人税制を更新する」。

② ＧＩＴ

ＧＩＴは，ＳＩＴを当てにし，個人世帯と事業の貯蓄・投資には課税しない制度に移行する案であり，（ⅰ）事業が投資を損金として即時控除すること，（ⅱ）税率を引き下げること，（ⅲ）配当，利子およびキャピタル・ゲインに単一の低税率を適用することを認める。

(4) 大統領パネル報告書の意義

この勧告は，大統領の指示した歳入中立型でデザインされている。政府資金調達に必要な税収額を増減させるべきか否かは，大統領諮問パネルの問題外であるが，税制には信頼できる理論的根拠が必要である。この報告書は，破綻した米国税制の調整過程の第一歩であると認識している。バイパルチザン・パネルとして，二大政党の提案を引き出したが，税制改革を実現するには政治的意思力が必要である。現行税制の減免措置，所得控除およびループホールの恩恵を受けている者は，既得権を擁護しようとするであろう。最も困難な仕事は，終わっていない。大統領諮問パネルは，ブッシュ政権と米国議会がバイパルチザンシップ精神を持ち続けることを希望している。

(5) ＧＩＴの国境税調整（Border Tax Adjustments）と国際貿易

米国主要貿易相手国の付加価値税（Value-Added Tax：VAT）は，仕向地ベースで実施される。これには，国境税調整が含まれる。輸出免税と輸入課税を理由としてこれらの税は輸出補助とみなされるが，経済分析は仕向地ベースの税が貿易バランスに影響しないことを示している。完全に非課税の状況で米国が

第19章　米国国際租税制度の大転換の可能性がもつ日本への影響

外国と貿易する場合，貿易は各国が比較優位を享受するレベルで行われることになる。米国が仕向地ベース消費税を課する場合，米国輸出業者は非課税と同じ価格で米国製品を外国に販売することになる。

　同様に，外国生産者が米国内で販売する製品は，米国消費税を課される。その結果，外国輸入業者は米国内で国内販売業者と同じベースで競争することになる。米国消費者は，輸入品と国産品の双方が同一の税を課されるので，課税前と同様の選択を行う。経済理論では，仕向地ベースの課税は米国貿易のポジションに影響を及ぼさない。これに対し，原産地ベースの課税は，世界市場で外国生産者に比して米国生産者には不利となる。国境税調整は，中立性を維持する仕組みであるだけでなく，為替レートの変化その他の経済変数（賃金および部品の価格を含む）など，市場を通じる調製は，原産地ベースの課税により輸出品の価値に係る潜在的に不利益な効果をすべて払拭する。米国が原産地ベースの課税を課する場合，課税前に米国は完全に非課税の状況で貿易しているとすれば，競争市場において，輸出業者は輸出品の課税後は価格の引下げができず，事業を続けることができなくなる。しかし，正常価格が税額相当額だけ引き上げられるとしても，外国消費者が米国輸出品にその国内通貨で支払う代金が課税前の金額と変わらないように，米ドル価値の引下げを行うことができる。そうすれば，貿易は影響を受けない。為替レートの調整がない場合には，価格調整は国内価格や賃金の調整によって行うことになろう。仕向地ベースの課税も原産地ベースの課税も，課税のない状況で存在する貿易パターンを歪めないという見方は，現行の所得税制から消費税制への移行が貿易に影響を及ぼさないということを示唆するものではない。現行税制は，一部の産業に対し，他の産業より重い負担を課している。現行税制を全くの非課税に等しい制度に変更することは，現在重い課税を受けている産業の輸出を伸ばすことにプラスになるであろう。

(6)　ＧＩＴの税務行政

　大統領諮問パネルは，仕向地ベースのＧＩＴが原産地ベースの課税より執行が容易であることを理由に，仕向地ベースのＧＩＴを勧告する。

原産地ベースの税制は,「移転価格」(transfer pricing)の結果として深刻な紛争を惹き起こす。ここで,移転価格とは,関連事業体間の販売および譲渡の価格をいう。現行税制は,移転価格に関して国際的に受け入れられた基準(独立企業間価格)を用いているが,この基準の適用は困難な問題を生じている。仕向地ベースの税制では,移転価格は税額計算に影響しない。国境税調整は,課税ベースを国内消費(事業体段階では国内販売マイナス国内仕入に等しい)とする。その結果,国際取引に係る価格は無関係であり,税額の最小化のために移転価格を利用する余地はない。

原産地ベースの税制では,輸出販売は課税され,輸入は控除されるので,移転価格は引き続き問題である。現行税制と同様に,輸入品の高価仕入と輸出品の低廉販売は米国から外国への所得移転のために利用される。そのため,ますます複雑な租税回避スキームが,ますます処理困難な問題を惹き起こすことになる。

仕向地ベースの税制は,課税最小化のために移転価格を利用するインセンティブを減らすほか,外国からの使用料に適用することが容易になる。外国からの受取使用料は,無形資産の輸出の対価であり,GITの課税を免除される。無形資産の所有者は,この収益を消費する時に課税される。外国製無形資産に対して支払う使用料は,輸入に対する支払であるので,控除できない。移転価格問題は,使用料については特に厳しくなる。その理由は,無形資産について独立企業間価格の算定が困難であるからである。仕向地ベースの税制では,国際的な使用料取引の価格は課税ベースから除外されるので,不当に移転価格を定める機会はなくなる。

GITによる国際取引の取扱いに仕向地ベースを選択すると,税制を封鎖することになる。

これは,事業は課税ベースに対応的に算入するものによって相殺される控除だけを請求することができることを意味している。国境税調整を通じて税制を封鎖することは,税制外にある外国人に対する支払について控除を生じる仕組みは,国際取引に係る租税回避の機会を阻止する。この封鎖は,すべてを考慮

すれば魅力的であるが，若干の欠点もある。控除は，米国供給者からの購入についてだけ認められるべきであり，販売は，真に外国人に対するものに限り免税とされるべきである。このことから，控除と免除を監視することが重要である。米国市民は，米国外で購入した外国製品を消費することによって輸入税を回避することができる。そのため，米国市民が外国で製品を買うことにインセンティブを与えることになる。

(7) 立地上のインセンティブ

GITにより新規投資を即時損金控除できる制度は，外資の投資先として米国の魅力を生じる。投資奨励措置は，米国に本拠を置く企業に限らず，米国内で活動するすべての企業に適用される。同時に，米国ベース多国籍企業が生産拠点を海外に移転する理由がなくなる。その理由は，生産地を問わず，税負担は米国内の販売に基づいて決定されることになるからである。GITは，現行法人税制の下で課税を減らすための複雑なクロスボーダー・タックス・プランニング活動の大部分を排除する。このようなタックス・プランニングのインセンティブを減少させることは，米国税制の簡素化の重要なステップとなる。

(8) 輸出還付金

国境税調整は，輸出業者に税の還付をもたらす。還付金額は，輸出品の生産コスト（労働コストを含む）によって算定される。主として輸出市場で販売する企業にとって，国境税調整リベートは，国内販売に係る税額を超えることがある。国境税調整が国内キャッシュ・フローに係る税額を超える輸出企業は，その超過国境税調整（excess border tax adjustment）につき還付金を与えられる。さらに，為替レートまたは国内価格が輸入税の課税後調整されるまで，製品の相当量を輸入する事業は，課税後損失を生じることがある。その理由は，輸入品のコストにつき所得控除を認められないからである。そのため，このような事業は，税引き前純キャッシュ所得より多額の税を課されることになる。輸出業者の生じる超過控除や損失を生じる国内事業の生じる超過控除は概念的には類似しているが，GITにおいては異なる取扱いを受ける。損失を生じる国内事業は，損失の繰越が利子相当額だけ増加するにもかかわらず，選択により，

税の即時リベートを選好する。それ故，損失を生じる国内事業と輸出事業が同一企業内または関連企業内で運営されるとき，それらの事業間における経費配賦を監視するための特別なルールが必要である。

(9) 国境税調整と世界貿易機関（World Trade Organization：WTO）

関税および貿易に関する一般協定(the General Agreement on Tariffs and Trade：GATT）の一部として開発され，世界貿易機関（WTO）のルールに組み入れられた多角的貿易協定（Multilateral Trade Agreement）は，国境税調整の利用に影響を与える。GATT/WTOルールは，「直接税」を調整する国境税調整を「禁じられた輸出補助金」(a prohibited export subsidy)として取り扱う。これに対し，送金された金額が，国内消費に関し販売の時に同様の製品の生産および流通につき課された間接税の税額を超えない限り，輸出に係る間接税は国境税調整される。

国境税調整可能なVATを課する多くの先進国は，VATと個人段階で資本所得（capital income）に係る単一税率の課税とを結び付ける。これらの諸国は，賃金補助金，賃金の累進課税またはその双方の制度を有している。GITは，累進型賃金補助金と資本所得に係る分離・単一税率の税と結合した税額控除方式の30％VATに相当する。このことから，パネルとしては，GITは国境税調整可能なものであると信じている。しかし，現行の貿易ルールの下で国境税調整が認容されるか否か，については不確定であり，米国の貿易相手国がこれを問題として非難する可能性がないとはいえないので，パネルはGITを歳入中立型にするに当たって，国境税調整を通じて生じる歳入を含めないこととする。

2 米国国際租税制度の大転換の可能性

(1) 注目される財務省の意思決定

大統領パネル勧告（The Panel's Recommendations）を含む連邦税制改革報告書（Report of the President's Advisory Panel on Federal Tax Reform）というボールは，現在，財務長官ジョン・W・スノーの掌中にある。この報告書は，約10ヶ月を費やして作成されたものであるが，この勧告が財務省の審議を経て法案化

第19章　米国国際租税制度の大転換の可能性がもつ日本への影響

されるか，単なる報告書として終わるか，現時点では予断を許さない。パネル・メンバーの財務長官宛2005年11月1日付書簡において述べているように，この勧告に従って税制改革を実現するか否かは，米国の「政治的意思力」（political willpower）が決定する。ブッシュ大統領の要請を満たす結論を導き出して勧告に至るまでの困難を克服することに成功したバイパルチザン・スピリットは，現行制度の減免措置，所得控除，税額控除およびループホールによって恩恵を受けている既得権益の擁護勢力を克服できるか否かという次の難問に直面する。その意味では，最も困難な仕事は，これからである。税制改革の方向性が明示され，米国議会の審議を年内に終える段取りの第一次の意思決定は，財務省主税局（the Office of Tax Policy）が行うであろう。仮に，財務省がゴーサインを下した場合も，ブッシュ政権（the Administration）と米国議会（the Congress）の強力なバイパルチザン・スピリットが持続しなければ，税制改革の実現は困難となろう。米国では，財務長官をはじめ主要高官はポリティカル・アポインティであり，財務省の決断から税制改革の政治過程は始まっている。

(2) 米国としてＣＥＮとＣＩＮのいずれを重視すべきか

米国は，単なる租税理論として内国法人の居住地国課税の原則について全世界所得課税（worldwide income taxation）原則から領土主義課税（territorial taxation）（国外所得免除）原則への転換を選択しようとしているわけではない。税法学者は，税法のあり方としてこれらの原則の優劣を議論してきたが，経済学者は，租税の中立性について，資本輸出の中立性（Capital Export Neutrality：CEN）と資本輸入の中立性（Capital Import Neutrality：CIN）のいずれを重視すべきかを議論してきた。2004年大統領選挙においては，30年来の大西洋貿易摩擦（Atlan-tic Ocean Trade War）をめぐる税制改革論争において，共和党はＣＩＮを重視し，民主党はＣＥＮを重視する立場を明らかにしてきた。これらの旧式の議論は，ＣＥＮ重視の立場が全世界所得課税原則（外国税額控除による国際的二重課税の救済方法と結合）と結合し，ＣＩＮ重視の立場が領土主義課税原則（国外所得免除による国際的二重課税の救済方法と結合）と結合する形で展開された。米国は，

現行制度の全世界所得課税原則の下で、西欧などの領土主義課税原則を採用している貿易相手国との国際競争において、米国製品が海外市場（貿易）のみならず、米国内市場でも苦境に立たされており、これを打開するために数次にわたる税制改正を通じて特別な措置を講じてきたが、この30年間、貿易相手国であるEC/EUによって米国の特別な措置がことごとく「禁じられた輸出補助金」(国家補助金)であると非難され、GATT/WTOにおいてもそのように判定され、米国としては、特別な措置でなく、税制全体の構造を改革することによって米国製品および米国ベース多国籍企業の国際競争力を強化せざるを得なくなっている。日本にとって米国の変化のうち、特に次の点が重要であり、その動向を注視すべきであろう。

(3) 欧州諸国と米国の国際競争条件の平等化

30年間の米国国際租税政策の中心テーマは、米国の主要貿易相手国である欧州諸国との国際競争条件の平等化であった。フランスなどの相手国の租税構造・租税政策の特徴は、（ⅰ）VATなどの間接税のウエートが高く、所得税のウエートが低いこと、（ⅱ）所得課税において領土主義課税（territorial taxation）を採用し、国外所得免除としていること（外国源泉所得について国際的二重課税は発生しない）、（ⅲ）EU参加免税（participation exemption）による親子会社間配当免除（源泉地国免税）により外国子会社からの配当について本国償還税（repatriation tax）が課されないこと（国際的二重不課税）、などがあげられる。これに対し、米国税制の特徴は、（ⅰ）所得税のウエートが高いこと、（ⅱ）所得課税において全世界所得課税（worldwide taxation）を採用し、国際的二重課税について控除限度額の範囲内で外国税額控除により救済されること、（ⅲ）外国からの配当は益金算入（本国償還税）とされること、（ⅳ）サブパートF条項の適用を回避するため、米国法人のCFCが能動的事業活動を行う必要があるので、製造拠点の海外移転を促進する結果、米国雇用と対米投資が空洞化すること、などがあげられる。このような税制の差異から生ずる国際競争力の格差を埋め、競争条件の平準化（level playing field）を図るため、米国は所得税制を基本とし、全世界所得課税原則としつつ、貿易による世界市場での競争におい

第19章 米国国際租税制度の大転換の可能性がもつ日本への影響

て輸出産業については局部的に「領土主義課税」(国外所得免除)を導入しようと工夫した。当初,「外国子会社」を用いてその外国の貿易であるとの外見を整えるチャンネル・トレードを採用したが,貿易相手国はその「外国子会社」の支配・所有をしている米国株主に対する輸出補助金としてそのような仕組みをルック・スルーし,これを許さなかった。最後に,米国法人の特定の「域外所得」の除外制度を創設したが,この制度もまた輸出補助金とされた。いま,米国は,貿易相手国との競争条件の平等化のためには,これまでのように国際租税法を「国内税法の付録」として部分的に変更しても,国内税法の抜本的な変更をしない限り,「国家補助金」という烙印を押されることを悟ったのである。ブッシュ大統領の決断は明快であった。公正,簡素および成長という租税原則のうちトレードオフの関係により常に犠牲にされた「簡素」を掲げて,ブッシュ大統領は,レーガン税制改革を凌ぐ税制改革論議の引金を引いたのである。

米国は,米欧通商交渉で報復的に西欧諸国の税制を攻撃するとも言っていたが,大統領パネルは,報告書を作成するに当たって,貿易相手国との競争条件の平等化のため,貿易相手国の税制に近い制度を模索することにした。パネルは,所得税中心の税制から消費税中心の税制への転換を検討し,累進的消費税 (a progressive consumption tax) 案を開発し,付加価値税 (a value-added tax) および連邦小売売上税 (a national retail sales tax) も検討したが,勧告案としては結局合意できなかった。

同報告書は,そのエグゼキュティブ・サマリーで,パネルが現実に合意した税制改革案であるＳＩＴおよびＧＩＴの両プランが,(a)公正の確保のため,「ループホールを封鎖し,十分な助言を受けられる納税者が公正な税負担を回避することを許す特別なタックス・ブレイクを排除すること」,(b)経済成長の促進のため,「内国法人の米国内源泉所得に対する二重課税を減らすこと」,「米国の貯蓄を促進すること」,「数種類の法人ファイナンスの課税上の取扱いを等しくし,法人がその資金調達として借入でなく株式発行を行うインセンティブを高めること」,「個人および事業の最高税率を引き下げること」,「小規模事業の事務負担を減らし,新規設備購入の即時損金控除を認めること」および「米

国国際租税制度を更新すること」を提案する。

　大統領諮問パネルは，貿易相手国と競争条件を平等にするため，基幹税を所得税制から消費税制に転換する案を採らず，累進構造の所得税制を維持することにしたが，すべての事業体を収入基準により（ⅰ）小規模事業 (small business)（100万ドル以下），（ⅱ）中規模事業 (medium-sized business)（100万ドル超1,000万ドル以下）および（ⅲ）大規模事業 (large business)（1,000万ドル超）に区分し，次のように取り扱う（中規模事業は小規模事業と同様に現金主義で申告するが，新規資産の購入については即時損金控除でなく減価償却を行う必要がある）。事業体の3分類については，過去3年間の総収入 (gross receipts) の平均によって行われる。

(A) SIT
　(a) 小規模事業
　　　税　　率：個人税率（最高税率は33%）
　　　記　　帳：簡易現金主義会計
　　　投　　資：即時損金控除（土地および建物を除く）
　(b) 大規模事業
　　　税　　率：31.5%
　　　投　　資：簡易化速度減価償却
　　　支払利子：現行どおり
　　　受取利子：課税
　　　国際課税：領土主義課税（国外所得免除）
　　　法人AMT：廃止
(B) GIT
　(a) 小規模事業
　　　税　　率：個人営業主；個人税率（最高税率は30%）
　　　　　　　　その他の小規模事業；30%
　　　記　　帳：事業キャッシュ・フロー税
　　　投　　資：新規投資の即時損金控除
　(b) 大規模事業

第19章　米国国際租税制度の大転換の可能性がもつ日本への影響

　　税　　率：30％
　　投　　資：すべての新規投資の即時損金控除
　　支払利子：損金不算入（金融機関を除く）
　　受取利子：非課税（金融機関を除く）
　　国際課税：仕向地ベース（国境税調整）
　　法人ＡＭＴ：廃止

(4) 法人所得の二段階課税

① 現行制度における法人所得の二段階課税

　米国の正統方式（classical method）による法人所得の二段階課税は，新規法人投資を抑制し，既存法人の資金調達方法としてエクイティ・ファイナンスよりデット・ファイナンスを促進し，法人経営者に法人利益を配当するより内部留保を選好させ，利益の分配を課税上有利な方法（所有者への賞与またはストック・オプションの付与）に限定するなど，意思決定を歪めている。Ｃ法人の数は，1980年（2,115,000）から現在（2,190,000）まで大きな変化はないが，Ｓ法人の数は，1980年（528,100）から現在（3,612,000）まで激増していることから，法人形態の選択に対する課税上のバイアスが顕著である。法人の新規投資の資金調達のためエクイティ・ファイナンスを選択すると，法人段階で支払配当を損金控除することはできず，法人所得について二段階課税を受ける。この法人エクイティに対する課税上のバイアスは法人にデット・ファイナンス（レバレッジド・ファイナンス）を選好させる。

　米国は，Ｃ法人については二段階課税を原則としつつ，米国企業が一段階課税を必要とする場合には，Ｃ法人以外の事業体を選択することができるよういわゆる「パススルー・エンティティ」（pass through entity）または「フロースルー・エンティティ」（flow-thru entity）といわれる事業体制度を税法上認めてきた。また，いわゆる「ペイスルー・エンティティ」についても，これを利用する米国企業が米国租税条約の特典を外国で享受することができるように，ＲＩＣ，ＲＥＩＴなども米国の居住者（米国で課税されるべきものとされる者（a person to be liable to tax））とする。その一方で，米国内で外国法人が米国子会社で

なく米国支店として活動しその米国内源泉所得に対し一段階課税を享受することについては，米国法人の二段階課税との均衡をとるため許すことができないという租税理論で，支店利益税（Branch Profit Tax）またはその補完税としての支店利子税（Branch-level Interest Tax）を創設した。正統方式における法人所得の二段階課税については，財政学者・エコノミストの多くが異議を唱えてきた。

② 所得税と法人税の統合（Integration）への米国の熱望

米国は，C法人の二段階課税が米国企業の国際競争力を減殺することを認め，米国企業による二段階課税回避のためにタックス・プランニングが蔓延するなど，経済的意思決定・米国企業のビヘービアを歪めることを問題とし，これを解決するために「法人所得の一段階課税への改革」について理論的な検討を行ってきた。41代大統領ジョージ・ブッシュの共和党政権の下で，1992年財務省は，所得税と法人税の統合に関する研究を公表した。その報告書は，次の4種類の統合のベネフィットについて経済分析を行っている（各方法の税収効果は，右の数次である）。

（ⅰ）　株主配分法（shareholder allocation method）386億ドルの年税収ロス
（ⅱ）　株主税額控除法（shareholder credit method）146億ドルの年税収ロス
（ⅲ）　配当除外法（dividend exclusion method）131億ドルの年税収ロス
（ⅳ）　包括的事業所得税法（comprehensive business income tax：CBIT）32億ドルの年税収増加

この他の改革案として，米国では(a)キャッシュ・フロー法人税（cash flow corporate taxation），および(b)法人の支払配当損金算入（a corporate deduction for the return on equity capital）も議論されてきた。現行制度の下では，米国ベース多国籍企業の外国子会社は，間接外国税額控除による国際的二重課税の救済があるとしても，現実には外国所得の本国償還である米国への配当を回避する行動に出る。単なる租税理論としての統合論に止まらず，米国としては，外国子会社の外国所得を米国に配当として償還させ，米国内での再投資の促進とコーポレート・ファイナンスの視点で米国企業の米国内投資資金調達のための借入コストを引き下げ，あるいは隆盛のデット・ファイナンスからエクイ

ティ・ファイナンスへの回帰を期するため,外国子会社所得の二段階課税を排除する必要があるとする考えが高まってきた。

共和党政権は,1992年財務省報告書の第3案(配当除外法)を採用し,「受取配当益金不算入」制度および株式譲渡益非課税を導入しようとしたが,民主党の「富裕層優遇税制」という非難に阻まれ,2003年雇用成長租税調整法(Jobs and Growth Tax Relief Reconciliation Act of 2003:JGTRRA)により配当およびキャピタル・ゲインの税率の引下げを通じ,個人段階における二段階課税の救済を行うに止まった。そこで,ブッシュ政権は,2004年AJCAにおいて,外国子会社の外国所得の米国への配当を促進し,その米国内再投資を奨励するため,米国税の課税繰延によって海外に留保された資金を米国に償還した場合,「米国再投資プラン」を条件として5.25%の軽減税率による課税(35%の最高税率を適用される米国親会社にとっては85%の受取配当控除に相当する)を認めることにした。大統領パネルは,懸案であった外国子会社の外国所得の本国償還についても,外国支店の外国所得についても,一挙に米国税を免除にすることを提案している。

大統領パネルは,SITにおいて米国内源泉の法人所得に対する二重課税をなくすことにより事業投資の促進を図る。SITでは,株主は法人が米国税を課された利益の分配である受取配当を益金から除外することができる。SITが立法化できれば,共和党は,C法人についても一段階課税を実現することができるのである。また,GITは,法形態のいかんを問わず,すべての事業体(個人事業主を除く)に対し30%の比例税率を適用する。多様な事業体の課税上の取扱いの差異を除去することによって,C法人の二重課税により惹き起こされる経済的非効率は除去され,現行制度では非法人(LLC,パートナーシップ,S法人)についてフロースルー扱いされる有利性は失われる。

(5) 法人と非法人

米国は,C法人の二段階課税を回避するため,多様な事業体の一段階課税を税法上認めているが,その結果,米国事業体の法的形態,事業活動の種類および投資の種類を含む多数の要素を考慮する課税が,逆に,すべての事業体の税

制を過度に複雑なものにしてきた。SITは、すべての事業体に関する税制を簡素化し、その事業所得に統一的な制度にする。小規模事業について、現行制度では個人事業主、LLC、パートナーシップおよびS法人の所有者は、これらの事業体からの事業所得を申告する。これらの制度は、一段階課税を認めるものであるが、その法形態の選択とそのコンプライアンスが複雑化している。パネルは、米国内で稼得する大規模事業の所得に対する一段階課税に照らし、

パススルー・エンティティの課税も簡素化し、出資、所得の配分（allocations of income）、分配（distributions）および清算（liquidations）のルールを統一する。

3 大統領諮問パネル勧告どおりの税制改革が日本に及ぼす国際課税面の影響

米国で、財務省が大統領諮問パネル勧告どおり立法化の政治過程を進めるか、政治的な考慮でどのような変更をするかは、現時点では明らかではないが、レーガン政権の税制立案者パールマン教授など識者は、2008年大統領選挙を控え、まともに議論することは無理であろうとみている。しかし、仮に勧告に沿って税制改革を進めた場合、日米間の国際課税についてどのような問題が浮上するかを予想し、あらかじめ検討しておく必要がある。米国国際租税法の改革案は、微調整の域をはるかに超える余りにも大胆なものであるだけに、検討すべき範囲は余りにも大きいが、少なくとも以下の問題は避けられないであろう。

(1) 租税条約の改正または適用・解釈の見直し

① 租税条約の改正

日本側が申し出るまでもなく、米国側として租税条約の改正を申し出ることが予想される。その場合、米国は財務省モデル条約を改正するであろう。したがって、その動きを緻密にフォローする必要がある。

A 米国税の本質－「所得に対する税」として取り扱うべきか。

SITでは小規模事業（現在2,200万超あり、すべての事業体の約95％超を占める）は「所得」（income）を現金主義（cash receipts less cash business expenses）で申

告する。ＧＩＴではすべての事業（個人営業主を除く）のキャッシュ・フローに30％の比例税を課す事業税（business tax）として控除型ＶＡＴに類似する制度である。

ＧＩＴが導入された場合，このような米国税を（ⅰ）所得税条約としての従来型の租税条約の対象税目とすることができるか。（ⅱ）国内法における外国税額控除の適用上「控除対象外国所得税・外国法人税」とすることができるか。これらの問題については，他のOECD諸国とも調整して取扱いを決めるべきである。

B　国際的不課税が多発すること

租税条約では国際的二重課税の防止または排除を主たる課題として取り組んできたが，国際的二重不課税が新たな問題になろうとしている。国内法で外国所得免除制度を採用する国が増加すると，租税条約において源泉地国免税を規定することによって国際的二重不課税となる所得が増加する。

従来どおりの日米条約を改正するまで，米国法人の外国所得としての日本源泉所得について租税条約による免税規定により国際的不課税（Double Non-Tax）が発生するが，その状態を是認するか。

（ⅰ）　日本にＰＥのない米国法人の日本源泉所得（事業所得）
（ⅱ）　日本にＰＥを有する米国法人の当該ＰＥに帰属しない日本源泉所得（事業所得）
（ⅲ）　日本にＰＥを有する米国法人の当該ＰＥに帰属する第三国源泉所得（事業所得）

C　米国事業体の分類の変更

ＳＩＴにより法人格の有無でなく，過去３年間の総収入の平均ですべての事業体を（ⅰ）小規模事業，（ⅱ）中規模事業または（ⅲ）大規模事業に分類し，小規模事業は現金主義会計に基づき個人税率で課税され，大規模事業は「法人」と同様に事業体段階で課税される。現在フロースルー・エンティティ（パートナーシップ，LLCおよびＳ法人）とされる大規模事業体も，事業体段階で課税される。パッシブ投資媒体（RICおよびREIT）は引き続き現行制度と同様

に取り扱われる。このような米国事業体の分類の変更に伴い，次の場合について，日本は対処方針を決める必要がある。
（ⅰ）　米国居住者がこれらの米国事業体を通じて日本国内源泉所得を取得する場合
（ⅱ）　日本居住者がこれらの米国事業体を通じて米国源泉所得を取得する場合
（ⅲ）　第三国居住者がこれらの米国事業体を通じて日本国内源泉所得を取得する場合

　日米租税条約の「両国の課税上の取扱いが異なる事業体」の適用範囲がいわゆる「多様な事業体」にとどまらず，米国の法人をも含むと解するか。米国法人について（ⅰ）個人課税を受ける小規模事業，（ⅱ）法人課税を受ける大規模事業という米国の分類を尊重することとし，両国で課税上異なる取扱いをしないとするか，日本法でみれば法人は「法人」として取り扱うべきであるということで，小規模事業について異なる取扱いをするか。また，法人と同様に事業体段階で課税する大規模事業の非法人について米国の分類を尊重することとし，両国で課税上異なる取扱いをしないとするか，日本で非法人は「法人」として取り扱わないこととするか。

(2)　米国の国内源泉所得の縮減と日本の課税所得の縮減を狙うスキームの発生

　ＳＩＴでは，米国法人は，外国源泉所得には米国税を課されなくなるので，できるだけソース・ルールの適用上米国源泉所得を減らし，外国源泉所得を増やすように誘導される。しかし，現実には，源泉地国でその外国所得に課税されないように米国で開発された租税回避スキームを応用して損金控除の可能性を積極的に追求する方向に行くであろう。源泉地国としての日本は，これまでの米国の租税回避スキームとこれに対する個別的否認規定を研究して，予防措置を講じる必要がある。

　①　減価償却制度

　日本法人は，米国源泉所得に対する米国税を最小化するため，米国での新規投資を増加させるであろう。ＳＩＴでは，すべての事業が簡易コスト回収制度

第19章 米国国際租税制度の大転換の可能性がもつ日本への影響

のベネフィットを受ける。（ⅰ）小規模事業は，新規設備投資コストを即時損金控除できる。（ⅱ）大規模事業は，次の4種の資産ごとに簡易な方法で減価償却をする。

	カテゴリーⅠ	カテゴリーⅡ	カテゴリーⅢ	カテゴリーⅣ
資産の種類	農業，鉱業，製造業，運輸業，商業，サービス部門でいる資産	エネルギー生産，公益事業資産，土地改良	居住用建物	非居住用建物，他の不動産
年間回収率	30%	7.5%	4%	3%

　GITでは，投資インセンティブを高めるため新規投資に対する実効税率を引き下げる。

　すべての事業投資は，支出年度の即時損金控除を認められる。日本法人は，新規投資をする場合，日米のいずれの国で投資すれば課税上有利になるかを考慮して，投資方針を決めるであろう。日本は，この点に真剣に対応しなければならない。

　② 米国の現金主義と日本の発生主義を利用する租税回避の発生

　米国には経済的パフォーマンス原則があるが，日本にはこのような発生主義を利用する損金算入を規制する制度がない。ＳＩＴでは小規模事業は現金主義により米国源泉所得のみに課税されることになる。また，ＧＩＴではすべての事業はキャッシュ・フローで課税される。この場合，起こりうる問題は，「米国法人の日本源泉所得に対する課税関係」より，「日本法人の米国源泉所得に対する課税関係」について発生する。米国では，繰延報酬（Deferred Compensation）などの租税回避スキームでも利用されたように，支払者は未払債務の増加を発生主義による損金控除により節税する一方で，受取者は現金主義で未収金には課税されない型の日米間取引を防止する必要が生じる。この種のスキームには，日本法人が米国にあるPEを通じて米国源泉所得を取得する場合，人件費を含む費用を日本法人が負担するが未払債務とすることによって，日本の課税上発生主義により損金計上を行うが，米国ではその支払を受け取るべき者は現金主義を理由に課税されない状況が生じる。米国の租税回避防止規定の

「経済的パフォーマンス・ルール」などの対応策が必要になろう。

③　金融取引 (Financial Transactions)

租税回避スキームに利用される金融取引の「利子」課税は，ＳＩＴでは大規模事業については国内では受取利子には課税され，支払利子は損金控除を認められるが，ＧＩＴでは大規模事業（金融機関を除く）については受取利子は非課税，支払利子は損金不算入とされる。国際課税においては，ＳＩＴでは外国における能動的事業所得 (active business income) について領土主義課税（国外所得免除）とするが，パッシブ所得，外国資産 (foreign assets) から生ずる所得（例えば金融所得）は課税ルールを利用して容易に源泉地を変更し得るので，引き続き米国で課税することとされる。そこで，租税回避スキームのストレスは，外国所得が（ⅰ）能動的事業所得か，（ⅱ）金融所得などのパッシブ所得か，という所得区分にかかることになる。従来，租税条約においても「配当」(dividend) と「利子」(interest) はともに投資所得として扱われてきたが，ＳＩＴの国際課税ルールでは，外国子会社の能動的外国収益 (active foreign earnings) からの配当は米国税を免除されるが，源泉地国である外国で損金として控除される支払（利子および使用料など）は一般に米国で課税されることになる。また，免税外国所得を稼得するために米国で発生する経費は，米国の課税所得から控除できないものとする。

米国法人は，これまでと異なり，その日本子会社の日本源泉所得を本国償還する場合，「利子」形態でなく，「配当」形態にする方が有利になる。流行するデット・ファイナンスからエクィティ・ファイナンスへの回帰が起きるかどうか。しかし，日本源泉所得の本国償還をする気がない場合（タックス・ヘイブンなどにある関連会社を通じたデット・ファイナンスを用いる方法）には，日本の所得課税上損金控除が可能な「利子」形態の利用が続くであろう。

ＧＩＴでは大規模事業について金融取引は課税の埒外に置くが，金融機関 (financial institutions) については，すべての元金および利子のインフローに課税され，すべての元金および利子のアウトフローを控除されることにする。

第19章　米国国際租税制度の大転換の可能性がもつ日本への影響

④　損失の取扱い

米国の租税回避スキームでは,「投資」に係る企業間の損失の振替や還付を利用してきた。この種の租税回避手法の原理は,(ⅰ)黒字企業への損失の移転,(ⅱ)赤字企業への所得の移転であり,これを防止するための個別的否認規定が開発されてきた。GITでも,ネガティブ・キャッシュ・フローとポジティブ・キャッシュ・フローの付替えを防止する規定が採用される。パネルは,損失の還付を認めず,損失の無期限の繰越を認める。また,パネルは,企業間の損失のトレードを認めない。損失のトレードを認めれば,税務行政の段階でいわゆる「ホビーロス」と「偽装消費」の摘発に追われることになるからである。SITでは,領土主義課税原則を導入するので,従来損失の二重控除を利用する租税回避スキームに対処しなければならなかったが,米国としては外国損失 (foreign loss) を考慮に入れる必要がなくなる。今後は,従来「外国損失」とされた損失を「国内損失」とする法技術やコーポレート・ファイナンス的手法が開発されるので,注意を要する。日本法人としては,その米国支店や米国子会社の「外国損失」を米国で控除できなくなる部分につき,日本本店や日本親会社の「損失」とする方向でスキームの開発を進めることが予想されるので,これに備える必要が生じる。

⑤　移転価格課税の強化

米国では,SITにより全世界所得課税から領土主義課税への転換を図る場合,租税回避スキームのストレスが「所得源泉」を米国から外国へ移し変える発想にシフトするため,「所得移転」の手法である移転価格の調査を強化し,関連企業間取引における財貨・サービスの「独立企業間価格」による課税の重要性が増すものと考え,大統領パネル報告書においても「移転価格調査に専念する税務職員の増員が必要である。」と述べている。日米間においても,移転価格課税事案の問題は,一層増加するであろう。

⑥　米国ベース多国籍企業の動向

米国ベース多国籍企業は,現行制度(所得税中心の税制で,法人段階で外国所得に対し二段階課税を受け,外国税額控除制度による救済もバスケット方式の控除限度に

より不完全な状況に置かれる）の下で，米国市場でもグローバル市場でも，ＥＵ諸国（間接税のウエートが高い）の領土主義課税（全部または一部の国外所得免除）の下で相対的に優位の国際競争条件を備えた欧州ベース多国籍企業との競争で不利な立場にある。米国ベース多国籍企業は，ＣＦＣルール（サブパートＦ条項）により，外国子会社の能動的事業所得についても10％以上の米国株主として米国で合算課税を受けるので，このような米国税制による不利な取扱いを回避し，欧州ベース多国籍企業との競争条件を平等にする (to level playing field) ため，多様な租税回避スキームを駆使するタックス・プランニングで自力救済 (Self-Help) を図っているが，米国市場においてさえ，同様にタックス・プランニングによって米国源泉所得を減少させることができる外国ベース多国籍企業と競争することは困難になっている。そのため，近年，米国では法人インバージョン (corporate inversion) によって米国を離脱する多国籍企業が増えてきた。ブッシュ政権としては，2002年2月28日に財務省が「インバージョンの惹起する諸問題と米国経済および課税に及ぼす研究」に着手することを宣言し，同年5月17日に「法人インバージョン取引：租税政策インプリケーション」という予備報告書をまとめて公表し，このような米国離脱 (expatriation) を阻止するため，2004年AJCAにおいて次のインバージョン防止規定を立法化した。

80％以上の株式所有に係る取引（第1種インバージョン）については，米国税法の適用上，米国ベース多国籍企業が米国離脱により外国親会社を頂点とする多国籍企業に転換したとしても，「その外国親会社を米国法人とみなす」こととする。

ＳＩＴにより領土主義課税（外国所得免除）への転換によって，欧州ベース多国籍企業に比して不利といわれた米国ベース多国籍が，競争条件の水平化に満足するか，さらにタックス・ヘイブン・ベース多国籍企業の有利性を追求するか，注目される。

⑦　日本ベース多国籍企業の動向予測

このような米国の体験に照らし，今後，日本ベース多国籍企業が，日本市場およびグローバル市場において，欧州ベース多国籍企業のみならず，米国ベー

第19章　米国国際租税制度の大転換の可能性がもつ日本への影響

ス多国籍企業との競争につき，全世界所得課税による相対的に不利な競争条件の下で，十分に戦うことができるか。事実上，競争条件を水平化するためタックス・プランニングにより自力救済（Self-Help）を大義名分として国際的租税回避に奔走することになるか。あるいは，米国の体験を模倣して法人インバージョンに傾斜するか。日本ベース多国籍企業のビヘービアを的確に予想しなければならない。最も重要なことは，この予想に基づいて立法上所要の措置を講じることであるが，不幸にして立法化が遅れる場合には，税務行政レベルでどのように対処するかを決めなければならなくなる。

　新興国は別として，日米欧の三極構造の中で，米欧が領土主義課税に転換すると，日本は孤立する。欧米の対日直接投資の増加や日本の対欧・対米直接投資の増加は歓迎されるとしても，日本ベース多国籍企業が，三角合併や新設により，米国中心の多国籍企業グループへの組織再編に拍車をかけることになる場合，そのような動きを阻止するのか，静観するのか，あるいは奨励するのか，租税政策としてのポジションを決めることが必要であろう。

⑧　日本の国際課税ルールの再点検の必要性

　米国は，国際租税法を国内税法の付録のように位置づけ，パッチワークの改正を重ねてきたことを後悔している。仮に，米国が国際課税ルールの大転換に踏み切る事態になった場合，日本として最適の選択肢は，どのような国際課税ルールであろうか。日本は，現行制度の骨格を領土主義課税に変更すべきか，あるいは，これを変更せずに，（ⅰ）米欧を含めてタックス・ヘイブンとする対策税制（識別基準と適用除外），（ⅱ）外国税額控除制度，（ⅲ）法人・非法人の居住性判定基準，（ⅳ）法人・非法人（多様な事業体）の課税ルール，（ⅴ）組織再編税制，（ⅵ）税法上の法人格否認規定（経済実体（economic substance）の判定基準），（ⅶ）租税回避防止規定の整備（特に国内利益抜き取りの防止），（ⅷ）能動的事業所得とパッシブ所得の区分，（ⅸ）移転価格税制の整備など，国際課税の基本ルールの再点検を急ぐ必要がある。

索　引

【あ】

IBC ……………………………………511
IC－DISC …………………………134
IFA ……………………………………467
IRC179に基づき損金算入できる最高
　金額 …………………………………77
IRC367(d)によるみなし払い ……107
IRSに対するプラクティス ………554
IRSの価値 …………………………546
IRSの特性 …………………………546
IRSのビジョン ……………………546
アーニング・ストリッピング・ルール
　………………………………………491
アウトバウンド外国グランタート
　ラスト ……………………………446
赤字法人の購入 ……………………399
アレンジメント ……………………477

【い】

1998年IRS再建改革法 ………………27
EGRRA …………………………………61
EO ……………………………………507
ETC ……………………………………131
ETI ……………………………………131
EU参加免税 …………………………604
EUの対米通商制裁 …………………145
遺産財団 ……………………………430
委託者 ………………………………428
委託者所得留保信託 ………………513
委託者信託ルール …………………508
委託者保険年金留保信託 …………513
委託者留保購入年金信託 …………442
委託者留保ユニトラスト …………442
一時的抑止命令 ……………………543
一定の意見の要件 …………………563
一般的減価償却制度 ………………222
一般的事業税額控除 ………………333
一般的否認規定 ……………………397
移転価格 …………………………41,600
移転価格課税 ………………………152
移転価格課税の強化 ………………572
移転価格税制 ……………………398,490
意図せざる誤謬 ………………………18
意図的な脱税 …………………………18
違法な源泉からの所得 ………………7
依頼人の記録 ………………………560
イリノイ土地信託 …………………514
いんちき信託 ………………………470
インバウンド外国グランタートラスト
　………………………………………446
インフレ・インデクセーション ……233
インフレーテッド・パートナーシップ
　・ベーシス取引 …………………394
インフレーテッド・ベーシス ……394

【う】

迂回取引 ……………………………399
迂回融資 ……………………………391
受取配当控除 ……………………183,399

【え】

ACRS ………………………………222
ADRS ………………………………222
ＡＥＣ ………………………………484
AJCA ……………………………69, 391
ＡＳＡ Investing Partnership ……394
ＡＴＡＴ ……………………………507
ＦＳＣ ………………………………131
ＦＳＣの適格要件 …………………138
ＬＬＣ ………………………………430
ＬＬＣの利点 ………………………455
ＬＬＣ法 ……………………………454
ＬＯＢ ………………………………486
MACRS ……………………………222
ＮＲＰ ………………………………25
Ｓ法人 ………………………………432
Ｓ法人ＥＳＯＰの濫用 ……………395
Ｓ法人の損失控除制限 ……………398
永久供養ファンド信託 ……………441
営利法人 ……………………………432
エクソン・フロリオ条項 …………483
エネルギー税額控除 ………………335
エネルギー租税優遇措置法 ………286
エンロン ……………………………41
エンロン報告書 ……………………451

【お】

OFAC ………………………………485
応能負担の原則 ……………………6
オフショア・タックス・ヘイブンの
　信託 ………………………………520
オフショア銀行口座 ………………518
オフショア繰延報酬アレンジメント …395
親子会社間配当免除 ………………604

【か】

外貨・通商調査法 …………………483
外貨オプション相殺契約 …………396
会計検査院 …………………………29
外国関連会社への支払利子 ………399
外国管理 ……………………………139
外国基地会社運輸所得 ……………117
外国基地会社サービス所得 ………493
外国基地会社所得 …………132, 493
外国基地会社石油関連所得 ………493
外国グランタートラスト …………446
外国経済プロセス …………………139
外国収益の米国への再投資の奨励措置…98
外国所得除外制度 …………………131
外国所得免除 ………………………165
外国信託スキーム …………………391
外国信託ツー ………………………518
外国信託に係る情報提供の懈怠 …414
外国信託ワン ………………………518
外国税額控除 ………………………166
外国税額控除の10年の繰越と１年の
　繰戻し ……………………………120
外国同族持株会社 …………………511
外国同族持株会社所得 ……………493
外国同族持株会社ルールおよび外国投資
　会社ルールの廃止 ………………114
外国パッケージ ……………………518
外国販売法人 ……………………70, 131
外国ファンド ………………………167
外国貿易所得 ………………………139
外国貿易総収入 ……………………139
外国法人が支払う配当に係る第二次源泉
　徴収税の排除 ……………………110
外国法人の米国子会社化 …………482
外資系米国法人 ……………………482
加算税 ………………………………403
過少資本税制 ………………………398

過少資本税制 …………………………491
過少申告 ………………………………20
過少申告の幇助 ………………………420
過少納付 …………………………20,409
課税繰延 ………………………………390
課税軽減 ………………………………390
課税控除 ………………………………390
課税の公平 ………………………………5
課税の十分制 ……………………………3
課税ベース ……………………………12
課税ベース・エロージョン …………486
家族住宅等信託 ………………………517
加速度コスト回収制度 …………221,222
活動テスト ……………………………467
株式会社 ………………………………432
株式報酬取引 …………………………394
簡易所得税 ……………………………203
簡易所得税案 …………………………578
間接金融 ………………………………474
鑑定人 …………………………………571
勧誘 ……………………………………561
管理会社 ………………………………456
関連外国法人あてに発行した割引債 …399

【き】

議会の意思………………………………17
期限後申告 ……………………………404
期限後納付………………………… 18,404
危険負担原則 …………………………398
規制テスト ……………………………467
規制投資会社 …………………… 455,456
偽装売却・偽装交換 …………………434
寄附者助言ファンド …………………507
義務説 ……………………………………2
義務的支出………………………………10
QPRT …………………………………442
Q R T …………………………………441
級数法 …………………………………223

狭義の投資税額控除 …………………335
行政法裁判官 …………………………569
競争力政策 ……………………………471
協同組合 ………………………………432
居住性の判定基準 ……………………587
拠出 ……………………………………434
金銭の拠出 ……………………………434
キントナー原則 ………………………430
勤勉な米国人 ……………………………6
金融サービスの課税 …………………591
金融資産証券化投資信託 ……………449
金融商品 ………………………………477
金融商品としてのファンド …………477
金融仲介機関 …………………………165
金融取引 ………………………………591
金融取引スキーム ……………………477
勤労所得税額控除………………………32

【く】

グアム信託 ……………………………394
グランタートラスト …………………432
グループ ………………………………430
クレジット・カウンセリング団体 ……507
グローバリゼーション ………………171
グロス・タックス・ギャップ…………20
クロス税額控除 ………………………196

【け】

経済安定化機能 …………………………2
経済実体原則……………………… 40,425
経済的価値のない税務上の帳簿価値の
　創造 ………………………………390
経済的帰属説 …………………………427
経済的減価償却 ………………………221
経済的パフォーマンス・ルール ………397
刑事上の制裁 …………………………400
契約 ……………………………………433

契約保護付オピニオン	556	国際的ボイコット所得	493
権威的国家思想	2	国籍の中立性	160
限界実効税率	588	国内生産総収入	149
限界税率の引下げ	60	個人SITプラン	203
減価償却期間	224	個人事業主	431
減価償却制度	222	個人通信調査割合	39
研究開発税額控除の恒久化	61	個人面接調査割合	39
研究実験費	271	国家の福祉	168
研究費税額控除	268	国家補助金	14
権限ある当局の認定要件	487	国家補助金の禁止	471
原産地ベース	593	国境税調整	593
原子力エネルギー委員会	484	古典的な法人税	159
源泉徴収	30	個別的否認規定	398
源泉徴収に係る虚偽情報	414	コモン・トラスト・ファンド	451
		コモン・トラスト・ファンド・ストラドル	395

【こ】

		コモンロー信託	507
行為基準	549	雇用開発投資税額控除	330
公益法人等	432	婚姻税	59
交換ファンド信託	443	コンサーベーション・イーズメント	507
広義の投資税額控除	335	コンプライアンス・コスト	12
恒久的施設	166,488	コンプライアンス戦略	12,537
公共法人	432	コンプライアンスの推計値	20
航空機の割増償却	80	コンプライアンスの水準	9
合資会社	432	コンプライアンス割合	20
公証人	560	コンプレックス・トラスト	444
公正な税制	580	コンベンション	224
公正貿易主義	130		
合同会社	432		
合法的な信託	508	【さ】	
後法優先原則	481	Son of BOSS	394
合名会社	432	債権ストラドル	398
効率的な世界的資本配分	198	財源調達機能	2
コーポレーション・ソール団体	507	最小徴税費の原則	5
コーポレーション・ソール法	543	再植林税額控除	335
コーポレート・ファイナンス的手法	390	財政赤字	67
国益	161	財政黒字	67
国際事業法人	511	財政政策	7
国際租税協会	467	最適課税原則	42

財務省外国資産管理規制 ……………485
財務省外国資産管理局 ………………485
財務省サーキュラー230………………551
裁量的支出……………………………10
詐欺的行為に対する制裁 ……………400
詐欺的信託 ……………………………516
詐欺的な書類の交付 …………………413
詐欺ペナルティ ………………………412
サブパートF条項 ……………………151
サブパートF所得 ……………………492
残存価値 ………………………………223
残余持分 ………………………………449

【し】

CBIT ……………………………………608
CFC ……………………………………492
CFIUS …………………………………483
CIV ……………………………………467
CRUT …………………………………442
GRAT …………………………………442
GRUT …………………………………442
自益信託 ………………………………470
シェル法人 ……………………………520
事業 ……………………………………468
事業ＳＩＴプラン ……………………203
事業開発会社 …………………………456
事業所得課税 …………………………579
事業信託 …………………………514,516
事業体 …………………………………433
事業体の分類 …………………………430
事業体分類の変更 ……………………431
事業投資の即時損金算入 ……………236
事業目的原則 …………………………425
地獄からの調査 ………………………43
資産運用型事業体 ……………………469
資産管理会社 …………………………518
資産減価償却幅 ………………………223
資産担保付証券 ………………………450

資産テスト ……………………………467
持参人証券………………………………13
資産の偽装売却 ………………………398
資産の拠出 ……………………………434
資産保護信託 ……………………517,518
資産流動型事業体 ……………………469
事実への法の当てはめ ………………565
事実問題 ………………………………564
自主申告納税制度 ………………………4
自助努力 ………………………………576
事前価格協定 …………………………41
事前確認制度 …………………………536
慈善信託 …………………………509,517
慈善リード信託 ………………………509
慈善リードユニトラスト ……………509
慈善リメインダー購入年金信託 ……442
慈善リメインダー信託 ………………442
慈善リメインダートラスト …………509
慈善リメインダーユニトラスト ……442
私宅信託 ………………………………513
執行可能性 ………………………………3
実質課税 ………………………………427
実質管理支配地主義 …………………191
実質主義課税 …………………………508
実質主義原則 ……………………424,427
実質所得者課税原則 …………………427
実質的関連所得 ………………………488
実質的な遺産税・贈与税評価の
　過少申告 ……………………………411
実質的な過少申告 ……………………409
実質的な評価誤り ……………………410
指定取引 ………………………………391
支店利益税 ……………………………399
自発的コンプライアンス………………24
司法省 …………………………………543
資本資産 ………………………………37
資本所得課税 …………………………579
資本的支出に係る損失 ………………394
資本逃避 ………………………………165

623

資本無差別の待遇	482
資本輸出の中立性	159
資本輸入の中立性	160
資本流出	168
資本流入	168
仕向地ベース	593
社会保障トラストファンド	506
従業員に対する書類提供の懈怠	413
終局的差止命令	543
集合的投資媒体	455
修正加速度コスト回収制度	222
集団的信託	439
集団投資スキーム	477
自由貿易主義	130
重要アドバイザーの被助言者等リスト保存義務	392
重要なアドバイザー	392
重要な連邦税問題の評価	565
受益者	428
受託者	428
種類別耐用年数資産減価償却幅制度	222
純外国源泉所得	176
循環金融	391
準拠法主義	191
ジョイント・ベンチャー	430
召喚状	5
償還取引	438
小規模FSC	139
小規模事業法人	453
証券譲渡のキャピタル・ゲイン	33
小事業信託	443
商品ヘッジ取引	116
情報技術革新	25
情報交換	28
情報申告の懈怠	404
商務省経済分析局	483
所得移転	390
所得帰属主体の変更	390
所得帰属年度の変更	390
所得繰延	390
所得源泉の変更	390
所得再配分機能	2
所得税申告書作成業者	417
所得テスト	467
所得の帰属	427
所得分割	390
所得分類の変更	390
所得を明瞭に反映する会計方法	397
書面添付制度	570
人格のない社団等	427, 432
新金融商品	166
申告作成業者	42
申告水準	17
シンジケート	430
信託	428, 430
信託所得	441
信託パッケージ	532
信託プロモーター	442
人的役務の拠出	434
人的役務法人	398
人的資本投資税額控除	332
シンプル・トラスト	444

【す】

ストラクチャード・ファイナンス	391

【せ】

1966年外国投資家税法	488
1992年財務省報告書	609
SAFE運輸衡平法	286
Self-Help	576
正確性関連ペナルティ	409
制裁	23
清算信託	441
税制	1
税制改革	31

税制簡素化……………………………31
税制の役割 …………………………2
成長・投資税………………………203
成長投資税案………………………578
正統方式……………………………607
税の警官……………………………46
税引前利益の現在価値……………539
税法……………………………………1
税務行政………………………………1
税務行政支援の制裁 ………………402
税務行政の危機……………………39
税務行政の使命 ……………………4
税務申告書作成業務停止…………543
税務申告書に係る助言と申告書の作成
　または署名に関する基準………562
税務調査……………………………19
税務調査割合の低下………………539
生命保険信託………………………514
セールイン／リースアウト取引 …396
世界福祉 ……………………………168
設備・サービス信託………………517
設立地主義…………………………191
ゼネラル・パートナーシップ……452
全世界所得課税原則………………41
全世界所得課税制度 …………161,582
選択適格事業体……………………430
選択的種類別耐用年数制度………222
全米研究計画………………………25

【そ】

想定元本契約………………………395
即時損金算入方式…………………595
租税 ……………………………………2
租税原則 ………………………………2
租税項目……………………………433
租税裁判所…………………………413
租税支出……………………………10
租税実務家に関する情報の受領 …568

租税条約……………………………28
租税条約オーバーライド…………481
租税政策 ………………………………1
租税に無関係な事業体……………507
租税の剰余金………………………67
租税の正当根拠 ……………………2
租税優遇措置………………………31
損失の創造・損失の二重控除……390

【た】

ＴＡＧモデル………………………43
対外直接投資………………………178
大規模パートナーシップ…………433
第三者情報申告……………………22
代替的増加税額控除………………271
代替的ミニマム・タックス………398
大統領諮問パネル…………………577
大統領諮問パネル税制改革報告書……203
対米外国投資委員会………………483
耐用年数……………………………223
他益信託……………………………470
多国籍企業…………………………14
但書信託……………………………428
タックス・ギャップ………………18
タックス・ギャップ対策…………23
タックス・シェルター …………387
タックス・シェルターの
　オルガナイザー …………………538
タックス・シェルターの登録 ……391
タックス・シェルターの特性……390
タックス・シェルターの利用……41
タックス・シェルター白書………387
タックス・シェルター類型化……390
タックス・プロモーター…………538
タックス・プロモーター・
　イニシャティブ…………………540
タックス・プロモーター対策……537
タックス・プロモーターに対する差止

命令 …… 543
タックス・ヘイブン …… 167
タックス・ヘイブン・ベース多国籍
　企業 …… 481
タックス・ヘイブン対策税制 …… 398, 492
タックス・ヘイブンの定義 …… 594
タックス・ベネフィットの現在価値 …… 539
脱税機会 …… 24
脱税に対する制裁 …… 400
他人のための所得税申告書の作成 …… 417
他の文書による助言の要件 …… 566
他法人の買収前損失 …… 399
多様な事業体 …… 427
単一の構成員しかいない事業体 …… 431
短期債権の負債利子 …… 399
単独事業主 …… 34

【ち】

チェック・ザ・ボックス規則 …… 430
チャリタブル・リメインダー・
　トラスト …… 394
チャンネル・トレード …… 471
中間介在者取引 …… 394
中間法人 …… 432
超過国境税調整 …… 601
調査サイクル・タイム …… 50
調査深度 …… 50
調査対象選定基準 …… 23
調査割合 …… 50
徴収事務 …… 19
徴収納付義務の懈怠 …… 413
徴税費 …… 4
直接金融 …… 474

【つ】

通常の法人 …… 453
通常持分 …… 449

【て】

DISC …… 131
DISCの適格要件 …… 135
DNI …… 440
DOJ …… 543
TCMP …… 25
定額法 …… 223
定率法 …… 223
適格S法人信託 …… 514
適格外国貿易所得 …… 138
適格居住者要件 …… 487
適格サブチャプターS子会社の情報
　申告 …… 90
適格私宅信託 …… 442
適格生産活動所得 …… 149
適格賃貸改良資産の定額法による回収
　期間 …… 79
適格取消可能信託 …… 441
適格モーゲージ …… 449
適格輸出資産 …… 136
適格輸出収入 …… 135
適格レストラン資産の定額法による回収
　期間 …… 79
適格ローン・ポートフォリオ …… 450
適法な源泉からの所得 …… 7
デラウエア事業信託 …… 515
デリバティブ取引 …… 390
電子申告制度 …… 26

【と】

導管 …… 440
導管型事業体 …… 427, 432
導管型法人 …… 455
当期の分配 …… 438
投資 …… 468
投資家の持分 …… 449

投資家リスト保存義務 …………………392
投資事業有限責任組合 …………………428
投資奨励措置 ……………………………221
投資するエンティティ …………………467
投資税額控除 ………………………329, 333
投資税額控除制度 ………………………225
投資代理人 ………………………………456
投資と融資の選択 ………………………391
投資媒体 …………………………………467
投資ファンド ……………………………466
投資ファンド課税 ………………………467
投資負債利子 ……………………………399
投資法人 …………………………………432
当然法人 …………………………………430
同族持株会社税 …………………………398
特定外国子会社 …………………………469
特定信託 ……………………………428, 456
特定投資信託 ………………………429, 439
特定目的会社 ……………………………432
特定目的信託 ………………………429, 439
特典制限条項 ……………………………486
特別なタックス・ブレイク ……………580
特別な配分 ………………………………437
匿名組合 …………………………………428
独立の請負業者 …………………………34
特例有限会社 ……………………………452
トリーティ・ショッピング防止規定 …486

【な】

内国信託 …………………………………512

【に】

200％定率法 ……………………………223
2000年FSC廃止及び域外所得除外法…70
2001年経済成長および減税調整法 ……61
2003年雇用および成長の減税調整法……64
2004年雇用創出法 ………………………15
2005-2009年IRS戦略的計画 ………546
2005年エネルギー政策法 ………………279
2005年エネルギー租税優遇措置法 ……279
二重ユース ………………………………501
にせ信託 …………………………………470
にせ税理士 ………………………………537
にせの宗教団体 …………………………543
日本のファンド …………………………477
ニューディール政策 ………………………55

【ね】

年金債務の実質的な過大申告 …………411

【の】

農業外資海事法 …………………………483
農業経費 …………………………………399
納税環境 ……………………………………1
納税者サービス ……………………………4
納税者申告水準測定計画 ………………25
納税者負担軽減室 ………………………28
能動的事業活動 …………………………468
能動的事業活動要件 ……………………487
能動的事業所得 …………………………179
ノングランター・トラスト ……………508
ノンコンプライアンスの水準 ……………9
ノンコンプライアンスの抑制……………23
ノンリコース負債 ………………………435

【は】

80％以上の株式所有に係る
　インバージョン取引 …………………494
パートナー ………………………………434
パートナーシップ ………………………430
パートナーシップ・ストラドル ………395
パートナーシップ課税所得 ……………437
パートナーシップ所得 …………………437

パートナーシップ清算分配……………438
パートナーシップ負債…………………435
パートナーシップ負債の譲渡…………435
パートナーシップ負債の引受…………435
パートナーシップ持分…………………434
パートナーシップ持分の譲渡…………435
パートナーの分配シェア………………436
ハイウエー法……………………………286
ハイブリッド金融商品…………………166
配分………………………………………433
配分ルール………………………………437
パクス・アメリカーナ再編政策………130
バスケット方式の控除限度額…………167
パススルー・エンティティ・
　ストラドル……………………………395
パススルー型事業体……………………427
パススルー型法人………………………452
パススルー事業体………………………433
パッシブ外国投資会社…………………511
パッシブ活動……………………………468
パッシブ活動ルール……………………398
パッシブ所得……………………………468
パブリック・インスペクションに係る
　制裁……………………………………415
パルミサーノ・レポート………220, 260
判例原則…………………………………424

【ひ】

150％定率法……………………………223
ＢＥＡ……………………………………483
ＰＣＡ……………………………………48
ビークル…………………………………467
非関連法人からの配当に関する
　ルックスルー・ルール………………103
被支配外国法人…………………………492
被支配外国法人のパートナーシップ持分
　の売却…………………………………114
非法人……………………………………427

秘密アレンジメント……………………389
秘密条件付オピニオン…………………556
評価益のある資産の分配………………399
貧弱な税務行政…………………………6

【ふ】

FASIT……………………………………449
ファースト・ペイ・ストック／ステップ
　・ダウン・プリファード……………394
フィデュシャリー………………………445
プール……………………………………430
プールドインカムファンド信託………509
付加価値税………………………………579
不確定債務………………………………394
賦課すべきペナルティ…………………412
複数信託…………………………………441
複数の構成員から成る事業体…………431
複数の雇用主福祉ファンド……………394
複層化信託………………………………470
負債ストラドル…………………………394
普通法人…………………………………432
ブッシュ大統領減税案…………………57
不適格負債………………………………398
不適格法人………………………………135
不動産……………………………………489
不動産投資信託……………………455, 457
不動産モーゲージ投資導管……………448
不認識ルール……………………………434
不納付……………………………………404
プラクティス基準………………………562
ブラック・リスト方式…………………594
付利DISC………………………………134
フリボラスな所得税申告………………420
ブローカー………………………………420
フロースルー型事業体…………………589
文書の突合………………………………19
分配………………………………………433
分配可能純所得…………………………440

【へ】

米欧・大西洋通商戦争 …………………146
衡平法裁判所 ……………………………501
米国企業の競争力の強化 ……………161
米国競争力評議会 ………………220
米国国際販売法人 ………………………131
米国雇用創出法 ……………………69, 391
米国生産活動所得 ………………………148
米国製造業の３％ポイント減税 ………75
米国通貨監督庁 …………………………484
米国通商政策 ……………………………130
米国投資ファンド ………………………476
米国の者 …………………………………469
米国不動産の権利 ………………………488
米国不動産の権利の処分 ………………488
米国不動産保有法人 ……………………489
米国ベース多国籍企業 …………………481
米国輸出振興税制 ………………………131
米資系米国法人 …………………………482
ベーシス・シフティング取引 …………394
ベーシスのステップアップ ……………399
ベーシスの調整 …………………………435
ベスト・プラクティス …………………554
別居手当信託 ……………………………443
ヘッジ識別要件 …………………………116
弁護士等の意見書 ………………………556
片務的外国税額控除 ……………………167

【ほ】

包括的所得概念 …………………………165
包括的否認規定 …………………………398
報告主体 …………………………………433
報告すべき取引 ……………………24, 391
報告すべき取引過少申告 ………………412
報告すべき取引の開示 …………………392
法執行 ………………………………………7

索　引

法人インバージョン ……………………15
法人格のない事業組織 …………………515
法人ガバナンスの腐敗 …………………539
法人所得の二段階課税 …………………607
法人所有生命保険 ………………………398
法人税と個人税の統合 …………………177
法人タックス・シェルター ……………387
法人タックス・シェルター専門家 ……539
法人法 ……………………………………454
法定回収期間 ……………………………224
法的主体 …………………………………433
法律意見 …………………………………571
法律的帰属説 ……………………………427
法律のプラクティス ……………………562
保険所得 …………………………………493
墓地永久供養信託 ………………………441
本国償還税 ………………………………585
本国償還の税コスト ……………………196
本文信託 …………………………………428

【ま】

マーク・トウ・マーケット制度 ………235
マーケッテッド・オピニオン …………556
マッカラン・ファーガソン法 …………484

【み】

認められる資産 …………………………450
認められる投資 …………………………449
みなし配当 ………………………………179
みなし法人 ………………………………427
ミューチャル・ファンド ………………456
民間徴収機関 ……………………………48
民事差止命令 ……………………………543
民事上の制裁 ……………………………409
民主主義的租税観 …………………………2
民法上の組合 ……………………………428

【む】

- 無記名債権 … 13
- 無視される事業体 … 431
- 無申告 … 404
- 無申告者 … 17
- 無能または不評な行為 … 567

【め】

- 名義貸し … 571
- 免税団体 … 507
- 免税団体への所得移転 … 396

【も】

- 目的テスト … 467
- 持分のパートナーシップの売戻 … 438
- 元政府職員 … 559

【や】

- ヤングレポート … 253

【ゆ】

- UBO … 515
- 有限会社 … 432
- 有限責任会社 … 430
- 有限責任事業組合 … 428
- 有効な信託 … 512
- ユース … 501
- ユース禁止法 … 501
- 輸出資産 … 132
- 輸出所得 … 132
- 輸出法人 … 131
- ユニット投資信託 … 456

【よ】

- 401(k)プランへの拠出 … 393
- 401K Accelerators … 393
- よい税務行政 … 6
- 予備的差止命令 … 543

【ら】

- 濫用的Roth IRA取引 … 396
- 濫用的外国信託スキーム … 517
- 濫用的外国税額控除取引 … 396
- 濫用的信託アレンジメント … 508, 516
- 濫用的信託スキームの摘発事例 … 522
- 濫用的信託プロモーター … 521
- 濫用的租税回避取引 … 24, 398
- 濫用的タックス・シェルター … 40, 387
- 濫用的タックス・シェルター等のプロモーター … 419
- 濫用的内国信託スキーム … 516

【り】

- RIC … 456, 457
- リーガル・オピニオン … 571
- リース・ストリップス … 395
- リースイン／リースアウト取引 … 395
- リース取引 … 391
- 利益相反 … 560
- 利益説 … 2
- 利益動機なき活動 … 399
- リコース負債 … 435
- リハビリテーション税額控除 … 335
- リミテッド・パートナーシップ … 452
- 留保収益税 … 398
- 領土主義課税原則 … 41
- 領土主義課税制度 … 583
- 領土主義制度 … 161

リライアンス・オピニオン ……………556

【る】

ループホール ……………………………580

【れ】

REIT ………………………………………457
レーガノミックス ………………………130
レバレッジ投資 …………………………390
連結申告納税 ……………………………492
連結納税制度 ……………………………398

連邦小売売上税 …………………………579

【ろ】

60％以上80％未満の株式所有に係る
　インバージョン取引 ………………494
ロープノミックス………………………56

【わ】

賄賂，キックバック，その他の
　違法所得 ………………………………493

＜著者紹介＞

本庄　資（ほんじょう・たすく）

昭和39年京都大学法学部卒業
以後，大蔵省主税局国際租税課外国人係長，日本貿易振興会カナダ・バンクーバー駐在，大蔵省大臣官房調査企画課（外国調査室）課長補佐，国税庁調査査察部調査課長補佐，税務大学校副校長，金沢国税局長，国税不服審判所次長
現在。名古屋経済大学大学院法学研究科教授，慶應義塾大学大学院商学研究科特別研究教授，税務大学校客員教授，国士舘大学大学院経済学研究科客員教授，経済学博士

著書　アメリカの租税条約（大蔵省印刷局）
　　　アメリカ法人所得税（財経詳報社）
　　　アメリカの州税（財経詳報社）
　　　アメリカ税制ハンドブック（東洋経済新報社）
　　　租税条約（税務経理協会）
　　　国際租税計画（税務経理協会）
　　　国際的租税回避－基礎研究－（税務経理協会）
　　　タックス・シェルター事例研究（税務経理協会）
　　　アメリカン・タックス・シェルター基礎研究（税務経理協会）
　　　国境に消える税金（税務経理協会）
　　　国際租税法（四訂版）（大蔵財務協会）
　　　アメリカ法人税法講義（税務経理協会）
　　　米国マネーロンダリング－基礎研究－（税務経理協会）

著者との契約により検印省略

平成19年6月10日　初版第1刷発行

アメリカの租税政策

著　者	本　庄　　　資
発行者	大　坪　嘉　春
印刷所	税経印刷株式会社
製本所	株式会社 三森製本所

発行所　東京都新宿区下落合2丁目5番13号　株式会社 税務経理協会
郵便番号 161-0033　振替 00190-2-187408　電話(03)3953-3301(大代表)
FAX (03)3565-3391　(03)3953-3325(営業代表)
URL http://www.zeikei.co.jp/
乱丁・落丁の場合はお取替えいたします。

Ⓒ 本庄 資 2007　　　　　Printed in Japan

本書の内容の一部又は全部を無断で複写複製（コピー）することは，法律で認められた場合を除き，著者及び出版社の権利侵害となりますので，コピーの必要がある場合は，予め当社あて許諾を求めて下さい。

ISBN978-4-419-04902-7　C2033